Zum Geleit!

Das „Handbuch der Wirtschafts- und Sozialwissenschaften" sucht in abgeschlossenen „Einzelbänden", also monographisch, der weitgesteckten Aufgabe gerecht zu werden, Lehrern und Lernenden, Theoretikern und Praktikern des Wirtschafts- und Gesellschaftslebens Beratung, Bereicherung, Vertiefung, aber auch Stoff zu eigner kritischer Stellungnahme zu bieten. Die Umwälzungen auf fast allen Gebieten des öffentlichen Lebens, zumeist dauernder Art, vielfach im Fluß, aber manchmal wohl schon dem Abschluß nahe, machen an sich bereits ein Unternehmen wie das gegenwärtige verständlich; denn nicht immer wird es möglich sein, die unter ganz anderen Voraussetzungen verfaßten früheren Kompendien durch Neuauflagen der Zeit und ihren Anforderungen gemäß zu gestalten. Daß nach dem heutigen Stand der Wissenschaft nur arbeitsteiliges Zusammenwirken von Spezialisten die notwendige Sachkunde gewährleistet, die dann erst die Zusammenpressung auf nicht allzugroßen Raum ermöglicht, dürfte keinem Zweifel begegnen, ebensowenig, daß unsere Arbeitsgemeinschaft den Sachkenner zum Worte kommen läßt. Fraglich könnte eher sein, ob es möglich war, so viele verschiedene Standpunkte, die oft auch ungleiche Methoden enthalten, unter e i n e r Generalidee zusammenzuführen. Das war aber auch nicht in dem Sinne beabsichtigt, daß dem einzelnen Mitarbeiter ein — heute schlechterdings unmöglicher — Verzicht auf selbständige Stellungnahme auferlegt wäre. Eher waren die Herausgeber bemüht, verschiedene, ja gegensätzliche Auffassungen zum Wort kommen zu lassen, die sich aber doch in dem Streben nach theoretischer Stoffdurchdringung und praktischer Stoffauswirkung begegnen; die Verfasser dieser Bände treten selbst w e r t e n d an die wirtschaftlichen und sozialen Probleme heran und geben ein bestimmtes Bild von dem, was für den Wiederaufbau der deutschen nationalen Wirtschaft und der staatlichen Gesellschaft entscheidet.

Das Gebiet des „Handbuchs" umfaßt, wie die folgende Übersicht zeigt, Gegenstände, die früher den „Staatswissenschaften" zurechneten, deren systematischer Ort heute aber zweifellos in den „Sozialwissenschaften" liegt; aus der „Wirtschaftslehre" kommen die Disziplinen der Privat-(Betriebs-)Wirtschaftslehre, ihrer jetzigen Bedeutung gemäß, ausgiebig zum Wort; neben den als solche unmittelbar deutlichen reinen Spezialbänden finden sich zusammenfassende Darstellungen mit stark betonten methodologischen und systematischen Absichten; daß aber die sogenannte „Praktische oder spezielle Nationalökonomie" nicht als solche, sondern in ihre Teilgebiete aufgelöst erscheint, wird kein Kenner verurteilen.

Der Anschluß an die bisherigen Systeme und Auffassungen ist hier ein engerer, dort ein weiterer; in beiden Fällen müssen ganz neue Wege gegangen werden. Alle Beteiligten sind sich der Verantwortung bewußt, die ein Lehr- und Handbuch heute hat, bei dem ungeheuren Zustrom zu den Wirtschafts- und Sozialwissenschaften und angesichts der Notwendigkeit, daß die Theorie auch in der Praxis wieder Beachtung gewinnt; die gestörten Verhältnisse in der Gegenwart können ja nur in engster Zusammenarbeit von Theorie und Praxis geändert und hoffentlich gebessert werden.

Ob sie nun in der Hand des akademischen Lehrers diesen entlasten, ob sie als Einführung oder Repetitorium den Studierenden unterstützen; ob sie außerhalb der eigentlichen Hochschulen, für staatsbürgerliche Erziehung werben; ob sie dem Praktiker für das Labyrinth der Einzelfragen des täglichen Lebens als Führer dienen: in jedem Falle wollen die zum „Handbuch" vereinigten „Einzelbände" ein treues Abbild der Gegenwart sein; ihrer Strömungen, Befürchtungen, Hoffnungen, Aussichten, und vor allem: ihrer starken theoretischen Selbstbestimmung.

Die Herausgeber · Die Verlagsbuchhandlung

Handbuch
der
Wirtschafts- und Sozialwissenschaften
in Einzelbänden.

Unter Mitwirkung von

GUSTAV AUBIN, Halle, GEORG VON EBERT, Nürnberg, ALEXANDER ELSTER, Berlin, WILHELM GERLOFF, Frankfurt a. M., FR. HOFFMANN, Rostock, RUDOLF MEERWARTH, Berlin, PAUL MOLDENHAUER, Köln, OTTO MOST, Duisburg-Ruhrort, MAX MUSS, Leipzig, WILHELM RIEGER, Nürnberg, MAX RUMPF, Mannheim, AUGUST SKALWEIT, Kiel, BRUNO SKALWEIT, Königsberg, FRITZ TERHALLE, Hamburg, WALDEMAR ZIMMERMANN, Hamburg

herausgegeben von

ADOLF GÜNTHER und **GERHARD KESSLER**
Innsbruck Jena.

Siebzehnter Band.

August Skalweit: Agrarpolitik.

Berlin und Leipzig 1923.

Walter de Gruyter & Co.

vormals G. J. Göschen'sche Verlagshandlung – J. Guttentag, Verlagsbuchhandlung – Georg Reimer – Karl J. Trübner – Veit & Comp.

Agrarpolitik

von

Dr. August Skalweit,

Ordl. Professor der Volkswirtschaftslehre
an der Universität Kiel.

Berlin und Leipzig 1923.

Walter de Gruyter & Co.

vormals G. J. Göschen'sche Verlagshandlung – J. Guttentag, Verlagsbuchhandlung – Georg Reimer – Karl J. Trübner – Veit & Comp.

Roßberg'sche Buchdruckerei, Leipzig.

MAX SERING

gewidmet

Vorwort.

Aus einem inneren Bedürfnis heraus ist dieses Buch geschrieben worden. Es drängte mich, mir über das Ergebnis langjähriger Studien Rechenschaft zu geben. Zugleich hoffte ich, eine auch nützliche Arbeit zu verrichten. Entbehrt doch unsere Wissenschaft seit Buchenbergers Werke, dessen Erscheinen bereits über ein Menschenalter zurückliegt, einer größeren zusammenfassenden Darstellung der Agrarpolitik. Natürlich wird Buchenbergers bedeutendes Werk immer seinen Wert behalten. Doch ist die Problemstellung eine andere geworden. Manche Fragen, die Buchenberger noch mit großer Gründlichkeit behandelte, können heute als abgetan gelten. Dafür sind ganz neue Probleme aufgetaucht, die dringend eine Stellungnahme des Agrarpolitikers erheischen.

In seiner äußeren Form paßt sich mein Buch der in dieser Sammlung bereits erschienenen „Sozialpolitik" Adolf Günthers an. Um den Umfang nicht zu stark werden zu lassen und um an einzelnen Stellen weiter ausholen zu können, ist von der Anwendung des Kleindrucks ausgiebig Gebrauch gemacht worden. Am Schlusse eines jeden Kapitels finden sich Literaturhinweise. Diese erheben indes keineswegs Anspruch auf auch nur annähernde Vollständigkeit. Lediglich solche Schriften sind angeführt worden, von denen ich im Augenblick der Niederschrift glaubte, daß sie zur Ergänzung meiner Ausführungen besonders geeignet seien. Es möge sich daher kein Autor übergangen fühlen! Mit literarischen Exkursen sollte das Buch grundsätzlich nicht belastet werden. Manche wertvolle Schrift ist daher ungenannt geblieben.

Beim Korrekturlesen sowie bei der Herstellung des Registers, von dem ich annehme, daß es die Benutzbarkeit des Buches erhöht, hat mir mein Assistent, Herr Dr. Wilhelm Steffler, geholfen. Dafür sei ihm auch an dieser Stelle gedankt.

Bonn, Mitte April 1923.

August Skalweit.

Inhaltsverzeichnis.

Seite

Vorwort VII

Einleitung.

1. Kapitel: Der Aufgabenkreis der Agrarpolitik . . . . 1—11
   1. Die ältere Zeit 2
   2. Der Merkantilismus 3
   3. Der wirtschaftliche Liberalismus und seine Gegner 6
   4. Die Agrarkrisis 10
2. Kapitel: Die Bedeutung der Landwirtschaft, vorzüglich der deutschen, für die Volkswirtschaft . . . . 11—26
   1. Die landwirtschaftliche Bevölkerung 11
   2. Die landwirtschaftliche Produktion 17
   3. Agrarstaat oder Industriestaat 22

Erster Teil.

Die landwirtschaftliche Erzeugung.

3. Kapitel: Die natürlichen Voraussetzungen der landwirtschaftlichen Erzeugung (Boden und Klima) . . . . 27—34
4. Kapitel: Gebundene und ungebundene Wirtschaft . . . . . . 34—52
   1. Weidewirtschaft 36
   2. Wechselwirtschaft 37
   3. Felderwirtschaft 39
   4. Die verbesserte Dreifelderwirtschaft 41
   5. Die Fruchtwechselwirtschaft 46
   6. Die künstliche Düngung 48
   7. Die „Freie Wirtschaft" 50
5. Kapitel: Der Bodenertrag . . . . 52—62
6. Kapitel: Die landwirtschaftlichen Verarbeitungsgewerbe . . . 62—86
   1. Getreidemühlen und Brauereien 63
   2. Die Zuckerindustrie 65
   3. Branntweinbrennerei 74
   4. Stärkefabrikation und Kartoffeltrocknung 81

Zweiter Teil.

Das Grundeigentum und das Recht am Grund und Boden.

7. Kapitel: Das Kollektiveigentum . . . . 87—108
   1. Die Feldgemeinschaft 87
   2. Gemeinheit, Gemeinheitsteilung, Zusammenlegung 97
8. Kapitel: Die Entstehung der Grundbesitzverteilung in Deutschland . . . . 109—124
   1. Die Nachwirkung der Grundherrschaft 109
   2. Die Nachwirkung der Gutsherrschaft 115
   3. Der Einfluß der Bauernbefreiung 119
9. Kapitel: Die Innere Kolonisation . . . . 124—170

Seite

I. Die Innere Kolonisation in Deutschland . . . . 124—165
1. Die ältere Innere Kolonisation 124
2. Das Rentengut 128
3. Die Königl. Ansiedlungskommission 134
4. Die Generalkommissionen 142
5. Das Reichssiedlungsgesetz 152
II. Die Landpolitik des Auslandes . . . . 165—170
10. Kapitel: Der Güterverkehr und die Vererbung des ländlichen Grundbesitzes . . . . 170—198
1. Die Mobilisierung des Grundeigentums 170
2. Die Vererbung des ländlichen Grundbesitzes 177
a) Das bäuerliche Erbrecht und die bäuerlichen Erbgewohnheiten 178
b) Die Vererbung des Großgrundbesitzes. Die Familienfideikommisse 190

Dritter Teil.
Die landwirtschaftliche Unternehmung.

11. Kapitel: Die Betriebsgröße . . . . 199—232
1. Die Abgrenzung 199
2. Die Verteilung 202
3. Der Dogmenstreit über die vorteilhafteste Betriebsgröße . . 208
12. Kapitel: Die Rechtsform der Unternehmung . . . . 232—259
1. Eigenwirtschaft und Pacht und ihre Verbreitung 232
2. Die Pachtbedingungen 238
3. Pacht und Geldentwertung 246
4. Der Teilbau 252
13. Kapitel: Die Landarbeiterfrage . . . . 259—313
1. Das Wesen der Landarbeiterfrage 259
2. Arbeitsbedarf und Arbeitsverbrauch 262
3. Die Arbeitsverfassung 274
4. Die Arbeitsbedingungen und das Arbeitsrecht 293
5. Arbeitnehmer- und Arbeitgeberverbände 304
14. Kapitel: Der Agrarkredit . . . . 313—370
1. Der Kreditbedarf 313
2. Die Organisation des Immobiliarkredits 329
3. Die Organisation des Personal- und Mobiliarkredits 341
4. Der Agrarkredit unter den Folgen der Geldentwertung 360

Vierter Teil.
Der Absatz der landwirtschaftlichen Erzeugnisse.

15. Kapitel: Grundfragen der Ernährungspolitik . . . . 371—380
16. Kapitel: Epochen der Getreidehandelspolitik . . . . 380—398
1. Die ältere städtische und staatliche Getreidehandelspolitik . 380
2. Freihandel und Schutzzoll 385
3. Die deutsche Kriegsgetreide- und Nachkriegswirtschaft . . . 393
17. Kapitel: Die Organisation des Handels mit landwirtschaftlichen Erzeugnissen . . . . 398—416
1. Der Getreidehandel 399
2. Der Schlachtviehhandel 410
Register 417

Einleitung.

1. Kapitel.

Der Aufgabenkreis der Agrarpolitik.

Es bestehen darüber Zweifel, ob der Begriff „Agrarpolitik" lediglich auf solche Handlungen, Anstalten und Einrichtungen beschränkt werden muß, durch die der Staat und die ihm untergeordneten Körperschaften die Entwicklung der Landwirtschaft beeinflussen wollen, oder ob man den Begriff weiter fassen und auch die ohne staatliches Zutun durch Selbsthilfe geschaffenen Maßnahmen und Organisationen einbeziehen soll. Wir halten diesen ganzen Streit für müßig. Gewiß ist es richtig, daß mit dem Begriff der Politik eine öffentliche Wirksamkeit untrennbar verknüpft ist. Doch braucht sich eine solche nicht nur auf unmittelbar staatliche Maßnahmen zu beschränken. Selbst in einem hochentwickelten Gemeinwesen wird die öffentliche Gewalt nicht imstande sein, die Summe aller wirtschaftlichen und sozialen Beziehungen autoritär zu regeln. Ein mehr oder weniger großer Spielraum wird der freien Selbstbetätigung belassen werden müssen, welche, wenn sie sich in den Dienst von Kollektivinteressen stellt, einen öffentlichen Charakter annehmen kann, auch ohne daß die öffentliche Gewalt sich unmittelbar damit beschäftigt. Das Spezifikum der Politik ist in solchen Fällen in der Duldung dieser freieren Gebilde zu suchen. Der Staat erkennt damit stillschweigend an, daß von diesen ein Kollektivinteresse in einer Weise vertreten wird, die dem Gesamtinteresse, das er wahrzunehmen hat, nicht widerspricht. Nicht selten wird sich im Laufe der Entwicklung aus einer solchen Duldung eine Förderung mit öffentlichen Mitteln ergeben, womit die „Politik" aus ihrer Passivität heraustritt und aktiv wird. Gerade in der Agrarpolitik gibt es hierfür genug Beispiele. So wurden die auf Selbsthilfe beruhenden Genossenschaften zunächst nur geduldet, dann durch die Genossenschaftsgesetzgebung sanktioniert, um endlich durch staatliche Kredithilfe unmittelbar von Staats wegen gefördert zu werden.

Wer in das Wesen der Agrarpolitik eindringen will, wird daher guttun, ihren Wirkungskreis nicht allzu eng zu umgrenzen. Die Grenze, wo das Einzelinteresse zum Kollektiv- und zum Gesamtinteresse wird, ist beweglich und verschiebt sich ständig. Sache des Politikers, der nicht nur das Sein, sondern auch das Seinsollen erkennen will, wird es aber gerade sein, diese Grenze zu bestimmen und der öffentlichen Gewalt die Wege zu weisen, die sie im wohlverstandenen Gemeininteresse zu gehen hat. Im Begriff „Politik" ist eine solche Zielsetzung enthalten. Je nach den allgemeinen wirtschaftlichen und gesellschaftlichen Voraussetzungen wird sie verschieden sein.

Das erweist die Geschichte der Agrarpolitik.

1. Die ältere Zeit.

Wenn wir von dem Altertum absehen, das in den Kreis dieser Betrachtungen nicht einbezogen werden soll, kann in der ganzen älteren Zeit bis über die Schwelle der Neuzeit hinaus von einer Agrarpolitik nur insofern die Rede sein, als die Besiedelung der in den Kulturkreis eintretenden Länder vollzogen wurde — gewiß eine Tatsache von höchster sozialwirtschaftlicher Bedeutung und Tragweite, weil die Art und die Form der ersten Landverteilung bis auf die Gegenwart nachwirkt. Doch handelte es sich dabei nicht immer um eine bewußt agrarpolitische Handlung in dem Sinne etwa, wie in der modernen Zeit Staaten Außen- und Innenkolonisation betreiben. In der Mehrzahl der Fälle ging die Kolonisation der Staatengründung voraus. Auch im übrigen kann von einer bewußten Förderung der Landwirtschaft nicht gesprochen werden. Nicht weil man die Landwirtschaft in ihrer Bedeutung unterschätzt hätte. Man hat sie überhaupt nicht eingeschätzt. Sie war schlechthin selbstverständlich. Bildete sie doch die Grundlage alles wirtschaftlichen Seins. Sie galt, wie Roscher gesagt hat, für eine „Lebensart und Sitte", nicht für „eine Wissenschaft, Kunst oder auch nur für eine Industrie". Neben den Landwirten traten die übrigen Berufsstände der Krieger, Geistlichen und städtischen Gewerbetreibenden numerisch stark zurück. Und auch diese Berufsgruppen waren gewöhnlich im Nebenberuf Landwirte. Das galt nicht nur vom Ritter und vom Geistlichen, sondern auch vom Städter. Die Mehrzahl der Städte war klein an Umfang und ihrem wirtschaftlichen Charakter nach ländlich; der Ackerbürger bildete den vorherrschenden Typus. Aber auch in den großen Städten waren die Bürger von der Agrikultur nicht ganz losgelöst. Den Hauptteil ihrer Nahrungsmittel erzeugten sie auf eigenen Äckern und Gärten. Das platte Land lieferte nur Zuschüsse vor allem an leicht transportablen Erzeugnissen, wie Getreide und Großvieh.

Unter solchen Verhältnissen konnte sich der Begriff einer Agrarpolitik als eines besonderen Zweiges der Wirtschaftspolitik nicht herausbilden. Als sich aber infolge des Aufblühens der Städte ein gewisser Gegensatz des spezifisch städtischen Gewerbes zu der Landwirtschaft entwickelte, wurde dieser von den Zeitgenossen als ungesund und unnatürlich empfunden, als Symptom einer Erkrankung des Volkskörpers. Wenn sich im Mittelalter führende Geister mit volkswirtschaftlichen Problemen beschäftigt haben, wurden sie gewöhnlich von der Anschauung beherrscht, daß der Landbau die löblichste Art wirtschaftlicher Betätigung sei. Auch noch zur Zeit der Renaissance und Reformation, als das Städtewesen zu einer hohen Blüte gekommen war, und sich die Anfänge moderner Staatenbildung zeigten, blieb diese alte Hochschätzung des Ackerbaues und die weniger günstige Beurteilung der anderen Erwerbszweige.

„Während die Scholastiker den Ackerbau in hohem Grade rühmen, sagen sie vom Handwerke: Deo non displicet, dagegen vom Kaufmanne: Deo placere non potest."

In Luthers Schriften finden wir folgende Sätze: „Ich sehe nicht viel guter Sitten, die je in ein Land kommen sein durch Kaufmannschaft, und Gott vor Zeiten sein Volk von Israel darumb von dem Meere wohnen ließ, und nicht viel Kaufmannschaft treiben." Die Kaufleute seien schlimmer als Straßenräuber, „sintemalen alle Kaufleute täglich die ganze Welt rauben, wo der Räuber im Jahr einmal oder zwei einen oder zween beraubt". Dagegen sagt er, der Adel habe „eine feine und ehrliche Nahrung, dergleichen auch der Bauersmann. Denn der Ackerbau ist eine göttliche Nahrung, und die lieben Patriarchen haben diese Nahrung auch gehabt. Sie kommt stracks vom Himmel herab". Es „wäre viel göttlicher, Ackerwerk mehren und Kaufmannschaft mindern; und die tun viel besser, die der Schrift nach die Erden arbeiten und ihre Nahrung daraus suchen". (Roscher, Gesch. d. Nationalökonomie, S. 7 und S. 59.)

2. Der Merkantilismus.

Der Merkantilismus bildet die erste starke Reaktion gegen diese wirtschaftliche Einseitigkeit. Er ist das Wirtschaftssystem, das mit den Anfängen der modernen Staatenbildung zusammenfällt. Der Staat des aufgeklärten Absolutismus tritt an die Stelle des Feudalstaates und setzt sich im Widerstreit mit der ständisch organisierten Grundaristokratie durch. Was lag näher für den Landesherrn, als sich in diesem Kampfe auf diejenigen Schichten zu stützen, die von jeher in einem Gegensatz zu den alten feudalen Mächten gestanden hatten, auf die Vertreter des Gewerbefleißes und des Handels. Der Merkantilismus ist daher schon aus politischen Gründen ein Förderer von Industrie und Handel. Aber nicht nur um dieses Gegensatzes willen. Die Grundlagen des Wirtschaftslebens hatten angefangen, sich in der Richtung von der Natural- zur Geldwirtschaft zu verschieben. Hatte die Militärmacht des Feudalstaates auf dem Lehnsdienste der

Grundbesitzer geruht, so gründete sie sich nunmehr auf das Söldnerheer. Am mächtigsten war, wer die meisten Söldner bezahlen konnte. Die Macht der Krone und des Staates hing daher von der Höhe der Staatseinkünfte ab. Der private Grundbesitz kam als einträgliches Steuerobjekt nicht in Betracht, weil der privilegierte Adel gewöhnlich von der Grundsteuer oder gar von der Besteuerung überhaupt eximiert war. Der Landesherr mußte sich daher Einnahmequellen erschließen, die seinem Zugriff unbeschränkt offenstanden. Solche bot der Gewerbefleiß, und da mit der Aufnahme desselben auch die Einkünfte wuchsen, mußte der Landesherr schon aus diesem Grunde eine bewußte Industrie- und Handelspolitik treiben.

Die Agrarpolitik trat daneben zurück. Doch wurde sie nicht außer acht gelassen, besonders in solchen Staaten nicht, die für die Entwicklung von Handel und Gewerbe weniger große Möglichkeiten boten, wie das vor allem für die deutschen Territorialstaaten zutraf. Doch auch in diesem Falle übte der Gegensatz zwischen Landesherren und Ständen einen bestimmenden Einfluß aus, und zwar nach zwei Richtungen hin, indem die Landesherren einmal vor allem Domänenpolitik trieben, und zweitens dem Bauernstande eine besondere Förderung angedeihen ließen.

Die Möglichkeit und Veranlassung zu einer Domänenpolitik bot sich vor allem in Ostdeutschland, wo die Landesherren über einen reichen Domanialbesitz verfügten. Seine Pflege und Mehrung mußte eine Steigerung der dem ständischen Zugriff entzogenen Staatseinnahmen zur Folge haben. In kleineren Staaten ging daher der Landesherr wohl so weit, daß er den adeligen Grundbesitz womöglich ganz aufkaufte und seinen Domänen einverleibte. Aber auch wo das nicht geschah, beschränkte sich die damalige Agrarpolitik vorzugsweise auf die Pflege der Domänen. Hier auf den Domänen leisten die Landesherren des 17. und 18. Jahrhunderts Großes in der Förderung des Landbaues. Hier wird damals die Grundlage gelegt für alles das, was die deutsche Landwirtschaft später bedeuten sollte. Die Agrikultur hebt sich, die Düngung wird besser, neue Feldfrüchte und Futtergewächse werden eingeführt, die Viehhaltung wird gesteigert und verbessert, Wälder werden gerodet, Sümpfe trocken gelegt, Flüsse reguliert, Kanäle ausgehoben. Auch die großen Unternehmungen auf dem Gebiete der Innenkolonisation beschränken sich in der Hauptsache auf Domänenländereien, wie z. B. König Friedrich Wilhelms I. großes Kolonisationswerk in Litauen in erster Reihe darauf zurückzuführen ist, daß hier der Krone der Hauptteil des Landes gehört. Es ist auch bezeichnend, daß auf den Universitäten des 18. Jahrhunderts die Landwirtschaftswissenschaft als ein Zweig der Cameralia, die ihre Bezeichnung von der Domänen-Verwaltungsbehörde, der Domänenkammer, ableiten, gepflegt wird.

Hand in Hand mit der Domänenpolitik geht die Förderung des Bauernstandes. Die Motive dazu sind zum Teil die gleichen. Der Bauer als Steuerzahler muß erhalten werden. Denn wenn auch der Hauptteil der bäuerlichen Abgaben dem Landesherrn entzogen war und dem grundherrlichen Adel zufloß, so traf das doch nicht für alle Abgaben und nicht allerorts im gleichen Umfange zu. Es mußte daher im Interesse des Landesherrn verhindert werden, daß die Bauern vom Grundherrn wirtschaftlich geschwächt oder gar „gelegt" wurden. Daneben sprachen noch allgemein staatspolitische und militärische Gründe für die Erhaltung des Bauernstandes.

Auf diesem Gebiete des sogenannten Bauernschutzes griff der Landesherr schon in den Bereich des privaten Grundbesitzes über. Wie ja überhaupt die Gewalt der Krone vor diesem nicht Halt machte, insbesondere, seit der alte Streit zwischen Landesherrn und Ständen zugunsten des ersteren entschieden und die Macht der Krone „stabiliert war wie ein rocher de bronze"; eine Förderung auch des adligen Grundbesitzes brauchte keine Beeinträchtigung der landesherrlichen Gewalt mehr zur Folge zu haben. So hat z. B. Friedrich der Große viel auch für die Erhaltung der Rittergutsbesitzer getan, gewährte ihnen Staatsunterstützungen und Darlehen im Falle von Notständen und zum Zwecke von Meliorationen und gründete ritterschaftliche Kreditinstitute, die Landschaften.

Aber so hoch man auch die Landwirtschaftspflege einzelner Vertreter des landesfürstlichen Merkantilismus einschätzen mag, — das eigentlich Bezeichnende für ihre Wirtschaftspolitik ist doch die Industrie- und Handelspolitik. In ganz besonderem Maße gilt das von den damals politisch und wirtschaftlich führenden Ländern, von Italien, Spanien, Frankreich, Holland, England. Hier beherrschte unter dem Einfluß einer sehr viel reicheren städtischen Entwicklung und eines stärkeren Bedürfnisses an feineren gewerblichen Erzeugnissen der Industrialismus die Wirtschaftspolitik in viel höherem Maße als in Deutschland. Ja es kam dort, wie in Spanien und in Italien, unter der Herrschaft des Merkantilismus zu einem Tiefstand der landwirtschaftlichen Erzeugung, der an Vernichtung grenzte. In Frankreich und England nahm diese Entwicklung so stark ruinöse Formen zwar nicht an. Immerhin war der französische Colbertismus ausgesprochen ein Industrialismus, und in England wurde die damalige Wirtschaftspolitik höchst einseitig auf die Wollproduktion, die Wollindustrie und auf eine für den überseeischen Absatz arbeitende Manufakturwirtschaft eingestellt.

Das Mittel, um die Ziele der merkantilistischen Wirtschaftspolitik zu erreichen, bestand in einer Beeinflussung und Regelung der Preisbildung. So wie man das Rüstzeug der mittelalterlichen stadtwirtschaftlichen Preispolitik, das Taxwesen, für die Lokalmärkte übernahm und ausbaute, übertrug man die gleichen Grundsätze auch auf die sich anbahnenden internationalen Handelsbeziehungen. Durch Zölle, Einfuhr-, Durchfuhr- wie Ausfuhrzölle, suchte man den Güterverkehr und die Preisbildung in einer dem eigenen Landesinteresse vorteilhaften Weise zu regeln. Da man vor allem die Fertigindustrie zu heben suchte, wurde die Einfuhr von Fabrikaten und die Ausfuhr von Rohstoffen erschwert. In der Agrarpolitik wirkte sich dieses Streben dahin aus, daß man vor allem die Ausfuhr von Getreide hemmte oder verbot. In Ländern mit stärkerer agrarischer Produktion, wie Preußen, wurde ein System wechselnder Getreideein- und ausfuhrverbote verbunden mit einem staatlichen Getreidemagazinwesen angewandt, um den Getreidepreis „auszubalancieren" und auf einer mittleren Höhe zu halten.

3. Der wirtschaftliche Liberalismus und seine Gegner.

Gerade gegen dieses Rüstzeug merkantilistischer Wirtschaftspolitik wandte sich die im letzten Drittel des 18. Jahrhunderts einsetzende Gegenbewegung mit besonderer Heftigkeit. Und da sie naturgemäß dort zuerst eintrat, wo der Merkantilismus seine höchste Ausbildung erfahren hatte, in den stark industrialisierten Ländern Frankreich und England, verband sich mit dieser Bewegung eine Reaktion gegen den Industrialismus unter nachdrücklicher Betonung der Bedeutung der Landwirtschaft. So bauen die französischen Physiokraten ihre Lehre auf dem Grundgedanken der alleinigen Produktivität des Ackerbaues auf, und bei Adam Smith finden sich Ausführungen, welche Reminiszenzen an Anschauungen längst vergangener Zeiten wachrufen, wenn bei einer Gruppierung der einzelnen Berufe nach ihrer sozialen und wirtschaftlichen Nützlichkeit die Landwirtschaft als die schwierigste und nützlichste aller Künste gepriesen und aus der Antipathie gegen die Kaufleute und Fabrikanten kein Hehl gemacht wird. Beim Landwirt, sagt Adam Smith, decke sich stets das persönliche mit dem Allgemeininteresse, dagegen hätten die beiden anderen Berufsgruppen gewöhnlich nur das Interesse „das Publikum zu betrügen". Es bleibe auch nicht unerwähnt, daß der Klassiker der individualistischen Volkswirtschaftslehre, Ricardo, auf der landwirtschaftlichen Grundrentenbildung sein fein konstruiertes System aufbaut.

Doch wird von der individualistischen Volkswirtschaftslehre dem merkantilistischen Industrialismus nicht etwa ein positiv agrarpolitisches Programm entgegengestellt. Das hätte nach ihrer Anschauung von den Segnungen des freien Spiels der Kräfte nur den Ersatz eines Irrtums durch einen anderen bedeutet. Verurteilt diese Lehre doch jede Bevorzugung eines Gewerbezweiges auf Kosten eines anderen. Was sie verlangt, ist gleiche Behandlung aller, oder, besser gesagt, sie will überhaupt keine aktiv eingreifende Wirtschaftspolitik. Von dem freien Spiel der Kräfte erwartet sie das Wohl des einzelnen, wie das harmonische Gedeihen des Ganzen.

Gleichwohl wurde mit unter dem Einfluß des wirtschaftlichen Liberalismus eine Agrarreform durchgeführt, wie sie bedeutungsvoller nicht gedacht werden kann. Wir pflegen sie unter der Bezeichnung „Bauerbefreiung" zusammenzufassen, obwohl sie sich nicht auf die Beseitigung der persönlichen und dinglichen Lasten des Bauern beschränkte, sondern auch den landwirtschaftlichen Boden von jener Gebundenheit befreite, die ihm Gemeinheiten, Flurzwang und Servitute auferlegten.

Auf den folgenden Blättern werden wir uns mit dieser großen Agrarreform und ihren Wirkungen noch zu beschäftigen haben. Hier sei lediglich auf den grundsätzlichen Gegensatz zu der früheren und späteren Agrarpolitik hingewiesen. Nicht die positive Förderung der Landwirtschaft durch agrarpolitische Einzelmaßnahmen ist ihr Ziel, sondern vielmehr die Befreiung des Landbebauers und der landwirtschaftlichen Bevölkerung von all den Fesseln, die vordem dem Landwirt bei der Ausübung seines Gewerbes auferlegt waren. Der Landwirt wird frei. Durch keine Schranken gehemmt, vermag er seine Wirtschaft nach lediglich ökonomischen Erfordernissen zu gestalten. Der Boden, aus aller Gebundenheit gelöst, kann sich zum besten Wirt bewegen. Alle Schranken fallen. Jeder staatliche Eingriff in das freie Gebilde des Wirtschaftslebens wird verworfen. Nicht nur auf dem Gebiete der Landwirtschaft, sondern der Volkswirtschaft überhaupt.

Die Reaktion gegen diese radikale Ablehnung der Staatstätigkeit auf wirtschaftlichem Gebiete konnte nicht ausbleiben und mußte zuerst in denjenigen Ländern erwachen, deren industrielle Entwicklung noch zurückgeblieben war. Vom freien Wettbewerb hat allemal der wirtschaftlich Stärkere den größten Vorteil. Das industriell am weitesten fortgeschrittene England bereicherte sich auf Kosten der anderen Völker. Noch überwiegend agararische Länder, wie es damals Deutschland und die Vereinigten Staaten von Amerika waren, gerieten ins Hintertreffen. Zwar entwickelte sich ihre Landwirtschaft recht gut. Als Agrarexportländern kam ihnen die Beseitigung der internationalen Zollschranken ebenfalls zu statten. Doch konnte ihre Industrie nicht hochkommen, weil auf sie die besseren und billigeren englischen Erzeugnisse drückten. Ganz erklärlich, daß man in diesen Ländern zuerst an der allein seligmachenden Wahrheit vom Segen des freien Wettbewerbs zu zweifeln begann. In Deutschland war es Friedrich List, der diesen Glauben erschütterte und eine Lehre aufstellte, nach der der Staat berufen sei, durch positive Maßnahmen die Volkswirtschaft so auszugestalten, daß alle Wirtschaftszweige sich gleichmäßig zu voller Blüte entfalten könnten. Da in dem Deutschland seiner Zeit vor allem die Industrie förderungsbedürftig war, forderte er für Industrieerzeugnisse als „Erziehungszölle" gedachte Schutzzölle.

Der Gedankengang Lists ist für die Grundsätze der Agrarpolitik lehrreich genug, um es zu rechtfertigen, mit einigen Worten darauf einzugehen: „Beim rohen Ackerbau", sagt er, „herrscht Geistesträgheit, körperliche Unbeholfenheit, Festhalten an alten Begriffen, Gewohnheiten, Gebräuchen und Verfahrungsweisen, Mangel an Bildung, Wohlstand und Freiheit." Das hängt damit zusammen, daß die Ackerbau treibende Bevölkerung zerstreut auf der ganzen Oberfläche des Landes lebt und nur wenig geistigen und materiellen Verkehr pflegen kann. Zudem bringt es der Beruf des Landmanns mit sich, es mehr mit der leblosen Natur als mit Menschen zu tun zu haben. „Gewohnt, erst nach langem Zeitverlauf da zu ernten, wo er gesät, und den Erfolg seiner Anstrengungen einer höheren Macht anheimzustellen, wird ihm Genügsamkeit, Geduld, Resignation, aber auch Schlendrian und Geistesträgheit zur anderen Natur." „Von der Wiege bis zum Grabe bewegt er sich stets in demselben beschränkten Kreise von Menschen und Verhältnissen." — „Der Geist des Strebens nach steter Vermehrung der geistigen und materiellen Güter, des Wetteifers und der Freiheit charakterisiert dagegen den Manufaktur- und Handelsstaat." „Wenn der Landmann den Segen hauptsächlich von der Natur erwartet, so beruht die Prosperität und die Existenz des Manufakturisten hauptsächlich auf dem Verkehr." „Überall hat er es mit Menschen, mit wandelbaren Verhältnissen, mit Gesetzen und Einrichtungen zu tun; er hat hundertmal mehr Gelegenheit, seinen Verstand zu bilden als der Agrikulturist." Der ewige Wettbewerb mit seinen Konkurrenten, wodurch seine Existenz und sein Wohlstand fortwährend bedroht wird, ist ihm ein scharfer Ansporn zu unaufhörlicher Tätigkeit, zu rastlosem Fortschreiten. „Diese Verhältnisse produzieren bei dem Manufakturisten eine Energie, die beim rohen Ackerbau nirgends wahrzunehmen ist." „Schon der Umstand, daß in Manufakturstaaten der Wert der Zeit ungleich mehr erkannt wird, als in Agrikulturstaaten, weist auf den höheren Stand der Arbeitskraft in diesem Zustande. Der Zivilisationsgrad einer Nation und der Wert ihrer Arbeitskraft läßt sich nicht sicherer bemessen, als nach dem Grade des Wertes, den sie der Zeit beilegt. Der Wilde liegt tagelang müßig in seiner Hütte. Wie soll der Wilde den Wert der Zeit schätzen lernen, er, dem sie eine Last ist, welche nur die Schalmei oder der Schlaf ihm erträglich macht? Wie soll der Sklave, ein Leibeigener, ein Fröner mit der Zeit haushalten lernen, er, dem die Arbeit Strafe und Müßiggang Gewinn ist. Zur Erkenntnis des Wertes der Zeit kommen die Völker erst durch die Industrie. Jetzt bringt Zeitgewinn Zinsengewinn, Zeitverlust Zinsenverlust. Der Eifer des Manufakturisten, seine Zeit höchstmöglich zu verwerten, teilt sich dem Agrikulturisten mit. Durch die vermittelst der Manufakturen vergrößerte Nachfrage nach landwirtschaftlichen Produkten wird die Rente, also der Wert des Grund und Bodens, gesteigert, größere Kapitale werden auf den Betrieb verwendet, die Genüsse vermehren sich, man muß dem Boden einen größeren Ertrag abgewinnen, um die vermehrten Renten und Kapitalzinsen und die größeren Konsumtionen zu bestreiten." — So erstrecken sich die günstigen Wirkungen der Industrie bald bis auf den Ackerbau. „Nirgends wird man vollkommenere landwirtschaftliche Maschinen und Gerätschaften finden, nirgends wird der Ackerbau mit so viel Verstand betrieben werden, als in Ländern, wo die Industrie blüht. Unter dem Einfluß der Manufakturen erhebt sich die Agrikultur selbst zu einem Gewerbe, zu einer Kunst, zu einer Wissenschaft." — Weit entfernt, den Landbewohnern Nachteil zu bringen, gereicht eine städtische industrielle Entwicklung diesen zu unberechenbarem Vorteil. „Der eigene Vorteil der Städte macht es ihnen zur Pflicht, die Agrikulturisten zu Genossen ihrer Bildung und ihres Wohlstandes zu erheben. Denn je größer die geistigen Güter unter den Landbewohnern, um so größer ist die Summe der Lebensmittel und Rohstoffe, welche sie den Städten liefern, um so größer die Summe der Fabrikate, welche sie von den Städten beziehen, also der Wohlstand der Städte. Das Land empfängt Energie, Aufklärung, Freiheit und Institutionen von den Städten, die Städte aber garantieren sich den Besitz der Freiheit und der Institutionen, indem sie die Landbewohner zu Teilnehmern an dieser Errungenschaft erheben. Die Agrikultur, welche zuvor nur Herren und Knechte nährte, gibt jetzt dem Gemeinwesen die unabhängigsten Verteidiger seiner Freiheit. Auch in der Landwirtschaft ist es jetzt jeder Kraft möglich, sich hervorzutun."

Friedrich List ist nicht Industrialist in dem Sinne, daß er die Bedeutung der Landwirtschaft für die Volkswirtschaft unterschätzt, doch hält er die höchstmögliche Entwicklung einer Volkswirtschaft erst in einem Lande mit hochstehender Industrie für möglich, und er sieht mithin in dieser die Voraussetzung auch für eine blühende Landwirtschaft. Man muß die Industrie fördern auch um der Landwirtschaft willen. Die befruchtende Wirkung, die ein Wirtschaftszweig auf den anderen ausübt, wird klar erkannt. Es gibt keine Antagonie zwischen Industrie und Landwirtschaft: Es sind Zweige am gleichen Stamme. Eine Erkenntnis, die jedem Unbefangenen ohne weiteres einleuchtet, auf die aber nachdrücklich hingewiesen werden muß, weil sie im Widerstreit der Einzelinteressen allzu leicht außer acht gelassen wird. Eine Unzahl wirtschaftspolitischer Schriften wäre ungeschrieben geblieben, wenn die Autoren sich dieser Wahrheit bewußt gewesen wären. Im besonderen wäre es nicht möglich gewesen, in dem späteren Kampfe um die deutschen Agrarzölle Friedrich List als Kronzeugen für die Verwerflichkeit von Getreidezöllen aufzurufen. Wenn List Industriezölle forderte, Agrarzölle aber ablehnte, so erklärt sich das daraus, daß das Deutschland seiner Zeit wohl einer Förderung der Industrie, nicht aber der Landwirtschaft bedurfte. Die damalige Konjunktur war der deutschen Landwirtschaft günstig. Sie befand sich auf allen ihren Zweigen in einer Aufwärtsbewegung. Durch hohe Produktenpreise angeregt, durch wissenschaftliche Entdeckungen gefördert, hob sich die landwirtschaftliche Technik. Die Grundrente stieg, der Wohlstand der Landwirte mehrte sich. Zu Maßnahmen einer positiv fördernden Agrarpolitik war im allgemeinen keine unmittelbare Veranlassung gegeben.

4. Die Agrarkrisis.

Das änderte sich mit einem Schlage, als Ende der 70er Jahre über die west- und mitteleuropäischen Länder die Agrarkrisis hereinbrach. Infolge der Ausgestaltung der Verkehrsmittel und der Verbilligung der Frachtpreise konnten die überseeischen und osteuropäischen Agrarländer ihre billiger erzeugten Produkte auf die Märkte der Kulturländer werfen. Die Preise für die Erzeugnisse des heimischen Landwirts wurden gedrückt. Das mußte ihn um so schwerer treffen, als er die technischen Verbesserungen, die in Angriff genommen waren, in der Erwartung einer Aufwärtsbewegung oder doch einer gewissen Stabilität der Preise unternommen hatte. Zugleich erhöhten sich für ihn die Produktionskosten, weil die Wirkungen der ausländischen Konkurrenz mit einer industriellen Hochkonjunktur zusammenfielen, die eine Steigerung der Arbeitslöhne auch in der Landwirtschaft zur Folge hatte.

Der Landwirt stand dieser Erschütterung ziemlich hilflos gegenüber. Er hatte seine wirtschaftliche Freiheit im vollen Umfange erhalten, er war zum selbständigen und selbstverantwortlichen Unternehmer geworden, doch hatte er sich nicht eben so schnell in die ihm bis dahin völlig fremde Geld- und Kreditwirtschaft hineingefunden. So bedrohte ihn die Gefahr einer Verschuldung unmittelbar in demselben Augenblicke, wo die Konjunktur für ihn ungünstig wurde. Auf einmal gab es eine Agrarfrage, die sich aus mehreren, untereinander wieder zusammenhängenden Einzelproblemen zusammensetzte.

Es beginnt eine neue Epoche der Agrarpolitik. Der Staat kann nicht tatenlos zusehen, daß ein so wichtiges Glied des Volkskörpers, wie es die landwirtschaftliche Bevölkerung bildet, dem Siechtum verfällt. Jeder der betroffenen Staaten macht sein Agrarprogramm. Je nach den wirtschaftlichen Verhältnissen des einzelnen Landes ist dieses in seiner Zielsetzung verschieden, aber keiner der Staaten kann an den neuen Problemen ganz vorbeigehen. Wohl am weitesten geht der deutsche Staat, für den die Agrarfrage eine eminent politische Frage ist.

Das Rüstzeug merkantilistischer Wirtschaftspolitik wird wieder hervorgeholt und angewandt: Schutzzölle, öffentliche Kreditwirtschaft, Innenkolonisation usw. Nicht mit Unrecht hat man diese Epoche als neomerkantilistisch bezeichnet. Doch ist der Geist, von dem diese Agrarpolitik getragen wird, ein anderer. Nicht das fiskalische Interesse ist der eigentliche Antrieb, sondern die politische und gesellschaftliche Anteilnahme an einer gesunden, wirtschaftlich gedeihenden ländlichen Bevölkerung. Und auch darin ist ein wesentlicher Unterschied zu der früheren Zeit zu erkennen: Der moderne Staat ist befähigt und berechtigt, der Selbsthilfe der ländlichen Bevölkerung einen weiten Spielraum zu lassen, durchaus zufrieden, wenn nur das große Gesamtziel erreicht wird.

Über die moderne Agrarfrage und die Mittel ihrer Lösung wird noch ausführlich gesprochen werden müssen. Der Weltkrieg und seine Auswirkungen haben allerdings neue Voraussetzungen geschaffen, doch nichts an der Tatsache geändert, daß auch in der Folgezeit eine aktive Agrarpolitik notwendig sein wird. Manche von den Fragen, die früher als problematisch galten, sind es heute nicht mehr, oder sie sind gegenstandslos geworden. Aber dafür sind neue Probleme aufgetaucht, die ihrer Lösung harren.

2. Kapitel.

Die Bedeutung der Landwirtschaft, vorzüglich der deutschen, für die Volkswirtschaft.

1. Die landwirtschaftliche Bevölkerung.

Wenn man bedenkt, daß noch zu Beginn des 19. Jahrhunderts nahezu drei Viertel der deutschen Bevölkerung auf dem Lande wohnten und daß von den damaligen Städtern auch noch ein beträchtlicher Teil haupt- oder nebenberuflich landwirtschaftlich tätig war — und wenn man dem gegenüberstellt, daß im Jahre 1907 die Berufszugehörigen der deutschen Landwirtschaft nur noch 28,6% der Gesamtbevölkerung ausmachten, dann kann man verstehen, daß unter dem Eindruck dieser und ähnlicher Zahlen wohl die Meinung aufkommen konnte, es hier mit einem, wenn auch nicht gerade absterbenden, so doch in seinem Wachstum verkümmernden Wirtschaftszweige zu tun zu haben. Deutschland, so hörte man wohl, sei zum Industriestaat geworden.

Solche schlagwortartig verbreiteten Äußerungen waren indes weit übertrieben und beruhten, soweit sie auf die Angaben der Berufsstatistik zurückgingen, auf einer falschen Einschätzung derselben. Die als überwältigend groß erscheinende Abnahme der ländlichen Bevölkerung war in Wahrheit weit weniger stark und beruhte zum Teil darauf, daß sich im Laufe des 19. Jahrhunderts eine Berufssonderung vollzogen hatte.

Wir müssen bedenken, daß noch zu Beginn des 19. Jahrhunderts eigentlich fast jedermann und auch der Städter Landwirtschaft trieb.

Berlin z. B., damals die größte deutsche Stadt nächst Wien, glich trotz seiner 200000 Einwohner mehr einem riesigen Dorfe als einer modernen Stadt. Die meisten Bürger hatten noch ihren eigenen Viehstall und ihren Ackergarten vor dem Tore. Tagtäglich zogen Viehherden durch die Straßen Berlins, um vor den Toren zu weiden und abends wieder in ihre Ställe zurückzukehren.

Die Bürger waren zum größten Teil noch ihre eigenen Landwirte, und umgekehrt waren die Landbewohner noch Hausindustrielle. Industrie und Berufshandwerk gab es auf dem Lande so gut wie gar nicht. Der Bauer jener Zeit war noch sein eigener Schlächter, Bäcker und Brauer, sein eigener Maurer, Zimmermann und Tischler. Das Hemd am Leibe stammte von selbstgeerntetem, selbstversponnenem und selbstgewebtem Flachse. Der Rock, den er trug, bestand aus Wolle, die in eigener Wirtschaft gewonnen und im eigenen Hause verarbeitet worden war.

Die Hauswirtschaft beherrschte das gesamte Wirtschaftsleben. Wenn daher zu Beginn des 19. Jahrhunderts die Landwirte der Zahl nach so außerordentlich stark erscheinen, liegt es mit daran, daß sie nicht eigentlich alle Landwirte im heutigen Sinne waren, sondern Inhaber von Hauswirtschaften auf agrarischer Basis. Es waren, worauf auch Sombart hingewiesen hat, Berufszwitter, die etwa zu zwei Drittel Landwirte, zu ein Drittel Gewerbetreibende waren. Im Laufe des 19. Jahrhunderts hat sich nun eine Berufssonderung vollzogen, derart, daß der Landmann sich weit ausschließlicher auf die eigentlich landwirtschaftliche Tätigkeit beschränkt, während er die früher im eigenen Haushalt hergestellten Gewerbeprodukte fertig vom städtischen Gewerbetreibenden bezieht, der seinerseits wieder mehr und mehr auf die Erzeugung landwirtschaftlicher Produkte verzichtet und sich ganz auf sein besonderes Gewerbe geworfen hat. Es leuchtet ein, daß sich in der Berufsstatistik dieser Vorgang als eine starke Abnahme der Landwirte und als eine starke Zunahme der Gewerbetreibenden äußern muß.

Es ist auch nicht so, daß während des ganzen letzten Jahrhunderts die Bevölkerung auf dem Lande immer nur abgenommen, die Bevölkerung in den Städten immer nur zugenommen hätte. Wer die Statistik daraufhin ansieht, wird feststellen können, daß bis 1870 die deutsche Bevölkerung auf dem Lande und in den Städten ziemlich gleichmäßig zugenommen hat. Erst nach 1870 beginnt in vollem Ausmaße jene Entwicklung, die in Deutschland eine so bevölkerungsaufnahmefähige Exportindustrie schuf. Doch brauchte dadurch noch nicht eine Abnahme der landwirtschaftlichen Bevölkerung bedingt zu sein. Die Landwirtschaft ist infolge der Beschränkungen, die die Eigenart ihrer Produktion ihr auferlegt, nur nicht ebenso menschenaufnahmefähig. Sie vermag ihren Nachwuchs nur insoweit aufzunehmen, als er zur Rekrutierung des eigenen Menschenbestandes nötig ist. Der Überschuß muß anderweitig Beschäftigung suchen. Die Abwanderung vom Lande in die Stadt ist also ein durchaus natürlicher, ja wünschenswerter Vorgang. Wenn sie in Deutschland zeitweise über das notwendige Maß hinausging und in eine Landflucht ausartete, so war das auf besondere soziale Krankheitserscheinungen zurückzuführen, wovon später noch die Rede sein wird.

Aber auch so war Deutschland weit davon entfernt, ein Industriestaat zu sein in dem Sinne, daß es darauf angewiesen gewesen wäre, die Erzeugnisse seiner Industrie dazu zu benutzen, um sich aus dem Auslande dafür agrarische Produkte etwa in dem Umfange einzutauschen, wie es bei England der Fall war. Von den Erzeugnissen der deutschen Industrie ging nur ein verhältnismäßig kleiner Teil, etwa ein Viertel, ins Ausland. Was die deutsche Industrie erzeugte, das setzte sie in der Hauptsache im eigenen Lande ab. Der Güteraustausch vollzog sich also noch immer hauptsächlich in der Weise, daß die Erzeugnisse der deutschen Industrie gegen die Erzeugnisse der deutschen Landwirtschaft eingetauscht wurden.

Das änderte nichts an der Tatsache, daß sich in der Berufsgliederung eine große Wandlung vollzogen hatte.

1907 gehörten den einzelnen Berufsabteilungen an:

	Erwerbstätige im Hauptberuf		Berufszugehörige insgesamt	
	überhaupt Millionen	auf 100 der Gesamtzahl	überhaupt Millionen	auf 100 der Gesamtzahl
A. Land- und Forstwirtschaft	9,9	32,7	17,7	28,6
B. Industrie und Bergbau	11,3	37,2	26,4	42,8
C. Handel, Verkehr, Gastwirtschaft	3,5	11,5	8,3	13,4
D. Persönlicher Dienst und Lohnarbeit wechselnder Art	0,5	1,6	0,8	1,3
E. Öffentl. Dienst und freie Berufe	1,7	5,7	3,4	5,5
F. Berufslose	3,4	11,3	5,1	8,4
Insgesamt	30,2	100,0	61,7	100,0

Sowohl den Erwerbstätigen als auch vor allem den Berufszugehörigen nach wies die Berufsabteilung B beträchtlich höhere Zahlen auf als die Landwirtschaft. Die Berufszählung von 1882 hatte noch folgendes Bild gezeigt:

	Erwerbstätige im Hauptberuf		Berufszugehörige insgesamt	
	überhaupt Millionen	auf 100 der Gesamtzahl	überhaupt Millionen	auf 100 der Gesamtzahl
A. Land- und Forstwirtschaft	8,2	43,4	19,2	42,5
B. Industrie und Bergbau	6,4	33,7	16,1	35,5
C. Handel, Verkehr, Gastwirtschaft ...	1,6	8,3	4,5	10,0
D. Persönlicher Dienst und Lohnarbeit wechselnder Art ..	0,4	2,1	0,9	2,1
E. Öffentl. Dienst und freie Berufe	1,0	5,4	2,2	4,9
F. Berufslose	1,4	7,1	2,2	5,0
Insgesamt	19,0	100,0	45,2	100,0

Hält man beide Tabellen nebeneinander, so erkennt man, wie sich seit 1882 unter den beiden ersten Berufsabteilungen zu ungunsten der Landwirtschaft die Rollen vertauscht haben.

Heute ist die Berufszählung von 1907 längst veraltet, zumal seit den territorialen Veränderungen des Versailler Vertrages. Man darf annehmen, daß inzwischen die Entwicklung in der eingeschlagenen Richtung weiter fortgeschritten ist.

Durch eine auf Schätzungen beruhende Berechnung des Statistischen Reichsamts wird das bestätigt. Diese Berechnung legt die Zahlen der Zählung von 1907 zugrunde, berücksichtigt die territorialen Veränderungen und trägt der inzwischen erfolgten natürlichen Bevölkerungsbewegung Rechnung. Doch vermag sie eine aus irgendwelchen inneren Gründen erfolgte Verschiebung zwischen den Berufsabteilungen nicht zum Ausdruck zu bringen. Dazu würde allein eine neue Berufszählung imstande sein. („Wirtschaft und Statistik", Heft 1, 1921.)

Gleichwohl bleibt bestehen, daß die Landwirtschaft noch immer den größten Berufszweig bildet. Die Berufsabteilung Industrie umfaßt ja die verschiedensten Berufe: den Industriearbeiter sowohl wie den kleinen Handwerksmeister, also Berufszugehörige, welche ganz verschiedenen beruflichen Kreisen und sozialen Schichten angehören. Die Berusfabteilung Landwirtschaft dagegen enthält neben dem Landwirt nur noch den Gärtner, Fischer und Forstarbeiter. Läßt man diese letzten drei unberücksichtigt, bleibt 1907 für die Landwirte im engeren Sinne eine Zahl von nahezu 17 Millionen Berufszugehörigen.

Wie klein nehmen sich daneben andere Berufe aus! Die größte Berufsgruppe nächst der Landwirtschaft war das wieder eine Anzahl verschiedener Gewerbe umfassende Baugewerbe; es hatte aber nur 4,9 Millionen Berufszugehörige. Das ganze Handelsgewerbe in allen seinen Abstufungen vom Straßenhändler und Krämer bis zum Grossisten und Bankier umfaßte 3,7 Millionen Berufszugehörige. Die Montanindustrie wies 3 Millionen auf. Für eine so bedeutende Industrie wie die chemische betrug die entsprechende Zahl nur 0,4 Millionen. Solche Zahlen muß man sich vor Augen halten, um eine Vorstellung davon zu bekommen, welche Bedeutung der landwirtschaftliche Berufsstand schon allein durch das Gewicht seiner Masse hat.

Diese Zahlen beziehen sich nur auf die im Hauptberuf Erwerbstätigen. Die Landwirtschaft wird aber auch im Nebenberuf betrieben, und zwar in besonders ausgiebiger Weise. Nach der Berufszählung von 1907 hatten in Deutschland $7^1/_2$ Millionen Personen einen Nebenberuf, davon über $5^1/_2$ Millionen allein in der Landwirtschaft. Bekanntlich wohnt ein nicht geringer Teil der Industriearbeiter auf dem Lande, wo ihre Familien und sie selbst in ihren freien Stunden ein kleines landwirtschaftliches Anwesen bewirtschaften. Solche landsässigen Arbeiter gehören nicht zu den schlechtesten Elementen der Industriearbeiterschaft. Mit dem sicheren Rückhalt an ihrer eigenen Wirtschaft, die sie mit den wichtigsten Bedarfsgütern des täglichen Lebens versorgt, sind sie unabhängiger gegenüber den Wechselfällen der industriellen Konjunktur. Die moderne Agrarpolitik hat daher eine solche Agrarisierung der Industriearbeiter bewußt zu fördern gesucht, indem sie seit 1907 die Innenkolonisation in den Dienst auch dieser Bestrebungen stellte. In noch stärkerem Maße wird in dieser Richtung die Verkürzung des Arbeitstages wirken, wie ihn die Revolution gebracht hat. Die fleißigsten unter den Arbeitern werden sich veranlaßt sehen, ihrer im Hauptberuf nicht mehr voll ausgenutzten Arbeitskraft ein zweites Wirkungsfeld zu eröffnen und dadurch ihren Ernährungszustand und ihre soziale Lage zu heben.

Zusammenfassend wird man sagen können: Wenn auch in der berufsständigen Gliederung die Landwirtschaft zahlenmäßig nicht mehr das frühere Übergewicht hat, so ist doch die agrarische Basis des beruflichen Aufbaues noch recht stark in Deutschland. Das zeigt die folgende bildliche Darstellung der Berufsgliederung in den wichtigsten Staaten. Wir sehen, wie der agrarische Unterbau in Deutschland zwar nicht so kräftig ist wie in Ländern mit stärkerem landwirt-

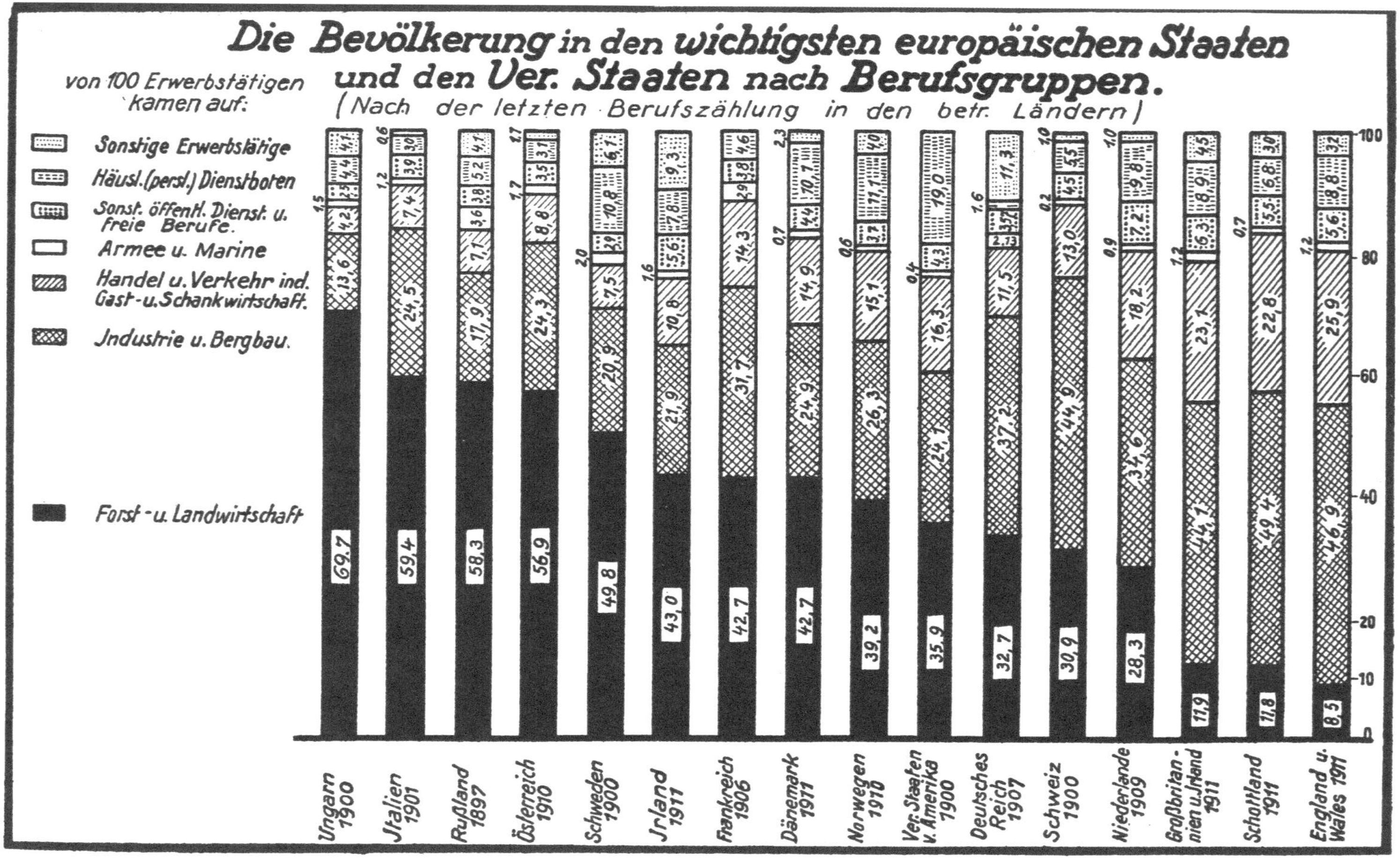

Die Bevölkerung in den wichtigsten europäischen Staaten und den Ver. Staaten nach Berufsgruppen.
(Nach der letzten Berufszählung in den betr. Ländern)

schaftlichen Einschlag, wie Frankreich und Dänemark, oder gar wie in ausgesprochenen Agrarländern, wie Rußland und Ungarn. Doch wie stark er ist, zeigt ein Vergleich zu Groß-Britannien und Irland![1])

Eine zu schwache ländliche Bevölkerung hat von jeher bei den Sozialökonomen Bedenken erregt. Bildet sie doch das Menschenreservoir, aus dem Volk und Stadt ständig neue Kraft schöpfen. Das Leben und die Arbeit auf dem Lande sind naturgemäß am gesundesten. Die regelmäßige Beschäftigung in frischer Luft, so anstrengend sie auch häufig sein mag, ist dem Körper zuträglicher als die Arbeit in geschlossenen und dunstigen Fabrik- und Geschäftsräumen. In der Stadt wird tagtäglich viel Menschenkraft abgenutzt und verbraucht; fehlt ihr die ständige Blutauffrischung durch den Zuzug vom Lande, so gerät sie in die Gefahr, einer Degeneration zu verfallen.

Dazu kommt das politische Interesse, das jeder Staat an dem Wohlergehen der Landbevölkerung hat. Der soziale Aufbau eines Staatskörpers, in dem die Landwirtschaft einen wesentlichen Anteil hat, erfreut sich besonderer Kraft. Denn gegenüber der fluktuierenden, unruhigen, in Städten zusammengedrängten, von den augenblicklichen Geschäftskonjunkturen abhängigen Arbeiterwelt weist die große Masse der landwirtschaftlichen Kleinbesitzer wesentlich günstigere Daseinsbedingungen auf. Jene Notstände, die das Arbeiterproletariat der großen Industriezentren zeitweilig heimsuchen, werden auf dem Lande schon deshalb nicht im gleichen Maße auftreten, weil ein Teil des Lebensbedarfs durch die eigene Wirtschaft befriedigt wird. Eine bis zum Klassenhaß sich steigernde Unzufriedenheit findet daher auf dem Lande keinen Nährboden. Der Kulturhistoriker Riehl hat den Bauern und Landadel die Mächte des sozialen Beharrens genannt, im Gegensatz zu den städtischen Bürgern und Proletariern, die er als die Mächte der sozialen Bewegung bezeichnet. Der Landmann läßt sich leicht regieren. Er gibt der inneren Politik eines Staates Stetigkeit und Halt. Stadtstaaten verfallen allzu leicht dem Radikalismus, der Pöbelherrschaft oder der Tyrannis.

2. Die landwirtschaftliche Produktion.

Die Bedeutung der landwirtschaftlichen Produktion für die Menschheit in ihrer Gesamtheit kann natürlich nicht einen Augenblick unterschätzt werden. Die Landwirtschaft erzeugt die Stoffe, von denen der

[1]) Die Angaben beruhen auf den nur bedingte Zuverlässigkeit beanspruchenden Zahlen der internationalen Übersicht im „Statistischen Jahrbuch für das Deutsche Reich“ und wurden an einigen Stellen korrigiert.

Mensch sich nährt, und mit denen er sich kleidet. Mag die Industrie noch so große Fortschritte gemacht haben und machen, so lange es ihr nicht gelingt, Brot und Fleisch auf dem Fabrikationswege herzustellen, bleibt die Landwirtschaft die unentbehrliche Unterlage alles menschlichen Seins. „Und mögen wir uns noch so sehr rühmen," hat Schmoller gesagt, „daß die Handarbeit der 1560 Millionen lebenden Menschen nicht ausreichte, um je zu spinnen, zu drucken und zu schleppen, was heute die Maschine spinnt, druckt und schleppt: von Gespinst, von gedruckten Nachrichten und vom gesteigerten Verkehr lebt der Mensch nicht allein". Mag auch die Entwicklung dahin gegangen sein, daß immer breitere Kreise nicht mehr an der Erzeugung landwirtschaftlicher Produkte teilnehmen und losgelöst vom platten Lande sich in Industrie- und Handelszentren zusammenballen, so hängt doch letzten Endes auch diese Entwicklung davon ab, inwieweit es gelingt, die landwirtschaftliche Erzeugung zu steigern. Denn wenn die besagte Entwicklung auch mit darauf zurückzuführen ist, daß es durch die Verbesserung der Verkehrsmittel gelang, die landwirtschaftlichen Produkte transportabel zu machen, wäre es doch ein Trugschluß, wollte man glauben, daß der gesteigerte Verkehr die Menschheit unabhängiger von der Landwirtschaft gemacht hätte. Schließlich ist durch die Verbesserung der Verkehrsmittel weiter nicht mehr erreicht, als daß der Umkreis, aus dem die Bevölkerung ihre landwirtschaftlichen Bedürfnisse erhält, weiter geworden ist. Da indes die Erde nur eine bestimmt begrenzte Bodenfläche umfaßt, so muß es irgendwo auch hier eine Grenze geben. Dort angekommen, kann ein Mehr an landwirtschaftlichen Erzeugnissen nur durch eine Ertragssteigernug auf derselben Fläche bewirkt werden. Darum wird die Bedeutung großer landwirtschaftlicher Entdeckungen, wie z. B. des Fruchtwechsels oder der Liebigschen Mineraltheorie, nicht hoch genug eingeschätzt werden können.

Der Kulturhistoriker Hahn hat in seinem Buche „Die Wirtschaft der Welt am Anfange des 19. Jahrhunderts" (1900) folgende beachtenswerte Erwägung angestellt. „Ein Acker produziert soundso viel Tonnen Roggen, ein Weinberg soundso viel Liter Wein. Ist das nun dasselbe, wenn der Bergbau soundso viel Tonnen Kohle und Eisen produziert? Ich glaube, die Verhältnisse sind durchaus nicht die gleichen, zumal nicht vom nationalen Standpunkte aus. Wo das Korn gewachsen ist, wo der Wein gewachsen ist, da kann, vernünftige Wirtschaft vorausgesetzt, nach 10, 100, nach 1000 Jahren immer noch wieder Roggen und Wein wachsen. Wo soundso viel Tonnen Kohlen und Eisen aus dem Boden herausgeholt sind, da wachsen sie nicht wieder nach. Unten ist vielmehr ein Loch und oben eine Halde von Abraum und Schlacke." Hahn schlägt deshalb vor, für die Gewinnung von Kohle und Eisen nicht das Wort „Produktion", sondern die Bezeichnung „Eduktion" zu gebrauchen.

Alles das steht unbestreibar fest, wenn man die Menschheit in ihrer Gesamtheit betrachtet. Bis zu einem gewissen Grade verändert sich die Sachlage, wenn man nur von der einzelnen Volkswirtschaft ausgeht. Da erkennen wir, daß die überragende Stellung, die die Landwirtschaft in den Anfängen der Kultur einnimmt, im Vergleich zu anderen Erwerbszweigen in dem Maße geringer wird, als die Entwicklung von Handel und Industrie fortschreitet. Nicht, daß die landwirtschaftliche Produktion abzunehmen braucht — List hat in überzeugender Weise nachgewiesen, welchen Aufschwung auch die Landwirtschaft von einer Mehrung von Handel und Industrie zu erwarten hat —, doch sind Handel und Industrie einer schnelleren Steigerung fähig, besonders dann, wenn beide sich noch in einem verhältnismäßig tiefen Entwicklungsstadium befinden. Einen solchen Vorgang sehen wir im Laufe des 19. Jahrhunderts in den modernen Industriestaaten sich vollziehen. Die Industrie erweist sich als kapitalaufnahme- und verwendungsfähiger als die Landwirtschaft, und da die verbesserten Verkehrsmittel den Bezugskreis für landwirtschaftliche Erzeugnisse über die inländischen Grenzen hinaus erweitern, so daß die für die rasch vermehrte Industriebevölkerung erforderlichen Nahrungsmittel bequem aus dem Auslande bezogen werden können, vermag sie die Landwirtschaft zu überflügeln. Doch bleibt die Steigerung nur relativ und wird nicht etwa erkauft durch eine absolute Verringerung der landwirtschaftlichen Erzeugung. Vor allem in Deutschland nicht, wo neben dem industriellen Aufschwung auch ein landwirtschaftlicher einherging.

In dem Deutschland der Vorkriegszeit hatten beide, Industrie wie Landwirtschaft, die höchste Stufe damaliger Entwicklungsmöglichkeit erklommen. Das war nicht ohne Beziehungen zueinander geschehen. Das Wirtschaftsleben ist ein gegenseitiges Geben und Nehmen. Wie durch die Vermehrung einer konsumfähigen städtischen Bevölkerung die Landwirtschaft günstigere Wirtschaftsbedingungen erhält, so wirkt auch die gesteigerte Kaufkraft der ländlichen Bevölkerung befruchtend auf die Industrie. Wie stark auch der Export von Industriewaren zugenommen hatte, so trat er doch hinter dem Inlandsabsatze weit zurück, der in seiner Stärke wiederum in erster Reihe auf der wachsenden Aufnahmefähigkeit der Landwirtschaft beruhte.

Waren es doch ganz gewaltige Werte, die die Landwirtschaft alljährlich erzeugte und absetzte. Es sind wiederholt Berechnungen über den Wert der landwirtschaftlichen Produktion angestellt worden, so von Traugott Müller gelegentlich der Pariser Weltausstellung und später auch von Wohltmann. Die neueste und bestfundierte Berechnung stammt von F. Lange und bezieht sich auf das letzte Friedensjahr 1913. Das Gesamtergebnis teilen wir auf der folgenden Tafel mit. Danach zeigt sich, daß nach Abzug alles dessen, was von den gewonnenen Erzeugnissen in der Wirtschaft des Landwirts selber verbraucht wurde, der Gesamtwert der verkauften Produkte 13,3 Milliarden Mark betrug.

Eine gewaltige Zahl, wenn man bedenkt, daß es sich um Friedenspreise und um Goldmark handelt! Inzwischen ist der Weltmarktpreis für landwirtschaftliche Produkte beträchtlich gestiegen, und der Wert der deutschen Mark auf einen kleinen Bruchteil gesunken. Würde man der gleichen Produktenmenge den jetzigen Weltmarktpreis zugrunde legen und diesen nach Papiermark berechnen, käme man zu einer Summe von so fabelhafter Höhe, daß sie selbst uns, die wir in Geldsachen mit astronomischen Ziffern zu rechnen gelernt haben, in Staunen setzen müßte.

Bei alledem ist zu beachten, daß es sich bei diesen Angaben um Erzeuger-, nicht um Konsumentenpreise handelt. Was der Konsument für landwirtschaftliche Erzeugnisse bezahlte, war wesentlich höher.

Welch' befruchtende Wirkung mußte von einer so kaufkräftigen landwirtschaftlichen Bevölkerung auf Handel und Gewerbe ausgehen! Der Produktionsertrag der heimischen Landwirtschaft bildete den Hauptaktivposten in der volkswirtschaftlichen Bilanz. Der althergebrachte Güteraustausch zwischen Stadt und Land hatte noch immer eine überragende Bedeutung. Doch läßt sich nicht verkennen, daß diese sich in dem Maße abschwächte, als Deutschlands industrielle Entwicklung fortschritt. Die Absatzfähigkeit der Industrieerzeugnisse wurde sowohl im Auslande, wie, mit steigendem Wohlstand im Inland, progressiv größer. Dadurch, daß Erzeugnisse der deutschen Industrie vom Auslande gekauft wurden, machte sich deutsche Arbeit mit fremdem Gelde bezahlt. Der deutsche Gewerbefleiß wurde angeregt, der Wohlstand hob sich, und je mehr er wuchs, um so größer wurde auch die inländische Nachfrage nach Kultur- und Luxusgütern, wie sie vor allem der städtische Gewerbefleiß herstellte. Diese Entwicklung wurde noch dadurch gefördert, daß nicht nur die Exportindustrie, sondern auch die aufblühende deutsche Handelsschiffahrt und im Auslande angelegtes deutsches Kapital Gewinne abwarfen, die das deutsche Nationaleinkommen und die deutsche Konsumkraft stärkten. Es ist ein alter Erfahrungssatz, daß mit steigendem Wohlstande ein größerer Teil des Einkommens für die Befriedigung weniger dringender Bedürfnisse verwandt zu werden pflegt. Während daher die Industrie in der günstigen Lage war, daß sich die Aufnahmefähigkeit für ihre Erzeugnisse nicht nur proportional, sondern progressiv hob, zeigte die Nachfrage nach den Erzeugnissen der inländischen Landwirtschaft nicht eine gleich hohe Steigerungsfähigkeit, weil diese lediglich der Befriedigung der wichtigsten Lebensbedürfnisse dienten.

Bilanz 1913.

Einnahmen:

	1000 t	1000 M.
Bodenerzeugnisse (unverarbeitet):		
1. Roggen	6834	1088357
2. Weizen	3425	640298
3. Spelz	267	38938
4. Gerste	2212	369512
5. Hafer	2299	375460
6. Buchweizen	24	4797
7. Stroh etwa	5000	150000
Getreide, insgesamt	—	2667359
8. Speise-Hülsenfrüchte	189	39090
9. Kartoffeln	14882	671329
10. Zuckerrüben	16900	338000
11. Zuckerrübensamen	—	14368
12. Sonst. Hackfrüchte zum Verkauf	—	16316
Hackfrüchte, insgesamt	—	1040013
13. Gemüse	5000	200000
14. Ölfrüchte	62	17566
15. Gespinstpflanzen	—	11200
16. Tabak	—	13082
17. Hopfen	—	33854
18. Zichorien	—	7960
Handelsgewächse, insges.	—	83662
19. Heu	1800	90000
20. Obst und Wein	—	350000
Bodenerzeugnisse, insges. (unverarbeitet)	—	4470124
II. Bodenerzeugnisse (verarbeitet):		
21. Landw. Brennerei	—	181929
22. Stärkefabriken	—	63405
23. Trocknereien	—	25200
Landw. Nebengewerbe insgesamt	—	270534
Summe aller Bodenerzeugnisse	—	**4740658**
III. Animalische Erzeugnisse:		
24. Butter (zum menschlichen Genuß)	410	1046220
Vollmilch (zum menschlichen Genuß)	9560	1250600
Magermilch (zum menschlichen Genuß)	1771	106272
Buttermilch (zum menschlichen Genuß)	439	26340
Käse (zum menschlichen Genuß)	364	272554
Milch u. Molkereierzeugnisse	—	2701986

Ausgaben:

	1000 t	1000 M.
31. Eingef. Sämereien	35	36735
32. Künstl. Düngemittel	1591	706824
33. Futtermittel	—	1530416
34. Löhne	—	4249915
35. Gehälter	—	125268
36. Arbeitsverdienst der selbständ. Landwirte	—	1977054
37. Maschinen: Unterhaltg. einschl. Neuanschaffung (ausschl. Versicherung und Verzinsung)	—	500000
38. Gebäude:		
Unterhaltung	—	287000
Amortisation	—	219000
39. Eingeführtes Vieh	—	46479
40. Licht und Kraft:	1000M.	
Kohlen	137040	274066
Elektrizität	17830	
Benzin	6250	
Petroleum	112946	
41. Schmiermittel	—	20658
42. Versicherungen:		
Hagelversicherung	118387	261435
Viehversicherung	74398	
Mobiliarversicherung	62850	
Haftpflichtversich.	5800	
43. Sonstiges: Grundsteuern und Lasten, Arzt, Tierarzt und Apotheke, Meliorationsunterhaltung usw.	—	400000
Gesamtausgabe	—	**10634850**

(Fortsetzung auf der folgenden Seite)

Einnahmen: **Bilanz 1913.** Ausgaben:

Einnahmen	1000 t	1000 M.	Ausgaben	1000 t	1000 M.
			Gesamtausgabe ...	—	**10634848**
25. Eier	—	300000			
26. Honig	—	21000			
27. Wachs	—	3560			
28. Wolle	—	30000			
Div. tierische Erzeugn.	—	354560			
1000 Stück					
Rinder 7768 ...	1905*)	1780103			
Schweine 23666 ...	2509*)	2759478			
Schafe 2602 ...	115*)	91606			
Ziegen, Pferde, Hunde, Kaninchen ..	836*)	50000			
Geflügel, Wild u. a.	375*)	292000			
29. Sa. Vieh usw.	5739*)	4978398			
30. Mehrbestand an Vieh 1913 gegenüber 1912	—	503987	Unterschied zwischen Einnahme und Ausgabe	—	**2644739**
Sa. animal. Erzeugnisse	—	**8538929**			
Gesamtwert der landw. Erzeugung	—	**13279587**	Summe ...	—	**13279587**

So erklärt es sich, daß der Anteil der Industrie an der Gesamtproduktion stärker wuchs, als der der Landwirtschaft. Es waren auch keine Anzeichen dafür vorhanden, wo dieser Entwicklung Maß und Ziel gesetzt sein würden. Sollte man ihr freien Lauf lassen?

Diese Frage trat um die Wende des 19. Jahrhunderts in den Mittelpunkt volkswirtschaftlicher Erörterungen. Sie spitzte sich zu der den Charakter eines Schlagwortes annehmenden Alternative zu: „Agrarstaat oder Industriestaat?“

3. Agrarstaat oder Industriestaat?

Wer den bisherigen Ausführungen gefolgt ist, wird diese Alternative nicht recht verständlich finden. Suchten wir doch den Nachweis zu erbringen, daß in der höchstmöglichen Entwicklung aller Wirtschaftszweige das Ziel einer weisen Volkswirtschaft liegen müsse.

Wenn gleichwohl eine so scharfe Zuspitzung möglich war, so lag es daran, daß ihre Entstehung während des Kampfes um die Agrarzölle erfolgte. Die öffentliche Meinung wurde dadurch so stark erregt, daß der Boden nüchterner Erwägungen verlassen wurde. Die Freunde des Industriestaates waren zugleich die Gegner der Agrarzölle, in denen sie eine Hemmung der industriellen Entwicklung sahen, weil sie die Kosten der Lebenshaltung und damit die industriellen Produktions-

*) Lebendgewicht.

kosten verteuerten. Auf der anderen Seite standen die Vertreter der agrarischen Interessen, die mit einer Abschwächung der Agrarschutzpolitik den Ruin der Landwirtschaft befürchteten. Es entstand eine umfangreiche Literatur, die das Für und Wider erörterte. Wir wollen auf sie nicht weiter eingehen und uns damit begnügen, lediglich den Gedankengang Karl Oldenbergs wiederzugeben, der in besonders eindrucksvoller Weise die Gefahren des Industriestaates gekennzeichnet hat.

Oldenberg vergleicht die Volkswirtschaft mit einem Etagenbau. Das starke Erdgeschoß ist die Landwirtschaft, die obere Etage, die es auf seinen Schultern trägt, die Industrie. Über den landwirtschaftlichen Unterbau hinaus kann der industrielle Überbau nicht ausgelegt werden, soll er nicht seitlich in die Luft wachsen und durch Pfeiler künstlich gestützt werden müssen. Solche Pfeiler können zwar vom Außenhandel durch den Austausch von ausländischen Nahrungsmitteln gegen die heimischen Fabrikate geboten werden, doch stehen sie auf fremdem Boden und tragen nur so lange, als sie der Eigentümer des fremden Bodens stehen läßt. Weigert sich dieser, dem Industrieland Nahrungsmittel zu liefern oder die Fabrikate abzunehmen, dann lockert sich das Fundament des Pfeilers und das ganze Gebäude kann einstürzen. Das Großkapital, das mit Vorliebe die Exportindustrie forciert, während es die Landwirtschaft vernachlässigt, weil sie nicht einen so schnellen und großen Kapitalprofit verspricht, — denkt nicht daran, daß jeden Tag die Absatzgebiete verloren gehen können. Immer mehr Völker machen sich die westeuropäische Industrie zu eigen, hören also nicht nur auf, Abnehmer zu sein, sondern werden selber auf dem Weltmarkte Konkurrenten ihrer früheren Lieferanten. Aber so kurzsichtig ist das Kapital, daß es selber noch diese Entwicklung fördert, indem es den wirtschaftlich zurückgebliebenen Ländern dafür Geld und Produktionsmittel gewährt. Nicht allein, daß die kapitalistische Exportindustrie die eigene Volkswirtschaft gefährdet, selbstmörderisch gräbt sie sich in den eigenen Absatzgebieten das Grab.

Liefen Oldenbergs Anschauungen, die übrigens von keinem Geringeren als Adolph Wagner geteilt wurden, darauf hinaus, für Deutschland eine nationalwirtschaftliche Autarkie auf agrarischer Basis zu verlangen, — so hoben die Verfechter eines Industriestaates nicht minder mit Recht hervor, daß eine Entfaltung der deutschen Volkswirtschaft über den durch die natürlichen Grenzen beschränkten Nahrungsspielraum hinaus nur auf Grund einer starken und wachsenden Exportindustrie möglich sei. Die deutsche Volkswirtschaft beraube sich jeder Entwicklungsmöglichkeit, wenn sie darauf verzichte.

Verkannt oder doch nicht genügend gewürdigt wurde auf beiden Seiten, daß die Entscheidung über diese Frage eigentlich auf machtpolitischem Gebiete lag. Wer sich gegen die Gefahren eines Mehrfrontenkrieges und einer absoluten Blockade sichern wollte, mußte auf eine Autarkie, und zwar nicht nur auf eine landwirtschaftliche, sondern auf eine allgemeine, auch industriewirtschaftliche Autarkie hinarbeiten — wer aber eine solche ablehnte, um nicht der Vorteile verlustig zu gehen, die die internationalen Wirtschaftsbeziehungen dem Lande brachten, mußte für eine Stärkung der militärischen und maritimen Machtmittel Sorge tragen, um Deutschland vor einer Gefährdung seiner Stellung auf dem Weltmarkte zu schützen. Daß hier der Kernpunkt der ganzen Frage lag, hatte der Deutsche, in den Fragen der Außenpolitik kindlich unerfahren, nicht durchschaut. Während der Engländer genau wußte, daß für seine wirtschaftliche, auf dem Überseehandel beruhende Vormachtstellung der Zwei-Mächte-Standard seiner Kriegsflotte Lebensfrage war, pflegten in Deutschland die für Heer und Marine geforderten Kredite gerade von denjenigen politischen Parteien abgelehnt zu werden, die in einer zunehmenden Industrialisierung ihr wirtschaftliches Ideal sahen. Es war ihnen nicht aufgegangen, daß eine Weltmachtstellung nur der aufrechterhalten kann, wer sie auch militärisch zu behaupten vermag. Für das heutige Deutschland ist diese ganze Frage in ihrer Zuspitzung gegenstandslos geworden. Es erübrigt sich daher, auf sie weiter einzugehen.

Wer sich möglichst schnell darüber unterrichten will, sei auf die beiden Artikel „Agrarstaat und Industriestaat" der dritten Auflagen des Handwörterbuchs der Staatswissenschaften und des Wörterbuchs der Volkswirtschaft verwiesen, wo zwei so hervorragende Nationalökonomen wie Dietzel und Sering, jeder vom anderen Standpunkte aus, die Frage behandeln.

Heute handelt es sich nicht mehr um die Frage, ob Deutschland die Industrialisierung weiter treiben soll oder nicht, sondern nur darum, in welchem Umfange es überhaupt noch imstande ist, eine Stellung auf dem Weltmarkte einzunehmen.

Der Vertrag von Versailles hat die Wirtschaftslage Deutschlands von Grund aus geändert. Das Deutschland der Vorkriegszeit war in die internationale Arbeitsteilung eingegliedert gewesen. Es führte Rohstoffe, halbfertige Waren, Nahrungs- und Futtermittel ein und exportierte Fabrikate. Auch die deutsche Landwirtschaft war von dieser Arbeitsteilung mit erfaßt worden, indem sie sich auf solche Erzeugnisse spezialisiert hatte, für die ihre Produktions- und Absatzbedingungen besonders günstig waren. Große Zweige der Landwirtschaft, wie die Ölfrucht-, Gespinstpflanzen- und Wollgewinnung, hatte sie fast völlig aufgegeben. Der deutsche Arbeiter nährte sich von Lebensmitteln, kleidete sich mit Stoffen, verarbeitete Rohstoffe, die alle zum guten Teil in Deutschland nicht erzeugt worden waren. Alles das war möglich, weil gegenüber dieser „Belastung“ der Volkswirtschaftsbilanz auf der anderen Seite „Guthaben“ in Form von Gewinnen standen, die die Exportindustrie, der Handel und das Auslandskapital zu machen pflegten.

Die Möglichkeit zu solchen Gewinnen besteht für das neue Deutschland nur noch in verschwindendem Maße. Deutschlands Handelsflotte ist geraubt, sein Auslandskapital geplündert worden. Auch der Exportindustrie ist der gesunde Nährboden entzogen worden, da Deutschlands Feinde ganz bewußt alles dazu getan haben und tun werden, um seine industriellen Produktivkräfte zu schwächen und zu zerstören. Die deutsche Ware soll in Zukunft nicht mehr wettbewerbsfähig auf dem Weltmarkte sein.

Was ergibt sich daraus? In dem Verhältnis, wie sich die Bedeutung von Industrie und Handel in dem neuen Deutschland vermindern wird, wird sich die der Landwirtschaft heben. Ja, noch darüber hinaus! Wird doch die deutsche Bevölkerung, weil sie nicht mehr die Mittel hat, vom Auslande zu kaufen, in viel höherem Maße auf die Produkte des eigenen Landes angewiesen sein. Sie wird auch nicht mehr Nahrungsmittel und Futtermittel in dem früheren Umfange vom Auslande beziehen können und daher versuchen müssen, nach Möglichkeit diesen Ausfall durch die eigene Landwirtschaft zu decken. Daß das keine leichte Aufgabe sein wird, ist nicht zu bezweifeln. Handelt es sich doch nicht nur darum, die unter der Einwirkung des Krieges stark geschwächte Produktion auf die frühere Höhe zu bringen, sondern die Erträgnisse der Landwirtschaft noch über das frühere Ausmaß hinaus zu steigern. Und alles das soll geschehen, obwohl überaus wertvolle landwirtschaftliche Produktionsgebiete der deutschen Volkswirtschaft entrissen worden sind. Eine unendlich schwere Aufgabe, zu der aber Deutschland sich aufraffen muß, soll es nicht völlig zugrunde gehen. Auf diese Aufgabe hindeuten, heißt zugleich, ein Augenmaß dafür gewinnen, in welchem Maße die Bedeutung der Landwirtschaft in dem neuen Deutschland gewachsen ist. Deutschland wird wieder mehr Agrarstaat werden müssen. Man mag darin eine Rückbildung sehen, die zu bedauern ist, aber man wird sich wohl oder übel darauf einstellen müssen.

Die Literatur.

Bei der großen Bedeutung, die die Agrarpolitik im Rahmen der allgemeinen Wirtschaftspolitik hat, finden sich in allen zusammenfassenden volkswirtschaftlichen Lehrbüchern ausführliche der Agrarpolitik gewidmete Teile. Hervorgehoben seien die bekannten Lehrbücher von Conrad, Gustav Cohn, v. Philippovich, und vor allem von Roscher, der in seinem mehrbändigen „System der Volkswirtschaft“ der „Nationalökonomik des Ackerbaues" einen umfangreichen Band widmet (in 14. Auflage bearbeitet von Heinrich Dade, 1912). Hier findet sich reiches Material an historischen Einzelheiten. Schmoller bringt in seinem berühmten „Grundriß der allgemeinen Volkswirtschaftslehre" auch für den Agrarpolitiker reiche Belehrung, doch behandelt er unseren Stoff nicht losgelöst von der übrigen Wirtschaftspolitik.

Besondere, ausschließlich der Agrarpolitik gewidmete zusammenfassende Darstellungen gibt es in der deutschen neueren Literatur nur sehr wenige, und unter ihnen nur eine einzige, die hohen Ansprüchen genügen kann, nämlich die von Adolf Buchenberger, Agrarwesen und Agrarpolitik, Leipzig 1892, 2 Bände (der erste Band in zweiter Auflage neu herausgegeben von Wygodzinski, 1914). Obwohl heute dieses Buch veraltet ist — auch die neue Auflage des ersten Bandes ändert an dieser Tatsache nichts, weil sich seit dem Menschenalter des ersten Erscheinens naturgemäß die Problemstellung verändert hat —, bleibt es dank des reichen in ihm verarbeiteten Wissens und dank des abgeklärten Urteils des Verfassers für die spätere Forschung wertvoll und vorbildlich. Das unter dem gleichen Titel von dem Betriebslehrer Freiherrn v. d. Goltz herausgegebene Buch (2. Aufl., Jena 1904) kann sich mit Buchenbergers bedeutendem Werke nicht messen. Brentanos „Agrarpolitik", Stuttgart 1897, ist leider ein Torso geblieben; nur der erste, eine theoretische Einleitung in die Agrarpolitik gebende Teil ist veröffentlicht worden. Wygodzinskis kleines Göschenheft „Agrarwesen und Agrarpolitik" (2. Aufl., 1920) ist ein knapper Abriß, der dem Studierenden gute Dienste leisten wird, zugleich aber das Bedauern erweckt, daß dieser fleißige Sachkenner uns keine größere Darstellung der Agrarpolitik hinterlassen hat.

Ein Buch von höchster Eindruckskraft, leider aber auch nur ein Torso, ist Eduard Davids „Sozialismus und Landwirtschaft", Berlin 1903, 1. Band: „Die Betriebsfrage". Diesem breit angelegten, den Stoff ganz originell behandelnden Buche sollte als Ergänzung ein zweiter Band: „Die Eigentumsfrage" folgen. Dieser Plan ist aufgegeben worden. Mit einigen Ergänzungen versehen ist die ursprüngliche Veröffentlichung 1922 als zweite Auflage in abgeschlossener Form herausgegeben worden. Die darin liegende Verzichtleistung ist um so bedauerlicher, als der erste Band zu den besten Erscheinungen der agrarpolitischen Literatur gehört. Dieses Buch hat auch eine große politische Bedeutung, als es dem Verfasser gelingt, sich von sozialistischen Doktrinen loszulösen, und, obwohl er der sozialdemokratischen Partei angehört, agrarpolitische Forderungen zu vertreten, die im krassen Gegensatze zur marxistischen Parteidoktrin stehen. Es hebt sich in dieser Hinsicht vorteilhaft ab von Kautskys „Agrarfrage", das aus dem engen Zirkel marxistischer Vorstellungen nicht herauskommt.

Bei dem Mangel allgemein befriedigender zusammenfassender agrarpolitischer Darstellungen wird man sich an die Spezialliteratur wenden müssen, wenn man tieferen Einblick finden will. Diese ist außerordentlich reich an zahlreichen wertvollen Schriften, da es kaum einen Nationalökonomen von Bedeutung gibt, der nicht irgendwie zu agrarpolitischen Fragen Stellung genommen hätte. Einiges davon wird bei den einzelnen Kapiteln vermerkt werden. Hier sei nur darauf hingewiesen, daß im „Handwörterbuch der Staatswissenschaften", wie im „Wörterbuch der Volkswirtschaft" sich neben ausgezeichneten unsere Materie betreffenden Artikeln auch Literaturhinweise finden.

Erster Teil.

Die landwirtschaftliche Erzeugung.

3. Kapitel.

Die natürlichen Voraussetzungen der landwirtschaftlichen Erzeugung (Boden und Klima).

Der Boden hat für die landwirtschaftliche Erzeugung eine überragende Bedeutung. Nicht allein deshalb, weil die Landwirtschaft an ihn gebunden ist. Das gilt schließlich für die Erzeugung jeder Art, auch für die gewerbliche. Bildet doch der Boden den Standort für alle menschliche Tätigkeit. Für die Landwirtschaft ist der Boden aber nicht nur Standort, sondern auch Produktionsmittel. Und zwar Produktionsmittel in zweierlei Gestalt. Einmal als Arbeitsmittel, indem er den Produktionsprozeß vermittelt, und zweitens als Rohmaterial, indem er einen Teil seiner Substanz zum Aufbau des pflanzlichen Produktes hergibt. „Die Erde dient nicht nur als Vermittlerin, nicht nur als Brutapparat für das pflanzliche Ei, sondern auch als Ernährerin" (David).

Für den Ertrag der landwirtschaftlichen Produktion ist die geographische Lage der angebauten Bodenfläche von bestimmendem Einfluß. Auch das gilt von der landwirtschaftlichen Erzeugung nicht allein. Mehr oder weniger ist jede Produktion von der geographischen Lage ihres Standortes abhängig. Der industrielle Großbetrieb z. B. wird nur an solchen Orten in Aufnahme kommen und gedeihen können, die dafür wirtschaftlich günstig gelegen sind. Bei der landwirtschaftlichen Produktion werden sich indes die Wirkungen der Lage noch steigern, weil der Boden nicht nur Standort, sondern auch Produktionsmittel ist. Insbesondere ist der Einfluß des von der geographischen Lage abhängigen Klimas von sehr viel größerer, ja von ausschlaggebender Bedeutung. Günstige Wärme- und Feuchtigkeitsverhältnisse fördern die Produktion, ungünstige hemmen oder vernichten sie. Die Größe und die Art der Ernten, die verfügbaren Pflanzen und Tiere, die Leichtigkeit und Schwierigkeit ihrer Gewinnung sind vom Klima abhängig. Man braucht sich nur zu vergegenwärtigen, wie verschiedenartig die Vegetation der Tropen und die der gemäßigten Zone ist, um das ohne weiteres bestätigt zu finden. Das sind krasse

Gegensätze, — aber selbst in einem Lande wie Deutschland, das innerhalb ein- und derselben Zone liegt, ist der Einfluß des Klimas in den einzelnen Landschaften von größter wirtschaftlicher Bedeutung. Schon einige Wärmegrade mehr oder weniger im Durchschnitt des Jahres genügen, um auf die Vegetation und die Landwirtschaft beträchtlichen Einfluß auszuüben.

Die Entfaltung der Vegetation bedarf einer Temperatur von 6° C im Tagesmittel. Durch jeden wärmeren Tag wird sie gefördert, durch jeden kälteren zurückgedrängt, durch Frost gefährdet. Vergleichen wir daraufhin die Gegend von Köln mit der von Berlin und Königsberg, so ergibt sich nach Beobachtungen aus einer größeren Zahl von Jahren folgendes Bild:

Durchschnittlich Tage über 6° C	Königsberg	Berlin	Köln
im Januar	0	1,44	4,91
im Februar	0	2,15	6,00
im März	1,12	6,50	11,25
im April	10,06	19,69	23,56
im Mai	25,44	29,44	30,06
Durchschnittlich der letzte Frost:	28. IV.	17. IV.	10. IV.
Der erste Frost:	21. X.	3. XI.	12. XI.
Zahl der Tage zwischen dem ersten und letzten Frost:	177	200	216

Welche wirtschaftlichen Konsequenzen ergeben sich aus diesen Zahlen? In der Rheinprovinz ist es schon im Februar so warm, daß mit der Frühjahrsbestellung begonnen werden kann. Dann hat man für die Wirtschaftsarbeiten eine Zeit von über 10 Monaten vor sich, weil es bis in den Dezember hinein für gewöhnlich nicht so kalt ist, daß die Arbeiten abgebrochen werden müssen.

Wesentlich ungünstiger liegen die Verhältnisse in Brandenburg. Hier ist es nicht möglich, vor März mit der Frühjahrsbestellung zu beginnen. Ende Oktober aber wird es Winter, und nur in ganz warmen Jahren kann noch im November gepflügt werden. Der Zeitraum für die Wirtschaftsarbeiten verkürzt sich demnach auf 8 Monate.

Das sind indes goldene Wirtschaftsbedingungen im Vergleich zu den ostpreußischen. Mit der Frühjahrsbestellung kann nicht vor Mitte April der Anfang gemacht werden, in schlechten Lagen, wie in Memel und Masuren, verzögert er sich sogar bis in den Mai hinein. Da die Winternässe spät weicht, und schnell darauf hohe austrocknende Hitze beginnt, so muß der Augenblick der Frühjahrsbestellung ängstlich abgepaßt werden. Rasch aufeinander folgen dann die Wirtschaftsarbeiten. Ist im August das Sommerkorn reif zur Ernte, muß auch schon mit der Saat des Winterkorns begonnen werden. Denn früh tritt der

Frost ein, und soll die junge Saat den harten Winter überstehen, darf sie nicht zu spät unter die Erde kommen. Für die Wirtschaftsarbeiten stehen demnach nur $4^1/_2$—5 Monate zur Verfügung. Was das heißt, wird jeder Landwirt ermessen können. In $4^1/_2$—5 Monaten müssen sämtliche Feldarbeiten geleistet werden, also alle die Arbeiten vollendet sein, wozu der Landwirt im Rheinland 10—11, in Brandenburg 8 Monate Zeit hat. Welcher Aufwand von Arbeitskräften und Gespannen wird nötig sein, um in so knapper Zeit alle Arbeiten bewältigen zu können! Man wirtschaftet hier sehr teuer. Man braucht — die gleiche Intensität der Nutzung vorausgesetzt — doppelt soviel Arbeitskräfte, um dasselbe Feld zu bestellen. Keineswegs erzielt man aber doppelt soviel Korn; im Gegenteil — trotz der höheren Kosten bleiben die Ernten geringer.

Und alles das nur deshalb, weil im Frühjahr und Herbst die Temperatur um einige wenige Grade zu niedrig ist.

Man ersieht hieraus, wie notwendig die Kenntnis des Klimas zum Verständnis der landwirtschaftlichen Verhältnisse eines Landes ist. Für die Betriebs- und Arbeitsform, für die Grundbesitzverteilung, für die gesamte Agrarverfassung ergeben sich daraus weittragende Folgerungen.

Die deutsche landwirtschaftliche Klimatographie ist besonders vielgestaltig. Auf verhältnismäßig engem Raume finden sich Landschaften mit verschiedensten klimatischen Voraussetzungen zusammen.

Das Klima der norddeutschen Tiefebene wird von den beiden Nordmeeren beeinflußt, der Norssee und der Ostsee. Doch übt die Nordsee den weit stärkeren Einfluß aus. Vom warmen Golfstrom berührt, bewirkt sie in der nordwestdeutschen Tiefebene einen Ausgleich der Temperaturen: milden Winter, warmes Frühjahr, späten Herbst, kühlen Sommer. Am stärksten ist der Einfluß unmittelbar an der Küste und etwa 100 km in das Land hinein. Hier haben wir echtes Seeklima, das dank der starken Feuchtigkeit die Wiesen- und Weidewirtschaft begünstigt. Doch reicht der Einfluß der Nordsee über dieses Küstengebiet hinaus bis an das mitteldeutsche Bergland hinan — allerdings gemilderter, je weiter die Entfernung von der See wird. — Der Einfluß der Ostsee auf das Klima ist weniger günstig. Sie hat den Charakter eines Binnenmeeres. Von dem Golfstrom unberührt, kühlt sie sich im Winter soweit ab, daß sie stellenweise zufriert. Da im Frühjahr die kalten Schmelzwasser nach Süden nicht abfließen können, muß die gesamte Winterkälte durch die Sonnenwärme überwunden werden. Die Meeresnähe wirkt daher im Frühjahr nicht erwärmend, wie an der Nordseeküste, sondern abkühlend. Der Sommer wird sehr kurz, und wenn er auch durch Hitze auszugleichen sucht, was er an Länge einbüßt, so erwachsen daraus für den Wirtschaftsbetrieb nicht wieder einzubringende Nachteile.

Wo der Einfluß der Meere nicht hinreicht, weil Gebirgszüge die Seewinde absperren, haben wir Kontinentalklima: heiße Sommer, harte, aber meist kurze Winter, wenig Regentage. Für Tiefebenen mit günstiger Bodenbeschaffenheit ergeben sich daraus günstige Wirtschaftsbedingungen. So ist für die Provinzen Posen und Schlesien das dort herrschende Ostkontinentalklima durchaus vorteilhaft. Wo wir vollends Gebiete haben, die nicht hoch und vor Winden geschützt liegen, stoßen wir auf die stärkste landwirtschaftliche Produktivität, wie sie sich in jenem Gebiete findet, das unmittelbar östlich hinter dem Thüringer Wald und dem Harze liegt (Provinz Sachsen und Anhalt). Hier wird Getreide von höchster Qualität erzeugt (Saatzüchterei). Die Zuckerrübe wächst in ausgezeichneter Güte. Anspruchsvolle Handelsgewächse, wie Mohn, Tabak, Zichorien gedeihen hier. Dazu kommt eine umfangreiche Feldgärtnerei für Gemüse und Blumen. Es ist gewiß nicht Zufall, daß hier die Städte Erfurt, Quedlinburg, Oschersleben mit ihren bedeutenden, Weltruf genießenden Handelsgärtnereien liegen. Diese Kultur stammt nicht von gestern. „Ein fruchtbar Betlehem" hat Luther die Gegend von Erfurt genannt.

Tiefebenen von unvergleichbarer Fruchtbarkeit bilden das Rheintal von Basel bis Bingen, das Neckartal bis hinauf nach Stuttgart, das Maintal bis hinauf nach Bamberg und anschließend daran das Regnitztal bis hinauf nach Nürnberg. Von Gebirgen rings eingeschlossen, bilden sie gleichsam die Böden großer, warmer Kessel. Unmittelbar — und mittelbar durch Rückstrahlung — fallen die heißen Sonnenstrahlen hinein, und da die Berge die Winde abhalten, erhält die stagnierende Luft eine starke Wärmeintensität. Hier hat die eigentliche Landwirtschaft nichts mehr zu sagen. Sie tritt zurück hinter dem Gartenbau und dem Weinbau. Das Land ist wie ein einziger großer Garten. Wo sich Felder finden, sind sie mit Obstbaumreihen durchzogen: die Sonne ist warm genug, um auch noch unter dem Schatten der Bäume Feldfrüchte wachsen zu lassen.

Weisen schon die einzelnen deutschen Tiefebenen die größten klimatischen Unterschiede auf, so gilt das auch von den deutschen Bergländern. Das mitteldeutsche Waldgebirgsland östlich des Rheins und nördlich des Mains, die Höhenlandschaften westlich des Rheins, das süddeutsche Waldgebirgsland zwischen Fichtelgebirge und Donau, die Hochebene zwischen Donau und den Vorbergen der Alpen — sie alle haben besondere klimatische Eigenschaften. Sie im einzelnen hier zu beschreiben, würde zu weit führen. Es genügt, die bei ihnen alle — mutatis mutandis — wiederkehrende Erscheinung zu kennen, daß die Flußtäler die flachen Südabhänge zu den wärmeren und fruchtbareren Wirtschaftsgebieten gehören, wo Getreide, Hackfrüchte und Handelsgewächse gedeihen — daß aber in höheren Lagen und auf den Nordlehnen der Gebirge das Klima feucht ist und an die Stelle der Felder Wiesen und Weiden treten, die dank der ergiebigen Niederschläge guten Graswuchs zeigen. Je nach der Höhe des Gebirgslandes und je nachdem, ob es weiter nach Norden und Nordosten liegt, um so stärker machen sich diese Erscheinungen bemerkbar.

Die klimatisch günstig gelegenen Gebiete genießen gewöhnlich auch andere wirtschaftliche Vorteile der Lage. Das Klima beeinflußt ja nicht nur die Agrikultur, sondern das gesamte Wirtschaftsleben. Anhaltende Dürre, wie in den Tropen, oder lange Winter, wie in den Nordländern, erschweren das Aufkommen und Gedeihen auch anderer Wirtschaftszweige. Sie sind infolgedessen dünn bevölkert. Eine dichte Bevölkerung findet sich nur dort, wo auch für die Landwirtschaft das Klima günstig ist, so daß sich für diese eine doppelte Begünstigung ergibt, einmal unmittelbar für den Anbau und mittelbar infolge der günstigen Absatzbedingungen. Die Absatzmärkte liegen in der Nachbarschaft der Erzeugungsgebiete. Mit der geringeren Entfernung vom Markte vermindern sich die Transportkosten und steigen die Preise für die landwirtschaftlichen Erzeugnisse, loco Hof gerechnet.

Aus alledem ergibt sich für die klimatisch und zugleich wirtschaftlich günstig gelegenen landwirtschaftlichen Produktionsflächen eine Monopolstellung der Lage.

Ähnliches gilt von den mechanischen und chemischen Eigenschaften, die der Boden einer landwirtschaftlich genutzten Fläche von Natur aus besitzt. Der Boden muß locker sein, damit die Wurzeln sich leicht ausbreiten können, und doch zähe genug, um ihnen Halt zu geben. Er muß die Feuchtigkeit halten können und darf doch nicht so undurchlässig sein, daß die Kapillarität unterbrochen wird. In Boden von solcher Beschaffenheit wird sich die Kulturpflanze am besten entfalten. Doch lebt die Pflanze nicht nur im Boden, sie zehrt auch von ihm. Zwar erhält die Pflanze den Hauptteil der Stoffe, aus denen sie besteht, aus der Luft und von dem Wasser. Doch braucht sie, wenn auch nur in kleiner Menge, mineralische Stoffe, und diese kann sie allein dem Boden entnehmen. Wo Böden allen diesen Anforderungen genügen, kommen ihnen im Vergleich zu den von der Natur weniger gut bedachten Böden Monopoleigenschaften zu.

So wirken Lage und Bodeneigenschaften zusammen, um auf die Ertragsfähigkeit der einzelnen Böden differenzierend zu wirken. Doch ist die Wirkung der geographischen Lage auf der einen Seite, der Bodeneigenschaften auf der anderen nicht gleich stark. Während nämlich der Landwirt dem Klima gegenüber so gut wie machtlos ist, sind die Bodeneigenschaften der menschlichen Einwirkung nicht unzugänglich, ja, sie können durch menschliche Tätigkeit gesteigert und erzeugt werden. Die mechanischen Eigenschaften lassen sich durch Bodenbearbeitung, wie Pflügen, Hacken, Häufeln und Düngen in hohem Maße verbessern, und was die chemischen Eigenschaften anbetrifft, so werden sie durch eine sachgemäße Zuführung von mineralischen Düngemitteln überhaupt erst auf das Höchstmaß ihrer Leistungsfähigkeit gebracht. Die Erfolge der modernen Landwirtschaft beruhen in der Hauptsache darauf, daß durch stärkere Bodenbearbeitung und durch künstliche Düngung, also durch arbeits- und kapitalintensive Agrikultur die Bodenerträge in vorher ungeahnter Weise gehoben werden konnten.

Diese Erkenntnis hat die Veranlassung zu einer veränderten Stellungnahme der Nationalökonomie zum Bodenproblem gegeben. Die klassische Nationalökonomie und ihre Anhänger, davon ausgehend, daß die landwirtschaftliche Erzeugung von natürlichen Bedingungen abhänge, sehen in dem landwirtschaftlich genutzten Boden ein selbständiges, von dem Kapital unterschiedliches Produktionselement. Sie kommen infolgedessen zu ihren Grundrententheorien, die dem Boden als solchem je nach Beschaffenheit oder Lage einen spezifischen Bodenertrag zusprechen. Eine Theorie, durchaus verständlich für eine Zeit, die die Errungenschaften der modernen Landwirtschaftswissenschaft und -technik noch nicht kannte. Die neuere Nationalökonomie dagegen, welche weiß, daß Bodenfruchtbarkeit auch produziert werden kann, neigt dazu, dem Boden seine Sonderstellung neben dem sonstigen Kapital zu nehmen. Ohne zu verkennen, daß die landwirtschaftliche Produktion von Naturbedingungen in hohem Maße abhängt, glaubt sie doch nicht, darin ein grundsätzlich unterschiedliches Merkmal gegenüber anderen Produktionen sehen zu können, weil diese alle ja auch bis zu einem gewissen Grade, wenn auch gewöhnlich nicht im gleichen Maße, ähnlichen Bedingungen unterworfen sind. Sie sehen daher in dem Boden schlechthin Kapital. So sagt Brentano: „Das ländliche Grundstück, das ursprünglich freie Naturgabe ist, ist durch die darin gesteckten Arbeits- und Kapitalverwendungen ebenso ein Produkt geworden, wie ein städtisches Grundstück, auf dem ein Gebäude errichtet ist . . . oder, wie ein beliebiger, von der Natur gegebener Stoff, der durch gewerbliche Verarbeitung andere Eigenschaften als seine ursprünglichen und vermehrte Nutzbarkeit erlangt hat. Der Boden ist also heute Kapital“ (Agrarpolitik, S. 13).

Für die nationalökonomische Begriffsbildung kann es nur vorteilhaft sein, wenn der Dunstschleier, den die ältere Nationalökonomie über die Bodenertragsbildung gebreitet hatte, zerrissen wird. In jeder landwirtschaftlichen Kulturfläche steckt ein hohes Maß vorgetaner Arbeit, also Kapital. Doch wäre es falsch, deshalb — wozu insbesondere der Sozialismus marxistischer Observanz neigt — die Besonderheit landwirtschaftlicher Produktionsbedingungen und Produktionsformen verwischen zu wollen. Wie jede Produktion, welcher Art sie auch immer sein mag, von besonderen Voraussetzungen abhängt, so gilt das von der Landwirtschaft in besonders hohem Maße.

Darauf hat mit großem Nachdruck vor allem Eduard David (Sozialismus und Landwirtschaft, S. 67 ff.) hingewiesen. Die industrielle Produktion sei ein kontinuierlicher Arbeitsprozeß. Er kann jederzeit begonnen, unterbrochen und wieder aufgenommen werden. In der Landwirtschaft wird der Arbeitsprozeß in seinem Verlauf von der Natur bestimmt. Die Arbeitsart wechselt fortwährend. Es kann daher, wie schon Adam Smith erkannt hat, eine Arbeitsteilung nicht zur Anwendung kommen, derart, wie sie in der Industrie zur Steigerung der Arbeitsleistung des einzelnen Arbeiters beiträgt. Weiter läßt sich in der Industrie die Arbeit lokal konzentrieren, während sie in der Landwirtschaft räumlich dezentralisiert vor sich geht. Damit hängt vor allem zusammen, daß die Maschinenarbeit in sehr viel geringerem Maße anwendbar und leistungsfähig ist, wobei als nachteilig noch hinzukommt, daß infolge des Nacheinanders der landwirtschaftlichen Arbeiten die einzelne Maschine nur eine verhältnismäßig kurze Zeit im Jahre ausgenutzt wird. Läßt sich in der Industrie unter Anwendung stärkerer und besserer Produktionselemente und durchgebildeter Organisation des Arbeitsvorganges der Herstellungsprozeß beschleunigen, so fehlt zu alledem in der Landwirtschaft die Möglichkeit. — In der Industrie handelt es sich um die Verarbeitung toter Dinge; der menschliche Wille vollzieht die zur Herstellung des Produktes notwendige Trennung und Verbindung von Substanzen durch unmittelbaren Impuls unter Benutzung nur willenlos weitergebender Instanzen. „Der Landwirt muß dagegen die trennende und kombinierende Aktion dem selbsttätigen Willen der Natur überlassen. Diese ist die unmittelbare Produzentin. Die menschliche Arbeit steht erst an zweiter Stelle; sie hat sich den Gesetzen und Launen jener anzupassen; sie ist nur mittelbar an dem Produktbildungsprozeß beteiligt. Die industrielle Güterherstellung ist ein mechanischer, die landwirtschaftliche Produktion ist ein organischer Prozeß."

Wer nicht Gefahr laufen will, an wichtigen agrarpolitischen Problemen achtlos vorbeizugehen, wird daher, auch wenn er sich dazu entschließt, in dem landwirtschaftlichen Boden „Kapital" zu sehen, nicht unbeachtet lassen dürfen, daß das landwirtschaftliche Bodenkapital im Vergleich zum Industrie- und Handelskapital eine qualitativ andere Bedeutung hat.

Darauf hat Bücher hingewiesen. Nicht allein, daß die Landwirtschaft als Grundlage ihres Betriebes Grund und Boden in verhältnismäßig viel größerer Menge bedarf, es fällt auch schwer ins Gewicht, daß dieser wichtigste Bestandteil niemals in der Produktion realisiert werden kann. „Man kann von seinem Werte keine Abschreibungen machen; man kann ihn nur mit einem gewissen Zinssatze seines Ankaufspreises in die Betriebsrechnung einstellen. Das sogenannte Bodenkapital ist also bloß eine im Betrieb gebundene Vermögensmasse, die deshalb, weil sie nicht in der Unternehmung umgeschlagen wird, auch nicht auf den Unternehmergewinn einwirken kann. Das gleiche gilt von den Kapitalien, die durch Menschenarbeit mit dem Boden verbunden wurden (Meliorationen), z. B. von Dränage, Wiesenbau, Baumkulturen: ihr Wert verbindet sich dauernd mit dem Bodenwert, erhöht ihn und wird für alle nachfolgenden Besitzer ein Bestandteil desselben." Es kommt hinzu, daß der Wert, mit dem der Grund und Boden beim Beginn eines landwirtschaftlichen Betriebes in Rechnung gestellt werden muß, nicht immer seinem Produktionswert gleichkommt. Bücher zeigt, wie in der Landwirtschaft der Ertragswert des Bodens noch mit drei anderen Wertarten in Wettbewerb tritt. Den ersten dieser Werte nennt er „Affektions- oder Repräsentationswert". „Er ist eigentlich ein historisch-soziales Erzeugnis; denn er beruht einerseits darauf, daß sich überall die ältere Aristokratie auf den Grundbesitz begründet, und daß, wenn auch die politischen Vorrechte dieser Aristokratie formell beseitigt sind, doch ihre soziale Wertung noch immer schwer genug wiegt, um die Unterlage derselben auch den Besitzern des großen mobilen Kapitals begehrenswert erscheinen zu lassen. Man braucht nur an den Spekulanten zu denken, der einen Teil seiner flüchtigen Börsenwerte in einem soliden Rittergute anlegt. Aber selbst auf den armseligen Dorfhandwerker, der für seine Ersparnisse ein Äckerchen kauft, wirkt dieser Repräsentationswert, weil in ländlichen Verhältnissen die gesellschaftliche Geltung eines jeden sich nach dem sichtbaren Teile seines Vermögens, der Größe des Grundeigentums bemißt." Der zweite jener Werte ist der „Arbeitswert", der insbesondere für den Kleinbauern und den Tagelöhner in Betracht kommt. In der Erwerbung von Grundeigentum wird ein Mittel gesehen, die Arbeitskraft selbständig zu betätigen, ein Vorteil, der so hoch eingeschätzt wird, daß im Vergleich zum Ertragswert sehr hohe Bodenpreise gezahlt werden. Der dritte Wert ist der „Zukunftswert" des Bodens, der sich auf das voraussichtliche allgemeine Steigen des Bodenwertes gründet. (Bücher, Landwirtschaftliche Entwicklungsstufen. Die Entstehung der Volkswirtschaft. II. Tübingen 1921. S. 79 ff.)

Man wird also gut tun, der Bodenbewirtschaftung nach wie vor eine Sonderstellung in der nationalökonomischen Beobachtung einzuräumen. Selbst wenn man den Grund und Boden als „Kapital" im ökonomischen Sinne anspricht, so ist er es doch häufig nicht im sozialen Sinne. Für die große Mehrzahl der Landwirte ist der Boden nicht nur Standort und Produktionsmittel, sondern es verbinden sie auch Bande persönlicher. und familiärer Art mit ihm. Dadurch erhält der Boden einen Wert, der ihn bis zu einem gewissen Grade der üblichen Marktwertung entzieht. Es entstehen Beziehungen, die den Boden außerhalb der ökonomisch-kapitalistischen Begriffswelt stellen, die aber gleichwohl von höchster ökonomischer und sozialer Auswirkung sind.

4. Kapitel.

Gebundene und ungebundene Wirtschaft.

Für die Landwirtschaft ist der Boden Hauptproduktionsmittel. Da seine Fläche nicht beliebig vermehrbar und für die landwirtschaftliche Kultur nur unter bestimmten natürlichen und wirtschaftlichen Voraussetzungen nutzbar ist, so ist aller landwirtschaftlicher Fortschritt damit verknüpft, daß auf einer gegebenen Fläche unter Aufwand von Kapital und Arbeit höhere Erträge erwirtschaftet werden. Je nach dem Grade, wie das geschieht, bezeichnet man die Nutzung als mehr oder weniger intensiv, wobei noch ein Unterschied zwischen arbeitsintensiver und kapitalintensiver Wirtschaft gemacht wird, je nachdem mehr Arbeit oder mehr Kapital verwandt wird. Umgekehrt spricht man von extensiver Wirtschaft, wenn das Maß des Aufwandes verhältnismäßig gering ist.

Auf die historischen Entwicklungsstufen, die die Landwirtschaft durchlaufen hat, und auf die darüber bestehenden gegensätzlichen Meinungen gehen wir nicht ein. Grundlegende Forschungen auf diesem Gebiete sind Eduard Hahn zu danken („Die Entstehung der Pflugkultur", Heidelberg 1909). Karl Bücher hat in seinem Aufsatz „Landwirtschaftliche Entwicklungsstufen" (Die Entstehung der Volkswirtschaft, II., Tübingen 1921) darüber ausführlich berichtet und dem gegenüber eine neue Stufenfolge aufgestellt.

Im allgemeinen zeigt die Geschichte der Landwirtschaft mit vorschreitender volkswirtschaftlicher Entwicklung eine zunehmende Intensität. Bei den ganz extensiven Formen, Land zu nutzen, bei der Jagd, handelt es sich überhaupt noch nicht um Landwirtschaft, aber auch bei der Nomadenwirtschaft kann von einer Landwirtschaft im eigentlichen Sinne nicht gesprochen werden, weil der Ackerbau fehlt. Auf der Viehhaltung allein kann eine Landwirtschaft nicht beruhen. Der Ackerbau ist die notwendige Voraussetzung. Allerdings muß er mit Viehhaltung verbunden sein, beide gehören zusammen, müssen einander ergänzen und unterstützen. Doch bildet die Grundlage für beide der Ackerbau; denn der Boden erzeugt nicht nur die für den Menschen nötige vegetabilische Nahrung, er liefert auch das Futter für das Vieh. Das Vieh wiederum ist nicht allein landwirtschaftliches Produkt in dem Sinne, daß es die für den Menschen erforderliche animalische Nahrung bietet, es ist zugleich landwirtschaftliches Betriebsmittel, indem es bei der Bestellung und bei der Düngung der Ackerflur mitwirkt.

Der landwirtschaftliche Betrieb ist demnach einer gewissen zwangsläufigen Bindung insofern unterworfen, als ein Verhältnis zwischen dem Umfang des Ackerbaues auf der einen, der Viehhaltung auf der andern Seite bestehen muß. Innnerhalb eines gegebenen Betriebes läßt sich der Ackerbau nur bei gleichzeitiger Steigerung der Viehhaltung ausdehnen, und umgekehrt kann die Viehhaltung nur bei gleichzeitiger Zunahme der Futterproduktion vermehrt werden. Erst eine hoch entwickelte Verkehrswirtschaft kann den Landwirt von dieser Bindung befreien. Sieht man davon ab, wird man im allgemeinen sagen können, daß mit fortschreitender Entwicklung die Wirtschaften viehstärker werden und werden müssen, während sie in den Anfängen der wirtschaftlichen Entwicklung in ihrer Mehrzahl vieharm waren. Richtete sich doch das Ausmaß des einen Produktionszweiges im Verhältnis zum anderen zunächst fast ausschließlich nach den natürlichen Wirtschaftsbedingungen, nach Boden und Klima. Viehstarke Wirtschaften gab es zuerst in Landschaften mit einer von Natur guten Graswüchsigkeit, während anderorts wohl oder übel auf den Ackerbau ein überwiegender Nachdruck gelegt werden mußte. So bildeten sich unter dem Einfluß gleicher oder doch ähnlicher natürlicher Wirtschaftsbedingungen gewisse Feldsysteme heraus, die sich in der Hauptsache danach bestimmen, in welchem Umfange das landwirtschaftlich genutzte Land einerseits dem Ackerbau, anderseits der Graserzeugung nutzbar gemacht wird. Wir unterschieden denmach:

1. die Felderwirtschaft,
2. die Wechselwirtschaft,
3. die Weidewirtschaft.

1. Bei der Felderwirtschaft wird ein Teil, und zwar der Hauptteil der Fläche, dauernd mit Ackerfrüchten bestellt, während ein anderer Teil dauernd der Grasproduktion und als Weide dient.

2. Bei der Wechselwirtschaft findet ein periodischer Wechsel von Ackerbau und Graserzeugung auf den gleichen Flächen statt.

3. Endlich bei der Weidewirtschaft herrscht Grasnutzung vor. Der Ackerbau fällt ganz fort oder tritt daneben so stark in den Hintergrund, daß er dem Bewirtschafter in der Hauptsache nur zur Deckung des eigenen Bedarfes dient.

Die beiden letzten Systeme setzen, was noch im einzelnen zu zeigen sein wird, eine reiche natürliche Graswüchsigkeit voraus. Sie sind daher zunächst wirtschaftlich begünstigt. Das gilt vor allem von der Wechselwirtschaft, die dank der reichen Futterproduktion die Viehhaltung und damit auch den Kulturstand der Ackerfelder hochbringen kann. Dieser Vorzug der Lage verringert sich, sobald es dem Landwirt gelingt, durch den feldmäßigen Anbau von Futtergewächsen seinen Viehstapel erhöhen zu können. Die Abhängigkeit des Landwirts von der natürlichen Graswüchsigkeit wird geringer, er erhält in der Gestaltung seiner Wirtschaft größere Freiheit. Sie wird noch gesteigert, seit es möglich wird, neben dem animalischen Dünger künstliche Düngemittel anzuwenden.

Die in bestimmte Feldsysteme gepreßte Gebundenheit des landwirtschaftlichen Betriebes löst sich in dem Maße auf, als die Produktionsfaktoren Arbeit und Kapital gegenüber dem Produktionsfaktor Natur erhöhte Bedeutung gewinnen. Je intensiver die Wirtschaft wird, um so mehr nähert sich der Landwirt jenem großen, wenn auch niemals erreichbaren Ziel, das er der Natur abringen möchte, dem der „freien Wirtschaft". Der Landwirt sucht sich von dem Zwange einer allgemein angewandten Fruchtfolge frei zu machen und seiner Wirtschaft, sowohl was die Viehhaltung, als auch was die Felderbestellung anbetrifft, eine Gestalt zu geben, die speziell sie zu Markthöchstleistungen befähigt.

1. Weidewirtschaft.

Man hat darüber gestritten, ob die Weidewirtschaft als eigene Betriebsart gelten könne. Ohne Frage ist die reine Weidewirtschaft heute höchst selten. Früher aber, wo der Bewirtschafter zumindest für die Bedürfnisse des eigenen Bedarfes Felder anlegen mußte, war sie überhaupt unmöglich. Sie kann erst Eingang finden in einer Zeit, wo die Entwicklung der Verkehrsmittel so weit fortgeschritten ist, daß sich der Landmann von aller Naturalwirtschaft für den Eigenbedarf zu emanzipieren vermag. Auf den fetten Weiden der Nordseemarschen ist sie in neuerer Zeit aufgekommen. Dort wird das Land alle Jahre meistbietend an Viehmäster verpachtet. Diese treiben im Frühjahr Magervieh auf und verkaufen es nach vollzogener Mästung im Herbst an den Schlächter. Für den Landwirt im eigentlichen Sinne ist hier kein Platz mehr. Die Bauernhöfe stehen leer und verfallen allmählich.

Doch pflegt man auch solche Betriebe als Weidewirtschaften anzusprechen, in denen dem Weidegang eine so bevorzugte Stellung eingeräumt wird, daß die Wirtschaftsführung dadurch charakterisiert wird. Das ist in den hoch gelegenen Berggegenden, wo ein Ackerbau für den Marktabsatz nicht mehr lohnt, der Fall, und ebenso in solchen Marsch- und Niederungsgegenden, wo der Grundwasserstand zu hoch ist, um Getreidebau zuzulassen, oder Überschwemmungsgefahr vorhanden ist.

2. Wechselwirtschaft.

Diese Betriebsform, die relativ früh einen hohen Grad von Intensität erreichte, wurde zunächst höchst extensiv angewandt. Man nennt sie in diesem Stadium „wilde Feldgraswirtschaft". Das genutzte Land zerfällt in zwei Teile: Weideland und bestellte Flur. Doch besteht keine dauernde Abgrenzung zwischen beiden. Das mit Körnern bebaute Land bleibt so lange in Anbau, als es noch trägt. Dann wird es als Weide genutzt und statt seiner ein Stück Weideland für den Körnerbau umgebrochen.

Eine der wilden Feldgraswirtschaft verwandte Wirtschaftsform ist die Feldwaldwirtschaft oder Haubergwirtschaft. Bei ihr handelt es sich um einen Wechsel zwischen Acker- und Waldnutzung, eine Wirtschaftsform, die wir uns in den Anfängen aufkommender Landwirtschaft ziemlich verbreitet zu denken haben. Die Bearbeitung vollzieht sich in der Weise, daß eine Waldfläche abgeholzt und ausgebrannt wird. Der Humusreichtum des Bodens zusammen mit den Nährstoffen, die aus der Asche des verbrannten Holzes gewonnen werden, genügen, um für eine Anzahl von Jahren ohne besondere Düngung Getreide zu ernten. Ist der Nährstoff verbraucht, und bringen die Felder keinen guten Ertrag mehr, bleiben sie unbestellt liegen, und während sie sich wieder mit Waldpflanzen bestocken, wird eine andere Waldfläche auf gleiche Weise in Anbau genommen. Natürlich ist das eine sehr primitive und extensive Wirtschaftsform. Man kann sie nur anwenden, wo man Überfluß an Waldboden hat. So finden wir sie in Neuländern, wie z. B. Südbrasilien. In Deutschland haben wir heute nur noch Reste davon, wie in den westfälischen Kreisen Siegen, Wittgenstein-Olpe, im Odenwald und im Schwarzwald. Hier pflegt man gewöhnlich so vorzugehen, daß im Wechsel mit Niederwaldwirtschaft Roggen gebaut wird.

Auf dem gleichen Prinzip beruht die primitive Form der Moorkultur: die Brennwirtschaft. Sie wird auch heute noch, wenn auch nicht mehr in dem früheren Umfange, angewandt. Die Oberfläche des Moores wird aufgerissen. Die Schollen trocknen an der Luft und werden dann angezündet. Nach dem Erlöschen des Brandes erfolgt die Saat in die Asche. Nach einer drei- bis achtjährigen Kultur läßt man den Boden 10—20 Jahre wieder ruhen.

Die wilde Feldgraswirtschaft und ihre verwandten Formen sind technisch höchst unvollkommene Wirtschaftsformen. Nicht allein, daß sie höchst arbeits- und kapitalextensiv sind und den Boden raubbaumäßig ausnutzen, sie widerstreiten auch allen Regeln der Arbeitsökonomie, weil die gleiche Kulturarbeit immer wieder von neuem unternommen werden muß. Zudem können bei der Hauberg- und der Brennwirtschaft auch leicht Kapitalverluste durch ungewollte Brandstiftung entstehen.

Doch hat sich die Wechselwirtschaft in der Form der „geregelten Feldgraswirtschaft" zu einem höchst intensiven System entwickelt. Die ganze Feldmark kommt unter den Pflug. Aber nicht auf einmal. Sie zerfällt in Schläge, auf denen Kornbau und Graswuchs in einem als zweckmäßig erkannten Turnus miteinander wechseln. Während der Jahre der Grasnutzung werden die Schläge auch zum Weidegang benutzt, weshalb sie gewöhnlich durch Gräben und lebende Hecken abgegrenzt sind. Es handelt sich um viehstarke Wirtschaften, die auserlesenes Großvieh zu züchten und zu mästen pflegen, die aber zugleich dank der starken Düngerproduktion auch für den Ackerbau günstige Wirtschaftsbedingungen haben. Es ist durchaus bezeichnend, daß die Anfänge einer höher entwickelten Landwirtschaft sich in Landschaften finden, wo diese Wirtschaftsform Eingang finden konnte. Doch war eine solche Entwicklung der Feldgraswirtschaft nur in von Natur dazu besonders begünstigten Gebieten mit großer Feuchtigkeit und entsprechender Graswüchsigkeit möglich, wie in Holstein (Koppelwirtschaft), in Mecklenburg (Schlagwirtschaft), in den Alpen (Eggartenwirtschaft). In Gegenden mit trocknerem Klima war sie im allgemeinen nicht anwendbar, weil hier das Land, das einige Zeit unbearbeitet bleibt, ausdorrt, verunkrautet und sich bestockt.

Daher ist am verbreitetsten die Felderwirtschaft.

3. Felderwirtschaft.

Für dieses System ist bezeichnend, daß das einmal unter den Pflug genommene Land auch dauernd darunter bleibt und fortgesetzt und ausschließlich mit Feldfrüchten bestellt wird, wobei es — in „Felder" eingeteilt — einem bestimmten Anbauturnus unterworfen wird. Daher die Bezeichnung Felderwirtschaft. Das ganze übrige Land, soweit es landwirtschaftlich genutzt wird, dient, von einigen Wiesen abgesehen, dem Weidegang, ohne daß größere Kultur darauf verwandt wird. Es ist das diejenige Wirtschaftsform, die sich überall dort aufdrängte, wo die erste Kultivierung einen großen Arbeitsaufwand an Roden und Graben erforderte, und wo der Boden eine ständige Bearbeitung verlangt, soll er nicht schnell außer Kultur kommen.

Auch diese Wirtschaft läßt verschiedene Intensitätsgrade zu. Sie bestimmen sich nach dem Maße, wie groß der Teil der Ackerflur ist, der im regelmäßigen Anbauturnus der Brachhaltung unterworfen ist. Je geringer nämlich die Düngung und Bearbeitung der Felder ist, um so häufiger muß der Boden, wenn er ertragsfähig bleiben soll, ruhen und zeitweise brach liegen. Findet ein solcher Wechsel zwischen Anbau und Brache alle Jahre statt, so sprechen wir von einer „Zweifelderwirtschaft", bei einer Brachhaltung jedes dritte Jahr von einer „Dreifelderwirtschaft" usw. Die extensivste Form ist die Zweifelderwirtschaft. Sie war noch im Deutschland des 18. Jahrhunderts keine Seltenheit, obwohl im allgemeinen die Dreifelderwirtschaft hier schon seit Karl dem Großen Eingang gefunden hatte, die im Vergleich zur Zweifelderwirtschaft einen großen Fortschritt bedeutet. Ihr Wesen besteht darin, daß die Felder eines jeden Wirtes in drei Gruppen zerfallen, von denen auf je zweien Getreide geerntet wird, während die dritte brach liegen bleibt und für die neue Saat vorbereitet wird.

Bei der großen Bedeutung, die die Dreifelderwirtschaft als Grundlage für die weitere landwirtschaftliche Entwicklung gehabt hat, ist es nötig, sich über ihr Wesen im klaren zu sein. Das folgende Schema veranschaulicht die Bewirtschaftung von drei zusammengehörigen Feldern (I, II, III) in dreijährigem Turnus.

Erstes Jahr	I Brache	II Winterkorn	III Sommerkorn
Zweites Jahr	I Winterkorn	II Sommerkorn	III Brache
Drittes Jahr	I Sommerkorn	II Brache	III Winterkorn

Vergegenwärtigen wir uns die Arbeit, die sich auf den drei Feldern im ersten Jahre vollzieht: Auf dem Felde III beginnen im Frühjahr die Arbeiten; es wird das Sommerfeld bereitet, gepflügt und besät. Damit fertig, gehen die Arbeiten auf das Feld I über, das seit vergangenem Herbst brach gelegen hat und nun — man begann damit früher meist am Johannistage, dem 24. Juni — für die Wintersaat vorbereitet werden muß; es wird mehrmals gepflügt und wird gedüngt. Inzwischen reift auf dem Felde II das Winterkorn. Die Arbeiten werden nun hierher verlegt; das Korn wird geschnitten und eingefahren. Man ist kaum damit fertig, als auch das Sommerkorn auf dem Felde III reif geworden ist; die Ernte wird auf diesem Felde fortgesetzt. Den Schluß bildet dann die Saat des Winterkorns auf dem Felde I, dem Brachfelde. In den nächsten beiden Jahren wechseln die Arbeiten in entsprechender Weise auf den drei Feldern, um dann im vierten Jahre sich wieder in der beschriebenen Weise zu vollziehen.

Wir erkennen, daß es sich bei der Dreifelderwirtschaft um ein schon ziemlich vollkommenes Wirtschaftssystem handelt. Insbesondere ist die Arbeitsverteilung in gut gelungener Weise durchgeführt; die großen Wirtschaftsarbeiten schieben sich auf den drei Feldern in einander und lösen sich ab. Während auf dem einen Felde eine Arbeit verrichtet wird, wartet auf dem zweiten und dritten schon eine andere. Niemals aber — und das ist wichtig — muß normalerweise auf zwei Feldern zu gleicher Zeit gearbeitet werden. Dadurch wird eine gute Ausnutzung der Arbeitskräfte bewirkt. Voraussetzung dieses Systems ist natürlich der abwechselnde Anbau von Wintergetreide und Sommergetreide. Die Erkenntnis, daß es möglich ist, Getreide sowohl im Herbst, als auch im Frühjahr auszusäen, gehört demnach in ihren Folgen zu den bedeutendsten wirtschaftlichen Entdeckungen, die die Menschheit gemacht hat.

Die Dreifelderwirtschaft ist bis in das 19. Jahrhundert hinein vorherrschend gewesen und besteht auch heute noch in einem Teile von Deutschland, in Mittelfrankreich, Polen und Rußland. Sie ist intensiver als die wilde Feldgraswirtschaft, läßt einen Arbeitsplan erkennen und erfordert einen gewissen Kapitalaufwand. Doch ist sie immer noch recht extensiv. Ein Teil der landwirtschaftlich genutzten Fläche, die ewige Weide, bleibt ganz unbestellt, und auf der Ackerflur ruht das Feld jedes dritte Jahr. Die Düngung ist unzulänglich, weil sich das Vieh den größten Teil des Jahres auf dem dauernden Weideland befindet, und den Ackerfeldern außer dem Dünger, der bei der Vorhut und Nachhut abfällt, nur der Winterdung zugute kommt.

4. Die verbesserte Dreifelderwirtschaft.

Der große wirtschaftliche Umschwung, der um die Wende des 15. zum 16. Jahrhundert das Wirtschaftsleben auf seinen übrigen Gebieten revolutionierte, ging an der Landwirtschaft ziemlich eindruckslos vorüber. Nur zu erklärlich, daß sich ein kapitalistischer Geist in dem noch vorzugsweise auf den eigenen Verbrauch eingestellten landwirtschaftlichen Betriebe nur zögernd auszubilden vermochte. Nur in denjenigen Gebieten, welche, sei es durch eine reichere nachbarliche städtische Entwicklung, sei es durch besondere Fruchtbarkeit begünstigt waren, konnte sich oasenartig eine höhere Agrikultur ausbilden. Solche bevorzugten Gebiete finden wir damals in Italien und Flandern, aber auch in der Rheinebene, in der fruchtbaren Ebene zwischen Harz und dem Thüringer Walde und fast allerorts in der unmittelbaren Nachbarschaft großer Städte oder mit anderen Worten, überall dort, wo die natürlichen und die wirtschaftlichen Voraussetzungen für eine hoch intensive, der Gartenkultur sich annähernde Landwirtschaft vorhanden waren. Wenn wir daher bereits im 16. und 17. Jahrhundert auf einzelne landwirtschaftliche Schriftsteller stoßen, die höhere landwirtschaftliche Kenntnisse verraten, dürfen wir sie nicht als Zeugen für einen schon allgemein vollzogenen Fortschritt in Anspruch nehmen; es handelt sich in ihren Büchern um den Niederschlag von Erfahrungen, die auf verhältnismäßig engem Raume gemacht worden sind.

Immerhin sind es verheißungsvolle Anfänge, die, wie es sich in Italien und Flandern zeigen sollte, entwicklungsfähig waren. In Deutschland, das sich wirtschaftlich auf dem Abstiege befand, und dessen Volkswirtschaft durch den Dreißigjährigen Krieg vollends ruiniert wurde, konnte es zu einer solchen Entwicklung zunächst nicht kommen. Es dauerte mehrere Menschenalter, bis unter der sorgsamen Pflege des erstehenden deutschen Landesfürstentums die Schäden der großen Kriege wieder gutgemacht worden waren.

Erst im 18. Jahrhundert, kann man sagen, hatte sich Deutschland davon wieder einigermaßen erholt, und nun setzte im Gefolge einer höheren politischen Entwicklung auch der wirtschaftliche Aufschwung ein. Freilich war es noch eine Bewegung von oben nach unten: es waren die Landesfürsten, die die Reform machten. Die breite Masse des Volkes litt immer noch unter den Folgen der langen Mißhandlung, die alles Selbstgefühl, allen Wagemut erstickt zu haben schien; widerwillig nur und hartem Zwange folgend ließ sich der Untertan den eigenen Vorteil von seinem Landesvater aufdrängen.

Das deutsche Landesfürstentum hat für die Landwirtschaftspflege Großes geleistet. Seine vornehmsten Vertreter erwuchsen auf märkischem Boden, die beiden Gründer der preußischen Großmacht, Friedrich Wilhelm I. und Friedrich der Große. Ihr Wirken hat für die Entwicklung der deutschen Landwirtschaft die höchste Bedeutung gehabt. Doch standen sie in ihren landwirtschaftlichen Bestrebungen und Interessen nicht allein. Fast alle Fürsten der damaligen Zeit haben landwirtschaftliche Liebhabereien gehabt, und wie aus der zeitgenössischen Literatur zu erkennen ist, wurden die Anfänge und Fortschritte einer verbesserten Agrikultur- und Landwirtschaftstechnik von den Gebildeten aller Kreise mit offenen Augen verfolgt. Die zahlreichen landwirtschaftlichen Schriftsteller der damaligen Zeit entstammen den verschiedensten Kreisen und Berufen. Und wie hoch man ihre Leistungen anschlug, dafür mag die uns heute pittoresk anmutende Begebenheit als Illustration dienen, daß Kaiser Joseph II. dem berühmten Agronomen Johann Christian Schubart (1734—1787) den Adelsbrief verlieh „unter Beilegung des Namens eines Ritters des Heiligen Römischen Reiches von dem Kleefelde“.

Der Wunsch, die Agrikultur zu verbessern und die Landwirtschaft ertragreicher zu machen, hatte seine durchaus realen Unterlagen. Mit der Aufnahme von Industrie und Manufakturen, mit einer reicheren städtischen Entwicklung setzte eine Bevölkerungsvermehrung ein. Der Bedarf und der Wert landwirtschaftlicher Produkte stiegen. Den wachsenden Ansprüchen war der überlieferte Landwirtschaftsbetrieb nicht gewachsen. Das alte, tausend Jahre alte System wurde als rückständig empfunden und unter den neuen Wirtschaftsbedingungen wurde der Eindruck gewonnen, als ob die Landwirtschaft ihren Tiefstand erreicht hätte, ein Eindruck, der insofern nicht ganz unbegründet war, als die erhöhte Nachfrage nach landwirtschaftlichen Erzeugnissen einen Anreiz zu raubbaumäßiger Ausnutzung des Bodens gab.

Um die landwirtschaftliche Erzeugung zu erhöhen, waren zwei Wege möglich: Erstens die Vergrößerung der Kulturfläche durch Kultivierung bisher ungenutzten Landes, und zweitens die Steigerung der Erträge auf den schon angebauten Feldern. Über die Maßnahmen, die den ersten Weg verfolgten, sprechen wir in anderem Zusammenhange. Doch was geschah, um den Landbau zu verbessern?

Mit zwei Worten ist es gesagt: Man steigerte die Viehhaltung und führte neue Kulturgewächse ein. Mit so dürren Worten gesagt, erscheint das als wenig, und doch war damit der Beginn gemacht zu einer Entwicklung, die die Landwirtschaft auf die heutige Höhe führen sollte.

In der damaligen Landwirtschaft bestand eine starke Einseitigkeit der landwirtschaftlichen Produktion. Wenn heute irgendwo das Getreide mißrät, dann ist die Not noch nicht groß. Die modernen Transportmittel ersetzen leicht und für den nicht unmittelbar Betroffenen unmerklich den Ausfall. Aber auch der geschädigte Landwirt vermag sich zu helfen, seine Wirtschaft beruht ja nicht allein auf dem Getreidebau, er hat Kartoffeln, Rüben, Hülsenfrüchte und vor allem die Viehzucht. Der Ausfall auf dem einen Gebiete wird durch den Gewinn auf dem anderen ersetzt. — Anders im Deutschland des 18. Jahrhunderts. Wenn man von einem geringen Lein- und Erbsenbau absieht, gab es damals eigentlich nur Getreidebau und Viehzucht. Mißriet in einer Gegend das Getreide, so bedeutete das Teuerung und Hungersnot. Bei den schlechten Verkehrsverhältnissen konnte nur mit großen Kosten anderswoher Getreide beschafft werden. Auch die Ernährung durch Fleisch wirkte bei dem schlechten Viehbestande der damaligen Zeit nicht als ausreichender Ersatz. Ein einziger großer Mißwachs hatte daher für den Wohlstand des Landes die furchtbarsten Folgen: das Saatgetreide und das an sich schon geringe Vieh wurden verzehrt, die Felder blieben unbestellt, die Häuser, deren Strohdächer abgedeckt und verfüttert wurden, verfielen, die Bevölkerung wurde durch Krankheiten und Seuchen dezimiert.

Nur wer diese Zustände kennt, kann ermessen, was die damaligen landwirtschaftlichen Verbesserungen bezweckten und bedeuteten. Es galt, die Landwirtschaft von dem einseitig angewandten Getreidebau zu befreien und durch Verbesserung der Viehzucht und durch die Einführung neuer Kulturgewächse die allgemeine Produktion zu steigern. Der Anfang mußte mit Vermehrung und Verbesserung des Viehes gemacht werden. Sollte dieses doch für die verbesserte Wirtschaft die Hauptbetriebsmittel abgeben, Dünger und Spannvieh, von deren Vermehrung aller weiterer Fortschritt abhing. Doch wurde gleich an dieser Stelle offenbar, wie unendlich schwer bei der damaligen Agrarverfassung jede solche Reform durchzuführen war. Wo, wie es in den weitesten Teilen Deutschlands der Fall war, die Felderwirtschaft herrschte, lagen die Feldstücke des einzelnen Dorfgenossen im bunten Gemenge über die ganze Dorfflur zerstreut und waren, von den wenigen Feldern abgesehen, die zufällig an der Straße lagen, nur dann zugänglich, wenn sie unbestellt waren, also nach und vor der Ernte und zur Zeit der Brachhaltung. Die Folge, die sich daraus ergab, war der Flurzwang, dessen Wesen darin bestand, daß alle Wirte ihre Felder gleichzeitig bestellen und abernten mußten. Verspätete sich ein Wirt mit der Bestellung, lief er Gefahr, sein Feld ungenutzt liegen lassen zu müssen, weil er über den gesäten Acker des Nachbarn nicht mehr hinüber konnte; ließ er das Getreide zu lange und über einen bestimmten Zeitraum hinaus auf dem Halme, konnte es ihm von dem auf die Stoppelweide getriebenen Vieh abgeweidet werden. Die für den Wirtschaftsbetrieb sich ergebende Folge war die, daß jeder Wirt säen und ernten mußte nicht wie es ihm, sondern wie es der Gemeinde paßte. Neue Kulturgewächse mit abweichenden Bestellungs- und Erntezeiten anzubauen, war für den einzelnen Bauer ebenso unmöglich wie eine Besömmerung der Brache. Die unerläßliche Vorbedingung für eine gesteigerte Leistungsfähigkeit und Düngererzeugung des Viehes bestand aber gerade in dem Anbau von neuen Futtergewächsen zur besseren Fütterung der Tiere. Macht man sich heute doch nur schwer eine Vorstellung von dem erbärmlichen Futterzustande, in dem sich damals das Vieh zu befinden pflegte. Die jenseits der Ackerflur liegenden Weiden waren Gemeineigentum und befanden sich in entsprechend schlechtem Zustande. Die kurze Zeit der Stoppel- und Brachweide gab auch nicht viel Futter her. Die schlimmste Hungerzeit aber begann für das Vieh, wenn es im Winter in seine dürftigen Ställe kam, weil es an einer planmäßigen Futterwirtschaft gebrach. Bezeichnend ist die Prägung des terminus technicus „Schwanzvieh", eine Bezeichnung, die daher stammte, daß das durch Hunger geschwächte Vieh im Frühjahr an den Schwänzen hochgewunden werden mußte, um es wieder auf die Beine zu bringen.

Eine Verbesserung der Viehhaltung und damit auch der Agrikultur hätte also von der Beseitigung der alten Flurverfassung abgehangen. Das war aber eine Maßnahme so tief einschneidender Art, daß sie auf einen schier unüberwindlichen Widerstand der zäh am Alten haftenden ländlichen Bevölkerung traf. Die anhaltenden Bestrebungen der Landesherren, neue Kulturgewächse einzuführen und die Brachfelder mit Futtergewächsen zu bestellen, konnten daher nur dort von einigem Erfolge begleitet sein, wo diese, wie auf den Domänen, uneingeschränkt Eingriffe in die alte Flurordnung machen konnten. Ein anderes Mittel, um ohne Beseitigung der bestehenden Flurverfassung die erstrebte bessere Viehhaltung durchzuführen, bestand darin, daß man durch Einführung der Sommerstallfütterung den störenden Weidegang des Viehes überhaupt aufhob. Die Anfänge der Sommerstallfütterung fallen in die damalige Zeit. Sie hatte unter den landwirtschaftlichen Schriftstellern eifrige Verfechter, zu denen auch der erwähnte Schubart gehörte.

Gleichwohl waren trotz allen Strebens keine vollen Erfolge zu erzielen, solange die alte Agrar- und Flurverfassung alle Reformen auf Schritt und Tritt hemmte. Das 19. Jahrhundert brachte mit seiner Agrargesetzgebung die Beseitigung dieser Hindernisse. Wo es Boden und Klima zuließen, wurde nun damit begonnen, die Brache zu bestellen. Man tat das gewöhnlich zunächst in der Weise, daß man die alte Feldereinteilung beibehielt und sich lediglich damit begnügte, jedes Jahr auch auf dem Brachfelde Früchte anzubauen. Klee, Hülsenfrüchte, Kartoffeln, Rüben wurden dafür gewählt. Sie waren die sogenannten Brachfrüchte, wie man sie noch lange Zeit nannte, weil sie zuerst auf der ehemaligen Brache angebaut wurden. So entstand aus der ehemaligen primitiven oder reinen Dreifelderwirtschaft die sogenannte „verbesserte Dreifelderwirtschaft".

Wie sah diese aus? Wie gesagt, bestand ihr Wesen darin, daß auch die Brache in Anbau genommen wurde, doch müssen wir uns darüber klar sein, daß die ganze Brache nicht mit ein und derselben Brachfrucht, sondern mit mehreren nebeneinander bestellt zu werden pflegte. Außerdem war es üblich, einen gewissen Teil des früheren Brachfeldes nach wie vor der Brachhaltung unterworfen zu lassen. Nehmen wir z. B. eine Bestellung des Brachfeldes in vier Schlägen an: Klee, Hackfrucht, Hülsenfrucht, Brache, dann ergibt sich, daß aus den ehemaligen drei Feldern zwölf Felder geworden sind, wovon jedesmal acht mit Korn, nämlich je vier mit Wintergetreide, je vier mit Sommergetreide, bebaut werden.

Aus der Dreifelderwirtschaft ist eine Zwölffelderwirtschaft geworden. Wenn wir die Fruchtfolge eines einzelnen Feldes betrachten, haben wir folgendes Bild:

1.	Jahr:	Klee	7.	Jahr:	Hülsenfrüchte
2.	„	Wintergetreide	8.	„	Wintergetreide
3.	„	Sommergetreide	9.	„	Sommergetreide
4.	„	Hackfrucht	10.	„	Brache
5.	„	Wintergetreide	11.	„	Wintergetreide
6.	„	Sommergetreide	12.	„	Sommergetreide

Die verbesserte Dreifelderwirtschaft bedeutete einen großen Fortschritt: Infolge des fast vollständigen Fortfalls der Brache wurde die Kulturfläche nahezu um ein Dritteil größer. Dementsprechend hob sich der Ertrag; denn wenn auch die Brachfrüchte vornehmlich innerhalb der Wirtschaft verbraucht und als Viehfutter verwandt zu werden pflegten, so wurde doch die Düngererzeugung stärker, was dem allgemeinen Kulturzustande der Felder wieder zugute kommen mußte. Dieser wurde auch dadurch besser, daß der Wechsel zwischen Halm- und Blattfrüchten die mechanischen Eigenschaften des Bodens günstig beeinflußte und seine chemischen Kräfte besser ausnutzen ließ. Die Blattpflanzen beschatten den Boden und halten ihn feucht und locker, und während die Halmfrüchte vorzugsweise die obersten Bodenschichten ausnutzen, ziehen ihre in die Tiefe gehenden Wurzeln die Nährstoffe mehr aus den unteren Schichten. Auch die Arbeitsverteilung wurde vervollkommnet: Die reine Körnerwirtschaft drängte die Hauptarbeiten in das Erntequartal zusammen, der Anbau von Hackfrüchten machte es möglich, im Vorsommer wie im Herbst eine größere Zahl Arbeiter nutzbringend zu beschäftigen.

Es sind also viele Vorzüge, die die verbesserte Dreifelderwirtschaft vor der primitiven hat. Sie ließ sich zudem so einfach und leicht in das bisherige System eingliedern, daß sie sich, wo nur immer die natürlichen Bedingungen es zuließen, in einer mehr oder weniger intensiven Form Eingang verschaffte. In Deutschland insbesondere gibt es die reine Dreifelderwirtschaft nur noch selten, dagegen ist sie in ihrer verbesserten Form auch heute noch — vorzüglich in bäuerlichen Betrieben — sehr verbreitet.

Häufig bildete aber die verbesserte Dreifelderwirtschaft nur die Übergangsstufe zu einem noch intensiveren System, der Fruchtwechselwirtschaft.

5. Die Fruchtwechselwirtschaft.

Die verbesserte Dreifelderwirtschaft hatte den Mangel, daß sie dem Getreidebau immer noch den alten Vorrang einräumte und zweimal hintereinander Halmfrüchte anbaute. Das System des Fruchtwechsels besteht darin, daß es radikal mit der alten Dreiteilung bricht. Der Wechsel zwischen Halm- und Blattfrucht wird konsequent und alljährlich durchgeführt. Thaer, der dieses System wissenschaftlich begründete und in Deutschland propagierte, wandte zunächst folgende Fruchtfolge an: 1. Wintergetreide, 2. Hackfrucht, 3. Sommergetreide, 4. Klee. Daraus ergab sich folgendes Schema:

	Feld I	Feld II	Feld III	Feld IV
1. Jahr	Wintergetreide	Hackfrucht	Sommergetreide	Klee
2. Jahr	Hackfrucht	Sommergetreide	Klee	Wintergetreide
3. Jahr	Sommergetreide	Klee	Wintergetreide	Hackfrucht
4. Jahr	Klee	Wintergetreide	Hackfrucht	Sommergetreide

Die günstigen Wirkungen, die sich schon bei der verbesserten Dreifelderwirtschaft aus dem Wechsel zwischen Halmfrucht und Blattfrucht ergaben, werden bei diesem System noch gesteigert, vor allem infolge der stärkeren Heranziehung der Hackfrüchte, die eine besonders starke Durcharbeitung des Bodens durch Hacken und Häufeln zur Folge hat. Auch die Arbeitsverteilung wird noch günstiger, weil die Arbeiten für die Hackfrüchte sich tief in den Herbst ausdehnen, wodurch die Periode für die Wirtschaftsarbeiten beträchtlich verlängert wird.

Bei diesem Schema blieb man indes nicht stehen. Durch Vermehrung der Schläge war es ein Leichtes, noch andere Kulturgewächse in die Fruchtfolge aufzunehmen. Aber das Prinzip, nach dem ein beständiger Wechsel zwischen Halm- und Blattfrucht stattfindet, blieb bestehen.

Die reine Fruchtwechselwirtschaft, wie sie Thaer im Auge hatte, erreichte ein Höchstmaß von Intensität. Die ganze Feldflur wurde dem Ackerbau unterworfen. Naturgemäß ließ sich das nicht überall durchführen. Voraussetzung wäre einmal eine gewaltige Steigerung der Arbeitsintensität gewesen und zweitens die ausschließliche Stallfütterung. Das mochte in manchen Gebieten durchführbar sein, nicht aber in weniger fruchtbaren Gegenden sowie in grasreichen Niederungsgebieten. Dazu kam, daß man nicht überall auf die Weide vollständig verzichten mochte und konnte. Nicht allein in den Niederungsgebieten durfte man das nicht tun, auch anderwärts, vornehmlich dort, wo Schafzucht getrieben wurde, mochte man sich nicht darauf einlassen. Indes brauchte man sich darum den Vorteil des Fruchtwechsels nicht völlig entgehen zu lassen. Indem man in den regelmäßigen Wechsel zwischen Halm- und Blattfrucht Weideschläge einschob, kam man zu einer Kombination von Fruchtwechsel- und Grasfeldwirtschaft.

Auf alles das kam im Grunde nicht allzuviel an. Das Hauptergebnis blieb bestehen und ist darin zu sehen, daß die Landwirtschaft von der einseitigen Vorherrschaft des Getreidebaues befreit wurde. Den Hack- und Blattfrüchten wurde, indem sie in den regelmäßigen Turnus der Fruchtfolge eingereiht wurden, eine führende Rolle neben dem Getreide eingeräumt. Der sich daraus ergebende Vorteil erschöpfte sich nicht allein darin, daß der Stand der Felder und der Viehhaltung sich qualitativ und quantitativ hob, noch wichtiger war, daß der Landwirt in der individuellen Gestaltung seiner Wirtschaft freier wurde. Zwar blieb er insofern gebunden, als er zumindest die Hälfte seines Ackerlandes mit Getreide bestellen mußte, doch war er frei in der Wahl der Brachfrüchte, die er den Bedürfnissen speziell seines Betriebes und der Marktlage anzupassen vermochte. Er wurde damit bis zu einem gewissen Grade losgelöst von dem Zwange traditioneller Wirtschaftsführung. Thaer gab seinem Buche den Titel „Grundsätze der rationellen Landwirtschaft". Dieser Titel war zugleich ein Programm. Für Thaer ist die Landwirtschaft eine Wissenschaft, eine Kunst zum Zwecke der Erzielung höchstmöglicher Reinerträge, die der Landwirt rechnend und beobachtend herauswirtschaften soll. Der frühere, durch die Tradition und Flurzwang gebundene Landwirt konnte je nach Fleiß und Vermögen gut oder weniger gut wirtschaften — das Ausmaß eigener Initiative war eng begrenzt —, der Thaersche Landwirt soll auch richtig wirtschaften. Der Fruchtwechsel gewährt ihm ein erhöhtes Maß von Bewegungsfreiheit, sein persönlicher Einfluß auf die Gestaltung der Wirtschaft wird erhöht.

6. Die künstliche Düngung.

Mit der zunehmenden Intensität der Landwirtschaft gewann die Düngung der Felder wachsende Bedeutung und wurde zum Problem. Schon mit den ersten Anfängen der rationellen Landwirtschaft im 18. Jahrhundert brach sich die Erkenntnis Bahn, daß alle Fortschritte der Landwirtschaft aufs engste verknüpft wären mit einer reichlichen und sachgemäßen Düngung.

Von den älteren Landwirten war diese stark vernachlässigt worden. Sie begnügten sich in der Hauptsache mit der Düngung, die ohne weitere Mühewaltung bei der Vor- und Nachhut der Felder abfiel. Da die regelmäßige Brachhaltung für einen gewissen Ersatz der verbrauchten Bodenkräfte sorgte, so mochte das auch bei bescheidenen Ansprüchen genügen. Im Stallmist sah man mehr eine Belastung, als eine Quelle der Bereicherung und suchte sich seiner auf möglichst bequeme Weise zu entledigen. Es war keine Seltenheit, daß man ihn in den Fluß warf oder auf andere Art fortschwemmen ließ, wie z. B. vor noch gar nicht so langer Zeit es in rückständigen landwirtschaftlichen Gegenden als ein wertvolles Servitut galt, die Jauche über die Grundstücke des Nachbarn leiten zu dürfen. Dagegen hatte schon König Friedrich Wilhelm I. „ordentliche Misthöfe als das A und O aller Agrikultur" bezeichnet und mit Eifer auf ihre Einrichtung gedrungen.

Die Fruchtwechselwirtschaft hatte die Brachhaltung beseitigt und auf ihre Einschränkung auch dort hingewirkt, wo sie nicht rein durchgeführt werden konnte. Die Voraussetzung dafür war eine starke Produktion und eine zweckmäßige Verwendung des Düngers. In den Schriften Thaers und anderer zeitgenössischer landwirtschaftlicher Schriftsteller nimmt daher dieser Zweig der Bodenpflege einen breiten Raum ein. Thaer und seine Anhänger glaubten sich rühmen zu dürfen, die Landwirtschaft auch auf diesem Gebiete erheblich gefördert und auf eine Höhe geführt zu haben.

Es mußte daher berechtigtes Aufsehen erregen, als um die Mitte des vorigen Jahrhunderts Liebig auf Grund agrikulturchemischer Untersuchungen den Nachweis zu erbringen suchte, daß die bisherige Art der Düngung verkehrt sei und auf die Dauer den Boden entkräften müsse. Es kann nicht unsere Aufgabe sein, Liebigs „Mineraltheorie" des näheren zu erläutern und zu kritisieren. Für unseren Zusammenhang genügt es, von ihr folgendes zu wissen: Sie weist nach, daß erstens bestimmte Mineralstoffe für die Pflanzenernährung unentbehrlich sind, und daß zweitens die Düngung durch Stallmist allein nicht zu genügen vermag. Die Pflanzen entziehen bei ihrem Wachstum dem Boden Mineralstoffe, die ersetzt werden müssen, wenn der Boden nicht allmählich entkräftet werden soll. Der in der Wirtschaft gewonnene Stalldünger kann diesen Ersatz nicht vollständig bewirken, weil er nicht alle dem Boden seinerzeit entzogenen Mineralstoffe enthält.

Verwandeln sich doch nicht alle Erzeugnisse der Wirtschaft wieder in Dungstoffe. Ein Hauptteil wird aus der Wirtschaft heraus verkauft, und alles was in diesen verkauften pflanzlichen und tierischen Erzeugnissen, den Körnerfrüchten, den Wurzelgewächsen, der Milch, den lebenden Tieren, an Mineralstoffen enthalten ist, geht dem Boden der betreffenden Wirtschaft verloren. So prägte denn Liebig den anschaulichen Satz: In den Feldfrüchten verkaufe der Landwirt sein Feld. Er triebe Raubbau, indem er auf Kosten der künftigen Geschlechter dem Boden die Mineralstoffe entzöge, und vorzüglich müsse der sogenannten rationellen Landwirtschaft dieser Vorwurf gemacht werden, weil sie durch die hochintensive Bearbeitung des Bodens den vorhandenen Vorrat an Mineralstoffen mit erhöhter Beschleunigung verbrauche.

Wolle der Landwirt seinen Boden nicht erschöpfen, dann müsse er ihm die entzogenen Mineralstoffe durch ihre unmittelbare Zuführung in Form mineralischer und sogenannter künstlicher Düngemittel immer wieder ersetzen. Die Landwirtschaft muß sich im Zustande der „Statik“ befinden, d. h. der Bodenreichtum muß durch den ständigen Ersatz der verbrauchten anorganischen Nahrungsstoffe im Gleichgewicht gehalten werden. Der Grundsatz der Statik war zwar schon vor Liebig anerkannt, wie auch die Bezeichnung „Statik“ nicht von ihm, sondern von einem Schüler Thaers (von Wulffen) stammt. Doch wurde von Liebig diese ganze Lehre wissenschaftlich fundiert und präzisiert und im besonderen der Nachweis erbracht, daß es nicht auf die absolute Menge der Nährstoffe ankomme, als vielmehr darauf, daß alle für die Pflanzen notwendigen Stoffe vorhanden seien. Den größten Reichtum an einzelnen Nährstoffen kann die Pflanze nicht ausnutzen, wenn sie nur an einem einzigen, ihr unentbehrlichen Stoffe Mangel leidet. Auf diese Erkenntnis gründet sich Liebigs „Gesetz des Minimums“, wonach die Höhe des Ertrages eines Feldes zu denjenigen Nahrungsstoffen im Verhältnis steht, der in kleinster Menge im Boden vorhanden ist. Es kommt also nicht darauf an, daß viel gedüngt wird, sondern daß richtig gedüngt wird. Auch die Anwendung des Düngers, dieses wichtigen Produktionsmittels, muß rationell erfolgen, um mit dem geringsten Aufwande den höchstmöglichen Nutzen zu erzielen. Das Gesetz des Minimums beschreibt einen großen Schritt vorwärts auf dem von Thaer und seinen Vorgängern eingeschlagenen Wege zur Rationalisierung der Landwirtschaft.

Und wieder trug Liebigs Lehre dazu bei, der Landwirtschaft ein Stück ihrer früheren Gebundenheit zu nehmen. Die Einführung des feldmäßigen Anbaues von Futtergewächsen und des Fruchtwechsels hatte dem Landwirt eine größere Freiheit in bezug auf den Umfang der Viehhaltung gegeben, Liebigs Mineraltheorie machte ihn auf dem Gebiete der Düngerproduktion unabhängiger. Denn wenn auch der animalische Dünger sich nicht in dem Maße als entbehrlich erwiesen hat, wie Liebig im ersten Überschwang der Entdeckerfreude angenommen hatte — so war der Landwirt doch nun nicht mehr allein auf die Düngererzeugung der eigenen Wirtschaft angewiesen. Nicht allein, daß ihm die künstlichen Düngemittel die Möglichkeit gaben, richtiger und besser zu düngen, — er wurde in der Düngung auch unabhängiger von dem Umfange seiner Viehhaltung. Die Landwirtschaft erhielt einen neuen Impuls auf ihrem Wege von der gebundenen zur ungebundenen Wirtschaft.

Die von Liebigs Entdeckung erhoffte Erwartung erfüllte sich nicht in vollem Maße, weil die Düngung, auf die sich das Liebigsche Gesetz des Minimums für die Pflanzennährstoffe allein bezieht, nur einen der Wachstumsfaktoren berücksichtigte. So blieb es denn Wollny vorbehalten, in seinem „Gesetz des Minimums der Wachstumsfaktoren" die notwendige Ergänzung für die Mineraltheorie zu schaffen. Nur wenn alle Wachstumsfaktoren — z. B. Boden, Düngung, Klima — sämtlich sich durchaus günstig gestalten, kann man auf höchste Ernten rechnen. Wenn nur ein Wachstumsfaktor sich ungünstig verhält, wird die Pflanzenproduktion gehemmt, mögen auch die anderen Wachstumsfaktoren noch so reich vorhanden sein. Wollny wurde der Schöpfer der Agrikulturphysik, deren Aufgabe es ist, die Bedingungen der Bodenbearbeitung zu ergründen.

7. Die „Freie Wirtschaft".

Wir setzen diesen Begriff in Anführungsstriche. Denn wenn man unter Freier Wirtschaft ein Wirtschaftssystem verstehen will, bei dem der Landwirt, ohne sich in irgendeinem Wirtschaftszweige an eine periodisch feste Regelung zu binden, seine Wirtschaft der derzeitigen Konjunktur anpaßt — man nennt sie daher wohl auch „Konjunkturwirtschaft" —, so wird in Wahrheit dieses Wirtschaftssystem in seiner reinen Form wohl niemals erreicht. Es kann sich bei dem, was man so nennt, nur um eine relativ freie Wirtschaft handeln im Gegensatz zu der in den ersten Abschnitten dieses Kapitels beschriebenen gebundenen Wirtschaft.

In der alten Wirtschaft war dem Landwirt eine ganz feste, gewöhnlich sogar in den Flurzwang eingepreßte Wirtschafts- und Arbeitsordnung vorgezeichnet. Nur in der Nachbarschaft größerer Städte, wo ihm reichere Produktionsmöglichkeiten und -mittel zur Verfügung standen, konnte er sich über diese Bindung hinwegsetzen. Hier entwickelte sich infolgedessen schon früh, ja schon im Mittelalter, eine Wirtschaftsform, die auf die Bezeichnung der Freien Wirtschaft Anspruch erheben konnte. Der Felderanbau wurde unabhängig von der

Düngererzeugung der eigenen Wirtschaft, weil in den Ställen des Städters daran Überfluß war, und auch für die Viehhaltung ergaben sich erhöhte Möglichkeiten. Es konnte daher gewissermaßen eine auf die Bedürfnisse des städtischen Konsumenten zugeschnittene Konjunkturwirtschaft getrieben werden. Nicht selten ging die Entwicklung hier so weit, daß sich der Ackerbau zur Gartenwirtschaft, die Viehhaltung zur reinen Nutzviehwirtschaft steigerte. Die im allgemeinen der Landwirtschaft vorgeschriebenen quantitativen Beziehungen zwischen Ackerbau und Viehhaltung verloren an Bedeutung.

Doch handelte es sich dabei um eine Entwicklung, die auf lokal beschränkten Voraussetzungen beruhte und für die Landwirtschaft im allgemeinen keine Geltung hatte. Diese wurde erst mit zunehmender Intensität beträchtlich freier in der Organisation des Betriebes. Wir sahen in den beiden letzten Abschnitten, wie stark die Einführung neuer Kulturgewächse, die Fruchtwechselwirtschaft, die künstliche Düngung, die Entwicklung in dieser Richtung vorwärts trieben. Der einzelne Landwirt wurde in erhöhtem Maße befähigt, diejenigen Kultur- und Wirtschaftszweige zu pflegen, für die seine Wirtschaft nach Klima und Marktlage besonders begünstigt war. Die Folge war, für die Landwirtschaft als Ganzes betrachtet, eine Produktionsteilung, die sich nicht nur innerhalb einzelner Länder vollzog, sondern auch weltwirtschaftlich auf Länder und Erdteile erstreckte. Bleiben wir bei Deutschland, so finden wir, daß in den einzelnen Landschaften ganz verschiedene Wirtschaftszweige bevorzugt werden, ja, bei näherem Zusehen wird man feststellen können, daß fast jeder gut geleitete Betrieb auf bestimmte Produktionszweige individuell eingestellt ist. Am auffallendsten — und hier zeigt sich am deutlichsten die im Vergleich zu früher gewachsene Beweglichkeit des Landwirts — sind die Unterschiede in der Art der Viehhaltung. Es gibt viehstarke Wirtschaften, welche die Futtererzeugung forcieren oder inländische und ausländische Futtermittel einführen, neben viehschwachen Wirtschaften, die sich durch Zukauf von Dünger und Düngemitteln von der eigenen Düngererzeugung unabhängiger gemacht haben, — es gibt Wirtschaften, welche die Aufzucht von Vieh bevorzugen, neben solchen, die sich rein auf das Abmelken oder das Mästen von Vieh verlegen. Auch auf dem Gebiete des Pflanzenbaues zeigt sich eine zunehmende Spezialisierung, wenn auch nicht in gleicher Schärfe, weil der überall notwendige Fruchtwechsel ein gewisses Maß von Vielseitigkeit und den Anbau mehrerer Früchte nebeneinander erfordert. Wir sprechen deshalb von Weizen-, Rüben-, Kartoffelwirtschaften schon dann, wenn die betreffende Frucht in einem das Übliche übertreffenden Ausmaße angebaut wird. Am höchsten ist die Spezialisierung in solchen Wirtschaften entwickelt, die sich auf besondere Qualitätsproduktion, sei es auf dem Gebiet der Vieh-, sei es auf dem der Pflanzenzüchtung, werfen.

So haben die Fortschritte in der Technik der Landwirtschaft dort, wo sie angewandt werden, eine Produktionsteilung ermöglicht, die auf die Produktionsleistungen sowohl des einzelnen Betriebes, wie der Landwirtschaft als Ganzen die günstigsten Wirkungen gehabt hat. Alle die Vorteile, die sich aus dem ähnlichen Vorgange bei der Industrie geltend gemacht haben, zeigen sich, wenn auch nicht in gleich starkem Maße, hier ebenfalls. In dieser Tatsache ist der Hauptinhalt des Fortschritts zu sehen. Die Bezeichnung „freie Wirtschaft" kann irreführen, wenn durch sie das Wesen dieser Entwicklung gekennzeichnet werden soll. Die „Freiheit" ist nicht darin zu suchen, daß der Landwirt, der sich die Mittel der modernen Technik nutzbar macht, in der Lage wäre, auf ein bestimmtes Anbauverhältnis, eine Feldereineilung, den Fruchtwechsel zu verzichten, um losgelöst von jedem zwangsläufigen Wirtschaftsplane eine womöglich alljährlich wechselnde Konjunkturwirtschaft zu führen, sondern sie besteht darin, daß er imstande ist, seine Wirtschaft auf eine Produktionsrichtung einzustellen, die den natürlichen und wirtschaftlichen Bedingungen und — auch das ist zu beachten — seinen besonderen Fähigkeiten und Neigungen am besten entspricht.

Ergänzende Literatur.

Anton, Geschichte der teutschen Landwirtschaft. 3 Teile. Görlitz 1799 bis 1802.

Langenthal, Geschichte der deutschen Landwirtschaft. 4 Bände. Jena 1847—56.

Freiherr v. d. Goltz, Geschichte der deutschen Landwirtschaft. 2 Bände. Stuttgart und Berlin 1902—03.

August Skalweit, Die Agrarpolitik Friedrichs des Großen (Acta Borussica, Getreidehandelspolitik, III, Berlin 1911).

5. Kapitel.

Der Bodenertrag.

Die beschriebene Linie der Entwicklung der landwirtschaftlichen Produktion zeigt ein Ansteigen zu immer höher werdender Intensität. Jahrhunderte, Jahrtausende haben daran gearbeitet. Doch ist die Entwicklung nicht etwa so gegangen, daß die intensivere Form die weniger intensive völlig verdrängt habe, in der Art etwa, daß heute allerorts intensiv gewirtschaftet würde. Das ist nicht einmal in den führenden Kulturländern, geschweige denn bei den rohen Völkern der Fall. Selbst in einem wirtschaftlich so hoch entwickelten Lande wie Deutschland gibt es intensive und extensive Kulturgebiete im bunten Wechsel nebeneinander.

Wie erklärt sich das? — Ziel und Zweck intensiver Kultur ist es, auf einer gegebenen Fläche die Produktenmenge zu steigern. Das erfordert einen größeren Aufwand an Kapital und Arbeit. Ein solcher zunehmender Aufwand läßt sich aber nur rechtfertigen unter zwei Voraussetzungen:

Entweder müssen mindestens in gleichem Verhältnisse wie die Produktionskosten die Produktenmengen wachsen — oder es müssen die höheren Erzeugungskosten durch höhere Produktenpreise aufgewogen werden.

Der größte Anreiz zur Intensivierung der Landwirtschaft ist dann vorhanden, wenn beide Voraussetzungen gleichzeitig erfüllt sind, wenn nämlich wachsende Produktenmengen mit steigenden Produktenpreisen zusammenfallen.

An der Richtigkeit dieser Sätze kann nicht gezweifelt werden, woraus folgt, daß es ökonomisch falsch ist, gute Landwirtschaft mit intensiver, schlechte Landwirtschaft mit extensiver Landwirtschaft zu identifizieren. Der Grad der Intensivität wird stets durch die jeweiligen allgemeinen Wirtschaftsbedingungen bestimmt. Die Dreifelderwirtschaft zur Zeit Karls des Großen war eine zumindest ebenso große zeitgemäße Errungenschaft, wie die verbesserte Dreifelderwirtschaft zur Zeit Friedrichs des Großen. Oder aber — wenn wir die Dinge räumlich betrachten: der masurische Gutsbesitzer kann ein ebenso guter Landwirt sein wie ein Magdeburger Rübenbauer, auch wenn seine Wirtschaft nicht entfernt den gleichen Intensitätsgrad erreicht.

Das sind Binsenweisheiten, die aber nicht unerwähnt bleiben durften, weil sie allzuleicht verkannt werden.

Die erste Frage, die wir zu beantworten haben, ist demnach: Wie verhält sich in der Landwirtschaft Produktenmenge zu Produktionsaufwand? Steigt die Produktenmenge in dem gleichen Maße wie der Produktionsaufwand?

Der Laie, besonders wenn er den gleichen Vorgang bei der industriellen Produktion kennt, wird geneigt sein, die letzte Frage zu bejahen. Im allgemeinen ist der kapitalintensive Betrieb auch der einträglichere, und zwar deshalb, weil er nicht nur proportional, sondern gewöhnlich noch darüber hinaus mehr leistet als der kapitalschwächere. Wer eine industrielle Anlage vergrößert, hat natürlich — absolut gerechnet — erhöhte Produktionskosten; aber wenn er richtig kalkuliert hat, werden sich auch die Erträge steigern, und zwar zumindest im Verhältnis des vermehrten Aufwandes, meist aber in einem noch höheren. Pflegt doch eine Maschine in ihrer Leistungsfähigkeit progressiv zu wachsen, je größer sie ist. Oder mit anderen Worten: der Produktionsaufwand verringert sich für das einzelne Erzeugnis in dem Maße, wie die Produktenmenge wächst.

Kann man den gleichen Vorgang auch in der Landwirtschaft beobachten? — Bebel stellt in seinem Buche über die Frau die Behauptung auf: „Der Ertrag eines Feldes steht in direktem Verhältnis zu der auf dasselbe verwandten menschlichen Arbeit und auf dasselbe zweckentsprechend verwendeten Dungstoffen." Doch weiß jeder Bauer, daß selbst bei gleichem Aufwande der Ertrag seiner einzelnen Felder sehr verschieden zu sein pflegt. Denn je nach seinen besonderen Eigenschaften lohnt der eine Boden hohen Aufwand mehr als der andere. Vergleichsweise wird man ein hohes Maß intensiver Kultur auf fruchtbaren Böden finden. „Denn größere Fruchtbarkeit heißt eben nichts anderes als größere Roherträge im Verhältnis zur Größe der aufgewendeten Kosten." (Brentano.)

Das gleiche gilt von der klimatischen Lage. Unter gemäßigt warmem Himmel, in Gebieten mit langer Vegetationsperiode wird sich der gleiche Aufwand ganz anders lohnen, als unter ungünstigeren klimatischen Bedingungen.

Auch das sind Binsenweisheiten. Sie zeigen, wie falsch es ist, die bei anderen Gewerbezweigen gemachten Produktionserfahrungen analog auf die Landwirtschaft anzuwenden.

Doch abstrahieren wir von allen besonderen Begleitumständen und beziehen wir die Fragestellung auf eine bestimmt begrenzte Fläche von gleicher Bodenbeschaffenheit mit gleichartigen Wachstumsbedingungen, — gilt in diesem Falle der Satz Bebels, daß der Bodenertrag im Verhältnis zum Aufwande steigt?

Nein! — nicht unbedingt. Die landwirtschaftliche Produktion steht unter dem „Gesetz des abnehmenden Bodenertrages".

Der Grundgedanke dieses sogenannten Gesetzes ist der, daß der Ertrag eines landwirtschaftlich genutzten Grundstückes in geringerem Verhältnis wächst wie der gemachte Aufwand an Arbeit und Kapital. So grob ausgedrückt, muß das Gesetz freilich zu Mißverständnissen führen, die es auch wiederholt hervorgerufen hat. Das ist geschehen, obwohl die Begründung des Gesetzes schon durch Turgot sie hätte ausschließen sollen. Turgot wies darauf hin, daß natürlich nicht in jedem Fall ein solches Mißverhältnis zwischen Aufwand und Ertrag besteht, sondern erst dann eintritt, wenn bereits ein gewisses Maß von Kapital und Arbeit für das betreffende Feld aufgewandt worden ist. Auf jungfräulichem fruchtbaren Boden wird sich zunächst jeder Aufwand durch höhere Erträge belohnt machen, erst wenn eine gewisse Grenze überschritten ist, werden die Erträge verhältnismäßig weniger stark zunehmen, um schließlich dann, wenn das Höchstmaß dessen erreicht ist, was zur Erschließung und Ausnutzung der Bodenkräfte beitragen kann, überhaupt keine Steigerung mehr zu erfahren. Er vergleicht die Bodenfruchtbarkeit mit einer Spiralfeder, die sich nach Überwindung des ersten Widerstandes ziemlich leicht zusammendrücken läßt, bis ein Punkt kommt, wo der Widerstand erst stärker wird und sich allmählich so steigert, daß jeder weitere Druck wirkungslos ist. „Nimmt man Samen und wirft ihn auf Boden von natürlicher Fruchtbarkeit, ohne diesen dafür vorher vorbereitet zu haben, wäre dieser Aufwand ziemlich nutzlos vertan. Wenn man den Boden dagegen einmal vorher bearbeitet, wird der Ertrag sehr hoch sein, und eine zweite und dritte Bearbeitung können diesen nicht nur verdoppeln und verdreifachen, sondern vervierfachen und verzehnfachen, so daß also der Ertrag in einem viel höherem Maße wächst, als die Aufwendungen zunehmen. Doch nur bis zu einem gewissen Punkte, wo der Ertrag verglichen mit dem Aufwand der größtmöglichste ist. Ist dieser Punkt überschritten, so werden bei einer weiteren Steigerung des Aufwandes die Erträge zwar auch noch zunehmen, aber weniger und immer weniger, bis die Bodenfruchtbarkeit ausgeschöpft ist und jeder weitere Aufwand dem Ertrage absolut nichts mehr hinzufügen kann."

Also erst von einer gewissen Intensitätsstufe an wächst der Ertrag nicht mehr entsprechend dem Mehraufwande. Nur so weit gilt das Gesetz.

Es gilt aber außerdem nur unter der Voraussetzung gleichbleibender Technik und des Anbaues derselben Feldfrüchte. Die Anwendung einer neuen Technik — z. B. der verbesserten Dreifelderwirtschaft an Stelle der primitiven — wird die Grenzen des abnehmenden Bodenertrages hinausschieben. Der Geltungsbereich des Gesetzes ist demnach sehr viel enger, als vielfach angenommen zu werden pflegt, ja, bei fortschreitender landwirtschaftlicher Entwicklung so eng, daß seine Wirkungen in der Praxis wohl nur selten fühlbar werden. In der modernen Landwirtschaft, wo ein technischer Fortschritt dem anderen folgt, hat der Landwirt eine Fülle von Möglichkeiten dem Gesetz des abnehmenden Bodenertrages auszubiegen.

Was die praktische Bedeutung des Gesetzes aber noch weiter herabdrückt, ist die Tatsache, daß die Ertragsmenge in ganz wesentlichem Maße von dem Wetter bestimmt wird, also unter Einflüssen steht, die sich jeder menschlichen Berechnung entziehen. Während es bei der industriellen Erzeugung möglich ist, die Produktenmenge ziemlich, ja wohl auch ganz genau zu berechnen, kann der Landwirt den Ertrag erst messen, wenn er die Ernte glücklich in der Scheuer hat. Die Gunst und Ungunst des Wetters, das Auftreten und Fortbleiben von Schädlingen — sie alle haben einen so bestimmenden Einfluß auf die Erntemengen — besonders bei empfindlichen Früchten —, daß diese auch bei gleichbleibendem Aufwande den größten Schwankungen unterliegen. Man hat die Landwirtschaft ein Hasardspiel genannt. Das mag übertrieben sein, und mag insbesondere für den modernen Landwirt nicht in vollem Maße gelten, weil dieser dank der Vielseitigkeit seiner Produktion den Ausfall der einen Frucht durch den Mehrertrag einer anderen häufig auszugleichen vermag — er setzt nicht auf eine Karte —, doch bleibt bestehen, daß das Wetter in höherem Maße als alle anderen Einflüsse die Ertragsmenge bestimmt.

Wenn auch die Erntestatistik nur bedingt zuverlässig ist, so zeigt sie doch mit überzeugender Deutlichkeit, wie stark von Jahr zu Jahr die Ernten schwanken, so daß Differenzen von Millionen von Tonnen in Deutschland keine Seltenheit, ja das Normale sind. Diese Ernteschwankungen haben nachhaltigen Einfluß auf die gesamte wirtschaftliche Konjunktur und bilden für sie ein Krisenmoment. Darauf ist wiederholt hingewiesen worden. So hat Schäffle in seiner viel gelesenen Schrift „Die Aussichtslosigkeit der Sozialdemokratie" den Glauben des Sozialismus, daß die sozialistische Wirtschaftsordnung die Wirtschaftskrisen zu beseitigen vermöge, durch den Hinweis auf die Unmöglichkeit, das Wetter beeinflussen und die Ernteschwankungen beseitigen zu können, zu zerstören gesucht. Ähnlich hat Dietzel in seiner Abhandlung „Ernten" (Handw. d. St.) den Nachweis erbracht, wie die Erntezufälle die Schwankungen der Gesamtwirtschaftskonjunktur verursachen.

Was folgt daraus? Da der Landwirt mit einer gewissen Unsicherheit des Ernteertrages rechnen muß, wird er, wenn er vorsichtig ist, nicht bis an die äußerste Grenze des pflanzenphysiologisch gegebenen Produktionsaufwandes gehen, sondern eine größere Spannung zwischen Aufwand und zu erwartendem Ertrage lassen. Er wird mit seinen Produktionsaufwendungen halt machen, ehe die Grenze erreicht ist, wo das Gesetz vom abnehmenden Bodenertrage wirksam wird.

Doch gehen wir weiter! Der Produktionsaufwand, den sich der Landwirt leisten kann, wird nicht nur bestimmt durch die Produktenmenge, sondern auch durch die Produktenpreise. Dem modernen für den Markt wirtschaftendem Landwirt kommt es ja nicht auf den Rohertrag, sondern auf den in Geld realisierbaren Reinertrag an. Es liegt auf der Hand, daß er um so mehr für die Kultur aufwenden kann, je höher die Preise sind, die er für seine Erzeugnisse erhält, und umgekehrt wird er sich in dieser Hinsicht Beschränkungen auferlegen, ja, womöglich bestimmte Kulturen ganz aufgeben müssen, wenn die Preise niedrig sind. Die Produktionspreise werden daher mit den Produktenpreisen ausbalanciert werden müssen. Erhöhen sich die Produktionskosten, z. B. die Löhne oder die Preise für Düngemittel, so wird der Landwirt zu extensiverer Kultur übergehen müssen, selbst wenn das Bodenertragsgesetz einen weit höheren Aufwand zulassen würde. Andererseits werden höhere Produktenpreise auch einen größeren Produktionsaufwand rechtfertigen.

Es besteht daher ein bestimmtes Verhältnis zwischen landwirtschaftlicher Intensität und Produktenpreisen.

Das ist auch der Grundgedanke, der Thünens berühmter Konstruktion des „isolierten Staates" zugrunde liegt. Thünen denkt sich einen Staat, der von der übrigen Welt durch eine undurchdringliche Wildnis getrennt ist. Er bildet eine gleichmäßig fruchtbare Ebene, die von keinem schiffbaren Flusse oder Kanale durchströmt wird. Die einzige Stadt, in der sich alles gewerbliche Leben konzentriert und die für die landwirtschaftlichen Produkte des Staates den einzigen Markt bildet, liegt in der Mitte. Wie wird sich in diesem Staate die Landwirtschaft gestalten? Alle landwirtschaftlichen Erzeugnisse kosten am Erzeugungsorte so viel, wie der städtische Marktpreis abzüglich der Transportkosten bis zur Stadt beträgt. Es nehmen folglich die Preise der Produkte mit zunehmender Entfernung von der Stadt stufenweise ab. Und dem entspricht auch die Intensität der Landwirtschaft. Unmittelbar um die Stadt herum liegt ein Ring, in dem Freie Wirtschaft getrieben wird. Nach einem schmalen Ringe, der wegen der schweren Transportabilität des Holzes der Forstwirtschaft vorbehalten ist, folgen dann ein dritter Kreis mit Fruchtwechselwirtschaft, ein vierter mit Koppelwirtschaft, ein fünfter mit Dreifelderwirtschaft. Ist man endlich an der Grenze angelangt, von der ab ein Getreidebau für die Stadt nicht mehr möglich ist, dann können nur noch solche Produkte für den Markt erzeugt werden, die im Verhältnis zu ihrem Wert mindere Transportkosten erfordern als Getreide. Solche Produkte liefert die Viehzucht, der daher vornehmlich der sechste Kreis gehören wird. Darüber hinaus muß die landwirtschaftliche Kultur überhaupt aufhören; es beginnt die Region der Jäger und Fischer.

Alles das wird von Thünen im einzelnen ausgeführt und mit genauen Berechnungen exakt belegt. Es werden weiterhin darüber Betrachtungen angestellt, wie sich das Bild der konzentrischen Ringe verschiebt, wenn ein schiffbarer Strom durch den Staat fließt oder wenn Kunststraßen angelegt werden. Wie man überhaupt den Inhalt dieses geistreichen Buches nicht voll würdigen kann, wenn man ihn mit dem Schema des isolierten Staates für erschöpft hält. (Johann Heinrich von Thünen, Der isolierte Staat in Beziehung auf Landwirtschaft und Nationalökonomie, 1826, 2. Auflage, 1842.)

Sind die Produktenpreise (am Erzeugungsorte) niedrig und die Produktionskosten relativ hoch, so ist ein Reinertrag nur dann gewährleistet, wenn mit möglichst geringem Aufwande eine große Produktenmenge gewonnen wird. Es ist dann, wie Washington auf Grund seiner Erfahrungen in der amerikanischen Landwirtschaft gesagt haben soll, vorteilhafter, viel Land schlecht, als wenig Land gut zu bestellen. Dagegen lassen hohe Produktenpreise bei verhältnismäßig geringen Produktionskosten erhöhten Aufwand zu. Nun lohnt es sich, wenig Land gut zu bestellen. Die gleichen Aufwandsmengen konzentrieren sich auf immer kleinere Bodenflächen.

Weideland benötigt sehr wenig Arbeit und Inventar, und wenn auch der Ertrag, auf die Flächeneinheit gerechnet, nicht hoch ist, so ist er es doch im Verhältnis zu dem geringen Aufwande.

Beim Ackerland ist der nötige Aufwand an Arbeit und Inventar sehr viel größer. Auf die Flächeneinheit bezogen, ist der Rohertrag zwar größer, aber im Vergleich zum Aufwand geringer. Eine Umwandlung von Weideland in Ackerland wird sich demnach nur lohnen, wenn die Preise der Ackerbauerzeugnisse so hoch sind, daß deren vermehrte Erzeugung den gesteigerten Aufwand bezahlt macht.

Ähnliches ergibt sich bei einem Vergleich von Weide und Wiese. Die Weide wird fast ohne Kulturaufwand genutzt, während die Wiese zu ihrer Pflege und Aberntung Arbeitskräfte, Dünger und Geräte erfordert. Dem größeren Aufwande stehen bei der Wiese zwar auch größere Hektarerträge gegenüber, doch ist der auf bestimmte Arbeitsmengen und bestimmte Mengen sonstiger Betriebsmittel entfallende Rohertrag geringer.

Für den Grad der Betriebsintensität eines Landgutes ist daher in erster Reihe bestimmend, in welchem Flächenverhältnis zueinander die drei erwähnten Kulturarten, Weide, Wiese und Ackerland, stehen. Außerdem und in Beziehung dazu läßt dann die Pflege jeder einzelnen Kulturart in sich wieder eine mehr oder weniger intensive Pflege zu, was vor allem vom Ackerbau gilt.

„Ist der Anteil des Ackerlandes am Gesamtareal der Güter noch klein, so wechselt man in längeren Zeitabschnitten zwischen Acker- und Weidenutzung, man braucht alsdann das Ackerland nie zu düngen. Vergrößert sich aber der Anteil des Ackerlandes an der Gesamtfläche immer mehr, dann muß ein solches Umlegen des Ackers im Weideland zunächst beschränkt werden und mit der Zeit ganz aufhören. Ein regelmäßiges Düngen des Ackers wird dann zur Notwendigkeit. Auf einer hohen Stufe wird auch die Brache durch bessere Bodenbearbeitung, Düngung und Pflege der Ackerfrüchte schrittweise entbehrlich gemacht. Der Anbau von Zwischenfrüchten sorgt schließlich für Ausnutzung des Bodens zu Zeiten, wo Hauptfrüchte denselben nicht bedecken, und die Wahl der Hauptfrüchte erstreckt sich fortschreitend auf solche Pflanzen, die zu ihrer Kultur große Mengen von Arbeit und Inventar erfordern. Namentlich die Hackfrüchte spielen dabei eine große Rolle. Auf der gleichen Fläche Landes steigt das Maß der erforderlichen Geräte, Maschinen, Gebäude, des Zug- und Nutzviehes, der menschlichen Arbeitskräfte und an käuflichen Hilfsstoffen aller Art dabei andauernd. Der große Hebel aber, der die ganze Entwicklung auslöst, liegt in der Preisgestaltung." (E. J. Gläsel, Die Entwicklung der Preise landwirtschaftlicher Produkte und Produktionsmittel während der letzten 50 Jahre. Berlin 1917. S. 5 f.)

Da die Preise mit verstärkter Nachfrage zu steigen pflegen, so fallen die Zeiten zunehmender Intensivierung der Landwirtschaft gewöhnlich zusammen mit Zeiten starker Bevölkerungsvermehrung. Sinken zugleich mit den steigenden Produktenpreisen die relativen Kosten für den Produktionsaufwand, so ist die denkbar günstigste Bedingung für den landwirtschaftlichen Fortschritt gegeben. Da indes die Preisbewegung in ganz verschiedener Weise sowohl die einzelnen Produkte, wie die einzelnen Produktionsmittel treffen wird, so wird eine Verschiebung der Produktionsrichtung ihre Folge sein können. Das wird sich in besonders hohem Maße dann äußern, wenn infolge einer umwälzenden Verbesserung der Transportmittel gewisse landwirtschaftliche Erzeugnisse verkehrsfähig werden, die es vorher nicht oder nur beschränkt waren. Gerade zur Erzeugung solcher Produkte, deren Preise infolgedessen, loco Hof, die größte Zunahme erfahren, wird für den Landwirt der stärkste Anreiz gegeben sein.

Wobei freilich daran zu erinnern ist, daß der Landwirt nur in bedingter Weise befähigt ist, die für ihn günstigste Konjunktur durch einseitige Erzeugung des best bezahlten Produktes auszunutzen. Fruchtwechsel und Arbeitsverteilung lassen das nicht zu. So wird Getreide in ziemlich großem Umfange auch dann angebaut werden müssen, wenn die Preislage dafür weniger günstig ist. Daher die Bedeutung der Getreidehandelspolitik für die Entwicklung der Landwirtschaft überhaupt.

Natürlich werden Marktlage und Bodenverhältnisse der Landgüter den einzelnen Landwirt in ganz verschiedener Weise befähigen, sich auf eine Veränderung der Preise einzustellen. Aus einem Steigen der Preise der schwer transportablen und leicht verderblichen Erzeugnisse werden diejenigen Landgüter den größten Vorteil ziehen, die besonders verkehrsgünstig zu den großen Absatzmärkten liegen; aus einem Sinken der Preise für Produktionsmittel diejenigen, die, in ihrem Kulturstande zurückgeblieben, noch relativ weit von der Grenze des abnehmenden Bodenertrages abgeblieben sind und daher eine vermehrte Anwendung der verbilligten Produktionsmittel besonders lohnend machen.

Unter einer solchen in ihren Hauptzügen gekennzeichneten günstigen Konjunktur steigender Produktenpreise bei sinkenden Kosten für Produktionsmittel stand die Landwirtschaft seit dem letzten Drittel des 19. Jahrhunderts. Es war eine Zeit, wo Produktionsmittel, wie künstliche Düngemittel, Geräte, Maschinen billiger wurden und die Arbeitslöhne, auch wenn sie, absolut genommen, stark anstiegen, doch an ihrer Nutzwirkung gemessen, nicht zunahmen. Zugleich hoben sich die Preise der wichtigsten landwirtschaftlichen Erzeugnisse, alles in allem gerechnet, beträchtlich. Letzteres wurde vor allem dadurch bewirkt, daß erstens mit der Vermehrung und dem gestiegenen Wohlstande der

Bevölkerung die Nachfrage nach Lebensmitteln zunahm, daß zweitens mit der Verbesserung und Verbilligung der Verkehrsmittel aller Art die Transportkosten niedriger und damit die Preise der Produkte loco Hof höher wurden, und daß drittens — das gilt insbesondere auch für Deutschland — durch die Getreideschutzzollpolitik der Anbau des Getreides, der nach wie vor wichtigsten Feldfrucht, der überseeischen Konkurrenz gegenüber rentabel erhalten wurde. Wie bedeutungsvoll gerade die letzterwähnte Wirkung war, zeigt ein Hinweis auf England, wo trotz günstigerer natürlicher Voraussetzungen infolge des mangelnden Schutzzolles mit den sinkenden Getreidepreisen die Ertragsfähigkeit der Landwirtschaft im ganzen genommen beträchtlich abnahm.

Nach Gläsel (a. a. O.) sind in den letzten 50 Jahren vor dem Kriege die Produktenpreise im allgemeinen mit Ausnahme der Wolle in Deutschland gestiegen. Der Grad der Steigerung ist bei den einzelnen Erzeugnissen sehr verschieden. Am geringsten ist die Zunahme beim Brotgetreide (Roggen + 12%, Weizen + 0%), stärker bei Futtergetreide (Gerste + 32%, Hafer + 38%), weit bedeutender aber bei den tierischen Erzeugnissen (Schweinefleisch + 50%, Rindfleisch + 98%, Butter + 58%, Milch + 100%). Am auffallendsten sind die Kartoffeln im Preise gestiegen, nämlich um 122%. Dagegen haben sich die Produktionsmittel, vor allem die künstlichen Düngemittel und die Geräte und Maschinen, außerordentlich verbilligt. Die Löhne haben sich wiederum in entgegengesetzter Richtung bewegt und zeigen, wenn auch in den einzelnen Gegenden verschieden, eine beträchtliche Erhöhung (durchschnittlich um 155%).

Welche Änderungen sind dadurch in der deutschen Landwirtschaft hervorgerufen worden?

Zunächst ist, auf die Fläche bezogen, eine Steigerung des Produktionsaufwandes festzustellen. Der Verbrauch an Düngemitteln ist im Laufe des betrachteten Zeitraumes ganz beträchtlich in die Höhe gegangen. Das gleiche gilt von dem Verbrauch an ausländischen Futtermitteln, doch hat sich auch die Erzeugung einzelner im Inlande hergestellter Kraftfuttermittel, wie Malzkeime, Biertreber, Trockenschnitzel, Trockenschlempe, Trockenkartoffeln, stark gehoben. Eine stärkere Zunahme weist auch der Ankauf von Geräten und Maschinen auf, wozu neben ihrer relativen Verbilligung und höheren Leistungsfähigkeit auch die Steigerung der Löhne beitrug; das gleiche Maß von Handarbeit wurde dadurch produktiver gemacht.

Die Wirkung auf das Verhältnis der Kulturarten und des Anbaues der Ackerfrüchte zueinander machte sich darin geltend, daß auf Kosten der geringen Weiden und Hutungen den übrigen Nutzungsarten mehr Fläche eingeräumt wurde, und daß unter den angebauten Bodenfrüchten diejenigen an Ausdehnung gewannen, die entweder reine Futterpflanzen sind oder neben menschlichen Nahrungsmitteln wertvolle Mengen Viehfutter liefern, wie Kartoffeln, Hafer und Zuckerrüben.

Die Naturalroherträge bei der Bodennutzung haben stark zugenommen, doch in einem noch stärkeren Verhältnis sind die Naturalroherträge bei der Viehhaltung gestiegen. Nicht nur sind die Viehbestände mit Ausnahme der Schafe gewachsen, sondern auch das durchschnittliche Lebendgewicht der Einzeltiere und die Umsatzgeschwindigkeit innerhalb der Bestände haben sich erhöht. Auch die Milcherzeugung hat zugenommen, vor allem auch, weil im Laufe der Jahre der durchschnittliche Milchertrag der Kuh verdoppelt und verdreifacht werden konnte.

Was ergibt sich aus alledem für den Reinertrag?

Die Preise der Erzeugnisse und die Naturalroherträge zeigen eine aufsteigende, die Preise für die wichtigsten Produktionsmittel eine absteigende Richtung. Allerdings hat der Produktionsaufwand, absolut gemessen, eine beträchtliche Steigerung erfahren, aber relativ stärker noch sind die Geldroherträge gestiegen, und zwar gilt das nicht nur im Vergleich zu den im Preise gesunkenen Produktionsmitteln, sondern auch im Vergleich zu den im Preise absolut gestiegenen baren Lohnaufwendungen; Naturalrohertrag und Produktenpreis haben eben eine solche Steigerung erfahren, daß die Erhöhung der Löhne mehr als aufgewogen wurde.

Der Einfluß der Preisentwicklung auf die Reinerträge muß nach alledem günstig gewesen sein. Natürlich ist die Ertragssteigerung nicht überall gleich hoch gewesen. Es waren nicht nur Unterschiede von Gut zu Gut gegeben, je nachdem der Landwirt fähig und befähigt war, die Gunst der Konjunktur auszunutzen, sondern es kam, wie auch schon erwähnt, sehr viel auch auf die Bodenbeschaffenheit an. Auf schwerstem Boden, der viel Arbeit erforderte, und der schon von Natur reich an Pflanzenstoffen ist, mußten die steigenden Löhne besonders schwer empfunden werden, ohne daß aus der Verbilligung der Düngemittel ein hoher Nutzen gezogen werden konnte. Ganz anders auf leichten Böden, die womöglich ganz extensiv bebaut worden waren. Sie waren der Anwendung von Kunstdünger besonders zugänglich und auch relativ leicht zu bearbeiten. Sie sind es daher vor allem gewesen, die durch die Konjunktur begünstigt wurden. (Vgl. Skalweit, Weltwirtschaftl. Archiv, Bd. 13 (1918), S. 466 ff.)

Wie oft hat man den deutschen Landwirt gepriesen, der es verstanden habe, die Landwirtschaft zur schönsten Blüte zu bringen! Unsere Ausführungen haben gezeigt, daß der unvergleichlich glänzende Aufschwung, den die deutsche Landwirtschaft im letzten halben Jahrhundert vor dem Kriege genommen hat, in erster Reihe einer außerordentlich günstigen Preiskonjunktur zuzuschreiben ist, die zudem staatlicherseits in einer für den Landwirt vorteilhaften Weise künstlich beeinflußt wurde.

Diese Feststellung braucht indes die hohen Leistungen der Landwirtschaftswissenschaft und -praxis nicht herabzusetzen. Wissenschaftliche Erkenntnis und wirtschaftlicher Unternehmungsgeist haben es in innigem Zusammenwirken verstanden, die für die Landwirtschaft günstige Konjunktur tatkräftig auszunutzen. Auch das ist verdienstlich. Wie im Leben der Völker überhaupt läßt sich auch im Wirtschaftsleben die große Leistung nicht von dem Hintergrunde loslösen, vor dem sie geschieht. Stets stellt sich die große Leistung dar als die entschlossene Ausnutzung gegebener Möglichkeiten.

Ergänzende Literatur.

Außer der eingangs angeführten Literatur, aus der die Bücher von Brentano und David besonders hervorgehoben sein mögen, sei auf die umfangreiche Literatur über das Gesetz vom abnehmenden Bodenertrag verwiesen. Es seien genannt:

Eßlen, Das Gesetz des abnehmenden Bodenertrages seit Justus von Liebig. München 1905.

Waterstradt, Das Gesetz vom abnehmenden Bodenertrage. Thünen-Archiv I und II.

Ganten, Das Gesetz vom abnehmenden Bodenertrage. Diss. Greifswald 1912. (Hier findet sich auch eine Zusammenstellung der bis dahin erschienenen Literatur.)

Im übrigen vergleiche:

v. Thünen, Der isolierte Staat. 1826. (Neue Ausgabe von Waentig, Jena 1910.)

Aereboe, Ursachen und Formen wechselnder Betriebsintensität in der Landwirtschaft. Thünen-Archiv II. 1909.

Dietzel, Ernten. Handw. d. St. 3. Aufl.

Gläsel, Die Entwicklung der Preise landw. Produkte und Produktionsmittel während der letzten 50 Jahre. Berlin 1917.

6. Kapitel.

Die landwirtschaftlichen Verarbeitungsgewerbe.

Die bisherigen Betrachtungen über die landwirtschaftliche Erzeugung beschäftigten sich lediglich mit den landwirtschaftlichen Urprodukten: Bodenfrüchten und Vieh. Um sie konsumfähig zu machen, bedürfen sie gewöhnlich einer Verarbeitung. Diese wird zum Teil vom Landwirt selber vollzogen. So entstehen neben den landwirtschaftlichen Betrieben im engeren Sinne landwirtschaftliche Verarbeitungsgewerbe, die mit den ersten zu einer so engen Einheit verwachsen können, daß sie für die Produktionsrichtung bestimmend werden. Wir werden erkennen, daß die Erzeugung mancher landwirtschaftlicher Rohprodukte erst möglich oder doch in ihrem Umfange dadurch bestimmt wird, daß ihre Verarbeitung in unmittelbarer Verbindung mit dem landwirtschaftlichen Betriebe technisch durchführbar wird.

Wir beschäftigen uns in diesem Zusammenhange mit dem Einfluß der landwirtschaftlichen Verarbeitungsgewerbe auf die landwirtschaftliche Produktion. Wir haben also nicht jene gewerbliche Tätigkeit des Landwirts zu betrachten, welche, sei sie hauswirtschaftlicher Art, zur Befriedigung der Bedürfnisse des eigenen Haushalts, oder sei sie nebenberuflicher Art, in einer für den Absatz arbeitenden Hausindustrie getrieben wird. Im ersten Falle handelt es sich nicht um eine gewerbliche Tätigkeit im eigentlichen Sinne, weil sie nicht für den Markt arbeitet, im zweiten Falle besteht lediglich eine standörtliche Verbindung zwischen Landwirtschaft und Gewerbebetrieb, während die organische Verbindung fehlt.

Wir wollen vielmehr nur auf diejenigen gewerblichen Unternehmungen einen Blick werfen, die im Zusammenhange mit der eigentlichen landwirtschaftlichen Produktion zum Zwecke der Verarbeitung in der eigenen Wirtschaft gewonnener Erzeugnisse betrieben werden. Wir vermeiden daher die übliche Bezeichnung „landwirtschaftliche Nebengewerbe“. Sie ist zu unbestimmt und setzt eine lokale und betriebliche Vereinigung von Landwirtschafts- und Gewerbebetrieb voraus, die für die modernen Beziehungen zwischen Landwirtschaft und Landwirtschaftsgewerbe nicht immer mehr zutreffen. Sie entstammt einer älteren Zeit weniger ausgebildeter Arbeitsteilung.

1. Getreidemühlen und Brauereien.

Auch die landwirtschaftlichen Verarbeitungsgewerbe haben ihre Geschichte. Während im allgemeinen im Mittelalter die Entwicklung dahin ging, daß sich das Handwerk von den grundherrlichen Villikationen in die entstehenden Städte verzog, vermochte sich die Grundherrschaft solche Gewerbebetriebe zu erhalten, die landwirtschaftliche Erzeugnisse unmittelbar mehr im großen verarbeiteten. Es waren das vor allem die Mühlen und die Brauereien. Der in ihnen verarbeitete Rohstoff, das Getreide, machte damals noch nicht unbeträchtliche Transportschwierigkeiten; es war daher seine Verarbeitung am Orte der Erzeugung von vornherein gegeben. Später war es dann nicht mehr in erster Reihe die ökonomische Zweckmäßigkeit, die die Vereinigung von Landwirtschaft und Verarbeitungsgewerbe aufrechterhielt, als vielmehr die Wertung dieser Betriebe als grundherrliche Einkommensquellen. Die grundherrlichen Mühlen und Brauereien wurden monopolistisch ausgebeutet. Sie gehörten zu den sogenannten grundherrschaftlichen „Pertinenzien“, sehr einträglichen, immanenten Beistücken der Grundherrschaft.

Die Gewerbefreiheit beseitigte diese Gerechtigkeiten. Seitdem hat sich eine Loslösung der Mühlen und Brauereien von der Landwirtschaft vollzogen. Durch keine Privilegien mehr an bestimmte Plätze gebunden, entwickeln sich die dem Standort nach günstig gelegenen Mühlen und Brauereien zu überragenden, mit allen technischen Mitteln ausgerüsteten Großbetrieben, die sich vom landwirtschaftlichen Betriebe ganz loslösen und zu reinen, meist großstädtischen Industriebetrieben werden. Zwar bleiben die kleinen Landmühlen und Landbrauereien noch in großer Zahl erhalten, aber auch sie werden zu fast reinen

Industriebetrieben. Denn wenn sie auch noch vielfach mit einem landwirtschaftlichen Betriebe verbunden sind, so handelt es sich doch dabei meist um landwirtschaftliche Kleinbetriebe, die in ihrem Verhältnis zur Mühle oder zur Brauerei als Nebenbetriebe anzusprechen sind. Die Fälle, wo Mühlen oder Brauereien von großen Gütern unterhalten werden, sind relativ selten. Die modernen Verkehrsmittel haben Getreide zu einem leicht transportablen Frachtgute gemacht; es liegt daher keine zwingende Veranlassung vor, dieses Produkt gleich an Ort und Stelle zu verarbeiten. Es kommt hinzu, daß die deutschen Mühlen und Brauereien auch ausländisches Getreide verarbeiten, einmal weil die deutschen Ernten den Bedarf nicht voll zu decken vermögen, und zweitens, weil sich eine Mischung mit ausländischen Rohstoffen für die Qualität und Ausbeute als vorteilhaft erweist. Lediglich die Verwertung der Abfallprodukte würde den ländlichen Standort begünstigen. Doch kann dieser Vorteil nicht bestimmend sein; bei den Mühlen nicht, weil die Kleie gut transportabel und konservierbar ist, bei den Brauereien nicht, weil die Treber von den den Städten benachbarten Milchwirtschaften reibungslos abgenommen zu werden pflegen.

Nach der Betriebszählung von 1907 waren von den landwirtschaftlichen Betrieben verbunden

in den Größenklassen	mit Getreidemühlen	mit Bierbrauereien
unter 0,5 ha	1265	191
0,5 ha bis unter 2 „	3893	494
2 „ „ „ 5 „	8383	1009
5 „ „ „ 20 „	16747	2812
20 „ „ „ 100 „	4193	1343
100 „ und darüber	943	185
Darunter 200 „ und darüber	656	85
Zusammen	35424	6034

Im Verhältnis zu den 1907 vorhandenen 5,7 Millionen landwirtschaftlichen Betrieben war die Zahl der mit einer Mühle und Brauerei verbundenen recht gering. Es ist außerdem bezeichnend, daß sich die Verbindung besonders häufig bei den bäuerlichen Wirtschaften vorfindet. Im Vergleich zu der Betriebszählung von 1907 zeigt sich ein beträchtlicher Rückgang dieser Gemischtbetriebe, und zwar haben sich die mit einer Getreidemühle verbundenen Betriebe um 11674, die mit einer Bierbrauerei verbundenen um 3221 vermindert. An dieser Minderung sind alle Größenklassen beteiligt, mit Ausnahme der eine Müllerei betreibenden Großbetriebe, die sich um 247 vermehrten. In den einzelnen Gebietsteilen des Deutschen Reiches kamen die mit Mühlen verbundenen landwirtschaftlichen Betriebe fast allenthalben vor. Besonders groß war ihre Zahl in Schlesien, Provinz Sachsen, Rheinland, Hannover, Brandenburg, Nordbayern und Südbayern. Die Verbindung von landwirtschaftlichen Betrieben mit Brauereien war besonders verbreitet im rechtsrheinischen Bayern und in Württemberg.

2. Die Zuckerindustrie.

Es ist bekannt, welche Bedeutung die Zuckerindustrie für die deutsche Volkswirtschaft vor dem Kriege besaß. Im allgemeinen zur Ergänzung der eigenen Produktion auf die Zufuhr ausländischer Nahrungs-, Futter- und Genußmittel angewiesen, vermochte Deutschland nicht nur seinen eigenen ständig wachsenden Zuckerbedarf aus eigenem zu befriedigen, sondern erzeugte auch in seinem Rübenzucker ein für die deutsche Handelsbilanz wichtiges Ausfuhrgut. In der Tatsache, daß Deutschland auf der einen Seite Geld an das Ausland zahlte, um fremde landwirtschaftliche Produkte einzuführen, auf der anderen Seite dagegen im Zucker ein Erzeugnis seiner Landwirtschaft exportierte, war man wohl hier und da geneigt, eine Anomalie zu sehen, die den Grundsätzen volkswirtschaftlicher Ökonomie widerspräche, ja, es hat zeitweise eine Propaganda dafür gegeben, die eine Einschränkung des Rübenbaues zugunsten einer gesteigerten Brotgetreideerzeugung empfahl.

Doch war eine solche Beurteilung des Rübenbaues lediglich vom Standpunkte höchstmöglicher volkswirtschaftlicher Autarkie höchst einseitig und wurde der Bedeutung der Zuckerrübe in keiner Weise gerecht. Es ist vielmehr daran festzuhalten, daß der Zuckerrübe unter den Feldfrüchten ernährungswirtschaftlich wie landwirtschaftlich ein besonderer Platz gebührt.

1. Die Zuckerrübe liefert die höchsten Hektarerträge an Nährwertmengen. Im Verlauf der deutschen Kriegsernährungswirtschaft ist wiederholt hierauf hingewiesen und sind Berechnungen darüber angestellt worden, um die hohe ernährungswirtschaftliche Bedeutung der Zuckerrübe zu illustrieren.

So auch in der im ersten Kriegsjahr erschienenen, berechtigtes Aufsehen erregenden Denkschrift „Die deutsche Volksernährung und der englische Aushungerungsplan" (Braunschweig 1914), die von Paul Eltzbacher zusammen mit fünfzehn Gelehrten verfaßt worden war. Es wurde berechnet, daß der Nährwertertrag auf 1 ha in Milliarden Kalorien betrüge: beim Roggen 5,1, beim Weizen 6,5, bei den Kartoffeln 9,6, dagegen bei den Zuckerrüben 23,8. Diese und ähnliche Berechnungen haben aber nur einen bedingten Wert, weil eine gegenseitige Vertretbarkeit der einzelnen Nahrungsmittel untereinander nicht in dem Maße besteht, wie für die Beweiskraft solcher Aufstellungen erforderlich wäre.

2. Gleich anderen Hackfrüchten bildet die Zuckerrübe, wo sie angebaut werden kann, ein Glied in der Fruchtfolge und wirkt innerhalb derselben besonders günstig auf die Agrikultur.

Der Anbau von Zuckerrüben erfordert eine vertiefte Bodenbearbeitung, reichliche Düngung, Reinhaltung vom Unkraut durch wiederholtes Hacken. Das hat auf die gesamte Ertragsfähigkeit des Bodens die allergünstigsten

Wirkungen, so daß sich auch die im Fruchtwechsel mit Zuckerrüben angebauten Feldfrüchte besonders hoher Erträge erfreuen. Wo Rüben geerntet werden, gibt es auch reiche Getreideernten. Der besser bearbeitete Boden hat die Züchtung von ihm angepaßten, besonders ertragreichen Pflanzensorten zur Folge gehabt. Die Reihensaat (Drillsaat), ursprünglich nur bei Hackfrüchten angewandt, ist auch auf die übrigen Feldfrüchte ausgedehnt worden und hat auch bei ihnen ungeahnte Erfolge erzielt. Alles das hat zusammengewirkt, um der landwirtschaftlichen Maschinenindustrie die Anregung zur Herstellung von Arbeitsmaschinen mannigfaltiger Art zu geben.

3. Die Zuckerindustrie hat betriebswirtschaftliche Wirkungen, die eine Erhöhung der landwirtschaftlichen Produktivität zur Folge haben.

Die Zuckerrübe liefert nicht nur Zucker, sondern in den Abfällen und Rückständen (Blätter, Köpfen, Schwänzen, Schnitzeln, Melasse) große Mengen von Futterstoffen, die sich ihrer Beschaffenheit nach für die Mast- und Abmelknutzung eignen. Die Zuckerwirtschaften werden daher vorwiegend diesen Zweig der Viehnutzung pflegen, während sie die Jungviehaufzucht anderen Wirtschaften überlassen. Die Folge ist eine Arbeitsteilung zwischen Viehhaltung und Vieherzeugung, die die Produktivität auf beiden Seiten hebt. Wenn wir bei früheren Betrachtungen gesehen haben, daß der landwirtschaftliche Fortschritt in der Befreiung des Landwirts von der Gebundenheit zu suchen ist, die ihm die beiden Hauptzweige der Landwirtschaft durch ihre gegenseitigen Wechselbeziehungen auferlegen — so erkennen wir, daß auch die Zuckerwirtschaft in dieser Richtung wirkt.

Der Anbau dieser für die Ernährungs- und Landwirtschaft so wichtigen Frucht ist abhängig von ihrer Verarbeitungsmöglichkeit in Zuckerfabriken. Erst die Erfindung und technische Ausgestaltung der Rübenzuckerfabrikation hat die Voraussetzung für den Rübenanbau geschaffen.

Die Rübenzuckerindustrie geht auf die Entdeckung eines Deutschen zurück. 1747 entdeckte der Berliner Chemiker Marggraf, daß in den Runkelrüben ein dem Rohrzucker gleicher Stoff enthalten sei. Doch wurde aus dieser Entdeckung zunächst kein praktischer Nutzen gezogen. Erst F. Karl Achard gelang es zu Beginn des 19. Jahrhunderts, die Erfindung technisch auszubeuten. Auf seinem Gute Cunern in Niederschlesien errichtete er eine Zuckerfabrik, die zwar in den bescheidensten Verhältnissen gehalten war, aber die Möglichkeit bot, die grundlegenden technischen Erfahrungen zu sammeln. Doch waren die Zeiten in dem damaligen Deutschland zu ungünstig, um für die weitere Entwicklung der Zuckerindustrie einen geeigneten Nährboden abzugeben. So kam es, daß die deutsche Erfindung ihre erste bedeutende industrielle Ausgestaltung in Frankreich fand und diesem Lande die Führung des Nachweises der Konkurrenzfähigkeit des Rübenzuckers mit dem Rohrzucker überlassen mußte. Erst seit den 30er Jahren des vorigen Jahrhunderts begann dann die Zuckerrübenindustrie in ihrem eigentlichen Heimatlande in größerem Umfang heimisch zu werden, um hier nun eine Entwicklung zu nehmen, die die aller Zuckerproduktionsländer übertraf. Deutschland wurde das erste Zuckerland der Welt, und erzeugte für den Weltmarkt den meisten Zucker. Dank einer ständig verbesserten Fabrikationstechnik, mit der eine Ausdehnung der Anbaufläche und eine Verbesserung der Rübenzüchtung einherging, gelang es, die Zuckerausbeute gewaltig zu steigern. Wurden im Betriebsjahr 1836/37 in 122 Fabriken etwa 28000 Zentner Rohzucker gewonnen, so betrug im letzten Friedensjahr die Ausbeute von 341 Fabriken 54 Millionen Zentner. Die durchschnittliche Leistungsfähigkeit der einzelnen Fabrik war in diesem Zeitraum von etwa 30 Zentnern auf etwa 130000 Zentner gestiegen, und die Zuckerausbeute aus den Rüben von etwa 5½% auf etwa 16% und darüber hinaus gewachsen. Das will besagen, daß aus der gleichen Menge Rüben eine dreimal so große Menge Zucker gewonnen wurde. Eine eindrucksvolle Illustration der Fortschritte der Fabrikationstechnik und der Rübenkultur! Während man lange Zeit die Anbaufähigkeit der Zuckerrübe für stark beschränkt hielt, hat die hochgezüchtete edle Zuckerrübe eine ganz erstaunliche Anpassungsfähigkeit an Boden und Klima bewiesen. Nicht nur in Deutschland hat sie sich neue Anbaugebiete zu erobern vermocht, auch im Auslande ist sie unter klimatischen Bedingungen heimisch geworden, die man vor wenigen Jahrzehnten noch für völlig ungeeignet gehalten hätte.

Für uns erhebt sich nunmehr die Frage, inwieweit die Zuckerindustrie als ein speziell landwirtschaftliches Nebengewerbe anzusprechen ist, oder ob auch sie der bei den älteren Nebengewerben festgestellten Entwicklung einer Loslösung von der Landwirtschaft gefolgt ist.

Da die Zuckerrübe im Verhältnis zu ihrem Zuckergehalt sehr voluminös ist und die Abfälle und Rückstände in der Landwirtschaft wieder verbraucht werden, so befindet sich der für ihre Verarbeitung frachtgünstigste Standort in unmittelbarer Nähe ihres Erzeugungsortes. Im Gegensatz zu Müllerei und Brauerei erscheint also eine lokale Bindung der Zuckerindustrie an das platte Land als geboten. Doch gilt das natürlich nur von den Rohzuckerfabriken und allenfalls auch den Weißzuckerfabriken, während die Zuckerraffinerien, die den Rohzucker konsumfähig machen, eine solche lokale Bindung nicht beanspruchen und daher gewöhnlich reine, in der Regel städtische Industriebetriebe geworden sind.

Unter den Fabrikbetrieben, die sich mit der Erzeugung des Zuckers befassen, lassen sich vier Gruppen unterscheiden.

1. Die Rohzuckerfabriken. Sie fangen die Verarbeitung der Rüben gleich mit dem Beginn der Ernte an. Man ist bemüht, die Verarbeitung möglichst schnell durchzuführen, weil bei Lagerung der Zuckergehalt zurückgeht und die Rüben beim Erfrieren an Qualität einbüßen. Die Verarbeitung ist daher gewöhnlich um Weihnachten beendigt. Neben dem Rohzucker werden die Rübenrückstände, und zwar Schnitzel und Melasse als Futtermittel, und Scheidekalk als Düngemittel, gewonnen.

2. Die Zuckerraffinerien, auch Siedereien genannt. Hier wird der Rohzucker von der ihm noch anhaftenden Melasse gereinigt und entweder unmittelbar auf Melis und gewöhnlichen Konsumzucker verarbeitet, oder es werden aus ihm in einem sorgfältigeren Filtrierverfahren die feineren Zuckersorten erzeugt.

3. Die Melasse-Entzuckerungsanstalten. In ihnen wird die Melasse auf chemischem Wege nochmals entzuckert. Der Rückstand, die Melasseschlempe, wird in besonderen Betrieben auf Pottasche und Cyan verarbeitet. Da die Melasse in ihrem ursprünglichen Zustande ein viel begehrtes Futtermittel darstellt, so ist die Zahl der Melasse-Entzuckerungsanstalten niemals sehr groß gewesen und ständig zurückgegangen. Es war eine der ersten Maßnahmen der Kriegsernährungswirtschaft, sie stillzulegen, um die Melasse anderen Verwendungszwecken zuzuführen.

4. Die Weißzuckerfabriken. In ihnen wird billiger Verbrauchszucker ohne vorhergehende Rohzuckererzeugung unmittelbar aus der Rübe gewonnen.

Neben diesen Betriebsformen gibt es allerlei Mischformen. In den letzten Jahrzehnten vor dem Kriege setzte sich in wachsendem Maße eine Arbeitsteilung zwischen der Rohzuckerfabrikation und der Verbrauchszuckerherstellung durch. Neuerdings soll die Herstellung von Weißzucker in der Rohzuckerfabrikation wieder stärker betrieben werden, vor allem aus steuerlichen Gründen, um an Umsatzsteuer zu sparen.

Die Rohzuckerfabriken stehen noch in engen Beziehungen zu den rübenbauenden Landwirten. Allerdings gibt es für diese Verbindung mehr und weniger enge Formen. Anfangs, und zwar bis zur Mitte des vorigen Jahrhunderts waren die Fabriken fast alle Eigentum eines oder mehrerer Landwirte, die in den eigenen Fabriken ihre eigenen Rüben verarbeiteten. Daneben traten dann Unternehmungen, welche in der Form von Aktiengesellschaften, Gesellschaften mit beschränkter Haftung oder Genossenschaften die Rüben ihrer Mitglieder verarbeiten oder, wenn diese nicht ausreichten, Zuschußmengen von anderen, an der Unternehmung nicht beteiligten Landwirten auf Grund von besonderen Verträgen erwarben. Die Gesellschafts- und Genossenschaftsfabriken pflegen ihre Mitglieder zu verpflichten, für jede Aktie oder jeden Anteil eine bestimmte Fläche mit Rüben anzubauen, und gewähren ihnen dafür, sofern nicht der Gesamtgewinn ausgeschüttet wird, eine weitgehende Gewinnbeteiligung, nicht nur etwa in Gestalt von Dividenden, sondern auch in einem über den vertraglich festgesetzten Mindestpreis nachträglich erhöhtem Rübenpreise. Neben diesen sogenannten „Pflichtrüben" gewinnen die auf Grund von Anbauverträgen erworbenen „Kaufrüben" eine wachsende Bedeutung, wozu die sogenannten „Überrüben", das sind Rüben, die von den Gesellschaftern über ihre Anbauverpflichtung hinaus geliefert werden, hinzugerechnet werden müssen. Es wurden im Jahresdurchschnitt angebaut:

	1892/93 1000 ha	1903/04 1000 ha	1913/14 1000 ha
Eigenrüben	52,8	35,1	24,9
Aktien- und Pflichtrüben	118,8	162,2	208,3
Kauf- und Überrüben	180,4	219,6	299,7
Zusammen	352,0	416,9	532,8

In dem Zeitraum von 1892/93 bis 1913/14 ist die mit Eigenrüben bebaute Fläche um 47% zurückgegangen, dagegen die mit Pflichtrüben um 57%, die mit Kaufrüben um 60% gewachsen. Da die Zuckerfabrik als ein ausgesprochen landwirtschaftliches Nebengewerbe in allen den Fällen bezeichnet werden kann, wo Eigenrüben und allenfalls Pflichtrüben verarbeitet werden, so sehen wir auch hier eine Neigung zur Ablösung des Verarbeitungsgewerbes von der Landwirtschaft und seiner Entwicklung zu einem Industrieunternehmen. Freilich werden Zuckerfabriken, die ausschließlich Kaufrüben verarbeiten, selten vorkommen, doch genügt schon die Hinzunahme einer relativ großen Menge von Kaufrüben, um der Zuckerfabrik einen mehr industriellen Charakter zu verleihen. Das gleiche zeigt sich dort, wo, wie in Süddeutschland und am Rhein, eine große, bis auf einige Tausend steigende Zahl von kleinen Rübenbauern an einer Fabrik beteiligt sind. Das Gefühl, Miteigentümer an der Fabrik zu sein, verflüchtigt sich und macht nicht selten einem sich bis zu offenen Streitigkeiten steigernden Gegensatz zwischen Rübenbauer und Fabrik Platz.

Bei der hohen Bedeutung der Zuckerproduktion für die Landkultur und des Zuckers als Genuß- und Nahrungsmittel hat der Staat früh begonnen, die Zuckerindustrie zu einem Gegenstand seiner Politik zu machen. Doch war der Ausgangspunkt dieser Politik ursprünglich weniger ein volkswirtschaftlicher, als vielmehr das fiskalische Interesse des Staates am Zucker als Steuerobjekt. Solange der Zucker ausschließlich ein subtropisches Erzeugnis war, ein teures Kolonialprodukt, war er gleich anderen Waren ähnlicher Herkunft mit einem Zoll belegt, einem Finanzzoll, der, weil er nach damaliger Anschauung einen Gegenstand des Luxuskonsums traf, durchaus dem Grundsatz der Steuergerechtigkeit entsprach. Als dann die inländische Produktion einsetzte, ließ man den Zoll nicht nur bestehen, sondern sah in ihm auch ein willkommenes Mittel, die eigene Erzeugung durch ihn zu schützen. Der Finanzzoll wurde zum Schutzzoll. Dieser mußte aber in dem Maße, als die inländische Zuckererzeugung zunahm, an Erträgnissen für die Staatskasse weniger abwerfen. Da der Staat aber auf diese Einkünfte nicht verzichten wollte und sich um so weniger dazu veranlaßt sah, weil man den Zucker immer noch für ein Luxus-Genußmittel hielt, so belegte man den inländischen Zucker — in Deutschland schon 1841 — mit einer Verbrauchsabgabe.

Der Zucker ist seitdem eine Hauptsteuerquelle geblieben, welche, sobald man sich an sie gewöhnt hatte, auch dann nicht aufgegeben wurde, als man die Bedeutung des Zuckers als Nahrungsmittel erkannt hatte. Die Zuckersteuer, auf deren Formen und historische Entwicklung wir in diesem Zusammenhange nicht eingehen wollen, sollte dann zum Werkzeug der Zuckerpolitik in fast allen zuckerproduzierenden Ländern werden. Die Zuckererzeugung hat eine starke Neigung zur Überproduktion. Baut doch der Landwirt die Zuckerrübe nicht nur wegen der Zuckergewinnung an, sondern auch wegen ihrer günstigen Nebenwirkungen für seinen Betrieb. Da der Inlandskonsum nicht unbeschränkt ausdehnungsfähig ist, so ließ sich der Rübenanbau nur dann in einem den landwirtschaftlichen Bedürfnissen entsprechendem Maße ausdehnen, wenn der Zucker auch Absatz im Auslande fand. Diesen mit allen

Mitteln zu fördern, war daher zwingendes Gebot. Auf den Märkten der Zuckereinfuhrländer begann ein wilder Konkurrenzkampf unter den Zuckerausfuhrländern. Die Zuckerausfuhr wurde prämiiert. Das geschah in der Form der Steuerrückvergütungen, die, wenn sie bei der Ausfuhr in der Höhe der Inlandssteuer gewährt wurden, wohl zu rechtfertigen waren, aber den gehässigen Charakter eines Dumping annahmen, wenn sie darüber hinausgingen, was fast allerorts geschah.

Das Deutsche Reich, dem Beispiel anderer Länder folgend, begann damit in stark aggressiver Weise im Jahre 1896. Der ausgesprochene Zweck war, den deutschen Zucker mit dem anderer, Prämien zahlender Länder, vor allem Frankreichs, wettbewerbsfähig zu erhalten. Gleichzeitig suchte man durch die Besteuerung die Höhe und die Art der deutschen Produktion zu regeln. Die 1894 plötzlich hervortretende starke Ausdehnung der Zuckererzeugung ließ es wünschenswert erscheinen, diese in angemessenen Grenzen zu halten, allein schon deshalb, um die Reichskasse durch die zu zahlenden Ausfuhrprämien nicht allzu stark zu belasten. Die deutsche Gesamterzeugung wurde kontingentiert, und es wurde bestimmt, daß nur der innerhalb des Kontingentes der einzelnen Fabriken erzeugte Zucker Anspruch auf die Ausfuhrvergütung hätte. Eine in Verbindung damit geschaffene staffelförmig ansteigende Betriebssteuer sollte einmal die Fabriken von einer allzu großen Ausdehnung ihrer Produktion abhalten, und zweitens die kleineren Betriebe, an deren Erhaltung die Landwirtschaft ein Interesse hatte, gegen das Übergewicht der Großbetriebe schützen. Die Neugründung von Fabriken wurde dadurch erschwert, daß man sich ihnen gegenüber die Versagung des Kontingents vorbehielt.

Die hiermit eingeschlagene Politik verfolgte aber noch einen weiteren mittelbaren Zweck. Sie wollte durch ihre hohen Prämien die ganze Prämienwirtschaft ad absurdum führen und dahin wirken, daß sie durch eine internationale Regelung beseitigt würde. Dieser Erfolg ist sehr bald erzielt worden. Im Jahre 1902 kam die Brüsseler Zuckerkonvention zustande. Durch sie verpflichteten sich fast alle europäischen Rübenzucker erzeugenden Staaten mit Ausnahme Rußlands die bisher gewährten Ausfuhrprämien abzuschaffen. Außerdem wurde für den Schutzzoll, den die Vertragsstaaten ihrer Zuckerindustrie einräumen durften, eine Höchstgrenze festgesetzt. Dagegen sollte die Zuckereinfuhr solcher Staaten, die, der Konvention nicht angehörig, Ausfuhrprämien gewährten, mit einem Zuschlagszoll belegt werden.

Eine führende Rolle hatte bei diesen ganzen Verhandlungen England gespielt. Es war, da es selber keine Zuckerrüben anbaute, das Haupteinfuhrland. Mehr als die Hälfte der deutschen Zuckerausfuhr ging allein nach England. Aus dem gegenseitigen Preisunterbieten der Einfuhrländer hatte es großen Nutzen gezogen. Nirgendwo in der Welt war der Zucker so billig und dementsprechend der Zuckerkonsum so groß wie in England. Die Zucker verarbeitenden Industrien entwickelten sich zu einer hohen Blüte. Wenn gleichwohl nunmehr England der Zuckerkonvention beitrat, ja, zu ihrem Zustandekommen in entscheidendem Maße beitrug, so geschah das im Interesse seiner Kolonien, deren Zuckerrohranbau neben der Konkurrenz des mit Prämien ausgestatteten Rübenzuckers nicht recht aufkommen konnte. Doch veränderte England sehr bald wieder seinen Standpunkt in dieser Frage. Es trat ein Kabinettswechsel ein. Der neuen liberalen Regierung erschienen möglichst niedrige Zuckerpreise wichtiger als die Rücksicht auf die zuckerbauenden Kolonien. Sie ließ daher nach Ablauf der ersten Konventionsperiode erklären, die Konvention ihrerseits nur unter der Bedingung erneuern zu können, wenn sie von der Verpflichtung der Erhebung von Zuschlagszöllen auf prämiierten Zucker befreit würde. Die anderen Vertragsstaaten mußten wohl oder übel England diese Konzession zugestehen. Der englische Markt wurde dadurch für die deutsche Zuckerindustrie verschlechtert, doch konnte ein Ausgleich darin erblickt werden, daß es gelang, Rußland zum Beitritt zur Konvention zu bewegen, freilich nur unter dem Zugeständnis nicht unwesentlicher Sondervergünstigungen.

Nach Ablauf der zweiten Konventionsperiode hat England 1912 die Vereinbarung nicht wieder erneuert, auch Italien schied aus. Rußland blieb zwar unter den Vertragsstaaten, doch eigentlich nur als nehmender Teil, indem es an den Vorteilen teilnahm, die sich aus der Unterbindung der Prämien in den Konventionsländern für seinen eigenen Zuckerabsatz ergaben, ohne selber auf die Gewährung von Prämien zu verzichten. Die einzige Verpflichtung, die Rußland einging, bestand darin, daß sein Zuckerexport nach England ein gewisses Maß nicht überschreiten durfte.

Der Krieg hat eine völlig neue Lage geschaffen. Die Zuckerrübenproduktion ist in ihren Haupterzeugungsländern so stark zurückgegangen, daß an die Stelle der Überproduktion der Zuckerhunger getreten ist.

Die Geschichte der deutschen Zuckerpolitik während des Krieges ist reich an Irrungen und Wirrungen gewesen. Anfangs glaubte man in einem solchen Überfluß zu schwimmen, daß man alles tun zu müssen glaubte, um in ihm nicht zu ersticken. War doch vor dem Kriege fast ebensoviel deutscher Zucker ausgeführt worden, als im Inlande verbraucht wurde. Man machte Propaganda für die Steigerung des Zuckerkonsums — Zuckeressen ward zu einer Angelegenheit des Patriotismus —, man verfütterte Zucker an das Vieh, ja, man gab gewisse Mengen für den Export frei. Es dauerte aber nicht lange, und der Zuckermangel wurde so groß, daß der Zucker einer Zwangswirtschaft unterworfen werden mußte, die bescheidene Kopfanteile einem jeden Konsumenten allmonatlich sorgsam zuwog. Worauf war die verminderte Zuckerproduktion zurückzuführen? Einmal hatten sich unter dem Einfluß des Krieges die Produktionsbedingungen für die anspruchsvolle Zuckerrübe verschlechtert, und zweitens bot die amtliche Preispolitik dem Landwirte keinen Anreiz, sich in besonders starkem Maße gerade dem Anbau dieser Feldfrucht hinzugeben. Es war die Tragik der Kriegszuckerwirtschaft, daß sie, ersonnen, um dem Konsumenten einen möglichst großen Zuckeranteil zu sichern, zugleich das Werkzeug wurde, den Zuckerrübenanbau abzudrosseln. Erst als im Herbst 1921 die Zwangswirtschaft aufgehoben worden war, konnte sich die Rübenanbaufläche, die im Jahresdurchschnitt 1909—1913 504000 ha betragen hatte und seitdem immer weiter heruntergegangen war, allmählich wieder heben. Auch der Hektarertrag und die gewonnene Zuckermenge erreichten bessere Ergebnisse. Immerhin bleibt bestehen, daß Deutschland mit einem Rohzuckerertrag von 26½ Millionen Zentnern im Jahre 1921/22 noch nicht die halbe Produktion des letzten Friedensjahres, die 54 Millionen Zentner betrug, erreicht hat und Auslandszucker einführen mußte. Ja, Ende des Jahres 1922 hat man sich dazu entschlossen, den Zuckerverbrauch von neuem einer Rationierung zu unterwerfen. Immerhin steht Deutschland auch heute noch an der Spitze der Rübenzucker erzeugenden Länder, wie aus folgenden Zahlen zu ersehen ist:

Größe der Anbauflächen:	1922/23 Hektar	1921/22 Hektar
Deutschland	340 000	332 980
Tschecho-Slowakei	195 000	204 000
Frankreich	140 000	107 735
Holland	63 500	70 496
Belgien	58 000	57 514
Schweden	16 000	48 568
Dänemark	24 000	34 000
Polen	97 000	81 000
Rußland	220 000	215 769
Ungarn	29 000	34 500
Italien	84 500	73 395
Andere Länder	95 000	85 000
Europa zusammen:	1 362 000	1 344 957

Die Gefahr des Wiederauflebens einer Prämienwirtschaft besteht vorläufig also nicht mehr. Doch werden die Zuckerrübenländer, wenn sie landwirtschaftlich wieder zu vollen Kräften kommen wollen, danach streben müssen, die frühere Höhe zu erreichen. Das wird aber nur möglich sein, wenn sie sich die dafür erforderlichen Absatzmärkte zu eröffnen vermögen. Welche Aussichten bestehen hierfür, insbesondere für die deutsche Zuckerindustrie?

Leider sind die Aussichten hierfür recht trübe. Denn während die Rübenzuckerproduktion so stark zurückgegangen ist, hat in der gleichen Zeit die Rohrzuckererzeugung einen gewaltigen Aufschwung genommen. Es besteht die Gefahr, daß der Rübenzuckerindustrie ihr bisheriger Hauptabnehmer, England, verloren geht. Kuba hat während des Krieges seine Zuckererzeugung von 52 Millionen Zentern auf nahezu 80 Millionen Zentner gesteigert und seitdem auf dieser Höhe ungefähr gehalten. In Verbindung mit seiner großen Protektorin, der nordamerikanischen Union, macht es Anstrengungen, sich den englischen Markt zu erobern, und zwar in einer für England höchst unangenehmen Weise, indem es seinen Zucker anbietet, nachdem er vorher in den Vereinigten Staaten raffiniert worden ist. Der kubanische Zucker bedeutet also eine Bedrohung der englischen Veredelungsindustrie. Der zweite Hauptlieferant auf dem Weltmarkte ist Java geworden, das bis 1921/22 seine Erzeugung bis auf über 30 Millionen Zentner hob. England verspürt daher die Neigung, sich von diesen Zuckerlieferanten dadurch unabhängiger zu machen, daß es seinen Zucker erzeugenden Kolonien eine Vorzugsbehandlung bei der Verzollung einräumt. Hat sich doch auch dort, und zwar vor allem in Ostindien, die Zuckererzeugung während des Krieges nicht unbeträchtlich gesteigert, und eine weitere Steigerung liegt in dem Bereich des Möglichen. Für Deutschland würde die Wirkung einer solchen Politik darin bestehen, daß ihm der englische Markt endgültig verlorenginge.

Vergleicht man die Welterzeugung des Rübenzuckers mit der des Rohrzuckers in den letzten Jahren, so ergibt sich folgendes Bild (in Millionen Zentnern):

	1921/22	1920/21	1919/20
Rübenzucker	100,0	93,5	65,1
Rohrzucker	231,6	238,0	239,4
Weltzuckererzeugung ..	331,6	331,5	304,5

Doch besteht darum für die deutsche Zuckerindustrie noch kein Anlaß zum Verzweifeln. Es bleiben ihr zwei stark aufnahmefähige Gebiete erhalten. Das erste, das ihr niemand rauben kann, ist der innere Markt. Der deutsche Markt hatte selbst vor dem Kriege noch bei weitem nicht seine höchstmögliche Aufnahmefähigkeit erreicht.

Im Vergleich zu einigen anderen Ländern hatte der Zuckerverzehr in Deutschland, so sehr er sich auch gesteigert hatte, noch keinen großen Umfang gewonnen.

Zuckerverzehr auf den Kopf der Bevölkerung 1913/14:

in Dänemark	45,7 kg
„ England	42,4 „
„ Nordamerika	37,7 „
„ Schweiz	32,2 „
„ Schweden	26,0 „
„ Holland	22,8 „
„ Frankreich	21,9 „
„ Deutschland	21,1 „
„ Norwegen	20,1 „
„ Finnland	15,8 „
„ Belgien	15,1 „
„ Österreich-Ungarn	12,9 „
„ Rußland	11,5 „
„ Türkei	10,0 „
„ Spanien	6,7 „
„ Portugal	6,3 „
„ Italien	5,3 „
„ Bulgarien	4,5 „
„ Rumänien	4,3 „
„ Griechenland	3,8 „
„ Serbien	3,1 „

Deutschland stand trotz seiner großen Zuckerindustrie in seinem Zuckerverbrauch erst an achter Stelle und verzehrte kopfanteilsmäßig nicht einmal halb soviel wie England und Dänemark. Gerade der Krieg hat gezeigt, wie steigerungsfähig auch in Deutschland der Zuckerkonsum ist. Es liegt hier also die Möglichkeit eines Ersatzes für verlorene ausländische Absatzgebiete.

Die obige Tabelle deutet aber auch an, wo noch zu erschließende ausländische Absatzgebiete für den deutschen Zucker liegen. Es gibt noch Länder mit außerordentlich geringem Zuckerverzehr, in denen der deutsche Zucker den Wettbewerb aufnehmen kann. Das gilt vor allem von Osteuropa. Dort hat nämlich Deutschland seinen größten Konkurrenten verloren, Rußland. Die Revolution hat eine Katastrophe für die russische Zuckerindustrie herbeigeführt. Die Rübenzuckerwirtschaft treibenden Großbetriebe sind von den landhungrigen Bauern zerstört worden. Zwar ist auch heute noch die russische Anbaufläche auffallend hoch — sie ist nach Deutschland die größte in Europa —, doch entspricht dem nicht eine ebenso große Zuckererzeugung. Nur ein geringer Teil der vorigen Ernte ist an die Zuckerfabriken gelangt. Das meiste ist von der hungernden Bevölkerung entwendet oder von den Landwirten selbst als Viehfutter benutzt oder auch in geheime Schnapsbrennereien gewandert. Jedenfalls ist sobald nicht damit zu rechnen, daß der russische Zucker wieder eine bemerkenswerte Stellung auf dem Weltzuckermarkte erreichen wird, so aussichtsreich auch die Zukunft ist, die der Rübenanbau und damit die Zuckerindustrie in der Ukraine hat.

3. Branntweinbrennerei.

Die Branntweinbrennerei hat in ihrer Eigenschaft als landwirtschaftliches Verarbeitungsgewerbe eine der Brauerei entgegengesetzte historische Entwicklung gehabt. Verloren die Brauereien seit Beginn des 19. Jahrhunderts ihre Bedeutung als landwirtschaftliches Nebengewerbe, so sehen wir, wie der Aufschwung der Brennerei auf dem Lande gerade damals einsetzte, und wie seitdem die Brennerei ihre Verbindung mit der Landwirtschaft behält und verstärkt.

Das hängt vor allem mit der Ausdehnung des Kartoffelanbaues zusammen und mit der Verwendung der Kartoffel als Rohstoff für den Branntwein.

Der Branntwein, ursprünglich nur als Weindestillat gewonnen, wurde bis zum Ende des 15. Jahrhunderts als Arznei oder Lebenselixier betrachtet. Seine Herstellung galt im Mittelalter als eine Geheimkunst. Die Erfindung, Branntwein auch aus Getreidemaische herzustellen, ist wohl erst um die Mitte des 15. Jahrhunderts gemacht worden, womit in Deutschland der Brennerei überhaupt erst eine Ausbreitungsmöglichkeit eröffnet wurde. Doch wurde diese nur mit Zurückhaltung ausgenutzt, einmal, weil die Landesherrschaft aus ernährungswirtschaftlichen Gründen das Brennen von Getreide einzuschränken trachtete, zweitens, weil die Fabrikation ziemlich anspruchsvolle technische Fähigkeiten und Einrichtungen erforderte, und drittens, weil die Branntweinherstellung noch sehr teuer war. Die Branntweinbrennerei breitete sich daher zunächst dort aus, wo auf der einen Seite der benötigte Rohstoff, das Getreide, dauernd und reichlich zur Verfügung stand, und wo auf der anderen Seite eine dichte und konsumfähige Bevölkerung den Absatz gewährleistete. So finden wir denn die Branntweinbrennerei zuerst und später noch vorzugsweise in getreidereichen Gegenden Westdeutschlands und fast ausschließlich in den Städten. Die Brennerei war also ein ausgesprochen städtisches Gewerbe und wurde als solches auch von der Landesherrschaft wiederholt geschützt. Auf dem Lande breitete sich die Brennerei nur sehr langsam und in geringem Umfange aus. Es fehlte dort der stärkere Absatz, und es mangelte an geschulten Leuten und Einrichtungen. Wo auf dem Lande Brennereien entstanden, lehnten sie sich an Brauereien an, für die sie hin und wieder als ein Nebengeschäft galten.

Das änderte sich, seitdem man begann, Kartoffeln als Rohstoff zu verwenden. Für die Kartoffelbrennerei wurde das platte Land der günstigste Standort. Ähnlich wie die Zuckerrübe ist die Kartoffel infolge ihres starken Wassergehalts nur bedingt transportfähig. Sie ist stoß- und frostempfindlich und erleidet bei Aufbewahrung starke Schwundverluste. Sie wird daher am vorteilhaftesten am Erzeugungsorte verarbeitet.

Tatsächlich hat sich denn auch die deutsche Kartoffel-Branntweinerzeugung in der Hauptsache in landwirtschaftlichen Brennereien vollzogen. Im Betriebsjahr 1912 wurden 86,5% der Gesamterzeugung in landwirtschaftlichen Brennereien hergestellt, Als Hauptrohstoff ist in ihnen die Kartoffel verwandt worden. Doch wurde in den landwirtschaftlichen Kartoffelbrennereien gewöhnlich nur Rohspiritus hergestellt, der dann in städtischen Großbetrieben, den „Reinigungsanstalten", gebrauchsfähig gemacht wurde. Wir haben es hier mit einem ähnlichen Vorgang zu tun, wie wir ihn bei der Zuckerherstellung kennen lernten, wo sich ebenfalls von der auf dem Lande vorgenommenen Fabrikation des Rohproduktes die Raffinerie loslöste.

Die Kartoffelbrennerei ist also ausgesprochen ein landwirtschaftliches Verarbeitungsgewerbe geworden. Diese Entwicklung vollzog sich indes nicht nur deshalb, weil Gründe ökonomischer Zweckmäßigkeit dahin drängten. Die staatliche Politik hat diese Entwicklung gefördert. Als Handhabe dazu diente ihr die Branntweinsteuer-Gesetzgebung. Sie lief darauf hinaus, erstens die landwirtschaftlichen Brennereien vor den gewerblichen, zweitens die kleinen Betriebe vor den großen, drittens die alten Brennereien vor den neu eingerichteten zu begünstigen. Man wollte damit erreichen, daß erstens die Branntweinbrennereien als landwirtschaftliches Nebengewerbe erhalten blieben, zweitens, daß neben den vorteilhafter arbeitenden großen Betrieben die kleineren und mittleren Betriebe sich als wettbewerbsfähig erwiesen, und drittens, daß durch Erschwerung von Neugründungen die Gefahr einer Übererzeugung, hintangehalten wurde.

Vor allem springt die Bevorzugung der „landwirtschaftlichen Brennereien" in die Augen.

Als landwirtschaftliche Brennereien gelten nach dem Wortlaut des Branntweinsteuergesetzes solche „Brennereien, die ausschließlich Kartoffeln oder Getreide verarbeiten und bei deren Betriebe die sämtlichen Rückstände in einer oder mehreren den Eigentümern oder Besitzern der Brennerei gehörenden oder von ihnen betriebenen Wirtschaften verfüttert werden und der erzeugte Dünger vollständig auf dem den Eigentümern oder Besitzern der Brennerei gehörenden oder von ihnen bewirtschafteten Grund und Boden verwendet wird". In den nach dem 1. September 1902 betriebsfähig hergerichteten Brennereien müssen außerdem die zur Verarbeitung kommenden Rohstoffe in der Hauptsache in der eigenen Wirtschaft gewonnen sein.

Aus dieser Begriffsbestimmung der landwirtschaftlichen Brennereien geht hervor, welche Gründe den Gesetzgeber zu ihrer Bevorzugung veranlaßt haben. Er versprach sich davon Vorteile für die Landeskultur. Als landwirtschaftliches Nebengewerbe betrieben, ermöglicht die Brennerei eine nutzbringende Verwertung der Bodenfrüchte. Durch die bei der Branntweinerzeugung gewonnenen Rückstände, die Schlempe, die ein geradezu ideales Futtermittel darstellt, wird eine vermehrte Viehhaltung und durch diese wiederum eine reichlichere Düngung des Bodens möglich. Darum die Bestimmung, daß als landwirtschaftliche Brennereien nur solche Betriebe anzusehen sind, welche die Rückstände und den Dünger vollständig in der eigenen Wirtschaft verwenden.

Bei diesem Tatbestand ist die Branntweinbrennerei, obwohl sie als Rohstoff wertvolle Nahrungsmittel verwendet, vom ernährungswirtschaftlichen Standpunkte aus nicht ohne weiteres zu verurteilen. Insbesondere nicht die Branntweingewinnung aus der Kartoffel. Was die Zuckerrübe für die für sie geeigneten Anbaugebiete bedeutet, das bedeutet die Kartoffel für die Gegenden mit ärmeren Böden und ungünstigerem Klima. Sie stellt für diese Gebiete die in der Fruchtfolge unentbehrliche Hackfrucht dar. Sie muß daher angebaut werden, soll die Agrikultur auf der Höhe gehalten werden, selbst auf die Gefahr einer Überproduktion hin. Nun findet zwar die Kartoffel, anders als die Zuckerrübe, auch in unverarbeitetem Zustande Verwendung, und zwar ihre Hauptverwendung. Doch ist dieser Verbrauch, besonders bei reichen Ernten, nicht unbeschränkt aufnahmefähig. Die Kartoffelwirtschaft stände daher stets unter dem Drucke der Übererzeugung, wenn sie nicht noch andere Verwendungsmöglichkeiten hätte, unter denen die

Verarbeitung in den Brennereien die vorteilhafteste zu sein pflegt. Von hieraus gesehen, bedeutete demnach die Brennerei mehr als eine Verwertungsmöglichkeit neben anderen, sie war für weite Gebiete der deutschen Landwirtschaft die Voraussetzung einer starken Kartoffelproduktion und damit einer intensiveren Wirtschaft überhaupt. Wiederholt ist auf einen Ausspruch des berühmten Finanzministers Miquel hingewiesen worden: „In den Gegenden des Sandbodens, in den geringer dotierten Gegenden unseres Vaterlandes, wird der Satz für viele Güter unwidersprochen zutreffen: Keine Brennerei — keine Schlempe; keine Schlempe — kein Vieh; kein Vieh — kein Dünger; kein Dünger — keine Kartoffeln und kein Roggen; — und was muß die Folge sein? Die Kiefer.“

In der Tat befindet sich die Domäne der Kartoffelbrennerei in Ostdeutschland. Von den im Betriebsjahr 1913/14 erzeugten 2,94 Millionen Hektolitern Alkohol, die in landwirtschaftlichen Kartoffelbrennereien hergestellt wurden, wurden allein in den sechs östlichen Provinzen 2,55 Millionen gewonnen.

Die Unentbehrlichkeit der Kartoffelbrennerei für die Landeskultur ist indessen nicht unwidersprochen geblieben. So ist der Einwand gemacht worden, daß es zweifellos zahllose Betriebe gäbe, die über eine Brennerei nicht verfügten und doch auf der Höhe der Leistungsfähigkeit ständen. Selbst in Ostdeutschland könne von einem Vorherrschen der Betriebe mit Brennereien nicht die Rede sein. Doch ist dem entgegenzuhalten, daß, wenn auch nicht für alle, so doch für manche Güter die Brennerei eine Lebensnotwendigkeit sein kann, nämlich für solche, die arm an Wiesen sind und deren Boden so leicht ist, daß Klee und Futtergewächse schlecht gedeihen. Hier ist eine Rindviehhaltung in größerem Umfange nur möglich, wenn eine Brennerei in der Schlempe das sonst fehlende Futter liefert.

Wird man der Kartoffelbrennerei zugestehen müssen, daß sie auch der Ernährungswirtschaft von Vorteil ist, so läßt sich das von der Kornbrennerei nicht mit gleichem Rechte sagen. Für ein Land wie Deutschland, das auf die Einfuhr von ausländischem Getreide mit angewiesen ist, wird die Verwendung dieses wichtigsten Nahrungsmittels als Genußmittel, das auch aus anderen Stoffen gewonnen werden kann, nicht leicht zu rechtfertigen sein. Zumindest wird die Gewährung von steuerlichen Vorteilen für solche Brennereien schwer zu begründen sein. Nun besteht zwar die steuerliche Begünstigung nur für den kleineren Teil der Kornbranntweinerzeugung, nämlich für denjenigen, der in den landwirtschaftlichen Kornbrennereien gewonnen wird, während die gewerblichen Brennereien, bei denen der Hauptteil der Kornbranntweinherstellung liegt, ohnehin höhere Steuerlasten zu tragen haben.

Obwohl nämlich, verglichen mit den landwirtschaftlichen Kornbrennereien, die Zahl der gewerblichen Kornbrennereien nur gering ist, so war doch ihre Produktion größer. Dieses Mißverhältnis erklärt sich daraus, daß unter den landwirtschaftlichen Getreidebrennereien zahllose Kleinbetriebe sind, während die gewerblichen Kornbrennereien im allgemeinen große Betriebe sind, wie zu ihnen auch die allergrößten Brennereien gehören, die es in Deutschland überhaupt gibt.

Gleichwohl ändert das nichts an der Tatsache, daß die landwirtschaftlichen Kornbrennereien die gleichen Steuerbegünstigungen erfuhren wie die Kartoffelbrennereien. Das mag sich daraus erklären, daß die Haupterzeugungsstätten für Kornbranntwein — historisch durchaus erklärlich — in West- und Süddeutschland liegen. Es konnte daher die Meinung entstehen und sich durchsetzen, daß für den Westen Deutschlands die Getreidebrennereien die gleiche Bedeutung hätten wie für den Osten die Kartoffelbrennereien, und daß es daher eine ungerechtfertigte Benachteiligung der westdeutschen Landwirtschaft gegenüber der ostdeutschen bedeutet hätte, wären die landwirtschaftlichen Kornbrennereien ungünstiger gestellt worden als die Kartoffelbrennereien. Tatsächlich ließ es sich nicht leugnen, daß auch die Kornschlempe ein schwer zu entbehrendes Futtermittel war. Gerade in den dicht bevölkerten Industriebezirken Rheinlands und Westfalens bildete die Getreideschlempe ein Milchviehfutter, das bei dem dortigen starken Milchbedarf schwer zu entbehren war. Als während des Krieges die Kornbranntweinbrennerei eingestellt werden mußte, sollte sich das mit erschreckender Deutlichkeit zeigen.

Dem ist aber entgegenzuhalten, daß die Kornbrennerei einen Rohstoff benutzt, für dessen Verarbeitung zu Spiritus volkswirtschaftliche Vorteile, wie sie für die Kartoffelbrennerei als Verwertungsgewerbe bestehen, nicht geltend gemacht werden können. Eine steuerliche Vorzugsbehandlung ist daher nicht mit dem gleichen Rechte zu rechtfertigen, wenn man auch nicht soweit zu gehen braucht, daß man die Kornbranntweinbrennerei überhaupt unterbindet, was zweifellos eine Härte bedeuten würde, die in keinem Verhältnis zu ihrem ernährungswirtschaftlichen Effekt stände.

Ähnlich wird man sich zu den Obstbrennereien stellen müssen. Ihre steuerliche Begünstigung wird man nicht verteidigen können, doch wird man auch Bedenken haben, sie etwa lahmzulegen. Die Obstbrennerei, in zahllosen kleinen Wirtschaften betrieben, bildet für die betreffenden kleinen Landwirte ein einträgliches, vielfach die Selbständigkeit ihrer Wirtschaft sicherndes Nebengewerbe. Die dadurch dem unmittelbaren Verbrauch entzogene Obstmenge ist nicht beträchtlich, und auch der Einwand, daß diese nützlicher als Frischobst oder für die Marmeladenfabriken verwandt werden könnte, trifft nicht voll zu, da es sich bei dem Brennobst gewöhnlich um solches von allergeringster Güte handelt.

Die Branntweinerzeugung auch vom Standpunkt der Ernährungswirtschaft zu beurteilen, ist erst in der Kriegszeit notwendig geworden. Stärker als je wurden Kartoffeln und Getreide zur eigentlichen Grundlage der Volksernährung. Ihre möglichst restlose Bereitstellung für diesen Zweck war geboten. War das Problem der Branntweinwirtschaft vordem darin zu sehen, wie man der Überproduktion der Kartoffeln dadurch entgegenzuwirken vermöchte, daß ihnen neue Verwendungszwecke im verarbeiteten Zustande erschlossen würden, so handelte es sich nunmehr darum, wie man es anstellen könnte, den Kriegsbedarf an Branntwein zu befriedigen, ohne die Ernährungswirtschaft allzusehr in Mitleidenschaft zu ziehen. Die Branntweinerzeugung mußte auf ihr Mindestmaß beschränkt werden.

Wir gehen auf die deswegen ergriffenen Maßnahmen hier nicht ein. Sie sind von dem Verfasser dieses Buches in seiner Schrift „Branntweinwirtschaft und Volksernährung" ausführlich beschrieben worden.

Um das zu erreichen, wurde nach vergeblichen Versuchen einer loseren Bindung das gesamte Branntweinwesen in die öffentliche Bewirtschaftung übernommen. Das ließ sich verhältnismäßig leicht durchführen, weil die Branntweinerzeugung schon vorher in der Hauptsache in der Spirituszentrale zusammengeschlossen war. Der Staat benutzte dieses Organ für seine eigenen Zwecke. Die auf diese Weise geschaffene Organisation ist dann durch das Reichsgesetz vom 26. Juli 1918 in eine Reichsmonopolverwaltung übergeführt worden. Damit wurde ein lange gehegtes, aber immer wieder gescheitertes Projekt des Reichsfiskus verwirklicht. Doch wird die Herstellung des Rohspiritus nicht von der Monopolverwaltung betrieben — es handelt sich nicht um ein Fabrikationsmonopol —, der Rohbranntwein wird nach wie vor privatwirtschaftlich gewonnen, auch die bisherigen, auf eine Begünstigung der landwirtschaftlichen und kleineren Brennereien hinauslaufenden Grundsätze der Branntweinwirtschaft bleiben bestehen. Der Staat übernimmt lediglich die Verarbeitung des Rohspiritus in Trinkbranntwein und den Vertrieb des Branntweins.

Infolge der Gebietsabtretungen auf Grund des Versailler Friedensvertrages hat sich das Problem völlig verschoben. Ein Hauptteil der für die Kartoffelbranntweinerzeugung wichtigsten Gebiete ist dem deutschen Reiche verloren gegangen. Die Gefahr einer Branntweinüberproduktion besteht nicht mehr. Doch ist damit nicht etwa der Zustand eingetreten, daß die Deutschland verbliebenen Brennereien ihre Leistungsfähigkeit voll ausnutzen könnten, wozu sie, was die Absatzmöglichkeit anbetrifft, wohl in der Lage wären, weil die Gesamterzeugungsmenge sehr viel geringer ist als der Bedarf an Spiritus. Die Druckflächen haben sich vertauscht: der Druck kommt von der Seite der Nachfrage und nicht mehr von der Seite des Angebots. An sich wäre die Konjunktur für die Brennereien günstig. Doch verbieten ernährungswirtschaftliche Gründe ihre volle Ausnutzung. Die abgetretenen Gebiete waren nicht nur die Haupterzeugungsgebiete für Branntwein, sondern gehörten auch zu Überschußgebieten für landwirtschaftliche Erzeugnisse überhaupt. Die Nahrungsmitteldecke ist in größerem Maße, als der geometrischen Größe der abgetretenen Gebiete entspricht, schmäler geworden. In entsprechendem Maße ist der Bedarf an unverarbeiteten Nahrungs- und Futtermitteln gewachsen. Sie werden schlanken Absatz finden; und da die deutsche Handelsbilanz so viel ungünstiger geworden ist, so wird darauf Bedacht genommen werden müssen, die Einfuhr solcher Produkte möglichst gering zu halten. Die Rohstoffbelieferung der Brennereien wird demnach außerordentlich knapp sein. Doch wird sie darum nicht ganz aufhören. Es wäre durchaus verkehrt, wollte man aus den angegebenen Gründen die Branntweinherstellung ganz einstellen. Nicht nur, weil dann Branntwein aus dem Auslande eingeführt werden müßte, wodurch die Handelsbilanz vielleicht noch stärker belastet würde, als durch die Einfuhr einer gewissen Menge von Nahrungs- und Futtermitteln, — sondern weil die Brennerei allein schon zur Verarbeitung minderwertiger Früchte unentbehrlich wäre. Dazu kommt, daß manche Betriebe — wir haben sie oben gekennzeichnet — zur Aufrechterhaltung ihrer Wirtschaftsintensität notwendig die Schlempe als Futtermittel gebrauchen.

Unbedingt zu wünschen wäre aber, daß in Zukunft die Branntweinpolitik mehr nach volkswirtschaftlichen, als nach fiskalischen Gesichtspunkten geregelt würde. Wie auf der einen Seite die Rohstoffbelieferung der Brennereien aus ernährungswirtschaftlichen Gründen beschränkt bleiben muß, wird man auf der anderen Seite solchen landwirtschaftlichen Betrieben, für die die Brennerei ein notwendiges Betriebserfordernis ist, eine Verarbeitung von Rohstoffen zu Branntwein zugestehen müssen. In viel höherem Maße als früher wird man die Brennereien auf diese Bedürfnisfrage hin prüfen müssen. Mit dem bisher beliebten und im allgemeinen angewandten Prinzip einer schematischen Klassifizierung der Brennereien allein nach ihrer Produktionsleistung ist es nicht mehr getan.

Die deutsche Branntweinerzeugung hat während des Krieges und in den Jahren nach dem Kriege stark abgenommen, weil die für sie notwendigen Stoffe in erster Reihe der Versorgung der Bevölkerung mit Nahrungsmitteln nutzbar gemacht werden mußten. Ersatzstoffe wie Holz, Sulfitablaugen, Kalziumkarbid haben erst verhältnismäßig kleine Mengen zu liefern vermocht. Die Gesamterzeugung, die im Bereich des jetzigen Gebietsumfanges des deutschen Reiches in den letzten Friedensjahren etwa 2800000 Hektoliter Weingeist betragen hatte, ging auf etwa 600000 Hektoliter im Betriebsjahr 1919/20 zurück. Waren vorher an die 2 Millionen Tonnen Kartoffeln und 350000 Tonnen Getreide verarbeitet worden, so gingen die Mengen bis auf 500000 und 60000 Tonnen zurück. Im Betriebsjahr 1921/22 konnte die Produktion wieder beträchtlich gesteigert werden, nämlich auf 1900000 Hektoliter Weingeist, doch war das nur möglich, weil Mais zum Hauptteil dazu benutzt wurde. Die deutsche Branntweinerzeugung ist also heute in ihrem Rohstoffbezug vom Auslande abhängig geworden. Wie bei der Zuckerproduktion haben sich auch hier die Grundlagen völlig verschoben: hatte man früher Kartoffeln gebrannt, um sie, im Überflusse erzeugt, nutzbringend zu verwerten, so reichen heute die Ernten nicht aus, den notwendigen Branntweinbedarf zu befriedigen und die Brennereien auch nur annähernd zu beschäftigen. Für die deutsche Landwirtschaft ergibt sich daraus die Folgerung, daß sie ihre Kartoffelproduktion noch gewaltig steigern kann, ohne befürchten zu müssen, wieder in das Dilemma der Übererzeugung zu kommen. Der jetzige Zustand, daß zur Branntweinerzeugung ausländische Rohstoffe eingeführt werden müssen, und daß außerdem noch fertiger Branntwein vom Auslande gekauft werden muß — im Betriebsjahr 1919/20 wurden etwa 300000 Hektoliter Weingeist importiert —, ist nicht nur volkswirtschaftlich nicht zu rechtfertigen, sondern bedeutet auch für die Landwirtschaft eine mittelbare Schädigung schlimmster Art.

5. Stärkefabrikation und Kartoffeltrocknung.

Die bisherigen Untersuchungen haben gezeigt, wie die Verarbeitung landwirtschaftlicher Erzeugnisse zwar im allgemeinen die Neigung hat, sich vom landwirtschaftlichen Betriebe loszulösen, doch an ihn gefesselt bleibt, wo es sich um Hackfrüchte handelt. Die gleiche Wahrnehmung machen wir bei der Stärkefabrikation. Die Stärkegewinnung aus in- und ausländischen Zerealien ist in der Hauptsache zu einer rein industriellen Fabrikation geworden, dagegen ist die Kartoffel-Stärkeproduktion auch noch auf dem Lande heimisch. Freilich die Zahl der mit einer Stärkefabrik verbundenen landwirtschaftlichen Betriebe ist nicht groß. Nach der Betriebsstatistik von 1907 gab es 434, wovon bei weitem die meisten landwirtschaftliche Großbetriebe waren (319). Die Verbindung mit kleineren landwirtschaftlichen Betrieben ist selten. Da bei diesem Kartoffelverwertungsgewerbe die kleineren Betriebe nicht wie bei der Brennerei fiskalisch begünstigt werden, so kann sich hier ungehemmt die Überlegenheit des größeren Betriebes durchsetzen. Im Verhältnis sinken die Verarbeitungskosten, je größer die verarbeitete Kartoffelmenge ist; die größeren Betriebe werden daher die kleineren in einem gewissen, mit der Verbilligung der Transportmittel wachsenden Umkreise aufsaugen können. Weiter zeigt es sich, wie sich auch hier, ähnlich wie bei der Zuckerfabrikation und Brennerei, eine Zerlegung des Fabrikationsprozesses in zwei Stadien durchsetzt, von denen häufig nur das erste in den landwirtschaftlichen Betrieben ausgeführt wird. Die Herstellung von „Trockenstärke" erfordert ein höheres Anlagekapital und lohnt sich am besten im großen, während für die „grüne oder nasse Stärke" die Rentabilität schon bei einer weniger großen Verarbeitungsmenge gewährleistet ist. Wo es daher die Verkehrsmittel zulassen, zentralisiert sich die Trockenstärkefabrikation in großen, meist rein industriellen Unternehmungen, die von den landwirtschaftlichen Fabriken der Umgegend die nasse Stärke aufkaufen, ähnlich wie die Raffinerien es mit dem Rohzucker, die Reinigungsanstalten mit dem Rohspiritus machen.

Im Betriebsjahr 1910/11 wurden in

303	Kartoffelstärkefabriken
8	Kartoffelsagofabriken
311	zusammen

an Rohstoffen verarbeitet:

Kartoffeln eigener Erzeugung	415 300	Tonnen
Kartoffeln fremder Erzeugung, und zwar		
inländischer Herkunft	876 200	„
ausländischer Herkunft	37 400	„
Feuchte Kartoffelstärke	68 100	„

Daraus ist deutlich ersichtlich, daß die Bedeutung der Stärkefabrikation als landwirtschaftliches Verarbeitungsgewerbe hinter der gewerblichen stark zurücktrat. Mehr als doppelt so viel Kartoffeln fremder Erzeugung wurden verarbeitet. Die dritte Zahl zeigt, wie beträchtlich die Verarbeitung von Naßstärke bereits war.

Es sei bei dieser Gelegenheit erwähnt, daß im gleichen Jahr im Betrieb waren:

27 Weizenstärkefabriken
15 Maisstärkefabriken
10 Reisstärkefabriken.

Auch die Weizenstärkefabriken verarbeiteten bis auf ein ganz verschwindend kleines Quantum nur Rohstoffe fremder Erzeugung.

Ihren Hauptstandort hat die landwirtschaftliche Stärkefabrikation in den großen Kartoffelproduktionsgebieten des deutschen Ostens. Sie wirkt in der gleichen Richtung wie die Brennerei dieser Gebiete, indem sie die Überschüsse der Kartoffelernten in Dauerware zu verwandeln sucht. Die Aufnahmefähigkeit des Marktes für Spiritus ist an ziemlich starre Grenzen gebunden; der Trinkbranntwein-Verbrauch ging schon vor dem Kriege in Deutschland beträchtlich zurück, und die Steigerungsfähigkeit des Verbrauchs zu gewerblichen, Brenn- und Beleuchtungszwecken, wurde dadurch beeinträchtigt, daß der Spiritus hier mit dem Wettbewerb anderer, den gleichen Zwecken dienender Stoffe zu kämpfen hatte. Es konnte daher leicht zu einer Überlastung des Spiritusmarktes kommen. Die Stärkefabrikation hatte daher die wichtige volkswirtschaftliche Aufgabe, der Kartoffelübererzeugung ein ergänzendes Abflußventil zu sein. Doch konnte sie dieser Bestimmung nur unvollkommen gerecht werden. Die Stärkefabrikation verbürgt nämlich dem Landwirt nicht die gleichen Vorteile wie die Brennerei, weil der Fabrikationsrückstand, die Pülpe, nicht annähernd den Futterwert hat wie die Schlempe. Zudem unterliegen die Stärkepreise starken Schwankungen, da die Produktion in der Hauptsache auf den inländischen Absatzmarkt angewiesen ist, der in seiner Aufnahmefähigkeit beschränkt ist. Die Ausfuhr an Stärke ist seit den neunziger Jahren des vorigen Jahrhunderts stark zurückgegangen und spielte in den letzten Vorkriegsjahren nur eine untergeordnete Rolle.

Bei einer Erzeugung von 234 000 Tonnen Kartoffelstärke (grün, trocken, gemahlen) im Betriebsjahre 1910/11 betrug die Ausfuhr im Jahre 1911 46 000 Tonnen und war im letzten Friedensjahre 1913 auf 18 600 Tonnen zurückgegangen.

Der Gefahr einer Kartoffelüberproduktion war nur zu begegnen, wenn es gelang, die Kartoffel in eine Ware zu verwandeln, die auf eine unbeschränkte Aufnahmefähigkeit rechnen konnte. Die Aussicht hierfür schien die Kartoffeltrocknung zu bieten. Sie war technisch imstande, die Kartoffel in eine Dauerware zu verwandeln, die sowohl als Futtermittel wie als Brotzusatzmittel einer starken inländischen Nachfrage begegnen mußte. Es handelte sich um einen Veredelungsprozeß, der — nationalökonomisch gesehen — alle erdenklichen Vorteile in sich barg: einmal blieb die volle Nährwertsubstanz erhalten, und zweitens mußte er ein Plus in der deutschen Ernährungsbilanz gerade dort zur Folge haben, wo diese an sich stark passiv war, nämlich auf der Seite der Futtermittel- und Broterzeugung.

Obwohl es sich bei der Kartoffeltrocknung um einen Vorgang handelt, zu dem die ersten Versuche sehr weit zurückliegen und schon Thaer bekannt waren, waren doch die technischen Schwierigkeiten einer Massenverarbeitung so groß, daß sie erst zu Beginn des 20. Jahrhunderts als überwunden gelten konnten. Es handelt sich also um das jüngste aller landwirtschaftlichen Verarbeitungsgewerbe. Der Aufschwung ging dann allerdings rapide vor sich. Die Zahl der Trocknereien betrug:

Ende	1903....	3
„	1906....	39
„	1907....	118
„	1908....	155
„	1909....	199
„	1910....	284
„	1911....	371
„	1912....	403
„	1913....	434
„	1914....	488

mit einer Leistungsfähigkeit von etwa 1,2 Millionen Tonnen Rohkartoffeln.

Trotz der überzeugenden volkswirtschaftlichen Vorteile, die die Kartoffeltrocknung bot, sollte es sich indes zeigen, daß sich ihrer vollen Ausnutzung privatwirtschaftliche Berechnungen in den Weg stellten. Die Trockenkartoffeln stießen auf dem Markte auf die Konkurrenz der übrigen Futtermittel. Sie konnten sie nur bestehen, wenn die Kartoffelpreise zuzüglich der Trocknungskosten niedriger waren als diese. Das war aber durchaus nicht von vornherein der Fall, wobei noch hinzukam, daß die Trockenkartoffeln wegen ihres geringen Proteingehaltes keinen vollen Ersatz für Futtergetreide zu bieten vermochten. So erklärt es sich denn, daß die Leistungsfähigkeit der Trocknereien niemals, ja, selbst nicht in dem guten Kartoffeljahr 1913, voll ausgenutzt wurde.

Es schien so, als ob mit dem Kriege eine neue verheißungsvolle Epoche für die Kartoffeltrocknung anbrechen sollte. Die Kartoffeln waren das einzige Nahrungsmittel, das das vom Ausland abgesperrte Deutschland reichlich zu haben schien. Während man im allgemeinen der Kriegsernährungswirtschaft nicht den Vorwurf ersparen kann, daß sie wenig Initiative zeigte, wurde auf diesem Gebiete schon in den ersten Augusttagen des Jahres 1914 die Grundlage für eine groß angelegte Trocknungsaktion gelegt. Ihre Bestimmung sollte sein, der Ernährungswirtschaft den vollen Nährwert der Kartoffel möglichst zu erhalten. Ein mangelnder Absatz war nicht zu befürchten, zumal der Trocken-Kartoffel ein neuer Verwendungszweck als Brotstreckungsmittel erschlossen wurde. Unter staatlicher Beihilfe wurden die Trocknereien stark vermehrt. Die gehegten Hoffnungen sollten sich indessen nicht voll erfüllen, nicht weil es an Absatz gefehlt hätte, sondern weil die Trocknereien nicht genügend mit Rohstoff beliefert werden konnten. Die Nachfrage nach Frischkartoffeln stieg während des Krieges in einem Maße, daß der frühere Kartoffelüberfluß in einen Mangel umschlug, besonders in schlechten Erntejahren, an denen die

Kriegszeit so reich war. Die Lage hatte sich in ihr Gegenteil verschoben: glaubte man zu Beginn des Krieges nicht genug Trocknereien zu haben, um die Verarbeitung zu bewältigen, so zeigte sich nunmehr, daß es schwierig war, sie auch nur auf das notdürftigste mit Rohstoff zu beliefern. Doch bleibt bestehen, daß die Trocknereien der Kriegswirtschaft gute Dienste geleistet haben, wenn sie auch die ursprünglich allzu hochgehenden Hoffnungen nicht zu erfüllen vermochten. Sie haben ein gutes Brotstreckungsmittel geliefert und haben durch ihre Arbeit dazu beigetragen, daß Nährwertmengen für die Volksernährung gerettet wurden, die ohne ihr Eingreifen (wie im Frühjahr 1915) verdorben wären.

Man hat der Kriegsernährungswirtschaft den Vorwurf gemacht, sie hätte die Kartoffeltrocknung zu stark hinter dem Rohverbrauch zurücktreten lassen, bei dem infolge Schwundes und Schälens bis zu 50% verloren gingen. Diese Einbuße an Nährwerten sei kriegswirtschaftlich unverantwortlich gewesen und wäre vermieden worden, wenn statt Frischkartoffeln in stärkerem Maße Kartoffelfabrikate ausgegeben worden wären. So einleuchtend diese Berechnung theoretisch sein mag, so bringt sie doch nicht in Anschlag, daß die deutsche Bevölkerung auch während des Krieges nicht nur Nährwertmengen, sondern auch Frischkartoffeln haben wollte und solche mit einer Dringlichkeit forderte, daß es vergeblich gewesen wäre, sich dagegen zu stemmen. Was ernährungsphysiologisch richtig ist, ist darum noch nicht ernährungswirtschaftlich durchführbar.

Ergänzende Literatur.

Paasche, H., Zuckerindustrie und Zuckersteuer. Handwörterbuch der Staatswissenschaften 1911. (Dort auch die ältere Literatur.)

von Rümker, K., Die Ernährung unseres Volkes aus eigener Produktion. 1912.

— Die deutsche Landwirtschaft, ihre Bedeutung und Stellung im In- und Auslande. 1914.

Brukner, Bruno, Zucker und Zuckerrübe im Weltkriege. 1916.

Follenius und Feßmann, Der Zucker im Kriege. (Beiträge zur Kriegswirtschaft, Heft 12/13.)

Auhagen, Otto, Bedeutung und Aussichten des deutschen Zuckerrübenbaues nach dem Kriege. (Schmollers Jahrb. 43, 1919.)

Wittelshöfer, Branntweinproduktion und -verbrauch, und v. Heckel, Branntweinsteuer im Handwörterbuch der Staatswissenschaften (dort auch die ältere Literatur).

Briefs, Goetz, Das Spirituskartell. (Volkswirtschaftl. Abh. der badischen Hochschulen, N. F. Heft 7.) Karlsruhe 1912.

Koepcke, Paul, Deutsches Branntweingewerbe. Gießener Dissertation 1915.

Blankenstein, Hans, Reichsfinanzquellen, Heft 2, Branntwein. Berlin 1917.

Skalweit, August, Branntweinwirtschaft und Volksernährung. (Beiträge zur Kriegswirtschaft, Heft 30.) Berlin 1918.

Leist, E., Die Einwirkungen des Weltkrieges und seiner Folgen auf die Spiritusproduktion. Kölner wirtsch. und sozialw. Studien. Köln 1921.

Parow, Lehrbuch der Stärkefabrikation.

— Handbuch der Kartoffeltrocknerei. 2. Aufl. Berlin 1916.

Lautenbach, Wilhelm, Die Kartoffeltrocknung im Kriege. (Beiträge zur Kriegswirtschaft, Heft 54/55.) Berlin 1919.

Zweiter Teil:

Das Grundeigentum und das Recht am Grund und Boden.

7. Kapitel.

Das Kollektiveigentum.

1. Die Feldgemeinschaft.

Ist in dem Kollektiveigentum die Urform des Eigentums am landwirtschaftlich genutzten Boden zu sehen? Den Nachweis dessen glaubte Laveleye, gestützt auf die agrarhistorische Forschung seiner Zeit, in seinem berühmten Buche „De la propriété et de ses formes primitives" (1874), erbracht zu haben. Bücher hat der von ihm besorgten deutschen Ausgabe dieses Buches den programmatischen Titel „Das Ureigentum" gegeben. In einer Reihe von Einzeldarstellungen wurde in dem Buche gezeigt, wie bei Völkern der verschiedensten Rassen und Himmelsstriche und Zeiten die Feldgemeinschaft in sich typisch wiederholenden Formen vorgekommen sei. Lange Zeit ist die von Laveleye vertretene Ansicht in der Wissenschaft vorherrschend geblieben, bis sie dann in ihren Grundfesten erschüttert wurde.

Freilich ist daran nicht zu zweifeln, daß die ersten landnutzenden Menschen ein Privateigentum am Grund und Boden nicht kannten. Solange der Boden noch im Überfluß vorhanden war und seine Nutzung in den primitivsten Formen, und ohne daß auf seine Kultur größere Arbeit verwandt wurde, erfolgte, ging ihm jener Seltenheitswert ab, der ihn für den einzelnen zu einem begehrenswerten wirtschaftlichen Gut gemacht hätte. Der Boden wurde von den Geschlechterverbänden, in denen die ersten sich ansiedelnden Menschen zu leben pflegten, okkupiert und in primitiven Formen gemeinschaftlich genutzt. Eigentumskonflikte konnten nur unter den nach neuen Wohn- und Futterplätzen suchenden Geschlechter- und Volksverbänden entstehen.

Auch das ist richtig, daß solches Land, das auch späterhin einer eigentlichen Kulturarbeit nicht unterworfen wurde, nämlich das außerhalb der Äcker liegende Wald- und Weideland, lange Zeit hindurch und teilweise bis auf den heutigen Tag aus erklärlichen Gründen Kollektiveigentum war und blieb.

Es ist also nicht zu leugnen, daß eine Feldgemeinschaft in diesem Sinne bestanden hat und in Resten noch besteht. Es handelt sich begrifflich um eine „Feldgemeinschaft im weiteren Sinne", worunter man den Gemeinbesitz von Nutzland schlechthin zu verstehen pflegt. Doch wenn man von „Feldgemeinschaft" spricht, denkt man gewöhnlich nicht an diese Form, sondern an die „Feldgemeinschaft im engeren Sinne", worunter man die Kollektivnutzung und das Kollektiveigentum des Ackerlandes zu verstehenpflegt. Laveleye und andere Agrarhistoriker nahmen an, daß auch diese früher allgemein bestanden haben, und zwar derart, daß das Ackerland periodisch unter die Dorfgenossen gleichmäßig verteilt worden sei. Sie beriefen sich auf das Vorkommen solcher Feldgemeinschaften in allen Teilen der Erde noch in der Gegenwart und gaben sie für die Reste einer uralten Überlieferung aus. Sie wiesen hin auf die Gehöferschaften im Regierungsbezirk Trier und auf die Haubergwirtschaft im Kreise Siegen, auf den russischen Mir und die südslawische Hauskommunion, auf die Dorfgemeinschaften in Indien und auf Java und auf andere Beispiele von Feldgemeinschaften im engeren Sinne.

Für die Gehöferschaften (Erbgenossenschaften) und die Haubergsgenossenschaften ist bezeichnend, daß ihre Mitglieder nur ideale Eigentumsanteile an den zugehörigen Ländereien besitzen, die zwar frei veräußerlich und teilbar sind, aber periodisch verlost werden. Es handelt sich vorwiegend um Wald- und Wildländereien, bei den Gehöferschaften vereinzelt auch um Acker- und Weideland. Die verlosten Anteile stehen bei den Gehöferschaften gewöhnlich in Sondernutzung. In den Haubergen äußert sich der kollektive Charakter wohl auch in der gemeinschaftlichen Vornahme der Pflugarbeit auf den zur Ackerbestellung hergerichteten Holzschlägen, sowie in der Verwertung der bei der Eichenschälwaldnutzung gewonnenen Erträge auf gemeinsame Rechnung. Vor allem seit Beginn des 19. Jahrhunderts haben sich die Gehöferschaften durch Auseinandersetzung und Teilung vielfach aufgelöst, so daß heute nur noch wenige Reste erhalten geblieben sind. Auf die Umwandlung der Hauberge in Wald und Weide suchte die preußische Regierung hinzuwirken, seit die Schälwaldkultur, gegen deren Anwendung auch kulturelle Bedenken bestehen, infolge der Anwendungsmöglichkeit billigerer, meist ausländischer Gerbemittel unrationell geworden war. Während des Krieges trat zwar in letzter Hinsicht ein Wandel ein, so daß die Schälwaldkultur im Kreise Siegen erhöhten Anreiz gewann, doch ist anzunehmen, daß es sich dabei um einen Vorgang vorübergehender Art handelt.

Das Wesen des Mir besteht darin, daß das von einer Dorfgemeinde bewirtschaftete Land der Gemeinde gehört, die periodisch den einzelnen Bauern zu gleichen Teilen ihr Land neu zuweist. Weiter ist die Gemeinde befugt, den Landanteil solcher Familien, die sich infolge Todesfalls auflösen oder die infolge Wegzugs aus der Gemeinde ausscheiden, einzuziehen. Die Verteilung wird in der Weise vorgenommen, daß um das Dorf herum drei Zonen gebildet werden, die wieder in je drei Teile zerlegt werden, und daß innerhalb dieser Teile das Land in langen schmalen Streifen verlost wird.

Der Landanteil des einzelnen Bauern liegt also in mehreren Stücken über die ganze Flur zerstreut. Ein streng ausgebildeter Flurzwang ist die Folge.

Bei der südslawischen Hauskommunion, der Zadruga, handelt es sich nicht um die engere Feldgemeinschaft einer Dorfgemeinde, sondern um die Hausgemeinschaft größerer Familien unter der patriarchalischen Leitung des Familienoberhauptes, des Gospodars, der die gesamten Angelegenheiten der Wirtschaft leitet und regelt. Die Familie bleibt durch zwei bis drei, allenfalls vier Generationen im ungeteilten Besitz der Liegenschaften, die gemeinschaftlich bebaut werden. Wird die Zahl der Hausgenossen zu groß, so erfolgt die Abzweigung in neue Hauskommunionen. Wir haben es hier also mit Kollektivwirtschaften in des Wortes voller Bedeutung zu tun, um einen ausgeprägten Agrarkommunismus. Doch ist wohl zu beachten, daß es sich um Familienverbände handelt, die, so zusammengeschlossen, wirtschaften — eine Erscheinung, die auf niedriger Wirtschaftsstufe auch bei anderen Völkern durchaus nichts Seltenes gewesen ist.

Mir sowohl wie Zadruga bildeten für die Panslawisten lange Zeit Gegenstand nationaler Begeisterung. Sie erblickten in ihnen eine Bürgschaft für die künftige Größe des Slawentums. Die Völker des Okzidents hätten ähnliche Einrichtungen besessen, aber untergehen lassen. Dafür würden sie durch soziale Kämpfe, durch den unversöhnlichen Krieg zwischen Reich und Arm büßen müssen. Das dank seiner Feldgemeinschaft starke Slawentum sei dazu berufen, die Welt mit seiner, die soziale Gerechtigkeit verbürgenden Herrschaft zu beglücken.

„Es ist gegen die Gerechtigkeit,“ so gibt Laveleye die Anschauung der russischen Panslawisten wieder, „daß das Land, welches das gemeinsame Erbe aller ist, von wenigen Familien in Besitz genommen wird. Die Arbeit kann ein legitimer Rechtsanspruch auf das Eigentum für die Güter sein, welche sie erzeugt, nicht für den Boden, welchen sie nicht hervorbringt. In Rußland erkennt die Gemeinde jedem arbeitsfähigen Individuum das Recht zu, für sich einen Teil des Landes in Anspruch zu nehmen, der es in den Stand setzt, von den Früchten seiner Tätigkeit zu leben. — Der Pauperismus, diese Geißel der Gesellschaft des Westens, ist unbekannt in dem Mir; er kann dort nicht entstehen; denn jeder hat etwas, wovon er leben kann, und jede Familie sorgt für ihre Schwachen und Alten. Im Westen ist eine zahlreiche Nachkommenschaft ein Unglück, dem man vorzubeugen sucht durch Mittel, welche gewisse Nationalökonomen anpreisen, welche aber die Moral verurteilt. In Rußland wird die Geburt eines Kindes stets mit Freude aufgenommen; denn sie bringt der Familie neue Kräfte für die Zukunft und sie ist ein Rechtsgrund, um einen Zuschuß von Ackerland in Anspruch zu nehmen. Die Bevölkerung kann wachsen; die noch zu kolonisierenden Gebiete in Europa sind unermeßlich, und wenn sie angefüllt sein werden, eröffnen sich die weiten Bodenflächen Asiens für eine unbegrenzte Ausdehnung der großen slawischen Völkerfamilie. Solange sie die ehrwürdige Einrichtung des Mir bewahrt, wird sie den Klassenkämpfen entgehen, dem sozialen Kriege, dem schrecklichsten von allen; denn er ist die Ursache der Unterjochung und des Verfalls der antiken Staaten gewesen, und gegenwärtig bedroht er die modernen mit denselben Gefahren. Das russische Volk wird einig und demzufolge stark bleiben; es wird weiter wachsen und gedeihen auf der Grundlage der ‚Ureinrichtung', welche allein die Ordnung gewährleisten kann, weil sie allein die Entfaltung der Gerechtigkeit unter den Menschen gestattet."

Auch die Sozialisten pflegten für die slawische Feldgemeinschaft zu schwärmen. Sahen sie doch in der Lehre von dem Ureigentum ein Beweismittel für die Richtigkeit ihrer materialistischen Geschichtsauffassung. Zugleich galt ihnen diese Form der Feldgemeinschaft für ein Beispiel eines lebensfähigen Agrarkommunismus.

Diese Illusionen wurden auf das schmerzlichste zerstört, als die agrarhistorische Forschung den Nachweis erbrachte, daß alle noch vorhandenen Reste einer „Feldgemeinschaft im engeren Sinne" nicht auf kollektives Ureigentum, sondern auf verhältnismäßig neuzeitige, mit der Entwicklung grund- und gutsherrlicher Abhängigkeitsverhältnisse zusammenhängende Einrichtungen zurückgingen. Was man für ehrwürdige Belege einer besseren Eigentumsauffassung und -verteilung gehalten hatte, erwies sich in Wahrheit als Rückstände ehemaliger Unfreiheit und Knechtschaft.

Lamprecht wies nach, daß die Gehöferschaften nicht der Verfassung der freien Germanen, sondern der großgrundherrlichen Verfassung des 10. bis 14. Jahrhunderts ihre Entstehung verdanken. Die Grundherren liebten es, die Fronden ihrer zerstreut wohnenden Grundholden zur Kultivierung von ihnen gehörendem Rodland zu konzentrieren, zu welchem Zwecke sie grundhörige Betriebsgenossenschaften schufen. Als dann seit dem 12. Jahrhundert die Grundherrschaften zu zerfallen begannen, verzeitpachteten oder vererbpachteten die Grundherren das Areal an die bisher grundhörige Betriebsgemeinschaft. Wenn diese nun den bisherigen Fronbetrieb als nunmehr freien, aber in alter Weise gemeinsam bleibenden Betrieb aufrechterhielt, so entstand die Gehöferschaft. „Der kommunistische bzw. kollektivistische Charakter der Gehöferschaft ist also nicht urzeitlichen Verhältnissen, sondern der besonderen Gebundenheit der grundherrlichen Verfassung bei im allgemeinen schon weiter fortgeschrittener Kultur entsprungen." (Lamprecht.) Auch für die Haubergsgenossenschaften des Kreises Siegen wurde der Nachweis erbracht, daß sie keine ursprüngliche Einrichtung sind. Die südslawische Zadruga hat weder etwas mit einem Ureigentum noch mit dem Slawentum zu tun. „Sie entstand durch Einführung des byzantinischen Steuersystems. Unter der Türkenherrschaft ist die byzantinische Steuer zur reinen Rauchsteuer geworden, welche, nach alten stabilen Registern erhoben ein möglichst langes Zusammenbleiben der Kinder im väterlichen Hause geradezu prämiierte und dadurch zur Bildung großer Hausgenossenschaften führte." (Below.) Und was den viel gepriesenen russischen Mir betrifft, so ist er unter dem Drucke der Leibeigenschaft und der Kopfsteuer entstanden, und zwar erst seit dem 16. Jahrhundert. Es handelt sich um eine Zwangsorganisation, die ihre Mitglieder mit solidarischer Haftpflicht bindet, um dem Grundherrn den richtigen Eingang aller Zahlungen zu gewährleisten. Die Leibeigenen erhielten von ihren Gutsherren Landstücke zugewiesen, für deren Nutznießung sie dem Gutsherrn Frondienste zu leisten hatten und aus denen sie außerdem die auf sie entfallende Kopfsteuer herauswirtschaften mußten. „Für das Steueraufkommen wurden die Gutsbesitzer haftbar gemacht; infolgedessen hatten sie ein Interesse daran, allen ein gleich großes Landstück zuzuteilen. Um sich sicherzustellen, führten sie außerdem ein, daß die Bauern für einander aufzukommen hatten. Je nach der Änderung der Zahl der Leibeigenen sowie ihrer Arbeitskraft wurden die auf jeden entfallenden Landanteile in gewissen Zeitabschnitten neu umgeteilt. So bilden sich schon zu dieser Zeit zwei Hauptmerkmale der Feldgemeinschaft aus: die solidarische Haftpflicht und die periodischen Umteilungen." (Preyer.) Die Feldgemeinschaft des Mir erweist sich also als ein raffiniertes Instrument gutsherrlicher Knechtung. Ernst Moritz Arndt, der auf dem väterlichen Gut in Pommern auf eine ähnliche Einrichtung stieß, hatte sofort erfaßt, daß es sich dabei um eine „List und Pfiffigkeit des Sonderherrn" handelte.

Below hat in einem besonderen Aufsatz „Das kurze Leben einer vielgenannten Theorie" alle die Behauptungen von der Ursprünglichkeit der Feldgemeinschaft als widerlegt abgetan. Doch hält er daran fest, daß bei den alten Germanen Gemeineigentum am Ackerlande mit periodischer Neuverteilung bestanden habe.

Es mag hier der Ort sein, einiges über die germanische Flurverfassung zu sagen. Wir beschränken uns auf die Haupttatsachen, da es nicht unsere Absicht ist, in das Forschungsgebiet des Historikers überzugreifen. Wir geben nur so viel, als zu dem Verständnis der Auswirkung dieser Dinge auf die späteren Eigentums- und Siedlungsverhältnisse nötig ist. „Denn die Gestalt, welche die ländlichen Wirtschaften bei der ersten, festen Besiedlung des Landes erhalten, bleibt entscheidend für den späteren Entwicklungsgang des Agrarwesens und wird selbst durch sehr gewaltsame Eingriffe in ihren Spuren kaum irgendwo gänzlich verwischt." (Meitzen.)

Um diese Dinge dem Verständnis näherzubringen, folgen wir den Pfaden, die August Meitzen gegangen ist. Ihm verdanken wir die grundlegenden Forschungen auf diesem Gebiete.

Für die Siedelungsformen, die in dem alten Deutschland, d. h. Westdeutschland vorkommen, gibt Meitzen folgende Erklärung:

Das Land, von dem es feststeht, daß seine feste Besiedlung ausschließlich von deutschen Stämmen begründet und niemals durch Eingriffe einer fremden Nationalität verändert worden ist, ist ein nur schmaler Streifen. Er wird eingeschlossen im Westen von der Keltengrenze, im Osten von der Slawengrenze. Die erste zog sich längs der Abhänge des rechten Mainufers, des Taunus und Westerwaldes über die Höhen des Rothaargebirges zur Porta Westfalica und dann die Weser abwärts, die zweite lief vom Main bei Bamberg über den Franken- und Thüringer Wald zur Saale, dieser entlang und dann an der Ohre fort, von hier zur Ilmenau, sprang zur Trawe hinüber und verlief sich in der Kieler Bucht. Das Gebiet, das zwischen diesen beiden Grenzen und dem Meere eingeschlossen ist, von der Saale bis zur Weser und von der Weser bis zum Kattegatt ist urdeutsch. Und dieses Gebiet zeigt eine völlig übereinstimmende Besiedlung. Meitzen schließt daraus, daß die hier vorgefundene Form der Besiedlung die typisch deutsche sei.

Die hier liegenden Ansiedlungen bilden jetzt Dörfer von 20 bis 50 Hofstellen. Die Gehöfte liegen planlos, aber ziemlich eng nebeneinander als geschlossener Dorfbering zusammen. Die zu dem einzelnen Dorfe gehörende Gemarkung umfaßt 300 bis 400 Hektar kulturfähiges Land und außerdem noch Wald- und Weideland.

Die erste Ansiedlung wurde von etwa 10 bis 30 Familien begründet. Jede Familie hatte gleichviel Ackerland und gleiche Anrechte an dem Wald- und Weideland, der Allmende. Der Komplex aller dieser Nutzungen und Rechte wurde als Hufe bezeichnet. Die Hufe war also ursprünglich nicht, was sie später wurde, ein Flächenmaß, sondern eine Wirtschaftseinheit; als eine Aktie an dem Gemeinwesen einer Bauernschaft hat sie schon Justus Möser (1778) bezeichnet. Sie war hinreichend groß, um einer Familie den Unterhalt zu sichern, und nicht größer, als der Familienvater mit den Seinigen bewirtschaften konnte.

Doch nicht diese Dinge sind das eigentlich Charakteristische für die Ansiedlungen dieser Gegend — sie finden sich in gleicher oder ähnlicher Form auch anderwärts —, was vielmehr Meitzen als Eigentümlichkeit dieser „urdeutschen" Siedlungen aufgefallen ist, das ist die Einteilung der Ackerflur in Gewanne. Das sind Abschnitte von ziemlich rechteckiger Form, die in sich von gleicher Bodenbeschaffenheit sind und eine Ausdehnung haben, daß jede der 10 bis 30 Hufen des Dorfes in ihm einen Streifen von der Größe etwa eines Morgens besitzt.

Indem Meitzen die Gewanndörfer für die eigentlich deutsche Siedlungsform hält, stellt er sich in Gegensatz zu der älteren Auffassung, die die Einzelhofsiedlung, wie sie sich westlich der Weser in Westfalen und auch am Niederrhein findet, für die urdeutsche erklärte. Diese Bauerngehöfte, jedes umgeben von seinem Kulturlande, sind in ihrem Wirtschaftsbetriebe völlig unabhängig voneinander. Es lag nahe, gerade diese Siedlungsform als die ursprüngliche anzusehen, und in der Tat haben sich Patrioten lange Zeit an der Vorstellung berauscht, in dem Einzelhofe, wo der freie deutsche Mann wie sein eigener König auf eigener freier Scholle saß, die eigentlich deutsche Siedlungsform vor sich zu haben. Meitzen hat den Nachweis zu erbringen gesucht, daß gerade diese Siedlung nicht deutschen, sondern fremden, nämlich keltischen Ursprunges sei.

Die übrigen Siedlungsformen, die sich im alten Deutschland noch finden, hält Meitzen für spätere Gründungen und, bereits unter grundherrlichem Einfluß stehend, erwachsen. So die Dörfer mit blockförmiger Flur, wo zwar auch die Felder der einzelnen Bauern zerstreut in der Flur im Gemenge liegen, aber die Einteilung in Gewanne fehlt — so auch die Reihendörfer mit der flämischen und mit der fränkischen Hufenteilung. In diesen beiden letzten Fällen handelt es sich nach Meitzens Meinung um planmäßige Ansiedlungsgründungen großer Grundherren. Die Dorffluren wurden aufgemessen und die einzelnen Hufen, eine neben der anderen, in langen zusammenhängenden, möglichst parallelen Streifen abgesteckt und den Kolonisten zugeteilt. Jeder baute dann auf seinem Streifen sein Gehöft so an, daß am Kopfe des Streifens oder quer durch die Mitte eine fortlaufende Straße entstand. In völlig ebenem Lande wie im Marschland ließen sich die Streifen ziemlich gleich groß und parallel schneiden, und wo sie sich finden, spricht man daher von „Marsch- oder flämischen Hufen" — in mehr bergigem Gelände mußte die Flureinteilung dem Terrain angepaßt werden, so daß die „Wald- oder fränkischen Hufen" etwas unregelmäßiger geschnitten sind.

Das sind die Haupttypen der ländlichen Siedlungen im alten Deutschland. Auf sie hinzuweisen, war die Absicht der eben gemachten Ausführungen. Nachzuprüfen, ob Meitzens Begründung ihrer Entstehung stichhaltig sei, kann hier nicht der Ort sein. Knapp hat in einer — im übrigen sehr anerkennenden Kritik — gemeint, daß Meitzen in seinen historischen

Rückschlüssen sehr viel zu weit ginge. Die Gewanneinteilung brauche gar nicht eine dem deutschen Volkscharakter entsprechende Siedlungsform gewesen zu sein. Es ließe sich denken, daß sie in der natürlichsten Weise ganz von selbst entstanden sei. Die Ausdehnung der Ackerflur sei nach und nach durch gemeinsame Rodung der Dorfgenossen vorsichgegangen. In jedem gerodeten Schlag oder Gewann (von „gewinnen“, d. h. für den Ackerbau gewinnen) sei jedem bei der Rodung beteiligten Dorfgenossen ein Streifen zugewiesen worden. So sei ein Gewann nach dem andern entstanden, jedesmal eine Staffel der Rodung verratend. „Wo in dieser Weise gerodet wurde, hat man in dem Gewann gleichsam die Zelle vor sich, aus deren häufiger Wiederholung — immer eine Zelle nach der andern — sich nach und nach die Flur bildete. Das Gewann ist für die Flur, was der Baustein für das Haus, was die Zelle für die Wabe ist.“

Und auch der keltische Ursprung der Einzelhöfe brauche nicht als feststehend angesehen zu werden. Auch für sie gäbe es eine ganz natürliche Erklärung. Es sei die Siedlungsform solcher Gegenden, die nach ihren Boden- und Klimaverhältnissen die Vieh- und Weidewirtschaft bevorzugten. Sie fände sich nicht nur in Westfalen und am Niederrhein, sondern auch im Hochlande und in Marschgebieten. Die Einzelhöfe fänden sich auch nicht überall in Westfalen; auf dem besten Boden, auf dem Hellweg, lägen Gewanndörfer.

Die stärkste Verbreitung in Deutschland, und zwar nicht nur in dem von Meitzen als urdeutsch betrachteten Teilen, haben die Gewanndörfer. Noch immer gibt es Historiker, wie z. B. Below, — damit komme ich auf den Ausgangspunkt unserer Betrachtung zurück — welche meinen, daß diese für das Vorhandensein einer ursprünglichen Feldgemeinschaft auch an der Ackerflur mit periodischer Neuverteilung sprächen. Das wird geglaubt, obwohl Meitzen nachgewiesen hat, auf welchen dürftigen Quellen diese Annahme beruht. Die Volksrechte wissen von einer solchen Feldgemeinschaft nichts, lediglich aus römischen Berichten könnte vielleicht darauf geschlossen werden. Allerdings bleibt bestehen, daß auch dann, wenn man eine Äckergemeinschaft ablehnt, gerade in den Gewanndörfern viel Kollektivismus vorhanden war. Nicht allein, daß an der Allmende Kollektiveigentum und Kollektivnutzung bestand, die Gemengelage hatte auch auf der Äckerflur ein hohes Maß von Kollektivwirtschaft zur Folge. Da die Äcker für den einzelnen Dorfgenossen unzugänglich waren, herrschte Flurzwang; die Felder mußten nach gemeinsamen Wirtschaftsplane bewirtschaftet werden. Außerdem besaß jeder Dorfgenosse auch auf den ihm nicht gehörenden Feldern Weideberechtigungen zu den Jahreszeiten, wo sie nicht bestellt waren.

Die Annahme eines nochweitergehenden Kollektivismus an der Ackerflur bei den alten Germanen muß um so entschiedener abgelehnt werden, als gegen die Neuverteilung der Äcker auch die psychologische Wahrscheinlichkeit spricht. Wer selbst Rottland in Kultur gebracht hat, weiß, welch mühselige jahrelange Arbeit von nöten ist, um ihm Erträge abzugewinnen. Graben, Hacken, Graben und wieder Graben und Hacken und Graben! Die ersten Früchte, die der Boden trägt, sind mit Schweiß gedüngt. Die Erträge hängen allein von der persönlichen Arbeitsleistung ab und sie wachsen, je stärker diese ist, und je länger sie währt. Da es von jeher Fleißige, weniger Fleißige und Faule gegeben hat, wird es auch bei den alten Germanen schon bald nach der ersten Äckerverteilung gute und schlechte Felder gegeben haben, mag auch bei der Verteilung noch so sorgfältig auf die Bodenbonität Rücksicht genommen worden sein. Wer möchte glauben, daß es irgendwo auf der Welt Bauern geben könnte, die sich aus freien Stücken zu einem Tausch bereitfinden würden, bei dem die Willkür des Loses entscheidet? Mag sein, daß bei der ersten Verteilung über die auszugebenden Anteile das Los geworfen wurde — wenn aber aus der Bezeichnung der Anteile im Deutschen als „Losgüter" auch auf eine spätere Verlosung geschlossen wird, so ist längst nachgewiesen, daß das Wort „Los" für jedes in Erb und Eigen befindliche Land gebraucht wurde und die Bedeutung des Losens nicht hatte.

Man sähe auch gar nicht den Zweck abermaliger Verlosungen ein. „Die Betrachtung (wie man sie bei Laveleye und anderen so häufig findet), daß der Zustand der Feldgemeinschaft jedem ein leidlich gesichertes Lebenslos gewähre, den Kampf ums Dasein erleichtere, den Schwachen stütze, ist doch nur zum geringsten Teil zutreffend; denn wenn die Feldgemeinschaft, wie gerade wieder Rußland beweist, alle auf einem gleich niedrigen Maß der Lebenshaltung zurückhält, so hat jene Gleichheit und das in ihr verwirklichte ‚Recht auf den vollen Arbeitsertrag' kaum noch einen idealen, jedenfalls keinen materiellen Inhalt. Mit jenen aber, welche grundsätzlich die Last der wirtschaftlichen Selbstverantwortlichkeit von den einzelnen auf die Gemeinschaft abwälzen möchten und die private Eigentumsordnung gerade auch deshalb bekämpfen, weil sie dem einzelnen ein ihn erdrückendes Maß von wirtschaftlichen und sozialen Pflichten auferlegt, ist überhaupt nicht zu rechnen; solche Betrachtung, der Ausfluß einer hypersentimentalen Weltanschauung, wie sie gerade wieder die Schriften Laveleyes durchzieht, übersieht die ethischen Kraftwirkungen, die aus der Sorge um die Behauptung der Daseinsbedingungen wie Wirkung und Ursache hervorquellen; den moralischen Halt, den das Sorgen, die Fürsorge und Vorsorge dem wirtschaftenden Subjekt gewährt; und die Rückwirkung dieses pflichthaften Sorgens auf die Gütererzeugung und die allgemeine Wohlstandsentwicklung überhaupt; und insofern die Fesselung des Selbstverantwortlichkeitsgefühls die allmähliche Aneignung dieser idealen Güter höchster Menschlichkeit hintanhält, ist daher jene Weltanschauung recht eigentlich als eine inhumane, kulturwidrige, ja der möglichen Weltordnung selber, welche dem Menschen mit der Fähigkeit auch die Pflicht des Vorwärtsschreitens zu vollkommeneren Daseinsformen auferlegt hat, zuwiderlaufende zu bezeichnen." (Buchenberger.)

David weist auf Rousseaus Ausspruch in seinem „Contrat social" hin: „Der erste, der ein Stück Erde einzäunte und sich dabei einfallen ließ, zu den anderen zu sagen: ‚Das ist mein,' und Leute fand, die einfältig genug waren, ihm das zu glauben — der war der eigentliche Stifter der bürgerlichen Gesellschaft. Was für Verbrechen, Kriege, Mordtaten, wieviel Elend wäre dem menschlichen Geschlecht erspart geblieben, wenn einer den Zaun wieder niedergerissen, den Graben wieder zugeworfen und zu den anderen gesagt hätte: ‚Glaubt diesem Betrüger nicht! Ihr seid verloren, wenn ihr vergeßt, daß die Früchte allen gehören, der Erdboden aber niemandes Eigentum ist." David sagt dazu: Das sei eine naive Geschichtsauffassung. In Wahrheit sei der „Bösewicht", der zuerst ein Stück Feld einzäunte und für sein Eigentum erklärte, der größte Förderer menschlicher Kultur gewesen, und der den Zaun wieder niedergerissen hätte, hätte der Menschheit weder Kriege, noch Lasten und Elend erspart, sondern hätte sie vielmehr auf einer Stufe der Existenz festgehalten, bei der ständig härteste Kämpfe um ein halbtierisches Dasein ihr Los gewesen wäre. Die Herauslösung des Grundeigentums aus der Gebundenheit gemeinschaftlichen Besitzes sei ein Gebot fortschreitender Bodenkultur gewesen. „Die Vorkämpfer freien Eigentums am landwirtschaftlichen Boden waren die Bannerträger des Fortschritts."

Welch Widerspruch zu den Schwärmereien der Agrarkommunisten, von denen der Mir als das Ideal der Grundeigentumsnutzung gepriesen wurde! Wo es keinen Pauperismus geben könnte, wo der erblichen und stets wachsenden Ungleichheit vorgebeugt wäre, wo der Wohlstand eines jeden im Verhältnis zu seiner Tätigkeit und Einsicht stände! In Wahrheit wies, wie schon Buchenberger hervorhob, der kleinste bäuerliche Wirt Deutschlands unendlich bessere Lebensbedingungen auf als irgendein Wirt in den russischen Feldgemeinschaften, wo die Bevölkerung mehr und mehr der „Verlumpung" anheimfiel. Die Landwirtschaft wurde auf den primitivsten Stufen der Entwicklung festgehalten. Der Nahrungsspielraum verengte sich, weil der russische Bauer infolge des Anrechts auf einen Anteil am dörflichen Boden zum Schollenkleber wurde. Die Landanteile wurden kleiner, und die Weiden — in der Dreifelderwirtschaft für die Ernährung des Viehs und die Dungkraft des Bodens unentbehrlich — wurden beschnitten. „Aus diesen Gründen zeigten sich trotz starker Abwanderung nach Sibirien in dem noch so dünn bevölkerten Lande alle Erscheinungen einer Übervölkerung, in den Dörfern herrschte bitterste Not." Nicht daß die Landanteile nach west- und mitteleuropäischen Begriffen zu klein gewesen wären! „Die Schuld lag vielmehr an der unrichtigen Ausnutzung des Bodens. Sie war ungenügend, weil jede Veränderung des Betriebssystems an die Zustimmung der Majorität der Dorfgenossen gebunden war, die wirkliche Herrschaft der Mehrheit aber begrifflich die Herrschaft der Mittelmäßigkeit und den Stillstand bedeutet." (Sering.) Diese Zustände drängten zu einer Reform, die in ihrem Endziel auf eine Ersetzung des Gemeineigentums in Individualeigentum hinauslaufen mußte. Die Reformen begannen mit der Landgesetzgebung des Jahres 1861 und wurden gekrönt mit der Agrarreform Stolypins, zu der die Bauernaufstände von 1902 bis 1905 und der unglückliche Krieg gegen Japan den letzten Anstoß gaben. Nicht allein, daß kaiserlicher und staatlicher Grundbesitz der Innenkolonisation verfügbar gemacht wurde, es wurden auch starke Handhaben geschaffen, die Aufteilung des Gemeindelandes zu beschleunigen und die kulturhemmende Gemengelage zu beseitigen.

Die russischen Landgemeinden befanden sich schon im vollen Übergang zum Privateigentum, als die bolschewistische Revolution einen Rückfall in den Agrarkommunismus befürchten ließ, und zwar in einen Agrarkommunismus, der sich in seinem Wesen von dem altrussischen völlig unterschied. Von den Bolschewiken als fanatisch gläubigen Marxisten war eine Verwirklichung des sozialistischen Agrarprogramms in der Form kollektiv bewirtschafteter Großbetriebe zu erwarten. Doch geschah von dem nur wenig. Zwar wurde das Grundeigentum am Grund und Boden abgeschafft und das ganze Land (auch das Bauernland) unentgeltlich enteignet, aber — den Bauern wurde auch weiterhin ihr Land zur Nutzung überlassen. Eine Depossedierung der Bauern wäre undurchführbar gewesen. Die landhungrigen russischen Bauern hatten sich gleich beim Ausbruch der Revolution auf die benachbarten großen Güter gestürzt und sie mitsamt ihrem Inventar unter sich aufgeteilt. Mit dem Essen war der Appetit gekommen. Ihnen wieder fortzunehmen, was sie sich eben geraubt hatten, und ihr früheres Eigentum noch dazu, hätte einen Widerstand ausgelöst, dem sich selbst die sonst nicht schüchternen Bolschewiken nicht für gewachsen hielten. Dazu kam, daß die Agrargesetzgebung der Sowjetregierung noch unter dem Einfluß des linken Flügels der Sozialrevolutionäre stand, die ganz anderen Zielen nachgingen als die marxistischen Bolschewiken. Sie waren Anhänger des altrussischen Agrarkommunismus in der Form der Feldgemeinschaft. Und so finden sich in dem Dekret vom 8. November 1917, das die Grundlage der neuen Agrargesetzgebung bildete, Bestimmungen über periodische Neuverteilungen, über den Heimfall des Landes an die Gemeinde beim Ableben, oder bei Arbeitsunfähigkeit des Bauern zum Zwecke der Neuzuteilung. Es erübrigt sich, auf die einzelnen Bestimmungen der bolschewistischen Agrargesetzgebung weiter einzugehen. Sie haben nur ein theoretisches Interesse. Denn tatsächlich haben sich die Bauern um sie nicht gekümmert. Zudem wurden die Haupteinschränkungen des freien Nutzungseigentums, die das Novemberdekret vorgesehen hatte, wie die periodisch neuen Verteilungen, die Unvererbbarkeit und das Verbot der Beschäftigung von Lohnarbeitern, auch gesetzlich außer Kraft gesetzt. „Der einzige in die Augen springende große Erfolg der ganzen bolschewistischen Agrarpolitik war also nichts anderes," sagt David, „als die fast restlose Verbäuerlichung der russischen Landwirtschaft... Vergegenwärtigt man sich den Gegensatz zwischen den starken Worten der ultraradikalen kommunistischen Theoretiker und ihren praktischen Erfolgen in Sachen der landwirtschaftlichen Umgestaltung, so ist es schwer, keine Satire zu schreiben."

Denn auch an ihren kollektiv bewirtschafteten Großbetrieben, an denen sich auch heute noch jeder waschechte Sozialist begeistert — was im Gegensatz zu David, der das nicht wahr haben möchte, gesagt werden muß, — erlebte die Sowjetregierung keine Freude. „Diese kommunistischen, auf genossenschaftlicher oder gemeindlicher Grundlage aufgebauten Sowjetbetriebe sollten gewissermaßen als Musterbetriebe den selbstwirtschaftenden Bauern das ideale, zur Nachahmung anreizende Vorbild einer sozialistischen Landwirtschaft vor Augen stellen. Allein die Bauern verhielten sich ihnen gegenüber sehr ablehnend, obgleich man sie durch besondere Vergünstigung zum Zusammenschluß zu solchen gemeinwirtschaftlichen Betriebsformen veranlassen wollte. Man mußte auch bald die Erfahrung machen, daß mit den freieren Formen genossenschaftlicher oder gemeinkommunistischer Verwaltung keine verlockenden Vorbilder geschaffen werden konnten. Die Sowjetbetriebe sollten, wie gesagt, den Bauern die Vorzüge des Großbetriebes demonstrieren. Aber: ‚Sie demonstrieren in ihrem gegenwärtigen Anblick gar nichts als unsere eigene Unfähigkeit', sagt Probrahenski. Durch die schlechten Erfahrungen belehrt, schritt die Sowjetregierung denn dazu, die in ihrem Besitz befindlichen großen Güter von den ehemaligen Betriebsleitern oder Fachbeamten betreiben zu lassen. Das sind also Domänen in eigener Regie, in denen die Handarbeiter nur die Rolle von staatlichen Lohnarbeitern spielen".

2. Gemeinheit, Gemeinheitsteilung, Zusammenlegung.

Unsere eben gemachten Ausführungen kamen zu dem Ergebnis, daß die Feldgemeinschaft im engeren Sinne, d. i. eine Gemeinschaft an den Äckern mit periodischer Neuverteilung unter den Dorfgenossen kein Beistück der älteren Agrarverfassung ist. Wohl gab es aber, wie schon gesagt, eine Feldgemeinschaft im weiteren Sinne, die sich einmal in dem Gemeineigentum und der Gemeinnutzung der Allmende und zweitens darin äußerte, daß die im Gemenge liegenden in Sondernutzung stehenden Felder mit Weideservituten belastet waren. Der Umfang aller dieser Rechte und Nutzungen wurde unter dem wirtschaftlichen Sammelbegriff „Gemeinheiten" zusammengefaßt.

Auch in dieser Form hatte die Feldgemeinschaft kulturhemmende Wirkungen. Wenn das Jahrhunderte lang nicht empfunden wurde, lag es daran, daß sie sich mit einer primitiven und stark extensiven Wirtschaftweise durchaus vertrug. Ja, solange die einzige allgemein angewandte Methode der Düngung im Weidegang bestand, waren die dem modernen Landwirt so unbegreiflich schädlich erscheinenden

Weideservitute geradezu ein Bedürfnis der Landkultur. Zudem darf nicht vergessen werden, daß der ältere Landwirt nicht in erster Reihe für den Markt wirtschaftete. Nach heutigen Begriffen geringe Erträge genügten den Erfordernissen der Nahrungsmittelversorgung für die noch dünne Bevölkerung.

Das mußte anders werden, als die Bevölkerung wuchs und mit ihrer zunehmenden Verstädterung die Nachfrage nach landwirtschaftlichen Erzeugnissen größer wurde. Denn nun mußte der Landwirt, der seine Produktion zu steigern trachtete, die Gebundenheit der Flurverfassung als schwere Fesseln empfinden. Solange die Gemengelage und der damit verbundene Flurzwang bestand, mußte jeder Wirt säen und ernten, wie es der Gemeinde und nicht wie es ihm paßte, wollte er nicht bei der Einführung einer anderen Kultur Gefahr laufen, daß der Nachbar das Vieh auf seine Felder trieb. Solange das Recht der Gemeinhütung auf der Brache galt, konnte eine Besömmerung der Brache nur in geringem Umfange stattfinden und durfte nur obenhin gepflügt werden, um für die nachfolgende Weide nicht die Graswurzeln zu zerstören. Solange die Weiden Gemeineigentum blieben, rührte sich keine Hand zu ihrer Kultivierung.

Daher stand unter den Forderungen, die von der jungen im 18. Jahrhundert aufkommenden Landwirtschaftswissenschaft erhoben wurden, die Beseitigung dieser Zustände obenan. Es gibt kaum einen landwirtschaftlichen Schriftsteller der damaligen Zeit, der nicht die härtesten Worte für die Gemeinheiten gefunden hätte.

Schubart hat ihnen eine besondere Schrift gewidmet mit dem Titel: „Hutung, Trift und Brache die größten Gebrechen und die Pest der Landwirtschaft.“ Woellner nennt (1766) die Gemeinheiten „die verdrießlichste Einrichtung der Landwirtschaft“. Ein anderer, Block, sagt (1774): „Gemeinheiten sind in der Tat nichts anderes, als eine notwendig gewordene allgemeine Liederlichkeit, die mit der Armut vergeschwistert ist.“ Bergen (1781) braucht ein drastisches Beispiel, um den schlechten Zustand „der leidigen Gemeinheit, einer von der Barbarei unserer Vorfahren herrührenden Gewohnheit“ zu erklären: „Den gemeinen Weiden“, sagt er, „geht es nur gar zu oft — der mit den Ausschweifungen großer Städte unbekannte Landmann verzeihe den Ausdruck — wie den gemeinen Huren. Ein jeder macht Gebrauch davon, so oft er sich laben will; keiner aber nimmt sich ihrer an.“

Um hier Besserung zu schaffen, empfahl man einmal die Teilung der Allmendweiden — der Einzeleigentümer, so sagte man sich, würde pfleglicher mit ihnen umgehen —, und zweitens die Aufhebung und Ablösung der Hütungsservitute auf der Brache. Bei dem schlechten Zustande der Allmenden wurde die Brachweide stark ausgenutzt, und es kam dabei zu solchen Streitigkeiten, „daß nicht allein die Hirten und Schäfer einander halb tot schlugen, sondern auch zwischen Käufer,

Pächter und Nachbarn die langwierigsten Prozesse entstanden.“ Die Kultur des Bodens aber litt unter dem stillschweigenden Übereinkommen, den Acker nicht tief zu pflügen, weil sonst die Graswurzeln zerstört und die Brachweiden verschlechtert worden wären. Das hatte wieder zur Folge, daß zugleich mit dem Gras auch das Unkraut erhalten blieb und die Äcker von Unreinheit strotzten.

In Deutschland hat bereits der aufgeklärte Absolutismus des 18. Jahrhunderts die Beseitigung der alten Flurverfassung erstrebt und eingeleitet. Friedrich der Große sowohl, wie Maria Theresia ordneten die Gemeinheitsteilung an. Freilich nicht mit großem Erfolge! Wenn trotz wiederholter Befehle die Hütungsservitute nicht aufgehoben wurden, so lag es daran, daß ein anderes Wirtschaftsinteresse ihren Fortbestand verlangte: die Schafzucht. Die Schafzucht hatte einen großen Aufschwung genommen. Im Vergleich zu dem damals niedrigen Wert anderer tierischer Produkte warf sie das meiste ab. Den später allgemein gültigen Grundsatz, daß das Schaf der Kultur weichen müßte, hatte man noch nicht erkannt; im Gegenteil! aus handelspolitischen Rücksichten wurde alles getan, die Wollproduktion zu heben. Wenn daher z. B. in einem Reglement Friedrichs des Großen befohlen wurde, die Gemeinhütungen aufzuheben, „jedennoch aber dabei ganz vorzüglich auf die Konservation der Schäfereien zu sehen“, so hieß das den Befehl durch sich selbst wieder aufheben. Denn gerade die Schafe waren es, die die meisten Weidegerechtigkeiten genossen.

Fast überall war es z. B. üblich, bei offenem Frostwetter die Wintersaaten durch die Schafe abweiden zu lassen. Benekendorf (1786) bemerkt zu diesem Brauch, wenn ein Eigentümer sich durch das Behüten seiner Saaten schädigen wolle, so könnte ihn niemand daran hindern; ein anderes Gesicht aber erhielte die Sache, wenn dadurch die Felder der untertänigen Bauern ruiniert würden. „Die Schäfer, welche fremde Saaten, sie mögen den Untertanen oder Nachbarn zuständig sein, zu behüten haben, hören damit nicht auf, solange noch ein Spierchen von Saat vorhanden ist.“ „Die unersättliche Gierigkeit der Schäfer und deren fast natürlicher Haß gegen die Bauern“ führten zu einem Kriegszustand zwischen den beiden Parteien. Der Schäfer suchte in schikanöser Art den Bauern zu schädigen, wo er nur konnte, während der Bauer seinerseits wieder darauf sann, den Schäfer zu betrügen, indem er etwa mitten in sein Sommer- oder Winterfeld, wohin der Schäfer mit seiner Herde nicht gelangen konnte, Brachen anlegte. Um solche Übelstände zu beseitigen, schlug Schubart vor, auch für die Schafe die Stallfütterung einzuführen. Aber er drang natürlich damit ebensowenig durch wie Benekendorf mit seiner Mahnung an die Großgrundbesitzer: sie möchten die Schäfereien verkleinern, da die Verringerung ihrer Einkünfte aus der Schafzucht nicht „dem Verderben eines ganzen Dorfes von dienstbaren Bauern gleichgeschätzt werden könnte“.

Es ist bekannt, wie nicht nur in Spanien, sondern auch in Großbritannien die Schafhutung zum Untergang des Bauernstandes geführt hat. Das geduldige Schaf hat sich stets nicht nur als kulturhemmend, sondern auch als sozialschädlich erwiesen. Da die Schafzucht vorteilhaft im Großen betrieben wird, findet sie ihre Hauptpflegstätte beim großen Landbesitzer, und jedesmal, wenn es diesem gelang, sein soziales Übergewicht durch Ausdehnung der Schafhaltung zu mißbrauchen, geschah es zum Schaden der bäuerlichen Nachbarschaft. Die englischen „Einhegungen" (enclosures), d. h. das Ausscheiden der Grundherrschaften aus der Feldgemeinschaft mit den Bauern durch Einziehen der oder eines Teiles der Gemeindeweide begannen, gefördert durch die der Schafzucht günstige Handelspolitik, bereits im 15. Jahrhundert. Ihre größte Ausdehnung erhielten die Einhegungen aber erst seit dem Beginn des 18. Jahrhunderts. Der Umfang der seit 1702 bis 1876 eingehegten Ländereien wird auf rund 7 Millionen Acres angegeben, so daß am Ende dieser Periode nur noch etwa 2 Millionen Acres Gemeinweiden vorhanden waren.

Besser als die Gemeinheitsteilung und die Beseitigung der Weideservitute gelang in Preußen die Auseinandersetzung der privaten und domanialen Gutsbezirke mit den Gemeinden und ihre Separation aus der Gemengelage. Wenigstens wurden sichtbare Anfänge dazu gemacht. Dagegen waren alle Bemühungen, auch die Bauern zur Auseinandersetzung zu bewegen, so gut wie erfolglos. Das hätte einen Eingriff in die durch Jahrhunderte altes Herkommen geheiligte Wirtschaftsformen bedeutet, dem sich der Bauer mit allen Kräften widersetzte[1]).

Wenn man in Schleswig, Holstein und Lauenburg bereits Ausgang des 18. Jahrhunderts bessere Erfolge hatte, so hängt das mit den wirtschaftlichen Verhältnissen dieser Gegenden zusammen. Es sind Gebiete mit vorherrschender Feldgraswirtschaft. Dieses Feldsystem, das darauf beruht, daß das Kulturland abwechselnd als Weide- und als Ackerland genutzt wird, drängt naturgemäß nach einer einfachen Flureinteilung. Hier ist fast überall schon damals im Zusammenhang mit der Zusammenlegung (Verkoppelung) auch die Allmende aufgeteilt worden.

In Preußen brachte erst die Stein-Hardenbergsche Agrarreformgesetzgebung Bewegung in die Gemeinheitsteilung, besonders dann, als für ihre Durchführung 1817 besondere Organe in den Generalkommissionen geschaffen worden waren. Unter den Gründen, weshalb im 18. Jahrhundert die von Friedrich dem Großen angeordnete Separation nicht in Fluß kommen wollte, ist einer der wichtigsten auch darin zu suchen, daß die Leitung dieses Geschäftes den Justizkollegien übertragen worden war, die dafür nicht den genügenden Eifer und die ausreichende Sachkenntnis besaßen. Das Geheimnis der Erfolge der Generalkommissionen, ihre schnelle und meist auch gute Arbeit be-

---

[1]) Näheres darüber erfährt man bei Aug. Skalweit, Die Agrarpolitik Friedrichs des Großen (Acta Borussica, Getreidehandelspolitik Bd. III, 1910).

ruhte darauf, daß sie losgelöst und unabhängig von anderen Behörden und Interessentengruppen sich lediglich ihren landeskulturellen Aufgaben widmen konnten. In andern deutschen Staaten ist man diesem Beispiel gefolgt — ja, einige mitteldeutsche Bundesstaaten haben auf Grund von Staatsverträgen den preußischen Generalkommissionen die Ausführung des Gemeinheitsteilungs- und Zusammenlegungswesens übertragen —, oder die Leitung ist an bestehende Behörden angegliedert worden wie meist in den süddeutschen Staaten.

Das ganze 19. Jahrhundert hindurch ist an diesem großen Werke gearbeitet worden, und zwar mit verschieden großem Erfolge.

Die Beseitigung der auf den Ackerfeldern ruhenden Servitute gelang ziemlich schnell und allgemein. Das auch bei dem kleinsten Bauern erwachende Streben nach einer zeitgemäßen Verbesserung seiner Agrikultur, wofür die Abschaffung der Servitute die erste Voraussetzung war, machte das Interesse an dieser Reform zu einem so allgemeinen, daß eine Verständigung unter den Beteiligten unschwer herzustellen war. Zudem handelte es sich um ein relativ einfaches Verfahren, das auf dem Wege gegenseitigen Verzichts und — erforderlichenfalls — der Ablösung zu verwirklichen war.

Anders verhielt es sich bei der Zusammenlegung und bei der Teilung der Allmende.

Es liegt auf der Hand, daß die Zusammenlegung je nach der Art der Ausführung und nach den örtlichen Verhältnissen ein ganz verschieden schwieriges Unternehmen war. Hätte man sich dazu entschlossen, die alte Flurverfassung und Siedlungsform ganz aufzugeben, indem man die Dörfer auflöste und durch das Hofsystem ersetzte, so wäre das, betriebsökonomisch bewertet, zwar die beste Lösung, doch eine Lösung so radikaler Art gewesen, daß man wohl nie damit fertig geworden wäre, ganz abgesehen davon, daß der Abbruch der alten Wohn- und Wirtschaftsgebäude und ihre Wiedererrichtung einen geradezu ungeheuerlichen Aufwand gemacht haben würden. Eine Ausführung der Reform in dieser Form — man nennt sie „Vereinödung", oder „Abbau" — ist daher auch nur in den seltensten Fällen und nur dort vorgenommen worden, wo die örtlichen und natürlichen Bedingungen dafür günstig lagen.

Es handelt sich bei den wenigen Beispielen gewöhnlich um Gegenden, die ihrer natürlichen Beschaffenheit nach die Weidewirtschaft begünstigen. Das sind wirtschaftliche Voraussetzungen, von denen wir wissen, daß sie von jeher die Einzelhofsiedlung für vorteilhaft erscheinen ließen. Bei den in der wissenschaftlichen Literatur berühmt gewordenen Vereinödungen in dem vormaligen Hochstift Kempten wurde das Verfahren noch dadurch erleichtert, daß die dort üblichen Holzhäuser sich verhältnismäßig leicht versetzen ließen. (Vgl. Buchenberger, I., S. 265 f.).

Im allgemeinen begnügte man sich damit, daß man der Gemengelage ihre Hauptnachteile benahm, indem man die kleineren zerstreuten Grundstücke zu größeren Feldern tunlichst zusammenlegte und diese durch Feldwege zugänglich machte. Für die Flurbereinigung war also zweierlei erforderlich: Zusammenlegung (Verkoppelung, Kommassation, Verwannung) und Feldweganlage (Bereinigung im engeren Sinne). In Preußen und in anderen nord- und mitteldeutschen Staaten ist die Reform in diesen ihren beiden Seiten im Laufe des 19. Jahrhunderts zur Ausführung gekommen.

„Die Verminderung der Parzellenzahl geht namentlich in den kleinbäuerlichen Bezirken fast bis ins Unglaubliche. In elf zusammengelegten Gemeinden des Eifelkreises Adenau verminderte sich die Zahl der Parzellen von 49756 auf 7888, in dem Moselkreise Wittlich in acht Gemeinden von 39985 auf 5468. In der Gemeinde Nerdlen im Eifelkreise Daun besaß ein Ackerer vor der Zusammenlegung 296, nachher 24 Pläne; bei einem anderen verminderte sich die Zahl von 216 auf 21. Damit sind die Vorteile noch nicht erschöpft. Es ermöglicht sich im Zusammenhang mit der Zusammenlegung, die sich immerhin über einige Jahre hinzieht, noch während des schwebenden Rechtszustandes Meliorationen durchzuführen, die sich sonst bei der großen Zahl der beteiligten Eigentümer nicht ohne starke Widerstände erreichen lassen würden." (Wygodzinski.)

In Süddeutschland hat man damit erst seit der Mitte des 19. Jahrhunderts begonnen und sich im wesentlichen auf die Feldweganlagen beschränkt. Das bedeutete für Süddeutschland mit seinem stark zersplitterten Grundbesitz schon sehr viel. Bei diesen kleinen, oft nur wenige Hektar umfassenden Betrieben hätte die Zusammenlegung kein dem Aufwand entsprechenden Gewinn gehabt. Zudem wäre dort, wo die Freiteilbarkeit im Erbgange üblich war, die Zusammenlegung einer Sisyphusarbeit gleichgekommen.

Die gewöhnlich Hand in Hand mit diesen Reformen gehende Aufteilung der Allmende wird heute für einen Fehler gehalten und man ist froh darüber, daß es noch Gemeinden gibt, wo diese Reform nicht zur Durchführung gekommen ist. Wenn man indes heute über den Wert der Allmende anders denkt, als in der reformfreudigen Zeit um die Wende des 18. Jahrhunderts, so gründet sich dieser Ansichtswechsel weniger auf einer veränderten Beurteilung der Kollektivnutzung, als vielmehr darauf, daß im modernen Staate die Gemeinde eine andere staatsrechtliche Stellung einnimmt, und daß damit auch die Allmende in ihren Beziehungen zur Gemeinde sich geändert haben kann.

Die alte Landgemeinde war ein wirtschaftlicher, kein politischer Verband und die Allmende Gemeingut dieses Verbandes. Zur Hufe, die, wie wir wissen, ursprünglich kein Flächenmaß, sondern eine Wirtschaftseinheit war, gehörte das Anrecht an der Allmendenutzung, und nur der Hufenbauer hatte anfangs daran teil. Gewohnheitsmäßig bildete sich zwar mit der Zeit heraus, daß die Beisassen des Dorfes — die Kötter, die Büdner, die Tagelöhner — die Allmende mitbenutzten, aber ein Anrecht auf diese Nutzung hatten sie ursprünglich nicht und erwarben sie auch nicht immer. So ist in Preußen eine große Menge Kleinbesitzer wirtschaftlich ruiniert worden, als die Gemeinheiten unter die eigentlich Berechtigten aufgeteilt wurden.

Nach der Ausbildung der Landgemeinde zur politischen Gemeinde konnte dort, wo die Allmende nicht glattweg aufgeteilt wurde, sondern ganz oder teilweise erhalten blieb, ein dreifacher Zustand entstehen:

1. Die alte Gemeinde der vollberechtigten Dorfgenossen blieb innerhalb der politischen Gemeinde als wirtschaftlicher Verband, als „Realgemeinde" erhalten und damit im Besitz und in der Nutzung der Allmende wie vorher.

2. Die Allmende wurde Eigentum der politischen Gemeinde, und die Mitglieder der politischen Gemeinde erhielten ein bestimmtes Nutzungsrecht an ihr.

3. Die Allmende wurde Eigentum der politischen Gemeinde, ohne daß deren Mitglieder ein Nutzungsrecht ausüben durften. Sie war in das Kommunalvermögen übergegangen und wurde von der Gemeindeverwaltung zur Bestreitung öffentlicher Aufwendungen nutzbar gemacht. Die Allmende war zu Kommunalgrundeigentum geworden.

In Deutschland bestehen alle drei Formen nebeneinander.

Die erste, die die alte Form der Realgemeinde innerhalb der politischen Gemeinde erhalten hat, ist lediglich ein Überbleibsel einer antiquierten Agrarverfassung. Der Allmendgenuß ist ein an bestimmten Liegenschaften haftendes dingliches Recht. Dadurch bilden die Realgemeinden einen privilegierten Teil der Einwohnergemeinde, private Vermögenskorporationen, die unabhängig von der Gemeindeverwaltung über die Nutzung der Allmende verfügen. Es braucht nicht gesagt zu werden, daß die Erhaltung solcher Allmenden keine soziale Berechtigung beanspruchen kann.

In den Gebirgskantonen der Schweiz haben sich die älteren Verbände, die Bürgergemeinden (im Gegensatz zu den Einwohnergemeinden) im Besitz der Allmende zu erhalten gewußt. Sie sind meist zu privaten Genossenschaften (Gerechtigkeitsgenossenschaften, Rechtsamegemeinden, Bürgerkorporationen, Alpengenossenschaften usw.) geworden. Die politische Gemeinde „ist nicht mehr Trägerin des Eigentums- und Nutzungsrechts der Allmende, sondern an ihrer Stelle sind es verknöcherte Abbilder ihrer früheren Entwicklungsstufe". (Bücher, Hdw. d. Stw. 4. A. „Allmende".)

Ist die Allmende Eigentum der politischen Gemeinde geworden, so hat sie ihren Allmendecharakter in allen den Fällen völlig verloren, wo sie in die Verwaltung der Gemeindebehörde übergegangen ist und von dieser in ihrer Eigenschaft als juristischen Person genutzt wird.

Man ist sich allgemein darüber einig, daß Landgemeinden von solchem Landbesitz bedeutende Vorteile haben. Einerseits werden dadurch die Kommunallasten erleichtert, und andererseits kann die Kommunalverwaltung ihr Gemeindeland sozialpolitischen und wirtschaftlichen Zwecken nutzbar machen.

Ein glänzendes Beispiel bietet dafür Mecklenburg. Dort sind die innerhalb der ehemaligen Domänengebietes liegenden Gemeinden — und zwar zum Teil erst neuerdings — so reich mit Land dotiert, daß sie auf dem Gebiete der Inneren Kolonisation Großes zu leisten vermögen. Sie sind in der Lage, an die in den Dörfern wohnenden kleinen Leute Gemeindeland zu verpachten und dadurch diesen zu einer kleineren halbselbständigen Wirtschaft zu verhelfen. Die großen Erfolge der mecklenburgischen Häusleransiedlung beruhen auf dieser Möglichkeit. Aus ähnlichen Erwägungen hat auch die preußische Innenkolonisation bei der Anlage neuer Dörfer stets auf eine reichliche Dotierung der Gemeinden mit Land gesehen. — Übrigens stammt diese Erkenntnis von dem großen Wert eines gemeindlichen Landbesitzes nicht erst von gestern. Schon die preußische Agrargesetzgebung hatte solches Land von der Auseinandersetzung ausgeschlossen.

Als Allmende läßt sich, wie gesagt, solches Gemeindegut nicht bezeichnen, da der Begriff der Allmende eine Nutzungs b e r e c h t i g u n g enthält, die durch die Mitgliedschaft zu einer Körperschaft gewonnen wird. Anders verhält es sich dort, wo die Allmende zwar auch Eigentum der politischen Gemeinde geworden ist, sich aber in der Sondernutzung aller Ortsbürger befindet. In diesen Fällen kann man mit Fug und Recht von einer Allmendeverfassung sprechen. Diesen Zustand treffen wir vor allem in Südwestdeutschland an, wo es im Gegensatz zu Preußen den Behörden gelungen ist, den Gemeinden auf diese Art ihr Grundeigentum zu erhalten.

Aufteilungen der Allmenden haben in der ersten Hälfte des 19. Jahrhunderts hier und da zwar auch stattgefunden, wurden aber von den Behörden nicht begünstigt, ja erschwert. In Württemberg, Hessen und Elsaß-Lothringen sind sie überhaupt verboten, in Baden und Bayern nur zulässig, wenn drei Viertel der Stimmberechtigten zustimmen. Auch die preußische Agrargesetzgebung hat in dieser Hinsicht eine Wandlung durchgemacht. Die Gemeinheitsteilungsordnung vom 7. Juni 1821 hatte noch bestimmt, daß bei Grundstücken, deren Eigentum einer Gemeinde, deren Nutzung aber den einzelnen Mitgliedern zustände, jedes nutzungsberechtigte Mitglied einen Anspruch auf Auseinandersetzung habe. Eine Deklaration vom 26. Juli 1847 beschränkte indes die Auseinandersetzung auf solche Rechte, die dem einzelnen nicht als Mitglied einer politischen Gemeinde, sondern aus einem anderen Rechtsgrunde zuständen. Teilbar sind seitdem nur noch die Realgemeinden.

Gibt es in den älteren preußischen Provinzen nur R e s t e von Allmenden, und zwar in der Form sowohl von Realgemeinden, als auch von Nutzungsberechtigungen der Mitglieder der politischen Gemeinde, so wird man sagen können, daß in der Schweiz, in Süddeutschland und auch in Westdeutschland die Allmende auch heute noch einen lebendigen Teil des ländlichen Wirtschaftslebens bildet.

Die Allmende kann bestehen aus Wald- oder Weide- oder Landnutzung. Am ganzen deutschen Reichsgebiet gemessen, ist der Umfang und die Zahl der Nutzungsberechtigten nicht groß. Bei der Betriebszählung von 1895 hat man den Allmendebesitz festzustellen versucht. Danach waren noch an Allmenden vorhanden:

	Gemeinden	Nutzungsfläche ha	Zahl der berechtigten Betriebe
an ungeteiltem Wald	12 386	1 340 160	510 846
an ungeteilter Weide	12 492	441 635	429 468
an aufgeteiltem Gemeindeland. (Gemeindelosen)	8 560	264 309	382 833

Doch konzentriert sich dieser Allmendebesitz zum Hauptteil auf die westdeutschen preußischen Provinzen Hannover, Westfalen, Hessen-Nassau, Rheinprovinz und vor allem auf die süddeutschen Staaten, was die folgende Tabelle illustriert. In Baden haben 31% der landwirtschaftlichen Betriebe Allmendebesitz, doch gibt es Amtsbezirke, wo der Anteil auf etwa zwei Drittel der Gesamtzahl steigt. In Württemberg sind 28,5% der Betriebe beteiligt, in Hohenzollern gar 64,3%. Am dichtesten finden sie sich in den hessischen und badischen Gemeinden der Rheinebene.

Von den insgesamt in Deutschland vorhandenen 441635 ha ungeteilten Gemeindeweiden und 264309 ha aufgeteiltem Gemeindeland (Gemeindelosen) entfielen

	ungeteilte Weide ha	aufgeteiltes Gemeindeland (Gemeindelose) ha
auf die westl. preuß. Provinzen		
Hannover..................	75 519	13 319
Westfalen	16 167	2 915
Hessen-Nassau	33 444	13 107
Rheinland	48 067	31 196
westl. preuß. Prov. zusammen	173 197	60 537
auf die süddeutschen Staaten		
Bayern	106 858	26 436
Württemberg	21 472	28 563
Baden	13 052	42 641
Hessen	8 851	7 834
Hohenzollern	2 358	4 784
Elsaß-Lothringen	21 981	34 808
süddeutsche Staaten zusammen.	174 572	145 066
westliche preußische Provinzen und süddeutsche Staaten zusammen.	347 769	205 603

Die Nutzung durch die Gemeindemitglieder ist in der Regel eine naturale. Sie kann gemeinsam erfolgen wie bei Wald und Weide, sie kann gesondert mit lebenslänglicher oder periodischer Zuteilung von Genußanteilen stattfinden wie meist bei Ackerland und Wiesen. Doch läßt sich auch bei Wald- und Weidenutzung das Bestreben erkennen, die früher ungemessenen Anteile durch eine möglichst gleiche Beteiligung aller Berechtigten zu ersetzen. Bei den Allmendewäldern läßt sich das ziemlich leicht durchführen. Sie stehen gewöhnlich unter forstmäßig geregelter Bewirtschaftung, und statt der Berechtigung zum Freiholzhieb erhält der einzelne Holz zugewiesen. Bei den Allmendeweiden, wo eine entsprechende Regelung nicht möglich ist, sucht man vielfach die Kopfzahl des Viehs, die ein jeder auftreiben darf, festzulegen, um allen eine gleichmäßige Nutzung zu sichern.

Um eine Vorstellung davon zu geben, wie die Allmendenutzung geregelt zu werden pflegt, sei auf ein Beispiel verwiesen, das Roscher entnommen ist, und sich auf einem Bericht aus dem Jahre 1883 gründet. Die badische Gemeinde Hemsbach (Amtsbezirk Weinheim) hat einen Allmendebesitz von 334 ha, den dritten Teil der gesamten Fläche der Gemeinde. Sie besteht aus Äckern, Wiesen, Gärten und Holznutzung. Der Allmendegenuß steht jedem Ortsbürger naturaliter zu. Doch nicht zu gleichen Teilen. Die Bürger sind ihrer Allmendeberechtigung nach in sechs Klassen geteilt. Der junge Bürger erhält zunächst nur Bürgergabholz ohne Grundbesitz, um allmählich mit zunehmendem Alter in die höheren Klassen aufzurücken. Mit jeder höheren Klasse, in die er kommt, wächst sein Anteil an der Allmende. Bei der sechsten, der höchsten Klasse, der sogenannten Großallmende, steigert sich der Anteil auf 1,6 ha, für die dortzulande herrschende Gartenkultur ein hübsches Stück Land. Im Besitze der Großallmende befinden sich die 125 ältesten Bürger oder deren Witwen. Durchschnittlich wird dieser Vollanteil — man heißt die Großallmende im Volksmunde bezeichnenderweise den „Schlüssel zum Kirchhof" — nicht vor dem 60. Lebensjahre erreicht. Es ist der Zeitpunkt, wo dem Bürger die Kräfte zu schwinden beginnen und er daran denkt, sich zur Ruhe zu setzen. So wirkt denn die Großallmende wie eine Invalidenrente oder, besser gesagt, wie ein Altenteil. Gewöhnlich zieht der alte Bürger zu seinem Sohn oder Schwiegersohn ins Haus und vergrößert mit seinem Allmendeanteil dessen Wirtschaft. Dieser ist mit 40 Jahren etwa in der vierten Klasse, die eine Berechtigung auf etwa ¾ ha gewährt, so daß Vater und Sohn zusammen fast 2½ ha haben. Bei weiterem Vorrücken gestaltet sich ihre Lage noch günstiger. Es sind die Fälle nicht selten, wo Vater und Sohn sich beide im Besitze der Großallmende befinden.

In der Beurteilung der wirtschaftlichen und sozialen Vor- und Nachteile der Allmende gehen die Meinungen auseinander. Man tadelt, daß die Allmenden nicht so rationell und pfleglich bewirtschaftet würden wie Eigenland. Den Allmendeweiden werden auch heute noch jene Übelstände nachgesagt, derenthalben schon man im 18. Jahrhundert die Gemeinheitsteilung verlangte. So sollen die Allmendewaldungen zum verschwenderischen Verbrauch von Brennmaterial verleiten und die

Allmendeäcker vor Ablauf der Nutzungsberechtigung raubbaumäßig genutzt werden. Zweifellos Anstände, die mancherorts berechtigt sein mögen, die sich aber in der Hauptsache abstellen lassen, wenn die Nutzung vernünftig geregelt wird. Der schlimmste Vorwurf gegen die Allmende richtet sich indes dagegen, daß sie die Schollenkleberei begünstige oder gar erzeuge. Viele junge Leute mit wenig oder geringem Besitz, so sagt man, blieben, um nur nicht den Allmendeanspruch zu verlieren, in der Gemeinde, statt anderwärts ihr Fortkommen zu suchen. Von anderen Kennern der Verhältnisse wird diese Wirkung bestritten. Aber wie dem auch sein mag, eine gewisse Neigung zur Schollenkleberei besteht allerorts dort, wo das ländliche Grundeigentum stark aufgeteilt ist. Wer die Möglichkeit hat, an seinem Heimatsort ein Stück Land zu bekommen, mag es auch noch so klein sein, wird nicht so leicht von dem Strudel der Landflucht mit fortgerissen. Doch hat die Schollenkleberei ihre nachteiligen Wirkungen verloren, seitdem die Verkehrsmittel der Industrie es ermöglichen, ihre Arbeitskräfte auch vom Lande zu holen. Jedenfalls ist daran nicht zu zweifeln: Zwergwirtschaftsgemeinden mit Allmende bieten ihren Angehörigen günstigere Lebensbedingungen, als solche, die darüber nicht verfügen. Da aber, wie wir gesehen haben, es gerade Gebiete mit vorherrschenden kleinbäuerlichen Betrieben sind, wo sich die Allmende am stärksten erhalten hat, so wird man gerade hier sie nicht missen wollen.

Selbst wer für die Allmendeverfassung nicht zu schwärmen vermag, wird doch zugeben müssen, daß sie auch ihre großen Lichtseiten hat. Freilich muß man dabei, wie auch Bücher immer wieder hervorgehoben hat, Kleinbesitzverhältnisse im Auge haben. Der Anspruch auf Allmendegenuß gewährt den kleinen Leuten einen starken wirtschaftlichen Rückhalt. Den Gemeinden bedeutet sie eine wertvolle Entlastung ihrer Armenfürsorgepflicht: die Allmende ersetzt vielfach die Armenunterstützung, doch ist sie eine Armenunterstützung, die nicht demoralisierend wirkt, weil sie den Armen zugleich Arbeitsgelegenheit gibt. Zudem begünstigt sie die Alten, die dank ihres Allmendeanspruchs aus einer Last zu einer Hilfsquelle für die Familien werden. Für die ganz grundbesitzlosen Leute in der Gemeinde, die Tagelöhner, die kleinen Gewerbetreibenden, die Fabrikarbeiter bietet sie die Möglichkeit, sich eine kleine Ackerwirtschaft zu gründen und in die Reihe der Besitzenden aufzurücken. Ein heruntergekommenes Landproletariat findet sich in den Allmendegemeinden nicht. Die Unterschiede zwischen reich und arm werden gemildert. Die soziale Verfassung gewinnt an Gesundheit. In Industriegegenden ermöglichen die Allmenden einen bekömmlichen Wechsel zwischen Fabrik- und Landarbeit. Die Arbeiter sind nicht ausschließlich auf die Fabrikarbeit angewiesen. Das gibt ihnen Halt bei Industriekrisen und Widerstandsfähigkeit gegenüber sozialer Verhetzung. Industrielle Werke, die über einen landsässigen Arbeiterstamm verfügen, haben sich stets glücklich gepriesen. Ein Arbeiter, der eine kleine Wirtschaft hinter sich hat, fühlt sich nicht als entrechteter Arbeitssklave. Seine eigene Wirtschaft weckt in ihm ein soziales Pflichtgefühl, das sich auch auf sein Verhältnis als Lohnarbeiter überträgt. Die Allmendeverfassung ist aber dank des allmählichen Hineinwachsens in die Anteilrechte ganz besonders geeignet, den Gemeindesinn zu stärken. Nicht mit Unrecht ist wohl gesagt worden, daß die lange und im ganzen glückliche Dauer der schweizerischen Demokratie nicht unwesentlich mit den dortigen Allmenden zusammenhänge. Eine Wahrnehmung, dis bis zu einem gewissen Grade auch einen Schlüssel zu den relativ glücklichen politischen Verhältnissen Süddeutschlands gibt.

Nach alledem wird man sagen können, daß die Allmenden trotz mancher Schattenseiten, die ihnen anhaften mögen, recht segensreich wirken. Man wird wünschen müssen, daß sie dort, wo die gesamte Einwohnergemeinde an ihr beteiligt ist, erhalten bleibe. Wo es sie aber nicht mehr gibt, sollte erstrebt werden, daß die Gemeinden für ihr Kommunalvermögen Landbesitz erwerben, um mit ihm für ihre Mitglieder ähnliche Vorteile stiften zu können.

Ergänzende Literatur.

G. Hanssen, Die Gehöferschaften im Regierungsbezirk Trier. (Abh. d. Akademie d. Wiss. Berlin 1863.)

E. de Laveleye, Das Ureigentum. Bearb. von K. Bücher. Leipzig 1879.

K. Lamprecht, Deutsches Wirtschaftsleben im Mittelalter. Leipzig 1886.

A. Meitzen, Siedlung und Agrarwesen der Westgermanen und Ostgermanen, der Kelten, Römer, Finnen und Slawen. Berlin 1895.

W. D. Preyer, Die russische Agrarreform. Jena 1914.

G. v. Below, Das kurze Leben einer vielgenannten Theorie. (Probleme der Wirtschaftsgeschichte. Tübingen 1920.)

Art. „Feldgemeinschaft“ von Meitzen im Handw. der Staatsw. von Below im Wörterb. der Volksw.; Art. „Mir“ von Simkbowitsch im Handw. der Staatsw.

A. Meitzen, Der Boden und die landwirtschaftlichen Verhältnisse des preußischen Staates. Berlin 1868 ff.

A. v. Miaskowski, Die schweiz. Allmende in ihrer geschichtlichen Entwicklung. Leipzig 1879.

F. Christoph, Die ländlichen Gemeindegüter in Preußen. Jena 1906.

A. Skalweit, Die Agrarpolitik Friedrichs des Großen. (Acta Borussica, Getreidehandelspolitik III. Berlin 1910.)

Art. „Allmende“ von Bücher im Handw. der Staatsw.

8. Kapitel.

Die Entstehung der Grundbesitzverteilung in Deutschland.

Nach allem, was darüber schon gesagt worden ist, bedarf es dafür keiner weiteren Begründung, daß die Grundeigentumsverteilung von höchster wirtschaftlicher und sozialer Bedeutung nicht nur für die Agrarverfassung eines Landes, sondern für die Volkswirtschaft überhaupt ist[1]). Sie bildet eine der Grundlagen, auf dem der soziale Organismus erwachsen ist. Darüber muß sich der Agrarpolitiker, der unter Umständen nicht davor zurückschreckt, durch seine Maßnahmen, die Grundeigentumsverteilung zu beeinflussen, klar sein, um sich der vollen Verantwortung dessen, was er tun will, bewußt zu sein.

Wie der soziale Organismus ist auch die Grundeigentumsverteilung etwas Gewordenes. Ihr Bild setzt sich aus Linien zusammen, die womöglich bei der ersten Besiedlung des Landes vorgezogen und in Jahrhunderte dauernder Entwicklung weiter ausgeführt worden sind. Es wäre daher Sache des Agrarhistorikers, diese Kapitel zu schreiben. Ich bin auch nicht gewillt, ihm in sein, ach, so schwieriges Handwerk zu pfuschen. Nur so viel sei darüber gesagt, als nötig ist, um zu verstehen, wie geworden ist, was heute noch lebendig ist. Es wird genügen, sich dabei auf Deutschland zu beschränken.

1. Die Nachwirkungen der Grundherrschaft.

Deutschlands Agrarverfassung zeigt einen klaffenden Dualismus. Durch eine Linie, die ungefähr Saale und Elbe bilden, wird es in zwei wesensfremde Gebiete geteilt. Der Westen ist ein fast rein bäuerliches Land, im Osten aber ist der Bauernstand weit schwächer vertreten, und in manchen Gegenden überwiegen sogar die großen Güter. — Wie erklärt sich das?

An der Beschaffenheit von Bodengestaltung und Klima kann es allein nicht liegen. Freilich ist eine solche Ansicht ziemlich weit verbreitet: Ostelbien, so hört man wohl, sei in weiten Gebieten für den Großbetrieb prädestiniert. Das ist nicht richtig und trifft allenfalls nur dort zu, wo es sich um eigentlichen Waldboden handelt — Forstwirtschaft wird immer besser im Großen betrieben —, indes in der eigentlichen Landwirtschaft wirtschaften die mittleren und kleineren Betriebe in Ostdeutschland nicht unter so ungünstigen Bedingungen, daß sie nicht zu bestehen vermöchten. Der deutsche Bauer findet fast überall sein Fortkommen. Bodenart und Klima spielen in dieser Hinsicht eine verhältnismäßig untergeordnete Rolle. Wir haben im Westen Bauern auf gutem und auf schlechtem Boden, unter günstigen und

---

[1]) Über die Bedeutung der Verteilung der Betriebsgrößen wird im nächsten Teile bei der Behandlung der landwirtschaftlichen Unternehmung gesprochen werden.

unter ungünstigen klimatischen Verhältnissen. Auch Ostdeutschland kannte vor zwei bis drei Jahrhunderten noch keine eigentlichen landwirtschaftlichen Großbetriebe und hat auch heute noch Landschaften mit einer überwiegend bäuerlichen Bevölkerung, und wahllos sind sie auf schlechtem und auf gutem Boden zu finden.

Es müssen Gründe der historischen Entwicklung gewesen sein, die die Verschiedenheit in der Agrarverfassung bewirkt haben. Der Osten ist altes slavisches Land, ist Kolonialboden, der erst seit 500 bis 700 Jahren deutsch geworden ist. Zwar ist das Land mit Ausnahme einiger weniger Grenzbezirke so durch und durch verdeutscht, daß den Beobachter nur noch wenig an die slavische Vergangenheit erinnert. Und doch beruht die Eigenart der ostdeutschen Agrarverfassung am letzten Ende auf Einrichtungen, die in ihrem Entstehen auf die Kolonialzeit zurückgehen. Im Westen dagegen hat sich die mittelalterliche Agrarverfassung trotz aller Wandlungen, die sie im einzelnen durchgemacht hat, bis an die Schwelle des 19. Jahrhunderts erhalten, wodurch bewirkt worden ist, daß auch die Grundbesitzverteilung in ihrem Grundzug die gleiche geblieben ist.

Dem Mittelalter war der landwirtschaftliche Großbetrieb fremd. Die räumlichen Grenzen, innerhalb deren mit Aussicht auf Gewinn Landwirtschaft getrieben werden konnte, waren noch ziemlich eng gezogen. Insbesondere erfreute sich der Großbetrieb noch keiner wesentlich größeren Produktivität als die bäuerliche Wirtschaft; seine Anwendung hätte somit eine Landvergeudung dargestellt. Der Normaltypus war die bäuerliche Wirtschaft, und wo sich größerer Landbesitz in einer Hand sammelte, wurde er nicht im Großbetriebe, sondern durch zinsende Bauern bewirtschaftet.

Das ist die wirtschaftliche Voraussetzung, auf der die mittelalterliche Grundherrschaft beruhte. Sie war im Mittelalter die einzig mögliche Form, großen Landbesitz wirtschaftlich nutzbar zu machen. Auf ihre Entstehung braucht nicht eingegangen zu werden, es genügt, eine kurze Beschreibung des vollendeten Zustandes im 10. und 11. Jahrhundert.

Um jene Zeit ist die große Masse der Bauern in den verschiedensten Formen und Abstufungen grundherrlich abhängig. Zwar waren hier und dort noch vollfreie Bauern sitzen geblieben, aber ihre Zahl kann nicht groß gewesen sein.

Dem modernen Menschen wird es schwer, sich in das Wesen der mittelalterlichen Grundherrschaft und Hörigkeit hineinzudenken. Unwillkürlich trägt er Vorstellungen hinein, wie er sie von der ehemaligen ostdeutschen Gutsherrschaft her kennt, deren Auflösung unsere Urgroßväter noch miterlebt haben. Hier dominierte die Eigenwirtschaft des Rittergutsbesitzers, der Bauer wurde zum schwer gedrückten Gutsarbeiter. Die westdeutsche Grundherrschaft dagegen kennt von alledem nichts. Wohl besitzt vielfach auch der westdeutsche Grundherr des 10. und 11. Jahrhunderts einiges Eigenland, das bei den Herrschaftshäusern gelegene Salland. Aber es ist in seinem Umfange nicht groß und wird auch gewöhnlich nicht vom Herrn selbst, sondern von einem Verwalter bewirtschaftet. Denn was der Herr immer auch gewesen sein mag, Kriegsmann, Beamter oder Geistlicher — eines war er gewiß nicht, er war nicht Landwirt. Das Salland lieferte ihm nur einen Teil seiner Einkünfte, während nicht selten ihr Hauptteil in den Abgaben der hörigen Bauern, der Laten, bestand.

Die hörigen Bauernstellen eines Grundherrn konnten eine ganz zerstreute Lage haben. Daß einem einzigen Grundherrn eine ganze Dorfgemeinde gehörte, war durchaus nicht die Regel. Das war ja auch gar nicht nötig. Wie heute ein Kapitalist — dieser Vergleich stammt von G. F. Knapp — nicht alle Aktien einer Fabrik besitzen muß, so brauchte man auch nicht Grundherr aller Bauern einer Gemeinde zu sein.

Zur Verwaltung dieses bald mehr, bald weniger zerstreuten Besitzes wurden Bezirke geschaffen, die sog. Villikationen, wovon die größeren Grundherren gewöhnlich mehrere besaßen. Die Villikation bestand aus einem Herrenhof, dem Fronhof, und einer Anzahl Bauernhöfen, die teils enger, teils loser wirtschaftlich mit der Fronhofswirt chaft verknüpft waren. Auf dem Herrenhof, der den Mittelpunkt bildete, saß der Villicus oder, zu deutsch, Meier, ein herrschaftlicher Beamter, der im Auftrage des Grundherrn das Salland bewirtschaftete und die Herrschaft über die hörigen Bauern führte, ihre Abgaben einsammelte und an den Herrn abführte. Die Bauern, soweit sie einer Villikation angehörten — es gab auch Bauern, die außerhalb einer solchen unmittelbar unter dem Grundherrn in loserer Abhängigkeit standen —, bildeten einen genossenschaftlichen Verband mit einer eigenen hofrechtlichen Verfassung. Sie waren also trotz ihrer Unfreiheit nicht etwa rechtlose Sklaven. Sie waren zwar hörig, gehörten zum Hofe, aber sie hatten auch ein Recht an dem Hofe. Niemand konnte ihnen willkürlich dieses Recht nehmen. Die Hörigkeit bildete nicht nur eine Fessel, sondern enthielt zugleich eine Berechtigung. Den Gewinn der Freiheit hätte der Hörige mit dem Verlust seines Hofes bezahlen müssen. In diesem Sinne hat Knapp den hübschen Satz geprägt: „Wenn die Laten aufhören, Hörige zu sein, hört für sie alles auf. Wir zittern vor dem Gedanken, daß man sie arglistigerweise freilassen könnte."

Für die Naturalwirtschaft des früheren Mittelalters und solange die landwirtschaftlichen Erzeugnisse mehr einen Verbrauchswert als einen Verkaufswert hatten, war die Villikationsverfassung eine angemessene Form wirtschaftlicher Organisation. Sobald sich aber diese Unterlagen verschoben und die landwirtschaftlichen Produkte auch gewinnbringend verhandelt werden konnten, war die alte Verfassung an ihrer Wurzel getroffen. Ein solcher Vorgang vollzog sich seit Ausgang des 12. Jahrhunderts. Mit dem Aufblühen von Städten erwächst in Westdeutschland eine von der Landwirtschaft halb lostgelöste, Handel und Gewerbe treibende Bevölkerung. Es entstehen Zentren, die für landwirtschaftliche Erzeugnisse Märkte bilden — vor allem für Getreide, während mit Fleisch, Gemüse und Obst sich der Städter bis zum Ausgang des 18. Jahrhunderts meist noch selbst versorgt. Der Wert des Getreides steigt. Und damit wächst auch das Einkommen des Landwirts — also des Bauern, nicht aber des Grundherrn, denn der war ja nicht Landwirt. Bei jeder großen wirtschaftlichen Umwälzung gibt es Bevorzugte und Benachteiligte. In diesem Falle war der Grundherr der Leidtragende. Die Abgaben seiner Hörigen ließen sich nicht steigern, das verbot das Hofrecht. Und während seine Lebensbedürfnisse mit der Verfeinerung der Kultur wuchsen, stiegen seine Einkünfte nicht im entsprechenden Maße. Dem Bauern aber ging es niemals besser als damals. Die Vorteile der neuen Konjunktur heimste er für sich allein ein.

Wie konnte sich der Grundherr in dieser Lage helfen? — Er hätte selbst Landwirt werden müssen. Man sollte glauben, daß die Möglichkeit dazu vorhanden gewesen wäre. Unter Erweiterung seines Sallandes hätte er sich einen Großgutsbetrieb schaffen können, der, intensiv bewirtschaftet, glänzende Aussichten zur Ausnutzung der für die Landwirtschaft so günstigen Konjunktur geboten haben würde.

„In der Tat hat es daran nicht gänzlich gefehlt. In den wirtschaftlich am weitesten fortgeschrittenen Teilen Deutschlands, in den Niederlanden, begannen die Zisterzienser, denen die Ordensregel die Ableistung eigener Wirtschaftsarbeit vorschrieb, eine neue Art landwirtschaftlichen Großbetriebes einzurichten. Zumeist auf neugerodetem Boden legten sie große Güter, Grangien genannt, an, auf denen mit eigenen Arbeitskräften, gewöhnlich mit Hilfe von Laienbrüdern, mit eignem Wirtschaftgerät und Gespann, ohne Angliederung eines Fronhofsverbandes, der Anbau von Brotfrüchten oder die Viehzucht in solchem Umfange kultiviert wurde, daß Produktion über den Eigenbedarf hinaus für den Absatz auf städtischen Märkten ganz wesentlich im Wirtschaftsplane lag. So entstanden landwirtschaftliche Unternehmungen, die mit Kapitalaufwendungen gefördert, auf einen geldwirtschaftlichen Ertrag abzielten, ohne daß sich ihre Leiter auf die teilweise unfreie Arbeitsverfassung älteren Schlages stützten. Die Ergebnisse solch kapitalistischen Wirtschaftsbetriebes, der auch bei den Territorialfürsten Nachahmung fand, waren günstig. Die reichen Geldmittel, die zur Verfügung standen, wurden darauf verwendet, Strecken Wald- und Heidelandes urbar zu machen, Sümpfe auszutrocknen, Eindeichungen vorzunehmen. Auch ostwärts weit über Deutschland hin dehnten die Zisterzienser ihre Tätigkeit aus. Überall verfuhren sie in den Zeiten des Aufschwungs ihres Ordens nach ähnlichen Grundsätzen. Gelegentlich wandten sie, um passend gelegenes Land zu erhalten, ihr Machtmittel, das Geldkapital, sogar dazu an, Bauern in aller Form Rechtens auszukaufen“ (Rud. Kötzschke, Grundzüge der deutschen Wirtschaftsgeschichte bis zum 17. Jahrhundert. 2. Aufl. Berlin 1921, S. 139).

Aber zu einer solchen Ausbildung von Großgutswirtschaften ist es nur in Ausnahmefällen gekommen. Vor allem nicht bei den adeligen westdeutschen Grundherrn. Sie waren niemals Landwirte gewesen; es wäre psychologisch schwer verständlich gewesen, wenn sie es nun auf einmal geworden wären. Aber selbst wenn man eine solche Erklärung nicht gelten lassen will — Berufs- und Standesauffassungen sind wandelbar —, so wäre die Ausbildung von Großgutsbezirken auch aus wirtschaftlichen Gründen schwer durchführbar gewesen. Das Grundeigentum der Grundherren bestand — wir wir wissen — aus einem weit verzettelten Streubesitz. Der ließ sich nicht ohne weiteres zu Großgutswirtschaften zusammenschlagen.

So sollte es denn zu der gerade entgegengesetzten Entwicklung kommen: zur Auflösung der Villikationsverfassung. Hatte der Grundherr das Salland bisher administrieren lassen, so gab er es nunmehr in Zeitpacht. Der Anlaß hierzu lag besonders nahe, weil der Fronhofsvorsteher, der Meier, dem Grundherrn längst schon unbequem geworden war. Er war zu selbständig geworden, „gebärdete sich als ritterlicher Mann, der wohl dem Grundherrn den stolzen Reiterdienst als Vasall zu leisten bereit, aber nicht die Erträge der Villikation abzuliefern geneigt war“ (Below). Die Verpachtung des Sallandes bot ein geeignetes Mittel, um den unbotmäßigen Meier loszu werden. Bei dem Meieramt ist die Pachtform zuerst angewandt worden, woraus es sich wohl erklären mag, daß das Wort Meier den Sinn von Zeitpächter erhielt. Aber nicht nur der Fronhof mit den unmittelbar zugehörigen Ländereien wurde verpachtet, auch die vorher angegliederten, nunmehr losgelösten Bauernhöfe wurden wohl in Pacht gegeben, so daß also auch bäuerliche Meierhöfe entstanden.

Eine Auflösung der Villikationsverfassung in dieser Weise geschah vielerorts in Niedersachsen und in einigen Landschaften Westfalens. Es ist das — so lautet der Schulausdruck — das Gebiet der „neueren Grundherrschaft“. Man wendet diesen Ausdruck an im Gegensatz zu den Gebieten, wo es der Grundherrschaft nicht gelang, sich in dieser Richtung zu entwickeln, wie im rheinischen und südwestlichen Deutschland. Hier kam es dahin, daß sich der eigentliche Inhalt des ehemaligen Herrschaftsverhältnisses, die Mann und Hufe erfassende Hörigkeit, verflüchtigte. Was blieb, waren die althergebrachten Leistungen der Hörigen, die als Reallasten an den Höfen haftenblieben. Innerlich ist die Grundherrschaft überwunden, sie ist erstarrt. Man spricht von einer „erstarrten oder versteinerten Grundherrschaft“, womit man andeuten will, daß sich zwar die alten Formen der Grundherrschaft erhalten — die alten Hofsverbände wurden nicht aufgelöst —, in ihrem Wesen aber sich gewandelt haben: „die Grundherrschaft verwandelt sich in ein Konglomerat von Rentenberechtigungen, während dem Grundherrn jede direkte Einwirkung auf das abhängige Bauerngut entzogen wird“ (Below).

In dem Gebiete der versteinerten Grundherrschaft war dem Grundherrn für alle Zeiten jede Handhabe, sich Großgutswirtschaften zu schaffen, entrissen. Wo sie daher Eingang fand, haben wir bis auf den heutigen Tag Gebiete mit bäuerlichen Wirtschaften, deren Felder, weil sich hier, ungehemmt durch grundherrlichen Einspruch, die Realteilung im Erbgang durchsetzen konnte, stark zersplittert sind. Anders im Gebiet der neueren Grundherrschaft. Die Pachtform hatte dem Grundherrn ein hohes Maß von Verfügungsgewalt belassen. Als zu Beginn des 16. Jahrhunderts mit der damaligen Preisrevolution wieder für den Grundherrn ein Anreiz zur Schaffung eigener Gutsbetriebe gegeben wurde, wäre für ihn die rechtliche Möglichkeit, sich Gutsbetriebe zu schaffen, wohl vorhanden gewesen. Doch jetzt griff die inzwischen erstarkte Landesherrschaft zum Schutze der Meierhöfe ein. Der Landesherr hatte aus steuerlichen Gründen ein Interesse an der Erhaltung der Meiergüter und ihrer steuerlichen Leistungsfähigkeit. Er setzte daher im Laufe des 16. Jahrhunderts durch, daß die Meierhöfe erblich wurden, und daß der Meierzins vom Grundherrn nicht erhöht werden durfte. Das Gut mußte ungeteilt bleiben, durfte nicht verschuldet werden, zu allen wichtigen Handlungen des Meiers bedurfte es der Zustimmung des landesherrlichen Amtmanns. Der Staat maßte sich also Rechte an, die von Haus aus dem Grundherrn zustanden. Der Grundherr wurde zu einem Rentengläubiger, dessen Rentenforderung noch dazu niemals erhöht werden durfte.

2. Die Nachwirkungen der Gutsherrschaft.

In Ostdeutschland hat die Villikationsverfassung nicht mehr Eingang gefunden. Wurde es doch von den Deutschen erst zu einer Zeit besetzt, als die alte Verfassung in der Heimat schon längst in Auflösung begriffen war. Es war ein Kolonistenvolk, das in die neue Heimat nur mit hinübernahm, was noch lebensfähig war und für die neuen Verhältnisse paßte.

Das wird der Beobachter, der aus dem Westen kommt, schon aus rein äußerlichen Merkmalen erkennen können. Zwar behielt man die alte Flurverfassung mit ihren Gewannen und ihrer Gemengelage meist noch bei; ein Bedürfnis nach separierten Ackergrundstücken war noch nicht vorhanden, aber die Gewanne und Felder wurden wirtschaftlicher und größer geschnitten. Das gleiche Streben nach Zweckmäßigkeit äußerte sich auch in der Dorfanlage: lineare Planmäßigkeit ist für sie charakteristisch. Westdeutsche Haufendörfer wird man jenseits der Elbe seltener finden. Alles wird in den Kolonistendörfern praktischer angelegt, freilich auch um eine Nuance nüchterner.

Ein wesentlicher Unterschied vom Westen bestand darin, daß es von vornherein Rittergüter gab. Freilich waren sie keine Großbetriebe und ihrer Größe nach nicht modernen Rittergütern vergleichbar. Aber das Wesentliche ist, daß sie überhaupt vorhanden waren, und daß die Ritter sie selbst bewirtschafteten. Daran knüpft alle weitere Entwicklung an.

Für die damaligen westdeutschen Verhältnisse waren diese Rittergüter eine merkwürdige, neuartige Erscheinung. Wie erklärt sich ihre Entstehung?

Die soziale und wirtschaftliche Stellung der ostdeutschen Ritter war meist eine völlig andere als die westdeutscher Grundherren von Adel. Der Mehrzahl nach entstammten sie nicht dem westdeutschen Grundadel, sondern waren sie waffengeübte Reisige des Ministerialenstandes. Die ostdeutschen Landesherren, ständig im Kampfe mit äußeren und inneren Feinden, mußten sich auf einen zahlreichen Militäradel stützen. Der Unterhalt dieser Mannschaften wurde aber bestritten — wie stets im Mittelalter, wo es an klingender Münze zur Bezahlung von Diensten noch mangelte — durch Ausstattung mit Grundbesitz. Sie erhielten Lehnsgüter, die etwa doppelt, dreimal, auch viermal so groß waren wie der Hof eines bäuerlichen Kolonisten. Ihre kleinen Lehnsgüter bewirtschafteten die Ritter selbst. Notgedrungen mußten sie das tun: denn einmal war ihr Land zur Aftervergebung nach westdeutscher Art viel zu klein, und zweitens hätte es auch an Bauern dazu gefehlt. Es gab in der ländlichen Bevölkerung der ostdeutschen Koloniallânder zwei Klassen, die, wie man meinen könnte, als bäuerliche Untertanen des Ritters geeignet gewesen wären: die deutschen bäuerlichen Kolonisten und die ansässigen unterworfenen slavischen Bewohner. Aber beide kamen dafür zunächst nicht in Betracht: die einen nicht, weil sie rechtlich zu hoch, die andern nicht, weil sie wirtschaftlich zu tief standen.

Die deutschen Bauern, die nach dem Osten gezogen waren, um sich dort anzusiedeln, waren freie, aufrechte Männer, die die Heimat verlassen hatten, um ihre Lage zu verbessern, und weil man ihnen gute Besitzrechte gewährte. Eine Unterordnung unter die kleinen ostdeutschen Ministerialen nach Art westdeutscher Höriger unter die großen westdeutschen Grundherren schloß sich für sie aus. Der Ritter wurde nicht ihr Herr, sondern ihr Nachbar. Ritter und Bauer wohnten gewöhnlich in ein und demselben Dorfe zusammen. Ihre Felder lagen untereinander im Gemenge und unterstanden dem gemeinsamen Flurzwange der Dorfgemeinde. Die unteren und mittleren Schichten der slavischen Bevölkerung wären zwar ihrer Rechtslage nach als Untertanen des Ritters in Betracht gekommen, doch standen sie kulturell meist zu tief, um für den Ritter zinsende Kolonen nach Art westdeutscher Höriger abzugeben. Sie mögen allenfalls Knechte und Landarbeiter des Ritters geworden sein, nicht aber Zinsbauern. Die Slaven verstanden noch zu wenig vom Ackerbau, sie waren ein unnahrhaftig Volk, das erst lernen mußte, den Pflug zu führen. Dann freilich, und nachdem sie mit der deutschen Bevölkerung verschmolzen waren, sollte es anders werden. Zunächst aber war die ritterliche Wirtschaft auf sich selbst angewiesen. Mit einigen Knechten und Kossäten nahm der Ritter seine Hufen selbst unter den Pflug. Er wurde Landwirt. Zwar wußte auch er das Schwert zu führen. Zu Ritterdiensten verpflichtet folgte er dem Lehnsherrn ins Feld, auch er war ein miles, aber ein miles agrarius, Ritter und Landmann zugleich. Das Waffenhandwerk füllte sein Leben nicht aus. Er trieb zugleich Ackerbau und besorgte seinen Hof. Nicht an Schanzgräben und Mauern, nicht an Türme und ragende Zinnen darf man denken, will man sich die Sitze ostdeutscher Ritter vorstellen. Es waren friedliche Wirtschaftshöfe, gewöhnlich zu ein, zwei oder dreien im Dorfe mitten unter den Bauernhöfen liegend, diese nur an Größe überragend.

Die weitere Entwicklung lief nun darauf hinaus, daß die Ritter über ihre bäuerlichen Nachbarn herrschaftliche Rechte zu erlangen suchten.

Die Möglichkeit dazu war von vornherein dort gegeben, wo der Ritter die Lokation eines Kolonistendorfes an Stelle des bäuerlichen Schulzens übernommen hatte, was nicht so selten vorkam. Mit der Verwaltung des Dorfes betraute der Ritter in solchem Falle einen Setzschulzen, während er sich selbst die Prärogative und die Einkünfte der niederen Gerichtsbarkeit und der Polizeigewalt vorbehielt. Die Herrschaftsgewalt des Ritters wurde aber noch gesteigert, wenn er, statt deutscher, slavische Bauern mit schlechteren Besitzrechten ansiedelte. Es dauerte ja nur wenige Generationen, bis die slavische Bevölkerung mit den Anforderungen deutscher Agrikultur vertraut war. Nicht selten sind ursprünglich slavische Siedlungen in deutsche Dörfer mit deutscher Hufeneinteilung umgewandelt und zum Teil oder ganz mit slavischen Bauern besetzt worden. Wirtschaftlich nahmen dann diese slavischen Bauern die Stellung von deutschen Bauern ein, doch dürfte ein gut Teil ihrer prekären Rechtslage an ihnen haften geblieben sein.

An allen Ecken und Enden setzte der Ritter den Hebel an, Herr zu werden. Dieses Streben wurde dadurch begünstigt, daß die landesherrliche Gewalt mehr und mehr verfiel, so daß es dem Ritter nicht schwer wurde, alle die Rechte, die der Landes- und Gerichtsherr über die Bauern genoß, an sich zu bringen. Hatte er erst in einem Dorfe zugleich mit der Gerichtsgewalt auch die Erhebung des dem Landesherrn zustehenden Zinses erworben, dann vereinigte er die gesamte obrigkeitliche und wirtschaftliche Gewalt in seiner Hand. Er hatte sich eingeschoben zwischen Landesherrn und Bauern.

Das war eine Entwicklung, die sich schon seit dem 13. Jahrhundert in Ostdeutschland vielfach vollzog. Die äußere Struktur der Grundeigentumsverteilung brauchte dadurch nicht verändert zu werden. Denn noch empfand der Ritter kein Bedürfnis dazu, seine erhöhte Stellung dazu auszunutzen, um sein Gutsareal zu erweitern. Erst um die Wende des 15. Jahrhunderts vollzog sich jener Umschwung, der in seiner Entwicklung die ostdeutschen Rittergüter zu kapitalistischen Großbetrieben umzugestalten begann.

Eine Preisrevolution trat ein. Die Getreide-, die Fleisch-, die Wollpreise stiegen um das Doppelte und Dreifache. Mit der Überzeugungskraft des eigenen Vorteils mußte jeder Landwirt zur Ausnutzung dieser Konjunktur gedrängt werden. Auch der ostelbische Ritter, der anders wie der westdeutsche Grundherr immer Landwirt gewesen war. Er beginnt nun für den Markt zu wirtschaften, wird Getreidehändler und Wollexporteur. Er beginnt seine Hufen nachzumessen und sucht den Bauern gegenüber nach Rechtsansprüchen, sein Gutsland zu vergrößern. Es werden einzelne Schulzen- und Bauernhöfe ausgekauft, oder aber auch wohl ohne weiteres eingezogen, wo die Bauern, wie in stark slavisch gebliebenen Gegenden, ein schlechteres Besitzrecht hatten.

Der Ritter ist Kaufmann geworden. Rücksichtslos weiß er die Schwäche der Staatsgewalt auszunutzen. Aber er repräsentiert in den Agrarstaaten des deutschen Ostens zugleich den wirtschaftlichen Fortschritt. Im Vergleich zu der kleinlichen, die freie Betätigung der Kräfte einschnürenden Zunftpolitik des Städters umweht ihn ein Hauch frischen Unternehmungsgeistes.

Bei der Preisrevolution des 12. Jahrhunderts war in Westdeutschland der Grundherr der Leidtragende gewesen. In diesem Falle war es der Bauer. Er vermochte nicht, den wirtschaftlichen Aufschwung in gleichem Maße mitzumachen. Er geriet ins Hintertreffen, und während sich die wirtschaftliche Macht des Ritters hob, verminderte sich sein Wohlstand. Nicht selten geriet er in Schulden. Und nun gelang es dem Ritter, der für seinen intensiver gewordenen Betrieb, vor allem für den zunehmenden Getreidebau ein Bedürfnis nach vermehrten Arbeitskräften empfand, die schon vorher unter seine Botmäßigkeit geratenen Bauern für den Gutsdienst einzuspannen. Die bäuerlichen Dienste, die ursprünglich dem Landes- und Gerichtsherrn in öffentlichem Interesse zu leisten gewesen und mit den andern landesherrlichen Rechten an den Ritter übergegangen waren, gewannen nun eine vorher ungeahnte Bedeutung. Sie der Gutswirtschaft nutzbar zu machen, mußte das Bestreben des Gutsherrn sein.

Der Bauer war die denkbar billigste Arbeitskraft. Er bestellte mit seinem eigenen Pferd, Pflug und Wagen die Felder des Herrn und zahlte obendrein noch einen Zins. Kein Wunder, daß sich die bäuerliche Arbeitsverfassung auf den Gütern schnell einführte! Je intensiver die Wirtschaft wurde, je mehr sich auf der einen Seite die gutsherrlichen Betriebe vergrößerten, auf der andern Seite die Zahl der Bauern abnahm, um so härter wurden die Bauern herangenommen. Mehr und mehr verschlechterte sich ihre wirtschaftliche und rechtliche Lage. Bei seiner politischen und wirtschaftlichen Übermacht gelang es dem Ritter, den Bauern zu entrechten. Zuerst wurde ihm die freie Verfügungsgewalt über seinen Hof abgesprochen. Als er dann aber die wichtigste Arbeitskraft für den Gutshof geworden war, nahm man ihm auch die persönliche Freiheit. Er wurde an die Scholle gefesselt, seine Familie mit ihm. Die Kinder wurden außerdem zum Gesindezwangsdienst verpflichtet, dieser verhaßtesten Institution der damaligen Arbeitsverfassung.

Die Bemühungen, den Bauern an die Scholle zu fesseln, lassen übrigens erkennen, daß dem Gutsherrn nicht daran lag, den Bauern um jeden Preis zu „legen". In Gegenteil — sobald das Gutsland einen gewissen Umfang erlangt hatte, wurden die bäuerlichen Nachbarn für die Gutswirtschaft unentbehrlich. Man darf sich also von dem Bauernlegen in der damaligen Zeit keine übertriebenen Vorstellungen machen. Wohl aber mußten die Gutsherren darnach trachten, den Bauern der Gutswirtschaft ganz und gar nutzbar zu machen. Wo das gelungen ist, wurde die Untertänigkeit zur Gutspflichtigkeit. Man hat sie in Anlehnung an slavische Abhängigkeitsverhältnisse auch wohl Leibeigenschaft genannt. Doch sagt die Bezeichnung Gutspflichtigkeit mehr. Der Bauer steht dem Gute in Pflicht. Seine Verpflichtungen richten sich nach den Bedürfnissen des Gutes und nicht nach denen seiner bäuerlichen Existenz. Er ist im Hauptberuf Gutsarbeiter und nur nebenher noch Bauer.

Doch müssen wie uns darüber klar sein, daß sich die Gutsherrschaft in ihrer schärfsten Form nicht überall in Ostdeutschland durchgesetzt hat. Es ist durchaus unrichtig, sich die agrarhistorische Entwicklung dieses Landes als eine ganz einheitliche zu denken. Nicht allerorts ist es im 16., 17. und 18. Jahrhundert zur Entwicklung eines landwirtschaftlichen Unternehmertums und zu einer Unterdrückung des Bauernstandes in der beschriebenen Weise gekommen. Auch hier gibt es Gradunterschiede und Sonderentwicklungen. Nur so sind die Verschiedenheiten der Grundbesitzverteilung innerhalb Ostdeutschlands zu erklären, nur so ist es zu verstehen, daß wir auch hier geschlossene Gebiete mit ausgesprochen bäuerlichem Charakter haben. Wollen wir das Viel der Erscheinungen auf gemeinsame Nenner bringen, so läßt sich sagen, daß die Gutsherrschaft zu ihrer Ausbildung nicht kam, einmal dort, wo sich schon im Mittelalter ganz große Grundherrschaften ausgebildet und später erhalten hatten — es ist hier vor allem an die landesherrlichen Domänen und an die Herrschaften anderer großer weltlicher und geistlicher Herren zu denken —, und zweitens dort, wo der Ritter wirtschaftlich und sozial so zurückgeblieben war, daß er an dem wirtschaftlichen Aufschwung seiner Standesgenossen nicht teilzunehmen vermochte. In beiden Fällen bewahrte der Bauer sich soviel Kraft, daß er auch den späteren Angriffen, von denen wir gleich sprechen werden, zu trotzen vermochte.

Dagegen erging es den Bauern in den polnisch gebliebenen oder polnisch gewordenen Landesteilen Westpreußens und Posens ganz besonders schlimm. Hier wurde er unter dem unumschränkten Adelsregiment völlig entrechtet. Die Leibeigenschaft, eine Bezeichnung, die im übrigen geeignet ist, für die ostelbischen Verhältnisse übertriebene Vorstellungen zu erwecken, ward hier zum Ereignis.

Das Streben, das Gutsland auf Kosten des Bauernlandes zu erweitern, erhielt einen neuen Anreiz, als seit der zweiten Hälfte des 18. Jahrhunderts die ostdeutsche Landwirtschaft ein verstärkt kapitalistisches Gepräge erhielt. Es war die Zeit, wo die rationelle Landwirtschaft ihren ersten Einzug hielt und die gesamten Betriebsformen umzuwälzen begann. Die bäuerliche Arbeitsverfassung erwies sich als zu schwerfällig, die gewünschten Betriebsänderungen durchzuführen. Doch ging es nicht an, die alte Arbeitsverfassung mit einem Schlage abzuschaffen: das wäre zu teuer geworden und hätte auch einen Arbeitermangel zur Folge gehabt. Auf den Domänen haben die preußischen Könige wohl eine fakultative Ablösung der Bauerndienste durchgeführt. Da sie aus staatlichen Gründen ein Interesse an der Stärkung des Bauernstandes empfanden, wurde es ihnen nicht schwer, sich zu diesem kostspieligen Unternehmen zu entschließen. Der private Gutsherr, dem ein solches bauernfreundliches Interesse abging, war naturgemäß allein von dem Wunsche beseelt, den Ertrag seines Betriebes zu steigern. Das liebste wäre ihm gewesen, wenn er das Bauernland hätte einziehen können, ohne die Arbeitskraft des Bauern zu verlieren. Diesem Streben hatte der friderizianische Bauernschutz einen Riegel vorgeschoben. Wo aber dieser nicht in Kraft trat, ist es den Gutsherren tatsächlich gelungen, den Bauern zum landlosen Landarbeiter herabzudrücken.

In Schwedisch-Pommern und in dem Gebiete der mecklenburgischen Ritterschaft sind die Bauern in großen Mengen gelegt worden. Es sind heute die bauernärmsten Landschaften Deutschlands: 80,8 und 87,7% der landwirtschaftlich genutzten Fläche gehören dem Großgrundbesitz. Erst wenn man diese Entwicklung in Schwedisch-Pommern und Mecklenburg beachtet, kann man voll ermessen, welche Bedeutung der friderizianische Bauernschutz für die ostdeutsche Agrarverfassung gehabt hat. Ohne ihn wären die östlichen Provinzen menschenleer geworden.

Die Fessel, die der Bauernschutz dem Ausdehnungsdrang der Gutsherrschaften auferlegte, wurde mit der Bauernbefreiung beseitigt. Es wird sich zeigen, daß es nun den Gutsherren tatsächlich gelang, die erhaltene Bewegungsfreiheit auf Kosten des bäuerlichen Grundbesitzes auszunutzen.

3. Der Einfluß der Bauernbefreiung.

Die Bauernbefreiung machte das Grundeigentum frei. Sie beseitigte jene rechtlichen und wirtschaftlichen Bindungen, die für die Gestaltung der Grundeigentumsverteilung so stark mitbestimmend gewesen waren. Rechtlich stand einer völligen Neuverteilung nichts mehr im Wege. „Der Weg zum besten Wirt“, wie es die preußischen Argargesetzgeber in ihrem schönen Reformeifer gewünscht hatten, war frei. — Welche Folgen zeigten sich?

Nach allem, was wir über die Entwicklung der Agrarverfassung in West- und Süddeutschland erfahren haben, wird es begreiflich sein, daß sich hier weittragende Wirkungen nicht geäußert haben werden. Um was handelte es sich bei der Bauernbefreiung in diesen Gebieten? Reste einer antiquierten Agrarverfassung waren den Forderungen des modernen Rechtsstaates entsprechend umzugestalten. Das war um so leichter möglich, als die ursprünglich persönlichen Leistungen längst schon zu Reallasten am Grunde und Boden oder zu Abgaben geworden waren, die ohne größere wirtschaftliche Erschütterungen für Verpflichtete und Berechtigte in Renten oder

Kapitalabfindungen umgewandelt werden konnten. Die wirtschaftlichen Lebensbedingungen, die soziale Struktur der ländlichen Bevölkerung blieben so gut wie unberührt. Knapp meint, es frage sich, ob man die west- und süddeutsche Bauernemanzipation überhaupt als Bauernbefreiung zu bezeichnen berechtigt sei; es sei „ein notwendiges, aber geräuschloses Verwaltungsgeschäft von bescheidener Art“ gewesen.

Im Gebiet der neueren Grundherrschaft, in Nordwestdeutschland, war die persönliche Freiheit bis auf wenige noch vorhandene Reste schon seit langem hergestellt. Es handelte sich in der Hauptsache nur darum, das Meierrecht und das Erbzinsrecht in volles Eigentum umzuwandeln, die geringen, an Grund- und Gerichtsherrn zu leistenden Dienste aufzuheben und die grundherrschaftlichen Reallasten abzulösen. Dahingehende Bestrebungen hatten in Hannover bereits in der zweiten Hälfte des 18. Jahrhunderts begonnen. Napoleon führte dann, als er Niedersachsen teils in eigene Verwaltung nahm, teils dem Königreich Westfalen zuschlug, die Reform radikal durch: alle persönlichen Verpflichtungen wurden ohne Entschädigungen aufgehoben und alle übrigen Pflichten für ablösbar erklärt. Doch wurde, als 1815 der hannoversche Staat wieder aufgerichtet wurde, der alte Zustand wiederhergestellt. In dem benachbarten Kurhessen, dem die Zugehörigkeit zum Königreich Westfalen gleichfalls die Bauernbefreiung gebracht hatte, geschah das gleiche. Unter dem Eindruck der Julirevolution von 1830 kam es zu Unruhen in der bäuerlichen Bevölkerung. Die daraufhin erlassenen Ablösungsordnungen stellten in Hannover sowohl wie in Kurhessen die leitenden Ideen der napoleonischen Bauernbefreiung wieder her. Doch behielt sich der hannoversche Staat ein Aufsichtsrecht über die Meierhöfe auch in der Folgezeit vor. Erst als Hannover zu Preußen geschlagen worden war, im Jahre 1873, wurde dieser letzte Rest staatlicher Grundherrschaft beseitigt. Das vorgeschrittene Preußen hatte natürlich in denjenigen niedersächsischen und westfälischen Gebieten, die ihm 1815 angefallen waren, auf jede engherzige Restauration verzichtet.

Das gleiche galt von der Rheinprovinz, wo die preußische Regierung den Code civil in Kraft ließ. Damit betreten wir das Gebiet der versteinerten Grundherrschaft. Die französische Okkupation hatte auch hier alle feudalen Rechte mit einem Schlage beseitigt, und auch die süddeutschen Rheinbundsstaaten hatten sich dem französischen Einfluß in dieser Hinsicht nicht zu entziehen vermocht. Die in Frankreich durch die Revolution beseitigte Agrarverfassung war eine ähnliche gewesen wie die südwestdeutsche; es ließ sich daher leicht die französische Gesetzgebung einführen. Als dann die Restauration kam, ließ sich hier nicht durchsetzen, was in Hannover und Kurhessen tatsächlich gelang. Bekamen doch die süddeutschen Staaten alsbald eine Verfassung, und, da diese gleiche politische Rechte für alle Staatsbürger verkündete, konnte man schon anstandshalber nicht gut die Leibeigenschaft wieder einführen. Die Aufhebung der Leibeigenschaft wurde sanktioniert oder ausgesprochen, wo sie noch bestand. Zugleich wurden die Dienste und Reallasten für ablösbar erklärt. Doch sollte es mit der Ablösung selber noch lange Weile haben. Auch hier mußte erst die Julirevolution von 1830, in Bayern gar erst die von 1848 kommen, bis Ernstliches geschah.

Es mag sein, daß Knapp die westdeutsche Bauernbefreiung in ihrer Bedeutung und in der Erregung, die sie hervorrief, unterschätzt — so viel ist gewiß, daß sie im Vergleich zur ostdeutschen Bauernbefreiung einen weniger starken Eingriff in die bestehenden Rechts- und Eigentumsverhältnisse dargestellt hat. Im Osten handelte es sich nicht um die Beseitigung von Resten einer antiquierten Agrarverfassung, sondern um die Beseitigung eines die gesamten Lebens- und Wirtschaftsbedingungen des Bauern bestimmenden Abhängigkeitsverhältnisses. Die persönliche Unfreiheit bestand hier nicht nur in einer Verpflichtung zu allerhand mehr oder weniger erträglichen Gebühren und Abgaben, sondern war eine wirkliche, ganz persönliche Knechtung und eine Schmälerung der persönlichen Rechte. Sie bildete zugleich die Grundlage der Arbeitsverfassung des neuzeitlichen kapitalistischen landwirtschaftlichen Großbetriebs. In Ostdeutschland bedeutete die Bauernbefreiung eine wirtschaftliche, soziale und politische Revolution ohnegleichen.

Es sollte sich nun zeigen, daß diese Umwälzung für die Großgutswirtschaften, obwohl sich ihre Inhaber gegen ihre Durchführung zuerst sträubten, die allergünstigsten Folgen hatte. Mit der Befreiung des Bodens von den alten Fesseln beginnt für den landwirtschaftlichen Großbetrieb eine Entwicklung zu hoher Blüte. Die großen Güter des deutschen Ostens werden die Träger des landwirtschaftlichen Fortschritts. Leider wird aber diese Entwicklung erkauft mit dem Untergang eines großen Teiles des ostdeutschen Bauernstandes. Seit Generationen geknechtet, hatte der ostdeutsche Bauer so viel an moralischer und wirtschaftlicher Kraft eingebüßt, daß es ihm an Halt fehlte, als ihm die Agrargesetzgebung auf eigene Füße zu stellen suchte. Die Freiheit wurde ihm zur Vogelfreiheit.

Immerhin hat der Bauer in denjenigen Gegenden Ostdeutschlands, wo er sich schon vorher in einer guten wirtschaftlichen und sozialen Lage befunden hatte, wie auf den preußischen Domänen, wo Friedrich der Große die Bauernemanzipation schon vorbereitet hatte, und in den andern Gebieten mit einem gesunden Bauernstande sich verhältnismäßig gut gehalten. Erschreckend groß waren die Verluste aber überall dort, wo in früherer Zeit in Anlehnung an slavische Rechtsverhältnisse die Bauernknechtung am schärfsten durchgeführt worden war. Und daß gerade der schwächere Teil der Bauernschaft am härtesten getroffen wurde, war der leidigen Form zuzuschreiben, die Regulierung von einer Landabtretung an den Gutsherrn abhängig zu machen und den Umfang der Abtretung mit der Art des bäuerlichen Besitztitels zu verquicken. Die Bauern wurden ihren Besitzrechten nach in zwei Klassen eingeteilt, in solche mit erblichen Besitzrechten und in solche, die ihre Stelle nicht erblich oder pachtweise besaßen, und es wurde bestimmt, daß die ersten ein Drittel, die zweiten die Hälfte ihres Landes abgeben mußten. Die größte Landabtretung wurde also gerade dort gefordert, wo der Bauer schon vorher am schwächsten gewesen war, nämlich dort, wo die Gutsherrschaft so stark geworden war, daß sie dem Bauern die Erblichkeit seines Besitzrechtes absprechen konnte. Aber damit noch nicht genug wurde nachträglich (durch die Deklaration vom 29. Mai 1816) festgesetzt, daß nicht, wie ursprünglich vorgesehen war, alle Bauern, sondern nur eine bestimmte Art von Bauern regulierbar sein sollten. Ausgeschlossen wurden alle Laß- und Pachtbauernstellen, die nicht in den alten Steuerkatastern aufgenommen und alten Bestandes waren und außerdem die große Masse aller der Stellen, die nicht spannfähig waren. Somit wurde einem großen Teil der ländlichen Bevölkerung die Möglichkeit genommen, Eigentümer zu werden und ihre Lasten abzulösen. Und wieder wurden durch diese Bestimmung die Gegenden mit einer ausgeprägt gutsherrschaftlichen Verfassung am härtesten getroffen, denn hier saßen die meisten schlechtberechtigten und wirtschaftlich schwachen Bauern. Zugleich wurde der Bauernschutz völlig beseitigt. Er wurde nicht nur aufgehoben für die regulierbaren Bauernhöfe, sondern auch für die unregulierbaren — also auch für jene Bauernhöfe, die nach wie vor in gutsherrlicher Abhängigkeit verblieben. Schutzlos waren sie der Legung und Einziehung preisgegeben. Erst das Revolutionsjahr von 1848 mußte kommen, um mit diesen bauernverderblichen Bestimmungen zu brechen und mit den letzten Resten der gutsherrschaftlichen Verfassung aufzuräumen. Das Ablösungsgesetz vom 2. März 1850 hob alle die früheren Beschränkungen der Regulierbarkeit auf, beseitigte eine große Zahl gutsherrlicher Berechtigungen ohne Entschädigung und machte alle übrigen leicht ablösbar. Es wurden staatliche Kreditinstitute, die „Rentenbanken“, errichtet, denen die Aufgabe zufiel, die Ablösung durch Kreditgewährung zu erleichtern. Denn fortan sollten die Gutsherren nur noch in Geld, nicht mehr in Land entschädigt werden. Leider kamen aber nur noch verhältnismäßig wenigen Bauern die Segnungen dieser Gesetzgebung zugute. In großen Mengen waren die Bauernstellen schon vorher eingegangen, teils aus eigener Schwäche, teils weil sie vom Gutsherrn ausgekauft und eingezogen worden waren.

Es kam hinzu, daß auch dieses so bauernfreundlich gedachte Gesetz vom 2. März 1850 ungewollte Wirkungen haben sollte. Die für den Bauern geschaffene Erleichterung, Eigentümer zu werden, erleichterte ihm auch die Möglichkeit, Schulden zu machen. Bald trat eine Überschuldung der freien Eigentümer ein; sie gerieten in die oft noch viel drückendere Schuldknechtschaft ihrer Hypothekengläubiger. Es zeigte sich, daß das Gesetz vom 2. März 1850 über das Ziel hinausgeschossen war, als es das Eingehen erbpachtähnlicher Verträge für den Bauern zu verhindern suchte, weil in ihnen der damalige Gesetzgeber nur das den Bauern Bindende, nicht aber das ihn Stützende erkannte. Wir werden sehen, wie sich die spätere preußische Landpolitik gerade gegen diese Einseitigkeit wandte und sie zu korrigieren wußte.

Die Befragung der Geschichte führt zu der Erkenntnis, daß die für Ostdeutschland charakteristische Grundbesitzverteilung zum Hauptteil erst ein Ergebnis der jüngsten Vergangenheit ist. Am Ausgang des Mittelalters überwogen in Ostdeutschland noch die mittleren und kleineren Betriebe. In ihrem Grundzug mag sich die Grundbesitzverteilung nicht wesentlich von dünn bevölkerten westdeutschen Bauernländern unterschieden haben. Seit dem 16. Jahrhundert vergrößerten sich dann die Rittergüter, die Bauern wurden allmählich entrechtet, aber bis gegen Ausgang des 18. Jahrhunderts überwogen die bäuerlichen Betriebe so sehr, daß Ostdeutschland noch ein Bauernland war. Die Bauern waren zwar zum größten Teil gutsherrlich abhängig, aber sie waren doch da. Zudem hatten die großen Kolonisationen der preußischen Könige im 18. Jahrhundert eine nicht unbeträchtliche Verstärkung des bäuerlichen Besitzes gebracht. In großen Massen zugrunde gegangen ist der ostdeutsche Bauernstand vor allem im 19. Jahrhundert.

Wenn auch nicht verkannt werden darf, daß die deutsche Landwirtschaft den ostdeutschen großen Gütern viel zu verdanken hat, so läßt sich doch nicht übersehen, daß der durch diese Entwicklung angerichtete Schaden groß war. Nicht immer war es so, daß die bäuerlichen Grundstücke mit ihrem Übergang in die Hände des Großgrundbesitzes nun auch den Weg zum besten Wirt gefunden hätten. Nicht alle Großbetriebe befanden sich auf der Höhe ihrer Leistungsfähigkeit; es gab gerade in Ostdeutschland genug solche, die höchst extensiv bewirtschaftet wurden. Zudem wurde nicht nur die Vergrößerung der Rittergüter gefördert, auch die Latifundienbildung wurde begünstigt, deren volkswirtschaftlicher Nutzen sehr gering ist. Das schlimmste war, daß durch den starken Verlust an bäuerlicher mittelständischer Bevölkerung in den Gegenden mit vorherrschendem Großgrundbesitz ganz unglückliche soziale Zustände geschaffen wurden. Gewiß! — die frühere Agrarverfassung hatte ihre schweren Mängel gehabt: Der Bauer war zum Gutsarbeiter geworden. Doch war er kein Proletarier. Denn wie schlecht es ihm auch oft gehen mochte, so hatte er doch seinen Hof und seine eigene Wirtschaft. Ein breites ländliches Proletariat ist in Ostdeutschland erst nach der Agrarreform erwachsen. Kapitalistischer Großunternehmer und besitzloser Landarbeiter stehen sich kalt und fremd gegenüber. Es fehlt der Mittelstand, der diese Kluft überbrückt. Aus dem Eingehen so vieler Bauerngüter ist die nachteilige Folge entstanden, daß sich der kleine Mann nicht mehr wohl fühlt auf dem Lande und abwandert. Die Landflucht, jenes Hauptübel der deutschen Landwirtschaft, hat gerade in den Gegenden vorherrschenden Großgrundbesitzes ihr stärkstes Maß angenommen.

Serings oft zitierter Ausspruch: „Das Vorherrschen großer Güter entvölkert das Land" ist das Ergebnis einer sorgfältigen statistischen Untersuchung über die Wechselbeziehung zwischen Grundbesitzverteilung und Abwanderung. Er stellt fest, welche erschreckenden Abwanderungsverluste gerade die östlichen Provinzen gehabt haben. „Eine Völkerwanderung nach Art derjenigen, welche gegenwärtig den ganzen Osten ergriffen hat . . ., läßt auf ein tiefes Mißbehagen ganzer Volksklassen, auf ein Kranksein des gesellschaftlichen Organismus schließen" (Sering, Grundbesitzverteilung und Abwanderung. Berlin 1910).

Ergänzende Literatur.

Knapp, Georg Friedrich, Die Bauernbefreiung und der Ursprung der Landarbeiter in den älteren Teilen Preußens. Leipzig 1887.

Derselbe, Grundherrschaft und Rittergut. Leipzig 1897.

Derselbe, Die Landarbeiter in Knechtschaft und Freiheit. Leipzig 1909.

Fuchs, Carl Joh., Der Untergang des Bauernstandes und das Aufkommen der Gutsherrschaften. Straßburg 1888.

Wittich, Werner, Die Grundherrschaft in Nordwestdeutschland. Leipzig 1896.

Below, Georg von, Territorium und Stadt. München und Leipzig 1900.

Skalweit, August, Gutsherrschaft und Landarbeiter in Ostdeutschland. Schmollers Jahrb. 1911.

9. Kapitel.

Die Innere Kolonisation.

I. Die Innere Kolonisation in Deutschland.

Die unglückseligen Zustände, die sich aus der geschilderten Entwicklung für die Grundbesitzverteilung ergeben hatten, drängten zu einem Eingreifen des Staates. Es lag in den Verhältnissen begründet, daß die Innere Kolonisation, in der sich dieses Eingreifen des Staates vornehmlich auswirkte, ihr Hauptbetätigungsfeld in Preußen fand. Hier war das Bedürfnis nach einer Verbesserung der Grundbesitzverteilung durch Schaffung neuer Bauernstellen am größten, hier drängten politische und nationale Gründe zu einer Verdichtung der ländlichen deutschen Bevölkerung, und hier schließlich war das Land, das auf dem Gebiete der Innern Kolonisation eine große Tradition hatte.

1. Die ältere Innere Kolonisation.

Die große mittelalterliche ostdeutsche Kolonisation kann man nicht eigentlich als Innere Kolonisation bezeichnen, zu deren Begriff es gehört, innerhalb alten Kulturlandes neue Siedlungen zu begründen, sei es, daß Flächen, die bisher wegen ihrer Minderwertigkeit unbesiedelt waren, wie Öd- und Moorland, sei es, daß Großbetriebe aufgeteilt werden. In der mittelalterlichen Periode der ostdeutschen Kolonisation steht das Streben des großen deutschen Volkes im Vordergrunde, sich auf Kosten des schwächeren slavischen Volkes über die Elbe auszudehnen. Es handelt sich um eine Besitzergreifung, um eine Kolonisation der Machtpolitik, ganz ähnlich, wie sie heute die Kulturvölker in fremden Erdteilen ausführen. Man kolonisierte mit dem Schwerte in der Faust. Allein, nicht nur das Streben nach Macht gab den Anlaß, daneben wirkten auch wirtschaftliche Motive. Dem deutschen Volke waren seine Grenzen zu eng geworden. Die überschüssige deutsche Bevölkerung suchte nach einem Abzugsventil, und der Rechtstitel für die Besitzergreifung des Ostens bestand nicht allein in dem Rechte, das die grausame Weltordnung dem Stärkeren über den Schwächeren gibt, sondern auch darin, daß sich die höhere Kultur über die niedrige setzte, bestand darin, daß unwirtschaftliche Lande und Menschen in den Kreis der Kultur und Gesittung einbezogen wurden. Die Eroberer kamen nicht nur mit dem Schwerte, — mit dem Pfluge zogen sie Furchen über Ödland, bahnten sie Wege durch Wildnis, gruben sie Abzugsläufe durch Sumpfland. Es war eine kriegerische und wirtschaftliche Eroberung zugleich. Sie war von so großem Nutzen, daß das Land nicht nur von den deutschen Eroberern deutsch kolonisiert ward, sondern zum guten Teil auch von slavischen Landesfürsten, die die wirtschaftliche Kraft deutscher Kolonisten für ihr Land nutzbar zu machen suchten. Es wurde ein Kolonisationswerk geschaffen, wie es kein Volk der Erde großartiger vollbracht hat. Auch andere Völker können sich großer kolonisatorischer Taten rühmen und haben sich dadurch große Reiche gewonnen. Aber das deutsche Volk hat sich nicht damit begnügt, durch die Erwerbung der slavischen Gebiete seine politische und wirtschaftliche Einflußsphäre zu erweitern — es hat das Land so durch und durch verdeutscht, daß es den Umfang seines Gebietes fast verdoppelt hat. Denn wer wollte daran zweifeln, daß Ostpreußen, Pommern, Mecklenburg, Sachsen, Brandenburg, Schlesien, ja auch Westpreußen und Posen deutsche Lande sind? Und Berlin, das ehemalige slavische Fischerdorf, ist die Hauptstadt des deutschen Reiches!

So sehr es dem heutigen tiefgedrückten deutschen Geschlechte frommen mag, sich der Großtaten seiner Geschichte zu erinnern, so ist hier doch nicht der Ort, über die mittelalterliche Kolonisation zu sprechen. Dagegen handelt es sich bei der Ansiedlungstätigkeit der brandenburg-preußischen Landesherren des 17. und 18. Jahrhunderts auch begrifflich um eine Maßnahme Innerer Kolonisation. Wenigstens die Haupttatsachen mögen nicht unerwähnt bleiben.

Der Dreißigjährige Krieg hatte im Lande gehaust. „Die Bevölkerung", so schildert Schmoller den Zustand des Landes, „war auf die Hälfte, teilweise auf einen noch geringeren Teil ihres früheren Standes herabgesunken, der Viehstand und das Kapital war in noch stärkerem Maße vernichtet; furchtbare Schulden drückten Kommunen wie Private; jede Hufe, jedes Haus war mit rückständigen Renten und Steuern überlastet. Die Besitzer verließen oftmals deshalb ihr Eigentum; ein ganzer Teil der Bevölkerung hatte sich in eine vagabundierende Menge aufgelöst, jeden Moment bereit, sich dahin zu wenden, wo irgend eine Chance des Glückspiels oder des Genusses lockte." Diese Zustände gaben den Anstoß zu einer umfangreichen Kolonisation. Vermehrung der einheimischen Bevölkerung, das war ein wirtschaftliches Ziel aller Kulturstaaten der damaligen Zeit, vor allem der deutschen, die unter Krieg und Not soviel gelitten hatten. Aber nirgends haben die kolonisatorischen Bestrebungen so großen Erfolg gehabt wie in Brandenburg-Preußen. Das war vor allem der Energie der Landesregierung zu danken, an deren Spitze in der Folge von vier Generationen drei Männer wie der Große Kurfürst, Friedrich Wilhelm I. und Friedrich der Große standen.

Was viele Kolonisten nach Brandenburg-Preußen zog, war die dort herrschende religiöse Toleranz. Alle, die ihres Glaubens wegen aus der Heimat weichen mußten, fanden Aufnahme in dem Lande, wo jeder nach seiner Façon selig werden konnte. Dem ostdeutschen Kolonisationsgebiet wurden dadurch wertvolle Kräfte zugeführt. Die französischen Refugiés, Sozinianer, Mennoniten und Waldenser, die Hessen, Pfälzer, Schweizer und Salzburger, die Schlesier, Böhmen und Mähren — sie alle wurden mit offenen Armen aufgenommen. Alle brachten die Fertigkeiten und Fähigkeiten einer älteren Kultur mit und suchten sie auf dem armen ostdeutschen Boden einzuführen. Sparsame Haushalter wie Friedrich Wilhelm I. und Friedrich der Große wurden verschwenderisch freigebig, wenn es galt, solche Kolonisten anzusiedeln. Nicht nur der Grund und Boden und Freijahre von allen Abgaben und Steuerlasten wurden gewährt, sondern es wurden, wo es not tat auch Unterstützungen in Naturalien und Barmitteln gegeben. Selbst ganz Unbemittelte wurden nicht grundsätzlich abgewiesen. Als Friedrich dem Großen seine Minister einmal anrieten, einen Kolonistenzug abzuweisen, weil es gar zu kümmerliche Leute seien, meinte er: „Weil sie einmal da sind, muß man sie behalten und sie brauchen, wozu es möglich ist, allenfalls ist es mehr um ihre Kinder, als um sie zu tun."

Außer denen, die kamen, weil sie ihres Glaubens wegen vertrieben worden, fanden sich noch Ansiedlungslustige, die in allen deutschen Landen planmäßig angeworben wurden. An allen wichtigen Plätzen befanden sich zu diesem Zwecke preußische Agenten. Wo es immer Notleidende oder Unzufriedene in andern Ländern gab, sofort waren die preußischen Agenten zur Stelle, um für die Auswanderung nach Preußen zu werben.

Die erste große Masseneinwanderung im 17. Jahrhundert, die der französischen Refugiés, wirkte vor allem befruchtend auf die bürgerlichen Gewerbe; für den Landbau hatte sie nur insofern Bedeutung, als der Obst- und Gemüsebau durch sie gefördert wurde. Für die Hebung der eigentlichen landwirtschaftlichen Kultur war die Einwanderung der Niederländer, so gering sie an Zahl auch war, wertvoller. Sie waren vom Großen Kurfürsten in das Land gezogen worden, um ihre hochentwickelte Wiesenkultur und Milchwirtschaft in der Mark einzuführen. Sie zeigten, wie man auf versumpftem Niederungsboden reiche Wiesen hervorzaubern konnte. Noch lange nannte man in Brandenburg die so entstehenden Fettweidewirtschaften Holländereien; so fest hatte sich das holländische Vorbild eingeprägt.

Das „Retablissement Litauens" war die größte kolonisatorische Tat König Friedrich Wilhelms I. Den Anstoß dazu gab eine furchtbare Heimsuchung, die diese Provinz kurz vor seinem Regierungsantritt durch Pest und Hungersnot erlitten hatte. Dieses große Siedlungswerk, das mit Kolonisten aus aller Herren Länder zuwege gebracht ward, betrachtete der König als eine der wichtigsten Aufgaben seiner Verwaltung und zugleich als sein eigenstes persönliches Werk. Was in verhältnismäßig kurzer Zeit vollbracht wurde, gehört zu den größten Leistungen Innerer Kolonisation. Man bedenke, daß das ganze Werk wie aus wilder Wurzel entstehen mußte. Alles mußte erst beschafft werden, Gebäude, Inventar, Saatgut, Vieh und vor allem Menschen. Dabei fehlt es an allen Erfahrungen für ein so großes Siedlungsunternehmen. Daraus und aus der Unwirtlichkeit des Ansiedlungsgebietes erklären sich die vielen Rückschläge, die das Werk immer wieder zurückbrachten, erklären sich die großen Menschenopfer, mit denen die Wiederbevölkerung erkauft werden mußte; rechnete man doch in der ersten Zeit mit einem Menschenverluste von 50% des Zuwachses. Mißernten und Viehseuchen zerstörten wiederholt die Arbeit langer Jahre. Ein weniger energischer Mann, als dieser König, wäre gewiß an diesem Werke verzweifelt. Doch er hielt stand. Mit wachsender Erfahrung und zunehmender Schulung des Beamtentums mehrten sich die Erfolge. Als gegen Ende der Regierung des Königs die von ihm warm begrüßten Salzburger nach Litauen kamen (sie bildeten übrigens nur einen mäßigen Bruchteil der vor ihnen angesiedelten Preußen, Schweizer und Deutschen), hatte sich schon eine erprobte Ansiedlungsmethode ausgebildet.

Für seinen Sohn hatte dieses Werk eine vorbildliche Bedeutung. Als Friedrich der Große — er war damals noch Kronprinz — zum erstenmal nach Litauen kam, schrieb er voller Bewunderung: „Auch das ist eine Heldentat, eine Wüste bewohnbar und glücklich zu machen.“ Dieser Eindruck ist für ihn unauslöschlich geblieben. Friedrich ist nicht nur Preußens größter Kriegsheld und Staatsmann, er ist auch Preußens größter Kolonisator geworden. Nahezu 60000 Familien (die Familie zu fünf Köpfen gerechnet) mit 300000 Seelen hat Friedrich der Große angesiedelt. Es handelt sich um eine allgemeine Innere Kolonisation größten Stils. Unter Friedrich Wilhelm I. konzentrierte sich die Hauptarbeit auf eine einzige Provinz, jetzt wurde aber das ganze Staatsgebiet erfaßt. Selbst die westlichen Provinzen fehlten nicht, wenn auch die größten Ansiedlungsziffern naturgemäß die ostdeutschen Provinzen, vor allem Ostpreußen, Schlesien und Brandenburg aufwiesen.

Bei diesen Unternehmungen kam es dem König zu statten, daß die Landfrage verhältnismäßig wenig Schwierigkeiten machte. So konnte sich die Ansiedlung auf solchem Lande vollziehen, das durch Meliorationen überhaupt erst der Kultur gewonnen worden war. Es sei erinnert an die Entwässerung des rhin- und havelländischen Luchs, an die Eindeichungen und Meliorationen im Oder-, Warthe- und Netzebruch. Doch beschränkte sich die Kulturarbeit nicht auf diese wenigen ganz großen Unternehmungen. Allerorts in Ostpreußen, Pommern, in der Priegnitz und Altmark, in Ostfriesland, überall war reiche Gelegenheit, Sümpfe trockenzulegen, Flußläufe zu regulieren, unproduktive Wildnisse in saftige Wiesen und fruchttragende Felder zu verwandeln. Eine weitere Möglichkeit, Kolonisten anzusiedeln, war durch die Parzellierung von Domänenvorwerken gegeben. Friedrich hat das im großen Maßstabe getan und die zerschlagenen Großgutswirtschaften an bäuerliche Besitzer in Erbpacht vergeben, ohne indes darin so weit zu gehen, daß er sämtliche oder auch nur die Mehrzahl der domanialen Großbetriebe zerschlagen hätte, wie es damals von den Vertretern der Landwirtschaftswissenschaft gefordert wurde. Drittens endlich konnte eine Ansiedlung auf Bauernlande selbst stattfinden. Sehr oft hatten die Bauern mehr Land, als sie gut zu kultivieren vermochten. Friedrich hat daher mit rastlosem Eifer den Abbau und die Teilung zu großer Domänenbauernhöfe betrieben.

Alle diese Erfolge Innerer Kolonisation im 18. Jahrhundert beschränkten sich in der Hauptsache auf Domanialland, das dem unmittelbaren Eingriff des Staates offenstand. Friedrich der Große hat auch den privaten Grundbesitz zur Kolonisation anzuregen gesucht, gewährte Ansiedlungsprämien und eröffnete reichen Meliorationskredit. Aber die Erfolge waren gering. So zeigte sich denn schon bei dieser ersten großen Epoche der Inneren Kolonisation die immer wieder gemachte Erfahrung, daß Großes auf diesem Gebiete allein durch das unmittelbare Eingreifen der öffentlichen Gewalt zu erreichen ist.

Über diese Epoche der Inneren Kolonisation, deren vollständige, auch für die Folgezeit so lehrreiche Geschichte noch nicht geschrieben ist, hat der Verfasser dieses Handbuchs mehrere Schriften veröffentlicht. Darunter seien hervorgehoben: „Die Domänenverwaltung Ostpreußens und das Retablissement Litauens“, Leipzig 1906; „Die Agrarpolitik Friedrichs des Großen“ (Acta Borussica, Getreidehandelspolitik, III.), Berlin 1911; „Fünfhundert Jahre Landeskultur unter der preußischen Krone" (Mitt. d. deutsch. Landwirtschaftsges., 1911); „Wieviel Kolonisten hat Friedrich der Große angesiedelt?" (Forsch. z. brandenb. und preuß. Gesch., Bd. 24, 1911).

2. Das Rentengut.

Die Innere Kolonisation, die im alten Preußen einen lebendigen Zweig der Staatsverwaltung gebildet hatte, und als eine selbstverständliche Pflicht der Staatsraison angesehen worden war, wurde aufgegeben, als sich nach dem Zusammenbruch des alten Staates die Grundsätze des wirtschaftlichen Liberalismus durchsetzten. Da man vom freien Spiel der Kräfte erwartete, daß der Boden den Weg zum besten Wirt finden würde, lehnte man die künstliche Gründung neuer bäuerlicher Betriebe grundsätzlich ab. Doch dauerte es nicht lange, bis sich ein Wandel der Meinungen vollzog. Man erkannte, daß die Früchte der liberalen Agrargesetzgebung den in sie gesetzten Hoffnungen nicht voll entsprachen. Sie war bauernfreundlich gedacht, aber ihre Wirkung war eine Ausdehnung der Großgutsbetriebe auf Kosten der Bauernwirtschaften gewesen. Wenn man sich auch der Einsicht nicht verschloß, daß die Agrarreformen, indem sie überhaupt erst für den wirtschaftlichen Fortschritt den Boden bereiteten, Großes vollbracht hatten, so war man doch geneigt, alles das neben den unerwünschten Begleiterscheinungen zu übersehen.

Die Wurzel des Übels erblickte man in der unbeschränkten Freiheit des Grundeigentums, das sich als ein Gut von zweifelhaftem Wert erwiesen habe. Man erinnerte sich eines Ausspruchs Adam Müllers, „der Boden müsse in seiner ganzen, eigentümlichen Natur als bleibendes, ewiges Erbstück der ganzen unsterblichen Staatsfamilie bearbeitet werden". „Die absolute Veräußerlichkeit als Kennzeichen des Eigentums zu erklären, ist der Gipfel des Wahnsinns." In mehreren Schriften wies Rodbertus schon seit Ende der 40er Jahre auf die grundsätzlich falsche Einstellung des wirtschaftlichen Liberalismus zum Bodenproblem hin: „Landwirtschaftlicher Grundbesitz ist, volkswirtschaftlich betrachtet, kein Kapital, sondern ein immerwährender Rentenfonds." Um einiges später vollzogen selbst liberale Politiker einen Gesinnungswechsel; einer ihrer Führer, Miquel, wurde zum Hauptvorkämpfer für eine aktive staatliche Landpolitik.

In den Verhandlungen, die in den 70er Jahren im preußischen Landtag und im Landesökonomiekollegium stattfanden, wurde man sich darüber klar, daß die Schaffung eines Besitzrechtes erwünscht sei, das den Anforderungen bäuerlicher Bodenständigkeit besser entspräche als das freie Grundeigentum. Man dachte an die Erbpacht, die Friedrich der Große bei seinen Ansiedlungen angewandt hatte, und die sich auf den mecklenburgischen Domänen, wo die Bauern bei der Bauernbefreiung nicht Eigentümer, sondern Erbpächter geworden waren, bestens bewährt hatte. Allgemein wurde bedauert, daß das Gesetz vom 2. März 1850 den Abschluß von Erbpachtverträgen unmöglich gemacht hatte.

Im § 91 dieses Gesetzes war bestimmt worden: „Bei erblicher Übertragung eines Grundstücks ist fortan nur die Übertragung des vollen Eigentums zulässig." Zwar war der Kauf gegen Rente nicht völlig ausgeschlossen worden, doch nur unter einer starken Beschränkung der Vertragsfreiheit; die Rente mußte zum Zwanzigfachen ihres Betrages abzulösen sein und durfte nicht über 30 Jahre hinaus unabgelöst bleiben. — Es sollte eben unter allen Umständen verhindert werden, daß sich auf der Basis von Rentenverträgen wieder feudale Abhängigkeitsverhältnisse einschlichen. Um die Freiheit des Grundeigentums zu gewährleisten, beschränkte man die Vertragsfreiheit. Miquel hat auf diesen Widerspruch hingewiesen und betont, daß gerade das liberale Bewußtsein die Wiederherstellung der völligen Vertragsfreiheit fordern müsse.

Obwohl auch Bismarck es aussprach, daß die gesetzliche Aufhebung der Erbpacht, die ein Mittel gewesen sei, jemandem leicht zu einem unantastbaren Grundbesitz zu verhelfen, eine große Schädigung in der Entwicklung der ländlichen Verhältnisse mit sich gebracht habe, konnte die Regierung sich doch nicht zu ihrer Wiedereinführung entschließen. Die Erbpacht gehöre „zu den feierlichst beseitigten und schlechtest beleumdeten Formen des sog. geteilten Eigentums". Doch fand sie einen Ausweg, indem sie die verpönte Institution in ein neues Gewand kleidete, in die Form des Rentenguts.

Am 2. November 1885 legte die Regierung dem Landesökonomiekollegium eine Denkschrift betr. Rentengüter vor, worin es unter anderm heißt: „Unter Rentengütern sollen solche zum Betriebe der Landwirtschaft bestimmte Besitzungen verstanden sein, bei deren eigentümlichem Erwerb der Käufer die Zahlung einer festen Jahresgeldrente vertragsmäßig übernimmt. Das Institut kennzeichnet sich ferner dadurch, daß es den Beteiligten gestattet sein soll, innerhalb der vom Gesetz gezogenen Schranken durch freie Vereinbarung dem jeweiligen Besitzer gewisse Beschränkungen in der Verfügung über das Gut aufzuerlegen, und daß durch den Vertrag die Unablösbarkeit sowohl der Geldrente als auch der dem rentenpflichtigen Eigentümer auferlegten Verfügungsbeschränkungen festgesetzt werden können."

Die Verwandtschaft mit der Erbpacht ist unverkennbar. Wie die Erbpacht ermöglicht auch das Rentengut, durch Zahlung einer festen Rente ein Grundstück ohne Ankaufskapital zu erwerben. Wie bei der Erbpacht kann die Rente unkündbar sein, freilich muß die Unkündbarkeit durch Vertrag festgesetzt sein, während sie sich bei der Erbpacht von selbst versteht. Der Rentengutsbesitzer ist zwar Eigentümer, doch können ihm Beschränkungen in der Verfügung durch

Vereinbarung auferlegt werden. Also nur die Form ist neu, der Inhalt der Erbpacht ist geblieben.

Zur Konstruktion des Rentenguts war man gekommen, weil man befürchtete, daß die Erbpacht die Möglichkeit neuer Abhängigkeitsverhältnisse und Lasten in sich schlösse. Doch war man dieser Gefahr wirklich ganz aus dem Wege gegangen? Konnte aus der Belastung des Bodens mit dauernden Rentenschulden nicht auch eine Art Hörigkeit entstehen, besonders dann, wenn der Rentenberechtigte zugleich Arbeitgeber des Rentenverpflichteten war? Auch die Denkschrift von 1885 verschloß sich solchen Bedenken nicht, doch glaubte man, über sie hinweggehen zu können, weil man sich sagte, „daß die Überlassung von Rentengütern in der weit überwiegenden Zahl der Fälle von solchen Personen oder Stellen ausgehen würde, denen der Schutz der öffentlichen Interessen naheläge". Es war zu erwarten, daß das neue Rechtsinstitut ausschließlich für den Staat und andere öffentliche Korporationen praktische Bedeutung gewinnen würde, worin eine Gewähr gegen eine mißbräuchliche Ausnutzung des für den Rentengutsbesitzer erwachsenden Abhängigkeitsverhältnisses lag. War doch nicht anzunehmen, daß sich Private zu der schwierigen und großes Anlagekapital erfordernden Unternehmung der Rentengutsgründung ganz ohne öffentliche Beihilfe entschließen würden.

Die spätere Entwicklung hat das bestätigt. Das Rentengut wäre aus seiner papiernen Existenz wohl kaum herausgetreten, wenn nicht die preußische Regierung die Ausführung der Inneren Kolonisation selbst in die Hand genommen hätte.

Der unmittelbare Anlaß war politischer Art. In der Ostmark sollte durch eine Verdichtung der deutschen Bevölkerung dem Vordrängen des Polentums Einhalt geschehen. Das Gesetz betr. „die Beförderung deutscher Ansiedlungen in den Provinzen Westpreußen und Posen" vom 26. April 1886 stellte der Staatsregierung einen (später wiederholt erhöhten) Fonds von 100 Millionen Mark zur Verfügung, mit der Aufgabe, zur Stärkung des deutschen Elements gegen polonisierende Bestrebungen deutsche Bauern und Arbeiter anzusiedeln. Als ausführendes Organ wurde die „Königl. Ansiedlungskommission für Westpreußen und Posen" gegründet.

Es lag auf der Hand, daß, wenn der politische Zweck des Gesetzes nicht verfehlt werden sollte, die Ansiedlungskommission die Stellen nicht als freies Eigentum ausgeben konnte, obwohl das Gesetz auch eine solche Vergebung zuließ. Es wäre ja keine Gewähr dafür geboten gewesen, daß die mit Staatsmitteln neu gegründeten Stellen alsbald wieder eingegangen oder gar bei einem Verkauf in polnische Hände gekommen wären, eine Gefahr, die bei dem mit Energie von den Polen geführten Kampf um den Boden unmittelbar drohte. Auch die Verpachtung hätte der Absicht, einen bodenständigen deutschen Bauernstand zu schaffen, nur unvollkommen entsprochen. Die unter diesen Verhältnissen gegebene Form der Übertragung war das nicht voll ablösbare Rentengut.

„Das Rentengut der Ansiedlungskommission vermeidet die Nachteile der Pachtstelle, ohne seine Vorteile auszuschließen. Da der Käufer den ganzen Kaufpreis für das Land in Form der Rente leistet, die 50 Jahre lang für den Staat unkündbar ist, so behält er sein eingebrachtes Vermögen unverkürzt zur Einrichtung und Inbetriebsetzung der Stelle. Ferner sichert sich der Staat durch die Bestimmung, daß der zehnte Teil der Rente nur im beiderseitigen Einverständnis abgelöst werden darf, und durch die Ausbedingung eines Wiederkaufsrechts insoweit eine dauernde Einflußnahme auf die Ansiedlerstelle, als sie aus finanziellen und nationalpolitischen Gründen notwendig ist." („Zwanzig Jahre deutscher Kulturarbeit." Denkschrift der Kgl. Ansiedlungskommission, 1907.)

Die durch die Unablösbarkeit der Rente für den Rentengutsbesitzer geschaffene Abhängigkeit hatte in diesem Falle keine Bedenken, als der Rentenberechtigte keine Privatperson, sondern der Staat war. Ja, die Unablösbarkeit hatte für ihn nicht unbeträchtliche materielle Vorteile. Obwohl der Rentengutsbesitzer berechtigt gewesen wäre, neun Zehntel der Rente abzulösen, hat er doch tatsächlich kaum jemals von diesem Rechte Gebrauch gemacht. Die Rente war nämlich außerordentlich niedrig, betrug nur etwa $2^1/_2$ bis 3 % des von der Ansiedlungskommission aufgewandten Kapitals. Nirgends hätte der Ansiedler auch nur annähernd so billiges Kapital bekommen.

Anders verhielt es sich, wenn man die Möglichkeit der Rentenausgabe auch Privaten eröffnete, und dieser Fall wurde praktisch, als man schon nach wenigen Jahren — durch Gesetz vom 27. Juni 1890 — die Rentengutsgründung ganz allgemein und für den Umfang des ganzen Staates zuließ. Jeder Grundbesitzer durfte nun Rentengüter gründen, deren Ablösbarkeit er von seiner Zustimmung abhängig machen konnte, und war berechtigt, sich ein Vorkaufsrecht zu sichern und ein Veräußerungs- und Zerteilungsverbot auszuüben. Die Möglichkeit eines Obereigentums war wieder geschaffen. Das war sicherlich nicht unbedenklich. Doch blieb das Gesetz toter Buchstabe. Es fand sich keiner, der es anwenden wollte. Nicht etwa aus moralischen Skrupeln, sondern weil die Anwendung des Gesetzes, so wie es war, einen Grundbesitzer veraussetzte, der über liquide Kapitalien verfügte und diese lediglich aus Passion am Kolonisieren zur Gründung von Rentengütern verwandt hätte. War doch die erste Anlage von Rentengütern eine kostspielige Sache. Zunächst wäre erforderlich gewesen, das Grundstück schuldenfrei zu machen, weil das Rentengut „frei von den

Hypotheken- und Grundschulden des Grundstücks, von dem es abgetrennt wurde, begründet werden mußte." Und dann wäre Geld für die erste Ansiedlung nötig gewesen. Nun gab es gerade in der damaligen Zeit unter den vielen Grundbesitzern, denen es recht schlecht ging, manche, die an sich bereit gewesen wären, ihren Grund und Boden ganz oder teilweise in der Form der Parzellierung zu veräußern, doch wollten sie bares Geld dafür bekommen und keine Rente, und das Geld für die erste Anlage der Ansiedlerstellen fehlte ihnen vollends. „Denn daß der anzusiedelnde Arbeiter kein Kapital besaß, um Gebäude und Inventar aus eigenen Mitteln zu beschaffen, war ja selbstverständlich. Besaß aber der Arbeiter Kapital, dann wußte er Besseres damit anzufangen, als in eine unlösliche Abhängigkeit von einem Großgrundbesitzer sich zu begeben." (Aal.)

Es wurde daher schon im folgenden Jahre durch das Gesetz betr. die Beförderung der Errichtung von Rentengütern vom 7. Juli 1891 die Staatsverwaltung in den Dienst der privaten Rentengutsgründung gestellt. Die Rentenbanken wurden angewiesen, im Zusammenwirken mit den Generalkommissionen auf Antrag die Finanzierung der Rentengutsgründung zu übernehmen. Die Ansichten darüber, ob auch diese Gründungen ähnlich wie die Rentengüter der Ansiedlungskommission unablösbar gemacht und damit dauernd in ihrer Eigenschaft erhalten werden sollten, gingen zunächst auseinander. Miquel, inzwischen Finanzminister geworden, hatte, getreu seiner bisherigen Stellungnahme, vorgeschlagen, die Gewährung des Rentenbankkredits allein auf solche Rentengüter zu beschränken, die unablösbar blieben. Doch wurde diese Einschränkung fallen gelassen. In der Praxis gestalteten sich dann die Dinge gerade umgekehrt, wie ursprünglich beabsichtigt war: Unablösbare Rentengüter wurden unter Vermittlung der Generalkommissionen in der Regel nicht ausgelegt; vielmehr wurde von vornherein in Form einer alljährlich zu zahlenden Tilgungsquote die vollständige Ablösung der Rente vorgesehen. Die so entstandenen Rentengüter wurden also nach Ablauf der Tilgungsperiode zu freien Eigentum.

Man wird also sagen können, daß die Ende der 70er Jahre so lebhaft einsetzende Aktion, für das kleine Grundeigentum ein erbpachtähnliches Rechtsinstitut einzuführen, nur unvollkommen geglückt ist. Nur bei den von der Ansiedlungskommission ausgelegten Rentengütern wurde die dauernde Bindung durchgeführt. Da indessen die Ansiedlungskommission nicht mehr besteht, und da deren Ansiedlungsgebiete von den Polen geraubt worden sind, so wird es heute in Deutschland nur wenige unter den vorhandenen Rentengütern geben, die dauernd diese Eigenschaft behalten werden. Immerhin ist die Gewähr dafür, daß die Rentengüter ihrer Bestimmung erhalten bleiben, in hohem Maße gegeben. Die Tilgungsperiode der Rente pflegt sich über zwei Generationen hin zu erstrecken, und während dieser Zeit darf die Aufhebung der wirtschaftlichen Selbständigkeit, die Zerteilung oder Veräußerung von Teilen des Rentenguts nur mit Genehmigung der Generalkommission erfolgen. Man kann daher annehmen, daß die neuen Wirtschaften bereits genügend in sich gefestigt sind, wenn sie ihre volle Selbständigkeit erlangen. Eine weitere Sicherung besteht darin, daß auf Grund eines Gesetzes vom 8. Juni 1896 für die Rentengüter das Anerbenrecht gilt, welches, wie wir sehen werden, ganz dazu angetan ist, dem Bauern ein hohes Maß von Widerstandskraft zu verleihen. Sie wird fortwirken, selbst wenn das Rentengut freies Eigentum geworden ist, zumal nicht zu erwarten ist, daß dann die im Grundbuch eingetragene Anerbengutseigenschaft wieder gelöscht werden wird. Zudem kann auf Grund eines preußischen Gesetzes vom 20. September 1899 das Rentengut zugunsten des Veräußerers in der Weise belastets werden, daß dieser dem Eigentümer gegenüber zum Wiederkaufe berechtigt ist. Wenn dieses Wiederkaufsrecht auch nur bei Eigentumswechsel und bei Verletzung vertragsmäßiger Pflichten angewandt werden darf, so bietet es doch dem Kolonisator eine ausreichende Handhabe, um zu verhindern, daß das Rentengut in unrechte Hände kommt.

Ergänzend wäre noch zu bemerken, daß anfangs keine Einhelligkeit der Auffassung darüber bestand, welche Größe die ausgelegten Rentengüter haben müßten. Als man das erste Gesetz von 1890 schuf, hatte man wohl vornehmlich an die Begründung von Landarbeiterstellen gedacht. Gab doch die Landflucht der Landarbeiter den Anstoß dazu, daß gerade die Kreise der Großlandwirte für die Schaffung von Rentengütern eintraten, wovon sie sich eine Behebung des wachsenden Landarbeitermangels versprachen. Aal erzählt, wie dann infolge eines Druckfehlers, den Miquel nicht ungern stehengelassen habe, in das zweite Gesetz von 1891 eine Fassung gekommen sei, die die Rentengutsgründung auf Stellen mittleren und kleineren (statt „kleinsten“, wie ursprünglich in der Vorlage stand) Umfanges beschränkte. Die Auslegung von Arbeiterstellen war damit ausgeschlossen. Als dann aber in verstärktem Maße eine Bewegung zugunsten der Seßhaftmachung von Landarbeitern einsetzte, sahen sich die zuständigen Minister veranlaßt, durch den Erlaß vom 8. Januar 1907 zu bestimmen, daß Rentengüter bis zu einer Mindestgröße von 12,50 Ar (gleich einem halben Morgen) begründet werden dürften. Man entschloß sich nicht leicht dazu, weil die Befürchtung nicht von der Hand zu weisen war, daß die Arbeiter-Rentengüter zur Begründung eines dinglichen Schuldverhältnisses zwischen Arbeitgeber und Arbeiter mißbraucht werden könnten. Um dieser Gefahr aus dem Wege zu gehen, stellte ein Erlaß des Landwirtschaftsministers vom 10. August 1909 Staatsbeihilfen für Landarbeitersiedlungen nur dann in Aussicht, wenn für eine hinter der Rentenbank verbleibende Restrente (oder Hypothek) ein Kommunalverband, eine gemeinnützige Gesellschaft oder ein gemeinnütziges Kreditinstitut, nicht aber der Rentengutsausgeber als Gläubiger im Grundbuch eingetragen wird. Außerdem ist zur Bedingung gemacht, daß dauernde Arbeitsgelegenheit vorhanden sei, und zwar nicht nur bei einem einzigen Arbeitgeber, sondern bei einer Mehrheit von solchen, unter denen der Arbeiter die Wahl hat.

3. Die Königl. Ansiedlungskommission.

Ein historisch gewordenes Kapitel! Doch ist dieses größte kolonisatorische Unternehmen der neuesten Zeit für die Geschichte der Inneren Kolonisation so bedeutsam, für modernes Ansiedlungswesen so lehrreich, daß die Erinnerung daran nicht erlöschen wird. Es war ein Unternehmen, das mit wirtschaftlichen Mitteln ein großes politisches Ziel verfolgte: die Abwehr des Vordringens eines nationalistisch organisierten Polentums auf altes deutsches Kolonisations- und Kulturland. Ob und inwieweit dieses Ziel durch die Maßnahmen der Ansiedlungskommission erreicht worden ist, worüber bekanntlich die Meinungen von jeher auseinandergingen, darüber brauchen wir heute nicht mehr zu streiten. Für uns kann es nur darauf ankommen, zu zeigen, welche kolonisatorische Leistung vollbracht wurde und mit welchen Mitteln sie geschah.

Die Leistungsfähigkeit und Spannkraft der Ansiedlungskommission wurde von vornherein dadurch gestärkt, daß sie, aus der übrigen Behördenorganisation herausgelöst, eine Behörde mit einem hohen Maß von Selbständigkeit und eigener Initiative war. Unmittelbar dem Ministerium unterstehend, konnte sie sich, unbeirrt durch Rücksichten auf andere Verwaltungszweige, ausschließlich ihren kolonisatorischen Aufgaben widmen. Reich mit Staatsmitteln ausgestattet, war sie in der Lage, auch nach der finanziellen Seite hin unbeengt ihre Ziele zu verfolgen. Sie schuf ein Ansiedlungsunternehmen größten Stils, das jedoch — der politischen Zielsetzung entsprechend — auf die Provinzen Posen und Westpreußen (genauer gesagt: die Regierungsbezirke Posen, Bromberg und Marienwerder) regional beschränkt blieb.

Da die Ansiedlungskommission, sobald die ersten schweren Lehrjahre überstanden waren, über ein im Ansiedlungswesen gut geschultes Beamtenpersonal gebot, hat sie eine Ansiedlungstechnik ausgebildet, die für alle andern Kolonisationsunternehmungen lehrreich und vielfach vorbildlich geworden ist. Dieses Erbteil hat der deutschen Inneren Kolonisation auch der Frieden von Versailles nicht rauben können.

Die Landbeschaffung, das Ankaufsgeschäft, stand freilich auf diesem heiß umstrittenen Boden ganz unter dem Eindruck und Einfluß des Nationalitätenkampfes. Die Bodenpreise steigerten sich in einem Maße, welches die Wertzunahme, wie sie allein durch die verbesserten Produktions- und Absatzverhältnisse hervorgerufen worden wäre, weit überstieg. Schuld daran war nicht allein die Nachfrage der Ansiedlungskommission, sondern auch die von polnischer Seite ausgehende Gegenbewegung. Es kam zu einem regelrechten Wettkampf um den Grund und Boden. In den ersten Jahren konnte fast ausschließlich von Polen gekauft werden. Freilich hatte man damals noch keinen festen Ansiedlungsplan; man richtete den Ankauf nach dem zufälligen Angebot, man kaufte dort, wo man polnischen Boden und wo man diesen billig bekam. Die angekauften Güter lagen daher in dem ganzen Ansiedlungsgebiet zerstreut. Doch wurde man bald belehrt, daß man mit den darauf gegründeten Streusiedlungen einen Fehler gemacht hatte. Er wäre zu vermeiden gewesen, wenn man sich die Erfahrungen der Friderizianischen Kolonisation zu nutze gemacht hätte. Auch Friedrich der Große war nach der Erwerbung Westpreußens (1772) so vorgegangen, daß er deutsche Kolonisten zerstreut ansiedelte, „damit die Leute untereinander ein bisgen melieret würden und nicht lauter polnisches Zeug allein dorten wäre, sondern mitunter gute teutsche Leute dort wohnten". Doch hatte er dieses Verfahren bald wieder aufgegeben, weil es sich zeigte, daß diese Streusiedlungen nicht den beabsichtigten Erfolg hatten. Statt die Polen zu sich heraufzuziehen, wurden die deutschen Ansiedler zu den Polen heruntergezogen. Ähnlich erging es der Ansiedlungskommission. Sie war daher in der Folgezeit bestrebt, möglichst geschlossene deutsche Siedlungen zu begründen. Man suchte beim Bodenerwerb planmäßiger vorzugehen. Die Folge davon mußte sein, einmal, daß man teurer kaufte, weil sich die Nachfrage auf einen begrenzten Kreis der Kaufobjekte beschränkte, zweitens, daß auch zur Erwerbung deutschen Bodens geschritten werden mußte, wenn er für die Ansiedlungszwecke günstig lag. Natürlich legte man sich in letzter Hinsicht Beschränkungen auf. Noch bis 1897 überwog der Ankauf aus polnischer Hand, seitdem aber mußte in zunehmendem Maße zur Erwerbung deutschen Grundbesitzes geschritten werden. Bald war es auch nicht mehr möglich, an den für richtig erkannten Kaufprinzipien festzuhalten. Eine wilde Bodenspekulation setzte ein. Schließlich stellte die Schwierigkeit des Bodenerwerbs die Fortführung des ganzen Werkes in Frage. Nach heftigen Kämpfen im Landtage wurde durch ein Gesetz vom 9. April 1908 dem Staate das Recht verliehen, „in den Bezirken, in denen die Sicherung des gefährdeten Deutschtums nicht anders als durch Stärkung und Abrundung deutscher Niederlassung mittels Ansiedlungen möglich erscheint, die hierzu erforderlichen Grundstücke in einer Gesamtfläche von nicht mehr als 70000 Hektar nötigenfalls im Wege der Enteignung zu erwerben". Obwohl dieses Gesetz erst nach Jahren und dann auch nur in wenigen Einzelfällen angewandt wurde, hatte es allein schon durch sein Bestehen einen heilsamen Einfluß auf dem Gütermarkt. Insgesamt hatte die Ansiedlungskommission bis Ende 1916 die stattliche Fläche von 462000 Hektar erworben.

Bevor die Ansetzung der Kolonisten beginnen konnte, war noch große Arbeit zu bewältigen. Die Umwandlung der ehemaligen Großbetriebe in eine größere Anzahl bäuerlicher Wirtschaften war ja keine leichte Aufgabe, die ohne größere Vorbereitungen durchgeführt werden konnte. Stets war eine Zwischenwirtschaft erforderlich. Die Ansiedlungskommission pflegte das Gut zunächst einem in Jahreslohn stehenden Verwalter zu übergeben. Dessen erste Aufgabe war, das Gut, das sich nicht selten in heruntergewirtschaftetem Zustande befand, in guten Kulturzustand zu bringen, Drainagen, Meliorationen, Wegeanlagen auszuführen. Erst dann konnte die Aufteilung beginnen. Wenn dann die Ansiedler kamen, hatte der Verwalter für ihre erste Versorgung aufzukommen, für ihre Unterkunft und ihren Unterhalt zu sorgen, Baufuhren zu stellen, zugleich aber das alte Gut, das ja nicht an einem Tage aufgeteilt werden konnte, weiter zu bewirtschaften, bis die Ansiedlung vollendet war. Die Behandlung der Kolonisten erforderte viel Geduld und Takt. Die Leute, die da kamen, waren mit den reichsten Hoffnungen nach der neuen Heimat ausgezogen wie ins gelobte Land. Wenn sie an Ort und Stelle waren, machte gewöhnlich bittere Enttäuschung der Hoffnungsfreudigkeit Platz. Da standen sie nun mit Weib und Kind, und nur Grenzsteine, abgesteckte Pfähle bezeichneten die Stätte, wo sie hausen sollten. Anfangs hatte die Ansiedlungskommission den Kolonisten schon vor der Ankunft die Häuser gebaut. Davon war man aber bald wieder abgekommen. Die Ansiedler hatten zuviel daran zu mäkeln. Die Ansprüche wechselten je nach der in der Heimat gewohnten Bauweise. Es kam hinzu, daß der Staat zu teuer baute. Man ließ daher den Kolonisten selbst bauen. Er kam billiger dabei fort, konnte nach seinen Wünschen und besonderen Bedürfnissen die Anlage machen und gewann zu dem selbstgebauten Heim mit dem frohen Gefühl des eigenen Schaffens persönliche Beziehungen. Die Ansiedlungskommission baute vor der Ansetzung gewöhnlich nur die Scheunen, die der ersten Unterkunft und als Grundstock für die neuen Gehöfte dienten.

Welche Siedlungsform wurde gewählt? Einzelhof oder Dorf? Die Wirtschaftsbedingungen sind beim Einzelhof, der mitten in seinen Feldern liegt, günstiger als bei der Dorfsiedlung, wo die Felder vom Wirtschaftsmittelpunkte weiter abliegen und mit der Entfernung die Bestellungsschwierigkeiten wachsen. Doch wird der Mensch nicht allein von materiellen Vorteilen geleitet. Es wird ihm schwer, das Zusammenleben mit seinesgleichen zu missen. Er wird auch dadurch, daß er sich mit seinen Genossen vergleicht, zur Arbeit angespornt, seine Wirtschaftlichkeit und sein Erwerbstrieb werden gesteigert. Man hat daher gerade bei der Inneren Kolonisation, wo das Anlehnungsbedürfnis der Ansiedler besonders groß ist, mit der Einzelhofsiedlung, trotz ihrer ökonomischen Zweckmäßigkeit, keine guten Erfahrungen gemacht. Sie wurde daher auch von der Ansiedlungskommission, obwohl zuerst angewandt, im Prinzip aufgegeben. Die Grundform der Siedlungsweise sollten bilden „in sich geschlossene leistungsfähige Landgemeinden mit Kirche und Schule am Orte, mit Gemeindevermögen ausgestattet und zu kräftigen Genossenschaften organisiert". (Denkschrift von 1907.) Doch wählte man nicht das westdeutsche Haufendorf, wo die Gehöfte im engen Dorfbering dicht beieinander liegen, während davon getrennt die Felder draußen in der Flur liegen. Diese Anlage hätte allzu stark den ökonomischen Anforderungen widersprochen. Geeigneter schien das ja auch im übrigen Deutschland nicht unbekannte Reihendorf zu sein. Hierbei ließen sich die Felder so schneiden und anordnen, daß sie zu einem guten Teil an langer Straße nebeneinander zu liegen kamen, mit den Höfen unmittelbar an der Straße. Außer dem Nahplan erhielt dann jede Stelle noch einen Fernplan. Das war eine Dorfanlage, die ökonomisch recht zweckmäßig war. Doch wurde der Dorfcharakter und die ästhetische Wirkung beeinträchtigt. Eine solche Siedlung gewährt kein geschlossenes Bild, es sind auseinander gezerrte Einzelbilder. Sie wirkt kalt und nüchtern, besonders solange die Anlage noch neu ist und das die Gehöfte umrankende Grün der Bäume und Gärten nicht zur Entfaltung gekommen ist. Die Ansiedlungskommission, bestrebt, nicht nur zweckmäßige, sondern auch schöne Dörfer zu gründen, entwickelte einen Dorftyp, der eine Zwischenform zwischen Reihendorf und Haufendorf darstellte: das Reihendorf mit Dorfkern. Gewöhnlich entstand ja das neue Dorf dort, wo vorher ein Rittergut gewesen war. Den alten Gutshof mit der nächsten Umgebung benutzte man zur Anlage eines Dorfkerns. Unter möglichster Verwendung der alten Gutsgebäude wurden hierhin die öffentlichen Gebäude gelegt, die Kirche, das Gemeindehaus, die Schule, das Spritzenhaus, die Pfarre, der Dorfkrug. Hier im Dorfkern war auch die gegebene

Stelle, wo Handwerker- und Arbeiterstellen ihren Platz fanden. Die Bauernhöfe aber wurden in Reihenanlage an die Hauptverkehrsstraße der alten Gutsmark oder auch an neu gezogene Straßen mehr hinausgeschoben und nach Möglichkeit so angeordnet, daß der Hof unmittelbar bei den zugehörigen Feldern zu liegen kam. Auf diese Weise konnten nicht nur ökonomisch praktische, sondern auch ästhetisch reizvolle Anlagen geschaffen werden. Unter den von der Ansiedlungskommission gegründeten Dörfern befanden sich solche, die den Vergleich mit den schönsten westdeutschen Dörfern nicht zu scheuen brauchten. Die Dörfer der Ansiedlungskommission zeichneten sich auch durch ihre reiche Dotierung mit Gemeindevermögen aus. Der zwanzigste Teil der Ansiedlungsfläche etwa wurde zu Gemeindeland gemacht, deren Ertrag in die Gemeindekasse floß. Dadurch wurden nicht nur die Gemeindelasten erleichtert, sondern es wurde auch die Möglichkeit geschaffen, Gemeindeland an solche Dorfbewohner zu verpachten, die ihre Wirtschaft erweitern wollten oder als Kleingewerbetreibende und Arbeiter neu zugezogen waren. Außerdem waren die Gemeinden mit allen nötigen öffentlichen und kirchlichen Einrichtungen reich ausgestattet, meist besser, als die Mehrzahl alter westdeutscher Gemeinden es zu sein pflegen.

Die lockere Siedlung des Reihendorfes sollte übrigens später, als die Ansiedlungsgebiete polnisch geworden waren, ihre Schattenseite offenbaren. In einem Lande mit feindseliger Bevölkerung und unter feindlicher Herrschaft bietet die aufgelockerte Siedlungsform dem deutschen Bauern nicht das Gefühl ausreichenden nachbarlichen Schutzes. Sobald es polnischen Käufern gelingt, sich im Dorfe niederzulassen, wird der von polnischen Nachbarn umgebene deutsche Bauer von seinen Volksgenossen getrennt. Er fühlt sich wie verlassen. Seine Neigung, den polnischen Drangsalierungen durch die Abwanderung zu entfliehen, wird gestärkt, selbst wenn er im übrigen die genügende Willensstärke aufzubringen vermöchte, auf seinem Posten auszuharren.

Was die Stellengröße anging, so bildeten die Bauernansiedlungen den Schwerpunkt. Die Normalgröße der Ansiedlerstelle betrug 13—15 ha, 50—60 Morgen. Die Stelle sollte so groß sein, daß eine Familie ihre Arbeitskraft und die Leistung von zwei Pferden voll ausnutzen konnte, daneben aber fremde Arbeitskräfte nicht brauchte. Diese Vollbauernstellen, selbständige, ganz auf sich gegründete Familienwirtschaften, dominierten. Mit Großbauerngütern, deren Auslegung nicht immer zu vermeiden war, hatte man im allgemeinen keine guten Erfahrungen gemacht. Solche Höfe litten unter Leutenot und bildeten für die Ansiedlungskommission auch deshalb Gegenstand ständiger Sorgen, weil die nötigen fremden Arbeitskräfte gewöhnlich Polen waren, die in die neuen Ansiedlungen einen polnischen Bevölkerungseinschlag brachten. Und auch für die Halbbauernstellen konnte sich die Ansiedlungskommission nicht erwärmen, obwohl auch sie für Ansiedler mit geringem Vermögensbesitz nicht ganz zu entbehren waren. Solche Stellen von 30—40 Morgen genügten nicht für den standesgemäßen Unterhalt einer bäuerlichen Familie, beanspruchten für ihre Bearbeitung aber gleichwohl so viel Zeit, daß ihre Inhaber nicht dauernd auf Nebenverdienst ausgehen konnten. Kein Wunder, wenn sich auffallend oft der Vorgang wiederholte, daß die Halbbauern ihre Stellen bald wieder zu verkaufen suchten, um statt dessen eine größere zu erlangen.

Eine sorgfältige Auswahl der Ansiedler galt von jeher als Erfordernis einer gesunden Ansiedlungspolitik. In ganz besonderem Maße war das für

Kolonisten der Ansiedlungskommission nötig. Sie sollten als deutsche Kulturträger wirken. Es mußten Leute von tadellosem Rufe sein, nüchtern und sparsam. Die Landwirtschaft sollten sie von Grund auf verstehen. Nichtlandwirte oder Leute, die in ihren Vermögensverhältnissen zurückgekommen waren, gescheiterte Existenzen, waren nicht zu brauchen. Erwünscht war, daß sie verheiratet waren, sollten doch Frau und Kinder die Arbeitskräfte der Familienwirtschaften abgeben. Der Ansiedler mußte auch einiges Vermögen hinter sich haben. Und zwar nicht etwa aus fiskalischen Gründen, sondern weil die Erfahrung gelehrt hatte, daß Leute, die nichts zu verlieren hatten, gewöhnlich auch schlechte Kolonisten waren. Weil sie nicht mit eigenem Hab und Gut daran interessiert waren, ihre Stelle festzuhalten, wurden sie ihrer überdrüssig, sobald die Anforderungen der ersten Prüfungszeit in ihrer ganzen Schwere an sie herantraten. Die Ansiedlungskommission verlangte daher, wenn sie auch im übrigen keine Anzahlung forderte, daß der Ansiedler die Gebäude auf eigene Kosten aufführte. Außerdem wurde vorausgesetzt, daß er über genügend Kapital zur Anschaffung des Inventars und für die Betriebsführung verfügte. Doch ging man in dieser Hinsicht nicht ängstlich-peinlich und rigoros vor. Unvermögende, aber im übrigen Vertrauen erweckende Kolonisten war man auch bereit, als Pächter anzusiedeln. Sie zahlten dann eine Pachtsumme und einen Zuschlag, der sie nach einer Reihe von Jahren zu Rentengutsbesitzern machte.

Um ihr politisches Ziel zu erreichen, war die Ansiedlungskommission bestrebt, Ansiedler aus den deutschen Provinzen zu bekommen. Am liebsten hätte sie lauter Süd- und Westdeutsche genommen, die sich ganz besonders gut bewährten und ihre alte Kultur in die neue Heimat brachten. Doch war das nicht immer möglich. So mußten die in großen Scharen kommenden deutsch-russischen Rückwanderer aufgenommen werden, Leute, die zum Teil kulturell und wirtschaftlich zurückgeblieben waren, die aber — durch die russische und polnische Agrar- und Schulpolitik zur Auswanderung getrieben — nicht zurückgewiesen werden durften, weil die nationale Ehre gebot, sich der bedrängten Volksgenossen anzunehmen. Ungern wurden Eingesessene der Ansiedlungsprovinzen angenommen, selbst wenn sie deutscher Nationalität waren. Ihre Ansetzung bildete ja nicht eine Vermehrung der deutschen Bevölkerung, außerdem wollte man dem privaten Grundstücksmarkte nicht alle deutschen Käufer entziehen. Doch konnte man auf ihre Ansiedlung nicht ganz verzichten. Sie waren bedürfnisloser und nahmen auch mit weniger guten Stellen vorlieb. Im ganzen waren bis Ende 1916 von der Ansiedlungskommission 19557 Renten- und 2170 Pachtstellen, zusammen 21727 Ansiedlerstellen, vergeben worden. Darauf saßen

5736 (26,4%) Ansiedler aus den Ansiedlungsprovinzen,
10555 (48,6%) Ansiedler aus dem übrigen Deutschland,
5436 (25,0%) Ansiedler aus dem Auslande.

Diese letzten waren in der Hauptsache deutsch-russische Rückwanderer, doch auch aus andern Ländern waren Rückwanderer gekommen, selbst aus Amerika kehrten Auswanderer in die alte Heimat zurück.

Die allgemeine Bodenpreissteigerung, wie sie die Innere Kolonisation und die sie auslösende polnische Gegenbewegung hervorriefen, mußte notwendig eine allgemeine Lockerung des alteingesessenen Grundbesitzes zur Folge haben. Es kam dahin, daß der Verkaufswert den Ertragswert sehr weit zu übersteigen pflegte; auf den Verkauf war damit sozusagen eine Prämie gesetzt. Ganz gefährlich wurde dieser Zustand bei der Erbschlichtung, wenn die Erben eine Teilung nach dem Kaufwerte des Hofes zu gleichen Teilen verlangten. Unter solchen Umständen lag der Gedanke nahe, den alten Besitz auf die gleiche Art zu festigen, wie man es durch die den Ansiedlern auferlegten Verfügungsbeschränkungen erreicht hatte, indem man auch die alten Höfe zu staatlichen Rentengütern machte. Die Verwirklichung dieses Gedankens fand seit 1904 in dem sog. Besitzfestigungsverfahren ihren Ausdruck. Mit Staatsmitteln ausgestattet, wurden in Posen und Danzig Bankinstitute geschaffen, die dieses Geschäft besorgten. Da sie die kündbaren und meist hoch verzinslichen Privathypotheken durch unkündbare und billige Tilgungsdarlehen ersetzten, so war der Anreiz groß, sich diesem Verfahren zu unterwerfen. Auch hoch belasteten Besitzern wurde es dadurch ermöglicht, ihren Hof der Familie zu erhalten. Die Ansiedlungspolitik erhielt dadurch erst ihre notwendige Ergänzung. Es wurde verhütet, daß an der einen Stelle wieder einfiel, was man an der andern mit großem Aufwand errichtet hatte. Im Erfolg wurde damit dasselbe erreicht, was Friedrich der Große auf legislatorischem Wege durch seinen Bauernschutz erzielt hatte. Die Besitzfestigung bewährte sich so ausgezeichnet, daß ihr durch ein Gesetz vom 26. Juni 1912 eine breitere Basis gegeben wurde. Dieses Gesetz stellte der Staatsregierung 100 Millionen Mark mit der Bestimmung zur Verfügung, „zur Festigung und Stärkung des deutschen Besitzstandes in den national gefährdeten Teilen der Provinzen Ostpreußen, Pommern, Schlesien und Schleswig-Holstein ländliche Grundstücke, und zwar bäuerliche und große Güter zu erwerben und als Rentengüter im ganzen oder unter besonderen Umständen auch stückweise gegen vollständige Schadloshaltung des Staates an deutsche Landwirte und Arbeiter zu veräußern". Man dehnte also die Besitzfestigung auch auf andere Provinzen aus, wobei man vor allem an die den Ansiedlungsprovinzen benachbarten Landschaften dachte, wo auch die Polen bestrebt waren, durch Güterankäufe festen Fuß zu fassen, sowie an die durch das Dänentum gefährdeten Gebiete der deutschen Nordmark.

Die Besitzfestigung erstreckte sich nicht nur auf bäuerliche Höfe, sondern auch auf Großgutsbetriebe. In der wirtschaftlichen Entwicklung, der gesellschaftlichen Zusammensetzung und in der kommunalen Verwaltung hatte der deutsche Großgrundbesitz wichtige Aufgaben zu erfüllen. Nicht nur, daß die Ansiedlungspolitik ihren Besitzstand stark schwächte, auch die Neigung, die hohen Güterpreise auszunutzen, hatte viele deutsche Rittergutsbesitzer dazu veranlaßt, ihre Güter zu verlassen. Auch für sie war daher die Besitzfestigung erwünscht. In der gleichen Richtung bewegte sich die Politik der Regierung, große Güter, die an den Markt kamen, für Ansiedlungszwecke sich aber nicht eigneten, für den Domänenfiskus anzukaufen. Nicht selten ließ auch die Ansiedlungskommission bei Aufteilung eines Gutsbezirkes einen Teil als sog. Restgut bestehen, obwohl man mit diesen Höfen, deren äußerer Zuschnitt zu der verkleinerten Bewirtschaftungsfläche nicht recht passen wollte, nicht immer die besten Erfahrungen gemacht hatte.

Wie man auf der einen Seite darauf bedacht war, neben den neu erstehenden Bauerngemeinden für die Erhaltung eines gewissen Bestandes an Großbetrieben Sorge zu tragen, so konnte man sich anderseits nicht der Verpflichtung entziehen, auch Landarbeiter anzusiedeln. Die Seßhaftmachung von deutschen Landarbeitern war unumgänglich nötig, wollte man die Verwendung polnischer Arbeiter entbehrlich machen. Doch war es naturgemäß außerordentlich schwierig, neben den bäuerlichen Ansiedlern solche zu finden, die eine Arbeiterstelle übernahmen und dauernd damit zufrieden waren, zumal wenn diese vereinzelt in bäuerlicher Nachbarschaft lag. Die Ansiedlungskommission hat daher die Ausführung dieser Aufgabe gemeinnützigen Siedlungsgenossenschaften und -gesellschaften übertragen und ihnen die dafür nötigen Mittel zur Verfügung gestellt. Man glaubte einen Vorzug dieser Unternehmungen darin zu sehen, daß sie nur kleine Flächen und diese ganz unter Arbeiter aufteilten. Es fehlte die Möglichkeit der Zupacht, wodurch die Arbeiterstellen zu selbständigen Wirtschaften hätten werden können. Natürlich lag es nicht in der Absicht, den sozialen Aufstieg zu hemmen, doch sollten die Arbeiterstellen als solche erhalten bleiben. Wer sich Geld erspart hatte und die Fähigkeiten, selbständig zu werden, besaß, sollte sich anderswo ankaufen, wozu es ja gerade im Ansiedlungsgebiete genügend Möglichkeiten gab. Wir werden auf die Ergebnisse der Kleinsiedlung noch zu sprechen kommen.

Ein Kolonisationswerk von unvergleichlicher Größe ist von der Ansiedlungskommission geschaffen worden. Hätte sie ihre Aufgabe ganz vollenden können — für ein so großes Unternehmen, wie es Innere Kolonisation darstellt, sind die 30 Jahre ihres Bestehens ein kurzer Zeitraum —, so wäre die gesamte Agrarverfassung umgestaltet und auf eine neue, gesundere Grundlage gestellt worden. Zeigten sich doch die ersten günstigen Wirkungen schon deutlich. Die Grundbesitzverteilung, die gerade in diesen Provinzen den großen Gütern einen viel zu breiten Platz einräumte, war durch die Gründung zahlreicher neuer Dörfer und Bauernstellen verbessert worden. Die Landwirtschaft hob sich, die Agrikultur wurde unter den fleißigen deutschen Bauernhänden intensiver, der Viehstand vervielfachte sich, die neu angelegten Obst- und Gemüsegärten trugen reiche Früchte. Während des Krieges waren die Ansiedlungsprovinzen Hauptbezugsgebiete für die Nahrungsmittelversorgung des hungernden deutschen Volkes. Die Bevölkerung verdichtete sich. Den Hauptvorteil davon hatten die benachbarten Städte, deren Gewerbeleben aufblühte. Wohlstand und Reichtum mehrten sich, und schon begannen die erhöhten Steuereinkünfte die staatlichen Aufwendungen für die Ansiedlung wettzumachen. Posen und Westpreußen, von denen es vordem hieß, daß sich dort die Füchse „gute Nacht" sagten, schickten sich an, zu blühenden deutschen Provinzen zu werden. Was konnte es Anziehenderes geben, als durch die deutschen Ansiedlungsgebiete zu wandern! Man begegnete dem Deutschtum aller Länder. Westfalen, Hannoveraner und Sachsen, Bayern und Württemberger, Rheinländer, Pfälzer und Hessen — alle Stämme waren hier auf verhältnismäßig engem Raume vereinigt, um in unverdrossener Kolonistenarbeit diesem Boden den Stempel deutscher Kultur zu verleihen. Alle hatten sie ihre heimische Sprache, ihre Gewohnheiten, ihre besonderen Arbeitsmethoden in die neue Heimat mitgebracht. Es war so, als wenn man in wenigen Tagen durch ganz Deutschland wanderte.

Durch alles das hat der Frieden von Versailles einen dicken Strich gemacht. Unter allen kulturschädlichen Handlungen dieses Paktes ist diese wohl die kulturwidrigste. Ein Land, das alles, was es geworden war, deutscher Arbeit zu verdanken hatte, ist einem Volke, das auf niedriger Kultur- und Wirtschaftsstufe steht, überantwortet worden. Daß die Polen alles tun werden, um die geschaffenen Kulturwerte zu zerstören, wird keinem zweifelhaft sein, der ihren blinden Haß gegen alles, was deutsch ist, kennt und sich mit eigenen Augen von ihrer wirtschaftlichen Impotenz überzeugt hat. Der Friedensvertrag bietet die Handhabe für eine Vertreibung der Deutschen, und soweit er es nicht tut, werden die Polen, die sich stets als Meister im Zerstören erwiesen haben, schon Wege und Mittel finden, sie auch unrechtmäßig zu bewirken. Der Friedensvertrag bestimmt, daß die Deutschen, die vor dem 1. Januar 1908 in den früheren preußischen Teilgebieten wohnten, die Staatsangehörigkeit ohne weiteres erwerben. Alle später Eingewanderten können nur mit polnischer Genehmigung die neue Staatsangehörigkeit erwerben. Auf Grund dieser Bestimmung hat Polen etwa 6000 deutsche Ansiedler des Landes verwiesen und ihre Stellen eingezogen. Ein gleiches Schicksal trifft diejenigen Ansiedler, die ihre Stellen von der Ansiedlungskommission pachtweise bekommen hatten; sie müssen nach Ablauf der Pachtzeit ihre Stellen verlassen. Andere Ansiedler werden dadurch zur Auswanderung genötigt, daß man ihre Söhne zum verhaßten polnischen Militärdienst einzieht und sie damit der Arbeitskräfte beraubt. Bei andern wieder nimmt man einen formalen Mangel zum Vorwand, sie ihrer wohl erworbenen Rechte zu berauben: unbegreiflicherweise hat es nämlich die Ansiedlungskommission in vielen Fällen versäumt, die Ansiedlerstellen ins Grundbuch einzutragen. Die polnische Regierung zieht alle diese Stellen rücksichtslos ein, indem sie sie ohne weiteres für polnisches Staatseigentum erklärt. Verhängnisvoll sollte auch werden, daß sich die Ansiedlungskommission ein Wiederkaufsrecht auch im Erbgange vorbehalten hatte. Dadurch sollte verhindert werden, daß die Ansiedlerstellen durch Einheiraten von Polen und Polinnen nachträglich dem Deutschtum entfremdet werden könnten. Die polnische Regierung nimmt nun diese Bestimmung zum Vorwand, um den Ansiedlern das Recht auf Erbgang zu bestreiten, und beansprucht das Wiederkaufsrecht im Erbfall.

Man sollte meinen, daß den Polen an der Erhaltung der fleißigen deutschen Bauern unter ihrer Landeshoheit gelegen sein müßte, weil sie doch eine Bereicherung für ihr armes Land bilden. Solche Nützlichkeitserwägung hat bei dem Polen keinen Raum. Er will die schönen deutschen Bauernhöfe haben, die selber zu schaffen er völlig unfähig wäre, um Polen hineinzusetzen. Und nicht etwa Polen aus den Provinzen selbst, die immerhin dank der deutschen Erziehungsarbeit von der Kultur beleckt sind — nein, aus Kongreßpolen und Galizien werden die dazu nötigen Bauern verpflanzt, um die Verpolung der deutschen Ostmark möglichst radikal zu machen.

Ein tragisches Ereignis! Tragisch für das Deutschtum im allgemeinen, besonders tragisch aber für die ihrer Arbeits- und Wohnstätten Beraubten, und noch tragischer vielleicht für die Zurückgebliebenen, die ihre ganze deutsche Zähigkeit und Seelenstärke zusammennehmen müssen, um nicht den polnischen Drangsalierungen zu erliegen. Ein großes Kulturwerk soll hier vernichtet werden. Den einzigen Trost, der uns beim Anblick dieses Trauerspiels bleibt, entnehmen wir der Geschichte des Deutschtums im Osten. Solange es eine selbständige deutsche Geschichte gibt, seit Otto dem Großen, hat der Deutsche den Beruf in sich gefühlt und ausgeübt, Kulturträger für den europäischen Osten zu sein. An der ostdeutschen Kolonisation haben Jahrhunderte, hat fast ein Jahrtausend gearbeitet. Während dieser langen Zeit hat es für das Deutschtum wiederholt Rückschläge gegeben. Doch immer wieder hat sich die deutsche Kraft zu neuen Siegen erhoben. Die Geschichte rechnet nicht mit Jahrzehnten und Generationen, sie rechnet mit langen Zeiträumen. So wollen auch wir nicht in dieser Stunde tiefster Erniedrigung verzagen.

4. Die Generalkommissionen.

Die Generalkommissionen hatten ursprünglich mit der Inneren Kolonisation nichts zu tun. Sie waren als ausführende Organe der preußischen Agrargesetzgebung schon über zwei Menschenalter tätig gewesen, als sie 1891 auch in den Dienst der Inneren Kolonisation gestellt wurden. Doch sollten sie nicht selber kolonisieren, sondern die private Parzellierung, die ohne Staatshilfe nicht recht in Schwung kommen konnte, bei diesem schwierigen Unternehmen unterstützen. Es bestand also ein grundsätzlicher Unterschied zwischen der kolonisatorischen Aufgabe und Betätigung der Ansiedlungskommission auf der einen, der Generalkommissionen auf der andern Seite. Die Ansiedlungskommission war selbst Kolonisator, die Generalkommission beschränkte sich auf eine vermittelnde, unterstützende und beaufsichtigende Tätigkeit, während die Rolle des Kolonisators der Verkäufer der neuen Stellen zu übernehmen hatte. Er, und nicht die Generalkommission, hatte die Ansiedler anzuwerben und die Rentengutsverträge abzuschließen, hatte die Erwerber der neuen Stellen mit den nötigen Hilfsmitteln auszustatten, um ihnen im Anfang die Führung der Wirtschaft zu ermöglichen, hatte sie bei den Bauten zu unterstützen usw. Gleichwohl war die Generalkommission auf die Gestaltung der Ansiedlungen nicht ohne Einfluß. Denn wenn sie gegen irgendeine Koloniebildung Bedenken trug, sei es, weil die Preise für die neuen Stellen zu hoch waren, sei es, weil ihr die Ansiedler nicht als genügend leistungsfähig erschienen, sei es, weil die wirtschaftlich richtige Zusammensetzung der Stellen nicht vorhanden und die gedeihliche Entwicklung der Ansiedlung nicht gewährleistet zu sein schien — in allen solchen und ähnlichen Fällen konnte die Generalkommission ihre Mitwirkung ablehnen. Zugleich damit fiel aber auch die Kredithilfe der Rentenbank fort, und auf die kam es ja vor allem an. Wissen wir doch, daß die auf seiten mancher Großgutsbesitzer bestehende Neigung, ihre schlecht rentierenden Güter zu parzellieren, weil sie, stückweise verkauft, die höchsten Preise brachten, in der Regel nur mit Hilfe der Rentenbank verwirklicht werden konnte. Die Güter waren gewöhnlich hypothekarisch stark belastet, und bevor die Hypothekengläubiger nicht sichergestellt waren, konnte die Aufteilung, die für manchen ein so verlockendes Geschäft gewesen wäre, nicht vor sich gehen. Auf der andern Seite fehlte dem Ansiedlungslustigen gewöhnlich das Geld, den Parzellanten auszuzahlen, also ihm gerade das zu geben, woran ihm vor allem lag: Bargeld. Durch das Dazwischentreten der Rentenbank wurde diese Kluft überbrückt. Indem sie sich den Ansiedler zum Schuldner machte, übernahm sie dessen Verpflichtungen dem Verkäufer gegenüber, den sie in Pfandbriefen in der Höhe der Kaufsumme voll auszahlte. Vom Ansiedler ließ sie sich eine Rente von 4 oder $4\frac{1}{2}$ % zahlen, in der eine Amortisationsquote enthalten war, so daß nach etwa zwei Menschenaltern die Gesamtschuld getilgt war. Außerdem gewährte sie dem Rentengutsbesitzer ein Zusatzdarlehen zur erstmaligen Einrichtung des Hofes und unter gewissen Bedingungen auch Stundung für das erste Jahr. Als es sich in der Praxis als ein Mangel herausstellte, daß der Rentengutsausgeber erst nach beendigtem Verfahren die Pfandbriefe erhielt, während er in der Zwischenzeit gezwungen war, erhebliche Aufwendungen zu machen, wurde ihm die Möglichkeit eröffnet, aus den Reserven der Rentenbanken einen Zwischenkredit für diese Zwecke zu erhalten.

Durch alle diese Vorteile, die die Rentenbank dem Verkäufer wie dem Käufer gewährte, wurde die Aufteilung von Gütern ungemein erleichtert. Doch kamen sie nur dann zur Anwendung, wenn die Generalkommission bei der Aufteilung mitgewirkt hatte. Die Rentenbanken waren lediglich Kasseninstitute. Mit dem Ablösungsverfahren, mit der Festsetzung der Rente hatten sie nichts zu tun. Alles das wurde unter Vermittlung der Generalkommission geregelt. Die Rentenbank trat erst in Aktion, wenn der Ablösungsrezeß völlig abgeschlossen war, und beschränkte sich dann auf die Auszahlung und die Einziehung des Geldes. Ohne der Generalkommission untergeordnet zu sein, vollzog sie indes die Zahlungen nur im Einverständnis mit dieser. So erklärt es sich, daß die Generalkommission, ohne selbst Träger der Kolonisation zu sein, tatsächlich doch maßgebenden Einfluß auf ihre Gestaltung hatte.

Die durch die Vermittlung der Generalkommissionen erreichbaren Erleichterungen haben auf die Aufteilung großer Güter zunächst eine belebende Wirkung gehabt. Doch sollte es sich sehr bald zeigen, daß die Beteiligung der Generalkommissionen für die gedeihliche Entwicklung der Inneren Kolonisation auch zum Hemmnis werden konnte.

Da die Generalkommissionen die Ansiedlungen selber auszuführen nicht in der Lage waren, so mußte die eigentlichen kolonisatorische Tätigkeit privaten Unternehmern überlassen bleiben. Als solche kamen entweder die Gutsbesitzer in Betracht, die die Parzellierung ihres Gutes selbst besorgten oder gewerbsmäßige Parzelleure. Es lag in ihrer Art begründet, daß beide für die schwere Kunst des Kolonisierens nicht die bestgeeigneten Kräfte sein konnten. Die Gutsbesitzer nicht, weil sie nicht die erforderliche Erfahrung besaßen und, wenn sie solche erworben hatten, sie nicht für die Aufteilung eines zweiten Gutes nutzbar zu machen pflegten — die gewerbsmäßigen Parzelleure nicht — man hat ihnen den wenig schönen Namen „Güterschlächter" gegeben —, weil der geschäftliche Kalkul stärker war, als der Wunsch, gute Ansiedlungen zu schaffen. Letztere gingen von der an sich durchaus richtigen Überlegung aus, daß der Wert eines sonst schlecht verkäuflichen Gutes gesteigert werden könnte, wenn man es in kleine Wirtschaften zerlegte, die zumal dort, wo es sich um mittleren, nicht zu schweren und nicht zu leichten Boden handelte, einen höheren Ertrag herauszuwirtschaften vermochten als die früheren Großbetriebe. Die durch die Parzellierung bewirkte Bodenpreissteigerung war also durchaus begründet, und das dabei für den Parzelleur herausspringende Geschäft war einwandfrei, solange der erzielte Gewinn sich innerhalb der Grenzen der natürlichen Wertzunahme bewegte. Allein diese Grenzen wurden nicht immer eingehalten. Nicht selten wurden den Ansiedlern Preise abverlangt, die sie von vornherein allzuhoch belasteten. Wenn gleichwohl manche von diesen Gründungen sehr gut ausschlugen, war das in erster Reihe der Tüchtigkeit und Genügsamkeit der Kolonisten zu danken. Aber im allgemeinen hat es sich doch gezeigt, daß die Innere Kolonisation in der kapitalistischen Wirtschaftsverfassung keine geeignete Unternehmung für die Privatwirtschaft ist. Im Mittelalter war das anders gewesen: der Locator, der zugleich der Schulze des von ihm neu gegründeteten Dorfes wurde, hob seine Stellung, je kräftiger und leistungsfähiger die von ihm gegründete Dorfschaft war. Aber schon Friedrich der Große machte die Erfahrung, daß Ansiedlungen, deren Ausführung er privaten Unternehmern, den sog. „Entrepreneuren" übertragen hatte, nicht recht glücken wollten. Ähnliches zeigte sich auch jetzt.

Die Folge war, daß nach mehreren solchen Fehlschlägen die Generalkommissionen von ihrer Berechtigung Gebrauch machten, die Ansiedlungsbedingungen, von deren Erfüllung sie ihre Mitwirkung und damit die Gewährung des Rentenbankkredits abhängig machten, zu verschärfen. Es wurde von dem Parzellanten die Stellung einer Kaution verlangt und außerdem gefordert, daß die neu gegründeten Gemeinden zur Erfüllung ihrer öffentlichen Aufgaben reichlich ausgestattet wurden. Durch diese Bedingungen wurde das Geschäft für die Privatparzellanten unrentabel gemacht. Sie wurden ausgeschaltet. Die nächste Wirkung war, daß die Innere Kolonisation ins Stocken geriet. Die Rentengutsgründungen nahmen in einem Maße ab, daß man von einem Stillstand sprechen konnte. Im Jahre 1894 waren noch fast 2000 Stellen gegründet worden, im Jahre 1900 waren es nicht einmal 200! Da die Generalkommissionen für die Innere Kolonisation nur eine Aufsichts- und Beratungsstelle bildeten, fehlte für die eigentliche Ansiedlung das Organ, seitdem die gewerbsmäßige Parzellierung matt gesetzt war. Es ermangelte der technischen Siedlungsinstanz.

Neues Leben kam in die Siedlungstätigkeit erst wieder, als die Generalkommissionen die ihnen fehlende Ergänzung in Ansiedlungsgesellschaften fanden, die, mit Kapital und geschulten Beamten ausgerüstet, die kolonisatorische Aufgabe übernahmen.

Als erste solche Gesellschaft erschien die 1895 gegründete Landbank in Berlin auf dem Plane, ein auf kapitalistischer Grundlage aufgebautes Unternehmen, eine Aktiengesellschaft, die sich dem Immobiliengeschäft widmete. Sie kaufte Güter, um sie parzelliert oder ungeteilt wieder zu verkaufen. Es war also nicht so, daß ihre Tätigkeit ausschließlich in einer planmäßigen Parzellierung bestanden hätte. Ihr Streben lief vielmehr darauf hinaus, die erworbenen Güter, um einen möglichst guten Preis zu erzielen, in einer Form und Größe wieder zu verkaufen, wie sie der Nachfrage und dem lokalen Bedürfnis entsprachen. Waren die Güter in ihrer ursprünglichen Form nicht gut verkäuflich, so wurden sie in einer der Nachfrage entsprechenden Weise zerlegt und zugeschnitten, sei es, daß Außenschläge abgestoßen wurden, sei es, daß sie in mehrere selbstständige, größere oder mittlere Betriebe geteilt oder aber parzelliert und an bäuerliche Kolonisten vergeben wurden. Das Ziel war die bestmögliche Verwertung.

Der Landbank ist vorgeworfen worden, daß sie mit zu großen Gewinnen gearbeitet und ihre Unternehmungen in einer dem Allgemeininteresse abträglichen Weise geführt hätte. Es kam infolgedessen auch zu einem Konflikt zwischen ihr und den Generalkommissionen. Die Generalkommissionen hatten in einer größeren Anzahl von Fällen die Herabsetzung der für die Ansiedlerstellen geforderten Verkaufspreise verlangt und hatten diese Ansiedlungen von den Vorteilen des Rentenbankkredits ausgeschlossen, als die Landbank sich ablehnend verhielt. Die Landbank mußte daher eine Zeitlang ihre Aufteilungen ohne Generalkommissionen und Rentenbanken ausführen, was naturgemäß nur unter Einschränkung dieses Zweiges ihrer Geschäftstätigkeit möglich war. Seit 1902 ist es dann wieder zu einer Verständigung und gedeihlichen Zusammenarbeit gekommen — sicherlich zum Vorteil für beide Teile und die gemeinsame Sache. Denn im großen und ganzen hat es die Landbank verstanden, das geschäftliche Interesse mit dem kolonisatorischen zu vereinigen. Ihre Gewinne, die übrigens nicht in allen Jahren gleichmäßig gut waren, verdankte sie weniger ihrer Siedlungstätigkeit, als ihrer gewandten Geschäftsleitung, ihren guten Verbindungen mit den führenden landwirtschaftlichen Kreisen und ihrer Verfügung über bedeutende Kapitalien.

Im Jahre 1919 ist die Landbank gemeinnützige Ansiedlungsgesellschaft geworden und ihr die Grenzmark Westpreußen-Posen als Geschäftsbezirk eingeräumt worden.

Neben der Landbank bildeten sich gemeinnützige Ansiedlungsgesellschaften, die bald eine überaus erfolgreiche Siedlungstätigkeit entwickelten und zu den eigentlichen Organen der modernen deutschen Inneren Kolonisation wurden. Ohne Gewinnstreben sahen sie ausschließlich in der Gründung gesunder Ansiedlungen den Zweck ihrer Tätigkeit. Die ersten Unternehmen dieser Art gingen indes nicht von deutscher, sondern von polnischer Seite aus.

Die Gründung der Ansiedlungskommission ließ auf polnischer Seite den Plan reifen, den deutschen Vorstoß durch einen Gegenstoß zu parieren. Man beschloß, ebenfalls Güter anzukaufen und sie unter polnische Ansiedler aufzuteilen. Um den dafür erforderlichen Kredit zu bekommen, kam man auf den Gedanken, Landerwerbsgenossenschaften zu gründen. In der Theorie ein aussichtsreiche Idee! Mußte doch die Kreditfähigkeit, die die Ansiedler ohnehin schon besaßen, durch die gegenseitige solidarische Haftung gesteigert werden. Doch versagte diese Form der Landvergebung, die seinerzeit wie eine Offenbarung begrüßt wurde, in der Praxis vollständig. Das gemeinschaftliche Eigentum am Grund und Boden bei völlig getrennter Wirtschaft gab Anlaß zu Schwierigkeiten und Unzufriedenheit. Die Konstruktion dieser Gemeinsamkeit setzte eine Harmonie voraus, die unmöglich in der Wirklichkeit vorhanden sein konnte. Ungestört konnte eine solche Gemeinschaft nur arbeiten, wenn niemand starb, niemand ausschied, niemand seine Wirtschaft vernachlässigte, niemand mit seiner Zinszahlung im Rückstande blieb. Sobald nur eines der Glieder versagte, wurde die Gemeinschaft getroffen, die für die Zahlung der Zinsen und für den wirtschaftlichen Zustand aller Parzellen haftete. Die Folge war, daß unter den Genossen dauernd Unzufriedenheit herrschte. So wurde sehr bald der Wunsch laut, diese Genossenschaften aufzulösen und jeden Genossen zum Eigentümer zu machen, was dann auch, nicht ohne Opfer für die beteiligten Genossen und Geldgeber, geschah.

Doch diese Erscheinungen äußerten sich nicht sofort. Zunächst herrschte in der polnischen Ansiedlungsbewegung tatenfrohes Leben. In Posen wurde als Aktiengesellschaft eine Landbank gegründet, die „Bank Ziemski", die die Kreditvermittlung für die Ansiedlungsunternehmungen übernehmen sollte, während für das eigentliche Parzellierungsgeschäft in Posen und Thorn zwei Tochtergesellschaften von ihr abgezweigt wurden, die „Spolki", denen wiederum die kleinen Ansiedlungsgenossenschaften unterstehen sollten. So wurde eine wohlgegliederte Organisation geschaffen, die indes nicht recht in erfolgreiche Aktion treten sollte, weil die untersten Glieder in dem System, die lokalen Siedlungsgenossenschaften, versagten.

Mit wenigen Strichen sei der weitere Verlauf der polnischen Ansiedlungstätigkeit verzeichnet. 1892 wurde der Kurs der preußischen Polenpolitik gewechselt. Die Versöhnungsära machte es fortan den polnischen Ansiedlungsunternehmungen möglich, ihre staatsfeindlichen Geschäfte mit Hilfe der preußischen Generalkommission und Rentenbank zu besorgen. Als es dann nach wenigen Jahren wieder zum Bruch kam, waren die Polen wieder auf die eigene Kraft angewiesen. Sie steigerten sie auf das höchste Maß des Möglichen. Sie entfalteten eine fieberhafte Tätigkeit, um Grundbesitz in ihre Hände zu bekommen, doch um Kolonien, wie sie die Ansiedlungskommission schuf, zu gründen, fehlten ihnen nicht nur die Mittel, auch gesetzliche Maßnahmen erschwerten es. Die parzellierenden Institute standen unter dem Gesetze vom 25. August 1876, das zwar die Anlage von „Ansiedlungen" zuließ, die Gründung von „Kolonien", worunter „eine größere Zahl in räumlichem Zusammenhange errichteter Ansiedlungen" verstanden wurden, von behördlicher Konzession abhängig machte. Um dem zu entgehen, gründeten die Polen nur „Ansiedlungen" im Sinne des Gesetzes. Als ein neues Gesetz vom 15. Februar 1904 auch diese der behördlichen Genehmigung unterwarf, fanden sie einen neuen Ausweg. Hatten sie bis zum Jahre 1904 „Ansiedlungen" geschaffen, ohne „Kolonien" zu gründen, so schufen sie jetzt Parzellengüter, ohne Ansiedlungen anzulegen. Sie teilten ihre Güter hinfort auf, ohne neue Gehöfte zu errichten. Das geschah auf die Weise, daß von dem erworbenen Gute zunächst Parzellen zur Vergrößerung oder Abrundung benachbarter polnischer Wirte abgetrennt wurden, während der Rest mit je einem der vorhandenen Wohngebäude in neue Wirtschaften aufgeteilt wurde. Die kleinste, womöglich baufällige Kate wurde zum Mittelpunkt einer neuen Wirtschaft gemacht, indem man es dem Käufer überließ, sich die nötigen Wirtschaftsgebäude und wohl auch ein neues Wohnhaus zum Ersatz des unzulänglichen zu errichten.

So gelang es, die gesetzlichen Bestimmungen zu umgehen und zugleich auf die denkbar billigste Weise Polen anzusiedeln. Die Ausführung lag in den Händen kleiner polnischer Parzellierungsbanken — es war das Bestreben, nach Möglichkeit in jedem Kreise eine solche kleine Landbank zu errichten, die wieder mit den größeren polnischen Zentralbankinstituten in Verbindung standen. Nach der Zahl der so Angesiedelten gemessen, waren die Erfolge nicht gering, doch konnten die Ansiedlungen höheren Ansprüchen natürlich nicht genügen.

Auf deutscher Seite war als erste gemeinnützige Ansiedlungsgesellschaft, obwohl ihr nur ein kurzes Leben beschieden war, die „Deutsche Ansiedlungsgesellschaft m. b. H." in Berlin von 1898 bahnbrechend. Gegenstand des Unternehmens war, wie es in den Satzungen hieß,

„die innere Kolonisation durch Schaffung ländlicher Ansiedlungen, besonders leistungsfähiger Dorfgemeinden“. Dieses Ziel sollte „unter Ausschluß jedes kapitalistischen Sonderinteresses“ verfolgt werden. Sie hat in den 1 1/2 Jahren ihres Bestehens 171 Stellen geschaffen und ihre Ansiedlungen in kurzer Zeit und technisch gut ausgeführt. Da sie indes nicht über genügend eigenes Kapital verfügte und die erwartete staatliche Unterstützung ausblieb, mußte sie sich alsbald wieder auflösen.

Es hat wohl nie eine Ansiedlungsgesellschaft gegeben, in der sich soviel Intelligenz, soviel redlicher Wille und Eifer für eine große Sache zusammenfanden. Man braucht nur die Namen von Männern wie Hugo Thiel, Max Sering, Heinrich Sohnrey, Frhr. v. Wangenheim-Kl.-Spiegel, die sich in der Gesellschaft mit andern für die Innere Kolonisation begeisterten Förderern zusammenschlossen, zu nennen, um sie in ihrem Wesen zu kennzeichnen.

Obwohl diese Gesellschaft unter großagrarischen Widerständen zu leiden gehabt hatte, wie sich ja überhaupt auf dieser Seite je länger, je mehr eine gewisse Opposition gegen die Innere Kolonisation geltend machte, so war doch auch wieder das Bedürfnis, Güter aufzuteilen, gerade in den Kreisen des ostdeutschen Großgrundbesitzes so groß, daß sich 1903 pommerische Großgrundbesitzer zu einer Genossenschaft zusammenschlossen, um auf gemeinnütziger Grundlage das Ansiedlungsgeschäft zu betreiben. Die als Genossenschaft m. b. H. konstituierte Pommersche Ansiedlungsgesellschaft in Stettin hat erfolgreiche Arbeit geleistet. Doch was sich bei dieser und später bei ähnlich konstruierten Ansiedlungsgenossenschaften als Mangel herausstellte, war, daß sich die finanzielle Basis dieser Unternehmungsform für eine groß angelegte Siedlungstätigkeit auf die Dauer nicht als stark genug erwies. Die Rechtsgleichheit aller Genossen mußte gerade die kapitalkräftigsten Interessenten vom Beitritt oder doch von der Einlage größeren Kapitals abhalten.

Das Vorbild der nach und nach in fast allen preußischen Provinzen gegründeten Ansiedlungsgesellschaften wurde die Ostpreußische Landgesellschaft, die 1905 als Gesellschaft m. b. H. ins Leben gerufen wurde. Belehrt durch die bei den Vorgängerinnen gemachten Erfahrungen, suchte man ihr durch die Zusammensetzung der beteiligten Gesellschafter von vornherein eine tragkräftige finanzielle Basis zu geben. Man wandte sich nicht in erster Reihe an das Privatkapital, sondern an Körperschaften öffentlichen oder halböffentlichen Charakters, an den Fiskus, an die Kreise, an die Landwirtschaftskammer, an die Provinzialgenossenschaftskasse u. ä. m., also an Stellen, von denen man erwarten konnte, daß sie als dem Gemeinwohl dienende

Organe auch der Inneren Kolonisation gemeinnützig sich zu widmen bereit sein würden.

Nach diesem Muster gründete 1910 Friedrich von Schwerin, der schon bei der Schaffung der Ostpreußischen Landgesellschaft beteiligt gewesen war, die Landgesellschaft „Eigene Scholle" in Frankfurt a. O. Kurz danach wurde die genossenschaftlich organisierte Pommersche Ansiedlungsgesellschaft in die Pommersche Landgesellschaft m. b. H. umgewandelt. Es folgten als Neugründungen die Schlesische Landgesellschaft m. b. H., die Siedlungsgesellschaft Sachsenland m. b. H. Aus der Hannoverschen gemeinnützigen Ansiedlungsgesellschaft, auch ursprünglich genossenschaftlich aufgebaut, wurde die Hannoversche Landgesellschaft m. b. H. Die während des Krieges begründeten Siedlungsgesellschaften für Westfalen und die Rheinprovinz, die Siedlungsgesellschaften „Rote Erde" in Münster und „Rheinisches Heim" in Bonn, wurden gleich zu Gesellschaften m. b. H. gemacht. In Schleswig-Holstein ist an die Stelle der Schleswig-Holsteinischen gemeinnützigen Siedlungsgenossenschaft die Höfebank, G. m. b. H., in Kiel getreten.

Diese gemeinnützigen Ansiedlungsgesellschaften sind die Hauptträger der Inneren Kolonisation geworden. „Die Vorteile der freien Initiative der privaten Unternehmung werden hier auf das glücklichste mit den sozialen Tendenzen der öffentlichen Körperschaft vereinigt." Ein Stab sachkundiger, juristisch, kaufmännisch, volkswirtschaftlich und landwirtschaftlich ausgebildeter Beamten besorgt die Geschäfte. Das finanzielle Interesse tritt hinter dem kolonisatorischen zurück, weil den Gesellschaften von dem Überschuß nur eine von den Generalkommissionen begrenzte „Besiedlungsgebühr", die etwa 5 % des Ankaufspreises des aufzuteilenden Gutes beträgt, zufällt. Sie dient zur Deckung der Geschäftsunkosten und als Rücklage. Alle weiteren Überschüsse kommen den Rentengutssiedlungen zugute oder fließen in einen Ausgleichfonds, der für eine gleichmäßige und gesunde Preisbildung wertvoll ist, weil ja die Bedingungen, unter denen sich die Ansiedlung vollzieht, bei den einzelnen Objekten verschieden günstig sind. Dieses begrenzte Interesse am finanziellen Ausgang schützt die Ansiedler vor unangemessen hohen Erwerbungskosten. Mit großer Sorgfalt werden nicht nur die öffentlich-rechtlichen Verhältnisse der neuen Gemeinden geregelt, sondern man ist auch darauf bedacht, für die wirtschaftlichen Verhältnisse durch den Ausbau des Genossenschaftswesens und durch Anschaffung von Zuchttieren eine gesunde Grundlage zu schaffen. Hierauf hinzuwirken ist vor allem stets das Bemühen der Generalkommissionen, so daß sie sich darin mit den Bestrebungen der Ansiedlungsgesellschaften begegnen. Nur über das Ausmaß dessen, was im Interesse der Ansiedler wünschenswert sei, können Meinungsverschiedenheiten entstehen. Denn letzten Endes müssen ja die Ansiedler auch die Aufwendungen für öffentliche und allgemeine Zwecke im Kaufpreise ihrer Stellen wieder bezahlen. Tut man also des Guten zuviel, so schafft man statt des gewünschten Nutzens Belastung. Hierüber ist es zwischen Generalkommissionen und Ansiedlungsgesellschaften wiederholt zu Differenzen gekommen. Je mehr sich die Ansiedlungsgesellschaften mit zunehmender Praxis bewußt werden, auf dem richtigen Wege zu sein, um so störender empfanden sie die Bevormundung durch die vorgesetzte Behörde. Sie haben es denn auch erreicht, daß der Einfluß der Generalkommissionen auf die Gestaltung ihrer Siedlungsunternehmungen stark eingeschränkt worden ist. Der Staat kann das um so unbedenklicher zulassen, da er ja selbst Gesellschafter ist und durch einen Staatskommissar im Vorstande der Ansiedlungsgesellschaft vertreten zu sein pflegt. Die Selbständigkeit der Gesellschaften und damit ihre Arbeitslust und Schaffensfreude ist bedeutend gewachsen — sicherlich zum Nutzen der Sache.

Ein Erlaß des preußischen Landwirtschaftsministers vom 7. Mai 1918 bestimmte, daß künftig die provinziellen Ansiedlungsgesellschaften der östlichen Provinzen bei der Bildung von Rentengütern die vermessungs-, kultur- und meliorationstechnischen Arbeiten durch eigenes Personal ausführen und die Rentengüter ohne die Vermittlung der Generalkommissionen selbständig begründen sollten. Die Generalkommissionen sollten bei den von den Landgesellschaften betriebenen Rentengutsbildungen nur noch insofern beteiligt sein, als die Gewährung von Zwischenkredit und von Baudarlehen in Anspruch genommen und die Ablösung der den neuen Stellen auferlegten Renten durch Vermittlung der Rentenbank beantragt wurde. Bei der Vermittlung des Rentenbankkredits hatte die Generalkommission zwar zu prüfen, ob die hierfür in Betracht kommenden gesetzlichen Voraussetzungen vorhanden waren, hatte aber sonst nur zu verantworten, daß für den hiernach zu gewährenden Rentenbankkredit die erforderliche Sicherheit vorhanden war.

In den letzten Jahren vor dem Kriege dachte man daran, die Generalkommissionen ganz aufzulösen und die Reste ihrer noch vorhandenen Aufgaben den Königlichen Regierungen zu übertragen. Diese Absicht kam aber nicht zur Ausführung. Nach Schaffung des Reichssiedlungsgesetzes hat man sie in der Form der Landeskulturämter neu organisiert.

Insgesamt sind seit Erlaß des Rentengutsgesetzes im Jahre 1891 unter Mitwirkung der preußischen Generalkommissionen bis zum Ende des Jahres 1916: 22603 Rentengüter ausgelegt worden, wovon 4001 sog. Zukaufsrentengüter waren, d. h. Stellen, die als solche schon bestanden hatten und nur durch Zukauf von Land vergrößert und verselbständigt worden waren. Der Hauptsache nach konzentrierte sich die Ansiedlungstätigkeit auf die sechs östlichen preußischen Provinzen, wenn auch die westlichen Provinzen und vor allem Schleswig-Holstein, Westfalen und Hannover mit daran beteiligt waren. In der Mehrzahl waren die neugegründeten Stellen Bauernwirtschaften. Es wurden ausgelegt:

in der Größe bis zu	$2^1/_2$ ha. . . .	6076	Rentengüter
„ „ „ von	$2^1/_2$—5 ha. . . .	2892	„
„ „ „ „	5—10 ha. . . .	4941	„
„ „ „ „	10—25 ha. . . .	6829	„
„ „ „ „	über 25 ha. . . .	1865	„
	zusammen	22603	Rentengüter

Auf die bäuerlichen Betriebe von 5—25 ha entfallen 11770, also mehr als die Hälfte der ausgelegten Stellen. Bei den von der Königl. Ansiedlungskommission gegründeten Rentengütern verschiebt sich das Verhältnis noch mehr zugunsten der Bauernwirtschaften. Von den ihrerseits bis zum Schluß des Jahres 1916 ausgelegten Stellen entfielen auf die Größenklasse von

bis zu 2 ha.	2737	Stellen
2—5 ha.	1225	„
5—20 ha.	15354	„
20—100 ha.	3125	„
über 100 ha.	76	„
zusammen	22517	Stellen

Zwischen den beiden Betriebszählungen von 1895 und 1907 haben in Preußen die Großbetriebe über 100 ha rund 700000 ha an landwirtschaftlicher Fläche eingebüßt, die Großbauernwirtschaften von 20—100 ha 276000 ha, beide Größenklassen zusammen demnach fast 1000000 ha. Dieser Verlust ist überwiegend den mittelbäuerlichen Betrieben zugewachsen. Dagegen haben die kleinsten Betriebe bis zu 2 ha an Fläche verloren. Besonders stark war die Einbuße an solchen Stellen in dem Hauptgebiete der Inneren Kolonisation, in den sechs östlichen preußischen Provinzen, wo in dem betrachteten Zeitraum allein 78000 solcher Stellen eingingen. Das war ein Verlust, der gerade diese Gebiete mit ihrem starken Bedarf an landwirtschaftlichen Arbeitern hart treffen mußte. Man konnte sich daher der Einsicht nicht verschließen, daß die Gründung von Bauernstellen eine Ergänzung in der Schaffung kleiner unselbständiger Stellen finden müsse. Die „Seßhaftmachung von Landarbeitern“ wurde zum vielerörterten Gegenstande der Landpolitik. Von den beiden daran interessierten Seiten erhoben sich dagegen Widerstände. Die Gutsbesitzer wollten sich nicht zu der Hergabe von Land für die Ansiedlung von Arbeitern verstehen, weil sie keine Möglichkeit sahen, die Ansiedler zu dauernden Arbeitsleistungen gerade auf ihrem Hofe zu verpflichten. Sie vermuteten außerdem die Vermehrung der Armenlasten, befürchteten die Bildung von „Räuberkolonien“, die die unzureichenden Erträgnisse ihrer Wirtschaft durch Diebstahl auf den Gutsäckern vermehren würden. Auf der andern Seite befürchtete man, daß die angesiedelten Arbeiter in eine Abhängigkeit von den Gutsherren geraten könnten, die die Möglichkeit einer Ausbeutung des Landarbeiters und die Wiederherstellung feudaler Hörigkeit in neuer Form geben würde. Es ist schon darauf hingewiesen worden, wie durch den Erlaß vom 8. Januar 1907 die Gründung von Arbeiterrentengütern ermöglicht wurde und wie daraufhin von der Königl. Ansiedlungskommission lokale Kleinsiedlungsgenossenschaften mit der Anlage von Arbeiterkolonien betraut wurden. Rund vierzig solcher Gesellschaften wurden hier ins Leben gerufen. In den andern Provinzen zeigte sich als nächste Wirkung des Erlasses von 1907 die unerwartete Wirkung, daß sich wohl Industriearbeiter nach solchen Stellen drängten, daß die Landarbeitersiedlung aber nicht in Fluß kommen wollte. Daran wurde auch wenig geändert, als das Ministerium in einem Erlaß vom 10. August 1909 für die Landarbeiteransiedlung in den Provinzen Pommern, Brandenburg, Ostpreußen-Schleswig-Holstein und Hannover die Gewährung von Staatsbeihilfen zusagte. Wie Stumpfe meint, hat man diese Ansiedlung von vornherein auf ein „totes Gleis" geschoben, indem man sie den Kreisverwaltungen als den dafür besonders Berufenen übertrug. Die Kreise haben mit verschwindend wenigen Ausnahmen vollständig versagt. Sie haben jede Mitwirkung dabei meist von vornherein und grundsätzlich abgelehnt. Tatsache ist, daß die Innere Kolonisation — von leuchtenden Einzelbeispielen abgesehen — auf dem Gebiete der Kleinsiedlung verschwindend geringe Erfolge aufzuweisen gehabt hat.

5. Das Reichssiedlungsgesetz.

Obwohl die preußische Innere Kolonisation recht schöne Erfolge zu verzeichnen gehabt hatte, war doch keiner mit ihr recht zufrieden. Den Freunden der Inneren Kolonisation ging das Werk viel zu langsam voran. Was war in den langen Jahren erreicht worden? Rechnete man die Zukaufsrentengüter ab, waren von der Königl. Ansiedlungskommission und unter Mitwirkung der Generalkommissionen zusammengenommen rund 40000 neue Stellen geschaffen worden. Wie bescheiden nahm sich diese Zahl aus neben den in Preußen vorhandenen 3400000 landwirtschaftlichen Betrieben! Man wies darauf hin, daß sich in den zwölf Jahren zwischen den beiden Betriebszählungen von 1895 und 1907 in Deutschland die landwirtschaftlichen Betriebe um nicht weniger als 178000 vermehrt hatten, daß sich also aus eigener Kraft ein Vorgang vollzogen hatte, wie ihn die Innere Kolonisation unter großem Aufwand in viel schwächerem Ausmaße erreicht hatte. Wurde nach der Meinung dieser Kreise zu wenig getan, so mehrten sich auf der andern Seite die Gegner der Inneren Kolonisation, die aus politischen Gründen oder, weil sie eigene wirtschaftliche Interessen durch sie bedroht sahen, die staatliche Förderung der Ansiedlungstätigkeit bekämpften. Die Widerstände wurden so groß, daß es lediglich der auf dem eigentümlichen Wahlrecht beruhenden Zusammensetzung des preußischen Landtages zu danken war, wenn die Innere Kolonisation nicht zum Erliegen kam. Außerhalb Preußens geschah aber so gut wie gar nichts. Die Innere Kolonisation blieb eine preußische Angelegenheit.

Da kam der Krieg. Die Massen, innerlich aufgewühlt durch das Ungeheure des Ereignisses, erfaßte mit der Sehnsucht nach dem heimatlichen Herde, von dem sie jahrelang getrennt waren, die Sehnsucht nach dem Glück der eigenen Scholle. Viele der Genüsse, die ihnen vordem als erstrebenswert galten, wurden als schal erkannt. Der Aushungerungskrieg, der einem jeden die Vorteile eigener Lebensmittelerzeugung unmittelbar vor Augen führte, tat das seine, um den Wunsch nach eigenem Landbesitz zu stärken. Die von dem rührigen Bund der Bodenreformer bis in die Schützengräben getragene Agitation für ihre Ziele fiel daher auf fruchtbarem Boden. Man erweckte in den schwer leidenden Frontkriegern die Hoffnung auf eine „Heimstätte" bei ihrer Rückkehr, wodurch man nicht unwesentlich beitrug, sie in ihrem Ausharren zu stärken. Das Kapitalabfindungsgesetz vom 3. Juli 1916 schien der erste Schritt zur Verwirklichung dieser Hoffnung zu sein.

Dieses vom Reiche erlassene Gesetz, das später noch mehrfach ergänzt wurde, sollte den Kriegsbeschädigten und den Kriegerwitwen die Möglichkeit geben, mit Hilfe der Kapitalisierung eines Teiles der ihnen zustehenden Rente, nämlich der Kriegs- und Verstümmelungszulage, der Tropenzulage und eines Teiles des Witwengeldes, eigenen Grundbesitz zu erwerben. Diese nicht risikolose Kapitalisierung sollte nur dann gewährt werden, wenn die nützliche Verwendung als gesichert erschien. Damit wurde vom Reich für einen großen Personenkreis eine wichtige Voraussetzung der Ansiedlung, nämlich die Bereitstellung des ersten Kapitals, geschaffen.

Das Kapitalabfindungsgesetz hatte außer seinem übrigen Inhalt die große politische Bedeutung, daß zum erstenmal auch die nicht preußischen Bundesstaaten gezwungen wurden, in den Aufgabenkreis der Inneren Kolonisation einzutreten. Es war nur ein energischer Schritt in gleicher Richtung vorwärts, als das in den Revolutionstagen ausgearbeitete und in der Form einer vorläufigen Verordnung am 29. Januar 1919 verkündete Reichssiedlungsgesetz — als Gesetz kam es am 11. August 1919 heraus — die Innere Kolonisation zur Reichssache erhob und ihr einen Wirkungsradius verlieh, wie ihn größer auch die kühnsten Erwartungen der Kolonisationsfreunde nicht erhoffen konnten. In vollem Umfange zur Ausführung gebracht, würde es das am tiefsten einschneidende Agrargesetz seit Stein und Hardenberg sein. Sein Ziel ist eine allgemeine Verdichtung der ländlichen Bevölkerung durch Gründung neuer Bauernstellen auf dem Gebiete des ganzen Deutschen Reiches. „Es ist Raum genug vorhanden", heißt es in den dem Gesetzentwurf beigegebenen Erläuterungen, „um Millionen von Ansiedler unterzubringen. Zunächst harren noch zwei Millionen Hektar Hoch- und Niederungsmoor und weite Heideflächen der Urbarmachung, nachdem die Wissenschaft und Technik längst die Mittel gefunden haben, um sie mit sicherem Erfolge in üppig gedeihende Äcker, Wiesen und Weiden zu verwandeln. Es ist kein Zweifel, daß dort mehr als eine Million Menschen in kurzer Zeit Unterkunft und auskömmliche Nahrung finden können. Das Werk muß nur mit entschlossener Planmäßigkeit in Angriff genommen werden; bisher ist die Besiedlung der Moore über Versuche und Anfänge kaum hinausgekommen. Außerhalb der Moor- und Ödlandflächen können neue Ansiedlungen aus wilder Wurzel nur selten emporwachsen. Aber die altkultivierten Gebiete bieten in ihrer Gesamtheit noch viel ausgiebigere Siedlungsgelegenheit. Nur in den kleinbäuerlichen Bezirken am Mittel- und Oberrhein mit seinen Nebenflüssen, in Franken und Thüringen kann die Bevölkerungskapazität im allgemeinen als vorläufig erreicht angesehen werden. Wo die Großbauerngüter die soziale Physiognomie der Landschaft bestimmen: im Küsten- und Hinterlande der Nordsee, in den Vorländern der Alpen und einigen Teilen von Mitteldeutschland, vor allem aber im Lande der großen Güter östlich der Elbe, fehlt es an Menschen." Wie die große Agrarreformgesetzgebung zu Beginn des 19. Jahrhunderts niemals durchführbar gewesen wäre, wenn die damalige Zeit nicht alles Bestehende revolutioniert hätte, so schien jetzt die Revolution die Bahn freigemacht zu haben für die Ausführung aller jener Bestrebungen, die die Freunde einer großzügigen Inneren Kolonisation längst erwünscht hatten, die aber an dem Widerstande des Beharrens gescheitert waren. Niemand anders als Max Sering, der unermüdliche Vorkämpfer der modernen Inneren Kolonisation, war der Verfasser des Gesetzentwurfs.

Gleichwohl bleibt es merkwürdig, daß dieses Gesetz die Unterschrift sozialistischer Minister tragen sollte. War doch von Haus aus der deutsche Sozialismus aller Inneren Kolonisation abhold. Der Sozialismus will das Privateigentum an den Produktionsmitteln abschaffen, also auch am Grund und Boden. Neues Grundeigentum zu schaffen, liegt daher nicht innerhalb seines Ideenkreises, insbesondere nicht auf Kosten des Großbetriebes, da ihm aller Kleinbetrieb als ökonomisch rückständig gilt. Zwar gab es auch in der sozialdemokratischen Partei Anhänger des landwirtschaftlichen Kleinbetriebes, aber sie standen im Gegensatz zu der offiziellen Parteilehre. Noch im Sommer

1919 schrieb die Leipziger Volkszeitung: „Für die Rückständigkeit der Regierung spricht nicht nur das Siedlungsunternehmen an sich, sondern auch die Begründung. Wenn der Regierungsvertreter davon sprach, daß in der Landwirtschaft nicht wie bei der Industrie in der Schematisierung und Mechanisierung das Prinzip des Fortschritts liege, sondern in der Individualisierung der Produktion und in der gesunden Mischung der Groß- und Kleinbetriebe, so ist dies nur jener Schicht von Ökonomieprofessoren nachgeredet, die an den Universitäten interessierte Wirtschaft verzapfen." Wenn gleichwohl die sozialistischen Minister ihre Unterschrift unter dieses bauernfreundliche Gesetz gaben, so geschah es, weil ihnen die politische Notwendigkeit mehr galt als das schon innerlich erschütterte Parteidogma. Der Zusammenbruch der Westfront und die Revolution hatten die Aussichten für ein wirtschaftliches Fortkommen der heimkehrenden Soldaten vernichtet. Was konnte man ihnen bieten, durch welche Aussichten konnten sie unter den Gefahren und Beschwerden des Rückzuges bei der Fahne gehalten werden? Schon im Schützengraben war ihnen das zukunftsfrohe Bild einer Heimstätte auf eigener Scholle vorgemalt worden. Man mußte diesen Anreiz verstärken. In den ersten Revolutionstagen erließ der Staatssekretär des Reichsarbeitsamts, Bauer, zwei Aufrufe an die heimkehrenden Krieger, in denen gesagt wurde, daß „mehrere Millionen Hektar — Raum genug für Hunderttausende von selbständigen Bauernstellen — ... zur Besiedlung bereitgestellt werden würden". Gleichzeitig richtete Generalfeldmarschall v. Hindenburg folgenden Erlaß an die heimkehrenden Truppen:

„Kameraden! Die Vorarbeiten zu einem gemeinnützigen Ansiedlungswerk sind im Gange, die Ausführung wird unverzüglich beginnen und so schnell gefördert werden, wie der gegenwärtige Mangel an Baumaterial, Kohlen und Transportmitteln es gestatten. Da die Regierung und alle Parteien hierin einig sind, wird die Nationalversammlung dem Werke ohne jeden Zweifel freudig zustimmen.

Die heimkehrenden Krieger sind die ersten, diesen Dank des Landes zu empfangen, das sie mehr als vier schwere Jahre hindurch, in tausend Schlachten unbesiegt, mit ihren Leibern beschützt haben. Den Kriegsteilnehmern, die bis zu ihrer ordnungsmäßigen Entlassung ihre Pflicht getan haben, will Deutschland, sobald es geschehen kann, eine Heimstätte schaffen.

Auf billig erworbenem Lande mit billigem, öffentlichem Gelde werden für Landwirte, Gärtner und ländliche Handwerker Hunderttausende von Stellen errichtet und für städtische Arbeiter, Angestellte, Beamte und Angehörige verwandter Berufe Häuser in Gartenstädten und Gartenvorstädten erbaut und gegen mäßige Verzinsung der Selbstkosten übergeben werden.

Das große Werk ist schon begonnen, bis zu seiner Vollendung wird eine Reihe von Jahren hingehen; in dieser Zeit werden die neuen Siedler sich den ihnen übertragenen Besitz durch schwere, aber auch durch lohnende und freudige Arbeit zu eigen machen müssen.

Mit einer Todesverachtung und einem Opfermut, wie die Welt sie bisher nicht gekannt hat, habt ihr 50 Monate hindurch eure Pflicht, die heimatliche Erde zu schützen, erfüllt, jetzt will die dankbare Heimat euch zu freien Herren auf deutschem Grund und Boden machen. Daß dieses hohe Ziel nur durch eure eigene unermüdliche Mitarbeit erreicht und gesichert werden kann, wird es in eurem Herzen nur desto tiefer befestigen.

Habt nur noch kurze Zeit Geduld! Helft unserem wunden Vaterlande über seine schwerste Zeit hinweg; rettet es noch einmal durch deutsche Manneszucht und deutschen Ordnungssinn, dann bereitet ihr eure eigene Zukunft, euer eigenes Glück!" —

Große Versprechungen waren gemacht worden. Wie wurden sie eingelöst?

Was bestimmt das Reichssiedlungsgesetz — diese Magna Charta der Inneren Kolonisation, wie man sie wohl genannt hat?

Die Bundesstaaten sind verpflichtet, zur Schaffung neuer Ansiedlungen und zur Hebung bestehender Kleinbetriebe „gemeinnützige Siedlungsunternehmungen" zu begründen. Als solche können auch öffentliche Behörden oder Anstalten bezeichnet werden.

Es bleibt also den Ländern freigestellt, welche Organisationsform sie wählen. Von dieser Freiheit haben sie ausgiebig Gebrauch gemacht. Einige, wie Württemberg, Hessen und manche unter den ganz kleinen Bundesstaaten, haben behördliche Stellen mit dem Siedlungswesen betraut, die meisten haben die Form der gemeinnützigen Ansiedlungsgesellschaft m. b. H. nach preußischem Muster, wie wir es schon kennen, gewählt. In Preußen ist die Organisation so, daß gewöhnlich für den Bezirk einer Provinz eine große gemeinnützige Ansiedlungsgesellschaft besteht. Sie übernimmt die Ausführung der größeren Siedlungsprojekte, wie die Aufteilung von großen Gütern und Domänen und die Anlage neuer Kolonien. Die neben ihnen und in Verbindung mit ihnen arbeitenden örtlichen Kleinsiedlungsgesellschaften widmen sich der Einzel- und Gruppensiedlung und der Gründung von Wohnheimstätten. Es besteht zwischen ihnen eine organisierte Arbeitsteilung, was auch darin zum Ausdruck kommt, daß die provinzielle Ansiedlungsgesellschaft an den Kleinsiedlungsgesellschaften mit Stammeinlagen und einer Vertretung im Aufsichtsrat beteiligt zu sein pflegt. Der Staat, gewöhnlich mit der Hälfte des Stammkapitals an der provinziellen Ansiedlungsgesellschaft beteiligt, übt durch den Oberpräsidenten die Staatsaufsicht aus, der innerdienstlich an die Weisungen des Landwirtschaftsministers gebunden ist. Der staatliche Einfluß erscheint demnach ausreichend gewahrt. Zudem besitzen die Ansiedlungsgesellschaften in Preußen keineswegs ein Siedlungsmonopol. Auch die Kulturämter, die aus den ehemaligen Generalkommissionen hervorgegangen sind, sind zu gemeinnützigen Siedlungsunternehmen im Sinne des Reichssiedlungsgesetzes erklärt worden. Sie sind zwar nicht selbst Siedlungsunternehmer, doch können sie für private Unternehmer, seien sie Einzelpersonen oder Gesellschaften, Siedlungsland und Siedlungskredite vermitteln. „Sollte also wider Erwarten einmal eine gemeinnützige Siedlungsgesellschaft versagen, so könnte das Kulturamt einem geeigneten Privatunternehmen Siedlungsland im Wege des Vorkaufs oder der Enteignung oder auch in Gestalt einer staatlichen Domäne vermitteln und so der Siedlungsgesellschaft empfindlich Konkurrenz machen." Doch davon ist bisher noch keine Rede, vielmehr hat sich zwischen Ansiedlungsgesellschaft und Kulturamt eine Arbeitsteilung in der Form entwickelt, daß letzteres sein Hauptbetätigungsfeld auf dem Gebiete der sog. Anliegersiedlung findet, worüber noch zu sprechen sein wird.

Auf welchen Wegen kommen die Siedlungsunternehmungen zu Siedlungsland? Würden sie allein auf den freien Gütermarkt angewiesen sein, so wäre von ihnen eine Ansiedlungstätigkeit großen Stils nicht zu erwarten. Es mußten ihrem Zugriff deshalb Siedlungsländereien größeren Umfangs erschlossen werden. Das Gesetz bestimmt, daß ihnen erstens Staatsdomänen bei Ablauf des Pachtvertrags zum Kaufe anzubieten sind, soweit nicht ihre Erhaltung für Unterrichts-, Versuchs- und andere Zwecke öffentlicher oder volkswirtschaftlicher Art notwendig ist. Als Kaufpreis darf vom Staate höchstens der Ertragswert gefordert werden. Zweitens ist das Siedlungsunternehmen berechtigt, unbewirtschaftetes oder nur primitiv genutztes Moorland oder anderes Ödland zu enteignen, wobei als Entschädigung der kapitalisierte Reinertrag zu gewähren ist, den das Land im unverbesserten Zustande hat. Drittens soll das Siedlungsunternehmen die Hand auf alle mittleren und größeren landwirtschaftlichen Güter legen können, die beim Eigentumswechsel nicht in der Familie bleiben, sondern auf den Markt kommen. Kennt das Bürgerliche Gesetzbuch nur ein auf Vertrag gegründetes Vorkaufsrecht, so spricht das Reichssiedlungsgesetz dem Siedlungsunternehmen ein gesetzliches Vorkaufsrecht für alle Güter über 25 Hektar zu. Die Grenze von 25 Hektar — die übrigens auf Anordnung der Landeszentralbehörde auch unterschritten werden kann — ist mit Rücksicht darauf festgesetzt, daß das Gesetz gerade die kleineren Bauerngüter, die Familienwirtschaften, vermehren will; man sah sich daher nicht veranlaßt, auch diese dem Zugriff des Siedlungsunternehmens zu überlassen.

Das Vorkaufsrecht erschließt den Siedlungsunternehmungen aber nicht nur Siedlungsland, sondern verleiht ihnen auch das Recht, den gesamten Güterhandel zu kontrollieren. Da sie in der Lage sind, auf jedes Objekt der vorgeschriebenen Größe die Hand zu legen, steht es, wenn sie wollen, in ihrer Macht, den Güterhandel zu monopolisieren. In der Erkenntnis, daß der Erfolg ihrer Siedlungstätigkeit durch einen Einfluß auf den Güterverkehr gestärkt werden würde, hatten die Ansiedlungsgesellschaften schon vorher Gütervermittlungsstellen eingerichtet, in der Absicht, den gewerbsmäßigen Güterhandel durch ihren gemeinnützigen zu ergänzen, ja, womöglich zu ersetzen. Das Vorkaufsrecht gibt dieser Einrichtung eine gesetzliche Unterlage und die Möglichkeit einer allgemeinen Auswirkung. Es greift daher über den Bereich seines kolonisatorischen Zweckes hinaus und bedeutet eine starke Einschränkung der Freiheit des Güterverkehrs. Damit bildet es den Schlußstein einer Gesetzgebung, deren — allerdings von anderen Motiven ausgehenden — Anfänge bereits in der Vorkriegszeit lagen. Darüber mögen an dieser Stelle noch einige Worte gesagt sein.

Der gewerbsmäßige Güterhandel hatte mancherorts den Anlaß zu so heftigen Klagen gegeben, daß sich ein Eingreifen — vor allem in Süddeutschland, wo der Güterschlächter eine verhängnisvolle Rolle spielte — als notwendig erwies. Nach mehreren, meist erfolglosen Versuchen, ihm das Handwerk zu legen, hatte Bayern 1910 ein Gesetz erlassen, das die Möglichkeit eines größeren Erfolges zu verheißen schien. Die Gemeinden und die genossenschaftlichen Spar- und Darlehnskassen erhielten das Recht des Vorkaufs. Doch bewährte sich diese Maßnahme nicht in dem erwarteten Ausmaße, weil sich die Gemeinden und die Genossenschaften nicht als geeignete Träger des Vorkaufsrechtes erwiesen. — Der Entwurf eines preußischen Grundteilungsgesetzes von 1914, der ein allgemeines Vorkaufsrecht des Staates für alle Grundstücke über 10 ha vorsah, verfolgte vor allem kolonisatorische Ziele, während die Bundesratsverordnung vom 15. März 1918 aus ernährungswirtschaftlichen Gründen den landwirtschaftlichen Güterverkehr für alle Grundstücke über 5 ha genehmigungspflichtig machte; es sollte verhindert werden, daß die Leistungsfähigkeit landwirtschaftlicher Betriebe durch eine unwirtschaftliche Zerschlagung oder Zusammenziehung zum Schaden der allgemeinen Nahrungsmittelversorgung beeinträchtigt würde. Eine unmittelbare Vorläuferin des im Reichssiedlungsgesetze ausgesprochenen Vorkaufsrechtes war dann die preußische Verordnung vom 23. Dezember 1918, die für alle Besitzungen von mehr als 20 ha ein gesetzliches Vorkaufsrecht für den Staat aussprach, das dieser den gemeinnützigen Ansiedlungsgesellschaften übertrug.

Gegenüber den Gütern bis zu 100 ha bietet das Vorkaufsrecht die einzige Möglichkeit des Zugriffs. Die großen Güter über 100 ha hat man noch schärfer zu erfassen gesucht. Diese sollen in denjenigen Gebieten, die starken Grundbesitz haben, um ein Drittel ihres Gesamtumfanges zugunsten der Besiedlung verringert werden. Wohl gemerkt! nicht in ganz Deutschland sollen die großen Güter an Umfang verringert werden, sondern nur in solchen Bezirken, wo mehr als 10% der landwirtschaftlich genutzten Fläche auf die Güter von mehr als 100 ha entfallen. Das ist der Fall in den östlichen Provinzen mit Einschluß von Schleswig-Holstein und Sachsen und in den Ländern Sachsen, den beiden Mecklenburg, Braunschweig und Anhalt. Diese Gebiete umfassen 92,2% der von allen großen Gütern in Deutschland eingenommenen Fläche. Ganz West- und Süddeutschland bleibt ausgeschlossen. Hier gilt für die großen Güter wie für die Großbauernhöfe das Vorkaufsrecht als einzige Möglichkeit des Eingriffs. Wenn sich der Gesetzgeber trotz Widerspruchs zu der schonenden Behandlung der großen Güter in diesen Gebieten entschloß, so geschah es, weil er die Erhaltung der wenigen hier vorhandenen großen Güter für volkswirtschaftlich erwünscht hielt, davon ausgehend, daß eine Mischung verschiedener Besitzgrößen vorteilhaft sei.

In welcher Weise soll die Landabtretung seitens der großen Güter erfolgen? Einfach schematisch jedem Gute ein Drittel seines Landes fortzunehmen, wäre durchaus bedenklich gewesen. Man mußte nach einem Ausweg suchen, um die Abtretung möglichst schmerzlos zu machen. Das glaubte man am ehesten dadurch zu erreichen, daß man die Entscheidung darüber den Gutsbesitzern selbst übertrug. Die Eigentümer der großen Güter werden in Landlieferungsverbänden zusammengeschlossen. Diese haben auf Verlangen des Siedlungsunternehmens zu Siedlungszwecken geeignetes Land aus dem Bestande der großen Güter zur Verfügung zu stellen. Um den Verbänden eine Handhabe zur Durchführung ihrer Aufgabe zu geben, ist ihnen sowohl ein Vorkaufsrecht wie ein Enteignungsrecht auf die Landgüter ihrer Mitglieder zugesprochen worden. Bei der Enteignung soll der alteingesessene Grundbesitz möglichst geschont werden.

Mit Hilfe der Enteignung sollen namentlich erworben werden: „Güter, die während des Krieges von Personen erworben sind, welche die Landwirtschaft nicht im Hauptberufe betreiben oder betrieben haben; Güter, die im Laufe der letzten zwanzig Jahre ... durch entgeltliches Rechtsgeschäft mehrfach den Besitzer gewechselt haben. Güter, deren Besitzer sich während des größeren Teiles des Jahres nicht auf der Begüterung aufhalten und sie nicht selbst bewirtschaften, sofern nicht berechtigte Gründe für die Abwesenheit des Besitzers oder dafür vorliegen, daß er die Bewirtschaftung nicht selbst ausführt; Güter, die zu Besitzungen von ungewöhnlich großem Umfang gehören. Auch sollen die Landlieferungsverbände vorzugsweise solche Teile der großen Güter ... erwerben, die früher selbständige Bauerngüter oder Landstellen waren und in den letzten dreißig Jahren ... von Eigentümern der großen Güter aufgekauft worden sind. Von dem Erwerbe solcher Güter, die in wirtschaftlicher und sozialer Hinsicht vorbildlich wirken oder für die Entwicklung der Landwirtschaft von hervorragender Bedeutung sind, soll möglichst abgesehen werden." (§ 16 des RGS.)

In Preußen und einigen anderen Ländern sind die Landlieferungsverbände als Korporationen des öffentlichen Rechts gegründet. Sie haben auf Grund einer vom Minister genehmigten Satzung eine eigene Verfassung und eigene Verbandsorgane. Die Staatsaufsicht führt der Oberpräsident. Doch sind die Landlieferungsverbände nicht in allen in Betracht kommenden Ländern eingerichtet, vielmehr sind ihre Aufgaben, was nach dem Reichssiedlungsgesetze zulässig ist, auch andern Stellen übertragen.

Um die Spekulation mit den unter Einsatz öffentlicher Mittel begründeter Ansiedlerstellen zu verhindern, hat das Ansiedlungsunternehmen ein Wiederkaufsrecht, wenn der Ansiedler seine Stelle ganz oder teilweise veräußert oder aufgibt, oder wenn er sie nicht dauernd bewohnt oder bewirtschaftet. Das Wiederkaufsrecht bezieht sich auch auf solche Anwesen, die mit Hilfe des Siedlungsunternehmens durch Zukauf ihre wirtschaftliche Selbständigkeit erlangt haben oder wesentlich gekräftigt worden sind. Das Wiederkaufsrecht wird als Belastung des Grundstücks im Grundbuche eingetragen.

Den Schluß des Reichssiedlungsgesetzes bilden Bestimmungen über die Beschaffung von Pachtland für landwirtschaftliche Arbeiter. Auf Anordnung der von der Landeszentralbehörde zu bezeichnenden Stelle, als welche in Preußen der Vorsteher des Kulturamts bezeichnet worden ist, sollen die Landgemeinden oder Gutsbezirke verpflichtet werden können, denjenigen Arbeitern, welche im landwirtschaftlichen Betrieb ihres Bezirks ständig beschäftigt sind, Gelegenheit zur Pacht oder sonstigen Nutzung von Land für den Bedarf des Haushalts zu geben. Bis zu 5% der landwirtschaftlich genutzten Feldmark sind für den Bedarf der „kleinen Leute", nötigenfalls im Wege der Zwangspachtung oder Enteignung zur Verfügung zu stellen.

Soviel über den wesentlichen Inhalt des großen Gesetzes! Wie und mit welchem Erfolge wurde es ausgeführt?

Das Gesetz, an sich nichts weiter als die Erfüllung längst gehegter Wünsche aller Kolonisationsfreunde, kam zur denkbar ungünstigsten Zeit. Das deutsche Volk litt unter den Wirkungen eines politischen und wirtschaftlichen Zusammenbruches, wie es ihn seit dem Dreißigjährigen Kriege nicht schlimmer erlebt hatte. Innere Kolonisation ist ein höchst kostspieliges Unternehmen: und nun sollten die finanziellen Mittel dafür von einem Staate aufgebracht werden, der den Versailler Friedensvertrag unterzeichnet hatte. Eine Volkswirtschaft, die so ausgeplündert war, daß sie schon seit Jahren sich für die dringendsten Bedürfnisse nicht mit den nötigsten Rohstoffen zu versorgen vermochte, sollte die Materialien für die Herstellung und Einrichtung von Hunderttausenden von neuen Bauernhöfen hergeben. Ein in jeder Hinsicht auf das tiefste erniedrigte Volk sollte die Mittel und Energie für eine kolonisatorische Leistung aufbringen, die die des starken und reichen Deutschlands um das Vielfache übertraf. Und in wenigen Jahren sollte alles das vollbracht sein! Das waren Illusionen, die von einer solchen völligen Verkennung der ganzen Sachlage im allgemeinen, der kolonisatorischen Schwierigkeiten im besondern, zeugten, daß die Enttäuschung nicht ausbleiben konnte. Auch ernährungswirtschaftlich war die Inangriffnahme des großen Siedlungswerkes gerade in diesem Zeitpunkt nicht ohne Bedenken, weil infolge der Unsicherheit, in die die bestehenden Besitzverhältnisse gerieten, die Betriebsführung der alten landwirtschaftlichen Betriebe gestört wurde. Ihre Produktionskraft, deren Stärkung für die Volksernährung dringend erwünscht gewesen wäre, wurde unter Umständen empfindlich geschwächt.

Für alle Volkswirte, die die Sachlage nüchtern beurteilten, stand es von vornherein fest, daß die im ersten Rausche der Begeisterung erweckten Hoffnungen nicht verwirklicht werden konnten. Die Enttäuschten machten ihre Mißstimmung in Angriffen sowohl auf die Regierung wie auf den ländlichen Grundbesitz Luft. Der ersteren warfen sie vor, sie betreibe das Siedlungswerk nicht energisch genug, von dem letzteren behaupteten sie, daß er die Aufteilung sabotiere.

Das waren sicherlich Übertreibungen. Blättert man die letzten Jahrgänge des „Archivs für Innere Kolonisation" durch, wird man mit Staunen feststellen, welche umfangreiche gesetzgeberische Arbeit im Anschluß an das Reichssiedlungsgesetz geleistet worden ist, um seine Ausführung zu betreiben. Es sei u. a. erinnert an das preußische Bodenverbesserungsgesetz vom 5. Mai 1920, das die schnellere und intensivere Nutzbarmachung von Moor-, Heide- und Ödland bezweckt. Da die Bodenverbesserung zur Schaffung von Moor- und Ödlandsiedlungen große Mittel erfordert, deren Bereitstellung über die Kräfte des einzelnen oder der berufenen Siedlungsunternehmungen hinausgeht, wird durch das Gesetz zwangsweise die Bildung von Kultivierungsgenossenschaften ermöglicht, um die Ländereien einheitlich urbar zu machen und zu bewirtschaften. Es sei auch daran erinnert, wie emsig die Regierungen bemüht waren, die Siedlungsunternehmen zu finanzieren, wie aber immer wieder die ausgesetzten Mittel nicht dazu ausreichten, um mit den infolge der Geldentwertung wachsenden Anforderungen Schritt zu halten. So konnte denn schon aus diesem Grunde die Arbeit der Siedlungsunternehmungen nicht den Erfolg haben, wie er ihrem Aufwand an Mühe und ihren Wünschen entsprochen hätte.

Es ist durchaus bezeichnend, daß die quantitativ größten Erfolge auf dem Gebiete der Anliegersiedlung erzielt worden sind. Ursprünglich war das Gesetz nur „zur Schaffung neuer Siedlungen" bestimmt gewesen. So hieß es auch in seiner ersten Veröffentlichung vom 29. Januar 1919. In die endgültige Fassung vom 11. August 1919 kam dann noch der Zusatz: „sowie zur Hebung bestehender Kleinbetriebe, doch höchstens auf die Größe einer selbständigen Ackernahrung". Dieser Zusatz, der sich nur unter Widerspruch durchsetzen ließ, galt vielen Freunden der Innern Kolonisation als eine Verschlechterung, weil ja der Zweck des Gesetzes die Verdichtung der ländlichen Bevölkerung sein sollte, nicht aber die bessere Ausstattung des einen Landbesitzers auf Kosten des andern. Anderseits ließ sich nicht verkennen, daß in manchen kleinbäuerlichen Gebieten eine bessere Landausstattung der zu kleinen Wirte wünschenswert war. Zudem kam man bei der Anliegersiedlung über alle die materiellen Schwierigkeiten spielend hinweg, die die Anlage neuer Stellen so ungemein erschwerte. Es brauchten keine neuen Gebäude errichtet, kein neues Inventar beschafft, keine Straßen gebaut, keine Meliorationen gemacht werden. Lediglich der Geometer genügte, um das Reichssiedlungsgesetz in Anwendung zu bringen. Der Landhunger war groß, auch aus politischen Gründen war es vorteilhaft, den kleinen Leuten Landstücke zuzumessen, die man den viel beneideten benachbarten größeren Besitzern abgenommen hatte. In manchen Gebieten wurde die Anliegersiedlung übermäßig betrieben, ja womöglich unter völliger Verdrehung des Gesetzes zugunsten von Industriearbeitern, die auf dem Lande wohnten. Wo man so vorging, hat die Anliegersiedlung wenig günstige Wirkungen gehabt. Die Begehrlichkeit, nicht selten durch viel zu günstige Überlassungsbedingungen angestachelt, wurde geweckt. In die ländliche Bevölkerung wurde Unfriede, Zank und Streit getragen, so daß dem großen Werke manchmal mehr geschadet als genützt wurde.

Nach alledem wird man feststellen müssen, daß die hohen Erwartungen, die man bei seinem Erlaß mit dem Reichssiedlungsgesetz verknüpft hatte, sich bisher nicht erfüllen konnten. Die Feststellung dieser Tatsache enthält keinen Vorwurf. Das Gesetz als solches, die „Lex Sering", ist schon gut, aber die furchtbare Notlage, in die der Versailler Friedensvertrag das deutsche Volk und die deutsche Volkswirtschaft gestürzt hat, verhindert seine Ausführung in dem erwarteten großen Stile. Das deutsche Volk ist bettelarm geworden, ihm fehlt es für ein so gewaltiges Unternehmen an Kraft. Wäre das Gesetz zehn Jahre vor dem Kriege gekommen, dann wäre der Erfolg ein ganz anderer gewesen.

Die Zeiten können sich aber auch wieder ändern, und dann wird der Tag gekommen sein, wo das Gesetz sich voller auswirken und reichere Früchte tragen wird. Die großen Linien, die das Gesetz der deutschen Inneren Kolonisation vorgezeichnet hat, werden sich nicht wieder verwischen lassen.

Im Anschluß an die Betrachtungen über das Reichssiedlungsgesetz seien noch einige Worte über das Reichsheimstättengesetz vom 10. Mai 1920 gesagt. Daß auch diese Gesetz in einer Zeit schwerster Baunot erlassen wurde, ist auf die gleichen politischen Gründe zurückzuführen, die den Erlaß des Reichssiedlungsgesetzes zu einem Gebot der Stunde gemacht hatten. Es sollte den guten Willen der Reichsregierung zur Erfüllung jener Hoffnungen bekunden, die eine rührige Propaganda des Bundes der Bodenreformer in den Gemütern der Kriegsteilnehmer geweckt und Reichstag und Oberste Heeresleitung genährt hatten. (Vgl. darüber den Schriftwechsel zwischen Ludendorff und dem Reichskanzler v. Hertling aus dem Jahre 1918, aus dem hervorgeht, daß die Reichsregierung sich keineswegs der großen Bedenken verschloß, die der Ausführung der Kriegeransiedlung entgegenstanden, und daß sie die „uferlose Werbetätigkeit der Bodenreformbewegung, die sich ganz besonders und nicht ohne Erfolg bemühte, Beziehungen zu hochgestellten Persönlichkeiten anzuknüpfen und deren Namen in der Öffentlichkeit für ihre Sache zu verwerten", auf das schärfste mißbilligte. Archiv für Innere Kolonisation XII.)

Auf diese ihre Entstehungsgründe ist es zurückzuführen, daß die so geschaffene deutsche Heimstätte sich von ihrem Urbild (homestead), das in den Vereinigten Staaten von Amerika zu suchen ist, stark unterscheidet. Der Begriff der amerikanischen Heimstätte ist nicht eindeutig. Man versteht darunter einmal diejenigen Grundstücke, welche Ansiedlern auf Grund des Bundes-Homesteadgesetzes von 1862 unentgeltlich unter der Bedingung überlassen wurden, daß sie wenigstens fünf Jahre lang bewohnt und bewirtschaftet würden. Es handelte sich demnach um eine Maßnahme, der Union gehörendes, unbesetztes öffentliches Land möglichst rasch der Besiedlung zu erschließen. Um auch armen Kolonisten die Erwerbung einer solchen Farm zu ermöglichen, haftete die Heimstätte in keiner Weise für die Schulden, die vor ihrer Errichtung gemacht worden waren. Daneben hatten aber auch die Einzelstaaten „Exemtions- oder Homesteadgesetze" erlassen, deren Heimstätten sich in ihrem Wesen und Zweck grundsätzlich von den erstgenannten unterscheiden. Die Heimstätten dieser Art sind von der Zwangsversteigerung eximiert für alle Schulden, die nicht hypothekarisch eingetragen sind; ausgenommen von der Exemtion sind außerdem die Schulden für die Errichtung der Heimstätten, für Meliorationen, für die öffentlichen Abgaben; auch für Schulden, die vor der Errichtung der Heimstätte gemacht worden sind — auch hierdurch unterscheiden sich diese Heimstätten von denen der ersten Art —, gilt die Exemtion nicht. Bedingung ist, daß der Heimstätter das Oberhaupt einer Familie ist, auf dem Gute wohnt und es bewirtschaftet („Rückenbesitz") und sich verpflichtet, ohne Einwilligung der Behörde die Heimstätte weder zu veräußern noch hypothekarisch zu belasten. Der Zweck dieser einzelstaatlichen Homesteadgesetze war der, den Farmer vor dem Bankerott zu schützen, in den er bei dem Mangel einer den landwirtschaftlichen Bedürfnissen entsprechenden Kreditorganisation rettungslos geriet, wenn größere Krisen eintraten. Man wollte sozusagen ein Betriebsminimum bankerottfrei machen, um den Farmer vor einer ruinösen Überschuldung zu schützen. Es handelte sich also bei dieser Gesetzgebung nicht um eine Maßnahme der Kolonisation, auch nicht in erster Reihe der Besitzfestigung, als vielmehr um eine Maßnahme zum Zwecke der Gesundung des landwirtschaftlichen Kreditwesens.

In dem gleichen Rahmen bewegte sich die Heimstättenbewegung, die unter dem Eindruck der Ende der 70er Jahre des vorigen Jahrhunderts einsetzenden Agrarkrisis in europäischen Ländern mit mehr oder weniger großem Erfolge betrieben wurde und die in Deutschland mit dem preußischen Gesetz betr. Eintragung der Verschuldungsgrenze ihren vorläufigen Abschluß fand. Es braucht daher in diesem Zusammenhange darüber nicht gesprochen zu werden, wie auch Buchenberger das Heimstättenrecht in dem Kapitel „Landwirtschaftlicher Kredit" behandelt.

Dagegen stellt sich das deutsche Reichsheimstättengesetz als eine Maßnahme der Inneren Kolonisation im weitesten Sinne des Wortes dar. Nicht nur landwirtschaftliche oder gärtnerische Anwesen („Wirtschaftsheimstätten") können begründet werden, sondern auch „Wohnheimstätten", die aus einem Einfamilienhaus mit Nutzgarten bestehen. „Zu dem Lebensbedarf, der dem Menschen unentbehrlich ist," heißt es in der Begründung zu dem Gesetzentwurf, „gehört an erster Stelle die Unterkunft für ihn und seine Familie; zur Gewinnung der für seine eigene und die Lebensführung der Gesamtheit notwendigen Bodenerzeugnisse durch Verwertung seiner Arbeitskraft braucht er neben dem Arbeitsgeräte vor allem ein ausreichendes Stück des ertragfähigen Bodens selbst. Kann nach dem Gange der gesellschaftlichen und gewerblichen Entwicklung auch nicht jeder Staatsbürger sein Heim im eigenen Hause haben und an der Erzeugung der Bedarfsgüter unmittelbar auf eigener Scholle teilnehmen, so soll doch das Recht die Möglichkeit gewähren, daß jeder, der in dieser wirtschaftlichen Stellung ist oder durch zu schaffende Einrichtungen in sie versetzt wird, darin auch erhalten und geschützt wird." Der Schutz besteht darin, daß wegen Personalschulden, die jünger sind als die Begründung der Heimstätte, eine Zwangsvollstreckung gegenüber der Heimstätte unzulässig ist; wegen älterer nur dann, wenn binnen Jahresfrist nach dem Erwerb der Heimstätte eine Sicherungshypothek bestellt wurde und diese nach Ablauf von fünf Jahren noch nicht getilgt worden ist. Wenn das Reichsgesetz Maßnahmen zur Bereitstellung von Mitteln an Land und Geld, um Heimstätten zu schaffen, auch nicht zu seinen Aufgaben rechnet, so wird doch die Bewilligung von öffentlichen Mitteln für diesen

Zweck als gegeben betrachtet. Kriegsteilnehmer, insbesondere Kriegsbeschädigte, sodann Witwen der im Kriege Gefallenen und endlich kinderreiche Familien sollen vorzugsweise berücksichtigt werden. Um daher eine Sicherung dafür zu schaffen, daß die mit öffentlichen Mitteln errichteten Heimstätten ihrer Bestimmung erhalten bleiben, sind starke Bindungen der Heimstätteneigentums unerläßlich. Die infolgedessen notwendig werdenden eingreifenden Machtbefugnisse, die dem Ausgeber der Heimstätte gegenüber dem Heimstätter gewährt werden müssen, bringen es mit sich, daß die Begründung dieses Rechtsverhältnisses nicht beliebig freigegeben werden darf. Nur das Reich, die Länder und die Gemeinden und Gemeindeverbände sollen Heimstätten ausgeben, daneben sollen die obersten Landesbehörden auch andere öffentliche Verbände, z. B. Versicherungsanstalten oder gemeinnützige Unternehmungen, vor allem Siedlungsunternehmungen, als Ausgeber zulassen können. Die Ausgabe von Heimstätten durch einzelne Grundbesitzer oder durch private Erwerbsgesellschaften, z. B. durch gewerbliche Unternehmungen an ihre Arbeiter, ist dagegen ausgeschlossen.

Die erforderlichen Beschränkungen des Eigentümers in der tatsächlichen und rechtlichen Verfügung über die Heimstätte erreicht das Gesetz dadurch, daß erstens die Vornahme bestimmter wichtiger Verfügungen an die Zustimmung des Ausgebers geknüpft wird, und daß zweitens dem Ausgeber ein Vorkaufs- und Heimfallsrecht eingeräumt wird. Zu den Einschränkungen der ersten Art gehört, daß alle Veränderungen der Heimstätte durch Abveräußerung oder Vergrößerung sowie ihre Belastung mit Schulden von der Zustimmung des Ausgebers abhängig gemacht werden. Dagegen ist die Veräußerung im ganzen grundsätzlich freigegeben worden, um die wirtschaftliche Bewegungsfreiheit des Heimstätters nicht unnötig einzuengen. Berührt doch die Veräußerung nicht ihren Bestand und ihre rechtliche Beschaffenheit. Allerdings hat der Ausgeber ein berechtigtes Interesse an der Person des Heimstätters, und um dieses zu wahren, räumt ihm das Gesetz ein Vorkaufsrecht ein, das sich auf alle Veräußerungsverträge des Heimstätters erstreckt. Nur wenn die Heimstätte an den Ehegatten oder an seine nächsten Verwandten oder Verschwägerten der geraden Linie oder der Seitenlinie übergeht, ist die Ausübung des Vorkaufsrechts ausgeschlossen. Von der Bestellung eines Wiederkaufsrechtes ist abgesehen worden. Um jedoch die Möglichkeit zu schaffen, einem Mißbrauch und der zweckwidrigen Benutzung der Heimstätte entgegentreten zu können, hat der Ausgeber einen Heimfallsanspruch. Das Heimfallsrecht besteht in einem klagbaren Anspruch des Ausgebers auf entgeltliche Übertragung der Heimstätte, wenn der Heimstätter die Heimstätte nicht dauernd selbst bewohnt oder bewirtschaftet oder grobe Mißwirtschaft treibt. Da die Heimstätte der Seßhaftmachung und der dauernden Lebensführung ihrer Inhaber, nicht aber als Handelsgegenstand dem Geldgewinne dienen soll, darf sowohl bei der Ausübung des Heimfallsanspruchs wie des Vorkaufsrechtes dem Ausgeber kein höherer Kaufpreis angerechnet werden, als sich unter Zugrundelegung der Erwerbskosten zuzüglich etwaiger Verbesserungen ergibt. Diese Vorschrift verfolgt die Absicht, die Heimstätte in dauernden Besitz des Eigentümers und seiner Familie zu erhalten und zugleich dem Ausgeber eine wirksame Handhabe zu geben, ungesunde Preissteigerungen hintanzuhalten.

„Die Ausgabe von Wirtschaftsheimstätten ist," wie es in der Begründung des Gesetzentwurfes an einer Stelle heißt, „eine besondere Art der Siedlung". Daraus ergeben sich Beziehungen zwischen dem Reichsheimstättengesetz und dem Reichssiedlungsgesetz. Das nach letztem Gesetz bestellte Siedlungsunternehmen kann die von ihm begründeten Siedlungen unter Heimstättenrecht stellen. Für das Siedlungswesen ist das von weittragender Bedeutung. Den meisten Bundesstaaten fehlt die Einrichtung des Rentenguts. Das Heimstättenrecht ist ganz dazu geeignet, diese Lücke für sie auszufüllen. Tatsächlich haben eine ganze Reihe von Bundesstaaten von dieser Möglichkeit Gebrauch gemacht. Da das Siedlungsunternehmen den gegründeten Heimstätten gegenüber den Heimfallsanspruch hat, so soll es ihnen gegenüber auf das Wiederkaufsrecht verzichten, wie es ihm das Reichssiedlungsgesetz zuerkennt.

Wie groß die praktische Bedeutung des Reichsheimstättengesetzes sein wird, läßt sich natürlich noch nicht übersehen. In noch höherem Maße wie vom Reichssiedlungsgesetze läßt sich auch von ihm sagen, daß es in dem denkbar ungünstigsten Zeitpunkte ins Leben getreten ist.

II. Die Landpolitik des Auslandes.

Wenn man von der Besiedlung der Neuländer absieht, deren Betrachtung nicht in den Rahmen unserer Darstellung fällt, kann von einer Inneren Kolonisation der außerdeutschen Länder gewöhnlich nur in bedingtem Sinne gesprochen werden. Die eigentliche Aufgabe der Inneren Kolonisation, wie wir sie in Deutschland kennen, ist die Schaffung neuer, womöglich selbständiger bäuerlicher Siedlungen; was sonst noch geschieht: Besitzfestigung, Anliegersiedlung, Seßhaftmachung von Landarbeitern — geht nebenher, die Hauptaufgabe ergänzend. Blickt man ins Ausland, so fehlt dort gerade das, was die Innere Kolonisation zu einem so schwierigen Unternehmen macht, die Neusiedlung, fast ganz; was bleibt, sind mehr oder weniger energische Maßnahmen zum Schutze und zur Vergrößerung des kleinen und mittleren Grundbesitzes und die Verwandlung prekärer Besitzrechte in Eigentum. Erst wenn man sich das klar macht, bekommt man ein Augenmaß für die Größe der deutschen Leistung. So gering sie dem mit sich stets unzufriedenen Deutschen auch erscheint, so ist sie doch riesengroß im Vergleich zu dem, was andere Völker vollbrachten.

Das gilt auch von Großbritannien und Irland, dessen Leistungen auf dem Gebiete der Inneren Kolonisation sogar von deutschen Agrarpolitikern wohl als vorbildlich hingestellt worden sind.

In Irland handelt es sich um eine allmähliche Umwandlung der kleinen Pachthöfe in Eigentum, wofür die Regierung Staatsmittel und Kredite zur Verfügung stellt — eine Aktion, deren Anfänge in den 80er Jahren des vorigen Jahrhunderts liegen. Sie war zur Notwendigkeit geworden, nachdem sich die irische Agrarfrage allmählich zu einem Nationalskandal entwickelt hatte. Man wird der englischen Regierung die Anerkennung nicht versagen können, daß sie diese Reform im großen Stil und unter Aufwendung nicht unbeträchtlicher Mittel durchführt. Es handelt sich um eine nachgeholte Bauernbefreiung. Sie kommt zwar um hundert Jahre später als in andern Ländern, aber sie kommt doch. Indes zu Ausrufen der Verzückung über „diese großartige Reform“ liegt meines Erachtens keine Veranlassung vor, noch weniger geht es an, sie über die Leistungen der deutschen Innern Kolonisation zu stellen, mit der sie sich überhaupt nicht vergleichen läßt.

Auch im britischen Mutterlande hat man es in den letzten Jahrzehnten nicht an Versuchen fehlen lassen, die Schäden der dort herrschenden Grundbesitzverteilung zu verbessern. Wie wir wissen, hatte die politische Entwicklung dieses Landes dahin geführt, daß der bäuerliche Grundbesitz durch Gemeinheitsteilungen und Einhegungen und durch Auskauf verdrängt wurde. 70% der Landfläche gehören in England dem Großgrundbesitz. Es gibt Grundherren, die mehr als 80000 Hektar ihr eigen nennen, etwa 2000 Familien teilen sich in die Hälfte allen Landbesitzes. In Schottland ist es sogar so, daß 580 Personen etwa vier Fünftel der Fläche besitzen. Zwar fallen Eigentum und Betrieb nicht zusammen. Es herrscht nicht etwa auch der Großbetrieb vor. Die mittelgroße Pachtwirtschaft gibt der Agrarverfassung Englands das charakteristische Gepräge. Die bäuerliche Familienwirtschaft ist in einem ganz geringen Ausmaß vertreten. Nicht nur daraus ergeben sich schwere soziale Übelstände, auch die Landarbeiterschaft befindet sich in einer Notlage, die schon seit langem so drückend gewesen ist, daß die Entvölkerung des platten Landes in erschreckendem Maße zugenommen hat. „In den Dörfern wohnen der Pastor, der Lehrer, allerhand Rentner und in niedrigen, oft strohbedeckten Häuschen, gedrückt und demütig, ernst und mißtrauisch, die Arbeiter des neben dem Dorfe liegenden geschlossenen Pachthofes. Ihre Frauen und Kinder bilden den Gegenstand der wohltätigen Bestrebungen der unverheirateten jungen Damen des Dorfes“ (Sering). Der den eng zusammenwohnenden Arbeitern in den Allotments zur Verfügung stehende Garten ist nicht groß genug, um die Bedürfnisse des eigenen Haushalts zu befriedigen.

Es mußte demnach zweierlei erstrebt werden: erstens eine Vermehrung der bäuerlichen Stellen durch Schaffung von sog. Small Holdings in der Größe bis zu 20 ha, und zweitens eine Vergrößerung und Vermehrung der Arbeiterstellen der Allotments (bis zu 2 ha), um den Arbeitern die Möglichkeit einer spezifisch ländlichen Haushaltsführung zu gewähren. Mit der letzteren Maßnahme wurde begonnen, weil unter den traurigen Arbeiterverhältnissen die gesamte Landwirtschaft einschließlich der allmächtigen Großgrundbesitzer litt. Was hier geleistet wurde, verdient gewiß Anerkennung. Es wurde eine beträchtliche Anzahl von Allotments geschaffen. Doch handelte es sich in der Mehrzahl der Fälle nicht um die Schaffung neuer Landstellen, sondern vorwiegend um Pachtparzellen, die bereits ansässigen Landarbeitern, Handwerkern und sonstigen Bewohnern der Dörfer und Marktflecken zu ihrem bisherigen (gleichfalls gepachteten) Haus und Garten zugewiesen wurden. Von einer großen kolonisatorischen Leistung kann also nicht gesprochen werden, wie es Wygodzinski getan hat, der, indem er die Zahl der geschaffenen Allotments neben die der deutschen Ansiedlungsgüter stellte, zu dem Ergebnis kam, daß in England die Innere Kolonisation ebenso große Erfolge aufzuweisen gehabt hätte wie die deutsche. Höchstens die Small Holdings lassen sich mit den deutschen Ansiedlungsgütern vergleichen. Aber obwohl auch diese nur als Pachtbesitz ausgegeben werden sollten, ist ihre Zahl bescheiden klein geblieben. Bekanntlich hat kurz vorm Kriege Lloyd George der Innern Kolonisation in England einen größeren Nachdruck zu verleihen gesucht. Mit welchem Erfolge seine Aktion begleitet war, läßt sich noch nicht überblicken.

Die einzelnen Maßnahmen der irischen und englischen Innern Kolonisation des näheren zu beschreiben, erübrigt sich. Es gibt darüber genug Literatur. Im Archiv für Innere Kolonisation finden sich darüber mehrere Aufsätze, unter denen die von B. Skalweit, Pagenkopf und Lothar Meyer hervorgehoben sein mögen (B. IV und VI). Auf diesen Quellen fußt auch die lichtvolle Darstellung Serings in seinem Vortrag „Die Politik der Grundbesitzverteilung in den großen Reichen“ 1912.

Noch dürftiger sind die Ergebnisse der Innern Kolonisation in den andern alten Kulturländern. Freilich wurden einige von ihnen ebenfalls von der Bewegung ergriffen, es hat auch nicht an legislatorischen Maßnahmen gefehlt — aber was tatsächlich ausgeführt wurde, kann nur als bescheidene Ansätze zu einer Innern Kolonisation bezeichnet werden. Das gilt von dem alten Österreich, das in Galizien und in der Bukowina Rentengüter auszulegen begann, das gilt von Italien, das die Melioration und die Besiedlung der ausgedehnten versumpften Landstrecken erstrebte — das gilt von Spanien, dessen große Latifundien und Ödländereien einen dankbaren Boden für eine Kolonisation großen Stils bieten würden.

Mehr wäre dagegen von Osteuropa zu sagen. Es ist schon in anderem Zusammenhange gesagt worden, mit welcher Energie und mit wie großem Erfolge die russische Regierung in den beiden letzten Jahren vor dem Kriege die Innere Kolonisation betrieben hatte. Es bestand die Aussicht, daß die russische Agrarverfassung auf eine neue, gesundere Grundlage gestellt werden würde. Ein außerordentlich verheißungsvoller Anfang war gemacht worden. Die Allzerstörerin Revolution hat alles wieder vernichtet. Die Aufgabe der Innern Kolonisation bestand in dem russischen Bauernland weniger in einer Aufteilung der relativ wenig vorhandenen großen Gütern als in der Schaffung gesunder Besitz- und Betriebsformen für den unter der Feldgemeinschaft leidenden Bauernstand. Im Grunde handelte es sich auch hier um eine nachgeholte Bauernbefreiung im weitesten Sinne des Wortes. Nur eine starke, ganz planmäßig vorgehende Regierung war zur Durchführung dieser Reform imstande. Sering erzählt, wie ihm der russische Landwirtschaftsminister Kriwoschein 1912 gesagt habe: „Wir brauchen 30 Jahre Frieden, dann werden wir für immer ein reiches und starkes Volk sein." „Die Revolution", fährt Sering fort, „hat zwar die Agrarfrage gelöst, aber um den Preis einer furchtbaren Erschütterung der gesamten Volkswirtschaft ... Ich will nicht von den technischen Mängeln der Flurverfassung sprechen, die aus der eigenmächtigen Besitznahme der Gutsländereien durch die Anlieger hervorgingen. Sie lassen sich allmählich beseitigen. Aber die verheißungsvollen Anfänge zur Hebung der bäuerlichen Wirtschaft sind auf lange hinaus vernichtet."

Die blinde Zerstörung des Großgrundbesitzes, welche in Rußland mehr die Folge des allgemeinen Revolutionschaos als der Wunsch der sozialistischen Machthaber war, wurde in andern Staaten systematisch betrieben. In jener Ideenarmut, die die letzte Revolution überhaupt kennzeichnet, wurde überall zum Zwecke der Landverteilung der größere Landbesitz der Enteignung unterworfen, ohne sich vorher vergewissert zu haben, ob man auch die erforderlichen Mittel zur wirtschaftlichen Ausnutzung und Besiedlung des frei gewordenen Landes hätte. Am radikalsten ging man in den neuen baltischen Staaten, in Est- und Lettland, vor, wo mit einem Schlage der gesamte nicht bäuerliche und nicht städtische Grundbesitz enteignet wurde. Anderwärts war man so unvernünftig nicht und begnügte sich damit, nur denjenigen Teil des Grundbesitzes zu enteignen, der über eine gewisse als zulässiges Besitzmaximum bestimmte Fläche hinausging.

In Ungarn ist nach dem Sturze der bolschewistischen Regierung, die bereits allen Grundbesitz für Staatseigentum erklärt hatte, 1920 ein Bodenreformgesetz geschaffen worden, das die Enteignung von Teilen des Großgrundbesitzes hauptsächlich auf solche Gemeinden beschränkt wissen will, in denen der Großgrundbesitz mehr als ein Drittel der Fläche innehat. Im südslawisch-serbischen Königreich und in Rumänien sind Besitzmaxima festgesetzt, die in den einzelnen Landesteilen verschieden hoch sind. Sie sind am höchsten in den rein serbischen und in den rein rumänischen Provinzen, sie sind am niedrigsten in solchen Landesteilen, wo auch andere Nationalitäten, womöglich Deutsche, wohnen; das Besitzmaximum findet hier eine Verwendung im Nationalitätenkampf. In Polen sind nur Wirtschaften mit weniger als 180 Hektar, in Industriebezirken bis zu 60 Hektar vor der Enteignung geschützt. In den westlichen und in den östlichen Provinzen ist die Grenze bis auf 400 Hektar hinausgeschoben. In der Tschecho-Slowakei zog man die Grenze bei 150 Hektar landwirtschaftlich benutzten Bodens, ausnahmsweise auch höher.

Das Vorgehen gegen den Großgrundbesitz äußert sich in verschiedener Stärke, je nach der Art des Motives, das für seine Enteignung in erster Reihe bestimmend ist. Wo der Großgrundbesitz vorwiegend in der Hand der Aristokratie einer andern Nationalität ist, da gesellt sich zu der Begehrlichkeit, die sich gegen sie wendet, ein leicht zu schürender Nationalitätenhaß. Man enteignet, plündert und zerstört die großen Güter, um zugleich an dem Angehörigen der andern Nationalität, besonders dann, wenn es sich um den wehrlos und damit vogelfrei gewordenen Deutschen handelt, sein Mütchen zu kühlen. In fast allen osteuropäischen Landgesetzen dient die Enteignung zugleich als Angriffswaffe im Nationalitätenkampf: in Polen, in Rumänien, in Südslavien, am stärksten in der Tschecho-Slowakei, in Estland und Lettland, wo sie in den denkbar brutalsten Formen angewandt und wo den deutschen Grundbesitzern ihr Eigentum womöglich ganz ohne Entschädigung geraubt wird. Wenn wenigstens das enteignete Land der bäuerlichen Besiedlung auch zugeführt würde, so ließe sich dies Verfahren zwar nicht billigen, so doch verstehen. Aber meistens fehlen dafür alle Mittel. Am ehesten wird noch in der Tschecho-Slowakei und vielleicht auch in Polen die Aufteilung des Großgrundbesitzes nicht nur schädliche Folgen haben, weil in diesen dicht bevölkerten Staaten wenigstens die Menschen für eine Besiedlung vorhanden sind, so große Zweifel man auch hegen muß, ob es diesen tiefstehenden Völkern gelingen wird, gesunde und lebensfähige Neusiedlungen zu gründen. Anders in Estland und Lettland, die zu den dünnstbevölkerten Staaten der Welt gehören. Hier wurden in blinder Wut blühende Großbetriebe zerstört, ohne im geringsten die Fähigkeit zu besitzen, auch nur annähernd Gleichwertiges an ihre Stelle zu setzen. Die neuen Wirte sind nicht imstande, das Land in Kultur zu halten, teils weil sie selber niedrige, unfähige Menschen sind, teils weil ihnen trotz der Ausplünderung der früheren großen Höfe das zur Bewirtschaftung nötige Inventar fehlt. Das Land sinkt in den Zustand barbarischer Unkultur zurück. Schon sind diese Agrargebiete nicht mehr imstande, ihre so dünne Bevölkerung mit den nötigen landwirtschaftlichen Erzeugnissen zu versehen, und bedürfen großer ausländischer Getreidezufuhren.

Man wird also mit sehr niedrig gespannten Erwartungen der weiteren Entwicklung der in Osteuropa eingeleiteten Inneren Kolonisation entgegensehen müssen. Es mag sein, daß hier und da auch etwas Gutes dabei herauskommen kann. Denn sicherlich waren die Agrarverhältnisse überall äußerst reformbedürftig. Bisher überwiegt aber der Eindruck, daß mehr zerstört, als aufgebaut wurde.

Relativ günstig lauten die Nachrichten aus Bulgarien. Ein Landgesetz vom Februar 1921 verfolgt das Ziel, daß ein Landwirt nur soviel Grund und Boden als Eigentum haben soll, als er mit seiner Familie und entsprechenden Hilfskräften bebauen kann. Ein Mehr an Boden kann enteignet werden, ebenso unter allen Umständen Staatseigentum, Kirchen- und Klosterländereien sowie Großgrundbesitz. An Siedlungslustigen fehlt es nicht, weil aus den abgetretenen Gebieten bulgarische Bauern nach Altbulgarien zurückwandern. Zudem ist in Bulgarien die Zivildienstpflicht eingeführt worden, so daß für die Herstellung der neu entstehenden Höfe die Arbeitskräfte zur Verfügung stehen. Die Enteignung, für die der Stachel des Nationalitätenhasses fehlt, findet außerdem nur allmählich, je nach Bedarf statt.

Ergänzende Literatur.

Skalweit, August, Die ostpreußische Domänenverwaltung unter Friedrich Wilhelm I. und das Retablissement Litauens. Leipzig 1906.

— Wieviel Kolonisten hat Friedrich der Große angesiedelt? Forsch. z. brandenb. preuß. Gesch. 1908.

Zur inneren Kolonisation in Deutschland. Schr. d. Ver. f. Sozialpol. 1886.

Sering, Max, Die innere Kolonisation im östlichen Deutschland. Ebenda 1893.

Aal, Arthur, Das preußische Rentengut. Stuttgart 1901.

Zwanzig Jahre deutscher Kulturarbeit. Denkschr. der kgl. Ansiedlungskommission 1907.

Bernhard, Ludw., Das polnische Gemeinwesen im preußischen Staat. Leipzig 1907.

Sering, Max, Die landwirtschaftliche Konkurrenz Nordamerikas in Gegenwart und Zukunft. Leipzig 1887.

Jowanowitsch, Die Heimstätte. Tübingen 1908.

Sering, Max, Die Politik der Grundbesitzverteilung in den großen Reichen. Berlin 1912.

— Die Umwälzung der osteuropäischen Agrarverfassung. (Archiv für Innere Kolonisation XIII. 1921.)

Archiv für Innere Kolonisation, Berlin 1908 ff.

10. Kapitel.

Der Güterverkehr und die Vererbung des ländlichen Grundbesitzes.

1. Die Mobilisierung des Grundeigentums.

Wiederholt ist darauf hingewiesen worden, daß die Gebundenheit des Grundbesitzes in der älteren Zeit das Normale war. Die Gebundenheit konnte mehr oder weniger scharf entwickelt sein — es waren die verschiedensten Abstufungen möglich —, aber daß der Grundbesitzer mit seinem Grunde und Boden ganz frei hätte schalten und walten dürfen, widersprach in der Regel nicht nur dem Recht und der Sitte, sondern auch einem tief eingewurzelten Volksempfinden. Erst der wirtschaftliche Liberalismus hat grundsätzlich damit gebrochen. Der Erwerb des Grundeigentums wurde an nur formale Vorschriften wie die Eintragung in das Grundbuch geknüpft. Der Güterverkehr wurde mobilisiert, und wir wissen, welche große Hoffnungen man mit dieser Befreiung des Grundeigentums verband.

„Diese unbeschränkte Disposition", heißt es in dem preußischen Edikt vom 14. September 1811, das der Feder Thaers entstammte, „hat vielfachen und großen Nutzen. Sie ist das beste und sicherste Mittel, die Grundbesitzer vor Verschuldungen zu bewahren, ihnen ein dauerndes und lebendiges Interesse für Verbesserung ihrer Güter zu geben und die Kultur aller Grundstücke zu befördern. — Ersteres geschieht dadurch, daß bei Erbteilungen oder sonst entstehenden außerordentlichen Geldbedürfnissen des Abnehmers oder Besitzers eines Hofes soviel einzelne Grundstücke verkauft werden können, daß derselbe schuldenfrei bleibt oder es wird. — Das Interesse gibt die für Eltern so wünschenswerte und wohltätige Freiheit, ihr Grundeigentum unter ihre Kinder nach Willkür zu verteilen und die Gewißheit, daß diesen eine jede Verbesserung zugute kommt. — Die Kultur endlich wird eben hierdurch und zugleich dadurch versichert, daß die Grundstücke, welche in der Hand eines unvermögenden Besitzers eine Verschlechterung erlitten hätten, bei dem Verkauf in bemittelte Hände geraten, die sie im Stande erhalten. Ohne diesen einzelnen Verkauf wird der Besitzer sehr oft tiefer verschuldet und der Acker entkräftet. — Durch die Veräußerung wird er schulden- und sorgenfrei und erhält Mittel, das ihm verbleibende Landgut zu kultivieren. Es bleibt also alles Land bei diesem beweglichen Besitzstande in guter Kultur, und deren einmal erreichter Punkt kann durch Industrie und Anstrengung wohl noch höher gebracht werden, ohne äußere störende Einflüsse aber ist ein Zurücksinken nicht leicht zu besorgen. — Aus der Vereinzelung entspringt noch ein anderer sehr beachtenswerter Vorteil.... Sie gibt nämlich den sog. kleinen Leuten, den Kätnern, Gärtnern, Büdnern und Tagelöhnern Gelegenheit, ein Eigentum zu erwerben und solches nach und nach zu vermehren. Die Aussicht hierauf wird diese zahlreiche und nützliche Klasse unserer Untertanen fleißig, ordentlich und sparsam machen, weil sie nur dadurch die Mittel zum Landankauf erhalten können. — Viele von ihnen werden sich emporarbeiten und dahin gelangen, sich durch ansehnlichen Landbesitz und Industrie auszuzeichnen. Der Staat erhält also eine neue schätzbare Klasse fleißiger Eigentümer, und durch das Streben, solches zu werden, gewinnt der Ackerbau mehr Hände und durch die vorhandenen infolge der freiwilligen größeren Anstrengung mehr Arbeit als bisher."

Aus früheren Betrachtungen wissen wir, daß sich diese Hoffnungen tatsächlich zum Teil erfüllten. Die kulturfördernde Wirkung der Beseitigung der Gebundenheit kann nicht hoch genug eingeschätzt werden. Es war damit die Vorbedingung geschaffen für jene großen technischen Fortschritte, die die Landwirtschaft seit Beginn des 19. Jahrhunderts gemacht hat. Der Landwirt war nunmehr in der Lage, sich bei der Betriebsführung lediglich von Gründen ökonomischer Zweckmäßigkeit leiten zu lassen. Die volkswirtschaftliche Leistung der Landwirtschaft wurde vervielfacht.

Doch wissen wir auch, daß die erwarteten günstigen sozialen Wirkungen sich nicht überall eingestellt haben, ja, daß in manchen Gegenden höchst unerfreuliche Begleiterscheinungen eintraten. Freilich, so schlimm kam es nicht, wie die damaligen Gegner der Agrarreformgesetzgebung prophezeit hatten; sie hatten gemeint, daß nach Herstellung des freien Grundeigentums die ländliche Bevölkerung sehr bald proletarisieren und verlumpen würde. Diese Vorhersage hat sich erfreulicherweise in Deutschland nicht erfüllt. In dem größeren Teile Deutschlands ist der Bauernstand nicht nur erhalten geblieben, er hat aus der Freiheit auch neue Kräfte gesogen. Aufrecht und fest steht der deutsche Bauernstand nach hundertjähriger Freiheit auch heute noch da. Gleichwohl läßt sich nicht verkennen, daß in weiten Gegenden, vor allem Ostdeutschlands, dem Bauern die Freiheit zum Untergange wurde. Der wirtschaftliche Liberalismus hat sich stets für den wirtschaftlich Starken am vorteilhaftesten erwiesen. Die Großen wuchsen auf Kosten der Schwachen. Die großen Güter dehnten sich aus und schufen bauern- und menschenarme Bezirke. Aber auch entgegengesetzte — ökonomisch gesehen —, unter Umständen noch unheilvollere Wirkungen konnten sich äußern: selbständige Bauernwirtwirtschaften wurden in Zwergbetriebe zerschlagen, die in klimatisch ungünstigen Gegenden ihren Besitzern ein menschenwürdiges Dasein nicht mehr zu gewähren vermochten.

Die größte Gefahr, die den mobilisierten Grundbesitz bedroht, ist die Möglichkeit der Überschuldung mit allen ihren üblen Folgeerscheinungen. Folgt doch die Preisbildung auf dem freien Gütermarkte Bestimmungsgründen, die zum Teil außerhalb rein rechnerischer Erwägungen stehen und die Wirkung haben, preistreibend zu wirken. Die einzig richtige Grundlage des Kaufpreises eines Landgutes würde sein kapitalisierter Reinertrag sein. Doch dieser, objektiv nur schwer bestimmbar, schwankt in den Schätzungen der Kauflustigen, von denen der den Zuschlag zu bekommen pflegt, der ihn am höchsten schätzt, ja, wohlmöglich überschätzt. Doch kommen noch andere Merkmale hinzu, die dem Käufer ein Landgut oder Grundstück besonders begehrenswert erscheinen lassen und den Kaufpreis in die Höhe treiben. Der Großkapitalist bewertet das soziale Ansehen, das Grundeigentum zu verleihen pflegt, und sieht zugleich im Grundbesitz die sicherste Kapitalsanlage, Vorteile, die auch mit einer Überbezahlung für ihn nicht zu teuer erkauft sind. Der kleine und kleinste Landwirt, der bei der Kleinheit seiner Äcker seine Arbeitskraft nur unzulänglich auszunutzen vermag, ist naturgemäß von einem kaum stillbaren Landhunger erfaßt und sucht seine in gleicher Lage befindlichen Dorfgenossen um jeden Preis zu überbieten. „So überzahlt der Kleinbauer den Boden, führt ein schlechteres Leben als sein eigener Knecht nur aus Liebe zum Boden, auf dem er ein freier Mann ist; so bezahlt vor allem der Parzellenwirt, der Gemüsebauer, der Industriearbeiter in der Vorstadt das Läppchen Land, auf dem er sich mit Weib und Kind abrackert, mit unsinnigen Summen, die er nur herauswirtschaften kann, wenn er sich und den Seinen einen Arbeitslohn nicht rechnet." Eine nicht unbedenkliche Wirkung kann auch die Erleichterung der Grundkreditgewährung haben, so wünschenswert im übrigen diese Entwicklung auch sein mag: „Ist es leicht, Hypotheken zu erhalten, so werden auch Wenigerbemittelte in den Kreis der Käufer einrücken können. Ist das einerseits nicht unerfreulich, weil nun jeder tüchtige Mann in den Besitz eines größeren, seinen Fähigkeiten Raum bietenden Gutes geraten kann, so liegt doch die Gefahr gar zu nahe, das Betriebskapital allzu gering zu bemessen; ein Mangel, unter dem in der Tat sehr viele, namentlich größere Wirtschaften leiden. Die west- und süddeutschen Kleinbauern haben sich mit Hilfe der Genossenschaften und Kreissparkassen in dem sogenannten Protokollhandel ein Kreditinstrument geschaffen, dessen gefährlich leichte Handhabung einen guten Teil der unvernünftigen Preise und des Güterschachers jener Gegenden verschuldet." (Wygodzinski.)

Auch wo solche und ähnliche ungesunde Einflüsse die Preisbildung auf dem Gütermarkte nicht unmittelbar beeinflussen, zeigte sich beim deutschen Grundbesitz der Vorkriegsjahre ein Ansteigen der Bodenpreise. Doch war das Maß des Ansteigens bei den Landgütern je nach Betriebsgröße, Bodengüte und Gegend verschieden groß. Waren noch in der ersten Hälfte des 19. Jahrhunderts die großen Güter relativ höher bezahlt worden als die kleinen, so zeigte sich später die Erscheinung, daß die für die Flächeneinheit gezahlten Preise mit dem Anwachsen des Besitztums fielen. Das erklärt sich aus zwei Gründen, einmal, weil, je kleiner das Landgut ist, um so stärker der Gebäudewert ins Gewicht fällt, und zweitens, weil die Nachfrage nach kleineren Besitzungen stärker ist als nach großen. Die kleinen Leute zahlen die höchsten Preise. Selbst bei Stückländereien, die ja nur den reinen Bodenwert ohne Gebäude und Inventar darstellen, zeigen sich Unterschiede in den Hektarpreisen entsprechend dem Umfange der Grundstücke. Der Bodenwert ist eine Funktion der Nachfrage. Wo, wie in Bezirken mit schwerem Boden, der eine stärkere Bespannung nötig macht, die Nachfrage der kleinen Leute fehlt, da sind auch die kleineren Kaufobjekte billiger.

Ferner ist die Beobachtung gemacht worden, daß die Preise um so inedriger werden, je weiter man nach dem Nordosten kommt. Im Regierungsbezirke Allenstein sind die Grundstückspreise am niedrigsten im preußischen Staatsgebiete; sie stehen 40—60 % unter dem Durchschnitte des Staates. Es folgen dann Gumbinnen, Königsberg, Westpreußen, Posen, Köslin. Dagegen wird in den übrigen pommerschen Regierungsbezirken, in Brandenburg und Schlesien der Staatsdurchschnitt erreicht. Westlich der Elbe endlich sind die Durchschnittspreise weit höher als in den östlichen Provinzen. Diese Preisunterschiede sind vor allem bedingt durch das Klima, die Absatz- und Verkehrsverhältnisse, während die Bodenbeschaffenheit daneben zurücktritt. Ein Vergleich der Bodenpreise mit den Ernteertragszahlen zeigt, daß sich jene nach diesen wohl richten, daß aber keineswegs die Unterschiede im Ertrage der einzelnen Bezirke so groß sind wie die Unterschiede in den Preisen der Grundstücke. Die Erklärung dieses Mißverhältnisses ist in dem verschiedenen Arbeits- und Kapitalaufwand zu suchen, der zur Erzielung einer gleichen Menge von Feldfrüchten und zu deren Transport zum Markte notwendig ist. Im Osten des Staates, wo das ungünstigste Verhältnis zwischen dem Grundstückspreise und dem Ernteertrage zu finden ist, wird durch die Kürze des Sommers und die Länge des Winters der Landwirtschaftsbetrieb so verteuert und durch höhere Transportkosten der Reingewinn so geschmälert, daß der Wert der ländlichen Besitzungen herabgedrückt wird.

Weiter fällt auf, daß die Aufwärtsbewegung der Bodenpreise nicht überall in gleichem Maße erfolgt, sondern sich im umgekehrten Verhältnis zum Grundsteuerreinertrag bewegt. Die Steigerung ist verhältnismäßig am höchsten in der untersten Reinertragsstufe und am niedrigsten in den Stufen mit dem höchsten durchschnittlichen Grundsteuerreinertrage. Der Wert der seinerzeit gering eingeschätzten Bodenarten ist also verhältnismäßig viel stärker gestiegen als der Wert der guten und besten Böden. Der Grund dafür ist darin zu sehen, daß die großen technischen und landwirtschaftlichen Fortschritte in der Landwirtschaft den geringeren Bodenarten in besonders hohem Maße zugute kommen. Die guten Böden waren schon früher auf einen gewissen Hochstand der Kultur und damit auf einen höheren Stand des Wertes gelangt als die minderen, deren Wert infolgedessen relativ steigerungsfähiger sein muß.

Die Bodenpreisbewegung ist vor dem Kriege zum Gegenstande zahlreicher Einzeluntersuchungen gemacht worden, unter denen die von Rothkegel, dem ich in den eben gemachten Ausführungen stark gefolgt bin, hervorgehoben seien. Der Verfasser dieses Handbuches hat die neuere Literatur über diesen Gegenstand in einer besonderen Abhandlung einer Untersuchung unterzogen. Dort befinden sich auch die näheren Literaturangaben. (August Skalweit, Getreidezölle und Bodenpreise. Schmollers Jahrbuch 40, 1916.)

Selbst wenn man zu dem Ergebnis kommt, daß sich die Bodenpreissteigerung, abgesehen von den Fällen, wo Landgüter und Grundstücke aus persönlichen Gründen und infolge Landhungers überzahlt wurden, im Rahmen des gestiegenen Ertragswertes bewegt habe, bleibt sie nicht unbedenklich, weil die hoch bezahlten Landgüter der Krisengefahr stark unterworfen sind. „Der neu erwerbende Bebauer", sagt David, „gerät in Gefahr, für das Gefäß und Instrument seiner Arbeit mehr bezahlen zu müssen, als aus dem Ertrag der Wirtschaft erübrigt werden kann. Die Gefahr der Verschuldung und des schließlichen Verlustes bedroht ihn. Auswucherungen, Bankerotte, Zwangsversteigerungen von landwirtschaftlichen Anwesen werden geläufige Erscheinungen auf dem ‚Grundstücksmarkt' der modernen Zeit." Es ist auch behauptet worden, daß die Bodenpreissteigerung die Veranlassung zu einer ungesunden Mobilisierung des Grundbesitzes gegeben hätte, indem sie die Grundeigentümer dazu angereizt hätte, ihre Güter zwecks Realisierung eines Konjunkturgewinnes auf den Markt zu bringen. Das sind indes Übertreibungen. Die Gefahren der Bodenpreissteigerung verringern sich, weil die meisten Landgüter nicht durch Kauf, sondern im Erbgange ihren Besitzer zu wechseln pflegen.

Man liest zwar gewöhnlich das Gegenteil. Doch ist das ein Irrtum, zu dem die Aufmachung der amtlichen preußischen Besitzwechselstatistik verführt. Indem nämlich die Statistik in ihren Tabellen die Besitzwechselfälle im Erbgang und die durch Kauf nebeneinander aufstellt, führt sie völlig unvergleichbare Größen zusammen. Darauf hat schon Sering nachdrücklich hingewiesen: „Die Häufigkeit der Erbfälle ist — von kleinen Störungen abgesehen — abhängig von der Dauer einer Besitzergeneration; der freihändige Verkauf an Fremde von einer Reihe ganz anderer Faktoren, wie der allgemeinen Lage des Grundstücksmarktes, der Auf- und Abbewegung der Konjunkturen usw. Die Frist zwischen dem einen und dem andern Verkaufe ist oft kurz. Die Erfahrung lehrt, daß Bauerngüter, die einmal zum Objekt spekulativen Handels geworden sind, alle paar Jahre den Besitzer zu wechseln pflegen. Man wird aber stets geneigt sein, die Zahl der Besitzwechselfälle mit der Zahl der bewegten Landgüter zu identifizieren. Geht man von einer 25- bis 30jährigen Periode, der Dauer etwa eines Mannesalters, aus, so werden die der regelmäßigen Vererbung unterliegenden Stellen ungefähr einmal auftreten, die regelmäßig freihändig umgesetzten aber mehrfach, so daß die wirkliche Anzahl dieser Stellen nur einen Bruchteil der aufgeführten Verkaufsfälle ausmacht." Die beiden Arten der Besitzwechselfälle lassen sich also nur dann in Beziehung zueinander setzen, wenn man vorher die durchschnittliche Besitzdauer in dem einen wie in dem andern Falle festgestellt und dementsprechend die Zahlen umgerechnet hat. Geschieht das, so wird sich, was für jeden Kenner ländlicher Verhältnisse von vornherein feststand, ergeben, daß der überwiegende Teil des ländlichen Grundeigentums seinen Besitzer im Erbgange zu wechseln pflegt.

Doch wie verhält es sich damit — hat unter dem Eindruck der Bodenpreissteigerung der Besitzwechsel durch Kauf wenigstens relativ zugenommen? Wiederholt ist das, und zwar vor allem von Brentano behauptet worden; „in besorgniserregender Weise" hätte sich diese Art der Besitzwechselfälle vermehrt. Einer sorgfältigen Untersuchung der Statistik, die sowohl den Besitzwechsel in den verschiedenen Besitzgruppen als auch in den verschiedenen Gebieten beobachtet, hält diese Behauptung nicht stand. Bei den kleineren Betriebsgrößen zeigt sich eine Abnahme des Besitzwechsels, und wenn bei den größeren eine Zunahme erscheint, so konzentriert sich diese auf Ostdeutschland, und zwar in ganz besonders hohem Maße auf Ostpreußen, wo der Großgrundbesitz von jeher stark mobilisiert war. Die näheren Angaben darüber finden sich in meinem oben zitierten Aufsatz „Getreidezölle und Bodenpreise".

Die Mobilisierung des Grundbesitzes ist auch unter der Herrschaft des freien Eigentums sehr viel geringer gewesen, als man ursprünglich erwartet hatte. Vor allem gilt das von dem mittel- und großbäuerlichen Besitz, welcher sich, wie wir noch sehen werden, unter dem Einfluß der Anerbensitte im hohen Maße den Charakter des Familiengutes bewahrt hat. Auch große Güter suchte man den Gefahren der Mobilisierung dadurch zu entziehen, daß sie einer fideikommissarischen Bindung unterworfen wurden. Daneben machte sich je länger je mehr eine gewisse Neigung bemerkbar, die Freiheit des Güterverkehrs auch auf legislatorischem Wege einzuschränken. Vor allem war auf dem Gebiete der Innern Kolonisation hierfür ein zwingendes Bedürfnis vorhanden, um zu verhindern, daß die neugeschaffenen Ansiedlungsgüter alsbald wieder auf den Gütermarkt kamen und ihrer Bestimmung entzogen wurden. Ihre Inhaber wurden, obwohl sie zu Eigentümern gemacht wurden, starken Verfügungsbeschränkungen unterworfen. Die Doktrin von der Unbeschränkbarkeit des freien Eigentums war daher schon durchlöchert, als die neue Reichsverfassung von 1919 für die Nutzung und Verwendung des Grundeigentums Grundsätze aufstellte, die ebenfalls einen Eingriff in das freie Verfügungsrecht bedeuten.

In den Artikeln 153 und 155 wird u. a. gesagt: „Eigentum verpflichtet. Sein Gebrauch soll zugleich Dienst sein für das gemeine Beste. — Die Verteilung und Nutzung des Bodens wird von Staats wegen in einer Weise überwacht, die Mißbrauch verhütet und dem Ziele zustrebt, jedem Deutschen eine gesunde Wohnung und allen deutschen Familien, besonders den kinderreichen, eine ihren Bedürfnissen entsprechende Wohn- und Wirtschaftsheimstätte zu sichern. — Grundbesitz, dessen Erwerb zur Befriedigung des Wohnungsbedürfnisses, zur Förderung der Siedlung und Urbarmachung oder zur Hebung der Landwirtschaft nötig ist, kann enteignet werden. — Die Bearbeitung und Ausnutzung des Bodens ist eine Pflicht des Grundbesitzers gegenüber der Gemeinschaft." — David schlägt die Bedeutung dieser Sätze sehr hoch an. Der begriffliche Inhalt des Bodeneigentumsrechtes habe dadurch wesentliche Wandlungen erfahren. „Zum neuen Bodeneigentumsrecht gehört die Pflicht seines sozialen Gebrauchs. Die Gemeinschaft, vertreten durch Reich, Länder und Gemeinden, hat sich ein Oberrecht vorbehalten, ein Eingriffsrecht zur Verhütung eines Mißbrauchs des privaten Eigentumsrechts durch den einzelnen Inhaber. Der Grundsatz, daß das Gesamtheitsinteresse höher stehe als das Interesse oder gar die Laune des einzelnen findet sowohl im Recht der Enteignung zum Wohl der Allgemeinheit als auch in dem Grundsatz seinen Ausdruck, daß der private Eigentümer mit dem anvertrauten Gut nicht machen darf, was er will. Niemand soll fernerhin das Recht haben, über einen Teil des Bodens, auf dem das Gesamtdasein der Nation ruht, zu schalten und walten, wie es ihm beliebt und ohne danach zu fragen, ob die Art seines Gebrauchs der Gesamtheit nützt oder schadet. Dem, der nach altem Muster auch fernerhin sagen wollte: das gehört mir, ich kann mit meinem Eigentum machen, was ich will, antwortet das Grundgesetz der deutschen Republik: Nein, das kannst du nicht! ‚Eigentum verpflichtet. Sein Gebrauch soll zugleich Dienst sein für das gemeine Beste.'"

So eindrucksvoll diese Sätze sind, so darf man sie in ihrer praktischen Bedeutung doch nicht überschätzen. Kommt es ja doch ganz darauf an, ob und wie sie ausgeführt werden, und ihre Ausführung wird von vornherein dadurch erschwert, daß ein Grundgesetz eben dieser Verfassung lautet: „Das Eigentum wird von der Verfassung gewährleistet." Und weiter wird hinzugefügt: „Eine Enteignung kann nur zum Wohle der Allgemeinheit auf gesetzlicher Grundlage vorgenommen werden." Darin liegt ein so weitgehender Schutz des freien Eigentums, daß es außerordentlich schwierig sein wird, die Eingriffe, die die Verfassung empfiehlt, durchzuführen. Es handelt sich in der Hauptsache nur um Richtlinien, die gegeben werden. Als solche sind sie aber durchaus zu begrüßen. Bewegen sie sich doch ganz in der Richtung, die die Mehrzahl deutscher Agrarpolitiker längts als erstrebenswert erkannt hatte.

2. Die Vererbung des ländlichen Grundbesitzes.

Die alte deutsche Rechtsvorstellung empfand einen tiefen Gegensatz zwischen beweglichem und unbeweglichem Vermögen, zwischen liegender und fahrender Habe. Sie nahm zwischen Errungenschaft und Erbe eine Begriffssonderung vor, die bestimmte, daß ich frei verfügen kann über das, was ich meiner eigenen Tätigkeit und Sparsamkeit verdanke, daß aber das, was ich ererbt habe, der Familie gehört und nach meinem Tode der Familie wieder übermacht werden muß. Testamente kannte das älteste Recht noch nicht. Veräußerungen von Grundstücken, die sich in echtem Eigentum befanden, waren in der Regel nur dann gültig, wenn der nächste Erbe eingewilligt hatte. Für Schulden des Erblassers haftete nur die fahrende Habe. Ein Verbot der Teilbarkeit bestand ursprünglich nicht. Aber faktisch schloß die alte Hufenverfassung die Teilbarkeit meist aus. Es erbte nur eines der Kinder, und zwar ein Sohn, den Familientradition oder das Los bestimmte. Die andern gründeten sich draußen einen neuen Hof oder lebten als Hagestolze in dem Hause des Bruders. Das Lehnsrecht für die ritterlichen Güter, die Hofrechte für die grundherrlich abhängigen Bauernhöfe hatten diese Gebundenheit in der Regel noch verstärkt, weil nun jede Veränderung des Gutes die Genehmigung des Herrn erforderte, der ein Interesse an der Erhaltung der Leistungsfähigkeit des Hofes hatte. Meist wurde eine unverbrüchliche Erbfolgeordnung, die die Unteilbarkeit und Unverschuldbarkeit des Hofes sichern sollte, festgesetzt.

Die Befreiung des Grundeigentums im 19. Jahrhundert bedeutete einen radikalen Bruch mit dieser Überlieferung. Die bisherigen Beschränkungen im Grundeigentumsverkehr hielt man für willkürlich und unwirtschaftlich. Einem Manne wie Thaer, der in der Landwirtschaft eine „Industrie, eine Kunst, eine Wissenschaft" sah, erschien es unsinnig, zu glauben, daß eine Erbordnung, die keine Unterschiede nach dem Maße der persönlichen Tüchtigkeit machte, eine Auslese unter den besten Wirten zu treffen imstande wäre.

Wir wissen, daß sich der freie Güterverkehr durchaus nicht immer als das alles richtig ordnende Regulativ erwiesen hat. Der Grund und Boden ist nicht nur Produktionsinstrument, sondern zugleich die Unterlage für die Lebensmöglichkeit der Menschen wie Wasser, Luft und Erde. Ein Monopol des Kapitals daran kann die Menschen in härtere Knechtschaft bringen als alle mittelalterliche Gebundenheit. Die gesunde Vernunft und der Selbsterhaltungstrieb des Landvolkes haben sich gegen solche Gefahr zu schützen gewußt. Ihnen ist es gelungen, aus sich heraus die gut gemeinten, aber durchaus gefährlichen Maßnahmen des Gesetzgebers in der Hauptsache unwirksam zu machen. Ein großer Teil der Landbevölkerung hat die aufgehobene Gebundenheit der Güter aus freien Stücken im Erbgange beibehalten. Die Form, in der das geschah, bestand in der Beibehaltung der bäuerlichen Anerbensitte und im Fideikommiß.

a) Das bäuerliche Erbrecht und die bäuerlichen Erbgewohnheiten.

Die Grundsätze für die Erbteilung, wie sie in der deutschen Gesetzgebung des 19. Jahrhunderts aufgestellt wurden und in das neue

Bürgerliche Gesetzbuch übergingen, bestimmten, kurz gesagt, folgendes: Fehlt es an einer Verfügung des Erblassers, so kann jeder der Miterben die Teilung der Liegenschaften in natura verlangen. Kann die Naturalteilung aus guten Gründen nicht durchgeführt werden, dann hat jeder der Miterben das Recht, die Versteigerung des väterlichen Landgutes und die Verteilung des Erlöses an die Miterben zu fordern. Alles das gilt natürlich nur dann, wenn der Erblasser kein Testament gemacht hat. Doch ist die Verfügungsgewalt des Erblassers durch das Pflichtteilsrecht beschränkt, nach welchem die nächsten Verwandten auf die Hälfte der Hinterlassenschaft einen rechtlichen Anspruch haben.

In weiten Kreisen der deutschen Bauernschaft wird dies gesetzliche Erbrecht umgangen. Es geschieht das, weil es für die ländlichen Verhältnisse nicht paßt. Eine Realteilung im Erbgange, wie sie das Recht vorsieht, ist für den ländlichen Grundbesitz meist ungeeignet. Es wäre ein Unding, den Hof in so viele Teile zu zerlegen, als Erben vorhanden sind. Der Hof bildet eine wirtschaftliche Einheit, Gebäude und Inventar sind speziell auf ihn zugeschnitten. Es ist wohl möglich, hier und da einen kleinen Acker abzutrennen oder zuzufügen — allein, den Hof willkürlich zu zerreißen, geht nicht an; bedeutende Werte würden dadurch zerstört werden. Freilich würde bei der Realteilung jedes der Kinder eine eigene Scholle bekommen. Doch wie die Verhältnisse mit Ausnahme einiger wenigen von der Natur besonders begünstigten Gegenden nun einmal liegen, würde eine solche Bodenzersplitterung notwendig zur Verarmung und Proletarisierung der Familien führen. Das läßt der ausgeprägt aristokratische Familiensinn des deutschen Bauern nicht zu. Dem Bauern liegt mehr daran, einen gut gestellten Nachkommen zu haben, als viele arme. Das angestammte Gut sieht er an, wie ein Staat sein Territorium. Er ist ebensowenig geneigt, von ihm Stücke abzutrennen, wie ein Selbstachtung besitzender Staat Provinzen verkauft. Oft befindet sich der Hof schon seit Jahrhunderten in derselben bäuerlichen Familie und ist auf das engste mit ihr verwachsen. Der Hof gilt als Familiengut. Ihn in Würden zu erhalten und auf Kind und Kindeskinder zu vererben, ist des Bauern Ehrgeiz.

Es ist daher in weiten Gebieten Deutschlands Brauch — dem Umfange nach sind es etwa vier Fünftel des Deutschen Reiches —, daß eines der Kinder den Hof übernimmt, während die Miterben billig abgefunden werden. Billig werden sie abgefunden; die Abfindungen erreichen in der Regel bei weitem nicht die Höhe des Betrages, der bei einer gleichen Teilung des Erbes auf jeden Erben entfallen würde. Muß doch der Übernehmer, der Anerbe, den Hof zu Bedingungen erhalten, bei denen er auch bestehen kann. Die Abfindungen der Miterben dürfen daher nicht nach dem vollen Verkaufswerte bemessen werden. Wie wir aus oben gemachten Darlegungen wissen, hat der Verkaufswert eines Bauernhofes die Neigung, seinen Ertragswert zu übersteigen. Wollte man also dem Übernehmer den vollen Verkaufswert anrechnen, um danach die Höhe der Abfindungen zu bemessen, könnte er von vornherein so stark verschuldet werden, daß er den Hof nicht lange zu halten vermöchte. Ist größeres Kapitalvermögen nicht vorhanden, dann darf dem Übernehmer höchstens der Ertragswert angerechnet werden.

Auf diesen wirtschaftlichen Voraussetzungen beruht die Berechtigung der bäuerlichen Anerbensitte. Nicht den Anerben vor den übrigen Kindern zu begünstigen, ist ihre Absicht — sie will den Anerben nur so stellen, daß er den Hof in Würden halten kann. Jhering hat einmal gesagt: „Der Zweck ist der Schöpfer allen Rechts." So ist es auch in diesem Falle.

In der norddeutschen Tiefebene, auf der bayerischen Hochebene, im deutschen Osten ist die Anerbensitte gebräuchlich. Sie ist so stark, daß auch der Mangel eines gesetzlichen Anerbenrechts überwunden wird. Denn nur in den wenigsten Gegenden wird die Anerbensitte durch ein Anerbenrecht gestützt.

Erhalten geblieben ist das alte Anerbenrecht in Schleswig-Holstein und in einigen kleinen nordwestdeutschen Staaten wie Braunschweig, Lippe, Waldeck. Sie liegen mit Ausnahme von Altenburg, wo auch Anerbenrecht gilt, in dem Gebiete des ehemaligen Meierrechts, wo aus dem staatlichen Interesse an der Erhaltung der Meierhöfe alles getan wurde, um ihre Leistungsfähigkeit sicherzustellen. So wurden sie auch nach den Grundsätzen des Anerbenrechts einer Erbfolgeordnung unterworfen, die für den Anerben besonders günstig war. In Westfalen hatte die französische Herrschaft das Anerbenrecht beseitigt. In Hannover blieb es erhalten bis zur Annexion durch Preußen; nach langen Verhandlungen fiel es dem damals herrschenden wirtschaftlichen Liberalismus zum Opfer. Doch blieb hier ein fakultatives Anerbenrecht bestehen, indem jeder Eigentümer einer landwirtschaftlichen mit einem Hause versehenen Besitzung diese beim Amtsgericht in eine Höferolle eintragen lassen konnte, wovon auch in reichem Maße Gebrauch gemacht worden ist. Das eingetragene Gut vererbt sich nach Anerbenrecht. Ähnliche Regelungen erfolgten in Oldenburg, Bremen, Lübeck und Lauenburg. Auch für Westfalen, Schlesien, Brandenburg und Hessen-Kassel wurden Landgüterordnungen nach hannoverschem Muster in den achtziger Jahren erlassen. Doch bleiben sie hier fast ganz ohne Einfluß, weil sich nur wenige Bauern in die Höferolle eintragen ließen. Erst die Agrarkrisis der neunziger Jahre ließ unter dem Drucke der agrarischen Bewegung Maßnahmen gegen das Anschwellen der Verschuldung als angebracht erscheinen, so daß 1898 wenigstens für die Provinz Westfalen und einige angrenzende niederrheinische Kreise das gesetzliche Anerbenrecht eingeführt wurde. In Süddeutschland gibt es ein Anerbenrecht im rechtsrheinischen Bayern und für 5000 geschlossene Hofgüter des badischen Schwarzwaldes. In diesem Zusammenhange muß auch noch einmal erwähnt werden, daß die preußischen Rentengüter einem Anerbenrecht unterliegen. Auch die Erbpachtstellen in Mecklenburg-Schwerin sind Teilungsverboten und einem Anerbenrechte unterworfen.

Fast überall sonst wird in den Gebieten der geschlossenen Erbfolge das Anerbenrecht durch die Anerbensitte ersetzt. Das ist um so leichter möglich, als die Übergabe des Hofes an den Anerben gewöhnlich noch zu Lebzeiten des alten Bauern erfolgt. Das gesetzliche Intestaterbrecht kann daher schon aus diesem Grunde nicht zur Anwendung kommen. Nur bei plötzlichen und unerwarteten Todesfällen würde es praktisch werden. Aber auch dann pflegen sich die Erben gütlich zu einigen. Einer von ihnen übernimmt den Hof, wie wenn der Vater noch bei Lebzeiten verfügt hätte. Ein Testament pflegt der Bauer nicht zu machen. Die übliche Form des Erbübergangs ist der „Übergabevertrag". Der Bauer, der sich nicht mehr voll bei Kräften fühlt oder dessen zum Anerben bestimmter Sohn heiraten möchte, setzt sich mit seinen Kindern auseinander. Es wird ein schriftlicher Vertrag aufgesetzt. Eines der Kinder, meist der älteste Sohn, in einigen Landschaften auch der jüngste, übernimmt den Hof und verpflichtet sich, seine Geschwister abzufinden. Der Vater aber zieht sich mit seiner Frau auf das Altenteil zurück.

Die Sitte, den Hof geschlossen zu vererben, ist so alt, als es Bauernhöfe in der norddeutschen Tiefebene gibt. Doch ist die Anerbensitte in ihrer heutigen Form erst zwei bis drei Jahrhunderte alt. Die Auszahlung der Abfindungen bedingt eine gewisse Entwicklung des Kreditwesens und des Hypothekarkredits, wie wir sie erst seit dieser Zeit haben. Vordem war es gewöhnlich nicht möglich, eine Erbauseinandersetzung gleich beim Rücktritt oder Tode des alten Wirtes herbeizuführen. Die Erben blieben daher auf dem Hofe wohnen und bewirtschafteten ihn in Gemeinderschaft. Wollte einer der Miterben aus der Gemeinderschaft austreten, dann konnte er zwar eine Abfindung beanspruchen, jedoch nur nach Maßgabe der Überschüsse, die der Hof abgeworfen hatte. Der Hof selbst blieb unantastbar. Die Möglichkeit der Gewährung einer Abfindung war demnach nur gering und konnte nur nach und nach eintreten. Das übliche war daher, daß die Kinder in Gemeinschaft weiter wirtschafteten. Nur einer der Söhne, meistens der älteste durfte heiraten. Das entsprach, wie Sering gemeint hat, einem gewissen „Reinlichkeitsbedürfnis" unserer Vorfahren. Im Gegensatz zu den Slawen erschien ihnen ein Nebeneinander mehrerer junger Hausstände als ungehörig. Das entsprach ferner dem Interesse des Hofes, der so ungeteilt blieb. Das entsprach endlich bis zu einem gewissen Grade dem Interesse der andern Geschwister, weil sie, solange sie auf dem elterlichen Hofe saßen, zum bäuerlichen Stande gehörten. Lieber verzichteten sie auf den eigenen Hausstand, als daß sie ihn durch eine Minderung ihrer sozialen Stellung erkauft hätten. Noch in den neunziger Jahren wurde von Fällen der Kommunhausung in der nordwestdeutschen Bauernschaft berichtet. Es pflegte sich dabei um ärmere Höfe zu handeln. Da der Hof, ohne überschuldet zu werden, Abfindungen nicht tragen konnte, die Nacherben aber in ihrem Bauernstolz nicht dienen mochten, so legten sich diese ein freiwilliges Zölibat auf. Nur einer der Brüder heiratete und pflanzte das Geschlecht fort, die andern blieben auf dem Hofe, arbeiteten für den Hof und vermachten ihr Erbteil dem Erben des Hofes. — So imposant solche Beispiele entsagungsvollen Familiensinnes sein mögen, der wirtschaftliche und soziale Fortschritt liegt in dem Abfindungsverfahren der neueren Anerbensitte. Nicht nur die Miterben stehen sich dabei besser, auch für den Hof ist es vorteilhafter, daß er unter die Leitung eines einzelnen kommt.

Innerhalb des so großen Gebietes der geschlossenen Bauernhöfe zeigt die Anerbensitte die mannigfaltigsten Verschiedenheiten und Schattierungen. Das ist durchaus erklärlich, weil ja, zumal in den Gegenden, die ein gesetzliches Anerbenrecht nicht haben und die, wie wir wissen, bei weitem überwiegen, in jedem einzelnen Falle dem Verfügenden die größte Freiheit gelassen ist, die Übergabebedingungen zu bestimmen. Es liegt auf der Hand, daß je nach der Größe des Hofes, dem Wohlstand und den besondern Familienverhältnissen sich die Bestimmungen ändern werden. Wo der Bauer sehr wohlhabend ist, wird nicht nur das naturale Altenteil durch eine Geldrente ersetzt werden, auch das dem Anerben gewährte Voraus wird knapper ausfallen, weil die stärker entwickelte Geldwirtschaft dazu angetan ist, den Grund und Boden wie Kapital zu behandeln und zu vererben. Auf der andern Seite wird die Begünstigung des Anerben auch dort schwächer ausfallen, wo der Bauer so arm ist, daß ihm zu einer solchen das Vermögen fehlt.

So sitzen in den Nordseemarschen große Hofbesitzer, die zwar geschichtlich dem Bauernstande angehören, aber ihrem Einkommen nach ostdeutschen Rittergutsbesitzern nicht nachstehen. Es ist erklärlich, daß sich bei ihnen die Vererbung in andern Formen vollziehen wird wie bei einem Bauern, der selber hinter dem Pfluge hergeht. Die Auseinandersetzung geschieht mehr geldwirtschaftlich. Auch das dem Anerben gewährte Voraus fällt weniger groß aus. Das hat in diesen Gegenden aber auch seine ökonomische Berechtigung, weil sich hier Ertragswert und Verkaufswert ziemlich nahekommen. Der schwere Boden erfordert nämlich so starken Anspann, daß ihn der kleine Mann nicht bewirtschaften kann; die Bodenpreissteigerung, die auf den leichteren Böden gerade auf seinen Wettbewerb zurückzuführen ist, fällt fort.

Das klassische Land der Anerbensitte ist die nordwestdeutsche Tiefebene zwischen Rhein und Elbe. Der Übernahmepreis wird billig berechnet. In Hannover billigt das Höfegesetz dem Anerben ein Drittel von dem Ertragswerte als Voraus zu. Aus Westfalen wird berichtet, daß der Übernahmepreis die Hälfte, ein Drittel, ein Viertel des Verkaufspreises beträgt. Die Zahlenangaben zeigen starke Schwankungen; sie sollen ja auch nicht als eine allgemein gültige Norm angesehen werden. Der Bauer geht nicht etwa von dem Gesichtspunkte aus: Was hat der Anerbe, was haben die übrigen Kinder zu beanspruchen? Er fragt sich, was muß der Übernehmer mitbekommen, um den Hof in Würden der Familie erhalten zu können? Was übrigbleibt erhalten die andern Kinder. Diese Auffassung ist so stark in das Rechtsbewußtsein der Bevölkerung übergegangen, daß sie auch von den vom Hofeserbe ausgeschlossenen Kindern nicht als ungerecht empfunden wird. Wenn der Vater frühzeitig und ohne verfügt zu haben stirbt, dann pflegen die Erben den Übernehmer des Hofes nicht wesentlich schlechter auszustatten, als der

Vater bei Lebzeiten getan hätte. Der Übernehmer wird stark begünstigt, doch übernimmt er nicht nur Rechte, sondern auch Pflichten. Er hat dem weichenden Wirt das vertraglich ausgemachte Altenteil zu gewähren und unmündige Geschwister zu versorgen, vor allem aber hat er den Stand des Familienhofes zu erhalten und zu mehren. Es gilt als Makel, wenn das nicht gelingt. Der Bauer — das ist der tiefe Sinn dieser Erbgewohnheit — fühlt sich nicht als unbeschränkter Eigentümer, der mit dem Hofe machen kann, was er will: Er ist der Sachwalter des Familiengutes auf Lebenszeit. Solcher Auffassung entspricht es, wenn, wie es früher häufig war, aber auch heute noch vorkommt, der Mann, der in einen Hof einheiratet, seinen Familiennamen ablegt und den Namen der Frau oder der Stätte annimmt: der Hof gibt ihm den Namen, nicht er dem Hofe.

Auch in Ostdeutschland herrscht mit der geschlossenen Hofesübergabe die Anerbensitte, nur kommt sie hier nicht so stark zum Ausdruck wie in Hannover und Westfalen. Durchschnittlich steht hier der Bauer nicht auf der gleich hohen Stufe wie sein nordwestdeutscher Standesgenosse. Sind ja doch nicht viel mehr als hundert Jahre verflossen, seitdem er seine Freiheit erhalten hat. Von einem solchen Bauern darf man nicht den traditionellen Familienstolz eines hannoverschen Meiers oder eines holsteinischen Geestbauern erwarten, darf bei ihm nicht jene aristokratische Gesinnung voraussetzen, die sorgsam das Wohl der kommenden Generationen abwägt und danach trachtet, das ererbte Gut auf Kind und Kindeskinder zu übertragen. Von so hohen Begünstigungen des Anerben wie im Westen hören wir hier nicht. Es kommt hinzu, daß der ostdeutsche Bauer in seiner großen Masse ärmer ist. Selbst wenn er den Wunsch dazu hätte, könnte er den Anerben nicht so gut ausstatten. Mit daraus erklärt es sich auch, daß wir bei ihm keine feste Erbfolgeordnung haben. Haben wir in Nordwestdeutschland ein landschaftlich fest ausgeprägtes Ältesten- oder Jüngstenrecht, so bekommt in Ostdeutschland den Hof gewöhnlich derjenige Sohn, der am ehesten die vorteilhafteste Heirat macht und die übrigen Geschwister am reichsten abfindet. Während der großen Agrarkrisis ist wiederholt darüber geklagt worden, daß die Übernahmebedingungen den Anerben von vornherein dem Bankerott ausgeliefert hätten. Nicht selten habe der jüngeren Generation der Hof nicht mehr als eine vorteilhafte Erwerbung gegolten, sondern nur als eine Quelle fruchtloser Mühen und Sorgen. Der alte Bauer habe daher den Hof lieber an einen Fremden verkauft, als mit seinem Sohne einen Übergabevertrag gemacht. Eine Erscheinung, die mit Deutlichkeit zeigt, wie notwendig gerade in Ostdeutschland im Interesse der Erhaltung des angesessenen Bauernstandes eine Stärkung der Anerbensitte durch ein gesetzliches Anerbenrecht wäre. Die „Besitzfestigung“, die verschuldete Güter zu (mit Anerbenrecht ausgestatteten) Rentengütern macht, hat auf einem Umwege, wenigstens für einen Teil der Bauernschaft, das gleiche erreicht.

Wie hoch gleichwohl der ostdeutsche Bauer steht, zeigt ein vergleichender Blick auf den polnischen Standesgenossen in Westpreußen, Posen und Oberschlesien. Der Pole neigt, auch wo der Boden dürftig ist, zur Realteilung. In manchen Gegenden ist diese zur herrschenden Erbsitte geworden. Dürftigkeit, Armut und Unkultur sind die Folgen. Eine verhältnismäßig große Rolle spielt beim Polen das Altenteil. Auch in ärmern deutschen Gegenden wird nicht selten über zu frühe und zu hohe Altenteilsgewährung geklagt. Aber der Pole scheint überhaupt nur dafür zu leben, möglichst früh aufs faule Altenteil zu kommen. Es ist nichts Seltenes, daß er schon aufs Altenteil geht, während die alten Altsitzer noch leben, so daß dann zwei Generationen Altenteiler von dem dürftigen Hofe unterhalten werden müssen. Es kommt dann zwischen dem überlasteten jungen Wirt und den Altensitzern zu häßlichen Streitigkeiten, zu Strafprozessen wegen Beleidigung, Mißhandlung, Meineids, ja, wegen Mordes. Kein Wunder, daß solch ein armer Polacke den Hof gern einer verheirateten Tochter übergibt, von der er eine bessere Behandlung erhofft, als von der bösen Schwiegertochter. Alles das ist jedoch nicht allein aus der niedrigen Kulturstufe des polnischen Bauern zu erklären, Gründe des Volkscharakters sprechen ebenfalls mit. Auch bei der altslawischen Bevölkerung des hannoverschen Wendlands, die schon seit einem Jahrtausend in den deutschen Kulturkreis einbezogen ist, sind Altenteilsprozesse eine häufige Erscheinung.

Die geschlossene Erbfolge und das Anerbenrecht haben unter den Volkswirten auch ihre entschiedenen Gegner gefunden. So sieht A. Menger in dem Anerbenrecht ein Rechtsinstitut zur Förderung des Familienegoismus. Es verfolge „aristokratische Tendenzen", dazu bestimmt, daß die übrigen Kinder „Proletarier werden oder doch wenigstens in tiefere Kreise der Gesellschaft hinabsinken". Man wolle auf diesem Wege „einer Gruppe von begünstigten Personen ein Gedeck an dem großen Bankett der Natur sicherstellen, ohne zu bemerken, daß die weit überwiegende Mehrzahl an der Türe des Bankettsaales vergebens um Einlaß pocht". Auch Nationalökonomen von dem Range eines Brentano und eines Bücher sind für die Freiteilbarkeit eingetreten, ersterer mit der ganzen Leidenschaft und Energie, die dieser Kampfnatur zu Gebote stehen.

Es ist vor allem die Benachteiligung der weichenden Erben, gegen die sich ihr Gerechtigkeitsgefühl auflehnt. Demgegenüber ist gesagt worden, daß auch die weichenden Erben an einer guten Ausstattung des Anerben interessiert seien. Denn wenn dieser in eine Notlage käme und das Familiengut nicht behaupten könnte, ginge ihnen im Falle einer Subhastation des Gutes die ganze Erbschaft verloren. Nur bei dauernder Erhaltung des Familiengutes könnten sie auch darauf rechnen, im Falle der Not auf dem väterlichen Gute eine Zufluchtsstätte zu finden. Das Voraus des Anerben stelle sich in Wirklichkeit „ökonomisch als Risikoprämie und Entgelt für die von ihm ausgeübte Gewährsverwaltung dar. Wenn die andern Geschwister ihre Abfindungen erhalten, die sie entweder auf dem Hofe stehen lassen oder anderweit verzinslich anlegen können, erhalten sie damit ein arbeitsloses Einkommen. Der Anerbe muß die Verzinsung durch seine Arbeit herauswirtschaften, und zwar auch dann, wenn durch schlechte Ernten oder niedrige Preise der Ertrag so weit geschmälert wird, daß ihm für seinen eigenen Anteil nichts übrigbleibt. Er darf gerechterweise zum mindesten das gleiche beanspruchen, was ein Pächter für sich verlangen würde" (Wygodzinski).

Auch das stimmt nicht, daß die weichenden Erben in eine wirtschaftliche Notlage geraten und in eine tiefere soziale Stellung gedrückt werden müssen. Wo befinden sich denn auf dem Lande die meisten proletarischen Existenzen? Doch gerade in den Gebieten, wo das Anerbenrecht nicht herrscht und die Erbsitte der Realteilung gilt! Wenn der Anerbenbauer in geordneten Verhältnissen lebt, weiß er schon dafür zu sorgen, daß die übrigen Kinder nicht in Not geraten. Dank der Anerbensitte ist sein Hof groß genug, um ihnen eine gute Erziehung und Ausbildung geben zu können. Besonders dort, wo der Jüngste den Hof übernimmt — wo, wie Möser sagt, „die älteren aus dem Neste sind, wenn der Erbe wieder brüten will" —, werden auch bei geringen Abfindungen die andern Kinder genügend versorgt sein. Wenn z. B. aus der Grafschaft Teklenburg berichtet wird, daß der dem Übernehmer angerechnete Preis nur ein Zehntel des Wertes betrüge, so erklärt sich diese reiche Ausstattung des Anerben aus dem dort herrschenden Minorat; die weichenden Erben sind schon versorgt, wenn das Nesthäkchen den Hof übernimmt. — Sicherlich hat A. Menger darin recht, daß das Anerbenrecht „aristokratische Tendenzen" verfolge. Doch hat die reichliche Ausstattung des Anerben nicht, wie er glaubt, die Wirkung, daß die weichenden Erben „verlumpen" müßten. Im Gegenteil! Auch für sie erweist sich diese Erbsitte im allgemeinen als vorteilhaft.

Sering hat über das Schicksal der Abfindlinge in Schleswig-Holstein Erhebungen gemacht, die sich auf 7621 Abkömmlinge von 1868 Höfen bezogen. 49,6 % der männlichen Abfindlinge waren selbständige Landwirte, weitere 23 % selbständige Unternehmer in Handel und Gewerbe geworden; als mittlere Beamte, Lehrer, Studierte betätigten sich 7,4 %; 2,9 % waren Rentner. Nur 13,1 %, hauptsächlich Abkömmlinge von kleineren und verschuldeten Höfen, waren in die Arbeiterklasse hinabgesunken. Bei den weiblichen Abkömmlingen war das Verhältnis noch günstiger.

Nicht selten pflegen die Gegner des Anerbenrechts, die auf der einen Seite über die Benachteiligung der weichenden Erben klagen, andererseits den Einwand zu machen, daß die Belastung durch Altenteil und Abfindungen die Überschuldung der Höfe bewirke. Ohne Frage kommen solche Fälle auch vor: bei ärmeren Höfen sind sie keine Seltenheit. Doch sprechen diese Fälle nicht gegen die Einrichtungen dieser Erbsitte, sondern zeugen nur von ihrer falschen Anwendung. Eine Überlastung des Anerben kehrt den eigentlichen Sinn dieser Erbgewohnheit geradezu um. Es handelt sich um eine Entartung. Sie allein muß man bekämpfen und abzustellen suchen.

Ein geeignetes Mittel, um das zu erreichen, wäre darin zu erblicken, daß man in dem natürlichen Anwendungsgebiet der Anerbensitte, diese Erbgewohnheit durch ein gesetzliches Anerbenrecht stützte. Billiger

Weise wird nur ein Intestat-Anerbenrecht verlangt werden dürfen; die Verfügungsfreiheit der einzelnen soll nicht soweit eingeschränkt werden, daß überhaupt keine Aufteilung stattfinden dürfte, die in Einzelfällen durchaus erwünscht scheinen kann. Wenn ein solches Intestat-Anerbenrecht auch nicht jede Möglichkeit der Überschuldung unterbände, so könnte doch allein schon sein Bestehen eine heilsame Wirkung haben, weil es für die Fälle freier Verfügung vorbildlich sein würde.

Die kapitalistische Wirtschaftsordnung, auf das nüchtern Rechnerische eingestellt, ist an sich der Anerbensitte nicht günstig. Man wird daher alles tun müssen, um sie zu kräftigen. Das ist nicht nur aus privatwirtschaftlichen Gründen erwünscht. Nicht nur „für die engere Familie der Kinder und Geschwister wird es ewig ein sittliches Bedürfnis bleiben, daß das heilige Feuer auf dem Herde des Elternhauses nicht erlösche; es bleibt im wirtschaftlichen Interesse der ganzen Nation von Wichtigkeit, daß möglichst viele wirtschaftliche Unternehmungen direkte Fortsetzungen väterlicher Geschäfte seien, damit die geschäftlichen Traditionen nicht abbrechen, die Verluste, Fehlgriffe, Einrichtungs- und Anfangskosten, die keinem neuen Geschäfte erspart werden, möglichst eingeschränkt werden. Also vom sittlichen und wirtschaftlichen Standpunkt ist es heute wie vor hundert und wie vor tausend Jahren aufs dringendste erwünscht, daß ein Sohn und nicht ein Fremder den Bauernhof . . . übernehme" (Schmoller).

Buchenberger bezeichnet als das natürliche Anwendungsgebiet des Anerbenrechts die Wald- und Gebirgsgegenden, sowie die Gegenden mit ausgesprochener Feldgras- und mit Körnerwirtschaft, in denen die Wirtschaftsfläche „schon einen nennenswerten Umfang haben muß, wenn sie den Wirt soll ernähren und beschäftigen können". Geographisch rechnet er dazu neben den Küstendistrikten einen großen Teil des mittleren und nördlichen Deutschlands, der skandinavischen Länder, des nördlichen und nordwestlichen Frankreichs, große Teile Österreichs und ein gar nicht kleines Gebiet von Süddeutschland.

Eine große Gefahr für den Fortbestand der geschilderten Erbgewohnheit bedeutet die gegenwärtige Unsicherheit des Geldwertes. Wie sich denken läßt, wird dadurch der Abschluß von Übergabeverträgen und die Abfindung der weichenden Erben zu einem schwierigen Problem. Vielfach hat man sich auf die Weise zu helfen gesucht, daß man die Geldabfindungen durch Naturalwertrenten zu ersetzen sucht. Sicherlich keine ideale Lösung! Wenn es nicht gelingen sollte, den Wert der Papiermark zu stabilisieren und damit für die Übergabeverträge eine sichere Unterlage zu schaffen, steht zu befürchten, daß die Anerbensitte nachhaltig erschüttert werden könnte.

Wenn das erst einmal geschehen sein sollte, wird die Anerbensitte schwerlich zu neuem Leben erweckt werden können. Das erweisen die Zustände, wie sie im deutschen Realteilungsgebiet herrschen. In den Flußtälern des Mittel- und Oberrheins mit seinen Nebenflüssen, vor allem des Neckars und Mains, in Thüringen, in einigen Distrikten, an den Küsten und auf Inseln, wo die Landwirtschaft nur Nebengewerbe der Fischer ist, in einigen armen ostdeutschen, vornehmlich von Polen bewohnten Landstrichen werden die Liegenschaften im Erbgange gewöhnlich realiter geteilt. Der Grund und Boden wird wie jedes andere Vermögen behandelt und in so viel Stücke zerlegt, als Erben vorhanden sind. Die Folge ist eine große Bodenzersplitterung; der bäuerliche Grundbesitz setzt sich aus zahlreichen, über die ganze Flur zerstreuten Einzelparzellen zusammen. Der mittlere und größere Bauer fehlt fast ganz. Eine dichte kleinbäuerliche Besiedlung und eine bunte Gemengelage der kleinen Äcker geben solchen Bezirken das charakteristische Gepräge.

Daraus brauchen sich nicht überall notwendig nur nachteilige Folgen zu ergeben. Wo, wie in den gesegneten Tälern des Rheins und einiger seiner Nebenflüsse, Weinbau, Handelsgewächs- und Gemüsebau eine intensive Garten- und Spatenkultur zulassen, ermöglicht auch die kleine Parzelle eine hochwertige Produktion. Auch in Industriegebieten, wo die überschüssige und in der eigenen Landwirtschaft ungenügend beschäftigte Bevölkerung reiche Arbeitsgelegenheit findet, ist die Realteilung nicht zu beanstanden. Ja, hier wird sie die von ihrem Anhängern ihr nachgerühmten wohltätigen sozialen Folgen voll auswirken können. Anders in den rein landwirtschaftlichen Gebieten, die durch Klima und Verkehrslage nicht so begünstigt sind. Dort pflegen Realteilung und Verarmung der ländlichen Bevölkerung miteinander verknüpft zu sein.

In dem südwestdeutschen Gebiet der Realteilungs-Erbsitte ist diese Erbgewohnheit schon sehr alt. Da dieses Gebiet im großen und ganzen mit dem Gebiet der erstarrten Grundherrschaft zusammenfällt, hat man geglaubt, Beziehungen zwischen der Agrarverfassung und der Erbsitte feststellen zu können. In den Gegenden, wo die Grundherrschaft eine lebensfähige Macht blieb, wie in Nordwestdeutschland und in Altbayern, oder wo sie eine große Stärke erhielt, wie in Ostdeutschland, da habe der Grundherr, um seine Bauernhöfe leistungsfähig zu erhalten, die Teilung starken Beschränkungen unterworfen. Wo sich indes die Grundherrschaft ihrem materiellen Inhalte nach verflüchtigt habe, wie in Südwestdeutschland, da sei der Bauer, durch keinen grundherrlichen Zwang behindert, zur Realteilung übergegangen. So einleuchtend das zu sein scheint, so wissen wir doch andererseits, daß in manchen Bezirken des westdeutschen Realteilungsgebietes erst der Code Napoléon die Realteilung eingeführt hat. Wahrscheinlicher scheint es daher zu sein, daß es ursprünglich die wirtschaftlichen Bedingungen waren, die die Einführung dieser Erbgewohnheit in den älteren Teilen ihres Vorkommens begründet haben, ja, es läßt sich denken, daß die infolge der Realteilung eingetretene Bodenzersplitterung zur Erstarrung der Grundherrschaft mit beigetragen habe.

Doch wollen wir dem nicht weiter nachgehen. Wygodzinski hat einen Teil des Realteilungsgebietes zum Gegenstande eingehender Forschungen gemacht und die Wirkungen dieser Erbgewohnheit beschrieben. Die fortwährende Teilung, Zukauf und Verkauf, Gewinn durch Heirat, Neubestellung und Kulturänderung haben die ursprüngliche Flureinteilung völlig verwischt und einen wirren Haufen von verstreuten und zum Teil außerordentlich kleinen Parzellen zur Grundlage der kleinbäuerlichen Betriebe gemacht. Diese Parzellen werden im Erbfalle der Regel nach nicht etwa so geteilt, daß jedes Kind die gleiche Zahl ungefähr gleichwertiger Stücke erhält, sondern jede Parzelle wird einzeln geteilt, weil jeder eifersüchtig darüber wacht, daß er auch ja nicht zu kurz komme. Das ergibt dann Grundstücke, die lächerlich klein sind. Schon der alte Rau erzählte von dem Obstbaum, der geteilt wurde. In den ärmsten Teilen der Eifel kann man häufig genug Wiesenstücke sehen, deren Ertrag in einem Bettuch nach Hause getragen werden kann. Ist die Parzellenteilung noch zu verstehen, wenn jeder der Erben selbst Landwirt werden will, so bleibt in allen den vielen Fällen, wo die Erben die ihnen zugesprochenen Stücke nicht selbst bewirtschaften wollen, der krasse Egoismus das Motiv der Realteilung. Statt die Stücke den auf dem Lande bleibenden Geschwistern zu einem billigen Anrechnungswerte zu überlassen, werden die Parzellen versteigert, um die höchsten Preise herauszuschlagen. Die Versteigerungen sind eine Hauptursache der ungesunden Preistreiberei, unter der diese armen Kleinbauern leiden. „Dieser fressende Krebsschaden des west- und süddeutschen Kleinbauerntums erfährt noch eine Förderung durch den sog. Protokollhandel. Die ersteigerten Grundstücke werden nämlich nicht bar, sondern auf Terminzahlung gekauft. Die Schuldurkunden hierüber, Steigprotokolle genannt, zediert der Verkäufer an Kreditgenossenschaften oder Kreissparkassen, die dieses gut rentierende Geschäft mit Vorliebe machen. In der wahllosen Übernahme aller Steigprotokolle erweisen sich die Genossenschaften nicht gerade als Förderer der Volkswohlfahrt."

Den viel zu teuer erworbenen Parzellenwirtschaften fehlt gewöhnlich das Betriebskapital, weil jeder Groschen für die Bezahlung der Grundschuld hergegeben werden muß. „Das Feld erhält keinen Kunstdünger, die Tiere kein Kraftfutter, die Ställe sind luft- und lichtlose Höhlen." Aber selbst bei nicht so in die Höhe getriebenen Bodenpreisen würde allein die durch die Realteilung bewirkte Bodenzersplitterung genügen, um eine erfolgreiche Wirtschaft unmöglich zu machen. Wygodzinski weist auf die Zeit- und Arbeitsverluste hin, die infolge der Entfernungen der Parzellen untereinander und vom Wirtschaftshofe eintreten. „Wenn kleine Grundstücke von ein paar Ar Größe, wie es gar nicht selten ist, mehrere Kilometer weit vom Hofe entfernt sind, dann bleibt der ganze Ertrag am Wagen hängen." Ja, es kommt vor, daß über einzelne Parzellen der Wirt die Selbstbestimmung verliert, weil sie infolge der Querteilung vom Wege abgeschnitten wurden. Es steht dann in der Macht des Weganrainers, einen Flurzwang auszuüben.

Die Realteilung kann privat- wie volkswirtschaftlich zu schweren Schädigungen führen. Es hat daher nicht an Bestrebungen gefehlt, ihr entgegenzuwirken. So ist vorgeschlagen worden, nach dem Beispiel des in England und Amerika geltenden Rechtes das Pflichtteilsrecht für die Vererbung des ländlichen Grundbesitzes zu beseitigen. Der

Bauer würde dann in der Lage sein, seine Liegenschaften an ein Kind unter Ausschluß der übrigen testamentarisch zu vermachen und damit vor einer unwirtschaftlichen Zersplitterung zu bewahren. Doch fragt es sich, ob eine solche Erweiterung der Testierfreiheit den erwarteten Erfolg haben würde. Der deutsche Bauer pflegt eine abergläubische Scheu vor der Abfassung eines Testamentes zu haben. Mehr ließe sich davon versprechen, wenn man dem Vorschlag Buchenbergers folgte, und grundsätzlich bei allen Nachlaß-Auseinandersetzungen, die unter Mitwirkung der Gerichte stattfinden, den Ertragswert und nicht, wie es jetzt üblich ist, den Verkehrswert zugrunde legte. Dadurch könnten an sich vermeidbare Teilungen verhütet werden, weil dann einer der Erben den ganzen Hof unter erträglichen Bedingungen zu übernehmen in der Lage wäre. Zumindest müßte verlangt werden, daß die Gebäude dem Übernehmer zu einem geschwisterlichen Preise angerechnet werden, damit der Zustand beseitigt wird, daß sich Betriebseinheiten bilden, bei denen das Gebäudekapital zu dem Grundkapital in keinem richtigen Verhältnisse steht. Früher kam es nicht selten vor, daß man auch das Haus naturaliter teilte, „mittelte", wie man sagte. Auch heute soll das noch vorkommen. Aber das ist bei der Kleinheit dieser armen Höfe kein wünschenswerter Vorgang. Die Einführung eines Gebäudeanerbenrechts würde alle diese Nachteile beseitigen, wenn man es auch im übrigen bei der Realteilung beließe. Unbedingt gebrochen werden muß aber mit dem Parzellierungszwange. Der Code Napoléon schreibt vor, daß in allen Fällen gerichtlicher Teilung so viele gleiche Lose zu machen sind, als teilende Köpfe oder Stämme vorhanden sind, und daß jedem Lose womöglich gleichviel an beweglichen und unbeweglichen Gütern zugeschieden werden muß, und daß Liegenschaften, die sich füglich nicht teilen lassen, gerichtlich zu versteigern sind. Dadurch wird der Wunsch, gegebenenfalls den Grundbesitz ungeteilt der Familie zu erhalten, geradezu vereitelt. In Deutschland war in dem Geltungsbereich des französischen Rechts mit dem Zwange der Losebildung gebrochen worden. In Frankreich hat sich die ländliche Bevölkerung vor den Schäden dieses Rechts dadurch zu schützen gewußt, daß sie zum Zweikindersystem übergegangen ist.

Übrigens wird auch aus dem deutschen Realteilungsgebiet berichtet, daß auch hier, und zwar vor allem die wohlhabenderen Bauern dazu neigen, das Zweikindersystem anzuwenden. Nach neomalthusianischen Regeln sucht man den schlimmen Folgen der Erbsitte entgegenzuwirken. Das war schon dem bekannten Kulturhistoriker W. H. Rhiel aufgefallen. Er erzählt, daß es in einigen Dörfern des unteren Maingrundes „unerhört sei, daß einer Ehe mehr als zwei Kinder entsprossen. Um die Sitte aufrechtzuerhalten, hat man die Moral geopfert; die Gemeinden sind reich und blühend, und die Pfarrer predigen — gegen die Abtreibung der Leibesfrucht."

Unter allen Bedingungen müssen aber gesetzliche Bestimmungen gefordert werden, die eine Teilung der Parzellen bis zur Unwirtschaftlichkeit verhindern. Es geht schlechterdings nicht an, daß sich die öffentliche Gewalt auf der einen Seite abmüht, durch eine Zusammenlegung und Flurbereinigung die kulturwidrigen Folgen der Bodenzersplitterung zu beseitigen, während auf der andern Seite eine kulturwidrige Erbgewohnheit immer wieder aufs neue die Flurkarte verdirbt. Es muß ein Parzellenminimum festgesetzt werden, unter das die Größe einer Parzelle nicht gehen darf. Man kann dabei auf die verschiedenartigen Kulturverhältnisse der einzelnen Landesteile Rücksicht nehmen und für die Größe des Parzellenminimums hier kleinere, dort größere Maße festlegen, aber eine Mindestgrenze müßte es überall geben, damit nicht ganz unwirtschaftliche Ackerstücke, „Landfetzen von Tischtuchgröße" entstehen können. In Deutschland gibt es dahingehende Bestimmungen bisher nur in dem preußischen Regierungsbezirk Wiesbaden, in Hohenzollern, in Baden und Hessen.

Es ist das Verdienst Max Serings, in erster Reihe uns diese Zusammenhänge klargelegt zu haben. In dem von ihm herausgegebenen großen Werke über „Die Vererbung des ländlichen Grundbesitzes im Königreich Preußen" hat er, unterstützt von einer Anzahl jüngerer Mitarbeiter, die ländlichen Erbsitten in wirtschaftlicher, historischer und juristischer Beziehung beleuchtet. In dem Bande, der Schleswig-Holstein behandelt und von ihm selbst verfaßt worden ist, hat er uns zugleich eine deutsche Bauerngeschichte geschrieben, wie wir sie bisher nicht besaßen. Wenn man den Inhalt der 14 Bände dieses Werkes an sich vorüberziehen läßt, wird man einen Eindruck als den stärksten festhalten müssen — den Eindruck uneingeschränkten Respektes vor dem deutschen Bauern. Als zu Beginn des 19. Jahrhunderts der wirtschaftliche Liberalismus die Gebundenheit des bäuerlichen Grundbesitzes auflöste, schrieb Niebuhr, daß man mit dieser Gesetzgebung unsere Nation dahin brächte, „wo die Italiener sind: in den Städten Pfuscher und Krämer, auf dem Lande zeitpachtendes oder tagelöhnerndes Lumpengesindel". Es sind seitdem hundert Jahre vergangen; Niebuhrs Prophezeiungen haben sich nicht erfüllt. Es mag zugegeben werden, daß der Bauer nicht immer die Freiheit voll zu nutzen vermocht hat. Sicherlich würde es auch gut sein, wenn die bäuerliche Erbsitte in den Anerbengebieten überall eine gesetzliche Festigung erhielte, und wenn die Hauptübelstände, die wir in den Realteilungsgebieten kennen gelernt haben, beseitigt würden. Aber im großen und ganzen hat der deutsche Bauer sich doch als unentwurzelbar erwiesen. Seinem Familiensinne und stark ausgeprägten Standesbewußtsein hat er es zu danken, daß er nicht auf die ihm vorhergesagte tiefe Stufe hinabgesunken ist.

b) Die Vererbung des Großgrundbesitzes. Die Familienfideikommisse.

Nach allem, was wir über die Entwicklung der deutschen Agrarverfassung bereits erfahren haben, ist es begreiflich, daß die Erbgewohnheiten des ländlichen Großgrundbesitzes im westlichen und im östlichen Deutschland Unterschiede zeigen. In Westdeutschland herrscht eine höchst konservative Besitzauffassung. Die Landgüter gehen meist auf den ältesten Sohn über und unter so günstigen Bedingungen, daß ihm die Erhaltung des Familienbesitzes leicht gemacht wird. Der im Vergleich zu Ostdeutschland überhaupt nur spärlich vorhandene Großgrundbesitz besteht teils aus Waldungen, teils aus Herrenhöfen, deren nicht übermäßig großen, landwirtschaftlichen Betriebe fast ebenso häufig verpachtet, wie selbst bewirtschaftet werden. Es sind vornehme Herrensitze. Ein spekulativer Geist kann sich auf diesem Boden nicht entwickeln.

Wir wissen, daß in Westdeutschland die Grundherren von jeher nur eine geringe Eigenwirtschaft betrieben hatten. Sie hatten wohl Schlösser, Klöster und Burgen, aber keine größeren Gutsbetriebe. Sie waren Grund- und Pachtrentenempfänger; die Eigenwirtschaft bildete für sie keine wesentliche Einkommensquelle. Soweit sie nicht dem geistlichen Stande angehörten, waren sie Militärs oder vornehme Nichtstuer, die sich auf ihren Schlössern und Burgen von ihren Bauern unterhalten ließen, auf Kriegsfahrten zogen oder in den Wäldern das Waidwerk pflegten. Da ihnen ein werbendes Vermögen fehlte, so war für den weltlichen Adel die Gefahr des Vermögensverfalls groß. Durch Verschuldung und durch Teilungen im Erbgange konnte er in wirtschaftlichen Ruin geraten. Der Streubesitz, aus dem die westdeutschen Grundherrschaften bestanden, leistete dem Schuldenmachen Vorschub, indem es ein Leichtes war, bald hier einen Hof, bald dort ein Dörfchen zu verpfänden. Auf diese Art ist mancher Rittersmann zugrunde gegangen. Auch durch Erbteilungen, die der Streubesitz ebenfalls erleichterte, konnte der Adel verarmen. Doch gab es Mittel, sich dagegen zu schützen. Ein ungewolltes Mittel war die starke Sterblichkeit des in Kriegen sich aufreibenden Adels. Ein gewolltes Mittel gab das Zölibat durch den Übertritt der jüngeren Söhne in den geistlichen Stand, insbesonders ihr Eintritt in ein Kloster. Die Klöster des älteren Mittelalters bis zum Beginn des 13. Jahrhunderts waren in ihrer Mehrzahl adelige Junggesellenheime.

Beide Mittel wurden seit der zweiten Hälfte des Mittelalters mit der Auflösung der alten auf Ritterdiensten beruhenden Militärverfassung und mit der Reorganisation des Klosterwesens mehr und mehr unwirksam. Der Übertritt in den geistlichen Stand konnte überhaupt nicht mehr dort in Frage kommen, wo seit dem 16. Jahrhundert das Land protestantisch geworden war. Tatsächlich ist denn auch der westdeutsche Adel stark verarmt und in großen Teilen zugrunde gegangen. Erst mit der Entwicklung von Territorialstaaten und landständischen Verfassungen, die an den Adel wieder höhere Ansprüche politischer, gesellschaftlicher und wirtschaftlicher Art stellten, ist es dem deutschen Adel gelungen, der drohenden Gefahr völliger Zersetzung zu begegnen. Dem Beispiel des hohen Adels folgend, der sich schon seit dem 14. Jahrhundert eine auf der Primogenitur beruhende Erbfolgeordnung gegeben hatte, bildete sich bei dem Adel am Niederrhein, in Westfalen, Niedersachsen und Hessen, also in dem Gebiete der neueren Grundherrschaft seit dem 16. Jahrhundert ein „Stammgüterrecht“ aus. Dieses schloß die Teilung im Erbgange aus, indem es zugleich die Veräußerbarkeit und Verschuldbarkeit des Grundeigentums einschränkte. In einigen Landschaften hat sich das Stammgüterrecht in verschiedenen Formen bis in die Gegenwart erhalten.

In Ostdeutschland ist die Entwicklung in wesentlich andern Bahnen verlaufen. Wir wissen, daß die ostdeutschen Rittergüter von vornherein auf einen Eigenbetrieb eingestellt waren. Seit dem 16. Jahrhundert entwickelten sie sich zu kapitalistischen, auf den Absatz gerichteten Großbetrieben. Diese Eigenschaft mußte ihre Teilbarkeit aus wirtschaftlichen Gründen als unerwünscht erscheinen lassen. Man suchte daher Realteilungen zu vermeiden und war bestrebt, für die jüngeren Söhne durch Auskaufen und Legung von Bauernhöfen neue Rittergüter zu begründen oder man wirtschaftete in Kommunhausung weiter.

Diese Beschränkung ruhte indes auf wirtschaftlichen, nicht auf rechtlichen Gründen. Denn das Lehnsrecht benachteiligte bei der Vererbung des Grundbesitzes nur die Töchter, während die männlichen Erben gleichberechtigt waren. Die Gutsbetriebe ließen sich ohne Schaden nicht teilen. In Ostpreußen wurde 1620 auch rechtlich die Teilbarkeit eingeschränkt, indem für die adeligen Güter eine Mindestgröße festgesetzt wurde. Daß es gerade hier zu einer solchen Rechtssatzung kam, hängt wohl damit zusammen, daß die Zustände im benachbarten Polen mit erschreckender Deutlichkeit zeigten, in welchen Abgrund die freie Teilbarkeit führen konnte. Hier hatte die freie Teilbarkeit groteske Gebilde geschaffen. In manchen Ortschaften Westpreußens gab es, als das Land 1772 an den preußischen Staat zurückfiel, bis zu 20 Rittergüter. Der Kreis Berent zählte an 2000 kleine Edelleute, von denen viele nicht mehr als 15 Morgen besaßen. Diese Adeligen erinnerten an die „barfüßigen“ Schlachtitzen Masoviens, die selbst ihre Äcker bestellten und ganz proletarisiert waren, auf den polnischen Reichstagen aber dasselbe Stimmrecht hatten wie ein Czartoryski. Dort gab es Güter, die nicht mehr nach Morgen, sondern nach Beeten gemessen wurden. Ein solches Gut verschwand, als die preußische Regierung eine Landstraße verlegte: das Unglück wollte es, daß das Rittergut gerade auf der neuen Wegstrecke lag. — Solche Zustände mit ihren wirtschaftlichen und sozialen Wirkungen mußten den deutschen Adel mit seinem stärker ausgebildeten Standes- und Familienbewußtsein abschrecken.

Doch sollte dem ostdeutschen Großgrundbesitz eine andere Gefahr erwachsen, der er bis zu einem bedenklichen Grade auch erlegen ist. Seit dem letzten Drittel des 18. Jahrhunderts trat eine starke Mobilisierung ein. Den Anreiz dazu gab das Steigen der Preise der landwirtschaftlichen Erzeugnisse und die damit Hand in Hand gehende Steigerung der Preise gerade der großen landwirtschaftlichen Güter, die diese Konjunktur am besten auszunutzen vermochten. Der Rittergutsbesitzer, dessen kapitalistischer Sinn schon seit langem geweckt war, suchte den Wertzuwachs durch den Verkauf seines Gutes zu realisieren. Es begann ein Güterhandel ohnegleichen. Die Folge mußte eine stärkere Entwurzelung des großgrundbesitzenden Adels sein. Wie stark sie war, beweist die Tatsache, daß heute die stark überwiegende Mehrzahl der ostdeutschen Rittergüter in Händen von Bürgerlichen ist, während doch bis zu Beginn des 19. Jahrhunderts nur Adelige Rittergüter inne haben durften. Zwar gibt es noch eine große Zahl ostdeutscher Großgrundbesitzer, die auf die Erhaltung des Gutes in der Familie großen Wert legen. Die meisten Rittergüter aber, vor allem die kleineren, gelten mehr als Erwerbsunternehmen, wie als Heimstätten. Es gibt in allen Provinzen Kreise, wo die Vererbung größerer Landgüter nur noch selten vorkommt, und wo, wenn ein Rittergut vererbt wird, es in der Vorstellung geschieht, daß es wie ein Handelsobjekt zu behandeln sei; die Erben genießen gleiche Anteilsberechtigung an dem Verkaufswert des Gutes. Die Folge ist dann, daß der Übernehmer, wenn er nicht sonstiges Vermögen besitzt oder nicht eine reiche Heirat gemacht hat, das Gut nicht halten kann und es alsbald wieder an den Markt bringen muß. Es liegt auf der Hand, daß sich daraus nicht nur wirtschaftliche Übelstände ergeben müssen, sondern daß darunter der Großgrundbesitzerstand auch in ethischer und moralischer Hinsicht leiden muß. Und so erklärt es sich auch, daß der bodenständige Teil der Großgrundbesitzer danach trachten mußte, diesen Gefahren durch eine Beschränkung des gesetzlichen Erbrechts zu entgehen. Ostdeutschland ist das Gebiet, wo die Familienfideikommisse ein relativ großes Anwendungsgebiet gefunden haben.

Die Familienfideikommisse, ihrem Wesen nach dem Erbstammgute nahe verwandt, sind eine Schöpfung jüngerer Zeit. Sie sind erst seit dem 17. Jahrhundert in Deutschland aufgekommen und fanden zunächst stärkeren Eingang in Österreich. Der übrige deutsche niedrige Adel folgte ziemlich langsam nach; erst im 19. Jahrhundert sind die Stiftungen zahlreicher geworden.

Das Fideikommiß wird dadurch gekennzeichnet, daß sich seine Vererbungsordnung nach dem Willen seines Stifters richtet. Der Nachfolger im Fideikommißbesitz ist daher nicht als Universalerbe des letzten Eigentümers zu betrachten, sondern er erbt so, als wenn er unmittelbar den Stifter beerbte. Ebenso ist er verpflichtet, die Stiftung nach den Vorschriften der vom Stifter gemachten Erbfolgeordnung, die gewöhnlich das Majorat unter den männlichen Erben vorschreibt, unvermindert weiter zu vererben. Die Fideikommißgüter dürfen daher weder veräußert, noch in ihrem Bestande verringert, noch verschuldet werden.

Am stärksten entwickelt, wenn auch in besonderer Form, ist das Fideikommißwesen in England. In diesem konservativen Land hat sich das Anerbenrecht auch für den größeren Besitz in voller Schärfe erhalten. Nach dem englischen Erbrecht fällt im Intestaterbfalle das ganze unbewegliche Vermögen dem ältesten Sohne zu. Das vorhandene bewegliche Vermögen wird erst zur Deckung etwaiger Schulden verwandt, und nur der Rest wird gleichmäßig unter die übrigen Erben verteilt, wobei der Anerbe ebenfalls seinen Anteil zu beanspruchen hat. Im Gegensatz zu diesem Intestatanerbenrecht steht das freie, durch keine Pflichtteilsbeschränkungen geminderte Testierrecht des Eigentümers, der demnach in der Lage ist, durch Testament das Anerbenrecht außer Kraft zu setzen. Um dem entgegenzuwirken, ist das Institut des Entail (Erblehen) geschaffen worden. Jeder Grundeigentümer ist berechtigt, sein Gut für sich, für seine lebenden und für einen noch ungeborenen Erben zum Entail zu erklären, was seine Unveräußerlichkeit und Unverschuldbarkeit zur Folge hat. Diese Erklärung ist für ihn bindend und kann nur rückgängig gemacht werden, wenn der Erbe volljährig ist und der Aufhebung zustimmt. Der Erbe kann das Entail ebenfalls auflösen, wenn er selbst Besitzer geworden ist. Von dieser Berechtigung pflegt er aber keinen Gebrauch zu machen, sondern in der Regel spricht er sofort nach der Übernahme für sich und seine Erben von neuem dem Gute die Entaileigenschaft zu, so daß also die Einrichtung zu einer dauernden wird. Die Wirkungen sind also die gleichen wie beim Fideikommiß.

Die Verbreitung des Entails ist in Großbritannien außerordenrlich groß. In Irland sollen etwa $^5/_6$, in England $^4/_6$ und in Schottland $^3/_6$ der Bodenfläche im Besitze von Entails sein.

Bekanntlich hat die Fideikommißbildung eine starke Gegnerschaft gefunden. Sie begünstigt die Erhaltung und Entstehung von Latifundien. An Latifundien hat die Allgemeinheit aber ebensowenig ein Interesse wie an einem ländlichen Proletariat. Die Standesgegensätze werden dadurch verschärft. Fideikommissarisch gebundene Latifundien haben die Neigung, polypenartig auszugreifen. Da die großen Erträge von dem Eigentümer nicht verbraucht werden, werden die Überschüsse immer wieder in neuen Landankäufen angelegt. Diese dem Fideikommiß immanente Kraft ständiger Vergrößerung stellt in der Tat ein so schwer wiegendes Bedenken gegen sie dar, daß auch solche Agrarpolitiker, die im übrigen ihre Erhaltung wünschen, ihre Beschränkung auf eine Maximalgröße gefordert haben, vor allem in denjenigen Gegenden, wo der Großgrundbesitz schon an sich eine beträchtliche Fläche inne hat. Auch die Gefahr, daß solche großen Herren, anstatt selbst zu wirtschaften, sich dem Absentismus ergeben, ist nicht wegzuleugnen.

Nicht so haltbar ist dagegen der den Fideikommissen wiederholt gemachte Vorwurf, daß sie der allgemeinen Landkultur abträglich seien, weil auf diesen großen Betrieben extensiver gewirtschaftet würde. Es mögen solche Fälle vorkommen, zumal dann, wenn der Inhaber ein schlechter Wirt ist oder keine Leibeserben hat. Aber im übrigen ist es nicht einzusehen, weshalb auf den fideikommissarisch gebundenen Großbetrieben schlechter gewirtschaftet werden sollte als auf andern Großgutswirtschaften. Diese Behauptung steht auch im Widerspruche zu den Tatsachen. Gerade auf den Fideikommissen finden wir die Landwirtschaft nicht selten zu Musterwirtschaften entwickelt. Durchaus erklärlich! Auf diesen Gütern, die dauernd der Familie erhalten bleiben, wird der Besitzer von Haus aus geneigt sein, die erwirtschafteten Überschüsse immer wieder in den Betrieb zu stecken, um den inneren Wert ständig zu steigern. Kostspielige Meliorationen, deren günstige Wirkungen sich erst in einer viel späteren Zeit zeigen können, werden von ihm ausgeführt werden, weil er weiß, daß die zu erwartenden Vorteile seinen Nachkommen wieder zugute kommen. Es darf auch nicht übersehen werden, daß die Fideikommisse zum guten Teil aus Wald bestehen; Forstwirtschaft rechnet aber mit langen, über zwei, drei und mehr Generationen sich erstreckenden Wirtschaftsperioden und wird außerdem besser im großen betrieben.

Weiter ist selbst von Gegnern der Latifundienwirtschaft anerkannt worden, daß Fideikommisse auch für den Staat von großem Nutzen sein können. Sie sind imstande, eine Aristokratie zu züchten und zu erhalten, die, wirtschaftlich unabhängig und erhoben über den kleinlichen Daseinskampf, edle Werke übt auf kulturellem und sozialem Gebiete, eine Aristokratie, die wirklich eine Aristokratie im edelsten Sinne des Wortes ist, die, frei von egoistischen Trieben und selbstherrlich nach oben und unten, sich in den Dienst des Staates und der Selbstverwaltung stellt. Immer wieder wird darauf hingewiesen, welchen Nutzen das englische Volk von seinen Landlords gehabt hat, wie der englische Staat durch sie zu der Höhe gelangt ist, die ihn auszeichnet. Nicht nur in Monarchien sei eine solche kleine Schicht wirklich Unabhängiger von großem Segen, auch in Demokratien sei die im übrigen wenig wünschenswerte Bindung eines nicht zu großen Teiles des ländlichen Grundbesitzes nicht zu teuer erkauft im Vergleich zu dem Nutzen, den eine dadurch geschaffene Aristokratie zu stiften vermöge.

„Während ein zahlreicher verarmter Adel,“ sagt Roscher, „nur allzuleicht entweder Hofschranzen im Sinne von Montesquieu oder Catilinas hervorbringt, kann ein selbständig und durch würdigen Korpsgeist getragener Stand von Majoratsherren, die kein anderes Vorrecht haben als den Sitz im Oberhause, wie ein Salz der Freiheit und Ordnung wirken.“ Getragen von dieser hohen Auffassung von den Pflichten der Aristokratie, hält v. Reibnitz, obwohl er politisch auf der äußersten Linken steht, die Gründung und Vermehrung der Fideikommisse, insoweit nicht andere wirtschaftliche Interessen dadurch verletzt werden, für nützlich und geboten, ja, auch auf die städtischen Familien möchte er die Fideikommißberechtigung ausgedehnt wissen.

Aber wenn man auch alle diese Gründe, die für die Fideikommisse sprechen, gelten lassen will, wird man doch zu dem Urteil kommen müssen, daß die Bindung des Grund und Bodens durch Fideikommisse ein gewisses Maß nicht überschreiten sollte. Und zwar nach zwei Richtungen hin: einmal sollten sie selbst einen bestimmten Umfang nicht überschreiten — es müßte für sie also eine Maximalgröße festgesetzt werden — und zweitens müßte ihre Neugründung in solchen Gegenden eingestellt werden, in denen die Grundbesitzverteilung schon an sich einen reichlich großen Platz den großen Gütern einräumt. Es steht fest, daß diese Richtlinien in dem Preußen der Vorkriegszeit nicht eingehalten worden sind.

Nach dem damaligen Stande waren in Preußen ziemlich genau 2½ Millionen Hektar fideikommissarisch gebunden, also eine Fläche, die mehr als dreimal so groß war wie das ganze Großherzogtum Hessen. In diesen großen Besitz teilten sich 1250 Familien, von denen einige 20000 ha und mehr ihr eigen nannten. Und das Auffallende war, daß diese Fideikommisse zum Hauptteil erst in der jüngsten Vergangenheit gegründet worden waren; über 60% waren erst nach 1850 entstanden, und zwar besonders zahlreich erst in der Regierungszeit Wilhelms II. Nun bekommen die Dinge ein etwas anderes Gesicht, wenn man erfährt, daß fast die Hälfte der Fläche aus Forstland bestand. Aber, wenn man auch die Waldfläche abzieht, blieb noch genug landwirtschaftlicher Boden fideikommissarisch gebunden. Nach der letzten bekannt gewordenen Statistik gab es in Preußen 1918: 1348 Fideikommisse, deren Areal 7,3% der Fläche Preußens und deren landwirtschaftliche Nutzfläche 5,1% der Gesamtlandwirtschaftsfläche bedeckte. Etwa drei Viertel der von den Fideikommissen eingenommenen Fläche konzentrierten sich auf die sieben östlichen Provinzen, unter denen wieder Schlesien mit seinen Riesenfideikommissen herausragte. Im preußischen Westen war die Fideikommißbildung am stärksten in Westfalen.

Die preußische Regierung war daher schon in den letzten Friedensjahren und noch während des Krieges bemüht, das Fideikommißwesen zu reformieren und hatte dem Landtage dahingehende Gesetzentwürfe vorgelegt. Doch kamen sie nicht zur Verabschiedung. Die Revolutionsregierungen sind radikaler vorgegangen. Sie haben die Fideikommisse überhaupt abgeschafft.

Die Abschaffung der Fideikommisse ist eine wiederkehrende Revolutionserscheinung. So hob die französische Revolution die Fideikommisse auf. In Deutschland folgte man vielfach diesem Beispiel, doch wurden sie seit 1815 fast überall wieder anerkannt. Die Revolution von 1848 hat die Fideikommisse von neuem beseitigt, doch erstanden sie nach wenigen Jahren zu neuem Leben. Bis 1918 war der Zustand der, daß mit Ausnahme von Elsaß-Lothringen und Oldenburg überall in Deutschland Fideikommisse zugelassen waren.

Die im allgemeinen nicht wortkarge Verfassung des Deutschen Reichs enthält über die Fideikommisse nur die vier Worte: „Die Fideikommisse sind aufzulösen.“ Sie stehen mitten im Art. 155, und aus dem Zusammenhang muß man schließen, daß ihre Auflösung zu einer Verbesserung der Grundbesitzverteilung beitragen soll. Wenn man sich dächte, daß die gesamte von den Fideikommissen eingenommene Fläche auf einmal der Allgemeinheit zur Verfügung gestellt würde, so wäre in manchen Gebieten sicherlich davon eine starke Wirkung zu erwarten. Aber natürlich kann davon gar nicht die Rede sein. Die Fideikommisse sollen ja nicht enteignet, sondern nur aufgelöst werden; die in ihnen liegende Bindung des Grund und Bodens soll beseitigt werden, wie andere Landgüter sollen sie für den Güterverkehr frei werden. Aber wie?! — Sollen die bisherigen Majoratsherren, die mit dem Besitze auch Pflichten übernommen haben, unumschränkt freie Eigentümer werden, während alle übrigen Familienmitglieder, die unmittelbar oder mittelbar Ansprüche an dem Familiengute haben, leer ausgehen? Das wäre eine Ungerechtigkeit, die auf der einen Seite reiche Revolutionsgewinnler geschaffen, auf der andern Seite für die Benachteiligten eine unsagbare Härte bedeutet hätte. Das konnte unmöglich der Wille des Gesetzgebers sein, der wenige Sätze vorher ausgesprochen hatte: „Das Eigentum wird von der Verfassung gewährleistet."

Es blieb der Gesetzgebung der Länder überlassen, diesen gordischen Knoten zu lösen. Preußen hatte bereits durch die Verordnung über Familiengüter vom 10. März 1919 die Fideikommisse aufgehoben und die Modalitäten der Auflösung der freien Vereinbarung der Familien überlassen. Ist das Familiengut bis 1922 nicht aufgelöst, tritt die Auflösung im Zwangsverfahren durch Verordnung des Staatsministeriums ein. Auf welche Art die Zwangsauflösung durchgeführt werden sollte, war zunächst nicht gesagt. Sie blieb eine leere Drohung, bis sie durch die Zwangsauflösungsverordnung vom 19. November 1920 geregelt wurde. Doch wählte diese für die Zwangsauflösung eine so milde Form, daß sich die Mehrzahl der Fideikommißbesitzer lieber ihr unterwerfen, als von der Berechtigung der freiwilligen Auflösung Gebrauch machen wird.

„Die Zwangsauflösung beseitigt die Fideikommisse nicht mit einem Schlage, sondern baut sie ganz allmählich ab. Sie tritt bei dem einzelnen Fideikommiß erst ein, wenn der am 1. April 1921 im Besitz befindliche Inhaber stirbt oder sonst wegfällt und folgefähige Abkömmlinge hinterläßt. Die Auflösung kann sich also schon in diesem als Normalfall anzusehenden Falle je nach Alter und Lebensdauer des Besitzers Jahre oder Jahrzehnte oder auch ein ganzes Lebensalter hinziehen. Hinterläßt der Besitzer aber keine folgefähigen Abkömmlinge (er hat z. B. bei einem Fideikommiß mit Mannesstammfolge nur Töchter, keine Söhne), so gelangt das Fideikommiß nach der bisherigen Folgeordnung noch in die Seitenlinie und wird in der Hand des Folgers frei, wenn dieser folgefähige Nachkommenschaft hat oder erwirbt. Ist er kinderlos, so wird es erst mit seinem Tode freies Vermögen in der Hand des nach ihm zur Folge berufenen Anwärters. Bei einer größern Anzahl von Fideikommissen wird sich hiernach die Auflösung nach Generationen und unter Umständen (man denke z. B. an den Fall, daß am 1. April 1921 ein Kind Fideikommißbesitzer ist, daß dieses 90 Jahre alt wird und kinderlos stirbt und von einem kinderlosen Großneffen, der seinerseits wieder 90 Jahre alt wird, im Fideikommiß beerbt wird) über Jahrhunderte hinzögern." (Seelmann im Arch. für Innere Kolonisat. XIII, 1921.)

Das Gesetz geht in seiner Rücksichtnahme auf die bestehenden Verhältnisse aber noch weiter. Nicht genug, daß die Auflösung ganz allmählich vor sich gehen soll, ist auch die Möglichkeit geschaffen worden, das frei gewordene Fideikommißland sofort wieder bis zu einem gewissen Grade zu binden. Je nach der Kulturart seiner Hauptbestandteile kann es in ein „Waldgut", „Deichgut", „Weingut" oder in eine entsprechende Stiftung oder auch, wenn die landwirtschaftlich genutzte Fläche nicht 1500 ha überschreitet, in ein „Landgut" oder eine Landgutsstiftung umgewandelt werden. Durch die Umwandlung in eine Stiftung gelangt das Land de facto, wenn auch nicht de jure wieder aus dem freien Verkehr. Bei Verwandlung in ein Wald-, Deich-, Wein- oder Landgut wird der Besitz einer weitgehenden Verfügungsbeschränkung unter Lebenden unterworfen und mit der Anerbengutseigenschaft belegt.

So stellt sich denn bei Lichte besehen, die preußische Fideikommißauflösungsgesetzgebung nicht als eine radikale Beseitigung sondern Als eine Reform des Familiengüterwesens dar. Alles, was an den Fideikommissen auch von denen zu tadeln war, die nicht zu ihren grundsätzlichen Gegnern gehörten, ist beseitigt. Die Auswüchse sind weggeschnitten, der Stamm ist geblieben. Diese Gesetzgebung war nicht nur maßvoll (ja, vielleicht zu maßvoll, ist doch die Höchstgrenze von 1500 ha = 6000 Morgen reichlich hochgegriffen), sie war auch weise. Das Streben des Besitzes nach der Gründung von Familiengütern ist die Auswirkung eines gesunden Familiensinnes. Es handelt sich um einen natürlichen Trieb, der sich nicht ertöten läßt. (Als zu Beginn des 19. Jahrhunderts in dem von Napoleon gegründeten Königreich Westfalen die Fideikommisse aufgehoben wurden, vereinbarten ihre Besitzer, privatim die Fideikommißeigenschaft aufrechtzuerhalten, was auch tatsächlich den erstrebten Erfolg hatte.) Eine weise Regierung tut daher besser, diesem Triebe die Möglichkeit einer dem Allgemeininteresse schädlichen Entwicklung zu nehmen, als den vergeblichen und durchaus nicht wünschenswerten Versuch zu machen, ihn ganz unterdrücken zu wollen.

Ergänzende Literatur

v. Miaskowski, Das Erbrecht und die Grundeigentumsverteilung im Deutschen Reich. Leipzig 1882.

Brentano, Lujo, Erbrechtspolitik, alte und neue Feudalität. Stuttgart 1899.

Die Vererbung des ländlichen Grundbesitzes im Königreich Preußen. Hrgb. von M. Sering. Berlin 1897 ff.

Reibnitz, Frhr. von, Familienfideikommisse. Berlin 1908.

Krause, Hermann. Die Familienfideikommisse. Berlin 1909.

Skalweit, August, Getreidezölle und Bodenpreise. Schmollers Jahrbuch 40, 1916.

Dritter Teil:

Die landwirtschaftliche Unternehmung.

11. Kapitel.

Die Betriebsgröße.

1. Die Abgrenzung.

Wer die Ausführungen des vorigen Teiles gelesen hat, dem ist es von vornherein klar, daß sich Grundeigentum und landwirtschaftlicher Betrieb nicht miteinander zu decken brauchen. Daß sie es nicht tun, ist sogar die Regel dort, wo die Grundherrschaft nicht beseitigt wurde, oder wo bei ihrer Auflösung die Bauern nicht freie Eigentümer wurden. Wo indes die Bauernbefreiung durchgeführt wurde, wie in Deutschland, wird gewöhnlich Eigentum und Betrieb zusammenfallen. Doch auch nicht immer. Es kann vorkommen, daß ein größerer Landwirt die Grundstücke vieler kleiner Grundeigentümer zusammenpachtet. Sehr viel häufiger wird aber das Umgekehrte der Fall sein, daß nämlich größere Grundeigentümer ihren Grundbesitz oder Teile davon im kleinen verpachten. Die Tatsache, daß nach der letzten deutschen Betriebsstatistik von der Fläche der Kleinbetriebe nicht weniger als 68% Pachtland waren, bestätigt diese Annahme. Hätten wir eine Grundeigentumsstatistik in Deutschland — es gibt nur eine Betriebsstatistik —, so würde sich zeigen, daß das Großgrund*eigentum* nicht unbedeutend mehr Fläche hat als die Groß*betriebe* einnehmen, und daß das Klein*eigentum* weniger Fläche besitzt als die der Klein*betrieb* ausmacht. Doch darf man das in seiner allgemeinen Bedeutung nicht überschätzen. Der Anteil der Kleinbetriebe an der gesamten landwirtschaftlich genutzten Fläche ist gering. Für die den Hauptteil derselben in Anspruch nehmenden mittleren und größeren Güter bleibt bestehen, daß sich Grundeigentumseinheit und Betriebseinheit decken.

Bei den landwirtschaftlichen Betrieben können wir drei Hauptgruppen unterscheiden:

1. Großbetriebe,
2. Mittelbetriebe,
3. Kleinbetriebe.

Für die Einordnung des einzelnen Betriebes in die eine oder in die andere Gruppe ist nicht allein die geometrische Größe entscheidend. Wollte man das tun, so würde man zu ganz unhaltbaren Vorstellungen kommen. „Wer die Größe eines Landwirtschaftsgutes nach dem bloßen Flächenraume schätzen wollte, der würde manchmal in rohen Jagdländern die souveränen Eigentümer von mehreren Quadratmeilen, die aber in Wahrheit nackte Vagabunden sind, als Gutsbesitzer vom ersten Range bezeichnen müssen" (Roscher). Wir machen vielmehr die Gruppierung auf Grund des Ertrags, den die Betriebe abwerfen, der gesellschaftlichen Stellung, die sie ihrem Wirte gewähren, und der Kapital- und Arbeitsmenge, die ihre Bewirtschaftung unter Anwendung des landesüblichen Intensitätsgrades erfordert.

Wir sprechen von Großbetrieben, wenn der Betriebsleiter einer höheren Gesellschaftsklasse angehört und durch die Leitung des Betriebes ganz in Anspruch genommen wird. Sie werden zu „Herrschaften" und Latifundien, wenn sie so groß sind, daß sie nicht mehr von einem Haupthofe aus bewirtschaftet werden können und eine Aufteilung in mehrere Großbetriebe unter mehr oder weniger selbständigen Betriebsleitern erforderlich ist.

Wo die Landwirtschaft extensiv und wie in Südamerika und Südafrika vornehmlich als Weidewirtschaft betrieben wird, wird man Besitzungen auch von großer Ausdehnung nicht als Latifundien bezeichnen können. Unter norddeutschen Verhältnissen pflegt man Betriebe von mehr als 5000 ha als solche anzusprechen. Natürlich ist auch diese Grenze willkürlich, zumal viel darauf ankommen wird, ob es sich um ausschließlich landwirtschaftlich genutzte Fläche handelt, oder ob auch Forstland mit eingeschlossen ist.

Wo der Betriebsleiter nicht ausschließlich durch die Leitung in Anspruch genommen wird, sondern bei den Arbeiten selbst mit Hand anlegt, haben wir es mit Mittelbetrieben zu tun. In dieser Gruppe sind natürlich auch die stärksten, für die soziale Stellung der Wirte bedeutungsvolle Abstufungen möglich. Und zwar werden sich diese vor allem darin äußern, ob und in welchem Ausmaße fremde Arbeitskräfte in Anspruch genommen werden. Es macht einen Unterschied, ob der Wirt ständig im Hofe und auf dem Felde tätig ist und ohne Zuhilfenahme fremden Personals ausschließlich mit seinen Angehörigen die Wirtschaft besorgt — Sering hat für solche Betriebe die Bezeichnung „Familienwirtschaft" geprägt — oder ob der Wirt nur in Zeiten höchster Arbeitshäufung körperlich mitarbeitet.

Kleinbetriebe endlich heißen solche, die dem Wirt und seiner Familie nicht den vollen Lebensunterhalt gewähren und ihn daher nötigen, zeitweilig oder ständig auf Nebenerwerb auszugehen.

Die Mittelbetriebe pflegt man unter dem Sammelbegriff der Bauerngüter zusammenzufassen. Die deutsche Reichsstatistik zählt dazu die Anwesen zwischen 2 und 100 ha. Das Bauerngut kann also sehr verschiedenartige Größenverhältnisse aufweisen und entweder einen kleinbäuerlichen oder einen mittelbäuerlichen oder einen großbäuerlichen Betrieb darstellen. Welche Besitzeinheit man der einen oder der andern Untergruppe zuteilt, von welcher Flächengröße man überhaupt das Bauerngut beginnen, und wo man es aufhören läßt, hängt ganz von der Wirtschaftsintensität und den Wirtschaftsverhältnissen der einzelnen Gegend ab. In fruchtbaren Gegenden, zumal in solchen, wo hochwertige Produkte erzeugt werden, kann schon ein Besitz von 2 ha eine selbständige bäuerliche Existenz ermöglichen, ja, womöglich noch weniger. In minder fruchtbaren Gegenden werden nicht einmal 5 ha dazu ausreichen.

Auch nach oben hin ist die Grenze nicht fest zu ziehen. So können für viele Gegenden Ostdeutschlands 100 ha nicht die Unterlage einer Großwirtschaft bilden, während sie auf bestem Boden unter günstigen klimatischen Bedingungen einen ansehnlichen Betrieb darstellen. Vielfach kommt es auch auf die Familien- und gesellschaftlichen Traditionen an, ob sich ein Landwirt Gutsbesitzer oder Großbauer nennt, als solcher fühlt und betätigt. Wie viele arme Rittergutsbesitzer gab es und gibt es im deutschen Osten, die trotz großer Dürftigkeit peinlich darauf bedacht sind, ihre soziale Stellung zu wahren. Umgekehrt finden wir in den nordwestdeutschen Bauerngegenden schwerreiche Bauern mit umfangreichen Grundbesitz, die es nicht verschmähen, mit ihren Knechten und Mägden an einem Tisch zu sitzen und gemeinsam mit ihnen die Erntearbeit zu verrichten.

Die deutsche Betriebsstatistik unterscheidet nach dem Umfang der landwirtschaftlich benutzten Fläche 18 Größenklassen. Zur besseren Übersicht dient eine weniger gegliederte Gruppierung in sieben Größenklassen. Bei den Kleinbetrieben werden Zwergbetriebe und Kleinstellenbetriebe unterschieden. Bei den Mittelbetrieben werden kleinbäuerliche, mittelbäuerliche und großbäuerliche Betriebe gesondert. Schließlich kommen die Großbetriebe hinzu, bei denen die größeren wieder ausgeschieden werden. Danach ergibt sich folgendes Schema:

I. Kleinbetriebe:	
1. Zwergbetriebe	unter 0,5 ha
2. Kleinstellenbetriebe	0,5 bis unter 2 ha
II. Mittelbetriebe:	
3. Kleinbäuerliche Betriebe	2 „ „ 5 „
4. Mittelbäuerliche Betriebe	5 „ „ 20 „
5. Großbäuerliche Betriebe	20 „ „ 100 „
III. Großbetriebe:	
6. Großbetriebe	100 ha und darüber
7. Darunter Großbetriebe	200 „ „ „

Wie sich nach der Betriebsstatistik von 1907 die Betriebe der Zahl nach auf die einzelnen Größenklassen verteilen, zeigt folgende Tabelle:

Betriebsgröße	Zahl der Inhaber und sonstiger Betriebsleiter landwirtschaftlicher Betriebe	Davon sind ihrem Hauptberufe nach Selbständige in der Landwirtschaft		Von 100 hauptberuflich selbständigen Landwirten sind ohne Nebenberuf
		absolute Zahl	%	
unter 0,5 ha	2084060	85213	4,1	77,6
0,5— 2 ha	1294449	364755	28,2	69,5
2 — 5 „	1006277	717699	71,3	69,0
5 — 20 „	1065539	980145	92,0	82,5
20 —100 „	262191	253877	96,8	90,7
über 100 ha	23566	22731	96,5	80,3
Darunter: 200 ha und darüber	12887	12568	97,5	75,9

2. Die Verteilung.

Wenn wir die Landwirtschaft der führenden Kulturvölker daraufhin ansehen, wie sich die Betriebsgrößen zahlenmäßig verteilen, so wird man als die typische Haupterscheinung feststellen, daß die mittleren Betriebe, die selbständigen Mittel- und großbäuerlichen Wirtschaften, die vorherrschende Betriebsform darstellen. Sie nehmen fast überall den stark überwiegenden Teil der landwirtschaftlich genutzten Fläche ein.

Durchaus erklärlich! Die Bauernwirtschaft ist die ursprüngliche Betriebsform, und da bis auf den heutigen Tag der landwirtschaftliche Großbetrieb nicht allgemein eine überlegene Produktivität zu erweisen vermochte — wie noch zu zeigen sein wird —, so hat sich die Bauernwirtschaft auch dort erhalten, wo im Laufe der Jahrhunderte Großeigentum am Grund und Boden entstand. Landwirtschaftlicher Großbetrieb tritt gewöhnlich nur sporadisch auf, und wo er sich in einigen Gebieten in größerem Umfange vorfindet, ist er, wie z. B. in Ostdeutschland, auf eine eigentümliche historische Entwicklung zurückzuführen.

Neben den bäuerlichen Betrieben finden sich fast allerorts — der Zahl nach diese weit überwiegend, aber dem Areal nach nur einen kleinen Teil der landwirtschaftlich benutzten Fläche einnehmend — Zwerg- und Kleinstellenbetriebe, meist unselbständige Betriebe, die teils von Landarbeitern und auf dem Lande wohnenden Gewerbetreibenden bewirtschaftet werden, teils aber auch — und neuerdings in zunehmendem Maße — städtischen Industriearbeitern gehören. In der Hauptsache handelt es sich nicht um eigentliche, für den Absatz arbeitende Landwirtschaftsunternehmungen, als vielmehr um Ländereien und Kleinviehhaltungen, die dem unmittelbaren Hausbedarf ihrer Besitzer dienen.

Ein Blick in die internationale Betriebsstatistik bestätigt unsere Feststellung von dem Überwiegen der Bauernwirtschaft.

Für das Deutschland der Vorkriegszeit ergibt sich auf Grund der Betriebsstatistiken von 1882, 1895 und 1907 folgendes Bild:

	Zahl der Betriebe (in Tausenden)			Landw. benutzte Fläche (in 1000 ha)		
	1907	1895	1882	1907	1895	1882
unter 0,5 ha	2084,0	1852,9	3061,2	359,6	347,9	1825,9
0,5 bis unter 2 ha	1294,4	1383,5		1371,8	1460,5	
2 „ „ 5 „	1006,3	1016,3	981,4	3304,9	3286,0	3190,2
5 „ „ 20 „	1065,5	998,8	926,6	10421,6	9721,9	9158,4
20 „ „ 100 „	262,2	281,8	281,5	9322,1	9869,8	9908,2
100 ha und darüber	23,6	25,1	25,0	7055,0	7831,8	7786,3
Darunter:						
200 ha und darüber	12,9	13,8	14,0	5555,8	6286,6	6265,1
Zusammen:	5736,1	5558,3	5276,3	31835,0	32518,9	31869,0

	Auf die einzelnen Größenklassen entfallen					
	von 100 Betrieben			von 100 ha landw. benutzter Fläche		
	1907	1895	1882	1907	1895	1882
unter 0,5 ha	36,3	33,3	58,0	1,1	1,1	5,7
0,5 bis unter 2 ha	22,6	24,9		4,3	4,5	
2 „ „ 5 „	17,5	18,3	18,6	10,4	10,1	10,0
5 „ „ 20 „	18,6	18,0	17,6	32,7	29,9	28,8
20 „ „ 100 „	4,6	5,0	5,3	29,3	30,3	31,1
100 ha und darüber	0,4	0,5	0,5	22,2	24,1	24,4
Darunter:						
200 ha und darüber	0,2	0,3	0,3	17,5	19,4	19,6

Wenn eine Mischung der Betriebsgrößen als erwünscht erscheint, wie gewöhnlich angenommen wird, so wird man die Verteilung der Betriebe in Deutschland als recht günstig bezeichnen müssen. Nahezu drei Viertel der landwirtschaftlich benutzten Fläche nehmen die mittel- und großbäuerlichen Betriebe ein, ein gutes Fünftel die Großgutswirtschaften, während der Rest auf die kleinen und kleinsten Betriebe entfällt. Oder mit andern Worten: Das Schwergewicht bilden die selbständigen bäuerlichen Betriebe, denen sich zwar zahlreiche, aber nur wenig Fläche beanspruchende Kleinbetriebe angliedern. Darüber erheben sich wie die Krönung des Ganzen relativ wenige Großbetriebe, die aber immerhin genügend Fläche in Anspruch nehmen, um einen maßgebenden Einschlag zu bilden.

Wollte man diese Folgerung ziehen, würde man zu einer ganz schiefen Auffassung kommen. Die für das Gebiet des ganzen Deutschland geltenden Zahlen verwischen die großen Unterschiede der Verteilung der Betriebe in den einzelnen Teilen Deutschlands.

Sering, der über die deutsche Grundbesitzverteilung wiederholt eingehende Untersuchungen angestellt hat, kommt zu folgender Gruppierung:

Gebiet	Von der landw. benutzten Fläche entfallen auf die Betriebe mit einem landw. benutzten Fläche von ..... ha				
	unter 2	2—5	5—20	20—100	über 100
1. Ostdeutschland (Gebiet des Großgrundbesitzes)[1]	3,1	5,4	22,7	28,5	40,3
2. Nordwestdeutsches Gebiet der Groß- u. Mittelbauern[2]	6,1	10,0	32,0	43,8	8,1
3. Mitteldeutsches Gebiet der Groß- und Mittelbauern[3].	6,4	8,4	32,7	32,1	20,4
4. Mitteldeutsches Gebiet der Mittel- und Kleinbauern[4]	7,6	15,2	53,2	17,2	6,8
5. Westdeutsches Gebiet der Mittel- und Kleinbauern[5]	12,9	25,9	45,4	12,7	3,1
6. Südwestdeutsches Gebiet d. Mittel- und Kleinbauern[6]	13,8	28,0	42,6	11,7	3,9
7. Südostdeutsches Gebiet der Groß- und Mittelbauern[7]	2,7	11,3	50,7	33,2	2,1

[1]) Provinz Ostpreußen, Westpreußen, Posen, Schlesien, Brandenburg mit Berlin, Pommern, Mecklenburg-Schwerin, Mecklenburg-Strelitz.

[2]) Provinz Schleswig-Holstein, Hannover, Westfalen, Regierungsbezirk Düsseldorf, Oldenburg ohne Birkenfeld, Waldeck, Lippe, Hamburg, Lübeck, Bremen.

[3]) Provinz Sachsen ohne Regierungsbezirk Erfurt, Regierungsbezirk Kassel, Anhalt, Braunschweig, Königreich Sachsen, Sachsen-Altenburg.

[4]) Regierungsbezirk Erfurt, Thüringische Staaten ohne Sachsen-Altenburg, Oberfranken, Unterfranken.

[5]) Regierungsbezirk Wiesbaden, Rheinprovinz ohne Regierungsbezirk Düsseldorf, Birkenfeld.

[6]) Hohenzollern, Schwarzwaldkreis, Neckarkreis, Baden, Elsaß-Lothringen, Rheinpfalz, Großherzogtum Hessen.

[7]) Oberbayern, Niederbayern, Oberpfalz, Mittelfranken, Schwaben, Jagstkreis, Donaukreis.

Es zeigt die Verteilung der Betriebe innerhalb Deutschlands schroffe Gegensätze. In West- und Südwestdeutschland, in Thüringen und Franken ein starkes Überwiegen des kleinen, des klein- und mittelbäuerlichen Betriebes, in Nordwestdeustchland, im nördlichen Mitteldeutschland und in Südostdeutschland ein Vorherrschen des mittel- und großbäuerlichen Betriebes. Bezeichnend ist, wie sich der Großbetrieb verteilt: von den 23566 in Deutschland vorhandenen Betrieben über 100 ha entfallen allein 16699 auf Ostdeutschland, weitere 4850 auf Nordwestdeutschland und das angrenzende nördliche Mitteldeutschland (Gruppe 2 und 3), und der Rest von nur 2017 auf das ganze übrige Deutschland. Aus früheren Ausführungen wissen wir, daß die Entstehung der Großgutsbetriebe in Ostdeutschland auf historische Ursachen zurückzuführen ist, und daß ursprünglich auch hier der mittlere Betrieb vorgeherrscht hat. Zu seinem größeren Teile ist aber auch heute noch Deutschland ein Bauernland.

Das gleiche wird man von Frankreich sagen können. Hier kamen 1892 von der landwirtschaftlich benutzten Fläche auf die Betriebe:

unter 1 ha	3,3%
von 1—10 ha	27,0%
von 10—40 ha	32,7%
über 40 ha	37,0%

Dabei ist allerdings zu bemerken, daß bei den dortigen klimatischen und Bodenverhältnissen Betriebe über 40 ha als Großbetriebe angesehen werden.

In Belgien ist der kleinste und kleine Betrieb besonders stark vertreten, während in den Niederlanden der mittel- und großbäuerliche Betrieb vorherrscht.

Auch unsere nördlichen Nachbarn, die skandinavischen Reiche, sind Bauernländer. Zwar gibt es in allen drei Ländern hin und wieder ein großes Gut mit 200—250 ha, aber das Schwergewicht der nordischen Landwirtschaft liegt in den Bauernhöfen von 5—50 ha.

Im Osten, in Rußland, herrscht Bauernwirtschaft, vorwiegend Kleinbauernwirtschaft vor. Nach einer für das Jahr 1905 angestellten Erhebung, das europäische Rußland (ohne Polen und Finnland) betreffend, befanden sich von je 100 Dess. Saatland 90,5 in den Händen von Bauern (einschließlich Pachtland), 9,5 in den Händen der Gutsbesitzer. Die Revolution hat vollends dahin gewirkt, dieses Verhältnis zugunsten des bäuerlichen Betriebes noch zu verstärken.

Das ehemalige Russisch-Polen ist ein Land des vorherrschenden Kleinbesitzes mit einer starken Bodenzersplitterung.

Trennung von Grundeigentum und Betrieb ist die Signatur der italienischen Landwirtschaft. Nur in den ausgedehnten Gebirgsgegenden findet sich in etwas stärkerem Maße ein eigentlicher Bauernstand. Bei der sonstigen statistisch scheinbar großen Zahl von Eigenbetrieben handelt es sich fast durchweg um Parzellenwirtschaften von Landarbeitern, welche den Ertrag der eignen Zwergwirtschaft als Nebeneinnahme ihres Tagelöhnertums und als Versicherung gegen Arbeitslosigkeit betrachten, vom eigenen Land aber nicht leben können. Die Großgrundeigentümer leben fast nie dauernd auf dem Lande, sondern in der nächsten großen Stadt, treiben also, statt selbst zu wirtschaften, Absentismus.

Großbritannien ist zwar ein Land des Großgrundeigentums, aber nicht auch vorherrschenden Großbetriebes, obwohl seit der Mitte des 18. Jahrhunderts bis gegen Ausgang des 19. Jahrhunderts sich die Betriebsentwicklung dauernd in der Richtung einer Vergrößerung der Betriebe bewegte. Nach der Statistik des Jahres 1885, die mit dem Höhepunkt dieser Entwicklung ungefähr zusammenfiel, verfügte der Großbetrieb, zu dem man die Güter über 300 acres (120 ha) rechnen muß, in England nahezu ein Drittel (31,2%) des landwirtschaftlich kultivierten Bodens. Die verbreitetste Form war aber der Mittelbetrieb. Die Betriebe von 100—300 acres (40—120 ha) nahmen 41,3%, zusammen mit den Betrieben von 50—100 acres (20—40 ha) mehr als die Hälfte (54,5%) der Fläche ein. Seitdem haben die Mittelbetriebe noch weiter an Fläche gewonnen, während die Großbetriebe eine Flächeneinbuße aufweisen und sich innerhalb der Gruppe der kleinen Betriebe von 5—50 acres (2—20 ha) die Neigung zur Konsolidierung der ganz kleinen Güter in weniger kleine Betriebe bemerkbar macht.

B. Skalweit (Die englische Landwirtschaft, Berlin 1915) gibt für Großbritannien folgende Zahlen:

Betriebsgröße	Es entfallen auf die einzelnen Größeklassen in Hundertteilen		Durchschnittsgröße der einzelnen Farmen in den Größenklassen	
	der Gesamtzahl	der Kulturfläche	Kulturfläche	Gesamtgröße einschl. der geringen Weiden
	%	%	ha	ha
0,4— 2 ha	21,6	1,1	1,3	3,3
2 — 20 „	45,5	14,7	8,2	16,2
20 —120 „	29,5	58,9	50,9	68,8
über 120 „	3,4	25,3	187,0	216,4

Danach nehmen den größten Teil der Kulturfläche mit fast 60% die Farmen von 20—120 ha ein. Auf die Großbetriebe entfällt gut ein Viertel des Kulturlandes. Berücksichtigt man bei den einzelnen Farmen nicht nur die Kulturfläche, sondern die Gesamtgröße einschließlich der Bergweiden und Hutungen, so treten die beiden größeren Gruppen noch mehr in den Vordergrund. Außerdem muß man sich vergegenwärtigen, daß die englischen Grundherren freiwerdende Farmen gern an bewährte Farmer ihrer Herrschaft abgeben, die dann mehrere Farmen zusammen als einen Betrieb bewirtschaften. So ergibt sich, daß die Bedeutung der Großbetriebe doch größer ist, als es nach der Statistik den Anschein hat.

Anders Irland. Hier entfallen nach der Einteilung der irischen Statistik auf die einzelnen Gruppen in Prozenten der Gesamtfläche:

Betriebsgröße	Gesamtfläche
0,4— 2 ha	1,1 %
2 — 20 „	38,1 %
20 — 80 „	38,1 %
80 —200 „	13,2 %
über 200 „	9,5 %

Wohin wir auch blicken, fast überall zeigt sich ein Überwiegen des mittleren und kleineren Betriebes in der Landwirtschaft.

Wenden wir unsern Blick über den Ozean in das große Kolonisationsgebiet der Vereinigten Staaten, so sehen wir, wie hier erst in jüngster Vergangenheit, und zwar ganz bewußt eine großbäuerliche Betriebsform geschaffen worden ist. Die typische Form der in den nördlichen für Getreidebau und Viehzucht geeigneten Waldgebiete ist der Einzelhof von 164 acres (= 64 ha). In den südlichen subtropischen Gebieten herrschte zunächst Plantagenwirtschaft unter Großgrundbesitzern, doch hat der Bürgerkrieg diese Grundaristokratie vernichtet, die Plantagen sind mehr und mehr aufgelöst worden und werden meist von den früheren Sklaven in Anteilspacht bewirtschaftet.

Die Betriebsstatistik von 1900 gab folgendes Bild:

Umfang der Betriebe	Von allen Betrieben haben den nebenbezeichneten Umfang		Von der Gesamtfläche der Betriebe entfallen auf die Größenklassen
	1900 absolute Zahl	1900 in %	1900 in %
unter 20 acres (= 8 ha)	675458	11,8	0,9
20—100 acres (= 8—40 ha)	2623952	45,7	16,6
100—1000 acres (= 40—400 ha)	2392971	41,7	58,7
1000 acres und mehr	47276	0,8	23,8
Summe:	5739657	100,0	100,0

3. Der Dogmenstreit über die vorteilhafteste Betriebsgröße.

Wenn auch die bäuerliche Wirtschaft fast allgemein vorherrscht, so hat sie sich doch nirgendwo ganz rein durchgesetzt, vielmehr finden wir überall ein Nebeneinander der verschiedensten Betriebsgrößen. Allein schon aus dieser Tatsache wird man schließen können, daß keine bestimmte Betriebsgröße eine unbedingte wirtschaftliche Überlegenheit den andern gegenüber erwiesen hat. Diese Schlußfolgerung wird durch Überlegungen des gesunden Menschenverstandes a priori gestützt. Jede Betriebsgröße wird ihre Vorzüge und ihre Nachteile haben. Jeder einzelne Betrieb wird in seiner Leistungsfähigkeit durch so viele Einflüsse, teils natürlicher, teils lokaler, teils (vom Betriebsleiter aus gesehen) persönlicher Art, bestimmt, daß man zögern wird, ein generelles Urteil über die Überlegenheit irgend einer bestimmten Betriebsgröße zu fällen.

Gleichwohl ist keine Frage der Agrarpolitik so umstritten wie diese. Und zwar nicht erst seit gestern. Solange es eine Agrarpolitik gibt, hat es darüber Meinungsverschiedenheiten gegeben, die nicht selten mit größter Leidenschaft vertreten wurden, wobei die Frage dahin zugespitzt wurde, was ist vorteilhafter: Klein- oder Großbetrieb?

Nach allem, was wir bisher erfahren haben, wird es uns klar sein, daß auch zeitlich das darüber vorherrschende Urteil geschwankt haben wird. Die Landwirtschaft ist ein organischer Bestandteil der allgemeinen Wirtschaft. Der landwirtschaftliche Betrieb kann daher nicht aus seiner wirtschaftlichen Umwelt herausgelöst werden. Er ist in seiner wirtschaftlichen Auswirkung von der allgemeinen wirtschaftlichen Entwicklung abhängig. Die ökonomisch vorteilhafteste Betriebsgröße ist daher keine Konstante, sondern wandelbar; sie ändert sich mit den Umgestaltungen, die das allgemeine Wirtschaftsleben erfährt.

Es kommt hinzu, daß es sich nicht nur um eine ökonomische Frage handelt. Bestimmt doch die Betriebsgröße grundlegend auch die soziale Verfassung, und zwar nicht nur die ländliche, sondern in ihrer Auswirkung die soziale Verfassung überhaupt. Es handelt sich also nicht bloß um eine privatwirtschaftliche Frage. Das Urteil darüber, welche Betriebsgröße wünschenswert sei, wird daher auch danach schwanken, von welchem Standpunkte man in dieser Hinsicht ausgeht, ob man auf Grund privatwirtschaftlicher Überlegungen die Frage höchstmöglicher Rentabilität oder auf Grund volkswirtschaftlicher Erwägungen die Frage nach dem höchstmöglichen Nutzen für die Gesamtheit in den Vordergrund stellt. Daraus, daß sich die Beurteiler des verschiedenen Ausgangspunktes nicht immer klar bewußt sind, entsteht nicht selten eine Verwirrung, die die Wortführer in diesem Streite der Meinungen aneinander vorbeireden läßt.

Alles das wird uns klar werden, wenn wir uns die Entwicklung dieses Dogmenstreites in einigen großen Zügen vor Augen führen. Eine für den Agrarpolitiker höchst lehrreiche Betrachtung, die ihm zu einem eigenen Urteil über diese umstrittene Frage verhilft.

Wenn wir von den Äußerungen der antiken Schriftsteller, der Kirchenväter, der Kanonisten über das Betriebsproblem absehen wollen, sind es die literarischen Vertreter des Merkantilismus, die grundsätzlich dazu zuerst Stellung nehmen. Sie sind ziemlich einhellig der Meinung, daß der Kleinbetrieb ökonomisch vorteilhafter sei. Die Überzeugung von der besseren Kultur kleiner Güter wird bei ihnen zum Axiom. Denn je kleiner die Güter seien, um so besser würden sie bestellt. Es sei „eine mathematisch gewisse Wahrheit, daß sich der Ertrag der Felder verhalte wie Arbeit und Dünger, die darauf verwandt würden". „Ein Landwirt, der sich mit einer Menge von überflüssigen Äckern, die er nicht in der gehörigen Düngung zu erhalten vermag, quält, ist einem an der Auszehrung darniederliegenden Kranken ähnlich. Erfolgt gleich der Ausbruch seines Verderbens nicht plötzlich und auf einmal, so nimmt er doch nach und nach in seinen Kräften dergestalt ab, daß er zuletzt wie ein Licht ausgeht." Man begeisterte sich damals für eine Intensivierung der Agrikultur und glaubte ihre Voraussetzung in einer Verkleinerung der Betriebe zu sehen. „Denn solange dieses nicht geschieht, wird es mit unserer Landwirtschaft nichts als Stümperei sein." Freilich wie groß ein Betrieb sein müsse, um die höchstmögliche Intensivierung zu erreichen, darüber gehen die Angaben weit auseinander. Einige denken geradezu an Parzellenwirtschaften, die meisten aber wohl an Bauernwirtschaften, unter Berücksichtigung der Boden- und Absatzverhältnisse, von 8 bis 20 ha.

Wie bei den Kameralisten die ökonomischen Forderungen aber stets von einem höheren, die privatwirtschaftlichen Interessen überragenden Standpunkte aus orientiert werden, so wird der Kleinbetrieb auch aus volkswirtschaftlichen und politischen Gründen gefordert. Im allgemeinen Interesse hält man eine Vermehrung der Bevölkerung für wünschenswert und sieht in der Vermehrung der Kleinbetriebe dafür das beste Mittel. In demselben Maße wie die ländliche Bevölkerung nimmt auch die Landeskultur und mit ihr die Nahrungsmittelerzeugung zu. Hierdurch mehrt sich auch die nichtlandwirtschaftliche Bevölkerung, wächst die Zahl der Steuerträger, steigen die Steuereinnahmen, die wieder dem Staate Mittel zu größerer Machtentfaltung gewähren. Der Einwand, daß ein gut wirtschaftender Domänengroßpächter höhere Erträge herauswirtschafte als eine entsprechende Anzahl schlecht wirtschaftender Bauern, wird daher als nichtig abgelehnt. Wenn man behauptete, „Bauern seien Menschen, die weder den Verstand noch den redlichen Willen hätten, ihre Wirtschaft ordentlich und vernünftig zu betreiben, fast ohne Ausnahme unwissende, lüderliche und faule Wirte," so übersehe man einmal, daß sie, da sie Menschen seien, sich auch ändern könnten, und vergäße zweitens den großen mittelbaren Nutzen, den sie für Staat und Gesellschaft stifteten.

Das Agrarprogramm der Kameralisten gipfelt daher in einer Erhaltung und Vermehrung der kleineren Betriebe. Alle Mittel, die diesem Ziele dienen, sind recht. Die Fürsten der damaligen Zeit — es sei nur an Friedrich den Großen erinnert — sind bestrebt, dieses Programm, wenn auch meist in modifizierter Form, in die Praxis zu übersetzen.

Wie in Deutschland trat man auch in England und Frankreich bis über die Mitte des 18. Jahrhunderts hinaus für den Kleinbetrieb ein. Es seien Namen genannt wie Forbonnais, Goudart, Mirabeau. Mirabeau verstieg sich zu dem Satze: „Das Territorium eines Staates kann überhaupt nicht zu sehr geteilt sein." Aber auch Adam Smith ist ein entschiedener Gegner des landwirtschaftlichen Großbetriebes. Ein großer Landeigentümer lasse sich selten die Verbesserung seiner Landgüter sehr angelegen sein. „Ein kleiner Grundeigentümer, der jeden Teil seines Gutes kennt, der es mit aller Liebe betrachtet, die Eigentum, besonders kleines einflößt, und der deshalb Freude daran findet, es nicht bloß zu kultivieren, sondern auch zu schmücken, ist in der Regel der betriebsamste, einsichtsvollste und glücklichste Verbesserer der Landwirtschaft." Es sei daher ein schwerer Nachteil, wenn Domänen und Fideikommisse die Zerstückelung großer Güter und die Vermehrung kleiner Grundeigentümer verhindere. Das Gegensätzliche zu den Merkantilisten ist darin zu suchen, daß grundsätzlich der kleine Grundeigentümer als das Ideal hingestellt wird, während die Kameralisten auf die Eigentumsfrage keinen entscheidenden Wert gelegt hatten und es ihnen nur auf den Kleinbetrieb ankam, gleichgültig ob er pachtweise oder eigentümlich bewirtschaftet wurde. Eine klare Begriffsbestimmung des Reinertrags wird man bei Adam Smith ebenso vergebens suchen wie bei den Kameralisten. Es ist wiederholt darauf hingewiesen und den Kameralisten auch wohl zum Vorwurf gemacht worden, daß sie bei ihrer Behandlung des Agrarproblems immer nur an die sachliche Höchstergiebigkeit gedacht hätten, und daß ihnen nicht zum Bewußtsein gekommen wäre, wie zwischen dieser und der Ergiebigkeit des Erwerbs, der Rentabilität, ein begrifflicher Unterschied bestände. Doch ist es nur allzu verständlich, wenn ihnen unter den damaligen wirtschaftlichen Verhältnissen der Unterschied zwischen diesem und jenem und die Möglichkeit, daß sie sich gegensätzlich bewegen könnten, nicht zum Bewußtsein kam. Die Feststellung eines neben dem Rohertrage in Erscheinung tretenden Reinertrags hätte eine durchgebildete Geldwirtschaft vorausgesetzt, die in Deutschland noch fehlte und in England und Frankreich erst im Entstehen war. War allein schon dadurch die geldmäßige Berechnung des Verhältnisses zwischen Produktionsaufwand und Produktionsertrag erschwert, so machte das damalige auf Zwangsdiensten beruhende Arbeitssystem die Berechnung des Kostenfaktors Arbeit vollends zur Unmöglichkeit.

Wenn die Physiokraten dann den Reinertrag zum Ausgangspunkt ihrer Beurteilung des Betriebsproblems machten, geschah es nicht auf Grund von Beobachtungen der Wirtschaftspraxis, sondern weil rein theoretisch abstrakte Überlegungen sie dahin führten. Quesnay sieht die einzige Quelle des Reichtums in dem „produit net", den die Landwirtschaft erzeugt, und indem er eine scharfe Trennung zwischen den Eigentümern des Bodens und den unternehmenden Pächtern und den Landarbeitern macht, stellt er den Pächter als den Erzeuger des produit net in den Mittelpunkt des ganzen volkswirtschaftlichen Interesses und macht daher seinen Wohlstand und seine Unternehmungskraft zum Wertmesser der Macht und des Reichtums einer Nation. Große Pachtgüter, von reichen Pächtern bewirtschaftet, bilden für ihn die vorteilhafteste Betriebsform. So stellen die Physiokraten die ersten entschiedenen Anhänger eines landwirtschaftlichen Großbetriebes dar.

Von viel nachhaltigerem Einflusse als wirkungsvollster Verkünder der Vorzüge des landwirtschaftlichen Großbetriebs war der Zeitgenosse Quesnays, der Engländer A. Young. In ihm kam ein hervorragender Praktiker — Young war selbst Farmer — und ein realistischer Nationalökonom zu Worte, der seine Behauptungen mit Erfahrungstatsachen überzeugend zu belegen wußte, und dessen Überzeugungskraft nicht unwesentlich dadurch gesteigert wurde, daß sich tatsächlich die damalige englische Großlandwirtschaft berechtigten Ansehens in der ganzen Welt erfreute. Es erinnert an Friedrich Lists Agrikultur-Manufaktur-Handelsstaat, wenn er das zu erstrebende Ziel in einem Zustande sieht, bei dem sich Industrie, Handel und Landwirtschaft harmonisch entwickeln. Wenn er auch die Landwirtschaft für den wichtigsten Zweig der nationalen Wirtschaft hält, so ist er doch ein aufrichtiger Freund der Industrie und der Differenzierung des wirtschaftlichen Lebens, derart, daß Manufaktur und Handel den Markt für landwirtschaftliche Produkte bilden, während die Landbevölkerung die Erzeugnisse der Städte konsumiert. Aber für einen Staat, in dem Industrie und Handel entwickelt sind, kann es nur vorteilhaft sein, wenn nicht mehr Menschen in der Landwirtschaft beschäftigt sind, als die gute Bestellung des Landes notwendig erfordert. „Denn um so weniger Produkte werden abgefangen, ehe sie den Markt erreichen und um so mehr Produkte bleiben dann für die Gewerbetreibenden, Seeleute und Soldaten." Solches ist aber von Kleinlandwirten, die nur wenig für den Markt erzeugen, nicht zu erwarten. Darum ist der Großbetrieb diejenige Betriebsform, die den Anforderungen des modernen Staates entspricht. Es sei auch falsch, die soziale und politische Bedeutung einer zahlreichen Klasse von Kleinlandwirten so hoch einzuschätzen, wie es bisher geschehen sei. Die Stärke einer Nation beruhe nicht auf der Menge ihrer Bevölkerung. Ja, das Gegenteil sei möglich, wenn das Wachstum der Bevölkerung von einem Übermaß an Elend begleitet sei. Ein System, das Menschen züchte, um sie verhungern zu lassen, sei ganz verfehlt. Wie wäre es denn in Wirklichkeit mit der Lage des selbständigen Kleinbauern bestellt? Sie sei schlechter als die des Lohnarbeiters, ja, sehr oft noch kümmerlicher als die eines armen Tagelöhners. Nein, die Stärke einer Nation wachse mit den freien Geldmitteln, über die sie verfüge. Solche erzeuge aber in größtem Ausmaße der landwirtschaftliche Großbetrieb. Um den Nachweis dessen zu erbringen, stützt er sich auf ein von ihm selbst gesammeltes statistisches Material von 200 Farmen verschiedener Größe. Er kommt zu dem Ergebnis, daß bei Betrieben von 300—600 acres das Verhältnis von Land, Kapital und Arbeit am günstigsten sei, während es bei den kleineren Betrieben unter 100, ja, selbst von 100—200 acres weit ungünstiger sei. Denn die Inhaber kleiner Wirtschaften seien arm, und ihre Armut wachse in dem Maße, als die Größe des Betriebes abnehme. Und während der Gewinn eines großen Pächters einen Überschuß für Verbesserungen abwerfe, werde der Gewinn des kleinen Landwirts ganz zu seinem Unterhalt gebraucht und restlos verbraucht, so daß für ertragsteigernde Aufwendungen nichts mehr übrig bleibe.

Youngs Einfluß ging über England hinaus, auch auf dem Kontinente erfreuten sich seine Schriften größter Beachtung. Kein Geringerer als Thaer, „der Vater der deutschen Landwirtschaft", ist bei ihm in die Schule gegangen. In seinem ersten größeren Werke: „Einleitung in die englische Landwirtschaft" 1799 ff., erkennt man deutlich den Einfluß Youngs. So unverkennbar auch sein Bestreben ist, die Vorzüge der einen Betriebsform gegenüber der andern abzuwägen, zeigt sich doch eine ausgesprochene Vorliebe für den Großbetrieb.

Als meist angeführte Vorteile der kleinen Güter, zu denen er solche von 20—80 acres (8—32 ha) rechnet, bezeichnet er:

1. Erzielung bedeutenderer Leistung bei Aufwendung gleicher Arbeitskraft, weil der Bauer selbst mitarbeitet.
2. Bessere Pflege und Verwendung der tierischen Arbeitskräfte.

3. Sparsamere Wirtschaft, weil der Bauer alle Abfälle genau verwendet und überflüssige Ausgaben vermindert. Infolgedessen liefern kleine Güter einen höheren Rohertrag, und zugleich auch einen höheren Reinertrag, da sie geringere Kosten haben.
4. Begünstigung der natürlichen Bevölkerungsbewegung, so daß nicht bloß die Landwirtschaft keinen Mangel an Arbeitskräften leidet, sondern auch die Zahl kräftiger, tüchtiger und unverdorbener Menschen wächst, die an ihrem Lande hängen und dafür zu kämpfen bereit sind.
5. Gleichmäßigere Vermögensverteilung auf dem Lande, die aber auch für die Industrie nützlich ist, weil sie eine Nachfrage nach gewerblichen Massenartikeln hervorruft, während Großgrundbesitzer und Großpächter Luxusgegenstände, die großenteils aus der Fremde eingeführt werden, konsumieren.

Demgegenüber werden mit Nachdruck und größerer Wärme die Vorzüge der Großbetriebe hervorgehoben, worunter er solche über 500 acres (200 ha) versteht.

1. Bessere Arbeitsteilung. Der Landbau ist ebenso ein Gewerbe wie die Industrie. Er ist als eine sehr komplizierte Fabrik zu betrachten. Die Vorteile, die der große Fabrikbetrieb von einer systematischen Arbeitsteilung hat, lassen sich in ähnlicher Weise auch für den landwirtschaftlichen Großbetrieb nutzbar machen.
2. Die Möglichkeit der Verwendung qualifizierter Arbeitskräfte und arbeitsparender Maschinen.
3. Trotzdem wird der Bedarf an Arbeitskräften nicht geringer sein, weil die Kultur im geraden Verhältnis zu ihrer Vervollkommnung immer mehr Arbeitskräfte erfordert.
4. Mag es auch für die Arbeit von Vorteil sein, wenn der Wirt selbst mitarbeitet, so kann er doch nicht überall mit dabei sein. Hilft er hier, fehlt er dort. Der Aufseher einer wichtigen Arbeit sollte überhaupt nicht mitarbeiten.
5. Bessere Abfallverwertung, weil vieles an Abfällen in kleinen Wirtschaften liegenbleibt, was im großen noch verwertet werden kann.
6. Molkereiwirtschaft kann ebenso wie Verbesserung der Viehzucht, Veredlung der Rassen usw. nur auf großen Gütern vorteilhaft betrieben werden.
7. Vermehrung der Bevölkerung. Da der Großwirt an seinen Arbeitern mehr verdient, kann er auch höhere Löhne zahlen, was auf die Bevölkerungszunahme günstig wirken muß. Große Güter begünstigen diese aber auch deshalb, mehr als kleine. weil bei diesen der Hof nur von einem Sohne übernommen werden kann, während die Tagelöhnerkinder auf den großen Gütern Beschäftigung finden und sich gegebenenfalls auch anderen Berufen zuwenden können.
8. So wünschenswert eine gleichmäßige Verteilung der Vermögen für die menschliche Glückseligkeit sein mag, so gewinnt doch die Produktion mehr durch Vermögenskonzentration. Erst der Überfluß an Kapital ermöglicht es, an große Verbesserungen und an intensivere Kultur zu denken. Wer geringe Überschüsse hat, der gibt auch wenig aus und spart für seine Kinder.
9. Es ist nicht richtig, daß mit dem Überwiegen der großen Güter mehr Geld außer Landes geht. Ein großer Import ausländischer Luxuswaren hat auch einen großen Export inländischer Erzeugnisse zur Folge.

Auf Grund aller dieser Erwägungen kommt Thaer zu dem Schluß: „Also die Wohlfahrt, die Stärke, der Reichtum des Staates erfordert... große Wirtschaften."

Doch verbindet er mit dieser Erkenntnis nicht die Forderung einer positiven Politik in der Richtung einer gewaltsamen Beseitigung der kleinen Betriebe, in der Art etwa, wie sie in England durch Exmission von Kleinpächtern, in dem Gebiet der ostdeutschen Gutsherrschaft durch das Legen von Bauern betrieben wurde. Man solle nur dem Laufe der Dinge nicht wehren. „Will der armselige, verschuldete Bauer freiwillig an den großen Gutsbesitzer verkaufen..., so werden Produktion und Bevölkerung und folglich der Staat mehr dabei gewinnen als verlieren. Wenn nur Recht und Eigentum geschützt sind, so überlasse der Regent die freie Übertragung derselben der freien Willkür eines jeden und räume die Hindernisse veralteter Formen, jedoch ohne jemandes Gefährde aus dem Wege. Dann wird von selbst diejenige Verteilung des Grund und Bodens erfolgen, welche nach Zeit und Verhältnissen in Rücksicht auf Produktion, Nationalreichtum und Bevölkerung die vorteilhafteste ist." Im freien Spiel der Kräfte findet der Boden seinen Weg zum besten Wirt.

Später hat sich dann in der Ansicht Thaers eine Wandlung vollzogen. Er gesteht ein, daß er „auf die Wagschale der großen Wirtschaften im allgemeinen ein zu großes Gewicht gelegt habe". Jede Betriebsgröße habe ihre eigenen Vorzüge. „Wo unter den kleinen Besitzern wahre Betriebsamkeit und verhältnismäßiges Vermögen sich befindet..., da wird ein fruchtbarer Grund und Boden durch kleine Besitzer... nicht nur mehr produzieren, sondern auch... größeren reinen Ertrag geben können. Die Besorgnis, daß hier vom Produzenten alles wieder konsumiert werde und folglich nichts zum Verkauf käme, ist völlig eitel..." Auch sie würden Überschüsse zum Verkauf haben, „und dieser Überschuß wird, wenn man genau untersucht, den übertreffen, welchen große Güter von gleichem Areal aufweisen können."

Seitdem hörte man auf, sich einseitig für den Großbetrieb einzusetzen. Die Vorzüge des kleinen und mittleren Betriebs werden wieder stärker in den Vordergrund geschoben, und auch die Autoren, die sich der besonderen Vorzüge des Großbetriebs nicht verschließen können, treten gewöhnlich für eine Mischung der verschiedenen Betriebsgrößen nebeneinander ein. Dabei ist allerdings zu beachten, daß sich der Gesichtswinkel, unter dem das Problem betrachtet wird, grundsätzlich verschoben hat. Der Grund und Boden war dank der Agrarreform frei geworden und der Grundbesitz mobilisiert worden. Das Betriebsproblem hörte damit auf, eine Frage zu sein, die ausschließlich unter dem Gesichtswinkel der Ertragsleistung zu beurteilen war. Wer sich über die vorteilhafteste Betriebsgröße äußerte, konnte nicht darum herumkommen, auch zu der Frage der wünschenswerten Grundeigentumsverteilung Stellung zu nehmen, zu der eminent politischen Frage: Bauer oder Großgrundbesitzer? In der Literatur tritt zunächst diese Seite des Problems in den Vordergrund, ja, es gibt Stimmen, die daneben die eigentliche Betriebsfrage für so untergeordnet halten, daß sie eine Diskussion darüber als irrelevant ablehnen.

Um nur einen zu nennen, der das in besonders ausgeprägter Form tut, sei auf Friedrich List verwiesen. Worauf alles ankomme, sei, ob die Nation frei, mächtig und wohlregiert sei, und ob ihre Existenz und ihre Zukunft auf einer festen Basis ruhe. „Das ist der Gesichtspunkt, aus welchem gegebene Ackerzustände vor allem zu beurteilen sind; die andern, wie z. B. der landwirtschaftliche, sind, obgleich höchst wichtig, untergeordneter Natur und jenen nachzustellen. Der ganze Staat, die ganze Nation, nicht bloß der Ackerbau, der ganze Bürger mit allen seinen Forderungen und Leistungen, nicht bloß der Landwirt, der ganze moralische Haus- und Familienstand des Landwirts, nicht bloß seine Eigenschaft als Konsument von Werten, ist hierbei ins Auge zu fassen.“ Es genügt nicht, die Betriebsgrößen auf das Maß ihrer Produktivität und ihrer Rentabilität hin zu untersuchen. Denn damit ist noch nicht gesagt, welche Art des Besitzes den dauerhaftesten Staat, die mächtigste Nation begründet. Die Beantwortung dieser Frage aber ist nur möglich, wenn man die Entwicklungsstufe der Nation besonders berücksichtigt. Die Bedingungen einer rein aristokratischen, rein demokratischen oder gemischten Republik sind anders als die einer absoluten Monarchie. Die konstitutionelle Monarchie soll sie alle vereinigen. Einer solchen — und Deutschland ist nun reif für sie — entspricht am besten eine Ackerverteilung mit typischem Mittel- und Kleinbesitz, d. h. mit Wirtschaften von 80—200 und von 20—80 Morgen. Die Ausnahme sollen daneben Großwirtschaften auf der einen, Zwergwirtschaften auf der andern Seite bilden. Sind auch zu viele Großwirtschaften, namentlich wenn sie fideikommissarisch gebunden sind, schädlich, so haben sie doch als Bahnbrecher des landwirtschaftlichen Fortschritts, als Reservoire der Not, als Verkäufer von Rohstoffen und Nahrungsmitteln für die Städte ihre Vorteile. Parzellenwirtschaften sind wieder nützlich als Nebengewerbe und als Mittel zum Sparen. Doch ist ihre weitere Verbreitung durchaus schädlich, weil sie eine wirtschaftlich und geistig rückständige Bevölkerung züchten. Ihre eigentliche Heimat seien Länder ohne Entwicklung von Industrie und Handel, wo also die wachsende Bevölkerung in der Landwirtschaft allein unterkommen müsse. Das Endergebnis eines solchen Zustandes der Produktion sei dann Auswanderung. Statt Manufakturwaren führe das Land Menschen aus.

Mit großer Einmütigkeit wird in der Folgezeit von der deutschen Nationalökonomie die Ansicht vertreten, daß aus wirtschaftlichen, sozialen wie politischen Gründen eine Mischung der verschiedenen Betriebsgrößen wünschenswert sei, und zwar eine Mischung, bei der der mittlere Betrieb vorherrscht.

Ein solches Verhältnis bezeichnet Roscher als das national und wirtschaftlich heilsamste. Auch große Güter müßten vorhanden sein, weil es ganz ohne sie schwer halten würde, sich auf die Dauer vor Zwergwirtschaft zu hüten, indem eine zahlreiche Menschenklasse, wenn sie keine genügende Beschäftigung als Tagelöhner finde, beinahe gezwungen sei, kleine Bodenparzellen an sich zu bringen. Dadurch aber würde der Bodenpreis so in die Höhe getrieben, daß eine mittlere Wirtschaft daneben nicht rentabel erscheint. Die großen Wirte seien auch am besten geeignet, dem Landbau die Hilfe der Wissenschaft zuzuführen. Überdies seien sie die natürlichen Stützpunkte der ländlichen Interessen gegen städtische Neuerungssucht und bureaukratischen Hochmut. Auch in bezug auf die rein materielle Produktion könnten die großen und kleinen Wirte einander vortrefflich ergänzen, indem sich jede Klasse vorzüglich auf diejenigen Zweige werfe, für die sie die besten Anlagen habe. So werde die landwirtschaftliche Produktion am vielseitigsten, die Verteilung des Produktes am billigsten. Auch die Sicherheit der Volksernährung werde am größten, weil die großen Wirtschaften förmliche Kornmagazine bildeten, und zwar ohne die Schattenseiten obrigkeitlicher Magazinierung. — Auf den mittleren Gütern beruhe der eigentliche Bauernstand, welcher die Wurzel des ganzen Volkes und namentlich die Hauptquelle seiner militärischen Kraft bilde. „Nur wo sie überwiegen, scheint ein freies Gemeindeleben auf dem Lande mit seinen unschätzbaren Segnungen möglich." — Aber auch eine mäßige Anzahl Parzellenwirtschaften sei wünschenswert, da nichts den Tagelöhner zufriedener und darum zuverlässiger mache, als der Besitz einer kleinen Scholle Boden. — Das Vorhandensein von kleinen Gütern sei besonders darum nützlich, weil sie die Lücke zwischen Tagelöhner und Großbauern durch eine unabgebrochene Stufenleiter ausfüllten.

Buchenberger sieht das Ideal der Besitzverteilung in einem Zustande, „wo Besitzgrößen der mannigfaltigsten Abstufung vertreten sind, und zwar so, daß Anwesen, welche eine auskömmliche wirtschaftliche Lebenshaltung und dementsprechend eine feste soziale Stellung ermöglichen, also die landwirtschaftlichen Anwesen mittlerer Größe in allen Landgemeinden in nicht zu kleiner Zahl vorkommen, in keiner gänzlich fehlen." — Und wieder sind es vor allem politische und soziale Gründe, auf denen er diese Ansicht stützt.

Hauptvertreter der landwirtschaftlichen Betriebslehre lassen sich bei der Beurteilung der Frage von ähnlichen Gesichtspunkten leiten.

So ist Settegast (Die Landwirtschaft und ihr Betrieb, 3. Aufl., 1885, S. 131) davon überzeugt, daß in der glücklichen Verbindung von großen, mittleren und kleinen Landgütern, in ihrem Nebeneinander mit vielen kleinen Landbesitzungen und in der gegenseitigen Beeinflussung aller dieser verschiedenen Arten des Grundeigentums nicht nur die Staatswohlfahrt überhaupt, sondern insbesondere auch das Gedeihen der ländlichen Bevölkerung und damit verbunden ein steter Fortschritt der Bodenkultur zu suchen sei. „Es sprießt der Stamm der Riesen aus Bauernmark hervor" (Chamisso).

v. d. Goltz (Agrarwesen und Agrarpolitik, 2. Aufl., 1904, S. 82ff.) hält es für den privatwirtschaftlichen Erfolg der einzelnen landwirtschaftlichen Unternehmung wie für die Erfüllung der volkswirtschaftlichen Aufgaben des landwirtschaftlichen Gewerbes für wichtig oder geradezu notwendig, daß alle vier Besitzgruppen nebeneinander vorhanden sind. Jede bedürfe der Unterstützung der übrigen, weil keine ohne die andern die höchstmöglichen Reinerträge erziele. Das staatliche und soziale Leben gerate auf eine verhängnisvolle, abschüssige Bahn, wenn die extremen Besitzformen, der Großgrundbesitz oder der Kleinbesitz, ein so starkes Übergewicht hätten, daß der mittlere Besitz in den Hintergrund gedrängt werde. Sei doch das wirtschaftliche und soziale Leben eines Volkes nur dann gesund, wenn zwischen den wenig und viel Besitzenden eine zahlreiche Klasse von solchen stehe, deren Glieder bei dem nötigen Fleiß einen genügenden und gesicherten Erwerb hätten.

Besonders gründlich hat Aereboe in seiner neuen „Allgemeinen landwirtschaftlichen Betriebslehre“ diese Frage behandelt: Man muß das Problem nach seiner privatwirtschaftlichen und nach seiner volkswirtschaftlichen Seite hin untersuchen. Als privatwirtschaftliche Leistung eines Landgutes ist lediglich der Nutzen anzusehen, den es dem Besitzer unmittelbar oder mittelbar stiftet. Seine volkswirtschaftliche Leistung ist jedoch danach zu beurteilen, was es dem ganzen Volke an Vorteilen bietet.

Vergleicht man die privatwirtschaftlichen Leistungen von Groß-, Mittel- und Kleinbetrieb miteinander, so muß man das persönliche Moment voranstellen. Betrieb ist etwas, was betrieben wird, und zwar von Menschen betrieben wird. Demnach muß auch der Erfolg des Betriebes in erster Reihe von den Eigenschaften der beteiligten Menschen, von deren Fleiß, Tatkraft, Unternehmungsgeist und Schulung abhängen. Je kleiner die Betriebe sind, um so größer ist der Anteil der gesamten Arbeit, den der Besitzer und seine Familie selbst zu leisten haben. Je größer die Betriebe werden, um so schwieriger wird es, den ganzen Menschenapparat zweckmäßig zusammenzustellen und dauernd für den Erfolg des Betriebes zu interessieren. Im Kleinbetriebe ist dieses Interesse bei allen Familienmitgliedern selbstverständlich und natürlich, — im Mittelbetriebe übertragen sich Fleiß, Sorgfalt und Ausdauer bei der Arbeit auf die wenigen Lohnarbeiter. So kommt es, daß der Kleinbetrieb, und bis zu einem gewissen Grade auch der Mittelbetrieb im Vergleich zum Großbetrieb dort Überlegenes leisten können, wo der Erfolg der Arbeit vornehmlich von ihrer Sorgfalt abhängt, wie bei der Viehhaltung und Viehzucht. Auf der andern Seite wird der Großbetrieb begünstigt durch die Möglichkeit, eine weitergehende Arbeitsteilung und Arbeitskonzentration anzuwenden und Maschinen auszunutzen, die sich im kleinen nicht rentieren würden. Dazu kommt das höhere Maß von Fachbildung, über das Betriebsleiter und Betriebsbeamte eines Großbetriebes zu verfügen pflegen. Der Großbetrieb wird dort Überlegenes leisten, wo er diese seine Vorzüge voll ausnutzen kann. Vor allem wird dank der Maschinenverwendung seine Überlegenheit bei solchen Kulturen hervortreten, die wenig spezialisierte oder überhaupt wenig Handarbeit erfordern, wie das vor allem beim Getreidebau der Fall ist.

Je weiter die Technik fortschreitet, um so größer wird der Einfluß der persönlichen Leistungsfähigkeit der an dem Betriebe Beteiligten auf den Ertrag desselben sein. Aereboe zitiert ein vor dem Kriege gefallenes Wort: „Wenn der brandenburgische Rittergutsbesitzer früher schlecht wirtschaftete, hatte er 10000 M., wenn er gut wirtschaftete 20000 M. Reinertrag. Wenn er heute gut wirtschaftet, hat er 50000 M. Reinertrag, und wenn er schlecht wirtschaftet, 50 000 M. Verlust.“

Natürlich werden die Leistungen der Betriebe auch von den natürlichen Verhältnissen beeinflußt. Es gibt keine Betriebsgröße, der als solcher unter allen natürlichen Verhältnissen eine Überlegenheit zukäme. Es gibt solche, unter denen der Großbetrieb niemals rentabel sein kann, und solche, die den Kleinbetrieb ausschließen oder so sehr in Nachteil setzen, daß er unhaltbar wird. Doch wird man im allgemeinen sagen können, daß, je mehr die Bodenbeschaffenheit auf engem Raume wechselt, desto kleiner unter sonst gleichen Verhältnissen die von Natur leistungsfähigste Betriebsgröße sein wird. Das gleiche gilt, je mehr die natürlichen Verhältnisse einseitig für Viehhaltung, insbesondere für Viehaufzucht sprechen, oder je mehr sie einseitig für arbeitsintensive Kulturen günstig sind. Für den Großbetrieb ist hingegen die Ertragsfähigkeit des Bodens beim Getreidebau entscheidend.

Da die Betriebsgrößen der Landgüter nicht in allen Zweigen der Wirtschaft gleich leistungsfähig sind, ist auch die allgemeine Marktlage, sind die Preisverhältnisse für den Grad der Rentabilität der einzelnen Betriebsgrößen bestimmend. Preisänderungen, die einseitig den Getreidebau begünstigen, kommen dem Großbetrieb zugute, während umgekehrt Preisänderungen, die für die Viehzucht und arbeitsintensive Kulturen vorteilhaft sind, die Rentabilität der Klein- und Mittelbetriebe heben. Doch nicht nur auf die Preise der Erzeugnisse, auch auf die Preislage der Produktionsmittel kommt es an. Von einer Verbilligung derselben werden naturgemäß am meisten diejenigen Betriebsgrößen begünstigt, die den stärksten Gebrauch von ihnen zu machen pflegen oder noch machen können, was im allgemeinen die intensiven Klein- und Mittelbetriebe sein werden.

Die ganze Frage nach der höheren privatwirtschaftlichen Leistungsfähigkeit der einzelnen Betriebsgröße ist höchst komplizierter Art. Eine große Zahl Komponenten muß zusammenwirken, um in dem einzelnen Falle den Großbetrieb, in dem andern den Kleinbetrieb zu begünstigen. Aereboe kommt daher zu dem Schluß: Privatwirtschaftlich gesehen gibt es keine unbedingte Überlegenheit des Großbetriebes, des Mittelbetriebes und des Kleinbetriebes. Diese Überlegenheit wechselt vielmehr je nach den Marktverhältnissen, den natürlichen und besonders nach den persönlichen Verhältnissen von Fall zu Fall.

Eine ganz andere Frage ist die nach der volkswirtschaftlichen Leistungsfähigkeit, also danach, welche Betriebsgröße dem Volke als ganzem die meisten Vorteile bietet. Unter diesem Gesichtswinkel beobachtet, darf man die Frage nicht von der Produzentenseite her betrachten, sondern muß auch die Konsumentenseite beachten. Die Zahl der Konsumenten, die auf der gleichen Fläche Landes Wohnsitz, Unterhalt und Arbeitsfeld finden, ist um so größer, je kleiner die Betriebe sind. Die Kleinbauern in Deutschland (2—5 ha) ernähren und beschäftigen auf der gleichen Fläche über fünfmal, die Mittelbetriebe (5—20 ha) mehr als doppelt so viel Menschen wie die Großbetriebe. Und zwar werden sich diese Menschen besser nähren, als abhängige Lohnarbeiter. Auch der Konsum an Erzeugnissen von Industrie, Handwerk und persönlichen Dienstleistungen steigt mit der Dichte der landwirtschaftlichen Bevölkerung, da die Verwendung und der Verbrauch von Gebäuden, lebendem und totem Inventar wächst, je kleiner und zahlreicher die Betriebe sind. Nichts stärkt also den Inlandskonsum und die gesunde Entwicklung von Gewerbe und Industrie so wie ein kleiner Grundbesitz. Zu dem höheren Verbrauch an Erzeugnissen des Gewerbes und der Industrie kommt dann aber noch der höhere Konsum an selbsterzeugten Agrarprodukten. Dieser Konsum ist nicht minder wichtig, als der von Industrieerzeugnissen. Die landwirtschaftliche Produktion hat die Aufgabe, nützliche Staatsbürger in Stadt und Land mit Nahrungs- und andern Unterhaltsmitteln zu versorgen, und zwar möglichst viel socher Bürger möglichst gut zu versorgen.

Daher wäre es einseitig, wenn man die Versorgung der innerhalb der landwirtschaftlichen Betriebe tätigen Menschen nicht auch der Landwirtschaft zugute rechnen wollte. Das würde ja besagen, daß der Landbewohner nur zum Unterhalte der Stadtbevölkerung existierte, und daß Staatszweck nur das Wohl des letzteren wäre.

Eine Frage für sich ist es, welchen Anteil ihrer Produkte die einzelne Betriebsgröße zum Unterhalt der Städte auf den Markt wirft, oder m. a. W. welche Marktleistung sie aufweist. Setzt man die gleiche Betriebsintensität voraus, so muß nahe liegender Weise die Marktleistung um so kleiner werden, je kleiner die Betriebe sind, weil mit abnehmender Betriebsgröße die Zahl der Konsumenten im Betriebe selbst zu steigen pflegt. Die Voraussetzung einer gleichen Betriebsintensität entspricht aber nicht der Wirklichkeit. Im allgemeinen wird in kleinen Betrieben so viel intensiver gewirtschaftet, daß auch die Marktleistung nicht abnimmt, sondern steigt. Freilich nicht, was das Getreide anbetrifft. Aber von Brot lebt der Mensch nicht allein. Er braucht auch Fleisch, Milch, Gemüse, Kartoffeln, und je mehr er davon hat, um so weniger Brot braucht er. Das sind Nahrungsmittel, bei denen der Klein- und Mittelbetrieb überlegen ist. Fehlt es einem Volke an Nahrungsmitteln im ganzen, so läßt sich Getreide noch am ehesten von auswärts beschaffen. Also auch die Marktleistung der Klein- und Mittelbetriebe ist größer.

Die Marktleistung ist aber volkswirtschaftlich gesehen nicht einmal das wichtigste. Noch wichtiger ist die Gesamterzeugung, und bei dieser steht obenan die Hervorbringung von Menschen. Daß in dieser Hinsicht der Großbetrieb völlig abfällt, ist nicht zu bezweifeln, ja er wirkt geradezu zersetzend, wenn er mit ausländischen Wanderarbeitern arbeitet, weil er dann die ansässige Arbeiterschaft von dem Lande fortdrängt.

Freilich hat auch der landwirtschaftliche Großbetrieb seine volkswirtschaftlichen Aufgaben. Er hat für die ländliche Bevölkerung wirtschaftlich und politisch die Führerrolle auszufüllen. Das kann er aber nur dann, wenn der Gutsbesitzer auch selber wirtschaftet. An landwirtschaftlichen Latifundien hat die Volkswirtschaft kein Interesse.

Zusammenfassend stellt Aereboe fest: Volkswirtschaftlich betrachtet leistet der Kleinbetrieb weitaus am meisten, dann folgt der Mittelbetrieb. Der Großbetrieb in Form einzelner großer Güter ist erwünscht, wenn er nicht in zu großer Zahl neben den kleineren Betrieben vorhanden ist und für diese eine Führerrolle ausfüllt. Latifundienbesitz ist — abgesehen von etwaigen staatspolitischen Gesichtspunkten — volkswirtschaftlich nachteilig.

Vielleicht noch bezeichnender dafür, wie ungeklärt diese Frage ist, mag die Stellungnahme des Sozialismus sein. Bei dieser relativ kleinen, von einer fest umrissenen Gesellschafts- und Wirtschaftsauffassung beherrschten sozialökonomischen Gruppe, sollte man doch eine grundsätzliche Einmütigkeit in dieser Grundfrage erwarten. Das ist aber keineswegs der Fall. Vielmehr stehen sich hier zwei Parteien gegenüber, von denen jede mit Leidenschaft die entgegengesetzte Meinung vertritt.

In die Theorie eines konsequenten Sozialismus, in die Theorie des Marxismus, paßt die Möglichkeit eines produktiven Klein- und Mittelbetriebes nicht hinein. Stützt sich doch diese Theorie auf die Voraussetzung, daß bei der modernen Technik nur der Großbetrieb das volkswirtschaftlich notwendige

Höchstmaß von Produktivität zu erreichen vermag. Die noch vorhandenen Kleinbetriebe gelten ihr als Überreste einer überwundenen Wirtschaftsepoche ohne rechte Lebens- oder doch Entwicklungsfähigkeit. Aus produktionstechnischen Gründen sei der Übergang zum Großbetrieb notwendig, weil nur er über die besten produktiven Werkzeuge verfüge. Der „unproduktive Krimskram der kleinen Zappler, der Bäuerlein, Handwerker und Budiker" habe keine Existenzberechtigung mehr. Wenn es dem Bauer gleichwohl gelingt, seine kleine Wirtschaft zu erhalten, so ist das nur möglich, weil er wie ein Lasttier arbeitet, und sich und die Seinen in Überanstrengung aufreibt. Nur durch Entbehrungen, durch Hungerleiden kann er sich in schmutziger und erniedrigender Dürftigkeit durchbringen, und kann er inmitten der zivilisierten Gesellschaft im Zustande der Barbarei existieren. Noch in den neueren Auflagen seiner „Frau und Sozialismus" sagt Bebel: „Der Bauer lebt oft schlechter als ein Hund ... Er kann sich unter den jetzigen Verhältnissen in keine höhere Lebenslage emporarbeiten und wird dadurch ein kulturhemmendes Element. Wer die Rückwärtserei liebt, weil er dabei seine Rechnung findet, mag an der Fortexistenz dieser sozialen Schicht Genugtuung empfinden. Der menschliche Fortschritt bedingt, daß sie verschwindet."

Der sozialistische Großbetrieb, den man sich meist in der Form von Arbeiter-Produktiv-Genossenschaften organisiert denkt, wird dem kleinen Landmann die Segnungen des Großbetriebes gewähren, ohne ihn des Eigentums an den Produktionsmitteln zu berauben, wird ihm die Erlösung aus einer Hölle bringen, an die ihn heute sein Privateigentum fesselt.

Trotzdem diese ersichtlichen Übertreibungen durch die tatsächlichen Verhältnisse Lügen gestraft werden, haben die wahrhaft gläubigen Marxisten nicht aufgehört, immer wieder diese These zu vertreten. Einer der Bedeutendsten unter ihnen, Karl Kautsky, dem wir ein vielbeachtetes Werk über die Agrarfrage verdanken, sucht in seiner neusten agrarpolitischen Schrift „Die Sozialisierung der Landwirtschaft" (1919), wieder die Unterlegenheit des Kleinbetriebes nachzuweisen, wobei er freilich nicht auf die Verwendung historisch und statistisch unhaltbarer oder tendenziöser Beweismittel verzichtet. Allerdings schreckt er aus politischen Gründen davor zurück, radikal die Enteignung des bäuerlichen Grundbesitzes zu verlangen, doch glaubt er dem Kleinbauern den Sozialismus so verlockend machen zu können, daß er freiwillig sein Eigentum aufgeben und zur sozialistischen Betriebsform der Arbeiter-Produktiv-Genossenschaft übergehen würde. Unter einem zweifachen Drucke würde er sich dazu veranlaßt sehen: Dem Sozialismus wird es gelingen, durch Beseitigung der rückständigen gewerblichen Betriebe in der In ustrie ein so hohes Maß von Produktivität zu erzielen, daß nur noch ein fünfstündiger Arbeitstag nötig sein wird und obendrein jeder Arbeiter noch einen Monat Sommerferien bekommt. Ist das erreicht, wird es keinen Kleinbauern mehr geben, der nicht auf sein Eigentum pfiffe, um lieber in der Stadt zu arbeiten, wo ihm so günstige Lebensbedingungen winken. Damit wird die Gefahr einer Massenflucht vom Lande eintreten, der nur dadurch begegnet werden kann, daß auf dem Lande die Arbeit ebenso anziehend gemacht wird. Durch die sozialistische Produktivgenossenschaft könne das geschehen. „Wenn sich neben seinem Zwergbetrieb eine große landwirtschaftliche Produktivgenossenschaft erhebt, in der etwa während des Frühjahrs, Sommers und Herbstes in drei Schichten von je 5 Stunden gearbeitet wird, während der drei Wintermonate in zwei Schichten, indes in jedem Monat eine Schicht

Ferien hat, wer wollte glauben, daß da der Kleinbauer noch das Evangelium der Herrlichkeit des bäuerlichen Familienbesitzes nachbeten wird, das uns jetzt einige Sozialisten predigen? Er wird alles aufbieten, Mitglied der Produktionsgenossenschaft zu werden."

Höchst unbequem ist freilich Kautsky das schlechte Zeugnis, das die bolschewistische Praxis der sozialistischen Agrarpolitik ausgestellt hat. Gleich im Vorwort der angezogenen Schrift verwahrt er sich dagegen, daß man die dortigen Mißerfolge gegen die von ihm empfohlene Sozialisierung ins Feld führen könnte. Dort habe man in den Städten eine straffe Diktatur eingeführt und sozialisiert, während man dem Bauern freie Hand gelassen hätte. Der hätte in seiner Torheit nichts Eiligeres zu tun gehabt, als die großen Güter aufzuteilen und in bäuerliches Eigentum zu verwandeln. Und so erlebe man denn das für Kautsky merkwürdige Schauspiel, daß in Rußland eine allgemeine Stadtflucht eingesetzt habe. Der Industriearbeiter flieht von der Industrie weg zur Landwirtschaft, „wo ihm weniger elende Lebensbedingungen winken wie in den Städten." (Demnach hat also die städtische Sozialisierung doch nicht jene paradiesischen Zustände herbeigeführt, die Kautsky selbst so verlockend ausmalt. — „Spottet seiner selbst und weiß nicht wie.")

Auch hier bestätigt sich die immer wieder gemachte Erfahrung, daß der Sozialismus utopisch wird, sobald er seine Ideale in die Wirklichkeit umzusetzen versucht. Vollends in das reine Gefilde der Phantasie verirrt sich Ballod, der wirklich daran zu glauben scheint, daß es möglich sei, innerhalb weniger Jahre alle landwirtschaftlichen Klein- und Mittelbetriebe zu beseitigen und die ganze landwirtschaftlich genutzte Fläche Deutschlands in 36000 Normalgüter von je 500 ha aufzuteilen. Davon verspricht er sich eine gewaltige Steigerung der Produktion. Und mit geringen Kosten sei diese Agrarreform durchzuführen. „Der achte Teil von dem Betrage, den uns der Weltkrieg gekostet hat, würde ausreichen, um Deutschland in ein Paradies umzuwandeln, dessen Bevölkerung keine Not, keine Nahrungssorgen mehr kennenzulernen brauchte, weil sie, unabhängig von der Gunst oder Ungunst des Auslandes, auf dem eigenen Boden mehr als reichliche Nahrungsmengen mit einer auf ein Viertel reduzierten landwirtschaftlichen Arbeitsleistung erzeugen könnte."

Ballod, Der Zukunftsstaat, 2. Aufl., Stuttgart 1919. Es erscheint vielleicht überflüssig, auch nur ein Wort über diese Gebilde einer ausschweifenden Phantasie zu verlieren. Doch muß man bedenken, daß solche Bücher, die, mit einem großen gelehrten Apparat ausgestattet, sich den Anschein der Wissenschaftlichkeit geben, eine nicht zu unterschätzende Gefahr bedeuten. Sie diskreditieren nicht nur die deutsche Wissenschaft — Ballod ist Professor der Nationalökonomie an der größten deutschen Universität —, sondern sie erwecken auch bei den leichtgläubigen Massen phantastische Hoffnungen auf die Möglichkeiten des Zukunftsstaates, die notwendig zu Enttäuschungen führen müssen. (Vgl. die Persiflage des Ballodschen Buches durch Ernst Günther, Der „Zukunftsstaat", Leipzig 1919.)

Obwohl mit dem theoretischen Sozialismus nur der landwirtschaftliche Großbetrieb vereinbar ist, hat doch die größere Mehrzahl der

Sozialisten nicht die daraus sich ergebenden praktischen Folgerungen ziehen wollen. Schon aus Gründen der politischen Taktik nicht. Eine Vernichtung der Bauern verbietet sich, weil diese das Gewicht der großen Zahl für sich haben, ein Gewicht, daß in Staaten mit allgemeinem gleichen Wahlrecht schwer in der Wagschale liegt. Ja, obwohl noch der sozialdemokratische Breslauer Parteitag von 1895 eine Resolution verwarf, die die Erhaltung des bäuerlichen Eigentums forderte, sind aus den Reihen der deutschen Sozialdemokratie dem Kleinbauern die wärmsten Fürsprecher erwachsen. Freilich war es kein leichtes Stück, diese dem Wesensinhalte des Sozialismus widersprechende Stellungnahme sozialistisch auch zu begründen. Das geschah auf etwa folgende Weise: Der Sozialismus verfechte ein doppeltes Ideal, erstens die Beseitigung alles arbeitslosen Einkommens, und zweitens die bestmögliche Steigerung der Produktion und Produktivität der gesellschaftlichen Arbeit. Dieses Doppelideal könne in der Industrie, im Handel und Verkehr, wo der große Betrieb dem kleinen zweifellos überlegen sei, nur dadurch verwirklicht werden, daß die sich schon in der kapitalistischen Wirtschaftsordnung entwickelnde Großunternehmung in das Eigentum der Gesellschaft überführt würde. Es handele sich hier, wie David meint und andere ihm nachsprechen, um eine mechanische Güterproduktion und -verteilung; jede künstliche Hemmung der Entwicklung zum Großbetrieb wäre reaktionär und absurd. Ganz anders in der Landwirtschaft, der organischen Produktion. Hier lasse sich das sozialistische Ideal auch ohne eine Vergesellschaftung des Hauptproduktionsmittel, des Grundes und Bodens, verwirklichen. Denn einmal könne im bäuerlichen Familienbetriebe von einer Ausbeutung fremder Arbeitskraft nicht gesprochen werden, und zweitens ließe sich in der Bauernwirtschaft auf den wichtigsten Betriebszweigen eine mindestens ebenso große, ja eine größere Produktionsleistung erzielen wie im Großbetrieb. Steigende Intensität der Agrikultur und abnehmende Betriebsgröße ständen im Zusammenhang. „Bauernschutz", sagt David, „heißt Schutz und Förderung der modernen rationellen Betriebsform. Nicht als ob die Bauernbetriebe dies im allgemeinen heute schon wären; davon kann natürlich noch nicht die Rede sein. Aber der Kleinbetrieb bietet die günstigste Voraussetzung für rationelle Betriebsführung bei intensiver Bodenausbeutung. Darum stehen wir nicht an, die Verwandlung der landwirtschaftlichen Großbetriebe in bäuerliche Kleinbetriebe als erstrebenswertes Ziel aufzustellen." Die Arbeiterproduktivgenossenschaft habe sich nicht einmal in der Industrie bewährt. In der Sphäre der Agrikultur begegne sie aber weit größeren Schwierigkeiten. „Es ist ein grober Irrtum, das solidarische Interesse, das der genossenschaftliche Arbeiter am

Betriebserfolg hat, gleichzusetzen dem persönlichen Interesse des Selbstwirtschafters am Erfolg der Arbeit."

Genug davon! In krassem Widerspruch stehen sich schon seit Jahrhunderten die Ansichten gegenüber, ohne daß es der Wissenschaft gelungen wäre, eine allgemein befriedigende Klärung herbeizuführen. „Es ist noch niemandem gelungen, einen entschiedenen Widersacher zu überzeugen ... Gewisse Argumente sind stehend, sie kehren immer unverändert wieder ... gleichsam wie Münzen, deren Gehalt und Wert ein für allemal bekannt ist. Dabei macht man aber jedesmal die Erfahrung, daß diese Münze doch nur etwa wie Papiergeld in den Umlauf gebracht werden kann; nur auf dem eigenen Gebiete, bei der eigenen Partei findet es seine volle Geltung ... So dreht man sich im Kreise herum, und was in dem einen oder andern Sinne gesagt wird, behält eben den Charakter einer persönlichen, subjektiven Ansicht" (Bernhardi).

Drei Gruppen stehen einander gegenüber: Die einen — wie die Physiokraten, einige Hauptvertreter der klassischen englischen Nationalökonomie und landwirtschaftlichen Betriebslehre, die Marxisten — empfehlen den Großbetrieb —, die zweiten — wie die Merkantilisten, Friedrich List, die Revisionisten der deutschen Sozialdemokratie — sind für den Kleinbetrieb, und endlich die dritten fordern eine „gesunde Mischung" aller Betriebsgrößen.

Um mit den letzten zu beginnen, so kann uns ihre Ansicht nicht befriedigen, weil sie es versäumen, konkrete Angaben darüber zu machen, wie die Mischung beschaffen sein muß, um „gesund" zu sein. Man wird den fatalen Eindruck nicht los, daß sie sich auf den bequemen Ausweg begeben haben: wo zwei sich streiten, liegt die Wahrheit in der Mitte. Das mag auch Aereboe empfunden haben. Er meint, wenn man noch zu keinem entscheidenden Urteil gekommen sei, so läge es daran, daß man sich nicht klar darüber geworden sei, ob man der Frage vom privatwirtschaftlichen oder vom volkswirtschaftlichen Standpunkte aus näher getreten sei. Nach einer durchaus überzeugenden Beweisführung kommt er zu dem Ergebnis, daß es privatwirtschaftlich keine unbedingte Überlegenheit irgendeiner Betriebsgröße gibt. Dagegen meint er, verdiene volkswirtschaftlich der Kleinbetrieb den Vorzug. So bestechend auch auf den ersten Blick diese Betrachtungsweise zu sein scheint, so wird man ihm doch gerade hier nicht folgen können. Diese Unterscheidung tut den Dingen Gewalt an. Nachdem Aereboe den Nachweis erbracht hat, daß privatwirtschaftlich überhaupt keine generelle Überlegenheit irgendeiner Betriebsgröße festzustellen ist, ja, daß es wirtschaftliche und natürliche Bedingungen geben kann, unter denen bald die eine, bald die andere Betriebsgröße privatwirtschaftlich verkehrt sei, will er seinen Leser davon überzeugen, daß volkswirtschaftlich vor allem nur eine einzige Betriebsgröße erwünscht sei, nämlich der Kleinbetrieb. Wie kann volkswirtschaftlich richtig sein, was privatwirtschaftlich unter Umständen schlechterdings falsch ist? Geraten wir da nicht auf ein totes Geleis?

Lassen wir diejenigen zunächst beiseite, die uns ohne überzeugende Begründung mit dem Gemeinplatz abspeisen wollen, daß eine Mischung aller Betriebsgrößen erwünscht sei, so ist es nicht schwer, sowohl die einseitigen Befürworter des Großbetriebes, als auch die einseitigen Befürworter des Kleinbetriebes ad absurdum zu führen. Das hat in der bündigsten Weise Bernhardi getan.

Bernhardi hat, wie ich glaube, den Gegenstand richtig angepackt. Gleichwohl ist sein Buch („Versuch einer Kritik der Gründe, die für großes und kleines Grundeigentum angeführt werden", Petersburg 1849) von der Nationalökonomie nur in seiner ideengeschichtlichen Bedeutung gewürdigt, von der landwirtschaftlichen Betriebslehre aber, wenn ich recht sehe, überhaupt nicht beachtet worden.

Gewöhnlich wird auch von seinen Gegnern dem Großbetriebe zugestanden, daß er einen höheren Reinertrag abwerfe. Doch handele es sich bei dem höheren Reinertrag um eine Frage, die lediglich die Privatwirtschaft angehe, für das Wohl des Ganzen aber eine untergeordnete Bedeutung habe. Ist das richtig? Wenn z. B. die englische Nationalökonomie wegen seines vermeintlichen höheren Reinertrages für den Großbetrieb eintrat, so glaubte sie durchaus volkswirtschaftlich orientiert zu sein. Im Reinertrage sah sie die Wurzel alles wirtschaftlichen Fortschritts. Nur er liefere die Mittel für die Verbesserung der Produktionsmittel und zur Steigerung der Produktivität. Das war also ganz volkswirtschaftlich gedacht. Auf einem andern Blatte steht, ob es auch richtig gedacht war. Denn selbst angenommen, der Reinertrag wäre bei den größeren Gütern tatsächlich größer, so ist sehr wohl denkbar, daß bei einer andern Betriebsgrößenverteilung das Gesamteinkommen und damit der volkswirtschaftliche Nutzen noch größer sein kann. Wie berechnet denn der Unternehmer seinen Reinertrag? Die Arbeitslöhne gelten ihm als Kosten, von seinem Standpunkt aus durchaus mit Recht. Aber volkswirtschaftlich sind die Arbeitslöhne nicht den Kosten zuzurechnen, sondern sind Teile des Produktionsertrages. Vergleicht man den Reinertrag großer Güter zuzüglich der für die Arbeiter gemachten Aufwendungen mit dem Ertrage kleiner Güter zuzüglich der für eine bessere Lebenshaltung des Bauern und seiner Familie gemachten Aufwendungen, dann wird sich die Rechnung anders stellen.

Bernhardi macht der englischen Schule, insbesondere Ricardo und Mac Culloch zum Vorwurf, das nicht beachtet zu haben. In der Steigerung des reinen Einkommens die Wurzel alles wirtschaftlichen Fortschritts sehend, gelte ihr der Erwerb des Unternehmers und die Vermehrung des Stammvermögens in seinen Händen als letzter Zweck alles wirtschaftlichen Strebens. Obwohl man ohne Widerspruch zugäbe, daß das kleine Eigentum auf der gleichen Fläche größeren Rohertrag, d. h. ein größeres Gesamteinkommen gewähre, neige sie in ihrem Eifer für das reine Einkommen doch zu der Annahme, daß darauf nicht allzu viel ankomme. Eine höhere Kapitalrente werde einem größeren Gesamteinkommen vorgezogen, selbst wenn dieses einer zahlreicheren Bevölkerung ein frohes, unabhängiges Dasein gewähre. Ad absurdum geführt sage dieser Satz, daß die arbeitenden Klassen überhaupt überflüssig würden, sobald das Kapital sich in einen Mechanismus verwandeln ließe, der allein und von selbst zum Nutzen und Frommen der Kapitalherren ohne weiteres ein reines Einkommen erzeugt.

Man dürfe nicht vergessen, daß alle Produktion Mittel, nicht Zweck ist. Die Produktion muß der Gesellschaft dienstbar sein, und nicht umgekehrt soll im Interesse der Produktion derjenige gesellschaftliche Zustand verlangt werden, der ihr am förderlichsten ist. Natürlich muß erstrebt werden, daß die vorhandenen Kräfte so genützt werden, um mit den aufgewandten Mitteln den höchsten Gewinn zu erzielen. Doch kommt es dabei auf das Verhältnis an, in welchem die gesamte gewonnene Gütermenge zu dem gemachten Aufwande steht, und nicht etwa nur auf einen der Bestandteile des Nationaleinkommens, wie ihn die Kapitalrente darstellt. Das Nationaleinkommen besteht ja keineswegs aus einer ganz gleichgültigen, gegeneinander beliebig vertauschbaren Menge von Werten; vielmehr erheischt der Bedarf ein nach bestimmten Gesetzen organisch gegliedertes Ganze von Gütern. Die höhere Rente, die angeblich die Bewirtschaftung des Grundes und Bodens in großen Gütern erbringen soll, kann also nicht unbedingt als ein entscheidender Grund zugunsten des Großbetriebes geltend gemacht werden. Sie kann dann nicht dafür ins Feld geführt werden, wenn sie aus einem geringern Gesamteinkommen hervorgeht, als andere Eigentumsverhältnisse unter sonst gleichen Umständen gewähren würden.

Man denke sich die gesamte landwirtschaftlich benutzte Fläche unter kapitalintensive, mit allen Mitteln der Technik ausgestattete Großbetriebe aufgeteilt, ein Bild, wie es dem Marxisten als Ideal vorschwebt, dann würde zwar erreicht werden, daß mit relativ wenigen menschlichen Arbeitskräften eine Höchstleistung in der Erzeugung landwirtschaftlicher Massenerzeugnisse bewirkt würde. Die Zahl der auf dem Lande lebenden Konsumenten wäre klein, die Marktleistung groß. Doch würde sich daraus auch ein erhöhter Gewinn für die Gesamtheit ergeben? Höchst unerfreulich Zustände könnten die Folge sein. Ein solches Land müßte entweder eine im Vergleich zur ackerbauenden sehr zahlreiche gewerbliche Bevölkerung haben, oder es wäre auf die Ausfuhr seiner landwirtschaftlichen Roherzeugnisse angewiesen. Im letzten Falle müßte es Getreide ausführen, nicht weil es Getreide leichter und wohlfeiler als andere Länder erzeugen kann, sondern weil es die eigene Lage erfordert. Die auf dem Weltmarkte diktierten Preise müßten ohne Rücksicht auf die eigenen Produktionskosten wehrlos hingenommen werden. Im andern Falle wäre die gewerbliche Bevölkerung, die bei der dünnen landwirtschaftlichen Bevölkerung keinen ausreichenden Absatz für ihre Erzeugnisse finden würde, genötigt, hauptsächlich für den Export zu arbeiten, welcher, so befruchtend er unter andern Verhältnissen wirken kann, zu einem Druck wird, wenn er durch die eigene Lage aufgenötigt wird.

Sind solche Betrachtungen geeignet, die Nachteile zu offenbaren, die große Güter dem Ganzen bringen können, ja, bringen müssen, wenn sie den gesamten Grund und Boden umfassen, so darf man doch nicht in das andere Extrem verfallen und eine Aufteilung in lauter kleine Wirtschaften fordern. Die Landwirtschaft muß auch fähig sein, eine gewisse Marktleistung zu vollbringen. Sie hat die Aufgabe zu erfüllen, über den unmittelbaren Bedarf der ländlichen Bevölkerung hinaus einen Überschuß von Erzeugnissen an solche Bevölkerungsschichten zu liefern, die nicht Ackerbau treiben. Die Struktur einer hochstehenden Volkswirtschaft setzt eine arbeitsteilige Gliederung der Gesellschaft voraus, die immer größer werdende Volksteile von der landwirtschaftlichen Arbeit fernhält. Diese können dem Ganzen ihre hohen materiellen und geistigen Güter nur liefern, wenn die Landwirtschaft fähig ist, sie mit landwirtschaftlichen Erzeugnissen zu versorgen. Das ist die Voraussetzung alles wirtschaftlichen Fortschritts, aller fortschreitenden Bildung und Gesittung. Es liegt auf der Hand, daß nur wirkliche Landgüter solche Überschüsse abwerfen, und zwar große mehr als kleinere. „Zersplitterung des Grundbesitzes bis zu dem Grade, daß jede Familie eben nur ihren eigenen Bedarf erzeugte, führte unvermeidlich zur Barbarei zurück, und würde bei einer mangelhaften Pflege der Intelligenz, wie sie dann unvermeidlich wäre, und bei der stumpfen Mutlosigkeit, die ein solcher Zustand herbeiführen müßte, die Gesamtheit in sehr demütigender Schutzlosigkeit allen Gefahren preisgeben."

Zeigt schon dieser Hinweis, daß die unbedingten Anhänger eines landwirtschaftlichen Kleinbetriebes nicht alle Folgen in den Kreis ihrer Erwägungen gezogen haben, so haben auch die Hauptgründe, die gewöhnlich für den Kleinbetrieb angeführt zu werden pflegen, Bernhardis Kritik herausgefordert.

Es wird gesagt, kleinere Wirtschaften können dem Boden einen höheren Rohertrag abgewinnen. Das rohe, aber nicht das reine Einkommen ist der jährliche Gewinn der Gesamtheit, der jährlich geschaffene Nationalreichtum. Von ihm, nicht von dem reinen Einkommen hängen die allgemeine Wohlfahrt und die Macht der Staaten ab. Der kleine selbständige Landwirt arbeitet auf eigene Rechnung. Seine Arbeit ist daher wirksamer als Lohnarbeit. Die größere Intensität der Anstrengung läßt eine weit größere Menge Arbeit in Wirksamkeit treten, wodurch schon unter der Annahme der gleichen Menge von Arbeitskräften der Ertrag infolge der Vervielfältigung der Arbeit vermehrt wird. Dieser Vorteil wird aber noch dadurch potenziert, daß bei geteiltem Grundeigentum dem Ackerbau eine viel größere Zahl von Händen zugewandt wird. Es werden dem Boden also mehr Güter, mehr Nahrungsmittel abgewonnen. Der Gesamtertrag wird gesteigert.

Eine solche Steigerung des Gesamtertrages darf indes nicht unbedingt, sondern nur bis auf eine gewisse Grenze der Zerstückelung des Grundeigentums herab, ein wirklicher Gewinn genannt werden. Fragt es sich doch, ob er seinem ganzen Betrage nach wirkliches Einkommen ist. Nicht etwa bloß Einnahme. Oder mit andern Worten: es fragt sich, ob diese Steigerung des Gesamtertrages nicht auf Kosten des Stammvermögens erfolgt ist. Volkswirtschaftlich reines Einkommen ist nur solches, das ohne Minderung des Stammvermögens erzeugt wird. Dieses kann aber sehr wohl durch Verzehrung vermindert werden. Es gehen von dem stehenden Kapital nicht bloß Nutzungen, sondern auch Abnutzungen in die mit seiner Hilfe geschaffenen Erzeugnisse über und werden in ihnen verzehrt. Wo der Ersatz des so Verlorenen versäumt wird oder infolge ungünstiger Umstände nicht möglich ist, sieht man das Stammvermögen allmählich schwinden und findet sich am Ende hilflos verarmt. Gerade der landwirtschaftliche Kleinbetrieb erliegt allzu leicht der Gefahr des Raubbaues. Wo es sich zeigt, daß bei steigender Zerstückelung des Grundeigentums die durchschnittlichen Ernten abnehmen, anstatt zu wachsen, obgleich vervielfältigte Bearbeitung die Kräfte des Bodens immer vollständiger ausnutzt, scheint der Nachweis erbracht, daß das heilsame Maß der Grundstücksteilung überschritten worden ist. Aber gesetzt den Fall, es träte eine solche absolute Abnahme der Ernteerträge nicht ein, so würden sich ungünstige Wirkungen schon dann zeigen, wenn die Ertragssteigerung nicht mehr in einem hinlänglichen Verhältnis zu dem gemachten Aufwand an Kräften steht. Es ergäbe sich eine Verschwendung der Arbeitskräfte, eine Verschwendung allerschlimmster Art, die selbst in den von der Natur am reichsten bedachten Ländern der Welt eine allgemeine Verarmung herbeiführen könnte.

Wollte man dagegen einwenden, die Besitzer ganz kleiner Landgüter dürften eben nicht bei der sonst üblichen landwirtschaftlichen Kultur stehenbleiben, sondern müßten zu solchen Kulturen übergehen, bei denen sie ihre Arbeitskräfte voll ausnutzen könnten, so darf nicht übersehen werden, daß das Gesamteinkommen eines Volkes unmöglich aus einer gleichgültigen Summe von Werten bestehen kann ohne Rücksicht auf Art und Gebrauchswert der erzeugten Güter. „Ein ganzes Volk bedarf nicht bloß Artischocken z. B. oder bloß Färberröte.“ In dem geregelten Haushalt einer Nation kann ein auf solche Kulturen gestellter Betrieb immer nur die Ausnahme bilden. Er setzt voraus, daß daneben andere größere Landgüter bestehen, deren Erzeugung der Befriedigung der massenhaften, eigentlichen Lebensbedürfnisse dienen. Ist das nicht der Fall, dann können sich die kleinen Landwirte nicht ausschließlich der sorgfältigen Pflege solcher kostbaren Erzeugnisse widmen. Sie müssen das Notwendige, sie müssen Brot schaffen und können dabei wohl in die Lage kommen, hin und wieder müßig zu gehen oder ihre Zeit mit einer leidigen Scheintätigkeit auszufüllen, die keinen wahren Gewinn bringt und die allgemeinen wirtschaftlichen Zustände nicht fördert. Auf einer gegebenen Fläche läßt sich nur eine bestimmte Menge Arbeit im Landbau fruchtbar verwenden. Die Populationsschwärmer, die sich dem Glauben hingeben, daß mit der Bevölkerung ohne weiteres die Arbeit zunähme und mit der Teilung des Grundeigentums der Ertrag, und wenn das nicht geschähe, die bestehenden gesellschaftlichen Institutionen nur schuld daran seien, geben sich einer schweren Täuschung hin. Nur wirkliche Arbeit, nicht die bloße Arbeitsfähigkeit, ist einer der Faktoren der Produktion. Nur wirkliche Arbeit, nicht bloß Arbeitsfähigkeit ist eine Quelle des Erwerbs. Die Möglichkeit aber, vorhandene Arbeitskräfte in Arbeit zu verwandeln, ist durch die jeweilige Gesamtlage begrenzt.

Von ihren Befürwortern wird dem Kleinbetrieb aber nicht nur höherer Roh-, sondern auch höherer Reinertrag nachgerühmt. Wenn dem Großbetrieb höhere Reinerträge zugesprochen würden, träfe das nur unter der Voraussetzung gleicher Wirtschaftsweise zu. In Wahrheit würde im Kleinbetriebe ganz anders gewirtschaftet. Es wird auf die verhältnismäßig höheren Pacht- und Kaufschillinge hingewiesen, die kleine Landgüter und Grundstücke zu bringen pflegen, zum Nachweis dessen, daß die kleinen Güter höhere Reinerträge abwerfen. Denn wenn es auch aus der größeren Nachfrage nach solchen kleinen Grundstücken mitzuerklären sei, daß sie höher im Preise ständen, so würden diese doch nicht gezahlt werden, wenn es die Erwerber nicht ohne Schaden tun könnten. Wäre der Reinertrag bei den verhältnismäßig billigeren größeren Gütern derselbe, so müßten deren Besitzer doch schnell reich werden, was indes nicht wahrzunehmen sei.

Bernhardi glaubt nicht, daß diese höheren Preise für kleine Güter unwiderleglich das Dasein eines höheren Reinertrages bewiesen. Man gäbe sich einer Täuschung hin, wenn man allein daraus auf günstigere Verhältnisse der Produktion schließe. Wenn die kleinen Landwirte höhere Reinerträge herauswirtschaften, so kann das nicht nur auf verdoppelten Anstrengungen beruhen, sondern auch darauf, daß sie ihre Bedürfnisse auf das äußerste einschränken. Danach wäre das, woraus man sich berechtigt glaubt auf besonders günstige Verhältnisse der Produktion zu schließen, nicht mehr und nicht weniger, als ein höchst ungünstiges Verhältnis der Verteilung des gewonnenen Einkommens. „So wenig wir der Verschwendung das Wort reden wollen, hört doch der Vorteil einer größeren verkäuflichen Erzeugnismenge auf, ein Vorteil zu sein, wenn sein Dasein nur dadurch erzwungen wird, daß ein jeder der Landleute sich knapper behilft. Hüten wir uns, ungünstige Verhältnisse der ländlichen Bevölkerung, des Erwerbs und der Verteilung für günstige der Produktion zu halten."

Auch der Vorteil einer gleichmäßigeren Eigentumsverteilung, „dieser edelste und größte Vorteil, den kleines Grundeigentum gewährt," verflüchtigt sich, wenn bei einer unbegrenzten Zerstückelung der landwirtschaftlichen Grundstücke die ländliche Bevölkerung fort und fort zunimmt und in ein immer schlechteres Verhältnis zu dem Gesamtertrage ihrer Tätigkeit gerät. Das Elend, das bestehen müßte, wo nur Zwergwirtschaften nebeneinander bestünden, würde unbeschreiblich sein. Nach und nach muß alles landwirtschaftliche Kapital verschwinden, Zugvieh, Nutzvieh und Ackergerät. Nur der Spaten, der anstelle des Pfluges tritt, bleibt in Anwendung. Unmittelbar tritt die menschliche Arbeit für alles ein. Und doch findet der Arbeiter keine Gelegenheit, seine Kräfte voll auszunutzen. Von einer wirklichen Pflege des Bodens kann keine Rede mehr sein. In den europäischen Ländern wird die Kartoffelwirtschaft den Getreidebau verdrängen. Bevölkerung und Armut steigen in gleichem Maße. Die Landbau treibende Bevölkerung verliert ihre Eigenschaft als Nährstand. Die Mittel zur Pflege kultureller Güter und zur militärischen Verteidigung des Landes werden geschwächt oder gehen gar verloren. „Und welches Maß von Mut und Kraft, welch ein Wille für ideale Güter zu kämpfen, welche Fähigkeit sich zu verteidigen ließe sich von einem solchen Volk erwarten?"

Der oberflächliche Beobachter könnte sagen, das Ergebnis der Beweisführung Bernhardis sei nicht groß: Es würde lediglich der Nachweis erbracht, daß ein Zuviel an Großbetrieben ebenso schädlich sei, wie ein Zuviel an Kleinbetrieben. Nun möchte ich meinen, daß allein schon ein solcher Nachweis, wenn er so bündig geführt wird, wie Bernhardi es tut, ein Gewinn ist. Gibt es doch, wie wir gesehen haben, immer noch Anhänger in dem einen, wie in dem andern Lager.

Es wird aber noch mehr gesagt: Die für eine große Volkswirtschaft wünschenswerte Betriebsgrößenverteilung muß so gestaltet sein, daß sie dem Ganzen ein möglichst großes Gesamteinkommen verbürgt. Dabei muß erstrebt werden, daß an diesem Gesamteinkommen möglichst große Volksteile beteiligt werden, und daß es „reines Einkommen" ist, d. h. ohne Minderung des Stammvermögens erzeugt wird. Außerdem ist zu beachten, daß es nicht genügt, wenn eine quantitativ möglichst große Produktenmenge erzeugt wird, sondern daß die Landwirtschaft als ganze zu einer wachsenden Marktleistung für die nicht ackerbautreibende Bevölkerung befähigt ist und der Bedürfnisbefriedigung in ihrer Vielseitigkeit gerecht wird.

Eine Betriebsgrößenverteilung, die allen diesen Anforderungen entsprechen soll, wird ein Nebeneinander verschiedener Betriebsgrößen erfordern. Doch nicht in willkürlicher Mischung. Je nach den natürlichen und wirtschaftlichen Voraussetzungen wird örtlich und zeitlich bald die eine, bald die andere Mischung den Vorzug verdienen. Wo Natur und Verkehrslage die Leistungsfähigkeit einer bestimmten Betriebsgröße — sei es des Großbetriebs, sei es des Kleinbetriebs — beeinträchtigen, muß sich der Agrarpolitiker bemühen, sie durch die geeignetere zu ersetzen oder zumindest nicht einer Entwicklung entgegenzuwirken, die von sich aus diese Remedur vollzieht. Muß doch als leitendes Ziel unverrückbar im Auge behalten werden: das Gesamteinkommen der Landwirtschaft als ganzes muß gestärkt werden. Ein Blick auf unsere deutschen Verhältnisse zeigt, wie unvollkommen selbst in diesem so hoch entwickelten Lande das erreicht ist. Wir haben genug Beispiele dafür, daß sich einerseits Großbetriebe und anderseits Kleinbetriebe an nicht für sie best geeigneter Stelle befinden. So gibt es in dicht bevölkerten Gegenden mit reichen Absatzmöglichkeiten für die Produkte arbeitsintensiver Kleinkulturen Großbetriebe, die eine landhungrige Bevölkerung in ihrer erwünschten Ausdehnungsfähigkeit hemmen; und es gibt verkehrsungünstig gelegene Gebiete mit armen Zwerg- und Kleinwirtschaften, deren Inhaber ein kümmerliches Dasein führen. Wenn der Satz von der „gesunden Mischung" einen Inhalt haben soll, kann er nicht darin gefunden werden, daß man sich die verschiedenen Betriebsgrößen möglichst bunt durcheinander gewürfelt denkt. Die „Gesundheit" der Mischung muß vielmehr darin bestehen, daß diese den besonderen natürlichen und wirtschaftlichen Verhältnissen einer jeden Gegend angepaßt ist.

Ein allgemein gültiges Schema läßt sich natürlich nicht aufstellen. Es wird für jedes nicht zu groß zu bemessendes Wirtschaftsgebiet gesondert untersucht werden müssen, ob die Größenzusammensetzung der Betriebe den wirtschaftlichen und sozialen Anforderungen entspricht. Die so gewonnenen Ergebnisse gelten dann zwar nur für diese Gegend, können dafür aber auch Anspruch auf Zuverlässigkeit erheben. Freilich wer sich anheischig machen will, eine Formel zu finden, die für ganz inhomogene Wirtschaftsgebiete in gleichem Maße paßen soll, wird schwerlich über Gemeinplätze hinauskommen können. Nehmen wir z. B. das Wirtschaftsgebiet Kölns und vergleichen wir es mit dem Wirtschaftsgebiet Tilsits, so wird die vorteilhafteste Zusammensetzung der Betriebsgrößen völlig verschieden sein müssen. Im ersten Falle handelt es sich um ein Wirtschaftsgebiet mit einer starken konsumfähigen Bevölkerung, mit größter Verkehrsdichte, mit günstigsten Absatzbedingungen auch für hochwertige Erzeugnisse des Land- und Gartenbaues. Im andern Falle ist die Bevölkerung dünn, die Verkehrslage ist ziemlich ungünstig, die Möglichkeit für einen umfangreichen lokalen Absatz fehlt fast ganz. Die natürlichen Produktionsbedingungen sind ebenso ungünstig, wie sie im Kölner Bezirk günstig sind. Die Folgerungen, die sich daraus für unsere Frage ergeben, sind unschwer zu ziehen. In das Wirtschaftsgebiet Kölns gehören Großbetriebe, die so groß sind, daß sie sich auch auf extensive Kulturen legen müssen, schlechterdings nicht hinein. Es ist prädestiniert für arbeitsintensive Klein- und Mittelbetriebe, die hochwertige Kulturen pflegen und den Getreidebau nur so weit ausdehnen, als es der Fruchtwechsel unumgänglich nötig macht. In der Nähe der Städte dieses Gebietes wird man auch Zwergwirtschaften in größerer Menge wünschen müssen, teils zur Versorgung der Städter mit Gartenfrüchten, teils als ländliche Heimstätten für die Industriearbeiter. Dagegen sind im Bezirk Tilsit alle Voraussetzungen für eine extensive Wirtschaft gegeben. Getreidebau, Weidewirtschaft und Viehaufzucht werden hier ihren natürlichen Standort finden. Die kurze Vegetationsperiode erfordert arbeitsextensive Betriebszweige. Die Größe der Betriebe wird daher nicht allzu knapp bemessen sein dürfen. Für Großbetriebe ist die Wirtschaftslage günstig. Zwergbetriebe sind nur insoweit am Platze, als sie sich in Händen von Landarbeitern befinden, im übrigen verbieten sie sich ganz, da sie notwendig ihre Inhaber der Verelendung preisgeben würden.

Über die Voraussetzungen der für eine Gegend wünschenswerten Betriebsgrößenverteilung sich klar zu sein, ist besonders wichtig dann, wenn die Absicht vorliegt, sie durch Maßnahmen der Inneren Kolonisation zu verändern. Im Reichssiedlungsgesetz wird man vergebens nach einem Anhaltspunkt dafür suchen, daß sich der Gesetzgeber bei den getroffenen Bestimmungen von Erwägungen der angedeuteten Art habe leiten lassen. Wir finden nur e i n e Bestimmung, die das Ausmaß der Siedlungstätigkeit nach Maßgabe der vorhandenen Grundbesitzverteilung abmißt, doch läßt gerade sie erkennen, daß die von uns gemachte Überlegung gefehlt hat. Rein schematisch und ohne Rücksicht auf die besonderen wirtschaftlichen und natürlichen Bedingungen wird bestimmt, daß in allen solchen Ansiedlungsbezirken Großgutsland enteignet werden kann, wo es mehr als 10 % der landwirtschaftlich benutzten Fläche ausmacht.

Wenn man sich nicht über die günstige Wirkung einer Veränderung der Grundeigentumsverteilung völlig im klaren ist, soll man lieber zuwenig, als zuviel tun. Nicht daß man überhaupt auf Eingriffe dieser Art verzichten soll! Es gibt Gegenden, die geradezu darnach schreien. Aber man soll nicht ohne Überlegung wild darauflos kolonisieren, soll nicht kolonisieren, bloß um zu kolonisieren. In jedem einzelnen Falle muß gründlichst untersucht werden, wie die neue Kolonie zu ihrer wirtschaftlichen Umwelt liegen wird. Nur wenn das neue Bauerndorf einen volkswirtschaftlich höheren Nutzen verspricht als das frühere große Gut, wird man eine Veränderung vornehmen dürfen. Fälle dieser Art gibt es genug, und unsern großen Ansiedlungsgesellschaften, die über eine so reiche Erfahrung verfügen, ist ohne weiteres zuzutrauen, daß sie sich auf solche beschränken werden.

Der Agrarpolitiker wird bei Grundeigentumsveränderungen um so vorsichtiger zu Werke gehen müssen, weil er aus der Geschichte weiß, daß die Frage nach der vorteilhaftesten Betriebsgröße auch zeitlich verschieden beantwortet werden muß.

So kann jeder neue Sieg des Menschen über die Natur, können große technische Erfindungen so umwälzend auf die landwirtschaftliche Produktion wirken, daß die Grenzen der vorteilhaftesten Betriebsgröße sich verschieben. Ist es ja doch nicht ausgemacht, daß eine technische Neuerung allen Betriebsgrößen in gleichem Maße vorteilhaft ist. Zum Beleg dafür sei nur auf den verschieden hohen Nutzen hingewiesen, den die landwirtschaftliche Maschine für die einzelne Betriebsgröße hat.

Ebenso müssen politische Umwälzungen, wenn sie eine Umstellung der gesamten Volkswirtschaft zur Folge haben, auch die landwirtschaftliche Produktionsrichtung in einem Maße beeinflussen, daß eine Einwirkung auf die landwirtschaftliche Betriebsführung nicht ausbleiben kann. Das lehrt uns besonders deutlich Deutschlands jüngste Vergangenheit. So hatte die nach dem glücklichen Kriege 1870/71 zunehmende Industrialisierung im steigenden Maße Absatzmärkte für die Erzeugnisse einer intensiven Agrikultur und Fleischproduktion geschaffen, während der Bedarf an landwirtschaftlichen Massenprodukten, an Greteide und Futtermitteln zum guten Teil billig aus dem Auslande bezogen werden konnte — eine Entwicklung also, die vor allem den kleineren und kleinsten Betrieb begünstigte. Wenn es sich jetzt nach dem verlorenen Kriege zeigen sollte, daß einerseits infolge der Verarmung der Bevölkerung die Nachfrage nach hochwertigen landwirtschaftlichen Erzeugnissen abnimmt und daß andererseits Deutschland sich gezwungen sieht, infolge des Mangels an Zahlungsmitteln und infolge der Ausschaltung des russischen Getreideexportgebietes sein Getreide selbst zu erzeugen, so ergibt sich für die deutsche Landwirtschaft eine Konjunktur, die ausgesprochen die größeren Betriebe begünstigt.

Ergänzende Literatur.

Bernhardi, Theod. v., Versuch einer Kritik der Gründe, die für großes und kleines Grundeigentum angeführt werden. Petersburg 1849.

Cronbach, Else, Das landwirtschaftliche Betriebsproblem in der deutschen Nationalökonomie bis zur Mitte des 19. Jahrhunderts. Wien 1907.

Wolters, Fritz, Studien über Agrarzustände und Agrarprobleme in Frankreich von 1700—1790. Leipzig 1905.

Grünberg, Karl, Agrarpolitik. (Die Entwicklung der deutschen Volkswirtschaftslehre im 19. Jahrhundert. Schmoller-Festschrift.) Leipzig 1908.

Eliaschewitsch, Alexander, Die Bewegung zugunsten der kleinen landwirtschaftlichen Güter in England. München und Leipzig 1914.

Aereboe, Allgemeine landwirtschaftliche Betriebslehre. Berlin 1917.

12. Kapitel.

Die Rechtsform der Unternehmung.

1. Eigenwirtschaft und Pacht und ihre Verbreitung.

In der Landwirtschaft ist es keineswegs die Regel, daß der Unternehmer zugleich der Eigentümer seines wichtigsten Produktionsmittels, des Grundes und Bodens, ist. Das ist eine althergebrachte Erscheinung, die im Laufe der Zeiten zu den verschiedenartigsten Regelungen des Verhältnisses des Grundeigentümers zu dem Bodenbewirtschafter führte, wie wir das in anderem Zusammenhange gesehen haben. Nach Herstellung des freien Eigentums ist in den Fällen, wo der Eigentümer nicht selbst wirtschaftet, die Pacht, und zwar die Zeitpacht, die Hauptform dieser Regelung geworden.

Im Mittelalter war die ländliche Wirtschaftsorganisation vorzüglich auf dem Institut der Erbpacht (Erbleihe) aufgebaut. Ihr Wesen besteht darin, daß der Pächter ein erbliches und veräußerliches Nutzungsrecht besitzt gegen die Verpflichtung, dem Grundeigentümer erstens ein jährliches Entgelt (Kanon) und zweitens jeweils beim Antritt des Nutzungsrechts eine Anerkenntnisgebühr (Erbbestandgeld) zu entrichten. An sich ein für den Erbpächter durchaus vorteilhaftes Besitzrecht, das aber zu dessen Nachteil im Laufe der feudalen Entwicklung so entartete, daß es in Mißkredit geriet und durch die Bauernbefreiung fast allgemein beseitigt wurde. In Deutschland ist das Institut der Erbpacht nur in einigen kleineren Staaten erhalten geblieben (Mecklenburg-Schwerin, Braunschweig, Lippe-Schaumburg und in den meisten thüringischen Staaten). Es wurde bereits ausgeführt, wie bei der Wiederaufnahme der Innern Kolonisation in Deutschland in den 80er Jahren die Wiederherstellung des Erbpachtsverhältnisses stark erwogen wurde. Ist doch die Erbpacht gerade für Neusiedlungen eine ausgezeichnet geeignete Rechtsform. Dem Eigentum sehr nahe kommend, setzt sie bei der Eingehung des Vertragsverhältnisses geringere Kapitalmittel voraus als beim eigentümlichen Erwerb. Zudem kann der Erbpächter in seiner Verfügungsgewalt mannigfachen Beschränkungen unterworfen werden, was für den Fortbestand der Neusiedlungen ein unbedingtes Erfordernis ist. Belastung, Ganz- oder Teilveräußerungen, Teilung im Erbgang bedürfen der Zustimmung des Vererbpächters. Wenn man gleichwohl in Preußen die Erbpacht nicht wieder einführte und als Ersatz dafür das Rentengut schuf, geschah es, weil man sich davor scheute, eine Form des Obereigentums neu zu beleben. Buchenberger hat in seinem Lehrbuch der Erbpacht eine eingehende Betrachtung gewidmet. Für uns mag dieser Hinweis genügen.

Neben der Zeitpacht nimmt aber heute die Eigenwirtschaft einen breiten, in den meisten Ländern den größten Raum ein. Ohne Frage hat sie gegenüber der Zeitpacht manche Vorzüge. Darüber sind sich die Volkswirte, die sich mit dieser Frage beschäftigen, fast alle einig. Niemand wird so emsig auf die Pflege seiner Wirtschaft bedacht sein wie der Eigentümer. „Das Auge des Herrn macht die Pferde glatt! Die Fußtapfen des Herrn düngen den Boden!" Niemand ist so unmittelbar daran interessiert, die Produktionskraft des Gutes zu erhalten und zu heben, getragen von dem Bewußtsein, daß Aufwendungen und Mühe allein ihm und seinen Nachkommen zugute kommen. Die Bereicherung des Bodens mit Nährstoffen, die Vornahme von Ent- und Bewässerungen und von Tiefkulturen, die Schaffung perennierender Kulturen wie Weinbergs-, Hopfen-, Weide-, Waldanlagen u. ä. m., alles das sind Unternehmungen, zu denen sich der selbst wirtschaftende Eigentümer leichter entschließen kann und wird, weil der Ertrag solcher Anlagen sich erst in einer späteren Zeit in voller Fülle zeigen und wohlmöglich erst späteren Generationen nutzbar werden kann.

In ihrem vollen Umfange werden sich diese Vorzüge der Eigenwirtschaft dort als wirksam erweisen, wo sie in der Form durchgeführt wird, daß der Eigentümer selbst die Wirtschaft unmittelbar leitet. Bei der andern Form, der Administrationswirtschaft, ist der Administrator in der Leitung des Betriebs zwar im wesentlichen selbständig, aber als Beamter des Eigentümers durch ein so hohes Maß der Verantwortung gedrückt, daß seine Unternehmungslust gehemmt wird. Um sie zu heben, hat man wohl den Administrator am Unternehmergewinn beteiligt (Tantiemewirtschaft). Ein weiterer Mangel der Administration liegt darin, daß sie in ihren Erträgen von der Tüchtigkeit und dem Fleiß eines nicht in jedem Falle erprobten Beamten abhängt. Die sog. Gewährsverwaltung sucht daher dem Administrator das Betriebsrisiko zuzuschieben; dem Eigentümer wird vom Administrator ein Mindestreinertrag gewährleistet, während der Überschuß zwischen beiden in einem gewissen Verhältnis geteilt wird. Daß man auf die Anwendung solcher Sonderformen der Administrationswirtschaft verfiel, deutet schon darauf hin, daß sie — gleiche Tüchtigkeit der Wirte vorausgesetzt — sich mit der eigentlichen Eigenwirtschaft nicht messen kann.

Der Pächter ist erklärlicherweise mehr an dem nahen Gewinn interessiert als an der Hebung des Substanzwertes des Gutes. Er wird vor Meliorationen zurückschrecken, auf deren Erträge er selbst mit Sicherheit nicht rechnen kann. Sein unmittelbares Interesse muß darauf gerichtet sein, dem Boden, den er nur vorübergehend besitzt, möglichst hohe Erträge abzugewinnen. Der wirtschaftliche Egoismus treibt ihn zum Raubbau hin, wenn es nicht gelingt, für die Regelung des Pachtverhältnisses eine Form zu finden, die dieser Neigung entgegenwirkt. Wir werden sehen, daß das den Großpächtern gegenüber sehr wohl gelungen ist. Für Kleinpachtungen läßt sich ein solcher Modus sehr viel schwerer finden, weil einmal für den Verpächter die Sicherungsmöglichkeiten sehr viel schwächer vorhanden sind, und weil zweitens beim kleinen Mann das Trachten nach dem nächsten Nutzen in schroffster Primitivität aufzutreten pflegt.

Doch hat die Pacht volkswirtschaftlich wie privatwirtschaftlich auch ihre guten Seiten. Wie wertvoll ist es für die soziale Verfassung des Landes, wenn strebsame tüchtige Leute, die nicht die Mittel zum käuflichen Erwerb eines Gutes besitzen, doch die Gelegenheit haben, einen landwirtschaftlichen Betrieb zu übernehmen! Welche Bereicherung an intelligenten, tatkräftigen und sparsamen Wirtschaftern kann das für die Landwirtschaft eines Volkes sein! Aber auch eine unmittelbar materielle Bereicherung können die Pächter bringen. Das Grundeigentum neigt zur Verschuldung; die ausgezeichnete Eignung des Grundes und Bodens als Beleihungsobjekts führt allzu leicht, vornehmlich bei der Übernahme des Hofes, zu einer Belastung des Eigentümers mit Grundschulden, die zur Überschuldung werden können. Alle die Vorzüge aber, die dem Eigenwirtschafter nachgerühmt werden, treten nicht in die Erscheinung, wenn er nicht die materiellen Mittel hat, sie auswirken zu lassen. Überschuldete Wirte schaden der Wirtschaft mehr als sie ihr nützen. Sie sind kranke Glieder am Wirtschaftskörper. Pächter, weil sie kein Kapital für den Erwerb des Bodens aufzubringen haben, sind dieser Gefahr nicht in gleichem Maße unterworfen. Ja, in dem von ihnen eingebrachten Betriebskapitale führen sie der Wirtschaft neue Produktionsmittel zu, an deren möglichst intensiver Ausnutzung sie unmittelbar interessiert sind. Voraussetzung ist natürlich, daß ein kapitalkräftiger, intelligenter Pächterstand vorhanden ist. Roscher hat darauf hingewiesen, daß ein solcher nur in höher kultivierten Volkswirtschaften zu finden sei. Nur hier sei die Grundrente hoch genug, um den Anreiz zur Verpachtung für den Grundeigentümer zu geben, nur hier sei der Unternehmerlohn, also das wirtschaftliche Hauptziel des Pächters, recht ausgebildet.

So nützlich die Pachtunternehmung der Landwirtschaft sein kann, so ist auch nicht zu verkennen, daß sie selbst dann, wenn sie sich auf der Höhe persönlicher Leistungsfähigkeit befindet, auch bedenkliche Wirkungen zu haben vermag, besonders dann, wenn sie einen sehr großen, womöglich den überwiegenden Teil der landwirtschaftlichen Betriebe umfaßt. Treten nämlich landwirtschaftliche Krisen von anhaltender Dauer ein, dann wird der Pächter, wenn er bei teuerer intensiver Kultur seine Rechnung nicht mehr zu finden vermag, notgedrungen zu billigeren Kulturen übergehen müssen. Natürlich wird schließlich wohl oder übel auch der Eigenwirtschafter dazu gezwungen sein, aber die Anhänglichkeit an die eigene Scholle und der Wunsch, das Gut möglichst ungemindert an die Kinder zu vererben, wird ihn in der Hoffnung auf bessere Zeiten dazu veranlassen, auch unter schweren persönlichen Opfern die Wirtschaft möglichst lange auf der alten Höhe zu erhalten. Er tut das in erster Reihe im Interesse seiner Erben, aber er wird dadurch auch dem Ganzen nützen. Von einem Pächter kann unmöglich ein so hohes Maß von Altruismus erwartet werden.

So stehen — ökonomisch gesehen — den Vorzügen der Pacht Schattenseiten gegenüber. Es ließe sich daher denken, daß daraus der Schluß gezogen würde: Wenn die heutige Geldentwertung, die das Pachtwesen schwer erschüttert hat, die Folge haben sollte, daß die Pacht durch die Eigenwirtschaft ersetzt wird, würde der damit angerichtete Schaden nicht allzu groß sein. Doch fragt es sich, ob ein solches Aufgehen der Pachtgüter in Eigenwirtschaften überhaupt restlos möglich sein würde. Diese Frage stellen, heißt sie verneinen. Ganz abgesehen davon, daß in manchen Gebieten in Anlehnung an die überlieferte feudale Agrarverfassung sich das Pachtwesen als fest eingewurzelte Rechtsform der Bodenbewirtschaftung erhalten hat, können sich auch dort, wo die Agrarreformen der Neuzeit dahin gewirkt haben, den Bodenbewirtschafter auch zum Grundeigentümer zu machen, immer Notwendigkeiten ergeben, die dem Grundeigentümer die Eigenwirtschaft nicht erlauben. Das trifft einmal zu bei allem Land, das sich in öffentlicher oder toter Hand befindet, und zweitens in allen den zahlreichen Fällen, wo der Grundeigentümer aus Gründen persönlicher Art, sei es infolge Unmündigkeit, Krankheit oder Alter, sei es, weil er einen andern Beruf wählt, die Landwirtschaft nicht selbst ausüben kann. Es mag vorkommen und kommt vor, daß die Pachtwirtschaft zeitlich und örtlich bald stärker, bald schwächer vertreten ist, aber ganz fehlen wird sie nie.

Gegen einen allgemeinen Übergang zur Eigenwirtschaft würden auch Bedenken sozialer Art geltend gemacht werden müssen. Ist doch die soziale Verfassung des platten Landes in hohem Maße von dem Vorhandensein von Pachtland abhängig. Das gilt nicht nur von Gegenden stark zersplitterten Grundbesitzes, wo die Möglichkeit der Zupacht unter Umständen lebensfähige Betriebsgrößen erst schafft.

Das gilt nicht nur von Industriegebieten, wo Pachtland die Lebensbedingungen für eine auf dem Lande lebende Industriearbeiterschaft bietet. Es gilt auch für rein agrarische Gegenden eines fest eingesessenen selbstwirtschaftenden Grundeigentums, weil durch die Überlassung von Pachtland die Landarbeiter an das Land gefesselt werden können. Diese Hinweise mögen genügen, um die große soziale Bedeutung der Pacht zu beleuchten. Die leichte Möglichkeit, die Pachtland zur Begründung ländlicher Wirtschaften und Haushaltungen gewährt, führt, wo solches in größerem Ausmaß vorhanden ist, zu einer Verdichtung der ländlichen Bevölkerung.

Die Verbreitung der Pacht ist in den einzelnen Ländern und wieder innerhalb der Länder ganz verschieden groß. Das hängt mit historischen und wirtschaftlichen Bedingungen zusammen, die die Entstehung der Pacht bald mehr, bald weniger begünstigten. Bis zu der Zeit, wo der wirtschaftliche Liberalismus seine auflösende Wirkung auf die feudale Agrarverfassung ausübte, war die Trennung von Grundeigentum und Bodenbewirtschaftung vorherrschend. Den gewöhnlich sich nicht als Landwirte betätigenden Grundherren stand die große Masse der von ihnen abhängigen und zu Leistungen verpflichteten Bauern, der eigentlichen Landwirte gegenüber. Doch war das alte Verhältnis zwischen Grundherrn und Bauern grundsätzlich ein so anderes, als es die moderne Form der Pacht darstellt, die rein kapitalistisch geschäftsmäßig die Beziehungen zwischen Grundeigentümer und landwirtschaftlichem Unternehmer regelt, daß keine Brücke von der Pacht zur Grundherrschaft zu führen scheint. Gleichwohl ist für die mehr oder weniger große Verbreitung der Pacht vielfach die Art, wie sich die Auflösung der alten Agrarverfassung vollzog, entscheidend geworden. Wo, wie fast allgemein in Deutschland, die bisher hörigen Bauern durch die Bauernbefreiung zu Eigentümern gemacht wurden, ist die Pacht, besonders im kleineren und mittleren Bauernstande, wenig verbreitet. Wo dagegen, wie in England, es den Grundherren frühzeitig genug gelang, von sich aus das alte Verhältnis ihren Interessen entsprechend umzugestalten, da herrscht auch heute die Pacht vor. Doch kommen natürlich noch Gründe rein wirtschaftlicher Art in Betracht, die in dem einen Lande die Entwicklung der Pacht mehr begünstigen als in dem andern.

Was die Verbreitung der Pacht in Deutschland angeht, so ist die landwirtschaftliche Betriebsstatistik in dieser Hinsicht so wenig glücklich aufgenommen und bearbeitet worden, daß es nicht leicht fällt, sich ein zuverlässiges Bild davon zu machen, wobei allerdings der amtlichen Statistik zugute zu halten ist, daß es schwer ist, auf diesem Gebiete zu klar durchsichtigen Ergebnissen zu kommen, weil in Deutschland die Zupacht zu eigenem Land in allen Betriebsgrößen eine große Rolle spielt. Aber soviel ist deutlich, daß die Eigenwirtschaft, sowohl was die Zahl der Betriebe als auch die von ihr eingenommene Fläche betrifft, stark überwiegt. Nach der Betriebsstatistik von 1907 kamen von der gesamten landwirtschaftlich genutzten Fläche 86,1 % auf Eigenland und nur 12,8 % auf Pachtland. Die Fläche der ausschließlich Pachtland bewirtschaftenden Betriebe war aber noch sehr viel kleiner und betrug nur etwa die Hälfte, nämlich 6,8 %. Das scheint auffallend wenig zu sein, wenn man zugleich erfährt, daß es nahezu eine Million Betriebe gab, die ausschließlich aus Pachtland bestanden. Doch entfielen davon etwa neun Zehntel auf die allerkleinsten Wirtschaften bis zu 2 ha, weitere 50000 auf solche von 2—5 ha. Betriebe über 5 ha, die ausschließlich Pachtland bebauten, gab es überhaupt nur 40000. Diese Zahl erhöht sich auf 109000, also recht beträchtlich, wenn man die Betriebe hinzurechnet, die über zur Hälfte aus Pachtland bestanden. Doch bleibt die Zahl immer noch gering, wenn man sie neben die 1360000 in diesen Größenklassen insgesamt vorhandenen Betriebe stellt.

Doch darf man die Bedeutung der Pacht für die deutsche Landwirtschaft nicht allein nach diesen Zahlen beurteilen. Denn einmal nimmt, wie erwähnt, die Zupacht einen nicht unbeträchtlichen Raum ein, und zweitens verteilt sich die Pacht verschieden auf die einzelnen Betriebsgrößenklassen und geographischen Gebiete. Innerhalb der Großbetriebe ist die Verbreitung der Pacht nicht unerheblich. Mehr als ein Viertel der 1907 vorhandenen Betriebe über 100 ha bewirtschafteten ausschließlich oder mehr als die Hälfte Pachtland. Bis zu drei Vierteln lag die von den Großpächtern bewirtschaftete Fläche in den sieben östlichen Provinzen und in den beiden Mecklenburg —, durchaus erklärlich, weil hier die deutschen Großbetriebe und die Domänen in der überwiegenden Mehrzahl ihren Standort haben. Doch ist verhältnismäßig die Verpachtung der großen Höfe in West- und Süddeutschland häufiger. Auch das wird in erster Reihe historisch zu erklären sein. Der ostdeutsche Gutsherr war von jeher Landwirt gewesen, während sich der westdeutsche Grundherr nur in beschränktem Maße persönlich mit der Landwirtschaft befaßt hatte. Daß die Pacht für die kleinsten und die kleinbäuerlichen Betriebe bis zu 5 ha eine recht beträchtliche Bedeutung hat, wurde bereits erwähnt. Dagegen scheint in mittel- und großbäuerlichen Betrieben die Inanspruchnahme von Pachtland sehr gering zu sein. Sie betrug 1907 im Reichsdurchschnitt bei den Betrieben von 5—20, von 20—50, von 50—100 ha: 9,0, 6,1, 11,1 % der Gesamtfläche der betreffenden Größenklasse. Doch verteilt sich auch in diesen Größenklassen das Pachtland geographisch ganz verschieden. Wir haben einzelne Bezirke in Deutschland, wo die bäuerlichen Pachtgüter einen auffallend breiten Raum einnehmen — so in Schleswig-Holstein, Hannover, Westfalen, Elsaß-Lothringen und vor allem in der Rheinprovinz. Auch das hat seine historischen Gründe, daneben hat aber eine Entwicklung der jüngsten Vergangenheit auf die Zunahme der Pachtwirtschaft Einfluß gehabt. In Gebieten, wo sich die Industrie besonders stark ausdehnte, wurden nicht nur größere Höfe zum Zwecke der Kleinverpachtung parzelliert, sondern auch wohl geschlossen verpachtet, wenn die Betriebe eine stärkere Intensivierung zuließen. Mit den wachsenden Erträgen wurden die größeren Bauern zu Gutsbesitzern und rückten damit in eine soziale Schicht ein, die in Westdeutschland gern verpachtet. Diese Erscheinung zeigt sich nicht nur im Rheinlande, sondern auch im benachbarten Westfalen und in dem ebenfalls stark industrialisierten ehemaligen Königreich Sachsen. Es bedarf aber nicht immer einer ungewöhnlichen industriellen Entwicklung, um eine solche Erscheinung hervorzurufen. Auch aus sich heraus kann die Landwirtschaft einen kapitalistischen Geist erzeugen, der sich dann ähnlich auswirkt. Das ist überall der Fall, wo die natürliche Beschaffenheit des Landes eine hoch intensive Agrikultur und Viehnutzung zuläßt. So kann man für die Provinz Sachsen, für Anhalt und Braunschweig eine Beziehung zwischen Zuckerrübenbau und zunehmender Ausdehnung der Pachtwirtschaft feststellen. Das gleiche Bild zeigt sich, wo, wie in den Gebieten der Nordseemarschen, eine hoch intensive Weidewirtschaft begünstigt wird.

Wenden wir uns dem Ausland zu, so finden wir, daß in Frankreich vor dem Weltkriege 36,6% der Anbaufläche von Pächtern und außerdem 10,6% von Teilbauern bewirtschaftet wurden. Noch stärker ist in Belgien die Pacht ausgedehnt. Das klassische Land der Pachtwirtschaft ist aber England, wo sie in allen Größenklassen vorherrschend ist; von der gesamten landwirtschaftlich genutzten Fläche wurden in Großbritannien (außer Irland) 28,2 Millionen Acres von Pächtern bewirtschaftet gegenüber nur 3,9 Millionen Acres, die in den Händen der Eigentümer waren. In den Vereinigten Staaten von Amerika waren nach dem Zensus von 1910 25,8% des Farmlandes verpachtet. Hier zeigt sich trotz des Landüberflusses eine fortschreitende Zunahme des Pachtlandes, doch, wie es scheint, aus Gründen besonderer Art; es sind vor allem die ehemaligen Plantagen des Südens, die aus Arbeitermangel zu dieser Art der Nutzung übergehen.

2. Die Pachtbedingungen.

Bei dem großen Umfange, den die Pachtwirtschaft selbst in solchen Ländern einnimmt, wo die Eigenwirtschaft vorherrscht, wird der Agrarpolitiker sich die Frage vorlegen müssen, ob die Festsetzung der Pachtbedingungen dem freien Ermessen der vertragsschließenden Parteien überlassen werden kann, oder ob es im volkswirtschaftlichen Interesse geboten erscheint, der öffentlichen Gewalt einen Einfluß darauf einzuräumen. Die Antwort wird davon abhängen, ob aus einer unbeschränkt freien Regelung des Pachtverhältnisses der Allgemeinheit Schaden erwachsen kann. Muß das bejaht werden, so wird ein Eingreifen der öffentlichen Gewalt in das freie Spiel der Kräfte für erwünscht gehalten werden können.

Wodurch wird die Höhe des Pachtpreiess bestimmt? — Die Antwort wäre einfach, wenn ich folgendermaßen argumentieren könnte: Ich kann voneinander scheiden Grundkapital und Betriebskapital. Das erste stellt der Verpächter zur Verfügung, das zweite und die Arbeit stellt der Pächter. Je nach dem Werte seiner Beteiligung erhält jeder der Kontrahenten seinen Anteil am Produktionsertrage, der eine in der Form des Pachtschillings, der andere als Verzinsung seines Betriebskapitals, als Arbeitseinkommen und Unternehmergewinn. Mit dieser einfachen Formel, so häufig sie auch in der Literatur vorgetragen wird, ist aber nichts anzufangen, weil keine der verwendeten Größen als feststehende bezeichnet werden kann.

Beim Abschluß des Pachtvertrages stehen sich zwei Parteien gegenüber, und was die eine als Pachtpreis fordert, die andere geben kann, wird — vorausgesetzt, daß sich keine der beiden Parteien in einer Zwangslage befindet — von der Ertragsfähigkeit abhängen, die sich jede von der Nutzung des Pachtobjektes verspricht. Die Ertragsfähigkeit wird auf der einen Seite bestimmt durch die Gestehungskosten, die sich zusammensetzen aus der Verzinsung des angenommenen Grundkapitals, der Verzinsung und Amortisierung des Betriebskapitals, dem Lohn für die Bearbeitung, den Steuern und den Versicherungen — auf der andern Seite aus dem Preise, der beim Verkauf der erzeugten Produkte erzielt werden kann. Ist, auf die Produktionseinheit berechnet, der Verkaufspreis höher als die Gestehungskosten, so ergibt sich ein Gewinn. Wer bekommt diesen Gewinn? Es ist klar, daß der Grundeigentümer nicht geneigt sein wird, ihn dem Pächter allein zu überlassen. Wenn dieser Gewinn sich regelmäßig wiederholt, so wird in seinen Augen der Wert seines Grundkapitals steigen, und er wird sich für berechtigt halten, auch eine höhere Verzinsung dafür zu fordern. Der Pachtschilling wird erhöht. Natürlich kann auch der Pächter aus einem Ansteigen der Marktpreise Gewinn ziehen, nämlich dann, wenn die Preissteigerung im Verlauf der Pachtperiode eintritt. Doch wird es sich nur um einen vorübergehenden Konjunkturgewinn handeln können, weil nach beendigter Pachtperiode der Verpächter den Pachtschilling entsprechend zu erhöhen suchen wird.

Auf die Höhe der Marktpreise der Erzeugnisse vermögen weder Pächter, noch Verpächter unmittelbar einen Einfluß auszuüben. Doch kann der Pächter den Wirtschaftsertrag durch seine persönliche Leistungsfähigkeit steigern, und weil darin für ihn die nächstliegende Möglichkeit liegt, einen Gewinn zu erwirtschaften, wird er sich bemühen, durch kulturelle und züchterische Verbesserungen die Erträge quantitativ wie qualitativ zu erhöhen. Aber auch in diesem Falle wird sich der gleiche, schon beachtete Vorgang wiederholen. Der Grundeigentümer wird die so geschaffene dauernde Verbesserung als eine Erhöhung des Wertes seines Grundkapitals ansehen und sich bei einer Neuverpachtung zur Anrechnung bringen.

So wird jede Erhöhung des Wirtschaftsertrages, mag sie auf einer Steigerung der Verkaufspreise der Erzeugnisse, mag sie auf einer vom Pächter erarbeiteten Verbesserung beruhen, immer wieder alsbald vom Grundeigentum aufgesogen. Und das wird generell geschehen, weil natürlich kein Verpächter in seinen Einkünften hinter dem andern zurückstehen will. Es wird sich, wenn auch nach den örtlichen und natürlichen Verhältnissen der einzelnen Pachtgüter starke Abweichungen möglich und notwendig sind, eine durchschnittliche Pachtpreishöhe ausbilden, für die der höchstmögliche und vom leistungsfähigsten Pächter herauszuwirtschaftende Ertrag allgemein zum Maßstab genommen werden wird.

Ruhland prägt in seinem bemerkenswerten Buche „Das natürliche Wertverhältnis des landwirtschaftlichen Grundbesitzes" (Tübingen 1885) den Satz: „Der Marktwert des landwirtschaftlichen Grundeigentums ist der Ausdruck des Arbeitsvertrages der qualitativ besten Arbeitskraft nach Abzug der nötigen Unterhaltskosten." In Anlehnung daran sagt Buchenberger, daß die jeweilige Höhe der Pachtrente durch den Arbeitsertrag der qualitativ besten Arbeitskraft nach Abzug der nötigen Unterhaltskosten bestimmt werde.

Soviel über die Voraussetzungen der Pachtpreisbildung bei völlig freiem Eigentum. Wie hat sich der Volkswirt dazu zu stellen?

Das vulgäre Gerechtigkeitsgefühl hat sich wiederholt dagegen aufgelehnt, daß die vom werktätigen Pächter erarbeitete Verbesserung auf die Dauer nicht ihm, sondern dem nur nutznießenden Grundeigentümer zugute komme. Doch wird man nicht mit Unrecht dem entgegenhalten können, daß durch eine solche gefühlsmäßige Beurteilung die Sachlage verschoben wird. Nicht darum handelt es sich, zu entscheiden, was wünschenswerter sei, Eigentum oder Pacht, sondern darum, ob der Grundeigentümer, wenn er sein Grundeigentum nicht selbst bewirtschaften will oder kann, berechtigt ist, im Falle der Verpachtung an dem Gewinn, den der Pächter erwirtschaftet, teilzunehmen oder nicht. Es kann kein Zweifel darüber bestehen, wie die Frage, so gestellt, beantwortet werden muß, vorausgesetzt, daß man grundsätzlich an der Berechtigung freien Grundeigentums festhält. Wollte man dem Eigentümer einen solchen Gewinn absprechen, dann würde er eben nicht verpachten, sondern eine andere Form der Nutzung wählen, sei es die Eigenwirtschaft, sei es die Administration. Niemand würde ihm dann den Anspruch auf Gewinn versagen wollen.

Für den Volkswirt stehen indes solche Betrachtungen nicht so sehr im Vordergrunde der Erwägungen wie die Frage, welche Folgen sich für die Volkswirtschaft aus den geschilderten Vorgängen ergeben. Solange die Volkswirtschaft als ganze keine Einbuße an reinem Einkommen erleidet, kann es ihr an sich gleichgültig sein, ob nun der Pächter oder der Verpächter den Gewinn einstreicht. Von ihr aus gesehen, wird es vor allem darauf ankommen, daß die Ertragsfähigkeit überhaupt möglichst hoch ist. Daß diese unter der Pachtwirtschaft nicht zu leiden braucht, ist bereits festgestellt worden, ja es konnte darauf hingewiesen werden, welche befruchtende Wirkung sie auf die Landwirtschaft haben kann. Es kommt hinzu, daß die Scheidung von Grundeigentum und landwirtschaftlicher Unternehmung eine Teilung des Risikos zur Folge hat, die für die Stabilität der Volkswirtschaft nur vorteilhaft sein kann.

Alles das gilt natürlich nur so lange, als sich der Pächter nicht in einer Zwangslage befindet, die ihn zur Übernahme ruinöser Pachtbedingungen nötigt. Ist letztes der Fall, dann können sich allerdings aus dem Pachtverhältnisse Zustände entwickeln, die den Pächter wie die Gesamtheit schwer schädigen und die öffentliche Gewalt veranlassen können, einzugreifen.

Bei den bisherigen Betrachtungen waren nur solche Verhältnisse ins Auge gefaßt worden, wo, wie es in Deutschland gewöhnlich der Fall ist, die Verpachtung von Landgütern nicht die allgemein übliche ist, sondern die neben der Eigenwirtschaft mehr oder weniger sporadisch vorkommende Form der landwirtschaftlichen Grundeigentumsnutzung darstellt. Hier wird sich die bei der Eigenwirtschaft gebräuchliche Wirtschaftsart auch auf die Pachtgüter übertragen. Sie behalten in der Regel die überkommene Betriebsgröße bei, und die Pachtbedingungen werden im allgemeinen so bemessen sein, daß der Pächter nicht nur eben noch bestehen kann, sondern noch so viel gewinnt, daß er einen genügenden Anreiz dazu empfindet, den wirtschaftlichen Zustand des Gutes zu heben. Der Verpächter steht dem Pächter nicht als kapitalistischer Ausbeuter gegenüber, sondern sieht in ihm seinen Sachwalter, dem er sein Gut zu treuen Händen übergeben hat. Wo die Pacht auf solchen Grundlagen ruht, zeigt sich der allgemein beobachtete Vorgang, daß die landesübliche Dauer der Pachtperiode immer länger wird, weil eine kurze Pachtzeit den Pächter dazu verleiten wird, das Gut raubbaumäßig zu nutzen. Ja, wo die Beziehungen zwischen Pächter und Verpächter besonders glücklich sind, wird es zur Regel, daß der Pachtkontrakt nach seinem Ablauf immer wieder mit demselben Pächter erneuert wird. Nicht selten bleibt das Pachtgut durch Generationen hindurch in derselben Pächterfamilie. Der Pächter verwächst dann mit dem Pachtgute, als ob es die eigene Scholle wäre.

Sicherlich nicht zum Schaden des Verpächters! Denn wer kennt nicht den zwar nicht gerade geschmackvollen, doch sehr eindrucksvollen Satz Thaers: Der Eigentümer sehe das Gut wie eine Gattin an, der Pächter wie eine Mätresse, doch je länger die letztere Verbindung währe, um so ähnlicher werde sie der ersteren! Wo solche Beziehungen zwischen Pächter und Verpächter bestehen, da wird der Pachtpreis keineswegs immer nur die in Höhe getrieben, sondern, wo es eine Veränderung der Konjunktur erforderlich erscheinen läßt, auch wohl herabgesetzt, ja, die Fälle sind nicht selten, daß während der Pachtperiode aus Billigkeitsgründen ein Pachtnachlaß gewährt wird. Der Verpächter weiß, daß er nur im eigenen wohlverstandenen Interesse handelt, wenn er sich den als tüchtig befundenen Pächter erhält. Er weiß, daß der höchste Pachtpreis nicht unbedingt auch den größten Gewinn bringt. Die viel gerühmte Tüchtigkeit des preußischen Domänenpächters beruht darauf, daß der preußische Staat schon seit König Friedrich Wilhelm I. eine nach solchen Gesichtspunkten geleitete Domänenpolitik getrieben hat.

Völlig anders können sich die Dinge gestalten, wenn in einem Lande die Pachtwirtschaft die vorherrschende oder gar die allgemein übliche Form der Landnutzung wird. Es liegt dann nahe, daß die Grundeigentümer eine obere soziale Schicht bilden, die, der ausübenden Landwirtschaft völlig entfremdet, den Grundbesitz lediglich als Quelle des Rentenbezugs werten. Bande wirtschaftlicher und sozialer Art, die den selbstwirtschaftenden Kapitalisten mit seinem Unternehmen zu verknüpfen pflegen, binden einen solchen Grundeigentümer nicht. Die Interessenharmonie zwischen Pächter und Verpächter löst sich, kalt und schroff stehen sich Grundkapitalist und Bodenbewirtschafter gegenüber. Die Landwirtschaft wird zur Landausbeutung, und jedes Mittel ist recht, das die Ausbeute vergrößert.

Lorenz von Stein hat in seinem viel zu wenig beachteten Buche: „Die drei Fragen des Grundbesitzes und seiner Zukunft" (Stuttgart 1881) anschaulich geschildert, in welcher Weise sich dieses Verhältnis auswirken kann. Damit der Grundeigentümer ein möglichst großes Geldeinkommen aus seinem Grundbesitz herausziehe, muß er auf Mittel sinnen, vermöge deren der Pächter gezwungen werden kann, den letzten Rest seines Ertrages herzugeben. Das erste Mittel besteht darin, niemals große, sondern möglichst kleine Pachtungen zu errichten. Denn einmal läßt sich bei den kleinen Pachtungen der Ertrag sehr viel genauer berechnen und damit verhindern, daß für den Pächter noch irgendwo ein Gewinnteilchen durch die Maschen des Pachtvertrages hindurchschlüpft, und zweitens ist für die kleine Pachtung, weil die Zahl der Anwärter größer ist, auch die Nachfrage größer, wodurch der Pachtpreis in die Höhe getrieben wird. Das zweite Mittel ist die denkbar größte Verkürzung der Pachtzeit. Dadurch wird erstens das Einkommen der Pacht gesichert, weil selbst der kleinste Pächter soviel zusammenzubringen vermag, um die erste und zweite Pachtrate zu bezahlen. Zweitens kann der Eigentümer, falls er sieht, daß immer noch dem Pächter ein Ertrag übrigbleibt, die Pacht alsbald wieder erhöhen. Endlich drittens macht die Kürze der Pachtzeit es möglich, den Pächter, der bei der aufs höchste getriebenen Pacht leicht zugrunde geht, hinauszuwerfen, wenn er alles verloren hat, um einem neuen noch zahlungsfähigen Platz zu machen. „Ja, es wird von diesem Standpunkt aus das beste sein, gar keinen Pachttermin vertragsmäßig festzusetzen, sondern den Pächter auf tägliche oder wöchentliche Kündigung einzusetzen. Das ist der tenant at will, den das englische Pachtsystem als seine ultima ratio festhält."

Demgegenüber gäbe es für den Pächter ein Mittel, sich dieser Zwangslage zu entziehen. Er müßte danach trachten, sich selbst ein kleines Eigentum zu erwerben. Vielleicht daß ihm das gelänge. Doch würde ein solcher Eigentumserwerb wieder gegen das Interesse des Grundkapitals sein. Denn nicht allein, daß diesem damit die Möglichkeit einer weiteren Steigerung seiner Grundrente abgeschnitten würde, auch mittelbar würde er geschädigt, weil dadurch das Angebot von Pachtlustigen verringert würde, so daß also auch das Einkommen von dem übrigen Pachtgrunde sinken könnte. Das große Grundeigentum wird das zu verhindern suchen. Das nächste Mittel dafür ist, daß es seinen Grund und Boden überhaupt nicht verkauft. Doch würde das nur in dem Ermessen des einzelnen Grundeigentümers liegen, ohne daß für ihn eine rechtliche Bindung, so zu handeln, bestünde. Es muß daher, soll das Eigeninteresse des Grundeigentums endgültig gewahrt bleiben, der Eigentumserwerb dem arbeitenden Landwirt auch rechtlich unmöglich gemacht werden. Die moderne Institution, durch die das erreicht werden kann, ist das Fideikommiß. Damit ist die Entwicklung vom Pächter zum Eigentümer endgültig abgeschnitten. „Und jetzt ist es nur noch ein Schritt, um die Folgen der Alleinherrschaft des Einzelrechts in der Landwirtschaft zu vollenden. — Denn wenn am Ende der kleine Pächter die Pachtsumme nicht mehr zahlen kann, so liegt es nahe, statt des Geldes entweder einen Teil seiner Produkte oder einen Teil seiner Arbeit oder aber beides in Verbindung miteinander anzunehmen. Und ist das einmal als Ausgleich geschehen, so ist nichts natürlicher, als daß solche Leistungen zum zweiten Male schon als vertragsmäßige Pachtentrichtung, und zum dritten Male als selbstverständliche Form der Pachtung angenommen werden. Und ist das geschehen, was hat sich hier eigentlich vollzogen? Das große Prinzip des absolut individualisierten Eigentumsrecht ist bei seiner Rückbildung angelangt, und das alte Recht und die alte Ordnung des Feudalsystems mit Giebigkeiten und Fronden ist aufs neue entstanden. Die Freiheit des Eigentums hat durch die absolute Herrschaft seiner Kapitalsqualität die Freiheit des kleinen Besitzes vernichtet, und es gibt zum zweiten Male Herren und Knechte als Grundeigentümer und Tagelöhner."

Es gibt genug Beispiele einer solchen Entwicklung. In besonders krasser Weise zeigen sie sich dort, wo sich die Zwergpacht auf der einen Seite mit einem Absentismus der modernen Feudalherren auf der andern Seite verbindet. Wenn es in England trotz vorherrschender Pacht gut bewirtschaftete große und mittelgroße Farmen gibt, so ist das in erster Linie darauf zurückzuführen, daß der englische Landlord wenigstens einen Teil des Jahres auf dem Lande lebt. Es ist für ihn Ehrensache, daß die Farmen, die unmittelbar bei seinem Landsitz liegen, auch gut bewirtschaftet werden, ja, sich wohlmöglich zu Musterwirtschaften erheben; die unmittelbaren Beziehungen zwischen Grundeigentümer und Farmer sind noch nicht überall völlig gelöst. Anders in Irland, wo der Absentismus vielfach zu einem absoluten geworden ist, und wo besonders der in England lebende Großgrundbesitzer die innere gefühlsmäßige Verbindung mit seinem Grunde und Boden verloren oder niemals besessen hat. Hier herrscht die Zwergpacht in der schlimmsten Form ihrer Entwicklungsmöglichkeit. Das Land ist in zahllose ärmliche Zwergpachtwirtschaften aufgeteilt. Im Zusammenhange mit ihr hat sich hier wie überall dort, wo wie in Italien, in Rumänien, in China ähnliche Zustände herrschen, die Afterpacht ausgebildet, jene übelste Begleiterscheinung dieses Systems, die von dem Zwergpächter besonders drückend empfunden wird.

Der Geschäftsverkehr mit einer Menge von Zwergpächtern hat für den Großgrundbesitzer so viel Unangenehmes, daß er sich dafür gern einer Mittelsperson bedient, am liebsten eines Oberpächters, der seinerseits an die eigentlichen Landwirte afterverpachtet. „In Irland standen früher zuweilen drei, ja vier Mittelpersonen zwischen Gutsherrn und Bauer. Dies ist nun, von allen übrigen Seiten betrachtet, gewiß keine Verbesserung: um so weniger, je bedeutsamer für das ganze Pachtverhältnis auf höherer Kulturstufe die Persönlichkeit des Pächters ist. Ein Pächter, der in Afterpacht geben will, kann schwerlich Meliorationskapital verwenden, da er nicht weiß, ob seine Abnehmer die Auslage vergüten werden, zumal bei solchen Meliorationen, die wenig ins Auge fallen. Auch wird kein Spekulant sein Betriebskapital einem andern von geringer Bildung und Vermöglichkeit anvertrauen wollen. Ebensowenig findet die landwirtschaftliche Einsicht, welche der Mittelsmann etwa besitzt, hier einen angemessenen Spielraum. Desto wahrscheinlicher, daß er seine Kräfte zu wucherischen Künsten aufbieten wird, um einerseits dem Grundherrn durch Vorschüsse und sonstige Gefälligkeiten, anderseits den Bauern durch gesteigerte Konkurrenz und rücksichtslose Härte so viel wie möglich abzugewinnen. Solche Schmarotzerpflanzen sind leicht das größte Hindernis für das Aufkommen eines wirklich guten Pächterwesens, dessen karikatürlichen Stellvertreter sie bilden. Dem irischen Volke, das jeden Menschen, der Pächter unter sich hat, als Gentleman betrachtet, schien die Afterpacht so zur andern Natur geworden zu sein, daß selbst die Tagelöhner so viel wie möglich in Afterpachtungen bezahlt wurden: freilich ein System, welches die Frondienste und Naturallöhne bei dichtester Bevölkerung und nichts weniger als patriarchalischen Gesinnungen festhielt. Wie man denn überhaupt sagen kann, daß Irland die Schattenseiten der Latifundien und Zwergwirtschaften, der Geldoligarchie und des Proletariats, des Mittelalters und der Überkultur in größter Schroffheit miteinander vereinigte." (Roscher.)

Kann die öffentliche Gewalt gegenüber solchen Wirkungen und Auswüchsen des freien Pachtsystems tatenlos bleiben? Sicherlich nicht! Nicht allein, daß Gebiete mit einer so unerträglich schlechten sozialen Verfassung dauernd einen Herd sozialer und politischer Unzufriedenheit bilden, auf dem immer wieder die Flammen gewaltsamer Empörung hochschlagen, auch die ganze Volkswirtschaft wird dadurch schwer beeinträchtigt und in ihrer Leistungsfähigkeit zurückgebracht.

Der Pächter verarmt. Verarmung des Pächters heißt — ich folge wieder Lorenz von Stein —, daß ihm in den Betriebsmitteln ein Abgang entsteht. Die Produktion auf dem gepachteten Grundstücke geht zurück, die Erzeugnisse werden schlechter, und zwar „nach dem allgemeinsten und höchsten Gesetze aller Landwirtschaft, indem Äcker und Vieh sich stets gegenseitig schlechter machen". Es ist nur eine Frage der Zeit, wann der Punkt eintritt, wo der Pächter die Pacht nicht mehr zahlen kann. Der Verpächter muß die Pacht herabsetzen. Das heißt erstlich, daß seine Einnahme geringer wird, das heißt zweitens, daß sein Grundkapital um den kapitalisierten Betrag der Pacht vermindert wird. Es war also ein großer Irrtum, wenn der Grundeigentümer glaubte, daß die möglichst kleinen Pachtungen und der möglichst kurze Pachttermin, die im Anfange so einträglich schienen, zu einer wirklichen Vermehrung seines Vermögens geworden seien. „Es steht im Gegenteil fest, daß die Pacht, welche die Grundrente sein sollte, die Grundrente selber zu vernichten beginnt; die Verarmung des Pächters wird zur Entwertung des Grundbesitzes, und wo immer es eine Pacht geben mag, kann es weder bei dem Grundbesitzer, noch bei dem Pächter Wohlstand geben, wenn die Kapitalbildung des Pächters durch die Höhe und Kürze der Pacht gebrochen, und der Erwerb desselben die Natur eines Unternehmergewinns verloren und zum Tagelohn — zum Existenzminimum — herabgedrückt ist."

So gebiert dieses System selbst die Kräfte, die es zerstören. Schließlich kann der Pachtvertrag so klein werden, daß der Eigentümer den Anreiz einbüßt, überhaupt noch zu verpachten. Die Pachtgüter werden niedergelegt, die Pächter werden entlassen und statt der einzelnen Pachtgüter entstehen große, von Menschen entblößte Strecken, die nur der Viehzucht oder auch wohl nur der Jagd dienen. Der Pächter aber, dessen Arbeitskraft jetzt wertlos geworden ist, fällt entweder der Armenversorgung zur Last oder zieht in die Stadt, um hier das Proletariat zu vermehren, oder wandert aus. Das platte Land wird menschenleer und büßt alle die Kräfte ein, die es als Menschenreservoir zur Auffrischung der städtischen Bevölkerung und als Absatzgebiet für den städtischen Gewerbefleiß in so hohem Maße für die Volkswirtschaft besitzt. So wirkt eine solche Gestaltung der Agrarverfassung wie ein Krebsschaden, der immer weiterfrißt und schließlich den ganzen Volkskörper in Mitleidenschaft zieht.

Das unbeschränkt freie Pachtsystem ist ad absurdum geführt. Der Staat muß eingreifen. Das Gebot der Selbsterhaltung erfordert es. Tatsächlich sind denn auch in fast allen Ländern, wo die Entwicklung des Pachtwesens zu den geschilderten Zuständen geführt hatte, seit dem letzten Drittel des 19. Jahrhunderts Reformen eingeleitet worden, die sich nicht nur darauf beschränken, den Pächter vor Ausbeutung zu schützen, sondern auch wohl darauf hinzielen, die Pächter zu Erbpächtern oder gar zu Eigentümern zu machen. Es ist eine neue Auflage der Bauernbefreiung, die sich in diesen Ländern anbahnt. Ein höchst bezeichnender Vorgang, der die alte historische Erfahrung bestätigt, daß ein Übermaß von Bedrückung aus sich heraus die Kräfte erzeugt, die den Druck wieder abwälzen.

In England ist zwar das meist verbreitete Rechtsverhältnis zwischen Eigentümer und Verpächter, die yearly tenancy, das Pachtrecht von Jahr zu Jahr, bestehen geblieben, doch mit solchen Beschränkungen für den Verpächter ausgestattet worden, daß es einem erbpachtähnlichen Verhältnis mehr und mehr gleichkommt. Das äußert sich vor allem darin, daß dem Pächter nicht mehr willkürlich gekündigt werden darf. In Irland gehen die Anfänge der Reform schon auf Gladstone zurück. Der Verpächter darf die Pacht weder willkürlich erhöhen noch kündigen und darf nur unter gewissen

Voraussetzungen den Pächter daran hindern, sein Pachtrecht zu verkaufen. Dem abziehenden Pächter muß ein Ersatz für die aufgewendeten Meliorationen gewährt werden. Die Überführung der Pacht in das freie Eigentum des Pächters wird durch staatliche Vorschüsse erleichtert. In Italien und Rumänien gehen die Reformen vor allem dahin, die Ober- oder Zwischenpacht zu beseitigen und die Gründung von Pachtgenossenschaften zu fördern.

Es müssen schon schwere Übel- und Notstände vorliegen, wenn der Staat zu Maßnahmen der geschilderten Art greift. Die Überzeugung, daß die öffentliche Gewalt nicht berechtigt sei, das freie Eigentumsrecht zu beschränken, ist in den Gemütern der modernen Staatsbürger so fest verankert, daß jedem Eingriff in die privatrechtliche Regelung des Pachtverhältnisses zunächst heftiger Widerstand entgegengesetzt wird, ja selbst seitens derjenigen Kreise, die womöglich unter den bestehenden Verhältnissen schwer leiden. So ist es auch zu verstehen, daß in Deutschland, wo sich nur in einzelnen Gegenden die Schattenseiten des freien Pachtwesens mit seiner Ausartung zur Zwergpacht zeigen, grundsätzlich daran festgehalten wurde, daß das Verhältnis zwischen Verpächter und Pächter als ein rein privatrechtliches ausschließlich dem Willen der Parteien unterworfen sei, und daß die Gesetzgebung sich lediglich darauf zu beschränken habe, etwaige Lücken des Vertrages in einer dem mutmaßlichen Willen der Parteien entsprechenden Weise zu ergänzen.

Freilich durfte die Grundlage, auf der das Pachtverhältnis beruhte, der Wert des Geldes, nicht erschüttert werden. Sobald das geschah, wurden die Hemmungen beseitigt, die bis dahin das Eingreifen des Staates verhindert hatten.

3. Pacht und Geldentwertung.

Erst verhältnismäßig spät, im Jahre 1920, sah sich die deutsche Reichsregierung veranlaßt, in die freie Bildung der Pachtpreise einzugreifen. Die schon während des Krieges auf dem Gebiete der Kleingarten- und Kleinpachtlandwirtschaften getroffenen reichsgesetzlichen Regelungen waren vorzugsweise Maßnahmen der Kriegsernährungswirtschaft gewesen, auf die nicht näher eingegangen zu werden braucht.

Schon bald nach Kriegsausbruch hatte nämlich eine starke Nachfrage nach Nutzgärten eingesetzt, die teils auf eine mit leidenschaftlichem Eifer betriebene Propaganda für die Eigenerzeugung von Nahrungsmitteln zurückging, teils in der Bevorzugung des „Selbstversorgers" im Rahmen der Kriegsernährungswirtschaft ihren Grund hatte. Man erhoffte von der werktätigen Mitarbeit möglichst breiter Kreise der Bevölkerung an der Beschaffung von Nahrungsmitteln eine Streckung der allzu knapp gewordenen Nahrungsmitteldecke. Man glaubte daher ein allzu starkes Ansteigen der Pachtpreise für Grundstücke, die für solche Zwecke geeignet waren, verhindern zu müssen.

Dagegen hatte sich im ländlichen Güterverkehr und im eigentlich landwirtschaftlichen Pachtwesen während des Krieges keine Veranlassung zu staatlichen Maßnahmen ergeben. Die Zwangswirtschaft hatte gerade die Landwirtschaft hart anfassen müssen. Der dadurch ausgeübte Druck hatte den Erwerb oder die Pachtung von Landgütern nicht so begehrenswert gemacht, daß eine Preissteigerung in erheblichem Maße hätte eintreten können. Im Gegenteil war der Gütermarkt während des ganzen Krieges und darüber hinaus verhältnismäßig gedrückt gewesen.

Das sollte sich in dem Maße ändern, als die Zwangswirtschaft Stück für Stück aufgehoben wurde und die Landwirtschaft wieder größere Gewinne abwarf. Landwirtschaftliche Betriebe wurden wieder begehrt, so daß die für sie gezahlten Kauf- und Pachtpreise stiegen. Schon bei der Durchberatung des Reichssiedlungsgesetzes im Sommer 1919 wurde von der Nationalversammlung der Erlaß einer Pachtschutzordnung nach dem Vorbilde des Mieterschutzes angeregt, und zwar unter der ausgesprochenen Zielsetzung, das Steigen der Pachtpreise aufzuhalten. Vor allem wollte man aus sozialen Gründen den Kleinpächter schützen, den man von wucherischer Ausbeutung bedroht wähnte. Die Reichspachtschutzordnung vom 1. Juni 1920, welche, als sie nach zwei Jahren ablief, durch Gesetz vom 29. Juni 1922 auf weitere zwei Jahre im wesentlichen erneuert wurde, ermächtigte die Landeszentralbehörden, Pachteinigungsämter zu errichten. Diesen wurden zum Schutze der Kleinpächter besonders weitgehende Befugnisse eingeräumt. Die Pachteinigungsämter können für kleinere Grundstücke, die zu landwirtschaftlicher oder gewerbsmäßig gärtnerischer Nutzung verpachtet sind, bestimmen:

1. daß Kündigungen unwirksam werden, und daß gekündigte Verträge bis zur Dauer von zwei Jahren fortzusetzen sind,
2. daß ohne Kündigung ablaufende Verträge bis zur Dauer von zwei Jahren verlängert werden,
3. daß Verträge vor Ablauf der vereinbarten Zeit aufgehoben werden.

Die Höchstgrenze der so geschützten Pachtobjekte wurde zunächst auf $2^1/_2$ ha bemessen, in der neuen Pachtschutzordnung von 1922 aber auf 10 ha erhöht, weil man auch den kleinen noch eben selbständigen Ackernahrungen den gleichen Schutz angedeihen lassen wollte. Doch sollten sich die Landeszentralbehörden nicht an diese starre Grenze zu halten brauchen, sondern berechtigt sein, die Größengrenze „nach den örtlichen Boden- und Betriebsverhältnissen auf den Umfang einer selbständigen Ackernahrung herauf- oder herabzusetzen."

Die Eingriffsmöglichkeiten beschränken sich aber nicht nur auf diese kleineren Grundstücke. Für Grundstücke jeder Größe können sie

Leistungen, die unter den veränderten wirtschaftlichen Verhältnissen nicht mehr gerechtfertigt sind, anders festsetzen.

Wenn die Pachtschutzordnung eigentlich dazu geschaffen worden war, den Pächter vor übertriebenen Pachtpreissteigerungen zu bewahren, so ist doch auch der Verpächter berechtigt, das Pachteinigungsamt anzurufen, um eine Erhöhung des Pachtschillings zu beantragen. Freilich hatte der Gesetzgeber geglaubt, daß das nur im Ausnahmefällen geschehen würde. Tatsächlich kam es dann aber gerade umgekehrt. Bei der ständig zunehmenden Geldentwertung wurde, wo laufende Pachtverträge vorlagen, nicht der Pächter, sondern der Verpächter der notleidende Teil. In der weit überwiegenden Mehrzahl der Fälle wurden die Pachteinigungsämter von den Verpächtern und nicht von den Pächtern angerufen, um vor ihrem Forum eine Erhöhung der Pachtpreise — und zwar mit Erfolg — durchzusetzen. Noch häufiger einigten sich aber die Parteien unter Umgehung der Pachteinigungsämter auf Grund freier Vereinbarung. Gewöhnlich waren die Pächter einsichtig genug, um zu erkennen, daß sie sich nicht auf Kosten der Verpächter unmäßig bereichern durften.

Freilich wurde es je länger, je mehr schwierig, eine zuverlässige Grundlage für die Pachtpreisregelung zu finden. Das Verfahren, unter Zugrundelegung der Friedenspacht einen gewissen Zuschlag von soundsoviel Prozent festzusetzen, wie es bei der Bestimmung der städtischen Wohnungsmieten üblich ist, konnte den Verpächter nicht befriedigen, weil ein so festgesetzter Pachtpreis schon in der allernächsten Zeit durch die fortlaufende Geldentwertung wieder unbillig werden konnte. Für den Pächter wäre allerdings dieses Verfahren, solange der Geldwert immer nur abnahm, vorteilhaft gewesen. Doch durfte er den Bogen nicht überspannen, weil es der Verpächter sonst vorgezogen hätte, zur Eigenwirtschaft überzugehen. Vielfach ist man daher zur Naturalienpacht übergegangen. Versagt die Geldpacht, weil das Geld ein unsicherer Wertmesser geworden ist, so wählen wir uns einen Wertmesser von besserer Stabilität: Weizen oder Roggen. Statt in einer Geldsumme wird der Pachtzins in einer Getreidemenge ausgemacht, an die Stelle der Geldrente tritt eine Naturalienrente oder, wie man von alters her im Rheinlande sagt, eine „Sackrente".

Dieser Ausweg, so folgerichtig er in Anpassung an die veränderten Verhältnisse gewählt zu sein scheint, stößt bei seiner Beschreitung auf Hindernisse verschiedenster Art. Ja, wo die Verhältnisse so einfach liegen, daß der Verpächter unmittelbar Naturalienlieferungen in Empfang zu nehmen imstande und bereit ist, da ist auf diese Art verhältnismäßig leicht eine befriedigende Lösung gefunden. Freilich wird von vornherein ein Pachtnachlaß im Falle schlechter Ernten ausgemacht werden müssen. Hat doch die Naturalienpacht den Fehler, daß sie den Pächter im umgekehrten Verhältnis zu seiner Leistungsfähigkeit belastet. Während bei der Geldpacht der Pächter im Falle schlechter Ernten einen gewissen Ausgleich in höheren Preisen zu finden pflegt, bleibt für den Naturalienpächter, gleichgültig wie die Ernte ausfällt, die Pachthöhe die gleiche. Das kann bei Mißernten, wenn für solche Fälle nicht besondere Vereinbarungen gelten, zu unhaltbaren Zuständen führen.

Noch größere Schwierigkeiten ergeben sich bei jener Form der Naturalienpacht, die nicht effektive Naturalienlieferungen, sondern Geldzahlungen vorsieht, die nach einer im Pachtvertrage ausgemachten Produktenmenge bemessen werden. Man bestimmt den Pachtpreis nicht nach Mark, sondern nach Doppelzentnern Weizen oder Roggen. Diese sind jedoch nicht naturaliter abzuliefern, sondern es ist eine Geldsumme zu zahlen, die unter Zugrundelegung des Marktpreises für die ausgemachte Menge errechnet wird. Es handelt sich also tatsächlich gar nicht um eine Naturalienpacht, sondern um eine Geldpacht mit einer von der gesetzlichen Geldwährung abweichenden Währung, der „Weizen- oder Roggenwährung". Ich möchte sie daher als eine „unechte Naturalienpacht" bezeichnen. Man hat sie auch wohl „Naturalwertrente" genannt.

Die Fehlerquelle dieses Systems liegt nicht auf der Naturalien-, sondern auf der Geldseite. Denn wenn auch in einem Lande mit so traurigen Geldverhältnissen wie in dem heutigen Deutschland, der Weizen oder der Roggen ein besserer Wertmesser als das Papiergeld ist, so vermag er doch keineswegs den Ansprüchen genügen. Roggen und Weizen hängen von ihrer Preisbildung von so vielen, von vornherein gar nicht zu überblickenden Einflüssen ab, daß ein auf ihnen aufgebauter Pachtpreis gefährlich ins Schwanken geraten kann. Ja, wenn die übrigen landwirtschaftlichen Erzeugnisse und die Produktionskosten sich in gleicher Linie bewegen würden wie die Brotgetreidepreise, würde dieses System nicht einmal so schlecht sein. Das ist aber keineswegs der Fall. Bei der Anwendung der Weizen- und Roggenwährung wird die Pachtunternehmung zur reinen Spekulation. Wie soll der Pächter seinen Wirtschaftsanschlag machen, wie soll er den Mut zu kulturellen Aufwendungen aufbringen, wenn er erst zum Schluß des Wirtschaftsjahres aus dem Kurszettel entnehmen kann, was er denn eigentlich an Pacht zu entrichten hat? Diese und ähnliche Bedenken gegen die unechte Naturalienpacht haben auch die Veranlassung dazu gegeben, daß nach der neuen Pachtschutzordnung vom 29. Juni 1922 die Pachteinigungsämter eine Naturalienpacht nur unter Zustimmung beider Teile festsetzen dürfen.

Die unechte Naturalienpacht ist die denkbar schlechteste Lösung des heutigen Pachtproblems — privatwirtschaftlich, weil sie das Risiko zunehmender Geldentwertung allein auf die Schultern des einen Teiles, des Pächters, schiebt, volkswirtschaftlich, weil sie die Vornahme kultureller Verbesserungen hintenan hält.

Das Ziel muß sein, den Pachtvertrag so zu gestalten, daß er beiden Teilen unbedingt ein Gefühl der Sicherheit gewährt. Das ist nur möglich, wenn beide Parteien von vornherein gewillt sind, das Risiko der Geldentwertung auf gleichen Schultern zu tragen und umgekehrt den andern Teil gegebenenfalls auch an den sich aus der Geldentwertung ergebenden Gewinnen teilnehmen zu lassen. Pächter und Verpächter müssen in ihren Interessen auf Gedeih und Verderb miteinander verkoppelt sein. Nur dann kann es gelingen, das Geldpachtwesen auch in Deutschland zu erhalten und zu entwickeln. Die Pacht ist ein Geschäftsunternehmen. Bei einem Geschäft wollen beide Teile gewinnen. Ein Zustand, der einseitig Benachteiligte und Bevorteilte schafft, ist auf die Dauer im Geschäftsleben unerträglich.

Solche Überlegungen führen zu dem System der „Pacht nach gleitender Skala“, eine Pachtform, die schon zu einer Zeit, als die Nöte der heutigen Geldentwertung noch nicht mit gleicher Deutlichkeit auf sie hinwiesen, als eine Verbesserung der reinen Geldpacht erkannt worden war. Kein Geringerer als der berühmte Praktiker im preußischen Domänenwesen, der Ministerialdirektor Dr. H. Thiel, ist schon vor zwanzig Jahren für die Pacht mit gleitender Skala eingetreten und hat in seinem Amtsbereich Versuche damit gemacht.

Die schwache Seite der reinen Geldpacht, daß die Pachtverträge die Parteien für den ganzen Zeitraum der Pachtperiode binden, selbst wenn die Preisgrundlage, auf der sie abgeschlossen wurden, sich inzwischen verändert hat, machte sich bereits in den 90er Jahren des vorigen Jahrhunderts unangenehm bemerkbar. Infolge des damals einsetzenden Sturzes der Getreidepreise wurden die Pächter in ihrer Existenz ernstlich gefährdet. Unter dem Eindruck dieser Krisis besann man sich auf die Pacht nach gleitender Skala. Hollmann wies darauf hin, daß man in Dänemark mit Erfolg diese Pachtform anwende: „In der Regel ist es so, daß die Hälfte der stipulierten Pachtsumme in einer Geldsumme fixiert ist, während die zweite Hälfte nach den Preisen der jeweilig berücksichtigten Produkte von Jahr zu Jahr schwankt. Diese Produkte werden nun nicht, wie das vorzeiten üblich war, in natura geleistet, sondern nach der Kapitelstaxe in Geld umgerechnet. Die Kapitelstaxe ist eine aus der katholischen Zeit stammende Einrichtung, wo die geistlichen Kapitel offizieller Preise bedurften, nach welchen die ihnen zustehenden Abgaben an Getreide, Erbsen, Buchweizen, Buchweizengrütze, Butter, Speck und Honig in Geld umgerechnet werden konnten. Eine solche Umrechnung findet noch heute bei der Einrichtung des Zehnten statt. Die Kapitelstaxe wird alljährlich vor dem 1. Februar in jedem Stift von dem Stiftsamtmann und dem Bischof festgesetzt. Diese Taxe . . . gilt für die Abgabe des laufenden

Jahres. Für Butter und Speck werden die Durchschnittspreise der Börsennotierungen zugrunde gelegt." Thiel machte einen Versuch mit diesem System bei einer Domäne der Provinz Sachsen. Hier wurde folgendes vereinbart: Das jährliche Pachtgeld beträgt 85000 Mark wovon 54400 Mark je nach den Zucker-, Spiritus- und Weizenpreisen variabel sind. Nach den Angaben über die Fruchtfolge und der Bruttoeinnahmen fallen 40% der Einnahmen auf Zuckerrüben und Rübensamen, 14% auf Weizen, 10% auf Spiritus, 36% auf alle übrigen Früchte und auf das Vieh. Es sind zu zahlen 36% (= 30600 Mark) bar, 40% in Zucker, 14% in Weizen, 10% in Spiritus. Für die Festsetzung der Durchschnittspreise jedes Pachtjahres sind maßgebend für Zucker die Notierungen der Magdeburger Börse, für Weizen der Durchschnitt der von der Zentralstelle der Landwirtschaftskammern in Berlin notierten Preise, für Spiritus der von der Spirituszentrale gezahlte Berliner Preis. Die Pachtleistung hat in der Weise zu geschehen, daß der Pächter zunächst in jedem Vierteljahr 21250 Mark, also ein Viertel der Normalsumme von 85000 Mark zahlt, und daß nach Schluß des Jahres, wenn die Durchschnittspreise ermittelt worden sind, eine Aufrechnung über die wirklich für das abgelaufene Jahr zu zahlende Pacht gemacht wird. Je nachdem, ob sich bei dieser Abrechnung ergibt, daß der Pächter zu viel oder zu wenig gezahlt hat, wird der Betrag auf die nächste Pachtquote angerechnet oder ihr zugeschlagen.

Haben wir hier einen Weg, der unter den jetzigen Verhältnissen beschritten werden kann? Auf den ersten Blick scheint das tatsächlich der Fall zu sein. Da Geldentwertung und Produktenpreisbildung sich nicht im gleichen Verhältnis bewegen, teilt man die Verlustgefahr wie die Gewinnchancen, die auf der einen, wie auf der andern Seite eintreten können und müssen, zwischen Pächter und Verpächter. Ein Teil der als billig errechneten Pacht wird in Geld festgesetzt, die übrigen Leistungen bewegen sich in gleitender Skala mit den Produktenpreisen. Sinkt der Geldwert, dann erhöht sich der Wert des Naturalanteiles der Pacht — steigt der Geldwert, dann sinkt derselbe. So ergibt sich automatisch ein Ausgleich zwischen Höhe der Leistung und Höhe des Geldwertes. Natürlich müssen dem Naturalanteil die besonderen Produktionsverhältnisse des betreffenden Landguts genau angepaßt werden.

Gleichwohl ist nicht zu erwarten, daß dieses Verfahren unter den heutigen Verhältnissen bei den Verpächtern Anklang finden würde. Bei kleinen Geldwert- oder Preisschwankungen durchaus angebracht, muß dieses System bei einer so katastrophalen und schnellen Geldentwertung, wie wir sie gegenwärtig in Deutschland erleben, versagen, weil der Verpächter, auch wenn er nur einen Teil des Pachtzinses in Papiermark erhielte, unverhältnismäßig geschädigt würde. Erst wenn der Wert der Mark wieder einigermaßen stabilisiert ist, wird sich die Anwendung dieses Verfahrens empfehlen und sicherlich auch bewähren.

Man muß also noch einen Schritt weiter tun und die Pacht in ihrer vollen Höhe unter Zugrundelegung des geschätzten Reinertrages in jedem Jahre berechnen. Die auf diese Weise errechnete Pachtsumme würde die Grundpacht für das nächste Wirtschaftsjahr bilden, an dessen Ende auf Grund einer neuen Berechnung dann entweder Rückzahlungen seitens des Verpächters oder Nachzahlungen seitens des Pächters zu erfolgen hätten. Dabei wäre es natürlich weder nötig noch erwünscht, daß der Reinertrag eines jeden Gutes im einzelnen genau berechnet würde, sondern man könnte sich mit gewissen Durchschnittssätzen begnügen, wofür die Buchführungsstellen der Landwirtschaftskammern die Unterlagen gewähren könnten. Gleichwohl bliebe dieses Verfahren außerordentlich kompliziert. Es ist auch nicht zu verkennen, daß es der Gewährsverwaltung mit allen ihren Mängeln bedenklich nahe käme. Doch wird man vergebens nach einem andern Wege suchen, der zu einem gleichermaßen beide Teile befriedigenden Ziele führen könnte. Sicherlich war die frühere reine Geldpacht das einfachere und bessere! Aber ein Abgebrannter, der neu aufbauen will, muß sich nach seinen Mitteln richten. Die reine Geldzeitpacht ist eine Lebensäußerung einer hoch entwickelten Kreditwirtschaft und ist nur so lange lebensfähig, als diese ihre volle Leistungsfähigkeit besitzt. Wenn sie, wie es heute der Fall ist, durch die Unsicherheit des Geldwertes in ihren Grundfesten erschüttert ist, dann wird man wohl oder übel zu andern Pachtformen übergehen müssen.

Ich bin mir wohl bewußt, daß auch mein letzter Vorschlag keine Gegenliebe finden wird, und zwar werden in diesem Falle beide Parteien sich in ihrer Abneigung zusammenfinden, weil sie fürchten, daß bei diesem Verfahren der Steuerbehörde ein zu genauer Einblick in ihre Einkommensverhältnisse gewährt werden würde. Das ist richtig. Die Steuerflucht würde durch dieses Verfahren erschwert werden. Doch ist das kein Grund, der den das Allgemeininteresse vertretenden Agrarpolitiker dazu bewegen könnte, den als richtig erkannten Weg zu verlassen.

4. Der Teilbau.

Der Teilbau ist eine landwirtschaftliche Nutzungsform, bei welcher der Grundbesitzer dem Teilbauer ein bestimmtes Grundstück zur Bewirtschaftung gegen einen Bruchteil des Rohertrages übergibt und sich die Leitung des Betriebes und Aufsicht über die Wirtschaft vorbehält. Die Formen des Teilbaues sind sowohl nach Vertragsinhalt wie nach Vertragsobjekt mannigfaltig. Doch muß als wesentliches Merkmal des Teilbaues daran festgehalten werden, daß der Rohertrag (nicht der Reinertrag!) anteilsmäßig zwischen dem Grundeigentümer und dem Teilbauer geteilt werden.

Der Teilbau hat den Agrarhistoriker und Agrarpolitiker stark beschäftigt, erklärlicherweise im Ausland, wo er zu Hause ist, mehr als in Deutschland. Da er in den mannigfaltigsten Formen und mit verschiedenen sozialen und wirtschaftlichen Wirkungen auftritt, so gehen die Urteile über ihn stark auseinander. Es ist das Verdienst von E. Jenny, daß er in seinem Buche über den Teilbau (Leipzig 1913) auf Grund umfassender Literaturstudien, verbunden mit auf eigener Anschauung beruhenden Untersuchungen Klarheit in dem ganzen mit dem Teilbau zusammenhängenden Fragenkomplex gebracht hat. In seinem Buche ist auch die umfangreiche über den Teilbau vorhandene Literatur mit großer Vollständigkeit verzeichnet.

Jenny glaubt drei Hauptformen des Teilbaues unterscheiden zu können: 1. Hof- oder Anwesenteilbau, 2. Parzellenteilbau, 3. Arbeitsteilbau oder Fronpacht. Im ersten Falle bildet ein geschlossener landwirtschaftlicher Betrieb, dessen Bewirtschaftung den Teilbauern und seine Familie voll in Anspruch nimmt, das Vertragsobjekt. Beim Parzellenteilbau geht der Teilbauer nicht mit seiner ganzen Existenz im Teilbauverhältnis auf; er verfügt meistens noch über eine eigene Wohnstätte und andere Ländereien, sei es als Eigentümer, sei es als Pächter; das Teilbauverhältnis bildet also nur ein mehr oder weniger wichtiges Anhängsel zu seinem übrigen Betrieb. Der Arbeitsteilbau erinnert sehr stark an die grundherrliche Fronwirtschaft der Feudalzeit; die Teilbauern bewirtschaften mit eigenen Gespannen und Geräten das Gutsareal des Grundherrn und erhalten für ihre Arbeitsleistung einen Anteil an der Ernte. In diesem Falle bildet der Teilbau in erster Reihe die Grundlage eines Arbeitsvertrages und soll uns in diesem Zusammenhange nicht beschäftigen.

Der Teilbau ist auch heute noch sehr viel verbreiteter, als man sich in Deutschland, wo man ihn für den Überrest einer überwundenen Wirtschaftsstufe anzusehen geneigt ist, im allgemeinen vorstellt. Wir finden ihn in den romanischen Ländern, vor allem in Italien und in Frankreich, wir finden ihn in den Balkanstaaten, in Griechenland und in der Türkei wie auch in Ägypten, Tunis, Marokko und Algier, wir finden ihn in Osteuropa, in Rußland, in Ungarn, und nicht nur in den ganz alten Kulturländern Persien, Indien, China und Japan stoßen wir auf ihn, sondern auch in Neuländern, in den Vereinigten Staaten von Amerika, in Brasilien, Uruguay, Argentinien und in Australien. Also wohin wir blicken, in den meisten Ländern, ganz gleich, welchem Kulturgrade und welchem Klima sie angehören, ist der Teilbau bald mehr, bald weniger stark neben andern Nutzungsformen verbreitet. Nur in den germanisch-skandinavischen Ländern scheint er seltener zu sein, in Deutschland, England, Holland, Belgien, Dänemark, Schweden, Norwegen.

In Deutschland ist gelegentlich der Betriebsstatistik von 1895 nach dem „gegen Ertragsanteil bewirtschafteten Land“ gefragt worden mit dem Ergebnis, daß es in Deutschland im ganzen 10043 landwirtschaftliche Betriebe mit ausschließlich und 28372 Betriebe mit teilweise solchem Land gab, das insgesamt eine Fläche von 48735 ha ausmachte. Das ist relativ wenig, und Jenny meint, daß es sich hier vermutlich nicht einmal um echten Teilbau handele, sondern fast ausschließlich um Quotallöhnung von Akkordarbeitern. Die bei der Erhebung angewandte Fragestellung hätte dazu Veranlassung geben müssen, daß Teilbau mit allen Abarten von Naturallöhnung und

Naturalpacht kunterbunt durcheinander geraten sei. Das mag sein — immerhin bleibt es auffallend, wie stark sich das bei dieser Erhebung festgestellte Land auf einzelne Gegenden konzentriert. So entfiel z. B. allein auf die Rheinprovinz etwa der zehnte Teil der gegen Ertragsanteil bewirtschafteten Fläche, und in der Rheinprovinz waren es wieder die Regierungsbezirke Koblenz und Trier, die den ganz überwiegenden Anteil hatten. Es handelt sich um Gebiete, von denen wir wissen, daß in ihnen noch im 18. Jahrhundert der Teilbau, und zwar ganz besonders beim geistlichen Grundbesitz, sehr häufig angewandt worden ist.

Wenn sich in Deutschland der Teilbau nur sporadisch erhalten hat, hängt das mit der agrarhistorischen Entwicklung dieses Landes zusammen. Unter den Gründen, die den Teilbau begünstigen, wirkt am stärksten eine Grundbesitzverteilung, die klaffende Gegensätze wirtschaftlicher und sozialer Art zwischen einer kleinen Schicht womöglich absenter Großgrundeigentümer und einer breiten Masse von ländlichen Zwergwirten schafft. „Überall dort, wo gewaltige Privatlatifundien oder vom Staate zu Lehen vergebene Landkomplexe von einer besitzlosen oder landarmen Bevölkerung umspült und umworben sind, ist der Teilbau gleichsam die primitivste Anschwemmungsform menschlicher Arbeit auf die von ihr zu befruchtende Scholle." (Jenny.) Das sind Voraussetzungen, die die Entwicklung des Teilbaues in Italien und anderwärts begünstigt haben. In Deutschland dagegen herrscht das kleinere und mittlere Grundeigentum vor, und wo sich in Ostdeutschland größere Güter zahlreicher finden, waren ihre Eigentümer von jeher selbsttätige Landwirte, die ihre Rittergüter als einheitliche Großbetriebe selbst bewirtschafteten und nicht geneigt waren, sich mit andern in ihren Ertrag zu teilen. Der Teilbau konnte daher, zumal nachdem die Bauernbefreiung die Fröner zu freien Eigentümern gemacht hatte, hier nicht recht Boden finden. Weiter leuchtet ein, daß dort, wo die Geldwirtschaft auch in der Landwirtschaft die Naturalwirtschaft so stark verdrängt hat, wie in Deutschland, der Teilbau leicht durch geldwirtschaftliche Nutzungsformen ersetzbar wird, die in einer für beide Teile bequemeren Weise das Verhältnis zwischen Grundeigentum und Bodenbewirtschafter regeln.

Doch darf man darum nicht meinen, daß die Anwendung des Teilbaues ungünstige soziale Verhältnisse und eine rückständige Landwirtschaft notwendig zur Folge haben müsse. Wenn der Deutsche den Teilbau ungünstig beurteilt, so liegt es daran, daß er sich schwer in seine ihm fremden Bedingungen hineinzudenken vermag. Vielleicht, daß ihm auch das Bild vorschwebt, das die italienische Landwirtschaft mit ihren vielfach trostlosen Verhältnissen bietet. Doch hat schon Buchenberger hervorgehoben, daß daran viel weniger der Teilbau als die unglückliche Agrarverfassung Italiens die Schuld trage. Große

Teile des flachen Landes seien der ländlichen Bevölkerung zugunsten großer Magnaten und städtischer Kapitalisten entfremdet worden. „Von der sozialen Forderung: ‚Das Land den Bebauern‘, ist Italien so weit entfernt als immer möglich; und viel weniger als in der weitgehenden Eigentumszerstücklung des Grund und Bodens überhaupt, die nach den klimatischen Verhältnissen der betreffenden Landstriche am Ende noch erträglich wäre und jedenfalls ungefährlicher ist als im mittleren Europa, liegt der Urquell der agrarischen Leiden des Landes in dem Aufbau einer Grundeigentumsverfassung, bei der die überwiegende Mehrzahl der Bodeneigentümer den Grund und Boden nicht selbst bewirtschaftet, sondern ihn als Objekt eines arbeitslosen Rentenbezuges anzusehen sich gewöhnt hat, für welchen eine fleißige, genügsame, aber vielfach in krasser Unwissenheit befangene Bevölkerung in harter Arbeit aufkommen muß." Wir wissen, daß auch die Pacht zu bösen Mißbräuchen führen kann. Es mag sein, daß der Teilbau in besonders starkem Maße die Möglichkeit zu Entartungen bietet. Diese haben ihre Wurzel gewöhnlich darin, daß dem Teilbauer außer dem Ertragsanteil noch Sonderleistungen persönlicher und sachlicher Art abgefordert werden, die ihn im Falle von Mißernten doppelt schwer belasten und unter Umständen ruinieren können. Doch handelt es sich dabei um Mißbräuche, die mit dem Teilbau nicht unbedingt verknüpft zu sein brauchen, sondern seinem eigentlichen Wesen geradezu widersprechen.

Es ist wiederholt gesagt worden, der Teilbau verhindere oder erschwere den landwirtschaftlichen Fortschritt. Diese Behauptung entbehrt, wie sich gleich zeigen wird, nicht ganz der Berechtigung. Freilich scheint sie durch den Hinweis widerlegt zu werden, daß der Teilbau sich auch bei hoch intensiven Kulturen bewährt habe. Unter den wenigen Überresten des Teilbaues, die wir in Deutschland haben, sind die Beispiele auffallend häufig, wo es sich um derartige Kulturen (Tabaks-, Wein-, Zwiebel-, Meerrettich-, Zichorienbau) handelt. In den südlichen Ländern sind es Wirtschaften mit Weinbau, Seidenzucht, Ölgewinnung, Agrumengärten, bei denen der Teilbau mit Erfolg angewandt wird. Es sind arbeitsintensive Spezialkulturen, die einmal eine besonders sorgsame und pflegliche Behandlung erfordern, und zweitens in hohem Maße Mißernten ausgesetzt sind. Der Teilbau, der eine innige Interessengemeinschaft zwischen Grundeigentümer und Bodenbebauer bewirken kann und die Verlustgefahr auf beide verteilt, wird für solche Kulturen besonders geeignet sein. Aber von diesen Fällen abgesehen läßt sich nicht verkennen, daß der Teilbau eine Verbesserung der Agrikultur und eine zunehmende Intensivierung der Landwirtschaft nicht gerade begünstigt. Wird doch die Investierung neuen Kapitals durch den Umstand hintangehalten, daß sich keine von den beiden Parteien leicht dazu entschließen wird, weil der Ertrag der Neuaufwendungen immer in zwei Teile gehen würde. Weiter liegt es im System begründet, daß der Teilbauer ein materielles Interesse an extensiver Kultur hat, da mit geringer werdenden Produktionskosten sein Gewinn steigen kann.

Zum Beweise dessen ist wiederholt auf folgende Rechnung hingewiesen worden: Der Rohertrag eines Feldes betrage beim Anbau von Hafer 130 Franken, beim Anbau von Weizen 250 Franken, wobei sich die Produktionskosten im ersten Falle auf 45, im zweiten Falle auf 120 Franken belaufen mögen. Zu welcher der beiden Kulturen wird sich der Teilbauer entschließen? Zum Anbau des Hafers. Denn seine Rechnung stellt sich beim Hafer: $\frac{130}{2} - 45 = 20$ Franken, beim Weizen auf $\frac{250}{2} - 120 = 5$ Franken. Bei der extensiveren Kultur hat der Teilbauer einen Überschuß von 20 Franken, bei der intensiveren nur von 5 Franken. Der Geldpächter würde dagegen Weizen angebaut haben; die Produktionskosten wären zwar höher gewesen, der Reinertrag aber größer als beim Hafer.

Ohne Frage liegt hier der ökonomische Hauptfehler des Teilbaues. Doch handelt es sich nicht um einen Fehler, der ganz unvermeidbar wäre, wie die in Frankreich gemachten Erfahrungen lehren. Der französische Teilbau hat sich den Bedingungen eines modern geleiteten landwirtschaftlichen Betriebes durchaus als anpassungsfähig erwiesen und zur allgemeinen Hebung der Landkultur sehr wesentlich beigetragen. Es zeigt sich also, daß das System des Teilbaues nicht notwendig dazu führen muß, wie Roscher und andere gemeint haben, im Landvolk „einen Geist des Schlendrians, der allen Fortschritten der Technik und selbst Kapitalersparnissen zuwider ist, zu entwickeln". Da die Anwendung des Teilbaues einer vertragsmäßigen Unterlage bedarf, so lassen sich bei zielbewußtem Vorgehen in den Teilbauvertrag Bestimmungen aufnehmen, die die Betriebsführung und die kulturelle Behandlung des Landgutes vorteilhaft beeinflussen. Freilich scheint ein solcher Erfolg davon abzuhängen, daß sich der Grundeigentümer nicht als betriebsfremder Grundrentenempfänger fühlt, sondern aktiv an der Betriebsleitung mit teilnimmt. Teilbau ist nicht Pacht. Ausdrücklich betrachtet der französische Gesetzgeber den Teilbau als ein Rechtsinstitut sui generis und räumt dem Grundherrn „die Überwachung der Arbeiten und die allgemeine Leitung des Betriebes, sowohl in Hinsicht auf die Wahl der Kulturart wie beim Ankauf und Verkauf von Vieh" ein. Der Grundherr muß selbst soviel von der Landwirtschaft verstehen, um beurteilen zu können, welche Bedingungen er dem Teilbauern einräumen und stellen muß, damit der Betrieb auf eine höhere Stufe der Leistungsfähigkeit gebracht werden kann. Er muß auch bereit sein, sich materiell an den dafür notwendigen Aufwendungen zu beteiligen, in dem Bewußtsein, nicht nur Kapitalist, sondern auch Unternehmer zu sein. Sind diese Voraussetzungen erfüllt, und gelingt es außerdem, das Verhältnis beiderseitig auf unbedingtem Vertrauen aufzubauen, dann ist mit dem Teilbau ebensoviel zu erreichen wie mit der Pacht.

Ja, unter Umständen sogar noch mehr, nämlich dann, wenn die Landwirtschaft von schweren Krisen heimgesucht wird. Die französische Agrargeschichte lehrt, daß der Teilbau allemal dann in größere Aufnahme kam, wenn die Landwirtschaft aus irgendeinem Grunde in eine kritische Lage geriet, sei es, daß es sich um Preiskrisen handelte, sei es, daß Währungskrankheiten, wie die Assignatenwirtschaft, eine Preisrevolution herbeiführten. Jenny kommt auf Grund dieser und anderer Beispiele aus der Geschichte zu dem Satz, daß der Teilbau geradezu die älteste und erprobteste Form der Anpassung des Landbaues an starke Gefährdungen der Landwirtschaft sei. Und warum? Das Risiko wird auf breitere Tragflächen verteilt. „Vom Kapitalaufwand und dessen möglichen Verschiebungen zwischen den Parteien abgesehen, kann der Teilbauer niemals mehr verlieren als seine Arbeit, der Grundherr niemals mehr als seine Grundrente. Dies sind die einzigen Güter, die jeder zuzusetzen schlimmstenfalls in die Lage gerät: ein ausgesprochenes Assekuranzgeschäft durch Verringerung der Einsätze, die gleichsam durch Rückversicherung beim Partner zustande kommt.“

Was im Falle einer Geldentwertung den Teilbau besonders empfiehlt, ist die Teilung des Ertrages nach seinem vollen Sachwert unter die beiden Kontrahenten. Es kann nicht vorkommen, daß wie bei der Geldpacht unangemessen gewordene Geldbeträge abgeführt oder gefordert werden. Auch die Inventarfrage, die bei einer Preisrevolution zu einem Problem wird, kann auf dem Wege des Teilbaues verhältnismäßig leicht einer Lösung entgegengeführt werden. Bei einer Geldentwertung, wie wir sie jetzt z. B. in Deutschland haben, ist der Geldpächter vielfach nicht mehr in der Lage, die hohen Summen für die Inventarbeschaffung aufzubringen. Es ist daher wohl vorgeschlagen worden, daß der Verpächter das Inventar allein stellen sollte. Gewiß eine naheliegende Lösung. Doch was berechtigt zu der Annahme, daß nunmehr der Verpächter in allen Fällen die hierfür nötigen Kapitalien besitzt? Nach allem, was man über die Notlage hört, in die manche Verpächter infolge der Geldentwertung geraten sind, scheint das durchaus nicht als ausgemacht zu gelten. Und wenn der Verpächter dazu vermögend genug wäre, welche Sicherheit böte ihm ein eigentumsloser oder doch zumindest eigentumsschwacher Pächter für eine pflegliche Behandlung so hoher Sachwerte? Der größte Teil dieser Bedenken wäre beseitigt, wenn sich Pächter und Verpächter in irgendeinem Verhältnis in die Anschaffungskosten teilten, und wenn dem Verpächter eine unmittelbare Kontrolle über die Art der Verwendung eingeräumt würde, so wie der Teilbau sie vorsieht.

Nach alledem sind es sehr in die Augen springende Vorteile, die die Anwendung des Teilbaues in einer Lage haben würde, wie sie in der Gegenwart in Deutschland vorliegt. Und doch scheint es fraglich zu sein, ob sich der Teilbau in größerem Umfange in Deutschland einführen ließe. Ich denke nicht nur an die Widerstände psychologischer Art, die, wie alle Erfahrungen beweisen, den Landwirt an der Anwendung ihm fremder Nutzungsformen hindern, sondern auch daran, daß die deutschen Grundeigentumsverhältnisse für eine Aufnahme des Teilbaues in größerem Ausmaß nicht günstig geartet sind. Die Domäne des Hofteilbaues ist der mittlere bäuerliche Betrieb. Sein ökonomischer Erfolg hängt, wie Jenny betont, wesentlich davon ab, daß die Größe des Hofes in Übereinstimmung mit der Arbeitskraft des Teilbauern und seiner Familie steht. Bedeutet doch für den Teilbauern die Annahme von fremden Arbeitskräften eine verdoppelte Last, weil er den vollen Lohn trägt, aber nur den halben Ertrag erhält. Umgekehrt hindert ein zu kleiner Hof den Teilbauern an der rationellen Ausnutzung seiner eigenen Arbeitskraft und der seiner Familienangehörigen. Bauerngüter aber, die den Anforderungen des Hofteilbaues am besten entsprechen würden, werden in Deutschland gewöhnlich im Eigenbau bewirtschaftet, und in den verhältnismäßig wenigen Fällen, wo sie verpachtet werden, geschieht es gewöhnlich nur deshalb, weil der Eigentümer aus irgendwelchen persönlichen Gründen an der Ausübung der Eigenwirtschaft verhindert ist. Wenn es daher in Deutschland wirklich kleine Landwirte geben würde, die gern Teilbauern würden, so fehlten doch auf der andern Seite die dazu erforderlichen Grundeigentümer. Es gibt in Deutschland seit der Bauernbefreiung nicht mehr eine soziale Schicht unter den Grundeigentümern, die nach Tradition und Bildungsstand die Funktion der Teilbaugrundherren übernehmen würden, wie das in den romanischen Ländern der Fall ist. Wer in dem werktätigen Deutschland Grundeigentümer und zugleich Landwirt ist, der pflegt selbst zu wirtschaften; daß er sich mit der Rolle des zuschauenden und überwachenden Grundherrn begnügen sollte, widerspricht aller Überlieferung. Ebensowenig fände der Parzellen- und der Arbeitsteilbau einen empfänglichen Boden; auch er setzt ganz andere soziale und Grundeigentumsverhältnisse voraus, als sie in der Regel in Deutschland vorliegen.

Aber wenn auch der Teilbau auf seine allgemeinere Anwendung in

Deutschland nicht rechnen kann, so braucht man ihn deshalb noch nicht grundsätzlich abzulehnen. Die Notlage unter manchen Verpächtern ist so groß, daß der eine oder andere gewiß gern nach diesem Rettungsanker greifen würde, wenn die rechtlichen Voraussetzungen — etwa nach dem französischen Muster — dafür geschaffen würden. Das gilt vor allem für die gewiß nicht ganz kleine Zahl der infolge der politischen Umwälzung aus der gewohnten Laufbahn des Militär- und Zivildienstes herausgeworfenen Grundeigentümer, die nun den Weg zur eigenen Scholle gern zurückfänden, und für die die Rolle eines Teilbaugrundherrn eine ihren landwirtschaftlichen Fähigkeiten adäquate Tätigkeit sein würde.

Ergänzende Literatur.

August Skalweit, Das Pachtproblem (Bonner Agrarpolitische Untersuchungen, Heft 1), Bonn 1922. Dort auch die übrige Literatur über diesen Gegenstand.

13. Kapitel.

Die Landarbeiterfrage.

1. Das Wesen der Landarbeiterfrage.

Sobald die Volkswirtschaft einem Zustande reiner Naturalwirtschaft entwachsen ist, gibt es auch eine Landarbeiterfrage. Sie ist also, mag sie auch in der Gegenwart besonders bedrohliche Formen angenommen haben, kein Problem von heute. Sie ist nicht nur älter als die gewerbliche Arbeiterfrage, die erst nach dem Aufkommen der gewerblichen Großunternehmung zum Gegenstand der öffentlichen Erörterung und der Politik wird, sie unterscheidet sich auch inhaltlich von ihr. Bei letzterer ist der Ausgangspunkt das Arbeiterinteresse; die wirtschaftliche und soziale Lage des Arbeiters, die man als gedrückt ansieht, soll gehoben werden. Es handelt sich in erster Reihe um eine soziale Frage. Bei der Landarbeiterfrage hat von jeher ein ganz anderes Problem im Vordergrunde gestanden: die Arbeiterbeschaffung. Die Landarbeit wird gekennzeichnet durch einen chronischen Arbeitermangel. Im Wesen der Landarbeit und der sozialen Verhältnisse, die sie schafft, liegt dies begründet. Die Landwirtschaft ist, wie schon in anderem Zusammenhange erwähnt wurde, nur beschränkt menschenaufnahmefähig. Das dadurch bedingte ständige Abströmen des ländlichen Bevölkerungsüberschusses kann allzu leicht das Maß des Notwendigen und Wünschenswerten übersteigen. Vor der Landarbeit läßt sich fliehen. Während die Erfahrung lehrt, daß der Industriearbeiter auch im Falle größten Arbeiterüberflusses und höchster wirtschaftlicher Not wie festgebannt in seinem Wirkungskreis verharrt, pflegt sich der Landarbeiter jedem Druck durch die Landflucht zu entziehen, und er tut das im steigenden Maße, je mehr die rechtliche und materielle Freizügigkeit entwickelt ist und je verlockender sich für ihn das Stadtleben erweist. So ergibt sich der Widerspruch, daß die Landbevölkerung ständig eine industrielle Reservearmee auffüllt, während es auf dem Lande an Händen fehlen kann, um die Arbeit zu bewältigen.

Selbst wenn es gelänge, der Landflucht wirksam entgegenzutreten, sei es durch Anwendung eines Zwanges, wie in früheren Zeiten der Schollenpflichtigkeit, sei es dadurch, daß der Landarbeiter durch Zuwendung wirtschaftlicher Vorteile und durch Mittel kultureller Art an das Land gefesselt würde, so bliebe die Landarbeiterbeschaffung immer noch schwierig genug. Die Landarbeit ist betriebstechnisch schwer zu organisieren und gibt deshalb Probleme auf, wie sie die Industriearbeit nicht stellt. In der Industrie ist eine scharfe Arbeitsgliederung sowohl unter den einzelnen Zweigen wie unter den verschiedenen Teilen der Arbeit durchgeführt. Die Arbeit ist in der Regel an die gleiche Werkstätte gebunden und daher relativ leicht zu kontrollieren. Wenn der betreffende Gewerbezweig nicht von einer Krisis heimgesucht ist, verteilt sich die Arbeit im allgemeinen gleichmäßig auf das ganze Jahr und ist Tag für Tag auf eine feste Stundenzahl bemessen. Bei der Landarbeit ist selbst auf den größten Gütern nicht eine Arbeitsteilung in solchem Maße durchzuführen; nacheinander und nebeneinander muß der einzelne Arbeiter verschiedene Arbeiten verrichten. Die Arbeit ist meist Außenarbeit und muß heute hier, morgen dort auf der Feldflur ausgeführt werden. Die Arbeit verteilt sich ganz ungleichmäßig auf die einzelnen Jahreszeiten und ist gerade in den hoch intensiven Betrieben ausgesprochen Saisonarbeit. Da die Landarbeit außerdem vom Wetter abhängig ist, entzieht sie sich auch aller Fixierung auf eine feste Arbeitszeit.

Daraus ergibt sich vor allem folgendes: weil die Landarbeit schwer zu organisieren und zu kontrollieren ist, müssen an die persönliche Zuverlässigkeit des Landarbeiters hohe Anforderungen gestellt werden. Er muß daher mit seinem ganzen Sein in den Betrieb verankert werden. Dem entspricht, daß das Gesinde, das auch der häuslichen Aufsicht des Arbeitgebers unterworfen ist, und daß der Deputatist, der vom Arbeitgeber Wohnung und einen Hauptteil des Unterhalts naturaliter erhält, die Hauptstützen der ländlichen Arbeitsverfassung sind. Freilich Stützen, denen die nötige Tragkraft fehlt, einmal weil für den Gesindedienst, der eine starke Beschränkung der persönlichen Freiheit enthält, nur schwer Leute zu bekommen sind, und zweitens weil die Deputatisten außerordentlich teuere Arbeiter zu sein pflegen.

Beide Arbeitergruppen bedeuten für den Betrieb insofern eine Belastung, als sie das ganze Jahr hindurch, also auch während der arbeitsarmen Zeit, unterhalten werden müssen. Die deutschen Großgutsbetriebe haben sich daher schon früh auf die Art zu helfen gesucht, daß sie für die Hauptarbeitszeit Wanderarbeiter anwerben. Doch ist das keine vollkommene Lösung, weil, von andern Schattenseiten abgesehen, die Wanderarbeiter nicht für alle Arbeiten zu gebrauchen sind. Außerdem verschlechtern sie die sozialen Verhältnisse auf dem platten Lande, so daß durch ihre Anwesenheit die Neigung zur Landflucht unter den ansässigen Arbeitern verstärkt wird.

Die Landarbeit gibt daher nach verschiedenen Seiten hin schwere Probleme auf. Doch verlangt das Lebensinteresse eines jeden Volkes, daß eine wenigstens einigermaßen befriedigende Lösung gefunden wird. Die Landarbeit erzeugt die unentbehrlichsten Güter für den notwendigsten Lebensunterhalt. Die Existenz der gesamten Gesellschaft hängt von ihr ab. Und je mehr ein Volk auf die Produktion der eigenen Landwirtschaft angewiesen ist, um so mehr steht auf dem Spiele. In dem Deutschland der Vorkriegszeit war es so, daß mehr als zwei Drittel der landwirtschaftlich genutzten Fläche von Landarbeitern bestellt wurde, die gegen Lohn auf fremdem Boden arbeiteten. In dem heutigen Deutschland, das nicht mehr in dem Maße wie früher ausländische Nahrungs- und Futtermittel einkaufen kann, sind die Ansprüche an eine leistungsfähige Landarbeiterschaft noch gewachsen.

Doch ist mit ihrer Bedeutung für die Volksernährung diese Frage keineswegs erschöpft. Die breite Masse der Landbevölkerung ist die Quelle der Volkskraft. Ein starker ländlicher Geburtenüberschuß erhält ein Volk frisch und stark. Betriebswirtschaftlich mag mit ausländischen Wanderarbeitern mancherlei zu erreichen sein, bevölkerungspolitisch bedeuten sie eine Gefahr.

Es kommen politische Gründe hinzu, die gerade im heutigen Deutschland die Landarbeiterfrage in ein neues Stadium treten ließen. Bis zur Revolution war das platte Land von der sozialdemokratischen Arbeiterbewegung so gut wie unberührt geblieben. Nunmehr wurde das anders. Eine Regierung, die sozialistische Ziele verwirklichen wollte, und die für die gewerblichen Arbeiter alle Forderungen des sozialdemokratischen Erfurter Programms erfüllt hatte, konnte die Landarbeiter nicht ihrem Schicksale überlassen. Sie mußte ihnen die gleichen Rechte zugestehen. Die Arbeiterbewegung in allen ihren aus den städtischen sozialen Kämpfen bekannten Erscheinungsformen griff auf das platte Land über. Die Landarbeitergewerkvereine, die sich bisher nicht recht zu entwickeln vermocht hatten, wuchsen sich zu großen Organisationen aus. An die Stelle des formlos gestalteten, nicht selten noch patriarchalischen Arbeitsverhältnisses trat der Tarifvertrag. Die verkürzte Arbeitszeit, die Koalitionsfreiheit, das Streikrecht wurden verkündet. Der Landarbeiter, der bis dahin nur Objekt der Wirtschaftspolitik gewesen war, wurde mitbestimmend und selbstverantwortlich für seine Geschicke.

2. Der Arbeitsbedarf und Arbeitsverbrauch.

Es liegt auf der Hand, daß mit zunehmender Intensivierung der Arbeitsbedarf in der Landwirtschaft größer wird. Nicht nur die alljährlich bestellte Fläche wächst mit der verminderten Brachhaltung an Umfang, sie wird auch stärker und sorgfältiger bearbeitet. Der arbeitsintensive Hackfruchtbau tritt in Fruchtwechsel mit dem Getreidebau. Die soviel Mühe und Pflege erfordernde Viehhaltung steigt in dem Maße, wie auf den Feldern die Futtergewinnung zunimmt, ja, wohl in noch größerem Maße, wenn fremde Futtermittel zugekauft werden.

Nach Settegast erfordert ein Morgen Land

bei der Körner- und Feldgraswirtschaft	12—20	Handarbeitstage
„ „ Fruchtwechselwirtschaft	30—50	„
„ „ Industriewirtschaft	60—130	„

Dettweiler hat den Handarbeitsverbrauch für eine größere Anzahl ihrer Intensität nach verschiedene Wirtschaftssysteme berechnet und kommt u. a. zu folgenden Ergebnissen: Für je 100 ha sind an Arbeitsmonaten erforderlich

in Wirtschaften mit starker Dauerweide und Ackerweide	78
„ „ „ starkem Futterbau	96
„ „ „ 10—20% Hackfrucht ohne Zuckerrüben. . . .	97
„ „ „ mehr als 20% Hackfrucht ohne Zuckerrüben .	110
„ „ „ Zuckerrübenbau, weniger als 5%	140
„ „ „ starkem Hackfruchtbau aller Art	172
„ „ „ mehr als 20% Zuckerrübenbau	173—209

Von der extensiven Weidewirtschaft bis zum starken Rübenbau zeigt sich fast eine Verdreifachung des Arbeitsbedarfes. So hängt denn das Fortschreiten von den einfacheren zu den höheren Betriebssystemen von dem Maße ab, in dem es gelingt, den wachsenden Arbeitsbedarf zu befriedigen. Und nicht nur quantitativ, auch qualitativ steigen die Ansprüche an die Arbeitsleistung. Dazu kommt, daß im Verlaufe einer solchen Entwicklung gewöhnlich noch neues Land in Kultur genommen wird, so daß sich die Anbaufläche auch absolut vergrößert.

Wenigstens läßt sich in Deutschland dieser Vorgang feststellen. Nach Conrad betrug in den altpreußischen Provinzen das Acker- und Gartenland im Jahre 1802 9,87, im Jahre 1900 aber 15,68 Millionen ha. Mag die letzte Zahl auch überschätzt sein, die Vergrößerung des Kulturlandes bleibt immer noch groß genug. In England ist die Entwicklung gerade entgegengesetzt gewesen. Dort ist die Landwirtschaft, schutzlos der überseeischen Konkurrenz preisgegeben, von den arbeitsintensiven zu den arbeitsextensiven Betriebsformen übergegangen. Die Landarbeiter im Vereinigten Königreich sind von 2431000 im Jahre 1851 auf 850000 im Jahre 1911 zurückgegangen. (B. Skalweit, Die englische Landwirtschaft, Berlin 1915, S. 155).

Was die Befriedigung des Arbeitsbedarfs gerade in den intensiven Wirtschaften noch erschwert, ist der Umstand, daß sie von den jahreszeitlichen Schwankungen des Arbeitsbedarfs am stärksten betroffen werden müssen. Freilich gibt es auch in den extensiven Wirtschaften im Winter sehr viel weniger Arbeit als im Sommer, Herbst und Frühling. Doch wächst naturgemäß die Schwierigkeit der Arbeiterbeschaffung progressiv mit der absoluten Menge der benötigten Arbeiter.

Zur Illustrierung dessen seien Berechnungen angeführt, die Langenbeck über den Arbeitsbedarf zweier verschieden intensiver Wirtschaften angestellt hat. Die Zahlen geben den Arbeitsbedarf für 100 ha im dreijährigen Durchschnitt. Danach betrug der Bedarf an „Männersommertagen" in der

	Rüben-wirtschaft	Weide-wirtschaft
April	549	129
Mai	663	123
Juni	657	141
Juli	597	191
August	647	209
September	541	131
Oktober	568	153
November	383	88
Dezember	221	80
Januar	272	76
Februar	211	66
März	322	86

Am stärksten sind die Schwankungen zwischen Winter- und Sommerarbeit in den rübenbauenden Großbetrieben. Für sie ist es daher am vorteilhaftesten, womöglich alle nicht dauernd verwendbaren Arbeiter in den Wintermonaten wieder abzustoßen. Die Verwendung von Wanderarbeitern ist daher auf diesen Betrieben besonders beliebt, ja, wie die Verhältnisse in Deutschland nun einmal liegen, für sie eine Lebensfrage. „Die extremste Ausprägung findet diese Betriebsgestaltung in der in Amerika nicht selten ausgeübten Methode, im Winter überhaupt die Bude zuzumachen. Das geringwertige Vieh wird verkauft, die Arbeiter werden entlassen, der Farmer zieht in die Stadt. In den alten Kulturländern und so auch in Deutschland gestattet die Wirtschaftsweise, wie die Auffassung des Landwirts über seine Aufgabe eine solche radikale nur für Raubbaubetriebe mögliche Methode nicht" (Wygodzinski).

In der Schilderung eines typischen Großbetriebes Nord-Dakotas teilt v. Nathusius mit, daß daselbst ständig 40 Arbeiter, während der Ernte aber 300 bis 600 beschäftigt seien. Der Besitzer lebt acht Monate in der

Stadt und ist nur während der Bestellung und Ernte anwesend. Beispiele ähnlicher Art gibt v. Wilmowski, so das eines Farmers, der von 30000 Acres 12000 mit Weizen bestellt und sich im Winter mit zwei Arbeitern behilft. Dabei sind das einzige Vieh auf dem Gute zwei Kühe, während die im Sommer vorhandenen 28 Gespanne nach der Ernte teils verkauft, teils auf die Prairie getrieben und im Sommer wieder eingefangen werden. (G. v. Nathusius, Die Dalyramplefarm, ein typischer Großbetrieb Nord-Dakotas. Landw. Presse, 1912; Frhr. v. Wilmowski, Landarbeiterverhältnisse in Nordamerika. Zeitschrift f. Agrarpolitik, 1911.)

Solche Erwägungen führen uns zu der Beobachtung, daß eine Beziehung zwischen Arbeitsaufwand und Betriebsgröße besteht. Und zwar werden relativ mehr Arbeiter verwendet, je kleiner die Betriebe sind. Durch einen Blick in die Statistik wird das bestätigt.

Nach der Betriebsstatistik von 1907 kamen auf 100 ha landwirtschaftlich genutzter Fläche

Größenklasse	Landw. beschäftigte Personen überhaupt	Darunter ständige Arbeitskräfte
unter 0,5 ha	560	238
0,5—2 ha	171	94
2—5 ha	88	63
5—20 ha	44	34
20—100 ha	22	17
100 ha und darüber ..	18	12

Auf den ersten Blick scheinen die Unterschiede ganz unbegreiflich groß zu sein. In der kleinsten Größenklasse wurden 560 Arbeitskräfte beschäftigt gegenüber nur 18 in der größten Größenklasse! Die Zahlen sagen eben nichts darüber, in welchem Grade die beschäftigten Arbeitskräfte auch ausgenutzt wurden. Gerade unter den ganz kleinen Betrieben gibt es viele, die eine Nebenarbeit für hauptberuflich anders Beschäftigte darstellen. Und je kleiner die Betriebe sind, um so mehr Familienangehörige werden beschäftigt, die nur zeitweise und gelegentlich mitarbeiten. Bei ihnen überwiegt auch die Frauenarbeit, die naturgemäß an den Nutzwert der Männerarbeit nicht heranreicht. Am Tage der Berufszählung von 1907 wurden einschließlich der Betriebsleiter an Arbeitskräften beschäftigt:

in den Betrieben	männliche	weibliche	zusammen
		Millionen	
unter 0,5 ha	0,52	1,49	2,01
0,5—2 ha	0,80	1,54	2,34
2—5 ha	1,33	1,58	2,91
5—20 ha	2,32	2,27	4,60
20—100 ha	1,14	0,93	2,07
100 ha und darüber	0,73	0,51	1,24
Zusammen	6,85	8,32	15,17
in Prozenten	45,1	54,9	100,0

Gleichwohl bleibt bestehen, daß der Arbeitsverbrauch mit der Kleinheit des Betriebes zunimmt.

Es sind vor allem Gründe betriebstechnischer Art, weshalb der Kleinbetrieb mehr Menschen zu beschäftigen pflegt. Der Kleinbetrieb läßt nur im geringen Maße die Anwendung arbeitsparender Maschinen zu, verlangt also schon deshalb mehr Handarbeit. Weiter besitzt er nicht die gleiche Möglichkeit wie der größere Betrieb, durch Arbeitsteilung die Leistung des einzelnen Arbeiters zu steigern, wie er überhaupt nicht nach Maßgabe der persönlichen Fähigkeiten eine Auslese unter den Arbeitern zu treffen vermag. Die Nachteile des Umstandes, daß der landwirtschaftliche Betrieb ein „gemischter Betrieb" ist, treffen in dieser Hinsicht am stärksten den Kleinbetrieb. Nicht selten muß mit ganz ungeeigneten Kräften die einzelne Arbeit verrichtet werden. Durch alles das steigert sich der Arbeitsverbrauch über das an sich notwendige Maß hinaus. Im Kleinbetrieb wird viel Arbeit auch unökonomisch verbraucht. Läßt sich somit nicht verkennen, daß die starke Arbeiterverwendung bei den Kleinbetrieben mit auf eine mindere Produktivität der durchschnittlichen Arbeitsleistung zurückzuführen ist, so fällt andererseits ins Gewicht, daß der Kleinbetrieb die arbeitsintensiven Zweige der Landwirtschaft bevorzugt. So wirft er sich mit Vorliebe auf die Viehhaltung, die außerordentlich viel Arbeit macht. Im Jahre 1907 entfielen von den Schweinen mehr als zwei Drittel, vom Rindvieh mehr als die Hälfte, von den Hühnern vier Fünftel auf die Betriebe bis zu 20 ha. Das gleiche gilt vom Gemüse- und Obstbau. Wenn die Großbetriebe relativ mit soviel weniger Arbeitskräften auskommen, liegt es nicht nur an der stärkeren Maschinenverwendung und der besseren Ausnutzung der Arbeitskräfte, sondern auch daran, daß sie sich im allgemeinen von hoch arbeitsintensiven Wirtschaftszweigen fernhalten.

Wenn daher die Sozialisten häufig aus der Tatsache, daß auf den größeren Gütern verhältnismäßig wenig Arbeiter gehalten werden, auf deren höhere Produktivität schließen, so ist das eine Folgerung, die nicht ohne weiteres gezogen werden darf. So möchte z. B. der Zahlenphantast Ballod Deutschland in 36000 hoch intensiv bewirtschaftete große Güter von je 500 ha aufgeteilt wissen und verspricht sich davon, mit einer Handvoll Arbeiter auskommen zu können, weil er der Statistik entnimmt, daß die Großbetriebe nur 12 ständige Arbeitskräfte pro 100 ha beschäftigen.

Kommen wir nach allen diesen Ausführungen zu dem Ergebnis, daß sich der Arbeitsbedarf der Landwirtschaft mit zunehmender Intensität bedeutend steigert und halten wir daneben die Tatsache, daß die deutsche Landwirtschaft sich gerade in den letzten Jahrzehnten vor dem Kriege zu hoher Blüte entwickelte, so muß der Bedarf an Arbeitskräften stark gewachsen sein. Gleichwohl wissen wir, daß sich gleichzeitig die landwirtschaftliche Bevölkerung nicht unwesentlich vermindert hat. „Von Berufszählung zu Berufszählung, nämlich von 1882 zu 1895 und von 1895 zu 1907, fiel sie jedesmal um annähernd 900000 Menschen. Während 1882 noch 18,7 Millionen Berufszugehörige in der Landwirtschaft ermittelt wurden, waren es 1907 nur mehr 16,9 Millionen. Die landwirtschaftliche Bevölkerung wurde in den 25 Jahren, die von der ersten bis zur letzten Berufszählung verflossen, dezimiert, denn sie verlor annähernd ein Zehntel ihres Bestandes."[1]) Trotzdem gelang es der deutschen Landwirtschaft, eine größere Anzahl von Arbeitskräften aufzubringen als vordem. Obwohl die landwirtschaftliche Bevölkerung abnahm, vermehrten sich die Erwerbstätigen.

	1882		1895		1907	
			in Millionen			
Erwerbstätige ohne mithelfende Angehörige	6,13	8,06	6,15	8,05	5,70	9,58
Hauptberuflich mithelfende Angehörige	1,94		1,90		3,88	
Angehörige ohne Hauptberuf	10,23		9,42		7,19	
Häusliche Dienstboten	0,41		0,36		0,15	
Berufszugehörige insgesamt	18,70		17,82		16,92	

Die Zahl der erwerbstätigen Personen in der Landwirtschaft stieg in den 25 Jahren von 8 Millionen auf über $9\frac{1}{2}$ Millionen. Woher kamen die $1\frac{1}{2}$ Millionen neuen Arbeitskräfte? Die angegebenen Zahlen zeigen, daß sich die mithelfenden Familienangehörigen, deren Mitarbeit in der Landwirtschaft ihren Hauptberuf ausmachte, sich um nahezu 2 Millionen vermehrt hatten. Selbst wenn diese Steigerung tatsächlich nicht so groß gewesen sein sollte, weil die Familienmitarbeit 1907 besser festgestellt wurde als bei den früheren Berufszählungen, so scheint doch so viel sich mit Sicherheit zu ergeben, daß die Familienangehörigen mit dem zunehmenden Mangel an fremden Arbeitern stärker eingespannt wurden. Es offenbaren sich in dieser Tatsache die Vorzüge einer auf der Bauernwirtschaft beruhenden Agrarverfassung; in den eigenen Familienangehörigen besitzen die bäuerlichen Betriebe eine Arbeiterreserve von hohem Nutzwert. Freilich waren es meist Frauen und auch Kinder und Greise, die die fehlenden Männer ersetzten.

---

[1]) Die deutsche Landwirtschaft. Von Seibt bearbeitet im Kaiserl. Statist. Amte. Berlin 1913, S. 65—107. Auf dieses wertvolle Buch beziehe ich mich auch für die folgenden Ausführungen.

Im Jahre 1907 gehörten von je 100 hauptberuflich Erwerbstätigen an:

den Altersklassen	in der Industrie	in der Landwirtschaft
bis zu 20 Jahren	21,1	22,0
von 20—40 Jahren	51,2	37,6
über 40 Jahre	27,7	40,4

Im ganzen wird daher die Leistungsfähigkeit der Arbeiterschaft nicht viel gewonnen haben. Immerhin war sie groß genug, um die Entwicklung der deutschen Landwirtschaft nicht still stehen zu lassen. Die größeren Betriebe waren insofern in weniger günstiger Lage, als sie diese Arbeiterreserve nicht besaßen, doch kam ihnen der ständig wachsende Zustrom der Wanderarbeiter zugute.

Die landwirtschaftliche Betriebszählung von 1907 hat den Personalbestand festgestellt, wie er sich am 12. Juni, dem Tage der Zählung, in dem Betriebe vorfand. Außerdem war anzugeben, ob zu anderen Zeiten etwa ein größeres Personal beschäftigt worden sei; es wurde nämlich gefragt, wie hoch die Höchstzahlen der im Vorjahr beschäftigten nichtständigen Arbeitskräfte gewesen sei. Danach konnte durch Zuzählung der unständigen zu den ständigen Arbeitskräften ermittelt werden, wie hoch sich überhaupt der Höchstbedarf an Arbeitskräften im Jahreslaufe stellte.

	Insgesamt (in Tausenden)	Davon männlich (in Tausenden)	Davon weiblich (in Tausenden)
1. Betriebsleiter (Inhaber)	2929	2526	403
2. Familienangehörige	7692	1908	5784
a) welche ständig mitarbeiten	4680	1218	3462
b) welche vorübergehend mitarbeiten	3012	690	2322
3. Fremde Arbeitskräfte	4548	2414	2134
a) Aufsichts- u. Rechnungspersonal	77	64	13
b) ständige Arbeitskräfte, und zwar			
1. Knechte und Mägde........	1546	811	735
2. Tagelöhner, Arbeiter, Instleute	883	554	329
c) nichtständige Arbeitskräfte	2042	985	1057
Summe	15170	6848	8321
in Prozenten	100	45,1	54,9
4. Höchstzahl der im Vorjahre gleichzeitig beschäftigten nichtständigen Arbeitskräfte	6605	3507	3098

Die Zahl von über 15 Millionen am Zähltag Tätigen erscheint als außerordentlich hoch, wenn man danebenhält, daß die ganze landwirtschaftliche Bevölkerung einschließlich der Kinder noch nicht 17 Millionen ausmachte. „Ist sie darum falsch? Mitnichten! Sie weist vielmehr daraufhin, daß der

Landwirtschaft auch aus anderen Berufen viele Arbeitskräfte zuströmen, die teils nebenberuflich in ihr tätig sind, teils nur gelegentlich, zumal im Sommer, mitarbeiten, ohne diesen Erwerb als einen Beruf, sei es auch nur als einen Nebenberuf, zu werten. Die Zahl von 15 Millionen entspricht fast genau der Gesamtzahl aller haupt- und nebenberuflich in der Landwirtschaft erwerbstätigen Personen (15075386). Beide Zahlen deuten in gleicher Weise an, daß 42% der deutschen berufstätigen Gesamtbevölkerung (35598812) mehr oder weniger in der Landwirtschaft tätig sind, und daß die Arbeit in der Landwirtschaft einen größeren Umfang hat, als der Masse der eigentlichen landwirtschaftlichen Berufsbevölkerung entspricht, weil eben die Landarbeit eine wie kein anderer Nebenerwerb verbreitete Nebenbeschäftigung ist. Als Vollarbeitskräfte allerdings sind die 15 Millionen nicht anzusprechen. Der größere Teil der Arbeitskräfte (55%) entfällt auf das weibliche Geschlecht, worunter sich viele Angehörige der gewerblichen Bevölkerung befinden müssen, da die weibliche Bevölkerung der Landwirtschaft ihrer Stärke nach soviel Hände gar nicht stellen kann ... Werden die eigenen Arbeitskräfte den fremden Arbeitskräften gegenübergestellt, so ergibt sich, daß die Inhaber und ihre Familienangehörigen zusammen genau sieben Zehntel (70%) des gesamten Personals ausmachen und nur drei Zehntel (30%) auf die fremden Arbeitskräfte entfallen. Bei den fremden Arbeitern halten sich die ständigen und die unständigen einigermaßen die Wage; die ersteren überwiegen noch immer etwas. Die Lockerung des Arbeitsverhältnisses ist also noch nicht soweit gediehen, als mancher annehmen möchte. Nicht bloß die Familie, sondern auch die Mehrzahl der fremden Arbeiterschaft befindet sich in fester Arbeit. — Zuweilen werden die nichtständigen Arbeitskräfte stark vermehrt. Während am Zähltage etwas über 2 Millionen nichtständige Arbeitskräfte vorhanden waren, wurde ihre Höchstzahl mit 6,6 Millionen ermittelt. Danach werden also die nichtständigen Arbeitskräfte mitunter durchschnittlich auf das Dreifache vermehrt. Schon aus dieser starken Verschiedenheit der Zahl für die nichtständigen Arbeitskräfte ist klar, daß in der Höchstzahl der nichtständigen Arbeitskräfte die gleichen Personen wiedergezählt sind, was auch durchaus Absicht war. Der gleiche Arbeiter, der in einem Betriebe das Getreide und im andern die Zuckerrüben oder Kartoffeln miteingebracht hat, kann wiederholt gezählt sein, wenn die Höchstzahl der Arbeitskräfte hier zur einen und dort zur andern Zeit vorhanden war" (Seibt).

Nicht unbeachtet darf bleiben, daß in den letzten Jahrzehnten eine Entwicklung vor sich ging, die die landwirtschaftliche Arbeit in ihrem Nutzeffekt wesentlich zu steigern vermochte. Ich denke vor allem an die Verwendung von Maschinen, Kraft- wie Arbeitsmaschinen. Die Kraftmaschine ersetzt durch mechanische Kräfte die menschliche Arbeit als Kraftquelle. Sie ersetzt auch tierische Kräfte, was wieder die Ersparung von Handarbeit zur Folge hat. Verlangen doch die Tiere auch dann Pflege, wenn sie nicht arbeiten. Der für ihren Unterhalt erforderliche Futterbau verursacht nicht nur Kosten, sondern beansprucht auch Handarbeit, die damit den Arbeiten für die Zwecke der unmittelbaren menschlichen Ernährung verloren geht. Freilich ist das Arbeitsvieh nicht nur Kraftquelle, es erzeugt auch

Dünger, das Rindvieh außerdem noch Fleisch und Milch. Also vollständig ließe sich das Arbeitsvieh durch mechanische Kräfte nicht ersetzen, aber immerhin ist viel auf diesem Wege zu erreichen und bereits erreicht worden. Daneben hat sich die Arbeitsmaschine im hohen Maße als arbeitsparend bewährt. Um 1 ha Getreide mit der Hand abzuernten braucht man 4,5 Personen, während mit Mähmaschine und Selbstbinder die gleiche Arbeit von 1,5 Personen bewältigt wird. Die Drillmaschine bringt zuwege, was die Arbeit von drei Männern mit Handsaat zu leisten vermag. Die große Ausdehnung des so arbeitsintensiven Hackfruchtbaues in Deutschland wäre ohne die Verwendung von Arbeitsmaschinen der verschiedensten Art nicht denkbar gewesen. Zum Teil leistet die Maschine nicht nur schnellere, sondern auch bessere Arbeit. Ein hervorstechendes Beispiel hierfür ist die Motorfräse, die Kraft- und Arbeitsmaschine in sich vereinigend, nicht nur Gespann- und Menschenarbeit erspart, sondern zugleich auch die uralten Techniken des Pflügens und Eggens durch eine wirkungsvollere Lockerung und Durchwühlung des Bodens ersetzt.

Die landwirtschaftliche Betriebsstatistik gibt eine Vorstellung von der geradezu rapiden Entwicklung des Maschinenwesens in der Landwirtschaft, wenn ihre Zahlen auch nur bedingten Anspruch auf Zuverlässigkeit machen können. Die Zahl der Betriebe, die Maschinen verwendeten, betrug:

	in den Jahren 1882	1895	1907
Dampfpflüge	836	1696	2995
Dampfdreschmaschinen	75690	259364	488867
Andere Dreschmaschinen	298367	596869	947003
Säemaschinen	63842	169465	290039
Mähmaschinen	19634	35084	301325

Die Maschine hat sich auch in der Landwirtschaft eine bedeutende Stellung erobert. Gleichwohl hat sie noch nicht entfernt die Bedeutung wie in der Industrie. Das ist auf verschiedene Gründe zurückzuführen. Von einigen wenigen neueren Maschinen abgesehen, vollbringt die landwirtschaftliche Maschinenarbeit qualitativ keine besseren Leistungen als die überlieferte Arbeit mit Hand und Zugtieren. Außerdem ist sie keineswegs immer auch billiger. Freilich verschiebt sich dieses Verhältnis dauernd zu ihrem Gunsten, je besser die Maschinen und je höher die Arbeitslöhne werden.

Das ist auch der Grund, warum Nordamerika schon seit langem das Land der landwirtschaftlichen Maschine ist. Die Löhne sind für europäische

Begriffe außerordentlich hoch. In manchen Gegenden sind Arbeitskräfte auch für Geld nicht zu haben. Während in den alten Kulturländern die Maschine erst neuerdings neben der Handarbeit Verwendung gefunden hat, ist in Nordamerika die Maschine das Primäre. Der Mensch stand vor der Wahl, entweder auf eine Landwirtschaft größeren Stils zu verzichten, oder sich Maschinen zu erfinden. Das größte Bedürfnis nach Arbeitskräften empfindet der Landwirt zur Zeit der Ernte, wo jeder gewonnene oder verlorene Tag über den Erfolg einer ganzen Jahresarbeit entscheiden kann. Es ist für die nordamerikanische Landwirtschaft bezeichnend, daß sie die Erfinderin der Erntemaschine geworden ist. Die Mähmaschine ist ein unverfälscht amerikanisches Erzeugnis. Auch die Engländer hatten an der Erfindung einer solchen Maschine gearbeitet; aber es war ein plumper, von Pferden geschobener Apparat, der der amerikanischen Maschine mit ihrem seitlichen Zug nach kurzem Kampfe unterlag. Zuerst wurde das Getreide lediglich auf die Seite geschoben, dann folgte das Ablegen in Garbenbündeln, diesem das Garbenbinden zuerst mit Drahtband, später mit Bindfaden. Noch weiter unmittelbar auf das Endziel geht der kalifornische „Header", der Köpfer — eine Maschine, die nur die Ähren vom Halme köpft und ohne das für den dortigen Farmer wertlose Stroh einsammelt. Max Eyth hat den Betrieb auf einer solchen kalifornischen Farm beschrieben: „In Sacramento, wo ich mich im Jahre 1879 befand, wurde mir mitgeteilt, es sei wohl der Mühe wert, zwei Brüder zu besuchen, die fünfzehn Meilen flußaufwärts 160 Acker bewirtschafteten und keine andere Hilfe hätten als einen chinesischen Jungen als Koch und Diener . . . Sie besaßen acht Pferde. Der Chinese besorgte zwei Kühe, die zur Küche gehörten. Im Frühjahr wurde mit zwei Gangpflügen gepflügt — zwei- und dreischarig, von denen jeder mit drei Pferden bespannt, bequem vier bis fünf Acker machte. Dies machte somit vier Wochen Arbeit für 160 Acker. Dann wurde mit der Zentrifugalsämaschine gesät. Der eine Bruder führte den mit sechs Pferden bespannten Saatgutwagen, der andere, auf dem Wagen stehend, schüttete das Saatgut in den Apparat. Diese Arbeit war in einer Woche leicht beendet. Geeggt wurde in zehn Tagen. Dann war Ruhe bis zur Ernte, d. h. die Maschinen wurden in Stand gesetzt und Pferde und Menschen gepflegt. Nun wurde der Header ins Feld geführt: vier Pferde vor der Maschine, unter einem der Brüder, zwei vor dem nebenher fahrenden Wagen, der die Ähren auffängt. In zehn Tagen war gemäht, vier große Ährenhaufen lagen an vier Ecken der Farm im freien Felde. Dort wurde gedroschen. Der eine der Brüder besorgte die Lokomobile und die Kornsäcke, der andere schaufelte die Ähren in die Stiftdreschmaschine. Und dann fuhren beide mit ihren Kornsäcken nach Sacramento, um ihre Jahresarbeit zu verkaufen. Dabei wurde der Chinese fett und rund und den beiden Brüdern schien es vortrefflich zu gehen" (Eyth, Die Entwicklung des landwirtschaftlichen Maschinenwesens in Deutschland, England und Amerika. Journal für Landwirtschaft 1893).

Wenn in Deutschland und in anderen alten Kulturländern die landwirtschaftliche Maschine erst verhältnismäßig spät in Aufnahme kam, lag es vor allem an der Billigkeit der Handarbeit. Zur Zeit des Feudalismus kostete sie so gut wie gar nichts, aber auch in den ersten zwei Dritteln des 19. Jahrhunderts war sie noch so billig, daß kein Anreiz vorhanden war, die Handarbeit durch Maschinenarbeit zu ersetzen.

Zudem ist Deutschland ein Land vorherrschenden Klein- und Mittelbetriebes; den Hauptteil der Arbeitskräfte bilden die Familienangehörigen, deren Beschäftigung nicht unmittelbar eine Belastung mit Arbeitslöhnen zur Folge hat. Aber auch aus technischen Gründen läßt sich manche Maschine in kleinen Betrieben nur schlecht verwenden, weil sie für ihre Bewegung lange große Linien beansprucht und weit ausholen muß. Ein Bauer, der sein Ackerland in vielen kleinen Stücken über die ganze Flur zerstreut liegen hat, kann nicht erfolgreich damit arbeiten.

Am vorteilhaftesten wird der Großbetrieb Maschinen verwenden können. Nicht nur deshalb, weil er über größere Felderblöcke verfügt, er vermag die Maschinen auch besser auszunutzen. Die Arbeit der einzelnen landwirtschaftlichen Maschine dauert gewöhnlich nur einige Tage im Jahre, worin im Gegensatz zur Industrie, bei der die Maschinen ständig, womöglich Tag und Nacht im Gange bleiben, der Haupthinderungsgrund für eine umfassende Mechanisierung der Landwirtschaft liegt. Immerhin ist im Großbetrieb die Verwendungsdauer verhältnismäßig groß; die Rentabilität des Maschinenkapitals ist höher. Der Hauptnutzen besteht indes darin, daß der Großlandwirt während der Zeit größter Arbeitshäufung in der Maschine ein Arbeitsinstrument besitzt, das schnelle Arbeit leistet. Dieser Vorteil ist groß genug, um selbst hohe Anschaffungskosten zu rechtfertigen.

Die Statistik lehrt daher auch, daß die Maschine in den Großbetrieben ihre stärkste Verwendung findet. Nach der deutschen Betriebsstatistik von 1907 gab es an Betrieben, die Maschinen verwendeten:

Betriebe	überhaupt	%
unter 0,5 ha	18 500	0,9
0,5—2 ha	115 000	8,9
2—5 ha	325 700	32,4
5—20 ha	772 500	72,5
20—100 ha	243 400	92,8
über 100 ha	23 000	97,4
Zusammen	1 498 000	26,1

Man sieht, daß es unter den Großbetrieben nur wenige gab, die überhaupt keine Maschine benutzten. Aber auch die großbäuerlichen Betriebe waren fast allgemein zur Maschinenarbeit übergegangen, und selbst unter den mittel- und kleinbäuerlichen Betrieben war die Verwendung von Maschinen schon sehr verbreitet. Freilich sind die Zahlen nicht miteinander vergleichbar, weil sie nur angeben, ob überhaupt in Betrieben der betreffenden Größenklasse Maschinen verwandt wurden, nichts aber über das Ausmaß der Maschinenverwendung aussagen. Natürlich war dieses in den größeren Betrieben sehr viel stärker als in den kleineren. In den Großbetrieben gab es die verschiedensten Kraft- und Arbeitsmaschinen nebeneinander, während sich unter den kleineren Betrieben die ganze Maschinenarbeit nicht selten darauf beschränkte, daß sie ihr Getreide auf einer gemieteten Dreschmaschine ausdreschen ließen. Immerhin hatte auch in den bäuerlichen Betrieben die Maschine stark an Boden gewonnen. Allerdings wird sich der kleine Besitzer nicht immer selbst eine Maschine kaufen können, doch hat er andere Möglichkeiten, sich eine solche zu verschaffen. Er kann sie sich von seinem größeren Nachbarn leihen, was auf dem Lande, wo die Bewohner mehr als in der Stadt auf die gegenseitige Hilfe angewiesen sind, nicht allzu selten geschieht. Oder er kann sich eine Maschine mieten. Das geschieht vor allem bei der Dreschmaschine häufig. Es gibt Unternehmer, welche, ohne selbst einen landwirtschaftlichen Betrieb zu haben, mit ihrer Maschine von Hof zu Hof ziehen, um ihre Dienste den kleineren Landwirten anzubieten. Endlich haben sich auf dem Lande Maschinengenossenschaften gebildet, die ihren Mitgliedern eine genossenschaftliche Maschinenbenutzung ermöglichen. Von hohem Werte würde es natürlich sein, wenn auch der kleinere Besitzer seine eigenen Maschinen hätte, über die er ganz frei verfügen könnte. Wenn wir davon noch weit entfernt sind, liegt es daran, daß die Maschinenindustrie erst neuerdings der Aufgabe nähergetreten ist, die Maschine des kleinen Mannes herzustellen. Auf dem Gebiete der Kraftmaschine ist das bereits gelungen. Der Elektromotor, der auch in den kleinsten Größen hergestellt werden kann, so klein, daß ihn zwei Mann bequem tragen können, wird sich mit dem Ausbau der Elektrizitätsversorgung ein weites Wirkungsfeld erobern können.

Freilich wird durch die gesteigerte Maschinenverwendung der Saisoncharakter der Landarbeit verstärkt, mit der Folge, daß die Beschäftigungslosigkeit in den arbeitsarmen Monaten noch größer wird. Doch wird man dem Vorschlage Wygodzinskis, deshalb den Flegeldrusch wieder einzuführen, kaum folgen können. Das wäre eine Rückbildung, die mit dem berechtigten Streben nach zunehmender Mechanisierung nicht in Einklang zu bringen wäre. Das Ziel muß sein, an Arbeit zu sparen, nicht aber sie zu strecken. Dagegen ließe sich ernstlich erwägen, ob sich nicht, wie Aereboe es will, durch Konzentration aller viel Arbeit erfordernden Kulturen auf die dazu bestgeeigneten Standorte Arbeit ersparen ließe, ohne die Erträge zu verringern. Schwer zu bearbeitende Böden würden aus dem Ackerland ausgeschieden und in Dauerweiden verwandelt werden. Dafür würde das Ackerland durch geringe Weiden und Wiesen, die bei geringer Arbeit durch künstlichen Dünger leicht ertragreich zu machen seien, vermehrt werden. Namentlich beim Hackfruchtbau müßte erstrebt werden: Mehr Ertrag bei geringerer Arbeit auf geringerer Fläche. Die Erhöhung der Erträge würde gestatten, auf schweren Böden wieder Brache einzuführen, und Stickstoffsammler wie Lupinen würden stärker angebaut werden können. Durch alles das würde Arbeit erspart und nach Aereboes Meinung zugleich erreicht werden, daß die Landwirtschaft bei geringerem Arbeitsaufwand ganz bedeutend ertragreicher wird. — Es wird Sache der Fachleute sein, Aereboes Angaben nachzuprüfen. Sicherlich ist sein Vorschlag überaus beachtenswert. Selbst wenn sich nicht alle Hoffnungen erfüllen sollten, wäre zweifellos auf diesem Wege manches zu erreichen. Hat doch ohne Frage der deutsche Landwirt in dem an sich lobenswerten Drange, die Intensität zu steigern, nicht selten eine extensive Betriebsform durch eine intensive ersetzt, ohne daß dafür immer die natürlichen und die materiellen Bedingungen im ausreichenden Maße vorhanden waren.

Das große Ziel, das auch Aereboe vorschwebt, ist nicht, den gewachsenen Arbeitsbedarf in erster Reihe durch eine Erhöhung der Zahl der Arbeiter, sondern durch Steigerung des durchschnittlichen Arbeitsertrags des einzelnen Arbeiters zu befriedigen. Hierunter fallen auch die neuerdings aufgenommenen Bestrebungen, für die man das Schlagwort „Taylorisierung der Landarbeit“ geprägt hat. Wie es schon in der Industrie geschehen ist und noch geschieht, sollen die manuellen Arbeitsverrichtungen zum Gegenstand experimenteller Beobachtung gemacht werden, während sie bisher, auf Jahrhunderte altem Herkommen beruhend, noch niemals daraufhin untersucht worden sind, ob bei ihnen der Verbrauch an Kraft in angemessenem Verhältnisse zum erzielten Nutzen steht. Niemand wird die hohe Bedeutung unterschätzen, die diese Bestrebungen für die Lösung der Landarbeiterfrage haben können. Besonders in einem Lande wie Deutschland, in dem seiner ganzen Agrarverfassung nach der Handarbeit immer ein besonders breites Betätigungsfeld in der Landwirtschaft eingeräumt bleiben wird. Freilich wird es hier auch besonders schwer sein, bessere Arbeitsmethoden allgemein einzuführen, weil die Landwirtschaft in zahllosen, der Mehrzahl nach kleinen und kleinsten Wirtschaften betrieben wird. Aber wenn auch nicht von heute auf morgen, so wird sich doch nach und nach die traditionelle durch die rationelle Arbeitsweise ersetzen lassen. Die Überzeugungskraft des eigenen Vorteils wird den Landwirt dahin bringen.

3. Die Arbeitsverfassung.

Da die Landarbeiterfrage in erster Reihe eine Lohnarbeiterfrage ist, werden vor allen die größeren Betriebe von ihr betroffen werden. Für sie hat es daher von jeher eine Landarbeiterfrage gegeben. Und wenn es auch ein Irrtum ist, daß in Kleinbetrieben die Arbeiterfrage gar keine Rolle spiele, so stellt sie sich doch wesentlich anders dar als auf den Großbetrieben. Das zeigt folgendes Zahlenbild, das die Verteilung der eigenen und der fremden Arbeitskräfte in Deutschland nach der Betriebszählung von 1907 wiedergibt:

Betriebe	Eigene Arbeitskräfte (Betriebsleiter und Familienangehörige) Millionen	Fremde Arbeitskräfte Millionen	Von je 100 Arbeitskräften sind eigene
unter 0,5 ha	1,8	0,2	91
0,5—2 ha	2,0	0,3	87
2—5 ha	2,6	0,4	86
5—20 ha	3,4	1,2	74
20—100 ha	0,8	1,2	40
über 100 ha	0,04	1,2	3
zusammen	10,6	4,5	70

Je kleiner die Betriebe sind, um so weniger fremde Leute werden auf ihnen beschäftigt. Die Betriebe bis zu 5 ha stellen fast reine Familienwirtschaften in dem Sinne dar, daß sie fast ausschließlich von dem Betriebsleiter mit seinen Angehörigen bewirtschaftet werden. Freilich bildet die Bewirtschaftung so kleiner Flächen in der Mehrzahl der Fälle nur einen Nebenerwerb, aber auch die Betriebe in der Größe von 5—20 ha, die gewöhnlich schon selbständige Wirtschaften sind, brauchen nur wenig fremde Arbeitskräfte. Wesentlich anders verhält es sich mit den Großbauernhöfen, die schon in beträchtlichem Maße auf Lohnarbeiter angewiesen sind und was schließlich die Großbetriebe anbetrifft, so treten neben den fremden die eigenen Arbeitskräfte ganz zurück.

Die folgende Tabelle, die die Zusammensetzung der Landarbeiterschaft in verschiedenen deutschen Ländern und Provinzen wiedergibt, gewährt einen Einblick von der Bedeutung, die die Mitarbeit der Familienangehörigen in kleinbäuerlichen Gebieten hat. Man betrachte z. B. die Zusammensetzung der Landarbeiterschaft von Baden und vergleiche sie mit einer ostdeutschen Provinz wie Posen. In Baden besteht die Arbeiterschaft zu mehr als vier Fünfteln aus Familienangehörigen. Die größte Gruppe der Lohnarbeiter bildet das Gesinde;

Landarbeiter.

(Berufsart A 1.)

Männer und Frauen nach der Berufsstatistik von 1907.

	Familien-angehörige, die in der Wirtschaft des Haushaltungs-vorstandes (Vaters, Bruders usw.) tätig sind		Knechte und Mägde		Arbeiter und Tagelöhner, die eigenes oder gepachtetes Land bebauen		Arbeiter und Tagelöhner, die zwar kein eigenes oder gepachtetes, aber sonstiges Land bebauen		Arbeiter und Tagelöhner, die für ihre eigenen Zwecke kein Land bebauen	
Deutsches Reich	3833034	55,3%	1332717	19,3%	259390	3,7%	236534	3,5%	1343225	19,0%
Westpreußen	147650	37,6%	72509	18,4%	9221	2,3%	44045	11,2%	118980	32,9%
Ostpreußen	125339	43,3%	35361	12,2%	10508	3,6%	27386	9,5%	90567	31,3
Posen	166820	42,5%	40299	10,0%	10650	2,7%	38622	9,8%	134405	34,3%
Schlesien	295521	46,0%	106908	16,6%	12354	1,9%	13359	2,1%	212632	33,1%
Pommern	107981	36,5%	42739	14,4%	10125	3,4%	36051	12,2%	98498	33,3%
Brandenburg	182860	45,2%	66139	16,3%	15926	3,2%	21286	5,3%	118221	29,2%
Provinz Sachsen	158433	41,2%	60308	15,6%	25216	6,6%	16181	4,2%	124184	32,3%
Hannover	253950	58,7%	102606	23,7%	25561	6,1%	2690	0,6%	46354	10,7%
Schleswig-Holstein	58605	36,3%	54769	33,9%	15969	8,0	5217	3,2%	26764	16,5%
Westfalen	161783	64,8%	61171	24,5%	8697	3,5%	308	0,1%	17296	6,9%
Rheinland	320952	73,7%	61754	14,1%	17397	4,0%	493	0,1%	34668	8,0%
Hessen-Nassau	157446	71,8%	28817	13,1%	10968	5,0%	564	0,3%	21206	9,7%
Elsaß-Lothringen	174485	81,4%	18710	8,7%	8465	3,9%	452	0,2%	15081	7,0%
Baden	231945	81,1%	30865	10,8%	6981	2,4%	367	0,1%	15653	5,5%
Württemberg	240564	74,5%	54919	17,0%	8073	2,5%	236	0,2%	18527	5,7%
Bayern	874655	71,0%	248339	20,1%	14617	1,2%	1724	0,1%	92092	7,5%

mit fast 11% sind sie verhältnismäßig zahlreich; die drei übrigen Gruppen der Arbeiter treten daneben ganz zurück. Wie anders das Bild in Posen! Die Zahl der mitarbeitenden Familienangehörigen ist nur halb so groß wie in Baden. Dagegen besteht fast die Hälfte der gesamten Arbeiterschaft aus Tagelöhnern.

Der Vorzug der im wesentlichen sich auf eigene Kräfte stützenden Familienwirtschaften besteht in ihrer Unabhängigkeit vom Arbeitsmarkt, ein Vorzug, der gerade in den letzten Jahrzehnten vor dem Kriege, als die größeren Betriebe so schwer unter dem Arbeitermangel litten, nicht hoch genug eingeschätzt werden konnte. Dafür wurden diese kleinen Wirtschaften vom Kriege um so schwerer betroffen. Die großen Betriebe behielten ihre Wanderarbeiter und konnten sehr bald auch Kriegsgefangene einstellen. In den Familienwirtschaften war der eingezogene Mann in zahlreichen Fällen die einzige männliche Arbeitskraft. Zwar waren die Frau da und andere mithelfende Familienangehörige. Aber sie waren bereits vorher schon stark in die Wirtschaft eingespannt gewesen. Sie vermochten die Wirtschaft wohl fortzuführen. Es gab kaum Betriebe, die nach der Einziehung des Mannes ganz zum Erliegen kamen, ja, es war bewundernswert, was die deutsche Bauersfrau im Kriege geleistet hat, aber zweifellos mußten die Betriebe unter dem Fehlen des eigentlichen Wirtes schwer leiden.

Die fremden Arbeitskräfte, die L o h n a r b e i t e r, bilden keinen einheitlichen Berufsstand. Es gibt eine ganze Reihe von Arbeiterkategorien, die sich sowohl nach der Art ihres Arbeitsvertrages als auch nach ihren besonderen Obliegenheiten unterscheiden. Im Vergleich zum Industriearbeiter, bei dem die Anstellung in Tagelohn mit kurzer Kündigungsfrist, ja auch ohne eine solche das Übliche ist, ist beim Landarbeiter das Maß der Bindung im allgemeinen sehr viel stärker. Das ist nicht allein historisch aus der Tatsache zu erklären, daß der Landarbeiterstand aus den patriarchalischen Verhältnissen der Feudalzeit erwachsen ist, auch nicht nur daraus, daß naturgemäß die persönlichen Beziehungen zwischen Arbeiter und Arbeitgeber auf dem Lande, wo jeder den andern womöglich von Kindesbeinen an kennt, enger sind als in der Stadt, — die stärkere Bindung beruht auch auf den besonderen Anforderungen, die die Landarbeit stellt. Die Arbeiten wechseln in ihrer Dringlichkeit mit den Jahreszeiten und mit dem Wetter. Der Arbeitgeber muß sich dagegen zu sichern suchen, daß ihn der Arbeiter nicht gerade im Augenblick stärkster Arbeitshäufung im Stiche läßt. Kann doch der Ertrag einer ganzen Jahresarbeit von der Ausnutzung weniger guter Erntetage abhängen.

Historische Überlieferungen, klimatische, örtliche und landschaftliche Verhältnisse beeinflussen die ländliche Arbeitsverfassung und machen sie so vielgestaltig, daß eigentlich jede Landschaft ihre eigene Arbeitsverfassung hat. Doch wird man unter den Lohnarbeitern vier Hauptgruppen unterscheiden können: 1. Gesinde, 2. vertraglich gebundene Tagelöhner, 3. freie Tagelöhner, 4. Wanderarbeiter.

Über das quantitative Verhältnis dieser Gruppen zueinander sind an anderer Stelle (S. 275) Zahlenangaben gemacht worden. Es sei dazu bemerkt, daß die amtliche Statistik die beiden ersten Gruppen der Lohnarbeiter unter den ständigen, die beiden andern unter den nichtständigen Arbeitskräften zusammenfaßt.

Die Knechte und Mägde, das Gesinde, bilden auch heute noch den Hauptstamm der landwirtschaftlichen Lohnarbeiterschaft. Sie sind mit der Wirtschaft aufs engste verwachsen. Für alle laufenden Arbeiten auf dem Hofe, vor allem für die Pflege des Viehes, müssen sie dem Wirte jederzeit zur Verfügung stehen. Sie wohnen daher im Hause des Herrn, werden von diesem beköstigt und in kleineren Wirtschaften werden sie wie zur Familie gehörig behandelt. Der Arbeitsvertrag ist langfristig; gewöhnlich stehen sie in Jahreslohn. Also ein noch ausgesprochen patriarchalisches Arbeitsverhältnis. Dem entspricht, daß der größte Teil des Gesindes unverheiratet (96%) und jüngeren Alters ist (86% unter 30 Jahren). Auf größeren Gütern gibt es für den Stalldienst aber auch wohl verheiratete Knechte, die an Stelle der täglichen Verpflegung ein Deputat erhalten und eine eigene Hauswirtschaft führen (Deputatgesinde). „In manchen Gegenden, namentlich Süddeutschlands, vor allem in Oberbayern, verbleiben die Gesindeleute oft bis in späte Jahre im Dienste und im ledigen Stande, weil ein anderes Fortkommen sich nicht bietet" (Seibt).

Selbst in kleineren Wirtschaften sind diese eng mit der Wirtschaft verbundenen Arbeitskräfte kaum zu entbehren, und wenn ein Wirt überhaupt ständige fremde Hilfe braucht, wird er sich zuerst nach einem Knecht oder einer Magd umsehen. Es sind daher vor allem die bäuerlichen Betriebe, die sich Gesinde halten. Von den rund anderthalb Millionen Knechten und Mägden, die es nach der Betriebszählung von 1907 gab, dienten vier Fünftel bei Bauern (in Betrieben von 5—100 ha).

Betriebe	Knechte	Mägde	zusammen
	(in Tausenden)		
unter 0,5 ha	4,3	19,6	23,9
0,5—2 ha	12,1	27,2	39,3
2—5 ha	33,0	59,4	92,4
5—20 ha	254,2	281,9	536,1
20—100 ha	359,5	278,8	638,3
über 100 ha	147,7	68,3	216,0
Zusammen	810,8	735,2	1546,0

Daraus ergibt sich, daß die Gesindefrage die eigentliche Arbeiterfrage der bäuerlichen Betriebe ist. Die immer schwieriger werdende Beschaffung ausreichenden Gesindes bedeutete daher für sie eine außerordentlich große Erschwerung ihrer Wirtschaftsführung, besonders für die größeren Bauern, die sich nicht in dem gleichen Ausmaße durch stärkere Heranziehung der Familienangehörigen helfen konnten. Im allgemeinen Zeitgeist lag es begründet, daß der Gesindedienst unbeliebt wurde. Der Drang nach größerer Ungebundenheit veranlaßt die jungen Leute, sich dem Zwange, den die Hausgemeinschaft mit dem Dienstherrn und die ständige Aufsicht ausüben, zu entziehen und eine freiere Betätigung zu suchen. Die Zahl der im Gesindedienst Beschäftigten nahm daher ständig ab. Die Berufszählung von 1907 ergab gegenüber der von 1895 eine Verminderung der Knechte um 361000, der Mägde um 26000. Obwohl die Knechte sehr viel stärker an Zahl abgenommen hatten, wurde der Mangel an Mägden doch viel härter empfunden, weil sich die ersteren leichter auch durch verheiratete Leute ersetzen ließen. Gleichwohl war die Zahl der Gesindepersonen immer noch sehr groß. Sie machte nach der Betriebsstatistik von 1907 10,2% aller landwirtschaftlichen Arbeitskräfte aus. Schließt man die Betriebsinhaber und die Familienangehörigen nicht mit ein, so belief sich das Gesinde sogar auf 34% aller fremden Arbeitskräfte.

„Unter dem Gesinde wurden bei der Berufszählung von 1907 36458 auslandsgebürtige Personen ermittelt; ein Beweis dafür, daß Ausländer auch schon in das Gesindeverhältnis und damit mehrfach in engere Berührung mit den landwirtschaftlichen Besitzern treten. Übrigens ist auch das einheimische Gesinde bereits von einem merklichen Wandertriebe erfüllt. Nicht weniger als 111580 Knechte und Mägde waren 1907 außerhalb ihrer Heimatsprovinz im Gesindedienst tätig“ (Seibt).

Die vertraglich gebundenen Tagelöhner bilden den Stamm der ständigen Arbeiterschaft auf den großen Höfen. Man nennt sie daher gewöhnlich Gutstagelöhner. Von den annähernd 900000 Arbeitern dieser Gruppe, die die Betriebszählung von 1907 ermittelte, dienten 60% auf den Großbetrieben und 21% auf den Großbauernhöfen.

Betriebe	männlich	weiblich	zusammen
	(in Tausenden)		
unter 0,5 ha	8,9	4,2	13,2
0,5—2 ha	16,9	8,5	25,2
2—5 ha	23,6	12,3	35,4
5—20 ha	60,4	30,9	91,3
20—100 ha	121,2	62,5	183,7
über 100 ha	322,9	210,4	533,2
Zusammen	553,9	328,9	882,7

Wie beim Gesinde ist ihr Arbeitsvertrag langfristig und besteht ihr Lohn zum guten Teil aus Naturalbezügen, Deputat genannt, weshalb sie auch wohl als Deputanten bezeichnet werden. Art und Höhe des Deputats ist örtlich und landschaftlich verschieden. Mancherorts ist es so groß, daß es die Basis einer eigenen kleinen Wirtschaft bildet. Es besteht dann aus einer Familienwohnung mit einem kleinen Stall und aus Land zur eigenen Bewirtschaftung, wozu noch Naturalien zum eigenen Verbrauch und zur Viehfütterung kommen. Der Geldlohn, den solche Deputanten empfangen, tritt daneben zurück. Nach der Berufszählung von 1907 gab es 237000 Tagelöhner mit Deputatland. Im Vergleich zu der Gesamtzahl der Gutstagelöhner ist diese Zahl nicht allzu groß, doch ist zu beachten, daß so gestellte Deputanten in manchen Gegenden noch eine zweite Arbeitskraft zu stellen haben, einen sog. „Hofgänger" oder „Scharwerker", und daß auch die Frau bei dringender Arbeit mithelfen muß. Wo, wie in der Mehrzahl der Fälle, die Deputanten kein Land, sondern außer der Wohnung nur Naturalien für den eigenen Unterhalt bekommen, wie Kartoffeln, Korn, Hülsenfrüchte, Milch u. ä., wird entsprechend höherer Geldlohn gezahlt.

Für die Form der Entlohnung sind die verschiedensten Kombinationen möglich. Sie können für die wirtschaftliche und soziale Lage der Arbeiter von einschneidender Bedeutung sein. Ein Gutstagelöhner, der Land und so hohe Naturalbezüge erhält, daß er Inhaber eines kleinen landwirtschaftlichen Betriebes, womöglich mit eigener Kuhhaltung, wird, befindet sich in einer wirtschaftlich gefestigteren Lage als der, dessen Deputat lediglich einen Zuschuß zum Geldlohn bildet. Die Interessengemeinschaft mit dem Gutsherren wird beim ersten enger sein als beim zweiten, er wird daher auch ein zuverlässigerer und seßhafterer Arbeiter sein. Andererseits wird ein Gutstagelöhner, der nicht auch durch die eigene Wirtschaft in Anspruch genommen wird, seine und seiner Familie Arbeitskraft dem Gutsbesitzer unverkürzt zur Verfügung stellen können. Dieser nächstliegende Vorteil war groß genug, um bei den Gutsbesitzern die Neigung zu erwecken, die Naturalbezüge der Gutstagelöhner mehr und mehr zu beschneiden. Natürlich war das sehr kurzsichtig, weil die Tagelöhner dadurch ihre Bodenständigkeit einbüßten und von dem Drange erfaßt wurden, abzuwandern.

Die Gutstagelöhner haben ihre Geschichte. Sie spielt sich vor allem in Ostdeutschland ab, dem Lande der großen Güter. Hier hatte bis zur Bauernbefreiung die Arbeitsverfassung in der Hauptsache auf den bäuerlichen Diensten beruht. Als diese abgelöst waren, wurden die Insten zum Hauptbestandteil der Gutsarbeiterschaft. Den Insten haftete noch mancherlei vom Fronbauern an. Rechtlich unterschieden sie sich zwar nicht vom modernen Lohnarbeiter; das Arbeitsverhältnis war freiwillig und in seinen Anforderungen kontraktlich festgelegt. Aber gleich den früheren Bauern hatte der Instmann eine eigene Wirtschaft und Viehhaltung — wenn auch viel kleineren Umfanges. Diese wurde ihm vom Gutsherrn gestellt. Dafür hatte er Dienste zu tun, und zwar erstreckte sich diese Verpflichtung nicht nur auf ihn, sondern auch auf seine Familie; regelmäßig war zumindest ein Scharwerker mit auf Arbeit zu bringen, sei es die Frau, ein Sohn oder ein Knecht. Diese Dienste mußten bis zu einem gewissen Grade unentgeltlich geleistet werden, wofür der Inste aber seinerseits an dem Ertrage der Ernte partizipierte und einen Anteil an dem von ihm gemähten und gedroschenen Korn bekam.

Es handelte sich dabei nicht um eine ganz neue Institution. Überall hatte es schon vorher Insten gegeben, Besonders gilt das von Schlesien, in dessen deutschen Teilen sich die Gutspflichtigkeit der Bauern niemals in einem so hohen Maße entwickelt hatte wie in andern ostdeutschen Gebieten, und wo die sog. „Dreschgärtner“, welche Handdienste leisteten und an dem Naturalertrage der Gutswirtschaft beteiligt waren, von jeher den wichtigsten Teil der Gutsarbeiterschaft neben dem Gesinde gebildet hatten. Indes, allgemein Eingang fanden die Insten auf den Gütern der nordostdeutschen Tiefebene erst jetzt, und auf den großen Körnerwirtschaften ward es zur Norm, daß sich die Arbeiterschaft zu zwei Dritteln aus Insten und zu einem Drittel aus Gesinde zusammensetzte. Vielfach waren es Bauern, die in den Instenstand übertraten. Der Bauer war so geknechtet gewesen, daß er diesen Schritt nicht immer als Standeserniedrigung empfand.

Das Instenverhältnis zeigte viele Vorzüge. Fast überall hatte der Inste sein gutes und — was mancher früherer Bauer dankbar empfinden mochte — sorgenloses Auskommen. Seine eigene kleine Wirtschaft verlieh ihm eine gewisse Selbständigkeit und Selbstgefühl. Durch seine Anteilsrechte an dem Ernteertrage verband ihn eine Interessengemeinschaft mit dem Herrn. Doch lagen gerade in der naturalwirtschaftlichen Form der Entlohnung Keime zur Zersetzung dieses Arbeitsverhältnisses. Ein Hauptteil der Bezüge des Insten beruhte auf dem Anteil an dem Getreideertrage. Je intensiver die Wirtschaft auf den Gütern wurde, um so höher wurde ihr Wert. Der Inste wurde zu einem teuern Arbeiter. Nichts mag bezeichnender sein, als daß in Schlesien, wo die Dreschgärtner jahrhundertelang die Hauptstütze der Gutsbetriebe gebildet hatten, der Großgrundbesitz im Jahre 1845 die Ablösbarkeit des Dreschgärtnerverhältnisses durchsetzte. Man wollte den teuren Dreschgärtner loswerden. Bei einer freien Arbeitsverfassung glaubte man billiger zu fahren. Man ersetzte die Dreschgärtner durch

„Lohngärtner“, brachte diese in Arbeiterkasernen unter und schuf einen Landarbeiterstand, dem es im Vergleich zu den früheren Dreschgärtnern recht kümmerlich ging. Auch in andern Landschaften zeigte sich das Bestreben, dem Insten das selbstbewirtschaftete Land zu beschneiden und ihm seinen Anspruch auf einen Anteil an der Ernte zu nehmen. Die Kuh, die früher in jedes Insten Stalle stand, ist vielfach in die herrschaftlichen Ställe gebracht oder durch ein Milchdeputat ersetzt worden. Durch alles das verschlechterte sich die wirtschaftliche Lage des Insten so sehr, daß er seiner Verpflichtung, einen zweiten Mann zur Arbeit zu stellen, nicht mehr nachzukommen vermochte. Niemand wollte mehr bei dem armen Insten dienen. Selbst die eigenen Kinder hielten sich dafür zu gut, sie wanderten ab oder dienten als Gesinde auf dem Gutshofe. Krüppel und Greise, gefallene Mädchen, heruntergekommene Handwerker, zweifelhafte Individuen aus den Großstädten bildeten vielfach das Arbeitermaterial, das die Insten für die Hofgängerarbeit allenfalls noch bekamen. Vielfach wurde daher auf die Stellung eines Scharwerkers ganz verzichtet, indem man die Bezüge des Insten entsprechend kürzte.

Noch immer gibt es in Ostdeutschland Insten, die in Pommern vielfach „Gutstagelöhner“ und in Mecklenburg „Hoftagelöhner“ genannt werden. Aber ihre Zahl hat sich ständig vermindert, und im allgemeinen ist die Entwicklung dahin gegangen, daß sich die Unterschiede zwischen ihnen und den Deputanten mehr und mehr verwischt haben.

Diese Entwicklung hat, wie v. Dietze mitteilt, nach dem Kriege weitere Fortschritte gemacht. „Die verheirateten Arbeitskräfte, die sich früher in Insten, Drescher, Geldstubenleute, verheiratetes Gesinde, Deputanten usw. schieden, bilden jetzt überwiegend eine einheitliche Klasse von Deputanten. Ihre Bezüge bestehen zum großen Teil in Naturalien, deren Menge durchschnittlich höher ist, als sie die Deputanten vor dem Kriege bezogen.“ Das Hofgängerwesen ist, soweit es noch bestand, in einigen Gegenden ganz beseitigt, in andern auf die eigenen Kinder des Arbeiters beschränkt worden.

In diesem Zusammenhange wäre noch ein Wort über die westfälischen „Heuerlinge“ zu sagen. Die Heuerleute sind ländliche Arbeiterfamilien, die von dem Arbeitgeber ein Stück Land und das kleine Haus darauf pachten und dafür verpflichtet sind, eine bestimmte Anzahl von Tagen ihre Arbeitskraft um einen billigen Lohn zur Verfügung zu stellen. Noch vor einem halben Jahrhundert ging es dem Heuerling wie dem Bauer bei dieser Arbeitsverfassung recht gut. Das Heuerland, obgleich nur gepachtet, wurde gewissermaßen als Eigentum angesehen und vom Vater auf den Sohn übertragen. Im täglichen Verkehr war der Heuerling dem Bauern ebenbürtig. Wenn er auf den Hof zur Arbeit kam, arbeitete er Schulter an Schulter mit dem Bauer und setzte sich mit ihm an denselben Tisch. Aber auch diese Verhältnisse haben sich zu ihrem Nachteil verändert. Die Zahl der Heuerlinge hat sich ständig vermindert. Von dem kapitalistischen Geiste, der in das industrialisierte Westfalen einzog, hat sich auch der Bauer nicht fern gehalten. Er suchte die Bezüge des Heuerlings zu beschneiden oder ließ die Stellen ganz eingehen. Gesinde und Zuzug von tagelöhnernden Kleinbesitzern der Nachbarschaft boten billigen Ersatz. Doch bald sollte es sich zeigen, daß mit der Verminderung der Heuerlingsstellen auch der Nachwuchs des Gesindes abnahm. Es trat drückender Arbeitermangel ein. Diejenigen Bauern, die es verstanden hatten, die Heuerlingsstellen zu erhalten, befanden sich nunmehr in einer besseren Lage. Die andern, ihre frühere Kurzsichtigkeit bereuend, wünschten, wieder verheiratete Arbeiter zu gewinnen und begannen, die verfallenen Heuerlingshäuser wieder herzustellen. Doch war es natürlich sehr viel leichter, eine gute alte Arbeitsverfassung zu zerstören, als sie neu aufzurichten.

Die große Gruppe der „Freien Landarbeiter" umfaßt die Gesamtheit aller nicht kontraktlich gebundenen Landarbeiter, eine Gruppe für deren Angehörige nur der äußere Mangel eines formalen Arbeitsvertrages das gemeinsame Merkmal bildet. In ihr sind alle sozialen Stufen der auf dem Lande wohnenden „Kleinen Leute" vertreten: der besitzlose ländliche Proletarier, der als „Einlieger" oder „Einmieter" ein ziemlich kümmerliches Dasein fristet und bald hier bald dort auf Arbeit geht, neben dem grundbesitzenden Tagelöhner, der eine eigene oder gepachtete kleine Wirtschaft hat, aber regelmäßig, doch nach freier Wahl bei einem Bauern oder Gutsbesitzer Dienst tut, bis hinauf zu dem halbselbständigen Kleinstellenbesitzer, der, weil ihn der eigene Hof nicht immer voll beschäftigt, zeitweise gegen Tage- oder Akkordlohn arbeitet. Landarbeiter dieser Art gibt es allerwärts, am meisten natürlich in Gebieten mit einer dichten kleinbäuerlichen Bevölkerung. In Süd- und in Westdeutschland machen sie neben dem Gesinde die Hauptmasse der fremden Arbeitskräfte aus.

Gleichmäßig werden sie von den Betrieben jeder Größe gebraucht. Wird doch selbst ein kleiner Bauer, der neben seiner Familie und seinem Gesinde sonst nur wenig fremde Arbeitskräfte verwendet, in Zeiten großer Arbeitshäufung gern auf ihre Hilfe zurückgreifen. Das wird aus der Statistik deutlich, wenn sie auch nicht die freien Landarbeiter gesondert, sondern zusammen mit den Wanderarbeitern in einer Rubrik der „nichtständigen Arbeiter" erfaßt. Nach der Betriebsstatistik von 1907 gab es an nichtständigen Arbeitern:

Betriebe	männlich	weiblich	zusammen
	(in Tausenden)		
unter 0,5 ha	74,0	74,8	148,8
0,5—2 ha	124,9	122,1	247,0
2—5 ha	140,1	140,3	280,4
5—20 ha	272,3	293,3	565,5
20—100 ha	188,5	212,6	401,1
über 100 ha	185,1	214,2	399,3
Zusammen	984,9	1057,2	2042,1

Davon wären die Wanderarbeiter abzuziehen. Ausländische Wanderarbeiter gab es nach der Berufszählung von 1907 215000. Für die Zahl der deutschen Wanderarbeiter hatten wir zwar keine besonderen Angaben, aber einen gewissen Anhalt, weil gleichzeitig 137000 landwirtschaftliche Arbeiter und Tagelöhner festgestellt wurden, die in einer andern Provinz als ihrer Heimatprovinz in Arbeit waren und weder eigenes Land, noch Deputatland besaßen; darunter werden viele Wanderarbeiter vermutet werden können. Da die Wanderarbeiter hauptsächlich auf den größeren Gütern beschäftigt wurden, so zeigt das Zahlenbild, daß es vor allem die mittelbäuerlichen Betriebe waren, die freie Landarbeiter verwandten. Auf Betrieben dieser Größe reichten der Zahl nach die freien Landarbeiter an die des Gesindes heran, doch besaß ihre Arbeit natürlich nicht auch den gleichen Nutzwert, weil sie nur zeitweise tätig waren, während die Knechte und Mägde das ganze Jahr hindurch beschäftigt wurden. Es kam hinzu, daß die Industrie einen zunehmenden Teil der freien Landarbeiter an sich zog, zumal wenn diese in der Nähe einer Station der Eisenbahn wohnten, deren Netz sich von Jahr zu Jahr verdichtete. Man wird daher annehmen müssen, daß die Bedeutung auch dieser Arbeitergruppe für die Landarbeit im Abnehmen begriffen war.

Stets also die wiederkehrende Wahrnehmung einer Arbeiterverminderung! Wenn es trotzdem nicht zu einer Katastrophe kam, lag es sowohl daran, daß sich die kleinen Betriebe durch eine stärkere Inanspruchnahme der Familienangehörigen helfen konnten, als auch daran, daß den großen Wirtschaften der dauernd wachsende Zustrom der ausländischen Wanderarbeiter die Rettung brachte.

Das alljährliche Hereinfluten großer Arbeiterheere aus Osteuropa gehört zu den meist beachteten Erscheinungen der neuesten deutschen Agrargeschichte und hat nicht mit Unrecht die öffentliche Meinung in Deutschland tief erregt. Man wies darauf hin, daß die deutsche Landwirtschaft einer Katastrophe zutreibe, wenn sie sich in ihrer Wirtschaftsführung auf Arbeiter stütze, deren Kommen von dem guten Willen des Auslandes abhing. Mit Nachdruck wurde dargelegt, welche

Gefahren der Nation aus dem starken Zuzug dieser fremdsprachigen und auf niedrigerer Kulturstufe stehenden Arbeitermassen erwachsen müßten. Man sollte nicht vergessen, daß die polnischen Wanderarbeiter in einem deutsch-feindlichen Sinne organisiert wären und ihre Eigenart straff bewahrten. „Immer mehr bleiben dauernd im Lande. Es ist ein offenes Geheimnis, daß die Vorschrift, wonach diese Leute über Weihnachten auf sechs Wochen außer Landes gehen müßten, häufig nicht mehr befolgt wird .... Langsam, aber sicher werden die ostdeutschen Gutsbezirke polonisiert" (Sering).

Andererseits ließ sich nicht verkennen — nicht selten ward das übersehen —, daß die Wanderarbeiter der deutschen Landwirtschaft eine wirklich unentbehrliche Hilfe leisteten, und zwar eine Hilfe, wie sie gerade unter den tatsächlichen Verhältnissen wirksamer nicht gedacht werden konnte.

Die landwirtschaftliche Produktion steht unter der Ungunst eines nach der Jahreszeit wechselnden Arbeitsbedarfes. Gerade die Wanderarbeit, die es dem Landwirt möglich macht, über eine starke Arbeiterschaft zu verfügen, ohne sie dauernd unterhalten zu müssen, läßt diese Schwierigkeit am leichtesten überwinden. Die Wanderarbeit ist daher weder eine neuzeitige, noch eine nur deutsche Erscheinung.

„Die Waidgängerei, d. h. die Wanderung wendischer Arbeiter aus der Lausitz und benachbarten Landstrichen nach Thüringen zum Zwecke der Hilfe bei der viel Arbeit kostenden Waidkultur, ist schon seit dem 14. Jahrhundert urkundlich bezeugt; die Waidgänger sind die richtigen Vorfahren der Sachsengänger. Ein anderes Beispiel ist die Arbeitsverfassung auf den Großgütern des polnischen Ordenslandes. Der dortige stark „kapitalistische", d. h. für den Markt produzierende Großbetrieb des 15. Jahrhunderts, arbeitete außer mit einem zahlreichen Gesinde und mit ‚Gärtnern' (ansässigen Tagelöhnern) auch mit freien Landarbeitern; die Hand- und Spanndienste unfreier Bauern traten demgegenüber zurück. Diese freien Landarbeiter wurden namentlich zur Heu- und Getreideernte herangezogen. Sie stammten aus dem Lande selbst, waren also überschüssige Kräfte des Bauernstandes oder landlose Einlieger; teils waren es aber Fremdarbeiter, die aus Masovien oder Litauen über die Grenze zur Erntezeit hereinkamen und nachher wieder in ihre Heimat zurückkehrten. Also richtige „polnische Wanderarbeiter", ganz wie in der Gegenwart. Ihre ausführliche Erwähnung schon in den frühesten Verordnungen, die sich mit dem Lohne der ländlichen Arbeitskräfte beschäftigen, beweist, daß es sich nicht um eine vorübergehende Erscheinung, sondern um eine ständige Einrichtung handelte" (Wygodzinski auf Grund des Buches von Gustav Aubin, Zur Geschichte der gutsherrlich-bäuerlichen Verhältnisse in Ostpreußen. Leipzig 1910).

Auch im Ausland haben wir die Wanderarbeit, sowohl in der Form der Binnenwanderung wie auch in der der Auslandssaisonwanderung. Es handelt sich dabei entweder darum, daß in dem Zuwanderungslande, ähnlich wie in Deutschland, der Prozeß der Industrialisierung und Verstädterung der Landwirtschaft die Arbeitsreserven völlig entzogen oder sogar den Grundstamm der landwirtschaftlichen Bevölkerung angegriffen hat. Oder die

Wirtschaft des betreffenden Landes ist noch derartig menschenextensiv, daß ohne eine Saisonzuwanderung die landwirtschaftliche Arbeit nicht bewältigt werden kann. Die Zuwanderung erfolgt dann aus irgendeinem relativ übervölkerten Lande, das seine Kinder bei sich nicht mehr ernähren kann. Zuwanderungsländer des ersten Typus sind Deutschland, England, Frankreich, Dänemark und Schweden, des zweiten Typus die Vereinigten Staaten und Argentinien.

Nach Frankreich, wo auch eine starke Binnenwanderung stattfindet, wandern belgische, schweizerische, italienische, spanische, polnische Wanderarbeiter. Die größte Bedeutung haben in Frankreich die belgischen Wanderarbeiter. Als deren Zahl zurückging, versuchte man unter Ausnutzung der politischen Lage galizische und russisch-polnische Arbeiter zu gewinnen und schuf dafür besondere Organisationen, ohne indes damit den erhofften Erfolg zu haben. Nach England kommen alljährlich zur Erntezeit große Scharen irischer Wanderarbeiter, nach Dänemark und Schweden in steigendem Umfange polnische Arbeiter. In den Vereinigten Staaten ist Saisonarbeit in zwei Formen üblich, indem die Getreideernte entweder durch stark proletarisierte amerikanische Wanderarbeiter (Hoboes) oder durch polnische, russische, italienische Saisonarbeiter bewältigt wird. Vollkommen Saisoncharakter hat die Landwirtschaft Argentiniens: große Scharen hauptsächlich von Italienern kommen jedes Jahr im November herüber und bleiben bis Mitte März (vgl. Buchenberger I. S. 478 f.).

Mehrere Gründe wirkten zusammen, um in Deutschland seit dem letzten Drittel des 19. Jahrhunderts den Bedarf an Wanderarbeitern besonders zu steigern. Der erste ist darin zu suchen, daß in dem auf allen Gebieten des Wirtschaftslebens sich machtvoll entwickelnden Deutschland die eigenen Arbeitskräfte nicht ausreichten, die gewaltige Arbeit zu bewältigen. Nicht nur die Landwirtschaft, auch die Industrie, der Straßen-, Eisenbahn- und Kanalbau brauchten ausländische Arbeiter. Bei der Landwirtschaft aber war der Bedarf am größten, einmal weil infolge der Abwanderung in die Stadt absolut Arbeitermangel herrschte, dann aber auch, weil bei der von ihr eingeschlagenen Produktionsrichtung Wanderarbeiter die entstandene Lücke am vorteilhaftesten auszufüllen vermochten. Die zunehmende Intensität der Agrikultur drängte in verstärktem Maße die Arbeiten auf die guten Jahreszeiten zusammen. Gleichzeitig war die Winterarbeit infolge der Abschaffung des Flegeldrusches und der Einstellung früher gepflegter zahlreicher hausgewerblicher Betätigungen geringer geworden. Arbeiter, die nach Erledigung der Saisonarbeit wieder fortzogen und während des Winters vom Landwirt nicht unterhalten zu werden brauchten, mußten daher dem Bedürfnis am besten entgegenkommen. Die landwirtschaftliche Produktion wurde dadurch beträchtlich verbilligt. Es kam hinzu, daß der gesteigerte Hackfruchtbau, insbesondere die Zuckerrübenkultur, physische Arbeitsanforderungen stellte, denen sich der anspruchslose Wanderarbeiter williger unterwarf als der deutsche Arbeiter.

Die ersten Wanderarbeiter, die nach der Provinz Sachsen und den angrenzenden mitteldeutschen Landschaften zogen, wo sich der Zuckerrübenbau zuerst in größerem Maßstabe ausbreitete, waren keine Ausländer. Sie kamen aus den benachbarten ostdeutschen Provinzen und wurden nach dem Ziele ihrer Wanderarbeit „Sachsengänger" genannt, ein Name, der an ihnen hängen blieb, auch nachdem sie längst nicht mehr bloß nach Mitteldeutschland gingen, sondern erst die Weser und dann auch den Rhein überschritten hatten. Später rückten ausländische, vor allem aus dem slawischen Osten kommende Wanderarbeiter nach, die schon in den achtziger Jahren immerhin so zahlreich geworden waren, daß Bismarck diese Flut abdämmen zu müssen glaubte und im Jahre 1886 eine Massenausweisung anordnete, um den deutschen Charakter der Ostprovinzen zu sichern. Caprivi hat 1890 die slawischen Wanderarbeiter wieder zugelassen, mit dem Erfolge, daß im gleichen Jahre schon über 17000 Land- und Industriearbeiter aus Russisch-Polen kamen. Seitdem ist die Bewegung lawinenartig gewachsen. Die große Vermehrung der ausländischen Wanderarbeiter darf indes keineswegs allein auf Rechnung der Landwirtschaft gesetzt werden. Die Industrie hatte ihren guten Anteil daran, und zwar nicht nur mittelbar, indem sie der Landwirtschaft Kräfte entzog und sie dadurch zwang, Ersatz aus dem Auslande zu holen, sondern auch unmittelbar. Die Deutsche Arbeiterzentrale hat im Jahre 1913/14 für 783000 ausländische Arbeiter Legitimationskarten ausgefertigt; davon waren 437000 landwirtschaftliche und 346000 Industriearbeiter.

In Wirklichkeit war die Zahl der Wanderarbeiter größer. Der Legitimationszwang bestand nicht für alle Bundesstaaten. In Bayern, Hessen und den Hansastädten besteht er auch heute noch nicht, in Baden erst seit dem Jahre 1917 und in Sachsen und Württemberg bis zum Jahre 1920 nur in bedingter Form. Aber auch in den Staaten, die den Legitimationszwang haben, pflegt sich ihm ein nicht unbeträchtlicher Bruchteil zu entziehen. Wygodzinski glaubt die Zahl der ausländischen Wanderarbeiter des Jahres 1912/13 „auf mindestens eine Million" veranschlagen zu müssen. Natürlich handelt es sich dabei lediglich um eine unkontrollierbare Schätzung.

Woher stammten die im Jahre 1913/14 legitimierten landwirtschaftlichen Wanderarbeiter? Es stellten:

Rußland	286400	Wanderarbeiter
Österreich	130600	„
Ungarn	5300	„
Niederlande, Belgien	9600	„
Dänemark, Schweden, Norwegen	3200	„
Schweiz	1500	„
das übrige Ausland	100	„
Zusammen	436700	Wanderarbeiter

Als Herkunftsländer überwogen durchaus Rußland und Österreich-Ungarn, nur 14500 Arbeiter, das sind etwa 3 %, stammten aus andern Ländern. Der Nationalität nach standen ganz im Vordergrunde die Polen, die allein ein Kontingent von 327200 Personen (75 %) stellten. Davon kamen auf Russisch-Polen 269000, auf Galizien 58200. Beträchtlich war auch die Zahl der Ruthenen mit 68200 Wanderarbeitern. Die ausländischen landwirtschaftlichen Wanderarbeiter waren also fast ausschließlich Osteuropäer, redeten eine Sprache, die der Deutsche nicht verstand, und waren zum guten Teil dem Deutschen politisch feindlich gesinnt. Natürlich war das für beide Teile ein höchst unerfreulicher Zustand. Der Arbeitgeber konnte sich mit diesen Arbeitern nicht unmittelbar verständigen und nicht zu einer persönlichen Fühlungnahme kommen, wie sie für eine gedeihliche Gestaltung des Arbeitsverhältnisses Vorbedingung gewesen wäre. Die Polen lebten wie fremde Arbeitssklaven auf dem Hofe. Die einzige Verkehrsmöglichkeit zwischen ihnen und dem Arbeitgeber bot die Vermittlung des allein auch deutsch sprechenden Vorarbeiters, dem nachgesagt wird, daß er die Polen aufs schamloseste betrogen und ausgebeutet habe. Kontraktbrüche und Streiks in kritischen Augenblicken waren nicht selten. Mit einiger Übertreibung kann man sagen, daß ein latenter Kriegszustand zwischen beiden Parteien herrschte.

Das führte dazu, daß gegen die Polen auch Vorwürfe erhoben wurden, die unberechtigt oder doch ungerecht waren. Man behauptete, sie stellten „den Auswurf der slawischen Unterschicht" dar, dem mitteleuropäische Kulturbegriffe beizubringen das deutsche Volk zu gut sei. Sicherlich gab es unter ihnen viele räudige Schafe, aber zum größten Teile waren es doch Leute, die vorankommen wollten, die, mit den niedrigen Heimatlöhnen unzufrieden, in Deutschland fleißig arbeiteten und sparten, um sich in der Heimat ein Stückchen Land erwerben zu können. Also im allgemeinen handelte es sich nicht um eine Auslese im schlechten Sinne, sondern um eine Auslese der Rührigen, der Vorwärtsstrebenden. Gewiß standen sie auf einer niedrigeren Kulturstufe. Aber wären sie sonst nach Deutschland gekommen, um Arbeitsstellen auszufüllen, die deutschen Arbeitern zu schlecht waren?

Doch wie sich alles das auch verhalten mag, bestehen bleibt, daß die deutsche Landwirtschaft und mit ihr die ganze deutsche Volkswirtschaft diesen mit Recht und Unrecht viel geschmähten Wanderarbeitern zu unermeßlichem Danke verpflichtet war. Sie haben durch ihrer Hände Arbeit mitgeholfen, die deutschen Felder zu bestellen. Ohne ihre Hilfe hätte die deutsche Agrikultur nicht jene Höhe erreichen können, die sie zur führenden der Welt gemacht hat.

Ein Beweis, mit wie geringem volkswirtschaftlichen Verständnis man diese Frage zu behandeln pflegte, ist der gegen die Wanderarbeit erhobene und selbst von gediegenen Volkswirten immer wiederholte Vorwurf: die Polen hätten in dem Arbeitslohn deutsches Geld außer Landes getragen und dadurch Deutschlands Handelsbilanz verschlechtert. Als ob sie nicht sehr viel höhere Werte für Deutschland erzeugt hätten, als sie in der Form ihrer kümmerlichen Ersparnisse aus Deutschland hinaustragen konnten! Selbst wenn es wirklich „ungezählte Millionen Mark" gewesen sein sollten, — die Millionen Mark, die sie für das deutsche Volkseinkommen erarbeitet haben, waren sehr viel größer und wertvoller. Wenn man aus dem Wanderarbeiter-Verhältnis eine Tributpflicht konstruieren will, so lag sie sicherlich nicht auf seiten Deutschlands.

Wie groß der Nutzen war, den die deutsche Volkswirtschaft von den ausländischen Wanderarbeitern hatte, sollte sich in überzeugender Weise bei Ausbruch des Krieges zeigen. Der Hauptteil der leistungsfähigsten deutschen Landarbeiter, die jungen und kräftigen Männer, wurden zu den Waffen gerufen. Es war ein Glück für die deutsche Landwirtschaft, daß es zu einem Zeitpunkt geschah, wo die ausländischen Saisonarbeiter noch im Lande waren. Die Ernte hatte gerade begonnen. Ihre Vollendung wäre ohne ihre Hilfe aufs höchste gefährdet gewesen. Aber auch in der Folgezeit, während der ganzen Kriegsjahre, ruhte die Last der deutschen Landarbeit, die das um seine Exsitenz ringende deutsche Volk mit Nahrungsmitteln versorgen sollte, zum guten Teil auf ihren Schultern.

Nach der Marneschlacht war die deutsche Regierung zu der Erkenntnis gekommen, daß man die ausländischen Wanderarbeiter überhaupt nicht außer Landes gehen lassen dürfte. Für die russischen Wanderarbeiter, soweit sie wehrpflichtig waren, verbot sich das allein schon aus militärischen Gründen; gleich nach Kriegsausbruch war verfügt worden, daß diese auf ihren Arbeitsstellen zu belassen wären. Die nicht wehrpflichtigen und weiblichen Arbeiter hätte man, auch wenn sie russischer Staatsangehörigkeit waren, auf ihren Wunsch entlassen müssen, weil im Interesse der Deutschen in Rußland dahingehende Abmachungen mit der russischen Regierung getroffen worden waren. Das gleiche galt ohne weiteres für alle Angehörigen derjenigen Staaten, mit denen sich Deutschland nicht im Kriegszustande befand; ein Rechtsmittel, sie zwangsweise in Deutschland zurückzuhalten, gab es in diesen Fällen nicht, wie vor allem nicht für die polnischen und ruthenischen Arbeiter österreich-ungarischer Staatsangehörigkeit, die gleich hinter den russischen Arbeitern das Hauptkontingent der ausländischen Arbeiterschaft bildeten. Man mußte daher andere Mittel anwenden, sie an Deutschland zu fesseln. Mit Ausnahme der aus Österreich-Ungarn stammenden Wehrpflichtigen, die selbstverständlich zu den Fahnen entlassen wurden, wurde ihnen die Ausreise erschwert, was um so leichter mit Erfolg durchzuführen war, als dank der siegreichen deutschen Heere ihre Heimatsgebiete alsbald in den Kriegsschauplatz einbezogen wurden. Doch tat man auf deutscher Seite auch das möglichste, um ihnen den Aufenthalt in Deutschland erträglich zu machen. Die Arbeitgeber wurden ermahnt, sich mit den Wanderarbeitern gut zu stellen und ihnen gute Arbeitsbedingungen zu gewähren. Selbst diejenigen Russen, die formal kein Abzugsrecht hatten, sollten durch gute Behandlung arbeitsfreudig erhalten werden. Nur bei unerlaubter Entfernung und Widersetzlichkeit sollte scharf durchgegriffen werden. Im allgemeinen wird man sagen können, daß man mit den polnischen Arbeitern gut auskam, bis Ende 1916 das folgenschwere Ereignis der Proklamation Polens eintrat. Die Stellung der deutschen Staatsregierung zu den polnischen Arbeitern — die russischen Wanderarbeiter waren ja in der Hauptsache polnischer Nationalität — mußte sich damit grundsätzlich ändern. Vorher waren diese Angehörige einer feindlichen Macht gewesen und hatten sich als solche vieles gefallen lassen müssen, ohne sich einmal darüber beklagen zu können, wenn sie ihre Behandlung mit dem traurigen Los deutscher Zivilgefangener im feindlichen Auslande verglichen. Sie bekamen dieselben und höhere Bezüge wie im Frieden. Zwar unterlagen sie dem Ortswechselverbot, doch bedeutete dies eine wesentlich geringere Freiheitsbeschränkung als die Stacheldrähte englischer Konzentrationslager. Immerhin konnten diese und ähnliche Beschränkungen nicht aufrechterhalten werden, seitdem die Polen aus ehemaligen Feinden zu Bundesgenossen des Deutschen Reiches geworden waren. Die bei den Stellvertretenden Generalkommandos gebildeten Schlichtungsausschüsse wurden als Schiedsstellen bestimmt, um Streitigkeiten beizulegen, die sich aus dem Wunsche von Wanderarbeitern ergaben, ihre Arbeitsstelle zu wechseln. Die polnischen Arbeiter bekamen außerdem einen Anspruch auf Urlaub, und bei den Kriegswirtschaftsämtern wurden Beschwerdeinstanzen geschaffen, an die sie sich bei jeder Verweigerung des Urlaubs wenden konnten. Aber auch durch positive Maßnahmen wurde auf das Wohl der polnischen Arbeiter Bedacht genommen. In den Bezirken der Stellvertretenden Generalkommandos wurden für sie ständige „Fürsorgestellen" eingerichtet mit der Aufgabe, die Durchführung der den polnischen Arbeitern gewährten Erleichterungen zu überwachen, sowie festzustellen, ob ihre Unterbringung, Verpflegung, Entlohnung und Behandlung angemessen wären. Um diese Fürsorge besonders wirksam zu machen, wurden seitens des Kriegsamts in Berlin nach Bedarf „Reisekontrollkommissionen" eingerichtet, die unter Leitung eines Fachoffiziers standen und denen polnische Vertrauensleute angehörten.

Alle diese Erleichterungen waren mit auf das Betreiben der „Deutschen Arbeiterzentrale" zurückgegangen, die bereits seit dem ersten Kriegsjahre in den von den deutschen Truppen besetzten Gebieten Arbeiter anwarb. Ihre Werbungen konnten naturgemäß nur Erfolg haben, wenn sie den Anzuwerbenden gute Arbeitsbedingungen zuzusagen vermochte. Freilich kann man nicht sagen, daß die polnischen Arbeiter infolge der wohlwollenden Behandlung zufriedener geworden wären. Das Entgegenkommen wurde als Schwäche ausgelegt. Und der Stachel, daß sie trotz allem in ihrer Bewegungsfreiheit nicht ganz unbeschränkt waren, blieb zurück. Ihre Volkstribunen konnten auf offene Ohren rechnen, wenn sie die Tätigkeit in Deutschland als Zwangsarbeit kennzeichneten. Die zunehmende Verschlechterung der Ernährungslage tat das übrige, um die Unzufriedenheit zu steigern. Wenn auch entsprechend der Verringerung der Deputate eine höhere Barlöhnung eintrat, so bot sie doch keinen Ersatz, da ja auch für Geld in dem ausgepowerten Deutschland nichts zu kaufen war. Schon vor dem großen Zusammenbruch war die Lage unhaltbar geworden. Trotz des Rückkehrverbots bröckelte der Bestand an Polen immer mehr ab. Schließlich entschloß sich die deutsche Regierung im Oktober 1918, das Rückkehrverbot beträchtlich zu mildern, indem man gleichzeitig ins Auge faßte, daß der künftige polnische Staat dazu verpflichtet werden sollte, jede Agitation gegen die Anwerbung polnischer Arbeiter für deutsche Arbeitsstellen zu unterdrücken. Das bedeutete die Verzichtleistung der deutschen Regierung, die polnische Arbeiterfrage aus eigener Machtvollkommenheit zu regeln. Man erhoffte von der Hilfe eben jenes neuen polnischen Staates, dessen Gründung die Veranlassung zu allen Wirrungen gegeben hatte, ihre Lösung.

Die Revolution und der Waffenstillstand haben dann die Frage schnell und radikal aus der Welt geschafft: Ein Erlaß des Ministers der öffentlichen Arbeiten vom 18. November 1918 ordnete kurzerhand an, daß die ausländischen Arbeiter sofort abzutransportieren seien, „damit Platz für die aus dem Felde zurückkehrenden Arbeitskräfte geschaffen" würde. Trotz der dagegen erhobenen Vorstellungen wartete man nicht einmal ab, bis die Herbstarbeiten vollständig beendet waren.

In der folgenden Tabelle erhalten wir ein Bild von dem Umfang und von der Zusammensetzung der ausländischen landwirtschaftlichen Wanderarbeiter auf Grund der Legitimierungen durch die Deutsche Arbeiterzentrale. Das letzte Friedensjahr und die ersten beiden Nachkriegsjahre sind zum Vergleich neben die vier Kriegsjahre gestellt. Vor allem infolge des Wegzuges von nahezu zwei Dritteln der Wanderarbeiter österreichisch-ungarischer Staatsangehörigkeit verminderte sich im ersten Kriegsjahre die Gesamtzahl um fast 100000. Wenn seitdem die Gesamtzahl ständig zunahm, um im letzten Kriegsjahre wieder eine beträchtliche Höhe zu erreichen, so war das den Anwerbungen durch die Deutsche Arbeiterzentrale zu verdanken. Von ihr wurden in den besetzten Gebieten neu angeworben:

1914/15	34899	landwirtschaftliche Arbeiter
1915/16	27444	„ „
1916/17	36031	„ „
1917/18	48542	„ „
Zusammen	146898	landwirtschaftliche Arbeiter

Darunter befanden sich an deutsch-russischen Rückwanderern:

1914/15	14010	landwirtschaftliche Arbeiter
1915/16	5315	„ „
1916/17	3429	„ „
1917/18	6424	„ „
Zusammen	29178	landwirtschaftliche Arbeiter

Die Zahl der aus Rußland stammenden Arbeiter hat sich infolgedessen während des Krieges ständig vermehrt, ja, einen höheren Stand erreicht als im Frieden. Sie betrug:

1913/14	286413	landwirtschaftliche Arbeiter
1914/15	275972	,, ,,
1915/16	311658	,, ,,
1916/17	326683	,, ,,
1917/18	348386	,, ,,

Da im Geschäftsjahr 1914/15 als an der Arbeitsstelle bereits befindlich 302853 landwirtschaftliche Arbeiter legitimiert wurden, so hätten am Ende des Krieges 443751 Leute vorhanden sein müssen, wenn inzwischen gar kein Abgang stattgefunden hätte. Da tatsächlich nur 372274 gezählt wurden, betrug der Abgang 77477. Hiervon kamen aber nur 37019 auf die aus Rußland stammenden Arbeiter, während 40458 auf Österreich-Ungarn und das übrige Ausland entfielen. Die Zahl der entwichenen russischen Wanderarbeiter kann also nicht sehr bedeutend gewesen sein, wenn man den natürlichen Ausfall infolge Krankheit und Sterbefälle nicht außer acht läßt und sich daran erinnert, daß eine gewisse Anzahl Landarbeiter während des Krieges in die Industrie abgewandert ist.

Ausfertigung von Arbeiterlegitimationskarten für ausländische landwirtschaftliche Wanderarbeiter im Deutschen Reich. (Nach den Berichten der Deutschen Arbeiterzentrale über die betreffenden Geschäftsjahre, 1. Oktober bis 30. September.)

Herkunftsland	1913/14	1914/15	1915/16	1916/17	1917/18	1918/19	1919/20
Rußland	286413	275972	311658	326683	348386	127006	114995
darunter:							
Polen	269000	246572	276500	278469	291080	93186	89859
Deutsche	11184	24329	27522	31931	36200	28514	18553
Sonstige	6229	5071	7636	16283	21106	5306	6583
Österreich-Ungarn .	135868	49791	26581	19304	14262	11440	16666
darunter:							
Polen	58224	20011	8841	6497	4406	4293	8799
Ruthenen.....	68236	26090	14228	9485	6274	3695	3929
Deutsche	4056	2803	2605	2489	2841	2958	3343
Tschechen	951	567	696	618	551	348	329
Sonstige	4401	320	211	215	190	146	266
Niederlande, Belgien	9633	7916	6208	5533	5547	3940	2991
Schweiz	1534	1660	1905	2013	2197	1649	1246
Übriges Ausland ..	3288	2413	2465	1950	1882	1159	376
Zusammen	436736	337752	348817	355483	372274	145194	136274

Nach dem Kriege hat die Zahl der ausländischen Wanderarbeiter stark abgenommen. Vor allem sind es die aus dem früheren Rußland stammenden Saisonarbeiter, die auf ein Drittel des früheren Bestandes zurückgegangen sind. Doch hat die Zahl der galizischen Polen sich im Jahr 1919/20 wieder beträchtlich gehoben, wenn sie auch bei weitem nicht den Friedensstand erreicht hat.

Wie sich die ländlichen Arbeiterverhältnisse nach dem Kriege gestaltet haben, läßt sich noch nicht überblicken. Doch ergibt sich aus den Untersuchungen v. Dietzes, die sich freilich nur auf Ostdeutschland beziehen, bereits so viel, daß sie eine wesentliche Veränderung erfahren haben. „Die Klagen über Landflucht sind verstummt, die Familienwohnungen der Güter überall besetzt, und darüber hinaus macht sich noch vielfach ein starkes Angebot an verheirateten Arbeitern fühlbar. Die schulentlassenen Kinder der Landarbeiter bleiben vorwiegend auf dem Lande und gehen meist mit ihren Eltern zusammen auf Arbeit. Mangel besteht allerdings an ledigem Gesinde, besonders an Mägden. Doch werden im allgemeinen zweifellos mehr einheimische Landarbeiter als vor dem Kriege beschäftigt. Neue Jahrgänge sind herangewachsen und wandern nicht in die Städte ab; die Wehrpflicht ist aufgehoben; zahlreiche frühere Landarbeiter sind aus der Stadt aufs Land zurückgekehrt, andere die früher in Industrie und Verkehrsgewerben auf Arbeit gegangen sind, suchen jetzt Beschäftigung als landwirtschaftliche Freiarbeiter; in geringem Umfange ist auch die Verpflanzung städtischer Arbeitskräfte in die Landwirtschaft geglückt, und so sind die Lücken, welche die für die Landbevölkerung besonders schweren Kriegsverluste gerissen haben, mehr als ausgeglichen."

War es für die deutsche Landwirtschaft und Ernährungswirtschaft während des Krieges schon ein großes Glück, daß ihnen so zahlreiche ausländische Wanderarbeiter zur Verfügung standen, so wurde ihnen in den Kriegsgefangenen — also wieder durch Ausländer — eine weitere Hilfe zuteil, die im Verlauf des Krieges eine ständig wachsende Bedeutung erlangte. Diese Hilfe gewährte zudem dem Volksbewußtsein die Genugtuung, daß der von der Entente beabsichtigten Aushungerung mit Arbeitskräften entgegengearbeitet wurde, die die Feinde selbst gestellt hatten. Natürlich war es nicht leicht, die Gefangenen auch wirklich nutzbringend zu verwenden. Dazu bedurfte es einer umfassenden Organisation, von der, ohne auf ihre Einzelheiten einzugehen, gesagt werden kann, daß sie von der Heeresverwaltung im einmütigen Zusammenwirken mit der Landbevölkerung glänzend gelöst wurde. Die Landwirte erhielten in den Kriegsgefangenen außerordentlich billige Arbeitskräfte, was ihnen als Äquivalent für die sie besonders hart drückende Zwangswirtschaft wohl zu gönnen war. Freilich wurde die Wirtschaft durch die Verwendung von Gefangenen in mancher Hinsicht erschwert, da trotz aller Bemühungen nicht alle die Mängel zu beheben waren, die nun einmal in dem Wesen der Gefangenenarbeit begründet waren. Der größte lag darin, daß die Kriegsgefangenen auf Schritt und Tritt überwacht werden mußten, was gerade bei der Landarbeit, die sich bald hier, bald dort auf der Flur vollzieht, außerordentlich schwierig war. Konnte doch nicht neben jeden Gefangenen ein Wachtmann gestellt werden. Es bedeutete schon ein hohes Maß von Entgegenkommen seitens der Militärverwaltung, wenn die Kriegsgefangenen in Trupps von nur 30 Mann den Landwirten zur Verfügung gestellt wurden. Doch konnten selbst so kleine Trupps geschlossen nur von den größeren Landwirten beschäftigt werden. Den kleinen Landwirten, die nur ein oder zwei Mann dringend gebrauchten, war damit nicht gedient. Man fand daher den Ausweg, daß auch Gemeinden, Amtsbezirke oder Zweckverbände solche Trupps übernahmen und eine Unterverteilung besorgten. Freilich mußten sie dann auch verantwortlich für den Unterhalt und die Bewachung aufkommen. Sie hatten auf ihre Kosten die zur Ergänzung der Militärwachtmannschaft nötige „Hilfswachtmannschaft" zu stellen, die aus vertrauenswürdigen und waffengeübten Personen des Zivilstandes gebildet wurden.

Am liebsten wurden für die landwirtschaftliche Arbeit russische Kriegsgefangene genommen. Sie waren mit der Landarbeit vertraut, machten geringe Ansprüche, und — was ihr Hauptvorzug war — sie liefen, nachdem sie einmal dem deutschen Trommelfeuer und der russischen Knute entronnen waren, nicht wieder davon. Für Akte der Sabotage, der Brandstiftung usw. waren sie weniger zugänglich als Gefangene anderer Nationalitäten, die dazu von der Heimat aus ständig angestachelt wurden. So erklärt es sich, daß trotz der großen Massen von russischen Kriegsgefangenen, die die siegreichen deutschen Heere machten, nicht so viele der Landwirtschaft zur Verfügung gestellt werden konnten, wie diese gewünscht hätte. Aber auch an Gefangenen anderer Nationalität hatte man bald keinen Überfluß mehr, als sie seit dem Herbst 1916 in steigendem Maße auch in der Industrie beschäftigt wurden. Es bedeutete daher für die Landwirtschaft einen schweren Schlag, als nach dem Frieden von Brest-Litowsk die russischen Kriegsgefangenen aufsässig zu werden begannen. Durch Erleichterungen, die ihnen auf Grund vertraglicher Abmachungen mit der russischen Regierung gewährt werden mußten, wurde dieses Auftreten begünstigt.

So hatten sich auch hier die Dinge bereits bedenklich zugespitzt, ehe die Revolution den gesamten Zusammenbruch herbeiführte.

4. Die Arbeitsbedingungen und das Arbeitsrecht.

Der Lohn der meisten Landarbeiter besteht zu einem guten Teil in Naturalien. Daraus ergeben sich eine Reihe von Problemen, unter denen nicht das kleinste darin zu sehen ist, daß sich der Naturallohn der in allen möglichen Formen auftritt, schwer nach Geld bemessen läßt. Alle die zahlreichen Aufstellungen über die Höhe des Landarbeiterlohnes sind Schätzungen, die dem subjektiven Ermessen des Berechners weiten Spielraum lassen. Abgesehen davon, daß sich manche der Naturalbezüge einer zuverlässigen Umrechnung in Geld überhaupt entziehen, können die gleichen Rohstoffmengen oder Landzuweisungen in den Händen der verschiedenen Leute verschiedenen Wert haben, weil der eine mehr, der andere weniger damit anzufangen weiß. Immerhin geht aus der Lohnstatistik so viel mit Deutlichkeit hervor, daß in den letzten Jahrzehnten der Lohn des deutschen Landarbeiters nicht unwesentlich gestiegen ist, notwendig steigen mußte, wollte der Landwirt bei dem herrschenden Arbeitermangel überhaupt über Arbeitskräfte verfügen. Die Sparkassenstatistik erbringt auch den Nachweis, daß das Einkommen von Landarbeitern groß genug war, um davon nicht unbeträchtliche Rücklagen zu machen.

Nähere Angaben darüber macht auf Grund der vorhandenen Literatur Wygodzinski in seiner kleinen Schrift über die Landarbeiterfrage. Dort sind auch die wichtigsten Ergebnisse der lohnstatistischen Literatur verzeichnet.

Trotzdem es den Landarbeitern im Vergleich zu den Industriearbeitern sicherlich nicht schlecht ging, hat doch der Naturallohn vor dem Kriege nicht unwesentlich dazu beigetragen, den Drang zur Landflucht zu verstärken. Der Landarbeiter, geneigt, den Wert seiner Naturalbezüge zu unterschätzen, ließ sich von den viel höheren Geldlöhnen der städtischen Arbeiter blenden und hielt sich ihm gegenüber für benachteiligt. Man ist daher wiederholt dafür eingetreten, den Naturallohn auch auf dem Lande abzuschaffen. „Die Ablösung der Naturallöhnung durch die Bargeldlöhnung" galt bei Reichstags- und Landtagswahlen als zugkräftiges Agitationsmittel der damaligen Oppositionsparteien. Seit dem Kriege konnte es freilich nicht mehr die alte Wirkung haben, weil die Hungersnot und später die Entwertung des Geldes den Realwert der Naturalbezüge auch in den Augen des Arbeiters gehoben hatte. Heute gibt es niemanden mehr, der sich einen politischen Erfolg von einem Eintreten für die Abschaffung des Naturallohnes verspräche.

Aber selbst wenn man von den außergewöhnlichen Verhältnissen der Gegenwart absieht, wird man schwerlich dafür eintreten können, auf dem Lande den Naturallohn durch den reinen Geldlohn zu ersetzen. „Die Landwirtschaft erzeugt Nahrungsmittel. Der in ihr beschäftigte Mensch ist in viel höherem Maße Konsument seines eigenen Produktes, als dies in Handwerk und Industrie der Fall ist. Das erklärt und rechtfertigt zur Genüge, warum in der Landwirtschaft die Naturallöhnung so fest eingewurzelt ist. Es hieße die Kirche ums Dorf herumtragen, wollte man den Arbeiter, der Nahrungsmittel produziert, zwingen, seinen eigenen Bedarf, statt ihn unmittelbar aus dem Betriebe zu beziehen, auf dem Wege des Zwischenhandels anzukaufen" (David). Arbeiter wie Arbeitergeber haben einen Vorteil von der Naturalentlöhnung. Bei Wirtschaftlichkeit und Tüchtigkeit des Landarbeiters und seiner Frau — auf die letztere wird es in diesem Falle vor allem ankommen — bieten Garten, Kartoffelacker und Viehhaltung die

Möglichkeit gesicherter Lebenshaltung und auch wohl eines kleinen Nebenerwerbs. Der Arbeitgeber braucht die selbst gewonnenen Erzeugnisse zum Zwecke der Lohnzahlung nicht erst in Geld umzutauschen und sichert sich durch auskömmliche Naturalzuweisungen davor, daß der Arbeiter auf illegale Weise, auf dem Wege des Felddiebstahls, seinen Bedarf deckt.

Vielfach wären ja auch gar nicht die materiellen Voraussetzungen vorhanden, die einen Verzicht auf die Naturalleistungen ermöglichten. Wo sollte auf abgelegenen Gütern der Arbeiter einkaufen? Von wem sollte er die Wohnung bekommen, wenn sie der Arbeitgeber nicht zur Verfügung stellen würde?

Will der Arbeitgeber zufriedene Arbeiter haben, so wird er ihnen den Wert der Naturalleistungen billig anrechnen müssen. Garten und Kartoffelacker dürfen dem Landarbeiter nicht zu ihrem Ertragswerte angerechnet werden, will sagen, nach dem Werte der darauf geernteten Früchte, sondern nach einem Satze, der dem Pachtpreise dieser Landstücke entspricht. Ähnliches gilt von der Kuhhaltung, deren Lohnwert nur nach den Selbstkosten des gelieferten Futters bemessen werden sollte. Denn wenn auch der Mehrverdienst des Arbeiters gerade aus der Kuhhaltung groß sein kann, so verdankt er ihn doch in erster Reihe eigener Mehrarbeit. Bei der Wohnung endlich ist zu bedenken, daß sie ihrer Lage und Ausstattung nach nicht den Mietwert einer Stadtwohnung hat. Der Landarbeiter soll die Überzeugung gewinnen, daß ihm der Naturallohn Vorteile gewährt, wie sie der im übrigen beneidete Industriearbeiter nicht hat. Der primitive Mensch will, um sich wohlzufühlen, von andern beneidet sein. Der Arbeitgeber sollte einsichtig genug sein, um sich zu sagen, daß der Naturallohn zu einer Quelle ständiger Unzufriedenheit und unaufhörlicher Reibereien werden muß, wenn er als ein Mittel zur Lohndrückung mißbraucht wird. „Du sollst dem Ochsen, der da drischet, nicht das Maul verbinden.“ Gerade bei den Naturalbezügen, wo es sich um Leistungen handelt, die ihm unmittelbar keine Ausgaben verursachen, kann der Landwirt auch ein übriges tun, ohne befürchten zu müssen, die Rentabilität seines Betriebes zu schädigen.

Es empfiehlt sich, den Naturallohn auch deshalb weitherzig zu bemessen, weil er unter Umständen den Empfänger ungerechtfertigt benachteiligen kann. Das geschieht bei der Einführung des Stücklohns, so vorteilhaft er auch im allgemeinen für beide Teile sein mag. „Der steigende Lohn, gleichgültig ob reiner Akkord, ob progressiver Akkord oder endlich Überstunden- oder Übertagezeitlohn, beeinflußt nur den Barlohn, nach dem die Akkord- und Zuschlagsätze in aller Regel bemessen werden. In Prozenten des Gesamtlohns (Bar- und Naturallohn) ausgedrückt, fällt also der bare Mehrverdienst um so kleiner aus, je höher der Anteil des Naturallohns ist.

Da die Deputatisten die Hälfte ihres durchschnittlichen Jahresverdienstes in natura zu erhalten pflegen, die Wanderarbeiter ein Drittel, während die freien Arbeiter nur Barlohn erhalten, ist die Akkordarbeit eine verschleierte, aber starke Bevorzugung der freien und der Wanderarbeiter; das gleiche gilt bezüglich der andern steigenden Löhne. Deshalb verweigern denn auch in vielen Gegenden Deutschlands die eigenen Arbeiter jegliche Akkordarbeit. Abhilfe kann nur geschaffen werden, wenn diese Lohnsätze nach dem Gesamtverdienst und nicht allein nach dem Barlohn berecht werden" (Wygodzinski, „Die Landarbeiterfrage", unter Zugrundelegung von Aereboes Referat im Landesökonomiekollegium 1914).

Die Frage nach der zweckmäßigsten Löhnungsmethode soll hier nicht beantwortet werden, so wichtig sie auch für die angedeuteten Zusammenhänge sein mag. Sie beschäftigt den Betriebswirtschaftler sowie den Sozialpolitiker mehr noch als den Agrarpolitiker. Es wird daher in andern Bänden dieses Handbuchs ausführlich darauf eingegangen werden.

Die Landarbeiterfrage ist aber nicht nur und in erster Reihe eine Lohnfrage. Wäre sie das, so wäre sie durch die recht beträchtlichen Lohnsteigerungen gerade in den letzten Jahrzehnten vor dem Kriege ihrer Lösung bedeutend näher gerückt, während tatsächlich die Landflucht trotzdem zunahm. Es kamen andere Gründe hinzu, die die Arbeit auf dem Lande reizlos machten und erschwerten.

Die Arbeit auf dem Lande, die dem im dunstigen Bureau oder in heißer Werkstätte seufzenden Städter auf seinen Sonntagsspaziergängen so verlockend erscheint, hat auch ihre Schattenseiten. Sie ist zwar gesund, aber hart und schwer. Der städtische Arbeiter hat meist ein Dach über dem Kopfe, der Landarbeiter ist bei jedem Wetter, bei Sturm und Regen, bei Hitze und Sonnenbrand im Freien. Zum Teil ist die Arbeit schmutzig und widerwärtig. Sicherlich hat der Umgang mit dem Vieh, seine Pflege und Aufzucht gewisse Reize, doch erfordert gerade der Stalldienst in hohem Maße den Verzicht auf eigene Bequemlichkeit, weil das liebe Vieh in seinem Unverstand weder von dem Achtstundentag, noch von dem Verbot der Nachtarbeit etwas wissen will; tyrannisch fordert es zu jeder Tages- und auch Nachtzeit Pflege und Wartung. Es wird daher nur wenige Landarbeiter geben, die sich nur aus Passion der Landarbeit widmen. Es ist allzu menschlich, daß sie, unter dem eigenen Joch seufzend, nur die Lichtseiten des Stadtlebens sehen und sich von ihm angezogen fühlen, zumal wenn sie jahraus, jahrein von Agitatoren bearbeitet werden, die gewissenlos genug sind, ihnen das Landleben zu verekeln. Wie soll unter solchen Verhältnissen in ihnen ein „Berufsstolz" aufkommen, der ihnen die Landarbeit lieb machen könnte!

Wygodzinski weist darauf hin, daß nicht etwa allein in Deutschland die Landarbeit gegenüber der Betätigung in der Stadt als minderwertig empfunden würde. „Kommt der Junge jetzt mit 14 Jahren aus der Schule heraus", so klagt ein Berichterstatter in dem Report des englischen Landwirtschaftsministeriums über die Abnahme der landwirtschaftlichen Bevölkerung im Jahre 1906, „so ist er an ein warmes Zimmer und trockene Füße gewöhnt und es paßt ihm nicht mehr, im kalten Nordost bei Schnee und Regen durch den Schmutz zu waten und den Schafen Turnips zu bringen" (B. Skalweit, Die englische Landwirtschaft. Berlin 1914). Genau so lautet es, um aus vielen Belegen nur eine Stichprobe zu bringen, wenn über die württembergische Landarbeiterin berichtet wird: „Ganz allgemein ist die Abneigung der Mädchen gegen Stallarbeit. Gerade im Gegensatz zu dieser Arbeit erscheint vielen das Stadtleben verlockend, wo sie Schuhe und Kleider nicht zu beschmutzen brauchen" (Seufert, Arbeits- und Lebensverhältnisse der Frauen in der Landwirtschaft in Württemberg, Baden, Elsaß-Lothringen und Rheinpfalz. Jena 1914).

Das Empfinden des Landarbeiters, daß es der städtische Arbeiter besser habe als er, wurde noch durch das Gefühl der größeren Abhängigkeit gestärkt, in der er sich gegenüber seinem Dienstherrn befand. Diese Abhängigkeit hatte zum Teil ihre Wurzel in der auf dem Lande unumgänglichen Naturalentlöhnung, die den Arbeiter auf den guten Willen des Arbeitgebers angewiesen sein ließ und in vielen Fällen die Stellung der Wohnung zu einer Bedingung des Arbeitsvertrages machte. Der Arbeiter konnte dadurch in eine Zwangslage kommen, deren Ausnutzung durch den Arbeitgeber nicht nur moralisch verwerflich, sondern auch kurzsichtig war, weil dadurch die Landflucht verstärkt werden mußte. Aber auch in dem Wesen der Landarbeit lag es begründet, daß der Landarbeiter in seiner Ungebundenheit beschränkt wurde. Der Landwirt ist auf die genaue Einhaltung einer bestimmten, den Jahreszeiten sich anpassende Arbeitenfolge angewiesen. Sie läßt sich nicht, wie es bei den meisten Industrien der Fall ist, willkürlich verlegen, soll das Gelingen des gesamten Produktionsprozesses nicht auf das schlimmste gefährdet werden. Dadurch würde nicht nur der Arbeitgeber geschädigt, sondern es ständen auch gewichtige Interessen der Volkswirtschaft auf dem Spiele.

„Hat daher in einem Land unter der Arbeiterschaft der Sinn für Recht und gewissenhafte Beachtung eingegangener Verträge weithin Not gelitten; sind dolose Kontraktbrüche nicht bloß etwa vereinzelte Vorgänge, sondern so häufig auftretend, daß sie als eine ‚öffentliche Kalamität' und gegen das Rechtsgefühl im Volk verstoßend empfunden werden; wird etwa gar von seiten gesellschaftlicher Parteien als eines der Mittel der Bekämpfung der besitzenden Elemente die Aufreizung zu Kontraktbrüchen planmäßig betrieben, so wird man, zumal bei der Aussichtslosigkeit der Verfolgung der Ansprüche der Arbeitgeber auf dem Zivilrechtsweg, einer kriminellen Ahndung der Kontraktbrüche zustimmen können" (Buchenberger).

Die Gesinde- und Dienstbotenordnungen der älteren Zeit suchten die aus dem Arbeitsverhältnis beiderseitig entspringenden

Obliegenheiten polizeilich zu regeln, wobei allerdings, entsprechend der die damalige Gesetzgebung beherrschenden Gedankenrichtung, vorwiegend die Interessen der Herrschaft geschützt wurden. So wurde der Übergang des Gesindes vom Lande in die Stadt erschwert, die Minimaldauer der abzuschließenden Verträge bestimmt, Lohntaxen festgesetzt, der Vertragsbruch von seiten der Dienstboten unter Strafe gestellt u. ä. m. Die Gesetzgebung des 19. Jahrhunderts hielt an der öffentlich-rechtlichen Ausgestaltung der Beziehungen des Gesindes zu dem Arbeitgeber fest, brachte aber auch den privatrechtlichen Charakter des Dienstverhältnisses und damit die Gleichheit der kontrahierenden Teile vor dem Gesetz schärfer zum Ausdruck.

„Wie daher diese neueren Gesindeordnungen einerseits in Anlehnung an das ältere Recht das Verdingen des Dienstboten ohne rechtzeitige Aufkündigung des bisherigen Dienstes; das gleichzeitige Verdingen an mehrere Dienstherren; den verspäteten Eintritt in den Dienst; das unbefugte vorzeitige Verlassen desselben; die Verweigerung der Arbeit an Werktagen sowie der notwendigen Arbeiten an Sonn- und Feiertagen; das Herumtreiben während der Arbeitszeit in Wirtshäusern; hartnäckigen Ungehorsam und Widerspenstigkeit, sowie die Verletzung der schuldigen Achtung gegen den Dienstherrn; das Verlassen der Wohnung zur Nachtzeit usw. unter Strafe gestellt, ja selbst das zwangsweise Zurückbringen der Dienstboten in den Dienst vorgesehen haben, so sind sie andererseits durch entsprechende Straf- bzw. Schadenersatzbestimmungen doch auch bemüht, den Dienstboten selber gegen ungebührliche Behandlung von seiten des Dienstherrn oder gegen unbefugte Entlassung vor Beendigung der Dienstzeit zu schützen“ (Buchenberger).

Buchenberger ist sicherlich darin recht zu geben, wenn er meint, diese Gesindeordnungen seien von dem Gedanken beherrscht gewesen, daß dem Gesindeverhältnis ein sittlicher Charakter innewohne, der es von dem einfachen Arbeitsvertrage wesentlich unterscheide. Beiden Teilen seien gewisse Verpflichtungen auferlegt worden: dem Dienstherrn, daß er für das geistige und leibliche Wohl des Gesindes zu sorgen, dem Dienstboten, daß er über die Erfüllung der übernommenen Arbeitsverpflichtungen hinaus Treue und Anhänglichkeit an das Haus, dessen Genosse er geworden sei, zu betätigen habe. In dieser ethischen Seite des Dienstbotenvertrages hätten jene erwähnten, jenseits des reinen Privatrechtsverhältnisses liegenden gesetzlichen Bestimmungen ihre innerliche Begründung gefunden. Aber wenn man alles das zugibt und außerdem noch in Anschlag bringt, daß Vertragsbrüche gerade des ländlichen Gesindes unter Umständen große Nachteile auch für die Gesamtheit im Gefolge haben können, so läßt sich doch nicht verkennen, daß der Inhalt und mehr noch die Ausdrucksweise der Gesindeordnungen, die übrigens, wie die preußische von 1810, zum Teil aus dem Anfang des 19. Jahrhunderts stammten, nicht den sozialen

Anschauungen der Gegenwart entsprachen. Und wenn sich allenfalls jugendlichen Dienstboten gegenüber eine Gewalt der Herrschaft und Polizei als Ersatz der fehlenden elterlichen Aufsicht rechtfertigen ließ, so war sie gegenüber der übrigen Landarbeiterschaft weit weniger angebracht. Tatsächlich bildeten aber die Gesindeordnungen den Grundstein des Arbeitsverhältnisses auch für andere Arbeitergruppen, die nicht eigentlich als Gesinde anzusprechen waren. Denn außer den einschlägigen Bestimmungen des Bürgerlichen Gesetzbuchs über den Dienstvertrag gab es weiter keine Rechtsunterlage. Die Abgrenzung dieser beiden Rechtsunterlagen zu einander war sehr erschwert, weil es im deutschen Gesinderecht keinen einheitlichen Begriff des Gesindes gab und ein solcher weder im Bürgerlichen Gesetzbuch noch in einem Reichsgesetz fest umschrieben war. Er war in den Landesgesetzen verschieden definiert, und so waren oft verschiedene Gruppen von Landarbeitern dem Gesinderecht unterstellt. Nur der von den Landesgesetzen als Gesinde ausdrücklich nicht in Anspruch genommene Teil der Landarbeiter war in seinem Arbeitsvertrag den Bestimmungen des Bürgerlichen Gesetzbuchs unterworfen. In einigen Rechtsgebieten wurde einzelnen Bestimmungen der Gesindeordnungen aber auch gegenüber den nicht zum Gesinde gehörigen Landarbeitern ausdrücklich Rechtskraft verliehen.

So in dem preußischen Gesetz vom 11. April 1854. Die Strafbestimmung, wonach Gesinde wegen hartnäckigen Ungehorsams oder weil es ohne gesetzmäßige Ursache den Dienst versagte oder verließ, mit Geld- oder Gefängnisstrafen belegt werden konnte, wurde auch auf die sonstigen land- und forstwirtschaftlichen Arbeiter ausgedehnt. Nach demselben Gesetz wurden mit Gefängnisstrafe bis zu einem Jahre Gesinde sowie die land- und forstwirtschaftlichen Dienstleute oder Handarbeiter bedroht, welche die Arbeitgeber oder die Obrigkeit zu gewissen Handlungen oder Zugeständnissen dadurch zu bestimmen suchten, daß sie die Einstellung der Arbeit verabredeten oder zu einer solchen Verabredung andere aufforderten. Auf die neu erworbenen Landesteile wurde das Gesetz von 1854 nicht ausgedehnt, doch galten für Hannover ähnliche Bestimmungen des hannoverschen Polizeistrafgesetzes. In Bayern konnten landwirtschaftliche Dienstboten oder auf längere Zeit in Beschäftigung genommene Tagelöhner, die ohne genügende Rechtfertigungsgründe zur Ernte- oder Saatzeit den Dienst verließen, mit Haft bis zu 14 Tagen bestraft und auf Antrag von der Polizeibehörde zwangsweise der Dienstherrschaft vorgeführt werden. In dem noch neuen Gesetz, betr. den Vertragsbruch in landwirtschaftlichen Arbeitsverhältnissen für das Herzogtum Anhalt, vom 16. April 1899 wurden unter Strafe gestellt: Widerrechtliche Verweigerung des Antritts oder Verlassen der Arbeit, Verleitung zu solchen Delikten, Beschäftigung solcher Arbeiter während der Dauer des gebrochenen Vertrags sowie gemeinschaftlichen Streik und Anstiftung dazu. Der Erlaß eines gleichen Gesetzes für Preußen wurde vom Landesökonomiekollegium wiederholt befürwortet (vgl. Gerlach, Art. „Landwirtschaftliche Arbeiter“ im Hdw. d. St.).

Nun standen zwar die Gesindeordnungen nur auf dem Papiere; sie wurden so gut wie gar nicht angewandt. Gerade deshalb hätte man sie zeitig durch andere, dem sozialen Empfinden besser entsprechende Bestimmungen ersetzen sollen. Führende Männer der deutschen Landwirtschaft waren dafür auch wiederholt eingetreten. Schon allein deshalb, weil sie ein wirksames Agitationsmittel boten, um die Landarbeiter aufzuhetzen. Wie leicht war es, durch einen Hinweis auf die Bestimmungen der für eine ganz andere Zeit geschriebenen Gesindeordnungen den Leuten das Gruseln zu lehren. Wenn sie trotz aller Reformbestrebungen von einem Jahr ins andere hinübergeschleppt wurden, so lag es daran, daß man sich nicht darüber klar werden konnte, was man an ihre Stelle setzen sollte. Denn darüber war man sich einig, daß man auf ihren Kernpunkt, das Streikverbot, sowohl im Interesse der Landwirte wie der Allgemeinheit nicht verzichten durfte.

Es mußte erst die Revolution kommen. Der Aufruf der sechs Volksbeauftragten an das Deutsche Volk vom 12. November 1918 verkündete mit Gesetzeskraft unter anderem: „Die Gesindeordnungen werden außer Kraft gesetzt, ebenso die Ausnahmegesetze gegen die Landarbeiter.“ Dadurch entstand aber ein Vakuum, weil nun nur noch die Bestimmungen des Bürgerlichen Gesetzbuchs galten, die für das landwirtschaftliche Arbeitsverhältnis ebensowenig genügen konnten wie für das gewerbliche. So war denn der Arbeitsvertrag der Landarbeiter überhaupt ungeregelt, so daß für die rechtliche Beurteilung „es an jeder Rechtsnorm fehlte“ (Kaskel). An der raschen Ausfüllung dieser Lücke waren die Arbeitgeber wie die Arbeitnehmer in gleicher Weise interessiert. Deshalb einigten sich die großen landwirtschaftlichen Körperschaften, die in dem Reichs-Bauern- und Landarbeiterrat vertreten waren, auf eine „Vorläufige Landarbeitsordnung“, die durch Verkündung der Volksbeauftragten vom 24. Januar 1919 Gesetzeskraft erhielt. Die Bestimmungen der Landarbeitsordnung sollen, wie es im ersten Satz heißt, für die Betriebe der Land- und Forstwirtschaft die Vorschriften des Bürgerlichen Gesetzbuchs über den Dienstvertrag ergänzen. Grundsätzlich bestimmen sich die Einzelheiten des Arbeitsverhältnisses nach den freien Vereinbarungen zwischen Arbeitgeber und Arbeitnehmer. Doch gibt die Landarbeitsordnung in einigen Punkten zwingende Vorschriften, die für den Vertrag bindend sind und abweichende Vertragsbestimmungen ausschließen.

Die wichtigsten Bestimmungen seien kurz mitgeteilt:

Die tägliche Höchstarbeitszeit beträgt in vier Monaten durchschnittlich 8, in vier Monaten durchschnittlich 10 und in weiteren vier Monaten durchschnittlich 11 Stunden. Darüber hinaus können Überstunden geleistet werden; sie sind dann aber besonders zu vergüten. In die Arbeitszeit sind die Wege vom Hofe zur Arbeit und von der Arbeit zum Hofe einzurechnen, nicht dagegen die Arbeitspausen sowie die Fütterungszeiten bei den Arbeitsgespannen. Während des Sommerhalbjahrs sind täglich mindestens zwei Stunden Ruhepausen zu gewähren. An Sonn- und Festtagen dürfen nur naturnotwendige und dringliche Arbeiten vorgenommen werden. Die naturnotwendigen sind dann solchen Arbeitern, die sie nicht allgemein vertraglich übernommen haben, als Überstunden, die dringlichen mit mindestens dem doppelten Ortslohn zu vergüten.

Geldlohn ist in der Regel wöchentlich, Naturallohn vierteljährlich zu entrichten. Naturrallohn ist in Waren von mittlerer Beschaffenheit der Ernte zu liefern. Wohnung, Landnutzung und andere Leistungen, die keinen Marktwert haben, sollen mit ihrem Geldwert schriftlich festgesetzt werden. Nicht lieferbare Naturalien sind in bar nach den amtlichen Erzeugerhöchstpreis oder, wenn ein solcher nicht besteht, nach dem Marktpreis des nächsten Marktortes zu vergüten. Wohnungen sollen sittlich und gesundheitlich einwandfrei, sowie für Verheiratete unter Berücksichtigung der Kinderzahl ausreichend sein. Lohneinbehaltungen zur Sicherung des Schadenersatzes bei widerrechtlicher Lösung des Vertrages dürfen ein Viertel des fälligen Barlohns der einzelnen Lohnzahlung und im Gesamtbetrage die Höhe des fünfzehnfachen Ortslohns nicht übersteigen.

Wichtiger Grund zur sofortigen Lösung des Vertrages ist jeder Umstand, mit Rücksicht auf den die Fortsetzung des Dienstvertrages einer Vertragspartei nicht mehr zugemutet werden kann. Solche Gründe sind insbesondere Tätlichkeiten, grobe Beleidigungen, unsittliche Zumutungen im Arbeitsverhältnisse, beharrliche Verweigerung oder grobe Vernachlässigung der Dienstleistungen, wiederholt unpünktliche Lohnzahlung, anhaltend schlechte Kost und gesundheitsschädliche Wohnung. Politische und gewerkschaftliche Betätigung ist kein Entlassungsgrund.

Man wird den Verfassern der Vorläufigen Landarbeitsordnung die Anerkennung nicht versagen können, daß sie trotz des Zeitpunkts, in dem sie erschien, sich von allem Radikalismus ferngehalten haben. Das Dogma des Achtstundentages, das für die Landarbeit ganz besonders unsinnig gewesen wäre, ist von ihnen nicht anerkannt worden. Die Bestimmungen über die Arbeitszeit sind so getroffen, daß sie unter Hinzunahme von Überstunden den Bedürfnissen gerecht werden können. Die Landarbeitsordnung enthält auch kein Verbot der Frauen- und Kinderarbeit. Die Frauenarbeit erfährt lediglich gewisse Einschränkungen, denen eine Berechtigung nicht abzusprechen ist. Die Vorschriften über die Wohnungsbeschaffenheit sind nur „Sollvorschriften", obwohl sie Forderungen aussprechen, die längst von allen einsichtigen Agrar- und Sozialpolitikern erhoben wurden. Es ist auch nicht so, daß die Landarbeitsordnung allein den Arbeitern Zugeständnisse machte. Die Bestimmung, daß „beharrliche Verweigerung oder grobe Vernachlässigung der Dienstleistungen" als wichtiger Grund zur sofortigen Lösung des Arbeitsvertrages zu gelten haben, klingt, als ob sie den alten Gesindeordnungen entnommen worden sei.

Freilich in einem — und zwar in dem wesentlichsten Punkte — brachte die Vorläufige Landarbeitsordnung eine grundsätzliche Neuerung: das in den alten Ordnungen für die Landarbeiter ausgesprochene Verbot des Streiks und der Verabrede dazu wurde nicht erneuert. Die entstandene Lücke war aber schon vorher durch die „Verordnung über Tarifverträge, Arbeiter- und Angestelltenausschüsse und Schlichtung von Arbeitsstreitigkeiten vom 23. Dezember 1918“ in anderer Weise ausgefüllt worden. Arbeitsstreitigkeiten, die sich bis zu einer Arbeitsniederlegung steigern konnten, sollte die Spitze dadurch abgebrochen werden, daß die Parteien auf den Weg der Verhandlung verwiesen wurden.

Die Verordnung gliedert sich in drei Hauptabschnitte: I. Tarifverträge, II. Arbeiter- und Angestelltenausschüsse, III. Schlichtung von Arbeitsstreitigkeiten.

I. Tarifverträge. „Sind die Bedingungen für den Abschluß von Arbeitsverträgen zwischen Vereinigungen von Arbeitnehmern und einzelnen Arbeitgebern oder Vereinigungen von Arbeitgebern durch schriftlichen Vertrag geregelt (Tarifvertrag), so sind Arbeitsverträge zwischen den beteiligten Personen insoweit unwirksam, als sie von der tariflichen Regelung abweichen. Abweichende Vereinbarungen sind jedoch wirksam, soweit sie im Tarifvertrage grundsätzlich zugelassen sind, oder soweit sie Änderungen der Arbeitsbedingungen zugunsten des Arbeitnehmers enthalten und im Tarifvertrage nicht ausdrücklich ausgeschlossen sind. An die Stelle unwirksamer Vereinbarungen treten die entsprechenden Bestimmungen des Tarifvertrages.“ Den Tarifverträgen ist also, wie man sagt, „Unabdingbarkeit“ zugesprochen worden, indem in Einzelarbeitsverträgen getroffene Bestimmungen, die dem Tarifvertrage zuwiderlaufen, nichtig sind. Doch besteht die Unabdingbarkeit nur zugunsten der Arbeitnehmer; Einzelverträge, die den Arbeiter besser stellen, als im Tarifvertrage vorgesehen ist, behalten ihre Gültigkeit.

Das Reichsarbeitsministerium kann Tarifverträge, die für die Gestaltung der Arbeitsbedingungen in dem Tarifgebiet überwiegende Bedeutung erlangt haben, für „allgemein verbindlich“ erklären. Dann sind alle Arbeitgeber und Arbeitnehmer des Tarifgebiets, auch wenn sie nicht zu den Beteiligten gehören, an die tarifliche Regelung gebunden. Die Erklärung der allgemeinen Verbindlichkeit erfolgt jedoch nur auf Antrag, den zu stellen die Tarifparteien sowie davon betroffene Vereinigungen von Arbeitgebern oder Arbeitnehmern berechtigt sind. Die allgemein verbindlichen Tarifverträge sind unter Bezeichnung ihres räumlichen Geltungsbereichs in das beim Reichsarbeitsministerium zu führende Tarifregister einzutragen.

II. Arbeiter- und Angestelltenausschüsse. Die Vorschriften, die hierüber in der Verordnung vom 23. Dezember 1918 erlassen wurden, sind durch die Bestimmungen des Betriebsrätegesetzes vom 4. Februar 1920 ersetzt worden, auf das allein, soweit die ländlichen Verhältnisse berührt werden, hier eingegangen zu werden braucht.

In jedem selbständigen landwirtschaftlichen Betriebe, der in der Regel mindestens 20 ständige Arbeitnehmer beschäftigt, ist ein Betriebsrat zu bilden. Wo in der Regel weniger als 20, aber mindestens 10 ständige Arbeitnehmer vorhanden sind, ist ein Betriebsobmann zu wählen. Wahlberechtigt sind alle mindestens 18 Jahre alten männlichen und weiblichen Arbeitnehmer, wählbar dagegen nur die mindestens 24 Jahre alten reichsangehörigen Wahlberechtigten, die nicht mehr in Berufsausbildung sind und wenigstens drei Jahre der Landwirtschaft angehören. Die Aufgabe der Betriebsräte besteht darin, die gemeinsamen wirtschaftlichen Interessen der Arbeitnehmer dem Arbeitgeber gegenüber wahrzunehmen und den Arbeitgeber in der Erfüllung der Betriebszwecke zu unterstützen, an der Einführung neuer Arbeitsmethoden fördernd mitzuarbeiten, ohne dazu berechtigt zu sein, in die Betriebsleitung durch selbstsändige Anordnungen einzugreifen. Ferner haben die Betriebsräte bei der Entlassung und Einstellung von Arbeitnehmern mitzusprechen, während der Betriebsobmann, der im allgemeinen dieselbe Stellung wie der Betriebsrat hat, hierzu nicht befugt ist. Wie aus alledem hervorgeht, soll der Betriebsrat nicht eine Kampfstellung gegenüber dem Arbeitgeber einnehmen, vielmehr soll er bei der Wahrnehmung seiner Aufgaben dahin wirken, daß von beiden Seiten Forderungen und Maßnahmen unterlassen werden, die das Gemeininteresse schädigen. Bei Streitigkeiten darf er den Schlichtungsausschuß immer erst anrufen, wenn vorher mit dem Arbeitgeber über die strittige Angelegenheit verhandelt oder doch der Versuch dazu gemacht worden ist.

III. Schlichtung von Arbeitsstreitigkeiten. Zu diesem Zwecke werden in Anlehnung an die bereits durch das Gesetz über den Vaterländischen Hilfsdienst errichteten Schlichtungsausschüsse neue Schlichtungsausschüsse gebildet. Sie bestehen aus der gleichen Anzahl Arbeitgeber und Arbeitnehmer des betreffenden Bezirks. Außerdem kann ein unparteiischer Vorsitzender bestellt werden. Echte Schlichtungssachen sind nur „Gesamtstreitigkeiten", d. h. Streitigkeiten zwischen einem oder mehreren Arbeitgebern einerseits und der Arbeiterschaft eines Betriebes oder eines ganzen Gewerbezweiges andererseits. Hierzu gehören vor allem Streitigkeiten über die Auslegung eines bestehenden oder den Abschluß eines neuen Tarifvertrages. In bestimmten Fällen ist den Schlichtungsstellen aber auch die Entscheidung von sog. „Einzelstreitigkeiten" übertragen. Der Schlichtungsausschuß muß von einer oder beiden Parteien angerufen werden. Wo ein öffentliches Interesse vorliegt, kann der Schlichtungsausschuß ohne Anrufung auch von Amts wegen Verhandlungen herbeiführen. In wichtigen Fällen kann das Reichsarbeitsministerium die Durchführung des Einigungs- und Schiedsverfahrens selbst übernehmen oder sie einer andern Schlichtungsstelle, insbesondere einer bundesstaatlichen, überlassen. In beiden Fällen müssen bei der Verhandlung und der Abgabe des Schiedsspruchs Vertreter der Arbeitgeber und der Arbeitnehmer in gleicher Zahl mitwirken.

Oberstes Ziel der Schlichtungsausschüsse ist in kontradiktatorischer Verhandlung eine Einigung zu erzielen. Wird sie nicht erreicht, ist ein Schiedsspruch abzugeben. Dieser bedeutet zunächst nur einen Vorschlag an die Parteien. Wird er von beiden Teilen angenommen, dann liegt eine Vereinbarung vor, auf Grund deren vor den ordentlichen Gerichten geklagt werden kann. Einen abgelehnten Schiedsspruch kann der Demobilmachungskommissar für verbindlich erklären. Dann ist für beide Parteien die Rechtslage so, als ob sie den Schiedsspruch angenommen hätten.

Sicherlich schließt diese Regelung die Möglichkeit eines Landarbeiterstreiks nicht aus, doch ist sie, soweit das bei einem grundsätzlichen Festhalten an der Koalitionsfreiheit überhaupt möglich ist, ganz dazu angetan, ihm erfolgreich vorzubeugen. Daß man nicht darum herumkommen könnte, auch dem Landarbeiter das Koalitionsrecht zu gewähren, war aber schon längst vor der Revolution auch von Unternehmerseite erkannt worden. Selbst Buchenberger, der mit Nachdruck auf die schwerwiegenden Folgen eines Landarbeiterstreiks hinweist, warnt davor, sich allzuviel von der kriminellen Ahndung der Kontraktbrüche zu versprechen; jedenfalls wäre es verfehlt, wenn man die Lösung der ländlichen Arbeiterfrage vom Strafgesetzbuche erwarten wolle.

Natürlich ist es mit der Schaffung der gesetzlichen Unterlagen für einen schiedlich-friedlichen Ausgleich der widerstreitenden Interessen allein nicht getan. Es muß auf beiden Seiten auch der feste Wille dafür vorhanden sein, und hinter diesem Willen müssen Organe stehen, die imstande sind, ihm Geltung zu verschaffen. Arbeitnehmer und Arbeitgeber müssen in Verbänden organisiert sein, die stark genug sind, um die Tarifverträge und die in ihnen stipulierten Arbeitsbedingungen für beide Parteien bindend zu machen.

5. Arbeitnehmer- und Arbeitgeberverbände.

Während in anderen Ländern, namentlich in Frankreich und Italien, auch in Ungarn, schon seit längerer Zeit eine Landarbeiterbewegung zu beobachten war, war in Deutschland bis zum Ausbruch der Revolution davon wenig zu spüren. Allerdings gab es seit 1909 bereits eine sozialdemokratische und seit 1912 eine christlich-soziale Landarbeitergewerkschaft, aber sie fristeten ein kümmerliches, kaum beachtetes Dasein. Nur wenige Tausend Landarbeiter waren in ihnen organisiert.

Der Grund dafür daß die Gewerkschaften, die sich in der deutschen Industrie so kraftvoll entwickelt hatten, auf dem Lande keinen Boden gewinnen konnten, ist nicht darin zu suchen, daß die gesetzlichen Bestimmungen ein starkes Hindernis gebildet hätten.

In einem Gutachten des Vorstandes des Deutschen Landarbeiterverbandes, das im März 1913 an die Generalkommission der Gewerkschaften erstattet wurde, wird gesagt: „Die gesetzlichen Schwierigkeiten auf dem Gebiete der Koalitionsbeschränkung haben uns bisher nicht gehindert. Wir glauben auch, daß wir in dieser Beziehung zukünftig nichts zu befürchten haben. Unsere Auffassung ist, daß sich diese Kontraktbruchgesetze, soweit sie sich auf die Verabredung zum Streik beziehen, überlebt haben, weil die Arbeitgeber in der Land- und Forstwirtschaft froh sein müssen, die Arbeitskräfte dem Lande zu erhalten. Auch die Regierung befürchtet wohl, diese einseitigen Bestimmungen zur Anwendung zu bringen, weil damit eine große Unruhe unter der gewerblichen und industriellen Arbeiterschaft hervorgerufen würde, die sich dann mit den Landarbeitern solidarisch erklären. Der Deutsche Landarbeiterverband hat schon viele Lohnbewegungen durchgeführt, bei denen unserer Meinung nach zur Anwendung dieser Ausnahmegesetze Gelegenheit geboten war. Nur bei den landläufigen einzelnen Kontraktbruchfällen werden die Ausnahmegesetze sehr oft angewendet." — Georg Schmidt, der Vorsitzende des Deutschen Landarbeiterverbandes, verzeichnete in einem Aufsatz des „Archivs der Landarbeiterfrage" (1920) die Tatsache, „daß das im November 1918 beseitigte Kontraktbruchgesetz vom 24. April 1854, soweit es sich auf die Verhinderung der Verabredung von Streiks bezieht, überhaupt nicht praktisch zur Anwendung gelangte."

Es waren räumliche wie psychologische Ursachen, die die Entwicklung der Gewerkschaftsbewegung auf dem Lande hemmten. Die Landarbeiter, in Millionen von Betrieben über das ganze Land zerstreut, lassen sich sehr viel schwerer organisieren als die in Städten zusammengeballten Industriearbeiter. Es handelt sich zudem in der Mehrzahl um ungelernte Arbeiter und außerordentlich viel Frauen und Jugendliche, also um Arbeitergruppen, die selbst in der Stadt sich leicht dem gewerkschaftlichen Zusammenschluß entziehen. Auch findet der sozialistische Klassenkampfgedanke auf dem Lande einen schlechten Nährboden, weil dem Landarbeiter der proletarische Instinkt fast völlig abgeht. Das Ziel seines wirtschaftlichen und politischen Strebens ist nicht auf die Diktatur des Proletariats, als vielmehr darauf gerichtet, sich eine bäuerliche Existenz zu gründen — bewegt sich also in Bahnen, die dem Sozialismus entgegengesetzt sind. Die suggestive Macht des Schlagworts „Klassenkampf" und „Organisation" konnte daher auf die Landarbeiter nicht die gleiche Wirkung ausüben.

Erst der Krieg mit seinem jahrelangen Zusammenleben der ländlichen und der städtischen Jugend hat zu einer Ausbreitung der sozialistischen Ideen auch auf dem Lande beigetragen. Die von den sozialistischen Parteien hervorgerufene und getragene Revolution griff daher auch auf das platte Land über und fand hier einen Nährboden, wie ihn niemand vermutet hätte. Jetzt konnte man von Glück sagen, daß wenigstens die Grundlagen für eine gewerkschaftliche Organisation auf dem Lande schon vorhanden waren. Denn so war es möglich, von vornherein die Bewegung in geregelte Bahnen zu lenken und die Landwirtschaft vor Erschütterungen zu bewahren, die Deutschland womöglich an den Rand des bolschewistischen Abgrunds geführt hätten.

Die Landarbeitergewerkschaften nahmen eine weit ausgreifende Entwicklung. Der 1909 gegründete sozialdemokratische „Verband der Land-, Wald- und Weinbergsarbeiter und -arbeiterinnen Deutschlands", der sich seit 1913 „Deutscher Landarbeiterverband" nennt, hatte 1913 nur 19000 Mitglieder gehabt. Während des Krieges war diese Zahl bis auf 7000 gesunken. Ende 1919 zählte der Verband 625000 Mitglieder, darunter 183000 weibliche. Im Frühjahr 1921 bezifferte der Verband seine Stärke auf 780000 Mitglieder. Als seinen

Zweck bezeichnet der Verband die allseitige Förderung der wirtschaftlichen und geistigen Interessen seiner Mitglieder. Er sucht für diese möglichst günstige Lohn- und Arbeitsbedingungen durchzusetzen, gewährt ihnen Rechtsschutz, Streikunterstützung, Maßregelungsunterstützung, Krankenunterstützung, Wochengeld und Begräbnishilfe. Bevor ein Beschluß zum Streik gefaßt wird, der zu seiner Wirksamkeit einer Dreiviertelmehrheit der beteiligten Mitglieder bedarf, müssen nach der Satzung alle Verhandlungsmöglichkeiten erschöpft sein. Außerdem bedarf er der Genehmigung des Verbandsvorstandes, die nicht etwa nur Formsache ist, sondern von einer Prüfung der allgemeinen Aussichten des Streiks und der Zweckmäßigkeit des Zeitpunkts abhängig gemacht wird. Eine ohne Genehmigung erfolgte Arbeitsniederlegung gilt als wilder Streik, für den eine Streikunterstützung nicht gezahlt wird. Hat aber der Vorstand seine Genehmigung erteilt, dann hat jeder an dem dafür festgesetzten Tage die Arbeit niederzulegen. Wer diesem Gebote nicht Folge leistet, gilt als Streikbrecher und wird aus dem Verbande ausgeschlossen. Doch müssen Notstandsarbeiten auch während des Streiks geleistet werden. Anträge auf Wiederaufnahme der Arbeit bedürfen zu ihrer Annahme einer Zweidrittelmehrheit.

Der im Jahre 1912 gegründete „Zentralverband der Landarbeiter" (früher: „Zentralverband der Forst-, Land- und Weinbergsarbeiter Deutschlands") hat sehr viel weniger Mitglieder. 1913 waren es 3200. Während des Krieges sank die Zahl bis auf 1900, um aber nach der Revolution ebenfalls stark anzusteigen, 1919 auf 55800, 1920 auf 120000, und im April 1921 wurden rund 150000 Mitglieder gezählt, wovon etwa 30% weiblich waren. Der Zentralverband bezeichnet sich als „eine christlich-nationale Vereinigung" und ist dem Gesamtverband der Christlichen Gewerkschaften angeschlossen. Sein Vorsitzender, der Abgeordnete Behrens, gehört der deutschnationalen Partei an. Der Zentralverband bezweckt, wie es in seinen Satzungen heißt, „die Förderung des Gemeinsinnes, Hebung des Standesbewußtseins und der Berufstüchtigkeit, Wahrung der wirtschaftlichen und sozialen Interessen seiner Mitglieder." Diesen Zweck sucht er im großen und ganzen mit den gleichen Mitteln wie der sozialdemokratische Landarbeiterverband zu erreichen. Durch die Errichtung einer Viehschädenkasse, Spareinrichtung und Vermittlung von Gebrauchsgegenständen (Wirtschaftshilfe) sucht er seine Mitglieder auch wirtschaftlich zu kräftigen. Der Zentralverband lehnt den politischen Generalstreik ab, nimmt aber den Streik als wirtschaftliches Kampfmittel in Anspruch. Für Streiks verlangt auch er, daß vor der Arbeitsniederlegung alle friedlichen Mittel zur Schlichtung der Streitigkeiten angewandt werden.

Wer die Anordnungen des Streikleiters nicht gewissenhaft befolgt, verliert den Anspruch auf Unterstützung. Wichtig ist, daß beim Deutschen Landarbeiterverband die Bestimmung fehlt, wonach die Mitglieder zu unbedingter Vertragstreue verpflichtet sind. Wenn eine Schlichtungsstelle festgestellt hat, daß die Mitglieder einen ordnungsgemäß abgeschlossenen Tarifvertrag gebrochen haben, so muß die Arbeit sofort wieder aufgenommen werden.

Eine Wirtschaftsfriedliche, sog. gelbe, Gewerkschaft ist der 1919 gegründete „Deutsche Landarbeiterbund", der sich 1920 zum „Reichslandarbeiterbund" erweiterte und in diesem Jahre bereits 65000 Mitglieder zählte. Er will „nicht dem Kampf, sondern der Versöhnung dienen. Seine leitenden Gesichtspunkte sind: Wirtschaftliche und gesellschaftliche Hebung der Landarbeiter auf gewerkschaftlicher Grundlage, Schutz gegen unsozial denkende Unternehmer, Vermeidung der für die Allgemeinheit verhängnisvollen Streiks in der Landwirtschaft, Pflege der christlichen und deutschen Gesinnung ... Er verwirft jegliche Klassenherrschaft einer Minderheit. Seinen Mitgliedern bietet er die Vorteile einer Sterbekasse, der Kranken- und Notstandsbeihilfe, Unterstützung bei Erwerbslosigkeit, Wöchnerinnenunterstützung, Rechtsschutz und Rechtsauskunft."

Außerdem gibt es noch eine Anzahl kleinere Verbände, unter denen der von dem bayerischen Politiker Dr. Heim gegründete „Verein katholischer Dienstboten Bayerns" mit 28000 Mitgliedern der bedeutendste ist. Er will eine etwaige Landarbeiterbewegung von vornherein abfangen, appelliert an das Gemeinschaftsgefühl der ländlichen Bevölkerung in allen ihren Teilen und wirkt auch mit ethisch-religiösen Gefühlen.

1920 wurde auf dem Internationalen Landarbeiterkongreß in Amsterdam eine „Internationale Landarbeiterföderation" gegründet, der der sozialdemokratische Deutsche Landarbeiterverband angehört. Außerdem waren auf dem Kongreß vertreten England (drei Verbände mit zusammen 360000 Mitgliedern), Schweden (20000 Mitglieder), Dänemark (30000 Mitglieder), Deutschösterreich (51000 Mitglieder), Belgien (1700 Mitglieder), Italien (mit 846000 Mitgliedern), Holland (15500 Mitglieder). Der polnische Verband (140000 Mitglieder), der Verband der Tschechoslowakei (16000 Mitglieder) und der französische Verband (30000 Mitglieder) waren aus äußeren Gründen nicht erschienen. Voraussetzung zur Aufnahme in die Föderation ist die Anerkennung der Grundsätze des internationalen Gewerkschaftsbundes. Grundsätzlich stand die Versammlung auf dem Boden der Überführung des Grund und Bodens in den Gemeinschaftsbesitz, der gleichmäßigen Behandlung aller Arbeiter durch die Sozialversicherung und des Achtstundentages. Die Meinungen über den Zeitpunkt einer Sozialisierung der Landwirtschaft gingen weit auseinander. Der Zweck der Förderation besteht nach der Satzung in der Zusammenfassung der gewerkschaftlichen Organisationen der

Landarbeiter, um erforderlichenfalls jede nationale und internationale Aktion im Kampfe gegen die Ausbeutung der Arbeit zu unterstützen und die internationale Solidarität der Arbeiterklasse zu fördern. — Auch der christliche Zentralverband der Landarbeiter ist eine internationale Verbindung eingegangen. 1921 wurde in Koblenz der „Internationale christliche Landarbeiterbund" gegründet. Wie der Zentralverband erklärte, wollte er mit diesem internationalen Zusammenschluß seinen christlich-nationalen Charakter nicht aufgeben, sondern nur bezwecken, die sozialpolitische Gesetzgebung auch in andern Ländern vorzutreiben, die Verhältnisse in andern Staaten kennen zu lernen und einen Schutz- und Trutzbund gegen die sozialdemokratische Arbeiterbegweung zu schaffen.

Zweifellos läßt sich den Gewerkschaften das Verdienst nicht absprechen, in der erregten Zeit, die die Revolution im Gefolge hatte, viele Streiks verhindert und die ausgebrochenen bald beigelegt zu haben.

Nach der amtlichen Streikstatistik des Jahres 1919, die die Streiks in der Land- und Forstwirtschaft erstmalig erfaßte, war unter den insgesamt 164 Streiks nur einer, der politischen Charakter hatte und gegen den Gewaltfrieden von Versailles gerichtet war. Von den übrigen 163 wirtschaftlichen Streiks wurden 932 Betriebe mit 25000 Beschäftigten betroffen. Von ihnen hatten 22 vollen, 99 teilweise einen Erfolg, 43 gingen erfolglos aus. Die durchschnittliche Dauer der Streiks betrug nur 3,4 Tage.

Naturgemäß mußte die machtvolle Entwicklung der Landarbeitergewerkschaften auf der Seite der Arbeitgeber eine Gegenbewegung in der Richtung auslösen, daß sie auch ihrerseits sich in Verbänden zusammenschlossen. Bis zur Revolution hatten die Arbeitgeber ein solches Bedürfnis kaum empfunden. Zwar hatte Buchenberger in seiner 1892 erschienenen Agrarpolitik die Bildung von Arbeitgebervereinigungen empfohlen „als einen berechtigten Akt der Selbsthilfe gegenüber beklagenswerten Ausschreitungen im Gebiet des ländlichen Arbeiterwesens und als ein wertvolles Korrelat einer mit Strafmitteln arbeitenden Polizeigesetzgebung", doch Wygodzinski hatte in der zweiten von ihm besorgten Auflage dieses Werkes (1914) dazu den Zusatz gemacht, mit der Gründung der Landwirtschaftskammern habe sich die Sachlage dahin verschoben, daß nunmehr Vertretungskörper der landwirtschaftlichen Bevölkerung vorhanden seien, die in gleicher Weise den Interessen der Arbeiter wie der Unternehmer dienten. Tatsächlich hatte das Landesökonomiekollegium noch durch einen Beschluß des Jahres 1911 die Bildung von Arbeitgeberverbänden unter der gleichen Begründung abgelehnt. Die Gründung eines im Jahre 1908 in Schleswig-Holstein geschlossenen Arbeitgeberverbandes war in den führenden Kreisen der deutschen Landwirtschaft dem schärfsten Widerspruch begegnet. Bestimmend war für diese Stellungnahme der Wunsch gewesen, den Interessengegensatz zwischen Arbeitgebern und Arbeitnehmern auf dem Lande nicht durch Bildung von Sonderorganisationen zu betonen und zu verschärfen. Man empfand es auch als unbillig, auf der Unternehmerseite einen Zusammenschluß zu bewirken, solange ein solcher durch das preußische Gesetz von 1854 den Arbeitern erschwert war. Man hielt ihn auch für entbehrlich, weil in der Landwirtschaft eine weitgehende Interessengemeinschaft zwischen den beiden Parteien bestände, die besonders deutlich dort zum Ausdruck käme, wo die Arbeiter durch Eigenbesitz und ausgedehnte Naturallöhnung an der landwirtschaftlichen Produktion selbst als kleine Betriebsinhaber teilnähmen.

Diese Anschauungen haben sich mit der seit der Revolution vollständig verschobenen Sachlage gründlich geändert. Nicht allein, daß die gesetzlichen Koalitionsbeschränkungen beseitigt worden sind, der in großem Maßstabe erfolgte Zusammenschluß der Arbeiter in Kampforganisationen macht zu einem dringenden Erfordernis, daß diesen auf der Arbeitgeberseite festgefügte Organisationen gegenüberstehen, um für Lohnvereinbarungen eine verhandlungsfähige Vertragspartei zu bilden, oder um Lohnkämpfe durchzuführen, wenn auf friedlichem Wege eine Verständigung nicht zu erzielen ist. Es haben sich daher in allen Landesteilen Arbeitgeberverbände gebildet, die sich wieder in dem „Reichsverband der deutschen landwirtschaftlichen und forstwirtschaftlichen Arbeitgebervereinigungen" untereinander zusammengeschlossen haben.

Die als Muster im „Archiv der Landarbeiterfrage" wiedergegebenen Satzungen eines sächsischen Verbandes bezeichnen u. a. als dessen Zweck:

1. durch einen festen Zusammenschluß der innerhalb des Verbandsgebietes ansässigen Arbeitgeber die gemeinsamen Berufsinteressen gegenüber den Arbeitnehmern zu wahren;

2. auf ein gedeihliches Verhältnis zwischen Arbeitgeber und Arbeitnehmer sowie den beiderseitigen Organisationen hinzuwirken, unberechtigte Forderungen aber mit dem ganzen Gewicht des Verbandes zurückzuweisen;

3. gute Beziehungen zwischen Behörden und dem Verbande, insbesondere zu der gesetzlich eingesetzten Interessenvertreterin, der Landwirtschaftskammer, zu unterhalten und mit dieser gemeinsam vorzugehen;

4. seinen Mitgliedern bei Lohnbewegungen mit Rat und Tat Schutz zu gewähren.

Die Mitglieder sind verpflichtet, keine Person in Arbeit oder Dienst zu nehmen, von der angenommen werden muß, daß sie bei einem andern Mitglied des Verbands oder eines gleichartigen Verbands der Provinz ohne ordnungsmäßige Entlassung die Arbeit niedergelegt hat. Außerdem dürfen sie keine höheren Löhne und keine besseren Arbeitsbedingungen gewähren, als allgemein vereinbart worden ist.

Um zu einer Überbrückung der bestehenden Gegensätze und zu einer Verständigung über alle das Arbeitsverhältnis berührenden

Fragen zu kommen, sind „Arbeitsgemeinschaften" zwischen den Gewerkschaften und Arbeitgeberverbänden gebildet worden, paritätische Einrichtungen, deren Mitglieder zur Hälfte aus Vertretern der Gewerkschaften, zur Hälfte aus Vertretern der Arbeitgeberverbände bestehen. Diese Arbeitsgemeinschaften sind sowohl provinz- wie kreisweise organisiert. Die Krönung des Ganzen stellt die „Reichsarbeitsgemeinschaft land- und forstwirtschaftlicher Arbeitgeber und Arbeitnehmervereinigungen" dar. Ihr Aufgabenkreis ist im Gegensatz zu den industriellen Arbeitsgemeinschaften auf reine Arbeiterfragen beschränkt. In dem Gründungsabkommen der Reichsarbeitsgemeinschaft wird als ihr vornehmstes Ziel bezeichnet, zwischen den zusammengeschlossenen Vereinigungen das wirtschaftliche Einvernehmen zu erhalten und zu sichern, insbesondere durch Vorbereitung, Beschluß und Durchführung von Tarifverträgen. Die zusammengeschlossenen Vereinigungen übernehmen für sich und ihre Unterorganisationen die Verpflichtung, darauf hinzuwirken, daß vor endgültiger Entscheidung etwaiger Streitfälle durch die Schlichtungsinstanz weder die Arbeiter die Arbeit einstellen, noch die Arbeitgeber zu einer Aussperrung schreiten.

Man sieht, in kurzer Zeit ist eine lückenlose Organisation geschaffen worden, und nichts zeigt besser, als die Verbindung in den Arbeitsgemeinschaften, daß auf beiden Seiten auch der beste Wille besteht, unter Vermeidung von Gewaltmaßregeln wie Streik und Aussperrung zu einem Ausgleich der entgegenstehenden Interessen auf dem Wege gütlicher Vereinbarung zu kommen. Freilich läßt sich nicht verkennen, daß die Arbeitgeber weniger straff organisiert sind als die Arbeiter und darum die schwächere Partei bilden. Es liegt in der Natur der Sache, daß bei den Arbeitgebern das gemeinschaftliche Interesse sich sehr viel weniger mit dem Einzelinteresse deckt als bei den Arbeitern. Die Gefahr, daß die Arbeitgeberverbände bei wirklich erbitterten, womöglich über mehrere Provinzen sich erstreckenden Lohnkämpfen auseinanderfallen, ist nicht von der Hand zu weisen. Doch hat auch die Gewerkschaft ihre Achillesferse. Dadurch, daß die sämtlichen Arbeiter eines jeden Betriebes im Betriebsrate zusammengeschlossen sind, besteht die Möglichkeit, daß sich einzelne Arbeiterschaften von der Gewerkschaft emanzipieren und sich auf Sonderaktionen einlassen, zumal wenn der Arbeitgeber einer solchen Neigung entgegenkommen würde. Nach dem Betriebsrätegesetz kann der Arbeitgeber an den Sitzungen teilnehmen, ja, auf Wunsch selbst den Vorsitz übernehmen. Bei geschickter und wohlwollender Behandlung wird es ihm nicht unmöglich sein, durchzusetzen, daß sich die Arbeiter hinter ihn stellen und der Gewerkschaftsleitung den Gehorsam verweigern. Die Gewerkschaften kennen auch diese Gefahr und suchen sie dadurch zu bannen, daß sie sich möglichst großen Einfluß auf die Wahlen zum Betriebsrat sichern und außerdem eine Zusammenarbeit mit den Betriebsräten zu organisieren trachten. Dietze ist der Meinung, daß die Möglichkeit eines Gegensatzes zwischen Gewerkschaften und Betriebsräten in der Landwirtschaft geringer sei als in andern Wirtschaftszweigen, weil bei ihr die Arbeiter eines Betriebes sämtlich oder ganz überwiegend zur selben Gewerkschaft gehörten; die Gewerkschaft könne daher regelmäßig die Wahl ihrer Kandidaten in den Betriebsrat durchsetzen. Doch ist andererseits nicht zu verkennen, daß die Interessengemeinschaft, die Arbeiter und Unternehmer verbindet, bei der Landwirtschaft sehr viel stärker entwickelt ist als bei andern Gewerbezweigen.

In dieser Interessengemeinschaft wurzelt der Landbundgedanke. Er hat eine Bewegung hervorgerufen, die neben der eben geschilderten einhergeht und diese, wie gleich vorweg bemerkt sein mag, in ihrer ruhigen Entwicklung gestört hat. Erstrebt wird eine einheitliche Organisation aller in der Landwirtschaft tätigen Kräfte, also der Gutsbesitzer, Bauern und Arbeiter mit allen ihren Zwischenstufen. Die Arbeiterschaft soll in den gemeinsamen landwirtschaftlichen Berufsstand eingegliedert werden, unter Anerkennung der sozialen Gleichberechtigung der Arbeiter. In der Vertretung dieses Gedankens schreitet der Pommersche Landbund voran. Durch Bildung je einer Arbeitgeber- und einer Arbeitnehmergruppe, die in Lohnfragen selbständig miteinander verhandeln, und durch Schaffung einer darüber stehenden Arbeitsgemeinschaft, die bei mangelnder Einigung zwischen jenen beiden Gruppen entscheidet, glaubt man eine Organisation zu besitzen, die unter Verzicht auf Streik und Aussperrung einen wirtschaftsfriedlichen Ausgleich von Lohnstreitigkeiten bewirken könne. In ihrem Wesen unterscheidet sich die Arbeitnehmergruppe nicht allzu sehr von einer wirtschaftsfriedlichen (gelben) Gewerkschaft, wie ja auch tatsächlich die Arbeitnehmergruppe des Pommerschen Landbundes dem Reichslandarbeiterbund angeschlossen ist. Doch während die gelben Gewerkschaften wenigstens äußerlich ihre enge Verbindung mit den Arbeitgebern leugnen, wird diese beim Pommerschen Landbund von vornherein vorausgesetzt.

Das ist der Grund, weshalb das Reichsarbeitsministerium der Arbeitnehmergruppe des Pommerschen Landbunds als tarifvertragsfähige Arbeitnehmervereinigung die Anerkennung versagt hat. Diese Stellungnahme ist damit begründet worden, daß die Arbeitnehmergruppe des Landbunds mit den Arbeitgebern zu einer einheitlichen Organisation zusammengeschlossen sei, und daß ihre Mitglieder unverhältnismäßig geringe Beiträge zahlen.

Der Pommersche Landbund greift übrigens regional über den Bereich der Provinz Pommern hinaus. Der brandenburgische Kreis Arnswalde hat sich ihm angeschlossen, und im Kreise Königsberg in der Neumark hat sich ein Wirtschaftsbund gebildet, der eine ähnliche Organisation hat. Auch in der Altmark versuchen einzelne Kreislandbünde dem pommerschen Beispiel zu folgen.

Im übrigen überlassen die Landbünde, soweit sie auch in andern Landschaften bestehen, die Regelung der Lohn- und Arbeitsbedingungen in der Hauptsache den besonderen Arbeitnehmer- und Arbeitgeberorganisationen. Die Zentralorganisation, der Deutsche Landbund, umschließt landwirtschaftliche Organisationen aller Art: Landbünde (mit und ohne Arbeiter), landwirtschaftliche Vereine und auch reine Arbeitgeberverbände.

So richtig es an sich ist, daß gemeinsame Interessen die Arbeitnehmer und Arbeitgeber verbinden, so wird man doch aus politischen Gründen die im Pommerschen Landbunde verwirklichte Organisation nicht als glücklich bezeichnen können. Naturgemäß mußten sich durch sie die echten Gewerkschaften in ihrem Wirkungskreis bedroht fühlen. Sie wurden in eine Kampfstellung zum Landbund gedrängt. Es kam zu Kämpfen, die auf beiden Seiten mit Erbitterung ausgefochten wurden. Nirgends sind die Streitigkeiten so scharf und so häufig gewesen wie gerade in Pommern. Sie haben zu zahlreichen Streiks, zu Unruhen und Gewalttätigkeiten geführt und wiederholt Eingriffe der Behörden erforderlich gemacht. Es gibt daher landwirtschaftliche Arbeitgeber, die das Vorgehen des Pommerschen Landbunds und der wirtschaftsfriedlichen Gewerkschaften bedauern.

So z. B. der ehemalige Regierungspräsident Friedrich von Schwerin, der bekannte Förderer der Inneren Kolonisation, der zugleich brandenburgischer Großgrundbesitzer ist. Die wirtschaftsfriedlichen Arbeitnehmervereinigungen würden doch niemals die Gesamtheit aller Arbeiter auf dem Lande umfassen, weil es seit dem Kriege in der Landwirtschaft sicher „klassenbewußte“ Männer in großer Zahl gäbe, die sich von dem gewerkschaftlichen Zusammenschlusse nicht zurückhalten ließen. Abgehalten würden im wesentlichen nur die ruhigeren, namentlich die älteren Landarbeiter, durch deren Fernhalten die Gewerkschaften nur noch radikaler würden. „Je radikaler aber in ihrer Zusammensetzung die Gewerkschaften sein werden, mit um so geringerer Rücksichtnahme auf die gemeinsamen Berufsinteressen werden die Lohnforderungen gestellt werden. Wenn ich einer freien Entwicklung der Gewerkschaften das Wort rede und keine Einflußnahme darauf von seiten der Arbeitgeber wünsche, so ist damit nicht gesagt, daß die Berufsvertretung der landwirtschaftlichen Arbeiter sich in den ausgefahrenen Gleisen der industriellen Gewerkschaften zu bewegen braucht. Ich wünsche es nur den landwirtschaftlichen Arbeitern selbst überlassen zu sehen, wie sie ihre Organisationen sich ausgestalten wollen. Ein schwerer Schaden und tiefer Grund für das Mißtrauen, mit dem die Landarbeiter alle von den Gutsbesitzern ausgehenden Bestrebungen betrachten, liegt darin, daß von den Zeiten der Hörigkeit an stets für sie gedacht ist — daß sie bei den Bestrebungen zur Besserung ihrer Lage auf wirtschaftlichem, sozialem und idealem Gebiete stets Objekt gewesen sind —, in den Zeiten der Koalitionsfreiheit müssen sie lernen, für sich selbst zu denken und selbständig auf den genannten Gebieten zu wirken. Das damit erwachende Selbstverantwortungsgefühl muß dahin führen, daß das Verständnis dafür erhalten oder geweckt wird, daß die Forderungen der Landarbeiter nur im Rahmen der Möglichkeiten des ganzen Erwerbsstandes Erfüllung finden können, daß die Hebung der gesamten Landwirtschaft ebenso sehr im Interesse der Arbeiterschaft wie der Landbesitzer liegt." (Archiv der Landarbeiterfrage I, 1919.)

Ergänzende Literatur.

Settegast, H., Die Landwirtschaft und ihr Betrieb. 3. Aufl. Breslau 1885.
Dettweiler, Friedrich, Die Handarbeit in der Landwirtschaft. Jena 1905.
Skalweit, August, Gutsherrschaft und Landarbeiter in Ostdeutschland (Schmollers Jahrbuch 1906).
Langenbeck, G., Buchführungsergebnisse aus der Buchstelle der Deutschen Landwirtschaftsgesellschaft. Berlin 1911.
Wygodzinski, Die ausländischen Wanderarbeiter in der deutschen Landwirtschaft (Weltwirtschaftliches Archiv 1916).
— Die Landarbeiterfrage in Deutschland. Tübingen 1917.
Asmis, W., Der landwirtschaftliche Arbeitsvertrag nach bürgerlichem und nach Gesinderecht. Diss. 1919.
Claeßens, Eugen, Deutsche Arbeiter für deutschen Acker (Archiv der Landarbeiterfrage. Sonderheft 1920).
von Dietze, C., Die ostdeutschen Landarbeiterverhältnisse seit der Revolution. Berlin 1920.
Stieger, Georg, Der Mensch in der Landwirtschaft. Berlin 1922.
Archiv der Landarbeiterfrage. 1919 ff.

14. Kapitel.

Der Agrarkredit.

1. Der Kreditbedarf.

Reichen im allgemeinen die Grundlagen des heutigen Agrarwesens bis in graue Vorzeit zurück, so handelt es sich beim Agrarkredit um eine neuzeitige Erscheinung. In der Landwirtschaft der älteren Zeit spielte der Kredit eine untergeordnete Rolle. Der Landwirt betrachtete den Hof in erster Reihe als die dem eigenen Konsum dienende Heim- und Wirtschaftsstätte. Die Wirtschaft für den Markt trat daneben zurück, und soweit ein Güteraustausch zwischen Land und Stadt stattfand, vollzog er sich in einer Weise, daß daraus geldliche Verpflichtungen kaum erwachsen konnten. Der Bauer brachte Überschüsse seiner Wirtschaft auf den Markt, um für ihren Erlös Erzeugnisse des städtischen Gewerbefleißes einzuhandeln. Seine Steuern und Abgaben entrichtete er in der Hauptsache in Naturalien, so daß auch hierfür Geldmittel nicht aufzubringen waren. Ein Streben, durch Verwendung ersparten oder gar geliehenen Kapitals die Wirtschaft zu befruchten und den Betrieb ertragreicher zu machen, konnte bei der damaligen Wirtschaftsweise nicht aufkommen. Sie war arbeits- und kapitalsextensiv und mußte in diesem Zustande verharren, solange sie in dem Flurzwang der Dorfgemeinschaft gefesselt lag. Da das Recht am Grund und Boden kein volles und freies Eigentum war, konnte der Besitzer auch nicht mehr Rechte auf den Gläubiger übertragen, als er selbst besaß. Der Kaufkredit, der auf dem modernen Gütermarkte eine so große Rolle spielte, konnte sich bei alledem nicht entwickeln. Es kam überhaupt nur selten vor, daß Landgüter auf dem Wege des Kaufs ihre Eigentümer wechselten. Wurde aber in vereinzelten Fällen Kaufkredit gewährt und genommen, geschah es zum vorübergehenden Ersatz fehlender barer Mittel, nicht aber in der Absicht einer dauernden Belastung des Grundstücks. Noch die Preußische Hypotheken- und Konkursordnung von 1722 bestimmte, daß das Restkaufgeld an letzter Stelle hinter allen übrigen Hypotheken zu rangieren habe, wenn der Gläubiger das Kaufgeld über einen gewissen Termin hinaus hatte stehen lassen. Auch bei seiner Vererbung konnte eine Verschuldung des Grundbesitzes nicht eintreten, weil die Auszahlung von Abfindungen an die weichenden Erben in der älteren Zeit, wie wir wissen, nicht üblich war.

Wenn in älterer Zeit ein Kreditbedürfnis entstand, gründete es sich in der Hauptsache auf Einnahmeausfälle oder Vermögensverluste infolge unvorhergesehener, unabwendbarer Ereignisse schädlicher Art wie Mißernten, Viehsterben, Brandschäden, Krieg und Plünderung. Zwar hatte in solchen Fällen der in die feudale Agrarverfassung eingegliederte bäuerliche Wirt einen gewissen Rückhalt an dem Grundherrn, der nach Hofrecht und Herkommen eine Unterstützungspflicht hatte. Auch half der noch stark ausgebildete Sinn für nachbarliche Hilfeleistung über manche Unfälle hinweg. Doch reichte diese Hilfe bei Notständen, die einen breiteren Kreis von Landwirten gleichzeitig trafen (ein ganzes Dorf oder eine ganze Landschaft) nicht aus, so daß ein Bedürfnis an Notstandskredit bestehen blieb. Man unterschätze den Umfang daraus erwachsender Schuldverbindlichkeiten nicht! Mißernten so schlimmer Art, wie sie die Gegenwart gar nicht mehr kennt, sowie Kriegsnöte waren damals häufige, ja man kann sagen, regelmäßig wiederkehrende Ereignisse. Und obgleich der noch geringe Bodenwert der Verschuldungsmöglichkeit eine feste Grenze zog, so waren bei der ebenfalls noch geringen Ertragsfähigkeit der Landgüter die Schulden nicht minder drückend. Wir wissen, daß viele Gutsbesitzer, daß ganze Dörfer an ihrer Schuldenlast auch schon in der älteren Zeit zugrunde gegangen sind. Ein Übelstand, der natürlich dadurch nicht behoben werden konnte, daß, wie es vielfach geschah, polizeiliche Verschuldungsverbote erlassen wurden. Man lieferte durch solche Schuldverbote den Landwirt nur der geheimen Bewucherung aus. Wie es überhaupt für den Landwirt der älteren Zeit ein Unglück war, daß er in Ermangelung einer Kreditorganisation im Falle des Kreditbedürfnisses allein auf die Dienste des privaten Kapitals angewiesen war.

Man wird daher Buchenberger recht geben müssen, wenn er meint, daß „zu einer preisenden Verherrlichung älterer kreditrechtlicher Organisationen und Institutionen auf Kosten der neueren Zeit, wie sie mit wenig Kritik und viel Behagen dann und wann zutage tritt“, ein Grund in Wirklichkeit nicht vorlag. Zwar war der langfristige Kaufkredit, sowie die Aufnahme von Kredit zum Zwecke der Abfindung weichender Erben, die beide in der Gegenwart die Hauptquelle der Verschuldung für den ländlichen Grundbesitz bilden, dem früheren Landwirt noch nicht erschlossen, doch spielte der Notstandskredit eine umso verhängnisvollere Rolle.

Die schweren Nachteile dieses Zustandes wurden merklich empfunden, als die Landwirtschaft in den Bereich einer sich stärker entwickelnden Verkehrswirtschaft einbezogen wurde. Der nunmehr für den Markt produzierende Landwirt begann rationell zu wirtschaften und erkannte die befruchtende Wirkung, die die Anwendung vermehrter Produktionsmittel auf den Reinertrag seines Unternehmens haben konnte. Zu dem periodisch auftretenden Bedarf an Notstandskredit gesellte sich der chronische Bedarf an Betriebs- und Meliorationskredit. Eine einfache Überlegung lehrte, daß ein Landwirt, welcher durch Anlage von Meliorationen, durch Verbesserung des Viehstapels, durch intensivere Agrikultur seine Wirtschaft ertragreicher zu machen verstand, selbst wenn er für diese Zwecke fremdes Geld aufnahm, ein wohlhabender Mann werden konnte, während ein zwar schuldenfreier, aber an der alten Wirtschaftsweise festhaltender Wirt in kümmerlichen Umständen blieb. Justus Möser prägte den Satz: „Die größte Benutzung des Kredits ist die sicherste Probe eines zunehmenden Reichtums.“ Anders ausgedrückt spitzte sich dieser Gedanke später zu dem Paradoxon zu: Ein Landwirt, der vorankommen will, muß auch den Mut haben, Schulden zu machen.

Man suchte nach Mitteln, die Kreditbeschaffung für die Landwirtschaft zu erleichtern. Bereits in der ersten Hälfte des 18. Jahrhunderts wurde das Hypothekenwesen reformiert, und indem man erkannte, welch ausgezeichnetes Beleihungsobjekt der Landwirt in seinem Grund und Boden besaß, schuf man in der zweiten Hälfte dieses Jahrhunderts die ersten Grundkreditinstitute.

Zuerst waren es die großen Landwirte, die sich von dieser Bewegung mitreißen ließen. Sicherlich nicht zu ihrem Schaden! Ihre Wirtschaften erreichten eine vorher nicht gekannte Höhe. Die bäuerlichen Besitzer, die in ihrer Hauptmasse noch nicht das Recht besaßen, ihren Grundbesitz zu verpfänden, konnten erst folgen, seitdem ihnen das 19. Jahrhundert außer der persönlichen Freiheit auch die Verschuldungsfreiheit gebracht hatte.

Der wirtschaftliche Liberalismus, getragen von jenem unternehmungsfrohen Optimismus, der diese ganze Gedankenrichtung auszeichnet, war so recht geeignet, im Landwirt den Mut zum Schuldenmachen zu stärken. Wirtschaftstheoretiker und Wirtschaftspraktiker fanden sich zusammen, um die Vorteile zu betonen, die sich „aus einer Entfesselung des Erwerbslebens durch dessen tunlich unbehinderte Speisung mit den befruchtenden Strömen des Kredits“ ergeben könnten (Buchenberger). Thaer, dem die deutsche Landwirtschaft so viel verdankte, und zu dem jeder Landwirt gläubig hinaufsah, wurde nicht müde, die Vorteile der Kreditbenutzung zu preisen.

Man wurde sich bewußt, in eine neue Wirtschaftsperiode, die der Geldwirtschaft, eingetreten zu sein, und glaubte dieser Tatsache Rechnung tragen zu müssen. Die Naturalwirtschaft sei untergegangen. „Als der Geschlossenheit des Grundbesitzes die völlige freie Vereinzelung desselben nachfolgte, als die Abgaben und Naturalgefälle der Landbauern in solche von Geldbeträgen umgewandelt und größtenteils abgelöst wurden, war die Naturalwirtschaft für die Landwirte nach außen faktisch zum Abschlusse gekommen, die Periode der Geldwirtschaft begann. Der Grundbesitz zur Ware geworden und den Gesetzen des Geldkapitals unterstellt, mußte sich dem Kündigungsrecht unterwerfen, wo er Schulden hatte, und vermöge seiner wirtschaftlichen Entwicklung — der Umbildung seiner wirtschaftlichen Produktion — Schulden machen, um rationell fortschreiten zu können. Mit diesen Anforderungen erfüllte sich die Gegenwart, die ihrer Zukunft gewiß zu sein schien, und diese Anforderungen liefen alle in dem einen Punkte zusammen, daß dem Grundbesitz ein leicht erreichbares und billiges Geldkapital zur Verfügung gestellt werden müsse. Jn dieser einfachen Forderung kulminierte die Bewegung der Landwirtschaft, ja, eine Zeitlang selbst die der Wirtschaftswissenschaft, was wohl am bezeichnendsten zum Ausdruck gekommen ist in der bekannten Macleod'schen Theorie: Kredit ist Kapital und Schulden Reichtum!“ So wird von Ruhland die damalige Gedankenrichtung gekennzeichnet.

Die Verschuldung des Landwirts stieg. Aber was machte das? Stärker als die Schuldzinsen stiegen die Wirtschaftserträge. Die zunehmende Verschuldung fiel zeitlich zusammen mit beispiellosen Fortschritten in der Landwirtschaftstechnik, mit einer beispiellosen volkswirtschaftlichen Prosperität, mit einer beispiellosen Bevölkerungsvermehrung. Die Preise der landwirtschaftlichen Produkte stiegen bei gleichzeitiger Vervielfältigung der Erzeugung. Es schien wirklich so, daß der Landwirt trotz wachsender Verschuldung reicher geworden sei.

Das ging solange, als es ging. Die Verschuldung mußte schließlich einen Punkt erreichen, wo die Schuldzinsen in ein Mißverhältnis zu den Erträgen gerieten, und dieser Vorgang mußte beschleunigt werden, sobald die Ertragssteigerung durch die Konjunktur nicht mehr begünstigt wurde.

Denn was war geschehen?

Man hatte die Kredithilfe nicht nur dazu benutzt, um die Produktivität des Betriebes zu heben, indem man Meliorationen aller Art ausführte, Ent- und Bewässerungen, Wege anlegte, Wohn- und Wirtschaftsgebäude baute, Maschinen kaufte, den Viehstapel vermehrte, die Bodenkräfte verbesserte. Gewiß! — auch das war geschehen. Der Boden war „tatsächlich nicht mehr derselbe wie vor einigen Generationen" (Wygodzinski). Es hatte mit Hilfe des Kredits eine „Kapitalanreicherung" stattgefunden. Und solche Wirkungen des Kredits mögen es gewesen sein, an die seine Befürworter gedacht haben. Hätte sich der Agrarkredit in der Hauptsache auf eine solche Verwendung beschränkt, dann hätte auch eine rückgängige Konjunktur der Landwirtschaft nur wenig anhaben können. Das Schuldkapital wäre in seinem wesentlichen Bestandteil reproduziert gewesen. — Doch hatte sich der Landwirt auch daran gewöhnt, für unproduktive Zwecke Kredit zu nehmen. Es wurde üblich, bei Gutskäufen einen Teil des Kaufgeldes schuldig zu bleiben und als Hypothekarschuld ins Grundbuch eintragen zu lassen. Sicherlich hatte das nicht nur nachteilige Folgen. Es wurde dank dieser Kaufgeldkreditierung tüchtigen Landwirten die Möglichkeit erschlossen, sich anzukaufen und Eigentümer zu werden, selbst wenn sie nicht genügend Kapital hatten, den vollen Kaufpreis zu erlegen. Der landwirtschaftliche Grund und Boden konnte im Grundstücksverkehr den „Weg zum besten Wirt" gehen. Das k o n n t e, doch m u ß t e nicht geschehen. Und nicht nur der K a u f, auch der V e r k a u f wurde erleichtert. Für die Gutsbesitzer war der Anreiz groß, eine gegebenenfalls eingetretene Bodenpreissteigerung alsbald durch einen Verkauf zu realisieren, indem sie ihren Gewinn als Restkaufgeldhypothek stehen ließen. „Dies hatte, volkswirtschaftlich betrachtet, zur Folge, daß der Bodenkreditnutzen von der Bodenbewirtschaftung losgelöst wurde und nicht in erster Linie dem Grundbesitzer, sondern dem Gutsverkäufer zustatten kam. Der weitaus größte Teil der Belastung des ländlichen Grundbesitzes, den wir heute vorfinden, stellt den von früheren Besitzern herausgezogenen Verkaufsgewinn dar" (Mauer).

Freilich pflegten die meisten Höfe, vor allem die bäuerlichen, ihren Eigentümer im Erbgang, und nicht auf dem Wege des Verkaufs zu wechseln. Doch auch bei der Vererbung trat eine Belastung mit Besitzkreditschulden ein, seitdem die Entwicklung des Hypothekarkreditwesens die Abfindung der weichenden Erben derart vorzunehmen erlaubte, daß die in Geld berechneten Erbteile hypothekarisch eingetragen wurden. Diese Erbgeldhypotheken hatten aber mit den Restkaufgeldhypotheken das gemein, daß sie den Grundbesitz mit unproduktiven Schulden belasteten.

So bewirkte denn die Ausgestaltung des Agrarkreditwesens neben der erwünschten Kapitalanreicherung zweifellos auch eine Kapitalabwanderung. Es konnte nicht ausbleiben, daß sich daraus schlimme Folgen ergaben.

Jeder, der das Landleben kennt, weiß von Beispielen zu erzählen, wo Landwirte — und zwar nicht einmal immer ganz aus eigener Schuld — infolge Überschuldung um Haus und Hof gekommen sind. Auch in der schöngeistigen Literatur (Reuters „Stromtid", Gustav Freytags „Soll und Haben") haben solche Vorgänge einen beliebten Stoff gebildet, da sie mit ihren sich zwangsläufig ergebenden Folgen nicht der Tragik entbehren. Lorenz v. Stein („Die drei Fragen des Grundbesitzes und seiner Zukunft") hat für diese Kehrseite des landwirtschaftlichen Kreditwesens eine wirtschaftswissenschaftliche Darstellung gegeben, die ebenfalls einer dramatischen Wirkung nicht ermangelt. Wir wollen seinen Gedankengang in den Grundzügen wiedergeben.

Stein meint, man müsse das Schuldenwesen des Besitzes oder die Hypothekarschuld und den eigentlichen landwirtschaftlichen Kredit unterscheiden. Das was wir Schuld nennen, entsteht, wenn ich ein Geldkapital von dem Gläubiger empfange — das Darlehen —, das ich ihm als Geldkapital zu irgendeiner Zeit bar zurückgeben und für dessen Gebrauch ich ihm Zinsen — den Gebrauchswert — zahlen muß. Natürlich hat die Schuld des Grundbesitzes das mit jeder andern Schuld gemein. Doch besteht ein sehr tief einschneidender Unterschied zwischen dem Schuldner, der Wertkapitalien hat, und dem, der Grundkapital besitzt. Der erstere nämlich verwendet stets, soweit er es vermag, das ganze Kapital bei seiner Produktion und empfängt deshalb auch bei dem Verkaufe der Produkte dieses ganze Kapital in dem Verkaufspreise seiner Waren und Leistungen zurück, während der Grundbesitzer seinen Besitz — sein Kapital — nicht in Produkte umgestalten, sondern nur die Erzeugnisse dieses ihm dauernd bleibenden Kapitals verkaufen kann. Daher unterschieden schon die Römer die „Früchte", fructus, als eine selbständige Art der Erzeugnisse. Der Gewerbetreibende wird stets sein ganzes Kapital in Umlauf setzen, ob eigenes oder geliehenes, und wird an dem Kapital als solchem verdienen. Der Grundbesitzer vermag das nicht. Er wird von dem Grundbesitze nie etwas erzielen als jene Früchte, und bei ihrem Verkaufe höchstens die Zinsen seines Grundkapitals, nicht dieses selbst herausbekommen. Während der Konsument von Geweben oder andern gewerblichen Waren stets in dem einzelnen Produkt auch das Kapital aufzehrt, für das der Rohstoff gekauft ist, kann, wer Brot ißt oder Fleisch, niemals den Grund und Boden selbst mit konsumieren, auf dem beide entstanden sind.

Da der Grundbesitzer mit dem Verkaufe seiner Produkte nie das ganze für die Produktion erforderliche Kapital wieder empfangen kann, so kann er auch nicht vermöge dieses Verkaufs ein Darlehen auf einmal wieder zurückzahlen wie der Gewerbetreibende. Daraus ergeben sich zwei Folgen. Die erste ist die, daß der Darleiher für sein Darlehen, das er, wie er recht gut weiß, nicht durch die regelmäßige Produktion zurückbekommen kann, nach einer andern Sicherheit sucht. Diese kann er nur finden in der Verpfändung des Grundbesitzes. Daher ist die Verpfändung des Güterkapitals, die bei dem Gewerbetreibenden schon soviel wie die Auflösung seines Geschäftes bedeuten würde, bei dem Grundbesitz so natürlich, daß sie in allen Formen sofort mit der Epoche eintritt, wo sich aus dem Gesamtbesitz das Einzeleigentum entwickelt. Das rechtliche Wesen der Hypothek, die bekanntlich schon aus Griechenland stammt, besteht darin, daß in der Hypothek der Gläubiger der Eigentümer des Wertes des Grundbesitzes geworden ist, während Besitz und Gebrauch dem Eigentümer des Gutes bleiben. Die zweite Folge besteht darin, daß die Hypothekenschuld, die der Grundbesitzer vermöge der Natur seines Kapitals geradezu unfähig ist, in einer Summe aus seinem Betrieb zurückzuzahlen, der Regel nach eine feste Schuld ist. Somit konstituiert sie zwei Eigentümer im Besitze, den Gutseigentümer und den Werteigentümer.

Soviel über das Schuldenwesen des Besitzes oder die Hypothekarschuld. Bei dem landwirtschaftlichen Kredit im eigentlichen Sinne denkt Stein an solche Darlehnsgeschäfte, bei denen gleich bei der Übergabe des Darlehns die Rückzahlung der ganzen geliehenen Summe zu einem bestimmten Termin vereinbart wird. Nach dem bereits Gesagten ist es ohne weiteres klar, daß der Landwirt zum Zurückzahlen solcher Darlehen kein anderes Mittel hat, als den Preis, den er für seine Erzeugnisse auf dem Markt bekommt. Es ist daher als Grundsatz anzuerkennen, daß, während jede Grundschuld auf dem Verkaufswerte des Gutes selbst beruht, jeder landwirtschaftliche Kredit auf dem Verkaufe und dem Marktpreis der landwirtschaftlichen Produkte beruhen muß. Ist dem so, so ergibt sich, daß jeder Kredit an und für sich schon eine Gefahr für den Landwirt einschließt. Muß doch der Landwirt aus dem Erlös seiner Produkte nicht allein jenes kreditierte Kapital, sondern vor allem erst die Gestehungskosten seiner ganzen Jahresproduktion einschließlich der Steuern und der Verzinsung gegebenenfalls vorhandener Grundschulden zahlen. Erst das, was dann übrigbleibt, kann als Abzahlung des aufgenommenen Kredits gebraucht werden. Ob nun etwas übrigbleibt, das hängt vor allen Dingen eben von diesem Marktpreis und daneben von den etwa sonst noch unabweisbaren Bedürfnissen des Schuldners ab. So wie nun der erstere still steht oder die letzteren steigen, sinkt die Wahrscheinlichkeit der Rückzahlung. Da aber diese Rückzahlung in der Regel an einen festen Termin gebunden ist, wird entweder der Landwirt sich zu einem Zwangsverkauf genötigt sehen, oder der Kredit muß prolongiert werden. Geschieht der Zwangsverkauf, so ist es klar, daß der Grundbesitzer dabei verlieren muß. Wird prolongiert, so geschehen zwei Dinge. Erstlich wird die Prolongation an sich teuer sein, und zweitens wird die Tilgung des aufgenommenen Kredits auf den nächsten Verkauf verschoben und bei diesem wie beim ersten durch den Marktpreis bedingt; sie ist also im zweiten Falle, da unterdessen die Zinsen hinzukommen, noch unwahrscheinlicher als das erstemal.

Was wird der Landwirt in solcher Lage tun? In der Erkenntnis, daß er unter der übernommenen Verpflichtung deshalb leidet, weil die volle Kapitalsrückzahlung überhaupt mit der Natur seines Besitzes im Widerspruch steht, wird er danach trachten, seine Verhältnisse dadurch zu ordnen, daß er aus dem Kredit eine Schuld macht. Das geschieht, indem er den Betrag des Kredits, den er nicht zurückzahlen, aber noch ohne Schwierigkeit verzinsen kann, als Grundschuld in sein Hypothekenfolium eintragen läßt. Stein nennt diesen Prozeß die Konsolidation des Kredits in Hypothekenschuld. Natürlich hat diese Klasse von Grundschulden einen ganz andern Charakter als die erste. Der Grund, der sie erzeugt hat, begleitet sie. Dieser Grund war die Unfähigkeit, am Fälligkeitstermin zu zahlen. Der Gläubiger hat daher schon von Anfang an nicht jenes Gefühl der Sicherheit wie der Gläubiger erster Klasse. Da der Zinsfuß im umgekehrten Verhältnis zur Sicherheit zu steigen pflegt, wird der Zinsfuß dieser zweiten Hypothek höher sein müssen. Hat nun der Grundbesitzer schon bei der ersten Hypothek des Kredits bedurft, so ist es wahrscheinlich, daß er, nachdem er jetzt mehr Zinsen als früher zahlen muß, noch leichter wieder zum eigentlichen Kredit greift. Das wird nun gerade beim Grundbesitz durch ein für ihn spezifisches Moment befördert. Das ist der Zinstermin. Jeder Zinstermin ist ein fester und daher gleichgültig gegen die Zeit, wo der Landwirt durch den Verkauf seiner Erzeugnisse seine Einnahmen hat. Fallen beide Termine nicht zusammen und tritt zwischen den Verkauf der Produkte und dem Zinstermin irgend ein unvorhergesehener Umstand ein, so ist es nur zu leicht möglich, daß der Landmann für den Zins das Geld nicht zur Verfügung hat. Es bleibt ihm nichts anderes übrig, als wieder einen neuen Kredit aufzunehmen.

Dieser Augenblick ist der entscheidende für das Schicksal des Grundbesitzes. Da der Kreditgeber sehr gut weiß, daß der Grundbesitzer aus dem ohnehin schon so schwer belasteten Verkauf seiner Produkte kaum die Zinsen, geschweige denn das Kapital des neuen Kredits zurückzahlen kann, so wird er diesmal nicht erst auf die Konsolidation des Kredites durch Eintragung in das Grundbuch warten, sondern er wird selbst darauf dringen. So entsteht die dritte Klasse der Hypotheken. Zwar weiß der Geldgeber — wir sind an dem Punkte angelangt, wo der landwirtschaftliche Wucher beginnt —, daß er in dem Werte des Grundbesitzes keinen Ersatz für sein Darlehen hat, sondern nur noch erstlich in dem Betriebskapital, und in zweiter Reihe in dem Arbeitsverdienst des Besitzers. Es liegt daher in dem Wesen des Wuchergeschäftes, daß es den Kredit benutzt, um zuerst an dem ersteren und dann an dem zweiten zu verdienen. Das kann nun dadurch geschehen, daß der Gläubiger den Schuldner zwingt, einen Teil des Betriebskapitals zu verkaufen und ihn mit dem Erlös zu bezahlen, oder daß er an Zahlungsstatt die Produkte des Grundbesitzes für sich in Anspruch nimmt. Daraus entsteht ein Vorgang, der sich in zwei Teile, wenn man will, in zwei Epochen teilt. Die erste Epoche tritt da ein, wo der Grundbesitzer gezwungen wird, um der Exekution zu entgehen, die einzelnen Teile seines Betriebskapitals zu verkaufen. Was wird die Folge sein? Durch den Verlust des Betriebskapitals wird die Substanz des ganzen Landguts geschädigt. Ein Landgut, das sein Betriebskapital verloren hat, verliert zugleich damit die Hälfte seines Grundkapitals. Der Hypothekarkredit wird aus seinem scheinbar sicheren zu einem gefährdeten. Auch der ganz reelle Gläubiger fühlt sich bedroht. Kündigt dieser jetzt, so kann der Besitz schon wegen der Verschlechterung des Betriebskapitals nur noch um eine geringere Summe gekauft werden, als er eigentlich wert ist. Diese Summe wird regelmäßig ein landwirtschaftlicher Käufer nicht besitzen, da dieser ja neben den Schulden auch noch die Herstellung eines neuen Betriebskapitals auf sich nähme, sondern es wird vor allem der

Hypothekargläubiger bis zu einem gewissen Punkte bieten. Dieses Mitbieten wird in der Regel nicht den Betrag der zweiten Hypothek erreichen, weil dem Gläubiger dieser Hypothek wieder das Betriebskapital und meistens auch die Fähigkeit fehlt, den Betrieb fortzuführen. Statt dessen wird derjenige bieten, der das Betriebskapital durch Beschlagnahme bereits in Händen hat, der Wucherer, weil er dieses in Verbindung mit dem zugehörigen Grundbesitz am besten verwertet. So wird der Wucherer zum Grundbesitzer. Das ist das erste Stadium.

Das zweite ist dann einfach, aber ernst. Der neue Besitzer wird nicht selbst wirtschaften. Er wird den alten Besitzer darauf lassen, aber ihn immer als „seinen Mann" hinsetzen, und zwar entweder als Pächter oder als Kolone. Nachdem er den Wert des Grundbesitzes an sich gebracht hat, wird er auch den ganzen Ertrag an sich bringen, indem er den Besitzer zwingt, ihm alle Produkte zu überlassen, wenn er Kolone ist, oder ihren ganzen Wert, wenn er Pächter ist.

„Das 19. Jahrhundert hat mit dem unbegrenzten Eigentumsrecht am Einzelbesitz und mit der gänzlichen Auflösung aller genossenschaftlichen Elemente, welche einst die Besitzungen fest zusammenhielten, den gesamten Grundbesitz in Europa der Herrschaft des Geldkapitals unterworfen; und dieser Prozeß schreitet, wie die Atomisierung des Felsens, den die Welle unterwühlt, langsam aber unhaltsam vorwärts."

Ich zitiere diesen letzten Satz, um zu erkennen zu geben, daß Lorenz v. Steins Beweisführung zu einem vorgesteckten Ziele hinstrebt. Es soll der Nachweis erbracht werden, daß es in dem Wesen des Geldkapitals liege, ja liegen müsse, sich neue Abhängigkeitsverhältnisse zu schaffen und sich die wirtschaftliche Umwelt seinen Zwecken dienstbar zu machen. Seine Argumentierung ist, wie noch zu zeigen sein wird, in wesentlichen Punkten unhaltbar. Der vorkapitalistische Zustand schwebt Stein als Ideal vor. Und so kommt er positiv zu der Forderung, „daß die Gemeinde wieder in ihr altgermanisches Recht eintrete, und als Genossenschaft der Grundbesitzer auch für das Grundschuldenwesen zu funktionieren beginne".

Gleichwohl bleiben die Ausführungen dieses feinen Kopfes lehrreich und decken die schlimmen Gefahren auf, in die das Kreditnehmen den Landwirt stürzen kann. Sie legen zugleich Zeugnis ab, welcher Wandel sich in den Anschauungen über die Wirkungen der Kreditwirtschaft zu vollziehen begann. Wie sticht dieser Pessimismus von dem frischen Optimismus ab, mit dem seinerzeit der wirtschaftliche Liberalismus das Eindringen des Kreditwesens in die Landwirtschaft begrüßt hatte!

Waren in der ersten Hälfte des 19. Jahrhunderts und darüber hinaus die Erörterungen über das landwirtschaftliche Kreditproblem in der Hauptsache darauf hinausgelaufen, wie man dem Grundbesitze zur Befruchtung seiner Wirtschaft leicht erreichbaren und billigen Kredit verschaffen könnte, so mehrten sich in der Folgezeit und vor allem im letzten Viertel des 19. Jahrhunderts die Stimmen, die die Kehrseite des Kreditnehmens beleuchteten und auf die Notwendigkeit hinwiesen, den Landwirt im eigenen, wie im allgemeinen Interesse vor einer Überschuldung zu schützen. Das hing mit den Zeitereignissen zusammen. Über die mittel- und westeuropäischen Länder war die Agrarkrisis hereingebrochen. Die gute Konjunktur, die der Verschuldung des Landwirts alles Gefährliche zu benehmen schien, war zum Stillstand gekommen. Nun kam der Rückschlag. Mit Schrecken nahm man wahr, welche furchtbaren Folgen auch für den Landwirt das Schuldenmachen haben konnte. Aufmerksam las man die Schriften des großen Staatssozialisten Rodbertus über die Kreditnot des Grundbesitzes, die zur Zeit ihres Erscheinens — die erste war bereits im Jahre 1847 veröffentlicht worden — kaum beachtet worden waren. Die eben wiedergegebenen Ausführungen Lorenz v. Steins (1881) und Albert Schäffles Schrift über die „Inkorporation des Hypothekarkredits" (1883) spiegeln den großen Eindruck wieder, den Rodbertus' Sätze auf diese Autoren gemacht hatten.

Worauf liefen Rodbertus' Forderungen hinaus?

Das moderne Kreditrecht hat eine dem Wesen des Grundbesitzes adäquate Kreditform nicht gefunden. Es behandelt den Grundbesitz so, als ob er bewegliches Kapital sei. Die Rente des Grundbesitzers fließt aus einem unbeweglichen Fonds, aus der Natur, aus der Mutter Erde, aus einem Fonds, der in seiner Benutzung nicht umgesetzt wird oder werden kann und wie Kapital dabei in die indifferente Form des Geldes zurückkehrt, sondern, der unverwandelt während der Benutzung bleibt, wie er ist, niemals in das Produkt übergeht, und nur den Umsatz und die Versilberung des Produktes, einen kleinen Teiles seines Wertes gestattet, kurz — aus dem Boden. Der Gewinn, die Zinsen des Kapitalwirtschaftenden fließen aus einem beweglichen Fonds, aus der Industrie, aus einem Fonds, der in seiner Benutzung fortwährend umgesetzt wird und werden muß, immerfort in die indifferente Form des Geldes zurückkehrt, stets seine Form verwandelt, ganz in das Produkt übergeht und also nicht bloß seinen gesamten Umsatz, seine gesamte Versilberung gestattet, sondern notwendig mit sich führt — kurz aus dem Kapital. Wie sich der eine Fonds zum andern verhält, so verhält sich auch das Bedürfnis und die Zahlungsfähigkeit der Grundbesitzer und der Kapitalwirtschaftenden zueinander. Der Grundbesitzer, der mit Hilfe einer Anleihe ein Gut kauft, seine Anerben auszahlt oder den Boden melioriert, bedarf sie auf lange Zeit, man kann sagen, auf ewig. Denn sein wirtschaftliches Streben darf nicht dahin gehen, das geliehene Kapital vom Boden rasch wieder zu gewinnen und dadurch sein Vermögen zu vermehren — er würde den Boden zum Schaden der ganzen Nation erschöpfen und aussaugen —, sondern vielmehr umgekehrt dahin, aus seiner Rente neues Kapital in den Boden zu stecken, ihn zu bereichern, um der wachsenden Bevölkerung auch den wachsenden Nahrungsbedarf bieten zu können. Dem entspricht seine Fähigkeit der Rückzahlung des Kapitals. Er kann es niemals aus dem, was er der Erde auf einmal abgewinnt, zurückzahlen. Es kommt ihm in seiner Wirtschaft niemals in einer Umsatzsumme wieder zu Gesicht. — Bei dem Kapitalwirtschaftenden ist dies alles anders. Sein wirtschaftliches Streben muß dahin gehen, sein Kapital so oft wie möglich umzusetzen, es immer wieder in Geldform zurückzuverwandeln, denn nur mit jedem Umsatz empfängt er Gewinn oder Zinsen. Deshalb ist auch seine Fähigkeit, das Kapital zurückzuzahlen, immer in kurzen Perioden wieder da, ja er muß sogar selbst wünschen, das Kapital zurückzuzahlen.

Was hat bei dieser Sachlage die Gesetzgebung zu tun? Sie muß dem Kreditwesen eine rechtliche Form geben, die der Beschäftigung des Kreditnehmenden, dem Fonds, womit dieser arbeitet, der Art, wie sich dieser Fonds umsetzt, den Einkünften, die er abwirft, entspricht. Für den Kredit der Kapitalwirtschaftenden ist im Wechselrecht eine Form gefunden, die ihren Bedürfnissen aufs glücklichste entspricht. Dagegen sind die Kreditverhältnisse des Grundbesitzers geordnet worden, als wenn er nicht Grundbesitzer, sondern Kapitalwirtschaftender wäre, als wenn er immerfort sein Grundstück umschlüge. Allerdings die Hypothek als das beim Grundbesitz gegebene Mittel, dem Bedürftigen Kredit und dem Gewährenden Sicherheit zu schaffen, sprang so stark in die Augen, daß man an ihr nicht achtlos vorübergehen konnte. Doch auf dieser ersten augenfälligen Stufe einer richtigen Behandlung des Kredits des Grundbesitzes angelangt, behandeln unsere Gesetzgebungen ihn sofort nur noch als Kredit von Kapitalwirtschaftenden. Sie behandeln die Hypothekenschuld als eine kündbare Kapitalanleihe, während sie ihn als einen unkündbaren Rentenkauf behandeln müßten. Es wird vorausgesetzt, daß der Grundbesitzer Kapital habe, während er doch nur Rente hat; denn zu Kapital wird sein Grundbesitz nur vermöge eines fiktiven Rechenexempels, der Kapitalisation der Rente nach dem landesüblichen Zinsfuß. Es wird vorausgesetzt, daß der Grundbesitzer in kurzen Fristen leihen könne, während er es für ewige Zeiten muß. Und auf dieser Säule von Fiktionen die Krone der Fiktionen, die Eintragung der Schuld und die Verpfändung der unbeweglichen Erde als Kapitalwert! Kann ein Befehl des Gesetzgebers die Wirklichkeit umkehren? Kann ein Hypothekenrecht aus Rente Kapital machen?

Wie müßte, fragt Rodbertus, die rechtliche Form des Kredits der Grundbesitzer aussehen, die seinen Verhältnissen angemessen wäre? Das Vermögen des Grundbesitzers ist nicht fahrend, es bleibt unbeweglich und unwandelbar auf demselben Fleck. Deshalb braucht hier nicht die Sicherheit in der schleunigen und persönlichen Exekution gesucht zu werden, wie sie das Wechselrecht den Kapitalwirtschaftenden gegenüber bietet, sondern die Hypothek ist hier an ihrem Platze. Der Gesetzgeber gestattet also dem Grundbesitzer sein Grundstück zu verpfänden. Wofür? Für Bezahlung der Zinsen und für Wiedererstattung des Kapitals, wenn die Zinsen nicht prompt bezahlt werden. Für mehr kann der Gesetzgeber das Pfandrecht nicht gestatten, ohne die vernünftigen Grenzen zu überschreiten, die dem Kredit des Grundbesitzers gezogen sind. Er kann das Pfandrecht nicht soweit ausdehnen, daß der Gläubiger das Recht haben sollte, auch das Kapital in beliebiger Zeit zurückzufordern. Er kann es nicht, weil der Grundbesitzer es nicht hat, es nicht haben kann, weil er nur Rente hat. Er darf, um mit Justus Moeser zu sprechen, nicht das Hypothekenrecht bis zur „Löse" ausdehnen. Er kann dem Gläubiger nur gestatten, sich Rente zahlen zu lassen, ohne das Kapital kündigen zu können, und kann ihm die Verfolgung des Pfandrechts auf das Kapital nur in dem einzigen Falle der ausbleibenden Rentenzahlung erlauben. Die rechtliche Form für diese natürliche Auffassung des Grundbesitzkredits ist im deutschen Rechte längst vorhanden und nur in Vergessenheit geraten, sie ist der Rentekauf. Die Aufgabe ist, ihn wieder in die Vorstellung und die Gewohnheit des Volkes zurückzuführen. Statt des kündbaren Hypothekenkapitals unter Angabe des Zinsfußes muß wieder die unkündbare Hypothekenrente unter Angabe des Kapitals eingetragen werden.

Trotzdem diese Theorie einseitig ist und Angriffsflächen bietet, darf ihre Bedeutung nicht unterschätzt werden. Nicht allein, daß sie zu einer tieferen Erfassung des Agrarkreditproblems in hohem Maße beigetragen hat, ist auch die Agrarkreditpraxis von ihr nachhaltig beeinflußt worden. Freilich zu einer allgemeinen Einführung der „Hypothekenrente" unter Ausschluß der „Kapitalhypothek" ist es nirgendwo gekommen. Man mochte sich nicht davon überzeugen, daß allzugroßer Nutzen dadurch geschaffen worden wäre. Man sagte sich, daß die Schlußfolgerung, durch die Einführung des Rentenprinzips der Überschuldung vorzubeugen, der Unterlage entbehre. Mit mehr Recht könnte man sagen, daß das System der „Ewigrente", sobald die Umstände dazu nötigten, neue Renten aufzulegen, mit der Zeit eine „Rentenknechtschaft zur Folge haben könnte, die sich von der „Zinsknechtschaft" des kapitalistischen Verschuldungssystems durch nichts unterschiede. „An dem Maße des Druckes, welchen eine größere und allzugroße Verschuldung eines Landgutes bringen kann, ändert das Rentenprinzip nichts zum Besseren. Ob der Grundbesitzer $^1/_4$, $^1/_3$, $^1/_2$, $^2/_3$, $^3/_4$ seines Renteneinkommens unter der Bezeichnung von Zins oder von Rentenanteil an andere abgeben muß, ist gleichgültig, und die Staffeln seiner immer größeren jährlichen Zahlungsverbindlichkeit kann er als Rentenschuldner, wie als Kapitalschuldner hinaufsteigen." (Knies.) Buchenberger bemerkt, daß das Ankämpfen gegen eine Rechtsordnung, die dem Grund und Boden Kapitalsqualität verleiht, ein vergebliches Bemühen sei. Für jedes im Verkehr befindliche Produktionsmittel bildet sich ein Wert, und es könne ein anderer zahlenmäßiger Ausdruck für diesen Wert, als er sich aus der Kapitalisierung seines Reinertrages ergibt, überhaupt nicht gefunden werden. Einseitig sei es auch, ausschließlich dem Grundbesitz den Charakter eines Rentenfonds zuzuschreiben. Auch andere Kapitalarten, zumal solche, die in der Großindustrie und in Mietgebäuden angelegt seien, hätten den gleichen Charakter. Auch hier werde keineswegs durchweg in ein und demselben Produktionsprozeß das hingegebene Kapital reproduziert.

Buchenberger weist darauf hin, daß die im Anschluß an Rodbertus auch von Lorenz v. Stein vertretene Ansicht, der Gewerbetreibende setzte stets sein ganzes Kapital in Umlauf, mit den tatsächlichen Verhältnissen im Widerspruch steht. Zumindest verwende jede größere gewerbliche Unternehmung bei ihrer Produktion nicht nur Rohstoffe und Arbeit, sondern benötige auch Gebäude, Maschinen, Lagerplätze usw. Es sei deshalb durchaus unzutreffend, daß einzig und allein der Grundbesitzer niemals ein Darlehen als solches mit einem Male zurückbezahlen könne. In einer durchaus ähnlichen Lage befinde sich auch der Industrielle, der Hausbesitzer, ja selbst der kleine Gewerbetreibende seinen stehenden Kapitalien gegenüber. Auch er könne in ganz dieselben Schwierigkeiten kommen, wenn ihm vorzeitig sein Kapital gekündigt werde.

Die von Rodbertus so heftig bekämpfte Hypothek ist in ihrer alten Form erhalten geblieben. Auch die Verfasser des Bürgerlichen Gesetzbuchs konnten sich nicht dazu entschließen, mit dem geltenden Recht zu brechen und „einer Theorie zuliebe einen Versuch zu wagen, mit welchem eine vollständige Umwälzung unserer gesamten wirtschaftlichen Verhältnisse verbunden sein würde"[1]. Doch haben sie auch die Belastung eines Grundstücks mit unkündbaren Renten zugelassen, nachdem vorher schon in Preußen das Rentengut geschaffen und praktisch erprobt worden war. So ist denn tatsächlich für den Siedlungskredit die Rodbertussche „Hypothekenrente" angewandt worden. Auf diesem Boden ist sie zu einer breiten Auswirkung gekommen und in dem sog. „Besitzfestigungsverfahren" (vgl. S. 139) konnte sie auch auf andere Landgüter übertragen werden. Freilich zeigte sich bei dieser Gelegenheit, daß das Geldkapital nicht ohne weiteres geneigt war, sich in dieser Verpflichtungsform dem Grundbesitz zur Verfügung zu stellen. Erst als mit Hilfe der Rentenbanken dem Gläubiger die Möglichkeit eröffnet worden war, den Kapitalbetrag der Rente jederzeit flüssig zu machen, war es möglich, das System der Rentenschuld in breiterem Umfange zur Anwendung zu bringen.

Selbst wenn die Rodbertusschen Ideen nur für den Siedlungskredit verwirklicht worden wären, wäre das bemerkenswert genug. Ihr Einfluß geht aber noch weiter. Ihr Kernpunkt, nämlich daß die jederzeit kündbare Hypothek des Privatkapitals eine ungeeignete Beleihungsform sei, ist zur allgemeinen Überzeugung geworden. Die Bestrebungen zu einer Reform des Grundkredits laufen darauf hinaus, der Hypothek seitens des Gläubigers Unkündbarkeit zu verleihen. Dazu ist es nötig, einen Geldgeber zu finden, der bereit ist, sich mit einer regelmäßigen Zinszahlung zu begnügen, ohne unter normalen Umständen von seinem Kündigungsrecht Gebrauch zu machen. Der private Geldgeber kann sich darauf im allgemeinen nicht einlassen. Der private Hypothekarkredit wird in der Regel kündbar und kurzfristig sein, weil er sich seines Rechtes, sein Darlehen jederzeit wieder in Geldkapital zu verwandeln, nicht begeben kann. Der Fortschritt liegt daher in dem Ersatz des privaten Hypothekarkredits durch den organisierten Anstaltskredit, in der Schaffung von Kreditanstalten, die in der Beleihung des Grundbesitzes ihre bestimmungsgemäße Aufgabe sehen. Sie sind in der Lage, die Beleihungsbedingungen dem Bedürfnis des Grundbesitzes an langfristigen Kredit anzupassen und sich gleichwohl durch die Ausgabe von Pfandbriefen kapitalflüssig zu erhalten.

---

[1]) Motive zum Entwurf des Bürgerl. Gesetzbuchs, Bd. III, S. 632.

Mit der Unkündbarkeit allein ist es aber nicht getan. Wäre die Hypothekarschuld bloß unkündbar, ohne daß sie gleichzeitig abgetragen werden müßte, so würde eine Erweiterung der bestehenden Schuld bei Gelegenheit eines Besitzwechsels oder infolge von Unglücksfällen für manche Anwesen einen geradezu kritischen Zustand zur Folge haben. Darum fordert Buchenberger, daß Hand in Hand mit der Unkündbarkeit grundsätzlich die Amortisation der Hypotheken einhergehen müsse, und zwar so, daß die mit dem Besitzantritt übernommene Schuld längstens innerhalb des Zeitraums, während dessen jemand voraussichtlich im Besitz eines Gutes zu sein pflegt (25 bis 40 Jahre) getilgt ist. Vor allem sei das für die zur Abfindung von weichenden Erben aufgenommene Schuld zu fordern, weil sonst der Hauptzweck des Anerbenrechts, das Gut der Familie zu erhalten, schlechterdings unerreichbar sei. Ja, es lasse sich die Frage aufwerfen, ob nicht dem Anerben gesetzlich ein Amortisationszwang aufzuerlegen sei. „Wo dem Anerben gegenüber den miterbenden Geschwistern eine mehr oder weniger weitgehende Vergünstigung durch das geltende Anerbenrecht zuteil wird, mag ein solcher Amortisationszwang lediglich als ein Äquivalent für die Sonderstellung des Anerben erscheinen, die auch besondere Pflichten erzeugt."

Die unkündbare Amortisationshypothek erfüllt, wenn auch mit andern Mitteln, so doch in ihrer Wirkung alle Anforderungen, die Rodbertus an einen gesunden Grundkredit gestellt hatte, obwohl gerade diese Art der Lösung des Kreditproblems von ihm abgelehnt worden war, grundsätzlich abgelehnt werden mußte, weil sie an der „Kapitalhypothek" festhält. Freilich kann der Amortisationszwang für den Landwirt unter Umständen höchst lästig sein, weil er ohne Rücksicht auf den Ausfall der Ernte eine regelmäßige Abzahlung in gleich bleibender Höhe bedingt. Doch ist zu beachten, daß die Amortisationsquote nur einen Bruchteil der übrigen Zinsverpflichtungen ausmacht und darum wohl kaum als drückende Last empfunden werden wird.

Es ist vorgeschlagen worden, aber noch weiter zu gehen und der Überschuldungsgefahr dadurch von vornherein vorzubeugen, daß der landwirtschaftliche Grundbesitz gewissen Beleihungsbeschränkungen unterworfen wird. In diesem Zusammenhange ist auf den Reformplan Schäffles hinzuweisen. Danach sollen sich sämtliche mittleren und kleineren Grundbesitzer in einem Zwangsverbande zusammenschließen. Dieser soll allein zur Beleihung des angeschlossenen Grundbesitzes berechtigt und innerhalb der ersten Werthälfte auch verpflichtet sein, wobei aber Darlehen zu Ankaufszwecken (Restkaufgelder) und zur Auszahlung von Abfindungen an Miterben in der Regel ausgeschlossen sein sollen. Schäffle sieht also eine doppelte Kreditbeschränkung vor, einmal hinsichtlich der Beleihungshöhe und zweitens im Hinblick auf die Kreditverwendung.

Schäffles Vorschläge, die er in seinem Buche „Die Inkorporation des Hypothekarkredits" (1883) machte, lösten seinerzeit eine lebhafte Diskussion aus. Da für die Praxis nicht viel dabei herauskam, gehen wir nicht näher darauf ein. Buchenberger hat dem Schäffleschen Reformplan ein besonderes Kapitel gewidmet. Da Schäffles interessantes Buch längst vergriffen ist, sei darauf hingewiesen. Dort wird auch ein Überblick und eine Würdigung der Literatur über diesen Gegenstand gegeben.

Die von Schäffle und in seiner Gefolgschaft auch von andern geforderten Beschränkungen der Kreditfreiheit stießen auf den schärfsten Widerspruch. Man fürchtete durch solche Maßnahmen die Kreditfähigkeit des Landwirts zu untergraben und damit gerade das Gegenteil von der beabsichtigten Wirkung zu erzielen. Anstatt die Widerstandskraft des Landwirts zu stärken, würde man sie schwächen.

In dem Verwaltungsbericht des preußischen Landwirtschaftsministeriums für 1884/87 wird gesagt: „Eine gesetzliche Verschuldungsgrenze einführen, heißt dem Grundbesitz einen Teil des bisher genossenen Kredits entziehen; geschieht dies bei fortwirkenden Ursachen der Verschuldung, so kann die Folge nur die sein, daß die Fälle des unfreiwilligen Besitzwechsels noch häufiger und frühzeitiger eintreten als bisher, und daß die Erhaltung des Besitzes in der Familie noch mehr erschwert wird." Conrad, der auf der Tagung des Vereins für Sozialpolitik (1884) dagegen Stellung nahm, meinte, daß die ganzen landwirtschaftlichen Besitzverhältnisse dadurch verschoben werden könnten. Die Latifundienbildung würde gefördert werden, weil ohne hypothekarische Eintragung von Restkaufgeldern nur noch der reiche Mann Güter kaufen könnte. Selbst ein Bauernhof erfordere eine so hohe Kaufsumme, daß derjenige, der sie besäße, nicht selbst die Hand an den Pflug legen würde, um im Schweiße seines Angesichts sich sein tägliches Brot zu verdienen. Die Folge würde sein, daß die ausübenden Landwirte nur noch Pächter, nicht aber mehr Eigentümer wären.

Unter dem Eindruck der Agrarkrisis, die in Begleitung der Caprivischen Getreidezölle eintrat, nahm der Gedanke, der Aufnahme von Grundkredit eine Grenze zu ziehen, von neuem Gestalt an. Unter Führung Max Serings kam es zu einer Bewegung, deren Ergebnis das preußische Gesetz betreffend die Zulassung einer Verschuldungsgrenze für land- oder forstwirtschaftlich genutzte Grundstücke vom 20. August 1906 war. Das Gesetz bezweckt die fakultative Einführung einer Verschuldungsgrenze mit der Motivierung, daß auf diesem Wege unter Wahrung der vollen wirtschaftlichen Freiheit des einzelnen Landwirts eine weitere Belastung der Güter verhindert und eine Abtragung der vorhandenen Schulden in Angriff genommen werden könne.

Das Gesetz gestattet dem Eigentümer, die Eintragung einer Verschuldungsgrenze ins Grundbuch zu beantragen. Als Norm für die Verschuldungsgrenze gilt die Beleihungsgrenze, die die betreffende zuständige Kreditanstalt zuläßt. Die Eintragung hat zur Folge, daß das Grundstück über die Verschuldungsgrenze hinaus weder mit Hypotheken, Grundschulden und Rentenschulden, noch mit beständigen oder für eine bestimmte Zeit zu entrichtenden festen Geldrenten belastet werden darf. Die Aufhebung der Verschuldungsgrenze kann nur auf Antrag des Eigentümers mit Genehmigung des für die Durchführung des Gesetzes betrauten Kommissars erfolgen. Dieser hat auch das Recht, aus besonderen Gründen, namentlich für die Eintragung von Erbabfindungen, eine Überschreitung der Verschuldungsgrenze bis zu einem Viertel des zulässigen regelrechten Verschuldungshöchstbetrages zu erlauben.

Nach der Absicht des Gesetzgebers sollte für den Grundbesitzer durch die freiwillige Begrenzung seiner Verschuldbarkeit zweierlei erreicht werden. Einmal hoffte man, daß der unverschuldbare Teil des Gutes eine solide Unterlage für die Aufnahme von Betriebskredit geben würde, und zweitens sollte der Grundkreditgeber, dadurch daß der Schuldner sich verpflichte, späterhin keine Hypotheken über eine gewisse Grenze hinaus eintragen zu lassen, bewogen werden, zu einem geringeren Zinsfuß Geld zu geben. An diesem zweiten Gedanken, um das vorweg zu nehmen, war etwas Richtiges. Lorenz v. Stein hat, wie wir uns erinnern, anschaulich beschrieben, wie durch Nachhypotheken auch die vorstelligen Hypotheken in ihrer Sicherheit gefährdet werden können. Die auf die Initiative Kapps unternommene Entschuldungsaktion der Ostpreußischen Landschaft baute sich darauf auf, daß sie solchen Schuldnern, die die Verschuldungsgrenze eintragen ließen, einen über die normale Beleihungsgrenze hinausgehenden Sonderkredit einräumte, freilich mit der Verpflichtung einer Amortisation. Der verschuldete Grundbesitzer sollte so in die Lage versetzt werden, seine teueren beim Privatkapital aufgenommenen Nachhypotheken durch billigen Landschaftskredit zu ersetzen. Gleichwohl haben nur sehr wenige Grundbesitzer von dieser günstigen Gelegenheit Gebrauch gemacht. Und weshalb nicht? Weil man sich einem schweren Irrtum hingegeben hatte, wenn man glaubte, daß der Gutsbesitzer durch die Eintragung der Verschuldungsgrenze seine Fähigkeit zur Aufnahme von Personalkredit erhöhen würde. Gerade das Gegenteil war richtig. So gut das Gesetz und die Kappsche Entschuldungsaktion auch gemeint war, so blieb doch bestehen, daß dadurch die Kreditfreiheit des Grundbesitzers beschränkt wurde, worunter auch seine Kreditfähigkeit leiden mußte. Die Verschuldungsgrenze bedeutete „ein Privilegium odiosum, das das Grundstück für den Verkehr schlechter stellt und auch die Erlangung von Personalkredit erschwert, da die Verschuldungsgrenze für Sicherungshypotheken ebenfalls gilt" (Conrad). Die Ostpreußische Landschaft war daher dazu übergegangen, statt für Darlehen, die zum Zwecke der Schuldentlastung gegeben wurden, die Eintragung der Verschuldungsgrenze zu fordern, den Abschluß eines

Lebensversicherungsvertrages zugunsten der Landschaft zu verlangen. Dadurch wurde die Sicherung der Landschaft erreicht, ohne daß zugleich die Kreditfähigkeit des Schuldners in dem Maße wie durch die Eintragung der Verschuldungsgrenze geschwächt wurde. In andern Landesteilen ist man diesem Beispiel gefolgt.

So führen unsere Überlegungen immer wieder zu dem Ergebnis, daß alle Vorschläge und Versuche, den Landwirt dadurch vor Überschuldung zu schützen, daß man ihn in seiner Kreditfreiheit beschränkt, ihm mehr schaden als nützen. Notwendig schaden müssen! Der Landwirt ist nun einmal in das Getriebe der Geldwirtschaft einbezogen worden, er muß sich in ihr ebenso frei bewegen können wie jeder andere Gewerbetreibende, wie der Kaufmann, wie der Industrielle. Natürlich begibt er sich damit in Gefahren. Aber welcher Unternehmer wäre gegen sie gefeit! Auch der Landwirt muß und wird lernen, sich vor ihnen zu hüten. Wenn er ihnen in der ersten Zeit nach seinem Eintritt in die ihm ganz neue Kreditwirtschaft allzu leicht erlag, so erklärt sich das in erster Reihe daraus, daß er das „zweischneidige Wesen" des Kredits noch nicht richtig zu handhaben vermochte, und daß es noch an Organisationen fehlte, die sich in den Dienst speziell der landwirtschaftlichen Kreditbedürfnisse stellten. Der Grundirrtum aller jener Agrarkreditreformer, die seit Rodbertus in der Möglichkeit der Grundkreditaufnahme eine Gefährdung des Grundbesitzes sahen, bestand darin, daß sie, von sozialistischen Gedankengängen bewußt oder unbewußt geblendet, in der kapitalistischen Form des Agrarkredits die Wurzel alles Übels erkennen zu müssen glaubten. Viel mehr als auf die Form des Kredits kommt es auf seine richtige Benutzung an. Geht man so weit, den Landwirt vor jeder Gefahr behüten zu wollen, dann mag es sein, daß manch' leichtsinniger Wirt vor Schaden bewahrt werden kann; aber man raubt zugleich auch dem tüchtigen, unternehmungslustigen Wirte die Möglichkeit, seine Kräfte voll auswirken zu lassen. Roscher hat in diesem Zusammenhange ein von tiefem wirtschaftlichen Empfinden zeugendes Wort ausgesprochen: „Werkzeuge, die für den schlechten Wirt gar nichts Gefährliches haben, können auch dem guten Wirt nicht viel nützen."

2. Die Organisation des Immobiliarkredits.

Der Landwirt ist in der glücklichen Lage, daß er für sein Kreditbedürfnis das denkbar beste Beleihungsobjekt besitzt. In dem Grund und Boden, der als Standort der Nahrungsmittelproduktion einen auf die Dauer unzerstörbaren Wert hat, bietet er seinem Gläubiger eine

Sicherheit, daß er unter seiner Verpfändung verhältnismäßig leicht Kredit bekommen kann. Doch gilt als Voraussetzung, daß das Grundstückspfandrecht eine Ausbildung erfährt, welche dem Gläubiger das erforderliche Ausmaß von Sicherheit auch wirklich gewährleistet. Diesem Bedürfnis gerecht zu werden, muß die Aufgabe einer zielbewußten Hypothekengesetzgebung sein. Beide Teile sind in gleicher Weise daran interessiert, der Gläubiger, um nicht in Verlust zu geraten, der Schuldner, um leicht und billig Kredit zu erhalten,

Durch eine Hypothek kann ein Grundstück in der Weise belastet werden, „daß an denjenigen, zu dessen Gunsten die Belastung erfolgt, eine bestimmte Geldsumme zur Befriedigung wegen einer ihm zustehenden Forderung aus dem Grundstücke zu zahlen ist". (§ 1113 des Bürgerlichen Gesetzbuches.) Der Gläubiger kann sich also am Grundstücke schadlos halten, wenn der Schuldner seine Verpflichtungen nicht erfüllt. Doch behält der Schuldner das so belastete Objekt zur ökonomischen Verwertung in der Hand, auch das Recht der Veräußerung bleibt ihm vorbehalten.

Auf die außerordentlich interessante Entwicklung des Hypothekenrechtes und seine Ausgestaltung gehe ich nicht näher ein. Es muß das dem Rechtshistoriker und Juristen überlassen bleiben. Aus der wirtschaftswissenschaftlichen Literatur über diesen Gegenstand sei auf das treffliche Buch des zur Zeit in Bern wirkenden Nationalökonomen M. Weyermann (Zur Geschichte des Immobiliarkreditwesens in Preußen, 1910) verwiesen. Ich begnüge mich damit, nur einige wenige Hauptpunkte, die für die Entwicklung besonders bemerkenswert erscheinen, herauszuheben.

Das deutsche Hypothekenrecht geht in wichtigen Grundsätzen auf das alte deutsche Pfandrecht zurück. Dieses kannte zwei Formen des Pfandes an Liegenschaften, nämlich ein Eigentumspfand und ein Nutzungspfand. Die Eigentumsverpfändung hatte Ähnlichkeit mit einem Kauf auf Wiederkauf; das Pfand wurde dem Gläubiger unter der Bedingung übereignet, daß sein Eigentum daran erloschen sein sollte, sobald die Schuld bezahlt war. Das Nutzungspfand, die sog. „ältere Satzung", setzte zwar ebenfalls den Gläubiger in Besitz und Nutzung des Grundstücks, bis die Schuld getilgt wurde, doch blieb das Eigentum beim Schuldner. In der Regel bezog der Gläubiger solange die Früchte des Grundstücks, bis es durch Zahlung der Schuldsumme wieder eingelöst wurde. Ist für diese älteren Formen des Grundpfandrechts als notwendiges Merkmal noch die Besitzübertragung gegeben, so trat in der Zeit der Rechtsbücher zumal in den Städten eine neue Form der Verpfändung auf, die sog. „jüngere Satzung". Der Gläubiger erwarb weder den Besitz noch die Nutzung des Grundstücks, erlangte aber durch den öffentlichen Akt der Satzung für den Verzugsfall das Recht, gegen den Schuldner ein Urteil auf Zahlung und die Fronung des Grundstücks zu erwirken. Auf dieser jüngeren Satzung hat sich das moderne Grundpfandrecht aufgebaut. Es finden sich hier schon zwei sehr wesentlich gewordene Merkmale des Hypothekenrechts: einmal die Spezialität (das Pfandrecht haftet an einem bestimmt bezeichneten Grundstücke), und zweitens — die Bezeichnung „Satzung" deutet es schon an — die Publizität (zur Gültigkeit der Verpfändung bedarf es eines öffentlichen Aktes). Die Publizität, die der Ausgangspunkt für die Entwicklung des Grundbuchwesens wurde, ging ursprünglich nicht aus Bedürfnissen des Realkredits hervor. In

Deutschland waren mit dem Besitz von Grund und Boden politische Rechte und erhebliche Pflichten verbunden, wie sie vor allem dem Heer- und Gerichtsbann entsprangen. Grundeigentums-Übertragungen und -Verpfändungen wurden daher nicht als rein privatrechtliche Akte angesehen, sondern mußten vor versammelter Gemeinde im „echten Ding" vollzogen werden. Es durfte kein Zweifel an den Eigentumsverhältnissen der Grundstücke bestehen. Seit dem 13. Jahrhundert richtete man Gerichts- oder Pfandbücher ein, in die die Übereignung oder Verpfändung von Immobilien eingetragen wurden.

Die Rezeption des römischen Rechtes war ganz dazu angetan, die Prinzipien des deutschen Grundpfandrechts zu verwischen. Das römische Bodeneigentumsrecht in der Gestalt, wie es nach Deutschland kam, stand auf dem Grundsatz: superficies solo cedit. (Das Gebäude oder der sonstige dem Boden zu dauernder Verbindung zugesetzte Wert wird mit dieser Verbindung vom Bodeneigentum ergriffen, während nach deutschem Recht ein Sondereigentum sowohl an eingewurzelten Bäumen, an stehendem Getreide, sowie am Gebäude auf fremden Boden möglich war.) Der römische Satz, der leicht zu Härten führen konnte, wurde indes durch ein individualisierendes Pfandrecht gemildert. Konnte man sich mit dem Grundsatz, daß das Gebäude dem Boden folgt, abfinden — er hatte so viel für sich, daß er in Deutschland rechtens geblieben ist —, so mußten dagegen die neuen Pfandrechtsnormen von den deutschen Immobiliargläubigern schwer empfunden werden, weil diese an einen sichern Spezialpfandkredit gewöhnt waren. „So lebten in einzelnen Partikularrechten Reste der deutschen Pfandrechtsprinzipien zäh weiter, und auch da, wo sie unterdrückt worden waren, wurden Publizität und Spezialität seit dem 17. Jahrhundert bereits hier und da wieder allmählich herangezogen und ausgebildet. Die dauernde Führung auf diesem Wege liegt bei Preußen. Schon früh führten die Gesetzgeber des kleinen emporstrebenden Staates das System der öffentlichen Eintragungen wieder ein, und Schritt für Schritt wurden dann im Laufe eines Jahrhunderts diejenigen Bestimmungen des römischen Pfandrechts abgeschwächt und beseitigt, welche die unversöhnlichen Feinde der Publizität und der Spezialität waren" (Weyermann). Das erste moderne Hypothekarrecht, die preußische Konkurs- und Hypothekenordnung vom 4. Februar 1722, ist eine Schöpfung des „größten preußischen inneren Königs" Friedrich Wilhelms I. Seitdem ist das preußische Hypothekenrecht konsequent fortgebildet worden, um nach seiner Übernahme auf das Deutsche Reich in der Deutschen Grundbuchordnung vom 24. März 1897 und im Bürgerlichen Gesetzbuch ihren Abschluß zu finden.

Die preußisch-deutsche Hypothekengesetzgebung ist von dem Grundgedanken beherrscht, die Geldforderung des Gläubigers mit den denkbar größten Sicherheiten zu umgeben, nicht nur um des Gläubigers willen, sondern weil nur so der Grundbesitz auf die guten Dienste des Geldkapitals rechnen kann. Darum sind die dem römischen Rechte entlehnten Unterpfandsrechte an Grundstücken beseitigt worden, wie „gesetzliche Hypotheken", die kraft Gesetz wirksam werden, oder wie „stillschweigende Hypotheken", die der Eintragung nicht bedürfen, oder wie „Generalhypotheken", die den gesamten Vermögensbesitz des Schuldners erfassen können. Solche Unterpfandsrechte stehen im Widerspruch mit der berechtigten Forderung des Gläubigers, daß er die auf dem beliehenen Grundstücke haftenden Lasten klar überblicken muß. Nur derjenige wird ein Grundstück beleihen wollen, der sicher ist, daß nicht ältere oder ihm nicht erkennbare Rechte bestehen, die den Wert des Grundstücks herabmindern oder seine Zugriffsmöglichkeit schmälern. Darum müssen die dinglichen Rechtsverhältnisse eines jeden Grundstücks durch Eintragung in das Grundbuch für jedermann erkennbar gemacht sein. Dem Grundbuch wird öffentlicher Glaube beigelegt. Jede Eigentumsübertragung, jede Hypothekenbestellung hat nur Gültigkeit, wenn sie eingetragen ist (Eintragungsprinzip). Um zu verhüten, daß die Eintragungen im Widerspruch mit der wirklichen Rechtslage stehen, werden die Buchbehörden verpflichtet, diese vor der Eintragung einer Prüfung zu unterziehen (Legalitätsprinzip).

„Wo die Reform konsequent durchgeführt ist, da pflegt jeder Bezirk sein Hypothekenbuch und in demselben jede Immobiliareinheit ihr besonderes Folio zu besitzen. In der einen Rubrik stehen Name und Erwerbtitel des Eigentümers, in der zweiten alle Reallasten usw., welche den Wert des Pfandes schmälern können, in der dritten die Pfandschulden. Alles, was im Hypothekenbuche enthalten ist, gilt zugunsten der gleichfalls darin verzeichneten Gläubiger als unanfechtbare Wahrheit; kein privatrechtliches Verhältnis, das nicht im Buche steht, kann gegen ihre Ansprüche geltend gemacht werden. Namentlich ist nur der im Hypothekenbuche als Eigentümer Genannte zur Aufnahme von Pfandschulden berechtigt; daher sich nach jedem Verkaufe der Käufer, nach jedem Erbfalle der Erbe erst eintragen lassen muß. Solange dies nicht geschehen ist, haben sie überhaupt kein dingliches Recht an dem Grundstücke, sondern nur einen persönlichen Anspruch auf Eintragung. Verjährung wird gegen das Hypothekenbuch gar nicht zugelassen. Auch kann von gesetzlichen Pfandrechten nur noch insofern die Rede sein, als gewisse Verhältnisse zur Eintragung einer bestimmten Forderungssumme an einem bestimmten Grundstücke berechtigen oder verpflichten. Sehr kreditsichernd muß es wirken, wenn der Staat für die Mißgriffe seiner Hypothekenbeamten, deren Rechtsfolgen diese nicht selbst wieder gutmachen können, subsidiäre Garantie leistet" (Roscher).

Ungemein hat zur Festigung des Hypothekarkredits die Anerkennung des Prioritätsprinzips beigetragen. Danach geht das ältere Recht dem späteren vor, so daß sich eine Rangfolge der eingetragenen Rechte ergibt — prior tempore, potior iure —, und zwar ohne Rücksicht auf den Entstehungsgrund. Ein Prinzip, das dem älteren deutschen Rechte noch nicht bekannt war, das aber formal-juristisch ein Fortschritt ist, weil es klare Verhältnisse schafft. Der Gläubiger braucht nicht zu befürchten, daß sich seine Rechte durch spätere Eintragungen verschlechtern. Kommt das Grundstück im Falle einer Zahlungsunfähigkeit des Schuldners zur Zwangsversteigerung, so werden die im Range vorstehenden Rechte vorzugsweise befriedigt. Die Sicherung des älteren Gläubigers wird durch das Prioritätsrecht besonders dann gesichert sein, wenn für den Fall der Zwangsveräußerung nicht das Verkaufssystem, sondern — wie in Preußen seit 1883 und im Deutschen Reiche seit der Kodifikation des Bürgerlichen Gesetzbuches — das Deckungssystem gilt. Bei dem Verkaufssystem kann jeder Gläubiger, sei er Hypothekar- oder Personalgläubiger, den Verkauf einer Liegenschaft im Zwangswege herbeiführen. Die Forderungen sämtlicher Gläubiger werden fällig. Der Zuschlag erfolgt um jeden Preis, einerlei ob die dem betreibenden Gläubiger vorgehenden Hypotheken ausfallen oder nicht. Wer das Grundstück ersteigert, erhält es frei von allen Pfandlasten. Dieses Verfahren bedeutet eine Benachteiligung der dem Range nach an den ersten Stellen stehenden Hypothekengläubiger, weil die andern Gläubiger jeder Rücksicht auf diese Vordermänner enthoben sind und die Fälligkeit einer Vorhypothek auch gegen deren Willen jederzeit bewirken können. Indem sie bei der Versteigerung selber als Bieter auftreten, können sie unter Umständen billig zu einem völlig lastenfreien Gute kommen, bei dessen späteren Verkauf sie nicht nur ihren Verlust wieder einbringen, sondern womöglich noch ein gutes Geschäft machen. Beim Deckungssystem kann zwar auch jeder Gläubiger die Zwangsversteigerung beantragen, doch erhält er nur den Zuschlag, wenn er so viel bietet, daß die Forderungen aller vorhergehenden Gläubiger befriedigt werden. Andernfalls wird das Verfahren eingestellt, und die Kosten fallen dem Gläubiger, der das Verfahren eingeleitet hatte, zur Last. Darin liegt eine starke Sicherung des soliden Realkreditgläubigers, aber auch des Schuldners, weil ihm „ein weitgehender Schutz gegen frivole Beitreibungen gewährt wird" (Buchenberger). Dagegen wird die rechtliche Stellung der Nachhypothek abgeschwächt, so daß die Aufnahme von nachhypothekarischen Darlehen erschwert wird. Das Deckungssystem wirkt also krediteinengend. Doch ist das nicht in jedem Falle als ein Mangel zu bezeichnen; es wird dadurch auch eine leichtfertige Ver- und Überschuldung erschwert und damit unmittelbar innerhalb gewisser Grenzen dasselbe bewirkt, was unter sehr viel ungünstigeren Begleitumständen durch Schuldverbote und Kreditbeschränkungen zu erreichen wäre.

Es ist das Verdienst Buchenbergers, diese Zusammenhänge, wenn auch nicht gerade lichtvoll, so doch scharfsinnig dargestellt zu haben. Seine Auffassung habe ich mir in der Hauptsache zu eigen gemacht. Es sei auch auf den Artikel „Hypothekenbuch- und Grundbuchwesen" von Schollmeyer und E. Heymann im Handwörterbuch der Staatswissenschaften verwiesen, wo auch eine umfassende Literaturübersicht gebracht wird.

Durch eine gute Hypothekenordnung wird dem Immobiliarkredit ein hohes Maß rechtlicher Sicherheit verschafft. Dieser Sicherheit wieder verdankt die Hypothek, daß sie zu einer vorzüglichen und leicht beweglichen Vermittlerin im Grundkreditverkehr werden kann. Sie besitzt die Fähigkeit, dem Verhältnis zwischen Gläubiger und Schuldner das unmittelbar Persönliche zu benehmen. Eine solche Unpersönlichkeit ist aber für den modernen Kreditverkehr nicht nur eine Erleichterung, sondern auch eine unerläßliche Voraussetzung, wenn ihm der große Geldmarkt erschlossen werden soll.

Zwischen Gläubiger und Schuldner schieben sich große Grundkreditinstitute ein, die die Grundkreditgewährung vermitteln, ohne daß die beiden eigentlichen Kontrahenten miteinander in Berührung zu kommen brauchen. Der Darlehnsucher hat es nicht nötig, irgendeinen persönlichen Geldgeber ausfindig zu machen, sondern er wendet sich an eine solche Grundkreditanstalt. Sie beleiht aus ihren Mitteln das Grundstück und sucht sich ihrerseits Geldgeber. Der Geldgeber begnügt sich aber mit einem Anspruch an die Kreditanstalt; er läßt also nicht sein Geld als Hypothek auf ein bestimmtes Grundstück eintragen; er kennt den Schuldner gar nicht und hat auch gar nicht die Absicht, im Konkursfalle des Schuldners das Grundstück zu erwerben. Er läßt sich von der Kreditanstalt verzinsliche Schuldverschreibungen, sog. Pfandbriefe, aushändigen, die ihm nur einen Anspruch an das Kreditinstitut und dessen Vermögen geben. Es liegt auf der Hand, daß auf diese Art der Grundkreditverkehr seine ihm anhaftende Schwerfälligkeit verlieren und ungemein an Leichtigkeit gewinnen muß.

Es ist durchaus bezeichnend, daß die ersten Grundkreditinstitute dort entstanden, wo auf der einen Seite das Hypothekarrecht seine beste Ausbildung erfuhr, und wo sich auf der andern Seite infolge des Vorhandenseins von Großbetrieben eine Entwicklung zum Kapitalismus in der Landwirtschaft besonders früh vollzog: in Preußen. Die „Landschaften“ sind eine Schöpfung Friedrichs des Großen.

In der zweiten Hälfte des 18. Jahrhunderts hatte der ostdeutsche Grundbesitz unter unbeschreiblichen Nöten zu leiden. Stoßweise wiederholten sich in kurzen Zwischenräumen Mißernten auf Mißernten. Nur durch wiederholte Unterstützung mit Natural- und Barmitteln gelang es Friedrich dem Großen, den Grundbesitz vorm Untergange zu bewahren. Besonders schwer hatte Pommern zu leiden, und hier tauchte auch — zuerst im Jahre 1756 — der Plan auf, den Rittergutsbesitzern unter Verpfändung ihrer Güter billigen Kredit zu verschaffen. Doch konnte sich Friedrich zunächst noch nicht mit diesem Plane befreunden. Erst nach dem Siebenjährigen Kriege, als sich die Landwirtschaft in höchster Not befand und ein großer Teil der Rittergutsbesitzer dem Bankerotte nahe war, nahm der Plan festere Gestalt an. Der Berliner Kaufmann Bühring legte dem König ein Projekt vor, wonach dem Grundbesitz die Kreditbeschaffung durch die Gründung eines Kreditinstituts erleichtert werden sollte. Die Gutsbesitzer sollten sich zu einem kreditsuchenden Verbande vereinigen und gemeinschaftlich die Haftung für jedes

Darlehen übernehmen, das auf Grund hypothekarischer Verpfändung gewährt würde. Die solidarische Haftung sollte die Gewährung eines niedrigen Zinsfußes ermöglichen. Den Geldgebern wären Pfandbriefe auszustellen, zinstragende Obligationen, die wie andere Papiere auf dem Geldmarkte vertrieben werden könnten. Das war der Stein des Weisen. Doch der Weise mangelte dem Stein. Friedrich war über den genialen Plan im ersten Augenblick so verblüfft, daß er ihn glatt ablehnte. Als sich dann aber auch der Kanzler Carmer des Projektes annahm, wurden seit 1770 in mehreren Provinzen nach Bührings Plan landschaftliche Kreditinstitute gegründet, kurz „Landschaften" genannt. Auch in andern deutschen Staaten, in Hannover, Mecklenburg, Württemberg, Sachsen, Braunschweig entstanden Kreditinstitute nach diesem Vorbilde, gewöhnlich als „Kreditvereine" bezeichnet.

Die Landschaften sind öffentliche Institute, die unter Staatsaufsicht stehen, im übrigen aber in ihrer Verwaltung selbständig sind. Jedes Mitglied hat Anspruch auf ein unkündbares Darlehen. Ein wesentliches Merkmal der alten, im 18. Jahrhundert gegründeten Landschaft war die Generalgarantie der Kreditverbundenen; alle zur Landschaft gehörenden Güter hafteten solidarisch. Die neueren im 19. Jahrhundert entstandenen Landschaften, die aus rechtlichen Gründen nicht mehr mit der Generalgarantie ausgestattet werden konnten, mußten ihre Pfandbriefe auf andere Weise — durch Bildung von Sicherheitsfonds, durch die unbeschränkte Nachschußpflicht der Kreditverbundenen u. ä. — sicher stellen.

Besonders auf die Entwicklung des ostdeutschen Großgrundbesitzes sind die Landschaften von nachhaltigem Einfluß gewesen. Ohne ihre Hilfe wäre nach den Schädigungen des Siebenjährigen Krieges der adelige Grundbesitz zum größten Teile zugrunde gegangen. Das wäre, so wie die Verhältnisse damals lagen, für den Staat ein großer Schaden gewesen. Der weitere Vorteil, der sich aus der Flüssigmachung bedeutender Kapitalien für die Landwirtschaft ergab, bestand darin, daß nun auch der private östliche Großgrundbesitz an dem landwirtschaftlichen Aufschwunge, der sich damals anbahnte, erfolgreich teilnehmen konnte. Das landschaftliche Taxwesen, das die Beleihung der Güter nach dem Ertragswerte bemaß, spornte zu Meliorationen an und zu rationeller Wirtschaftsweise. So zeigte sich die Wirksamkeit der Landschaften zunächst von ihrer besten Seite. Sehr bald sollten sich indes auch schädliche Wirkungen bemerkbar machen. Nicht allein, daß sich mit dem kapitalistischen Geiste, der durch die landschaftliche Kreditgewährung eine Anregung erfuhr, eine starke Mobilisierung des Grundbesitzes vollzog und mit Gütern gehandelt wurde wie mit „Pferden" oder „holländischen Tulpenzwiebeln", es wurde auch durch das Kreditsystem eine Konzentration des Großgrundbesitzes bewirkt, die den Tendenzen fridericianischer Wirtschaftspolitik durchaus widersprach. Der landschaftliche Kredit erleichterte nämlich nicht nur den Ankauf von Gütern überhaupt, sondern auch ihre Vereinigung in einer Hand. Wer im Besitze eines unverschuldeten Gutes war, konnte lediglich mit Hilfe der landschaftlichen Beleihung andere Güter hinzukaufen. Auf diese Weise wurde der minderbemittelte Adel durch den reicheren ausgekauft und die Latifundienbildung gefördert. Stimmen, die sich dagegen erhoben, vermochten nicht durchzudringen. Die Landschaften hatten sich zu einer machtvollen adeligen Standesorganisation entwickelt und besaßen am Hofe Friedrich Wilhelms II. und Friedrich Wilhelms III. unüberwindbaren Einfluß.

Je länger, um so mehr stellte es sich als Übelstand heraus, daß die Landschaften einseitig Großgrundbesitzerinteressen vertraten. Das wurde geradezu verhängnisvoll, als auf Grund der Agrarreformgesetzgebung die Bauern zwar frei wurden, der landschaftliche Kredit aber ihnen gesperrt blieb. Im Vergleich zu dem beleihbaren adeligen Besitz sank infolgedessen der Wert der Bauerngüter. Sie fielen rapide im Preise. In Ostpreußen wurden sie vielfach für den zehnten Teil ihres Ertragswertes verkauft. Und da sie sofort landschaftlich beleihbar wurden, sobald sie in die Hände des Rittergutsbesitzers übergingen, so wurde auf ihre Auskaufung sozusagen eine Prämie ausgesetzt. Die Rittergüter, die schon durch die Landentschädigungen bei der Regulierung einen großen Zuwachs erhalten hatten, vergrößerten sich nun auch noch durch freihändigen Kauf auf Kosten des Bauernstandes.

Bis zur Mitte des 19. Jahrhunderts blieben die Landschaften in der Hauptsache Kreditinstitute, welche ausschließlich im Dienste des Großgrundbesitzes arbeiteten. Dann, vor allem unter dem Eindruck der Revolution von 1848, die in Ostdeutschland einen stark agrarischen Charakter hatte, gaben sie ihre Exklusivität auf. Sie beliehen fortan auch bäuerliche Güter oder gründeten neben den ritterschaftlichen Anstalten bäuerliche gleichen Charakters. Gleichwohl blieb die Beteiligung des kleinen Grundbesitzes zunächst gering. Für den Bauern war das Beleihungsverfahren der Landschaften zu umständlich und zu teuer, und die Landschaften taten auch nichts dazu, um diesen Mangel zu beseitigen. Erst in den letzten Jahrzehnten vor dem Kriege haben sich die Landschaften ernstlicher bemüht, den Ansprüchen des Bauern entgegenzukommen. Die Beteiligung der Bauern ist daher auch erheblich gewachsen, aber immer ist sie noch gering. Nach einer Aufstellung Mauers entfielen im Jahre 1905 in Preußen von der Gesamtzahl der landschaftlich beliehenen Güter auf solche über 100 ha 66,3 %, während auf die Höfe von 20—100 ha 21,3 % und auf die von 5—20 ha gar nur 5,8 % kamen.

Die landschaftlichen Bodenkreditinstitute in Deutschland hatten im Jahre 1920 insgesamt etwa 80000 ländliche Grundstücke mit ungefähr 3 Milliarden Mark beliehen. Davon entfielen 1—1½ Milliarden auf 60000 bis 70000 Grundstücke bäuerlicher Art.

Außerhalb Deutschlands sind öffentlich-rechtliche Bodenkreditinstitute auf Gegenseitigkeit nur in den russischen Ostseeprovinzen, in Polen und in Galizien gegründet worden. Dagegen hat die privatrechtliche Bodenkreditgenossenschaft größere Verbreitung erlangt, so in Schweden, Finnland, Ungarn, Rumänien, in einigen russischen Gouvernements und vor allem in Dänemark. In Deutschland ist das einzige privatgenossenschaftliche Grundkreditinstitut die im Jahre 1896 errichtete Bayerische Landwirtschaftsbank, doch arbeitet auch sie zum großen Teil mit Staatsmitteln.

Die Landschaften und die Kreditinstitute gleichen Charakters sind Verbände der Kreditsuchenden selber. Auf ganz anderm Boden stehen jene Grundkreditanstalten, die sich zwar auch durch die Ausgabe von Pfandbriefen die Beleihungsmittel beschaffen, aber nicht auf genossenschaftlicher Grundlage beruhen. Hier sind wieder zwei Arten zu unterscheiden: die Bodenkreditinstitute politischer Verbände und die privaten Bodenkreditinstitute.

Die ersten, die Landeskreditkassen, Landesbanken und Provinzialhilfskassen sind unter staatlicher, späterhin auch unter provinzieller Garantie errichtet worden. Hinsichtlich der Anpassung der Kreditbedingungen an die besonderen Verhältnisse der Landwirtschaft stehen sie im allgemeinen hinter den Landschaften kaum zurück; auch sie gewähren unkündbaren Amortisationskredit. Doch sind sie keine rein ländlichen Grundkreditinstitute, sondern sie beleihen — und zwar in stärkerem Ausmaße — auch städtischen Grundbesitz. Ihr Hauptgeschäft ist aber die Darlehnsgewährung an Kommunen. Zu Anfang des Jahres 1920 hatten sie einen Gesamtdarlehnsbestand von 3,3 Milliarden Mark. Davon entfielen auf Kommunaldarlehen 54,5%, auf städtische Hypotheken 25,5% und nur 20%, nämlich annähernd 700 Millionen Mark, auf ländliche Hypotheken.

In die Kategorie dieser Institute ist auch die Hessische Landeshypothekenbank zu Darmstadt einzureihen, die zwar eine Aktiengesellschaft ist, deren Pfandbriefe aber auch Staatsgarantie genießen.

Im Auslande kommen solche Grundkreditinstitute politischer Verbände ebenfalls vor. Wir finden sie in Rußland, in der Schweiz, in Schweden, Norwegen, Belgien, Bulgarien, Serbien, vor allem aber in Österreich, wo innerhalb der ländlichen Bodenkreditorganisation die Landesanstalten bei weitem an erster Stelle stehen.

Die privaten Grundkreditinstitute, die Hypothekenbanken, pflegen Aktiengesellschaften zu sein. Sie sind Erwerbsunternehmen, die an der Ausgabe der Pfandbriefe verdienen wollen. Das schließt natürlich nicht aus, daß auch sie der Allgemeinheit gute Dienste leisten. Ihre ländlichen Hypotheken sind größtenteils unkündbare Tilgungshypotheken. Doch widmen sie sich vorzugsweise dem städtischen Grundkredit. Von den 28 deutschen Hypothekenbanken haben nur zwei auch auf dem Gebiete des ländlichen Grundkredits größere Bedeutung erlangt: nämlich die Preußische Zentral-Bodenkredit-Aktiengesellschaft in Berlin und die Bayerische Hypotheken- und Wechselbank in München. Auf sie allein entfallen nicht weniger als zwei Drittel von den 750 Millionen Mark, die die Hypothekenbanken insgesamt im Jahre 1920 an das platte Land ausgeliehen hatten.

Die älteste Hypothekenbank, die für alle andern vorbildlich geworden ist und zugleich zu den größten der Welt gehört, ist der Crédit foncier de France.

Auch er, wie die meisten andern ausländischen Hypothekenbanken, pflegt vorzugsweise den städtischen Bodenkredit. Immerhin entfallen von dem Gesamtdarlehnsbestand des Pariser Instituts, der heute über 2½ Milliarden Frank beträgt, 20—25% auf ländliche Beleihungen.

Neben diesen eigentlichen Grundkreditinstituten, denen die Pflege des Bodenkredits Selbstzweck ist, haben auch die deutschen Sparkassen mit ihren riesigen Einlagen eine große Bedeutung für den Grundkredit erlangt. Sie pflegen einen großen Teil ihrer flüssigen Gelder gern in ersten Hypotheken anzulegen, städtischen, aber auch ländlichen. Vor allem der bäuerliche Grundbesitzer bevorzugt den Sparkassenkredit. Das ist zum Teil historisch zu erklären. Gerade in den westdeutschen bäuerlichen Bezirken haben die eigentlichen Bodenkreditinstitute erst verhältnismäßig spät Wurzel gefaßt, so daß die Sparkassen lange Zeit die einzigen Stellen waren, wo der Bauer Anstaltskredit bekommen konnte. Dazu kommen psychologische Gründe, die den Bauern zur Sparkasse hinziehen. Die lokal dezentralisierten Sparkassen pflegen mit den Darlehnsnehmern in einem engeren persönlichen Kontakt zu stehen. Die Kreditgewährung kann sich daher ohne umständliche Formalitäten, wie sie der kleine Mann scheut, und unter Berücksichtigung der persönlichen Kreditwürdigkeit des Darlehnsuchenden vollziehen. „Der Bauer kann sein Darlehnsgesuch dem ihm persönlich bekannten Sparkassenleiter persönlich vortragen. Die Sparkasse ihrerseits kann bei der Kreditbemessung auf die persönliche Kreditwürdigkeit des Darlehnsnehmers Rücksicht nehmen, sie kann individualisieren. Mit andern Worten: Die Bodenkreditgewährung vollzieht sich in einer Form, die dem bäuerlichen Charakter und der bäuerlichen Eigenart Rechnung trägt" (Mauer).

Freilich kann gerade die Sparkasse das Hauptbedürfnis des landwirtschaftlichen Realkredits, die Unkündbarkeit, nur unvollkommen befriedigen. Da ihr Passivgeschäft kurzfristig ist — die Spareinlagen können jederzeit gekündigt oder gar abgehoben werden —, dürfte sie eigentlich unkündbare Tilgungshypotheken überhaupt nicht ausgeben. Sie tut es zwar doch, aber nur in eng bemessenen Grenzen. Dieser Mangel hält indes den Bauern keineswegs vom Sparkassenkredit ab. Einmal weil er die übrigen Vorzüge der Sparkasse höher einschätzt, und dann auch weil die Amortisation mit ihrem regelmäßigen Zwang zur Rückzahlung bei ihm keineswegs beliebt ist. In diesen kapitalschwachen Betrieben pflegen die Überschüsse von Jahr zu Jahr außerordentlich stark zu schwanken. Der Bauer will sich der Tilgung seiner Schulden keineswegs entziehen, aber er will nach Maßgabe seiner Einkünfte bald mehr, bald weniger abzahlen können. Diesem Wunsche kommt die Sparkasse in der denkbar vorteilhaftesten Weise entgegen, indem sie zuläßt, daß der Schuldner sein Darlehen in beliebigen Raten und Fristen zurückzahlt.

Es ist daher zu verstehen, daß die deutschen Sparkassen einen ländlichen Hypothekenbestand haben, der hinter dem der landschaftlichen Kreditinstitute kaum zurücksteht. Er betrug Ende 1918 ebenfalls etwa 3 Milliarden Mark.

In Österreich und in der Schweiz haben die Sparkassen sich gleichfalls an der Versorgung des ländlichen Grundbesitzes mit Bodenkredit unmittelbar beteiligt, während sie sich in den meisten andern Ländern darauf beschränken, „durch Erwerb von landschaftlichen Pfandbriefen indirekt den Bodenkredit der Landwirtschaft zu fördern" (Mauer).

Es sind gewaltige Summen, die die verschiedenen Kreditinstitute dem landwirtschaftlichen Grundkredit zur Verfügung stellen. Nach unsern Zahlen ungefähr $7^1/_2$ Milliarden Mark, die ursprünglich Goldwert gehabt hatten. Sie haben dem ländlichen Bodenkredit ein hohes Maß von Solidität verliehen. Allerdings darf man die quantitative Bedeutung des Anstaltskredits auch nicht überschätzen. Das geschieht gewöhnlich. Wenn z. B. ein so guter Kenner wie Wygodzinski sagt: der bedenkliche private Geldgeber sei mehr und mehr durch das organisierte Kreditinstitut zurückgedrängt worden, doch sei der Prozeß noch nicht ganz beendet —, so wird der Eindruck erweckt, als ob die Rolle der Privathypothek gering geworden sei. Davon kann keine Rede sein. Man braucht sich nur zu vergegenwärtigen, daß die landschaftlichen und ritterschaftlichen Institute, die unter den Kreditinstituten die höchste Beleihungssumme aufbrachten, insgesamt nur 80000 Grundstücke beliehen haben, um ein Augenmaß dafür zu bekommen, wie groß daneben die Verbreitung der Privathypothek gewesen sein muß. 80000 Grundstücke neben Millionen überhaupt vorhandenen! Tatsächlich wird also der Anstaltskredit nur einen Bruchteil der ländlichen Hypotheken ausgemacht haben. Wie groß er war, ließe sich mit Bestimmtheit nur feststellen, wenn man die gesamte ländliche hypothekarische Belastung kennte. Dafür fehlen uns indes die statistischen Unterlagen. August Meitzen hat die gesamte Realverschuldung nur des preußischen Staates 1896 auf etwa 12 Milliarden Mark geschätzt, während sich der Anstaltskredit damals auf 4 Milliarden Mark belief. Das wäre ein Verhältnis wie 1 zu 3 gewesen. Für das ganze Deutsche Reich wäre es vermutlich noch geringer gewesen, weil die Kreditinstitute ihr Hauptbetätigungsfeld gerade in Preußen haben und sie mit Ausnahme der Sparkassen vorzugsweise die großen Güter beleihen, die ebenfalls überwiegend auf Preußen entfallen. Doch reicht der mittelbare Nutzen, den der Anstaltskredit stiftet, über die relative Höhe seiner Beleihungssummen hinaus, weil durch ihn auch die Kreditgebarung der privaten Hypothekengläubiger heilsam beeinflußt wird.

Grundkredit wird nicht allein für den Gütererwerb in Anspruch genommen. Auch für Meliorationen, wie Bewässerungs- und Entwässerungsanlagen, Schutz des Landes gegen Überschwemmungsgefahr, Umwandlung von Ödland und von Mooren in Kulturland usw., kann eine Beleihung des Grundes und Bodens erforderlich und angebracht sein. Bleibt doch der dadurch neugeschaffene Wert dem Boden in der Regel erhalten. Die Erfordernisse der Langfristigkeit, Unkündbarkeit, Amortisationsfähigkeit, die für den landwirtschaftlichen Grundkredit überhaupt verlangt werden, gelten ganz besonders auch für den Meliorationskredit, weil der durch die Melioration bewirkte Mehrwert sich erst nach einer längeren Zeitspanne bemerkbar machen wird.

Meliorationskredit können sowohl private Hypothekengläubiger, wie Grundkreditinstitute geben. Doch werden die ersten, die für ihr Darlehen mit einer schon vorhandenen, und nicht mit einer erst zu erwartenden Sicherheit rechnen, sich nur unter ganz bestimmten Voraussetzungen dazu bereit finden. Dagegen haben die Grundkreditinstitute in nicht unbedeutendem Umfange auch Meliorationskredit gewährt. Die Bedeutung, die in dieser Hinsicht die alten Landschaften gehabt haben, hat in der Literatur wiederholt gebührende Beachtung gefunden. Doch bevorzugten sie auch hier wieder die großen Grundbesitzer. An Meliorationsgenossenschaften haben sie keinen Kredit gegeben. Doch geschah das seitens der Landeskreditkassen und der Landesbanken, zu deren Aufgaben es satzungsgemäß gehört, staatlich genehmigten Meliorationsverbänden Kredite zu gewähren.

Ein Mangel des von den Grundkreditinstituten gegebenen Meliorationskredites ist darin zu erblicken, daß nach ihren Beleihungsgrundsätzen der von der Melioration zu erwartende Mehrwert nicht mitberücksichtigt und mitbeliehen werden kann. Es sind daher besondere Kreditorganisationen geschaffen worden, und zwar regelmäßig als staatliche oder provinzielle Institute, die „Landeskulturrentenbanken“.

Die ersten Institute dieser Art waren die preußischen Provinzialhilfskassen, deren erste 1831 für die Provinz Westfalen errichtet wurde. Andere Provinzen folgten. Ihre Aufgabe ist es, aus öffentlichen Mitteln wohlfeile Darlehen an Korporationen und Privatpersonen zu geben, jedoch nur für bestimmte als gemeinnützig anerkannte Zwecke, wozu u. a. auch Bodenverbesserungen gehören. Der Umfang der Kreditgewährung seitens dieser Kassen ist stets sehr beschränkt gewesen. Die in der zweiten Hälfte des 19. Jahrhunderts gegründeten Landeskulturrentenbanken stehen unter der Garantie und Aufsicht des Staates. Sie geben zwecks Ausführung von Meliorationen unkündbare Tilgungsdarlehen. Bei der Pfandbestellung darf unter gewissen Voraussetzungen der zu erwartende Mehrwert mitbeliehen werden. Ihre Mittel beschaffen sie sich durch Ausgabe von Schuldverschreibungen, die aus den Tilgungsquoten der Darlehnsnehmer nach und nach eingelöst werden. In Bayern und Sachsen, wo die Landeskulturrenten bis zu einem gewissen

Grade die Priorität vor den eingetragenen dinglichen Rechten genießen, haben die Institute schöne Erfolge aufzuweisen. Dahinter steht das von den preußischen Landeskulturrentenbanken Geleistete weit zurück. Nur die von Schlesien und von Schleswig-Holstein haben es zu einem nennenswerten Umfang gebracht. Es zeigt sich, daß, wenn die Meliorationskreditgläubiger nicht privilegiert werden, die Aufgaben der Landeskulturrentenbanken fast ebenso gut — oder ebenso ungenügend — auch von den gewöhnlichen Grundkreditinstituten besorgt werden können.

Einen neuen Weg hat das preußische Gesetz vom 5. Mai 1920 beschritten. Dieses Gesetz ermöglicht die Gründung von „Bodenverbesserungs-Genossenschaften", die unter Staatsaufsicht gestellt werden sollen. Der Staat will den Genossenschaften nicht nur unverzinsliche Darlehen gewähren, sondern übernimmt auch die Bürgschaft für die Verzinsung und Tilgung der von diesen Genossenschaften an andern Stellen aufgenommenen Meliorationskredite.

3. Die Organisation des Personal- und Mobiliarkredits.

Mit der Eingliederung der landwirtschaftlichen Unternehmung in die Geld- und Verkehrswirtschaft wird für sie Betriebskapital erforderlich. Dieses war zwar auch in einer Zeit überwiegender Naturalwirtschaft nicht ganz zu entbehren, aber der Bedarf daran war doch verhältnismäßig gering. Die Fronbauern arbeiteten für die Überlassung von Haus und Hof, die übrigen Arbeiter erhielten ihren Lohn zum Hauptteil in Naturalien, die nicht nur aus Nahrungsmitteln, sondern auch aus hauswirtschaftlich erzeugten Kleidungsstücken bestanden. Auch für die primitiven Wirtschaftsgeräte waren Baraufwendungen kaum zu machen. Häuser und Wirtschaftsgebäude wurden aus selbst gewonnenen Rohstoffen und mit Arbeitskräften errichtet, die die Nachbarn stellten. Größere Betriebskosten konnten daher im normalen Verlauf der Wirtschaft kaum entstehen.

Alles das hat sich vollständig geändert. Gewiß! — einen wesentlichen Teil seiner Betriebsmittel gewinnt auch heute noch der Landwirt in eigener Wirtschaft: Saatgut, Futtermittel, Dünger, Zugvieh. Aber selbst diese Art Betriebsmittel reichen in intensiven Wirtschaften nicht aus; es muß zugekauft werden. Zum Naturallohn, den die Landarbeiter immer noch beziehen, ist im steigenden Umfange Geldlohn gekommen. Die Wirtschaftsgeräte werden von Fabriken gekauft, ebenso die in wachsendem Maße verwandten Maschinen. Die landwirtschaftlichen Verarbeitungsgewerbe arbeiten mit Mitteln moderner Technik. Mit der vermehrten Viehhaltung mußten die Ställe, mit der quantitativen und qualitativen Steigerung der Feldfrüchtegewinnung mußten die Scheunen und Speicher größer und besser werden. Die landwirtschaftlichen Betriebe spezialisierten sich unter Bevorzugung bestimmter, für sie besonders vorteilhafter Produktionsrichtungen, was wieder die Wirkung haben mußte, daß der einzelne Betrieb vom Markte abhängiger wurde.

Um einen solchen mit so teuren Produktionsmitteln arbeitenden Betrieb zu führen, braucht der Landwirt ständig Barmittel. Das ganze Räderwerk stände in dem Augenblicke still, wo das Geld zur Begleichung der laufenden Ausgaben ausginge. Je sicherer aber der Landwirt über die nötigen Mittel zur Bestreitung der Betriebskosten verfügt, um so reibungsloser kann er sein Unternehmen betreiben, selbst wenn unverschuldete Störungen eintreten sollten, mit denen er in höherem Maße rechnen muß als andere Gewerbetreibende. Aber noch mehr! — eine verstärkte Verwendung von Betriebskapital wird die Ertragsfähigkeit des Unternehmens steigern können. Der Ofen muß Kohlen haben, wenn er heizen soll.

Rein theoretisch betrachtet, könnte sich der Landwirt das Betriebskapital unbedenklich auf dem Wege des Kredits beschaffen. Handelt es sich doch um ökonomischen, um produktiven Kredit — um Kredit, der das Unternehmen befruchten soll. Die aufgewandten Mittel werden beim ordnungsmäßigen Verlauf der Produktion wieder erwirtschaftet, ja, werden voraussichtlich einen Mehrertrag erbringen. In der Praxis freilich wird der Landwirt niemals so weit gehen dürfen — wie übrigens bis zu einem gewissen Grade auch der Gewerbetreibende nicht —, daß er sich das ganze Betriebskapital auf dem Wege des Kredits beschafft. Dazu ist die landwirtschaftliche Unternehmung zu risikoreich und zu vielen natürlichen und wirtschaftlichen Gefährdungen unterworfen. Landwirte, die für die Betriebsführung allein auf den Kredit angewiesen wären, schwebten ständig in der Gefahr des Bankerotts. Das weiß auch jeder verständige Landwirt. Sein natürliches Streben ist daher darauf gerichtet, genügend Betriebskapital in Händen zu haben. Ein gut Teil der Grundschulden, die auf dem ländlichen Grundbesitz lasten, sind ursprünglich mit der Absicht gemacht worden, Betriebskapital zu bekommen — ein Umstand, der von Männern wie Rodbertus und Lorenz v. Stein, die immer nur die Kehrseite des Besitzkredits sahen, nicht genügend beachtet wurde. Auch für den soliden Landwirt ist es vorteilhafter, sich mit einer Grundschuld zu belasten, um auf diese Art Betriebskapital zu bekommen, als zwar schuldenfrei zu bleiben, aber der nötigen Betriebsmittel zu ermangeln. Im ersten Falle kann er hoffen, außer der Verzinsung der Grundschuld auch noch einen Unternehmergewinn zu erwirtschaften, im zweiten Falle kann er aber überhaupt nicht mit voller Kraft wirtschaften, er geht an seiner Schuldenfreiheit womöglich zugrunde. Der Grund dafür, daß wir gerade unter wohlhabenden Pächtern so viele erfolgreiche Landwirte haben, ist darin zu suchen, daß sie das ganze verfügbare Vermögen als Betriebskapital verwenden können.

Bei der Aufnahme einer Grundschuld für Betriebszwecke ist wohl zu beachten, daß das so verfügbar gewordene Kapital seinem ursprünglichem Zwecke auch erhalten bleibt. Es muß im regelmäßigen Verlauf der Wirtschaft immer wieder reproduziert werden. Andernfalls würde die eigentliche Absicht nicht erreicht werden, ja in ihr Gegenteil verkehrt werden: die beabsichtigte Bereicherung des Betriebes würde zur dauernden Belastung werden. Dieser Fehler ist von den Landwirten häufig gemacht worden, woraus dann eine Überschuldung mit Grundlasten erwachsen ist.

Ein Landwirt, der über Betriebskapital verfügt, wird unbedenklich außerdem noch Personalkredit für Betriebszwecke in Anspruch nehmen können. In seiner Eigenschaft als Produzent, wie als Kaufmann wird er das tun dürfen — als Produzent, weil der Weg von der Düngung und Saat bis zur Ernte, vom neu geborenen Kalbe bis zum schlachtreifen Rinde weit ist, als Kaufmann, weil er nicht mit dem sofortigen Absatz seiner Erzeugnisse unbedingt rechnen kann oder doch nur mit einer Einbuße am höchstmöglichen Gewinne. Ein solcher in Erwartung auf kommende Bargeldeingänge genommener Kredit ist durchaus solide und im Geschäftsleben üblich.

Auf Grund welcher Unterlagen wird der Landwirt solchen Personalkredit bekommen können? Denn der Personalkredit in seiner reinen Form ohne spezielle Unterlagen — „auf das ehrliche Gesicht hin" — ist wohl unter guten Freunden möglich, aber als eine übliche Einrichtung des Geschäftslebens nicht denkbar.

Erwägt man die Möglichkeiten, die sich für den Personalkredit des Landwirts bieten, so wird man feststellen müssen, daß er in dieser Hinsicht ungünstiger dasteht als andere Gewerbetreibende. Der in kaufmännischen und industriellen Kreisen übungsgemäße Dreimonatskredit auf Wechsel ist für den Landwirt meistens unbrauchbar. Der Fabrikant kann den Zeitpunkt und das Ergebnis seines Fabrikationsprozesses genau auf den Tag vorher bestimmen, der Kaufmann kennt den Tag, wo seine Außenstände zurückgezahlt werden. Beim Landwirt setzt sich nicht allein das umlaufende Betriebskapital gewöhnlich nur einmal im Jahre um, sondern der Ertrag ist bei der Abhängigkeit der Landwirtschaft von äußeren Natureinflüssen auch Schwankungen unterworfen. Daher wird nur ausnahmsweise der Dreimonatskredit dem Landwirt genügen, „z. B. wenn es sich um Zahlungen für augenblickliche Betriebsbedürfnisse (Arbeitslöhne usw.) unmittelbar vor der Ernte, oder wenn es sich um bestimmte Produktionsrichtungen mit raschem Kapitalumsatz (z. B. Viehmast), oder wo es sich um Kreditinanspruchnahme durch landwirtschaftlich-industrielle Betriebe (Branntweinbrennereien, Zuckerfabriken usw.) handelt" (Buchenberger). In der Regel würde sich aber der auf den Dreimonatskredit angewiesene Landwirt diesen wiederholt prolongieren lassen müssen. Das hat zweierlei zur Folge. Einmal würde dieser Kredit für den Landwirt sehr teuer werden. Zweitens werden die Banken, die ja auch mit dem regelmäßigen Eingang ihrer Forderungen rechnen müssen, Bedenken tragen, von Landwirten kommende Wechsel zu diskontieren. „Der Landwirtschaft Darlehen gewähren, heißt nicht bankmäßigen Kredit geben, sondern Gelder festlegen"[1]). Die Deutsche Reichsbank ist ehrlich bemüht gewesen, dem Kreditbedürfnis der Landwirtschaft entgegenzukommen. Doch hat sie mit Rücksicht auf die Sicherheit ihres Notenumlaufs nur wenig zu tun vermocht.

Dagegen scheint der Faustpfandkredit, die Lombardierung, eine für den Landwirt geeignete Form des Betriebskredits zu sein. Verfügt doch der Landwirt in seiner Wirtschaft über ausgezeichnete Faustpfänder; er kann sowohl Feldfrüchte, wie Vieh verpfänden. Doch stehen einer solchen Verpfändung Bestimmungen des Bürgerlichen Gesetzbuches (§§ 1205, 1206) entgegen, wonach der Darlehnsnehmer, um eine Verpfändung beweglicher Sachen zu ermöglichen, diese Sachen dem Gläubiger übergeben oder ihm das Mitbesitzrecht an ihnen einräumen muß. Ein Landwirt, der sich auf eine solche Beschränkung seines Verfügungsrechtes einlassen wollte, müßte sich schon in einer schweren Notlage befinden. Auch das geltende deutsche Recht über Lagerpfandscheine (Warrant) entspricht nicht den Bedürfnissen des Landwirts, weil mit der Indossierung oder Übergabe des Lagerscheines das Eigentum an den niedergelegten Waren auf den Indossatar übergeht. Wie die rechtlichen Bestimmungen beschaffen sein müssen, um den Bedürfnissen des Landwirts zu genügen, zeigt die französische Gesetzgebung auf diesem Gebiete.

In Frankreich wird unterschieden zwischen dem „warrant commercial" und dem „warrant agricole". Die Ausstellung des ersten setzt die Einlagerung der verpfändeten Ware in ein Lagerhaus voraus — ohne Lagerhaus kein Lagerschein. Dagegen ermöglicht der warrant agricole, daß der Schuldner im Besitz der verpfändeten Sachen bleiben darf. Ja, die Erleichterung für den Schuldner geht so weit, daß er die verpfändeten Sachen vor Fälligkeit und Zahlung der Schuld auch an einen Dritten verkaufen darf, nur darf er sie nicht vorher auch ohne weiteres übergeben. Warrantabel sind alle dem Landwirt gehörenden Gegenstände, die nicht nach den Bestimmungen des code civil „immeubles par dessination" sind. Also auch Vieh kann warrantiert werden, wobei zur Verstärkung der Sicherheit des Pfandes auf dem Warrant vermerkt wird, ob und bei welcher Gesellschaft das Vieh versichert ist. Die Ausstellung des Warrants erfolgt bei dem zuständigen Friedens-

[1]) Louis Durand, L'economiste francais. 1908. (Zitiert nach Johnston, Der Betriebskredit.)

gericht, das für die Warrants ein Register führt. Das Friedensgericht ist dem Darlehnsgeber zu der Angabe verpflichtet, wie hoch der Darlehnsnehmer mit noch nicht eingelösten Warrants belastet ist. Die Laufzeit des Warrants schreibt das Gesetz nicht vor, sie bleibt der Vereinbarung unter den Parteien überlassen. Nach Zahlung der Schuld muß der quittierte Warrant zur Löschung im Register wieder vorgelegt werden. Die Übertragung des Warrants erfolgt durch Indossament. In erster Reihe haftet die Pfandsache, subsidiär der Indossant, und zwar haften alle Indossanten solidarisch. Wird die Schuld nicht bezahlt, so kann der Warrantinhaber die Versteigerung beantragen. Wird bei der Versteigerung die Pfandsumme nicht erreicht, so haben die Indossanten zu gleichen Teilen den Ausfall zu tragen. Ist der verpfändende Landwirt nicht Grundeigentümer, sondern Pächter, so hat der Verpächter vor der Warrantierung, die ihm vom Friedensrichter mitgeteilt werden muß, ein Einspruchsrecht, wenn der Verpfänder mit der Zahlung des Pachtzinses im Rückstand ist. Anderseits stellt die Zustimmung des Verpächters, die auf dem Warrant vermerkt wird, den Pächter als pünktlichen Zinszahler hin und erhöht seine Kreditwürdigkeit.

Durch diese Art der Warrantierung wird dem Pfandverkehr die Schwerfälligkeit genommen, die im allgemeinen der Lombardierung von Gegenständen anhaftet. Der Warrant ist beweglich wie ein Wechsel und kann umlaufen wie ein Wechsel. Und auch die Sicherung des Gläubigers erfolgt auf ähnliche Weise wie beim Wechselgläubiger, nämlich durch das Strafgesetzbuch. Wer bei der Ausstellung des Warrant vor dem Friedensrichter falsche Angaben macht, oder das Pfand beiseite schafft oder absichtlich zum Schaden des Gläubigers entwertet, den treffen schwere Strafen des code pénal.

In Frankreich hat sich der warrant agricole durchaus bewährt. Wenn man in Deutschland die gleiche Einrichtung zu übernehmen unterlassen hat, so geschah das mit Rücksicht auf den Hypothekengläubiger. Nach dem Bürgerlichen Gesetzbuch erstreckt sich die Hypothek auch „auf die von dem Grundstück getrennten Erzeugnisse und sonstigen Bestandteile, soweit sie nicht mit der Trennung .... in das Eigentum eines andern als des Eigentümers oder des Eigenbesitzers des Grundstücks gelangt sind“ (§ 1120). Solange diese Bestimmung gilt, läßt sich auch der warrant agricole nicht einführen. Denn wer sollte sich bereit finden, auf einen Agrarwarrant Geld zu geben, wenn der Hypothekengläubiger bei der Befriedigung seiner Forderungen stets den Vorzug hat? Würde aber diese Vorzugsbehandlung des Hypothekengläubigers beseitigt werden, so bestände die Gefahr, daß dann der Grundkredit des Landwirts geschädigt würde. Und der bildet in Deutschland das Fundament des Agrarkredits.

Die einzige Möglichkeit, die dem deutschen Landwirt bleibt, um sich Personalkredit zu verschaffen, besteht darin, daß er sich an Personen oder Stellen wendet, die infolge zuverlässiger Kenntnis seiner persönlichen und wirtschaftlichen Verhältnisse seine Kreditwürdigkeit beurteilen können und daraufhin Kredit zu geben bereit sind. Lange Zeit hat in dieser Hinsicht der Händlerkredit eine große Rolle gespielt. Der Produkten- und Viehhändler, der „Hofjude", der dem Landwirt seine Erträge abkaufte und ihm Saatgut, Futter-, Düngemittel, Zuchtvieh usw. verkaufte, hat auch die Rolle des Bankiers übernommen und vorübergehend mit Geld ausgeholfen. Es entwickelte sich aus diesem Verkehr ein Vertrauensverhältnis, das, wenn auf beiden Seiten reell vorgegangen wurde, durchaus vorteilhaft auch für den Landwirt war. Auch heute hat der Händlerkredit, besonders in kleinbäuerlichen Gebieten, nicht aufgehört zu existieren. Es liegt so nahe, daß der kleine Landwirt mit dem Händler, der ihm seine Erzeugnisse abkauft und zu dem er auf Grund jahrelanger Beziehungen Vertrauen gewonnen hat, auch reine Geldgeschäfte abschließt. Der Hofjude wird ihm Berater und Helfer in allen Wirtschaftsangelegenheiten und Wirtschaftsnöten.

Der größere Landwirt hat sich, wenn auch nicht überall, so doch meistens von dem Händlerkredit emanzipiert. Er steht mit einer Bank im ständigen Kontokorrentverkehr, die, weil er seine Überschüsse an sie abliefert und seine Auszahlungen durch sie besorgen läßt, ein zuverlässiges Urteil über seine Kreditfähigkeit hat und nicht zögern wird, ihm bei einer vorübergehenden Verlegenheit mit Personalkredit beizuspringen. Die Landschaften haben für die Pflege des Personalkredits vielfach besondere Landschaftliche Banken gegründet, ohne indes die übrigen Banken auszuschalten.

In den Vereinigten Staaten von Amerika, wo sich ein stark dezentralisiertes Bankensystem entwickelt hat — selbst im kleinsten Ort sitzt ein Bankier —, und wo der Geldverkehr durch den Scheck erledigt zu werden pflegt, hat sich der Bankkredit zur höchsten Entfaltung entwickelt. Zwischen dem Farmer und seinem Bankier besteht ein enger Konnex. Freilich hat auch dieses Verhältnis, so vorzüglich es sich unter normalen Verhältnissen bewährt, seine Kehrseite, die vor allem dann sichtbar wird, wenn infolge Mißernten oder sonstiger Krisen zugleich mit dem Landwirt auch der Bankier zahlungsunfähig wird. Gelegentlich der Darstellung der nordamerikanischen Heimstättengesetzgebung ist darauf bereits hingewiesen worden. (Vgl. S. 162.)

Der kleinere deutsche Landwirt hat sich zur Befriedigung seines Personalkreditbedürfnisses seine eigene Bankorganisation geschaffen, die Kreditgenossenschaft.

Dem einzelnen kleinen Landwirt ist die Möglichkeit, sich beim

Privatkapital unter soliden Bedingungen Personalkredit zu verschaffen, gewöhnlich nicht erschlossen. Regelmäßige Beziehungen zu einer größeren städtischen Bank unterhält er meistens nicht. Diese ist in ihren Geschäftseinrichtungen und Kreditbedingungen auf andere Bedürfnisse zugeschnitten. Und selbst wenn sie die Neigung hätte, ihren Kundenkreis auf die kleinen Landwirte auszudehnen, so würde sie sich nur schwer dazu verstehen können, ihnen Personalkredit einzuräumen, da sie ihre Kreditwürdigkeit — der kleine Bauer hat in der Regel keine geordnete Buchführung — nicht zu übersehen vermöchte. Der Bauer war daher fast ausschließlich auf den Händlerkredit angewiesen. Wollte er sich von ihm und den Gefahren, die er mit sich brachte, freimachen, mußte er sich genossenschaftlich organisieren, um im Zusammenschluß die Kräfte zu gewinnen, die ihm in seiner Isoliertheit fehlten. Die Kreditgenossenschaft summiert an sich machtlose Wirtschaftssubjekte zu einer aktionsfähigen Einheit und eröffnet dem einzelnen durch das Mittel dieser Zusammenfassung den Weg zum Kapital. Der genossenschaftliche Zusammenschluß — um mit Schulze-Delitzsch zu sprechen — bringt den Beteiligten das, was dem einzelnen gebricht: Intelligenz, Kapital, Kredit. Der den Kredit Entbehrende wird instand gesetzt, am Kapitalmarkt teilzuhaben und die für seine Produktionszwecke notwendigen Betriebsmittel zu erlangen. Wozu seine eigene Kraft nicht ausreicht, das wird ihm gewährt durch den Zusammenschluß mit Gleichgestellten und Gleichgesinnten, durch den wechselseitigen Austausch der Überschüsse und durch das gemeinsame Einstehen für Darlehen von dritter Seite. Das Moment kaufmännischer Garantien tritt in den Hintergrund gegenüber dem Moment des Vertrauens von Mensch zu Mensch. In der Solidarhaft, in der gegenseitigen Verhaftung der Genossen für die eingegangenen Verbindlichkeiten wurzelt ihre wirtschaftliche Stärke. Der Charakter der Genossenschaft als einer Vereinigung von Persönlichkeiten, nicht von Kapitalien, tritt darin ganz besonders deutlich hervor.

Der genossenschaftliche Zusammenschluß ist in der deutschen Bauernschaft so alt, als es überhaupt Bauernschaften gibt. Bis die Agrarreformgesetzgebung hierin Wandel schuf, waren die alten Landgemeinden zum guten Teil Betriebs- und Wirtschaftsgenossenschaften. Mit diesen alten Gebilden haben die neuzeitigen Wirtschaftsgenossenschaften jedoch rechtlich und inhaltlich nichts gemein. Sie unterscheiden sich von ihnen vor allem dadurch, daß die Mitgliedschaft nicht ohne weiteres durch die Zugehörigkeit zu einer Gemeinde gegeben ist. Es sind selbständige Landwirte, die sich zu Vereinigungen zusammentun, um bestimmte wirtschaftliche Aufgaben gemeinsam auszuführen. Nicht um einen Rückfall in kollektivistische Wirtschaftsformen handelt es sich. Die Genossenschaften sind Kleinunternehmerverbände, die die wirtschaftliche Selbständigkeit der Beteiligten nicht aufheben. Ihr Gründer, Schulze-Delitzsch, war ein gut liberaler Fortschrittsmann, dem es niemals beigekommen wäre, sich bewußt zu den Prinzipien des wirtschaftlichen Liberalismus in Gegensatz zu stellen. Er dachte auch nicht daran, die kapitalistische Wirtschafts- und Gesellschaftsordnung umzugestalten oder gar zu bekämpfen. Im Gegenteil! Seine Genossenschaften sind nach kapitalistischen Prinzipien organisiert. Sie wollen dem Kleinunternehmertum die Vorteile der großkapitalistischen Organisation nutzbar machen. Sie wollen dem Kleinunternehmertum innerhalb der großkapitalistischen Umwelt die seinen Bedürfnissen angepaßte Organisation verleihen.

Die erste Gründung des Patrimonialrichters Schulze in Delitzsch entstand im Hungerjahre 1847. Um dem Brotwucher zu steuern und den Notleidenden billigere Nahrungsmittel zu verschaffen, brachte er in seinem Städtchen eine Organisation zustande, die eine Mühle pachtete, Getreide einkaufte und in eigenen Bäckereien verbackte. Als dann Schulze in die deutsche Nationalversammlung gewählt wurde, wurde er Vorsitzender der Kommission zur Beratung der Handwerkerfrage. In dieser Eigenschaft verschaffte er sich gründliche Kenntnisse über die Lage des Mittelstandes. Im Jahre 1849 gründete er in Delitzsch seine ersten Handwerkerassoziationen zum Einkauf von Rohstoffen, denen 1850 ein Vorschußverein folgte. Das waren die ersten Genossenschaften in Deutschland. Um den nötigen Kredit zu bekommen, übernahmen die Genossenschaften den Gläubigern gegenüber die Solidarhaft. Diese war die unentbehrliche Unterlage für die Kreditfähigkeit der Genossenschaften. An und für sich wird zwar der einzelne durch die Solidarhaft nicht kreditwürdiger. Aber einmal ist nicht anzunehmen, daß eine ganze Reihe von Personen gleichzeitig in schwierige Umstände gerät, und zweitens erzeugt die Solidarhaft eine Interessengemeinschaft der Schuldner untereinander. Die Genossenschafter kontrollieren sich gegenseitig.

Die Schulze-Delitzschschen Verbände haben sich zu einer großen Blüte entwickelt und über ganz Deutschland ihre Kreise gezogen. Durch Gründung von „Volksbanken“ haben sie für den Mittelstand eine vorzüglich arbeitende Organisation des Personalkredits geschaffen. Sie sind vor allem für die städtischen kleinen Gewerbetreibenden und Kaufleute bestimmt, doch beteiligen sich, namentlich in Ostdeutschland, auch Landwirte daran.

Dagegen sind die Raiffeisenverbände ausschließlich auf ländliche Bedürfnisse zugeschnitten. Ihre Wiege stand in dem kleinbäuerlichen Gebiet Rheinlands, ihr Gründer war der Bürgermeister eines entlegenen Westerwalddorfes — Raiffeisen. Ein stiller, grüblerischer Mann, von Haus aus Unteroffizier und Subalternbeamter. Nicht ohne die harte Einseitigkeit des Halbgebildeten, aber getragen von einem starkentwickelten sozialen und warmen christlichen Empfinden. Auch er gründete im Hungerjahr 1847 einen Verein, der Brot, Saatfrucht, Setzkartoffeln beschaffte. 1849 entstand sein „Flammersfelder Hilfsverein zur Unterstützung unbemittelter Landwirte“. Durch diesen Verein, der den Bauern die Beschaffung von Vieh vermittelte, sollte vor allem dem Viehwucher das Wasser abgegraben werden. Daran schloß sich später eine Sparkasse an. Raiffeisen gründete dann noch einige ähnliche

Vereine. Was indes diese Vereine von Schulze-Delitzschs Gründungen unterschied, war, daß sie ihrem Charakter nach Wohltätigkeitsvereine, keine Genossenschaften waren. Erst im Jahre 1862 — unter dem Einfluß und in Anlehnung an Schulzes Ideen — wurde die erste Raiffeisen-Genossenschaft gegründet, der Darlehnskassenverein zu Anhausen.

Die Raiffeisenverbände, die nun in größerer Zahl, vor allem in Westdeutschland gegründet wurden, sind nicht schematisch der Schulze-Delitzschschen Organisation nachgebildet. Während die letztere die verschiedensten Berufsstände in ihren Kreditgenossenschaften zusammenschließt, in der Absicht, deren Aktionsradius möglichst weit auszudehnen, um das Risiko der Solidarhaft auf möglichst viel Schultern zu verteilen, umfassen die Raiffeisenschen Darlehnskassenvereine, wie die landwirtschaftlichen Genossenschaften überhaupt, nur Angehörige des landwirtschaftlichen Berufsstandes und begrenzen ihre Wirksamkeit meist auf die Angehörigen je einer Dorfgemeinde. Sie sind also sehr viel kleinere Vereine als die Schulze-Delitzschschen Genossenschaften. Dadurch wird zwar auf der einen Seite die Gefahr, die die Solidarhaft hat, für den einzelnen größer, auf der andern Seite gewährt die lokale Begrenzung aber auch wieder ein hohes Maß von Sicherheit. Die Genossen kennen sich untereinander so genau, daß sie über die Leistungsfähigkeit des Kreditsuchenden und seine Kreditwürdigkeit genau Bescheid wissen. Der Verlustgefahr kann daher von vornherein vorgebeugt werden. Zudem kann der Kredit formlos, meist gegen einfachen Schuldschein und gegen Bürgschaft gewährt werden. Die Rückzahlungsfristen lassen sich individuell nach dem Bedürfnis des einzelnen bemessen. Schulze-Delitzsch drang auf kurze Borgfristen, drei Monate, und war berechtigt dazu, weil er es in seinen Genossenschaften in der Hauptsache mit Kleingewerbetreibenden zu tun hatte, die ihr Kapital schnell umsetzten.

Außerdem haben Raiffeisens Genossenschaften den charitativen Charakter, den seine ersten Vereine bereits hatten, niemals ganz abgestreift. Nach dem Wunsche ihres Stifters sollen sie nicht dem Streben nach Gewinn, sondern christlichen und ethischen Zwecken dienen. Neben ihren besonderen wirtschaftlichen Leistungen erwächst ihnen die große Aufgabe, die gesamte Landbevölkerung auf eine höhere geistige und sittliche Stufe zu bringen. Raiffeisen als Erzieher! Das kommt in ihrer Geschäftsgebarung zum Ausdruck. Schulze-Delitzsch hatte verlangt, daß jedes Mitglied einen Geschäftsanteil erwirbt. Auf die Geschäftsanteile wird eine Dividende verteilt. Dadurch soll nicht nur die materielle Grundlage der Genossenschaft gestärkt, sondern auch bewirkt werden, daß der einzelne Genosse durch den Köder der Dividende enger an seine Genossenschaft gefesselt wird. Die ersten Raiffeisen-Genossenschaften kannten weder Eintrittsgelder noch Einlagen. Auch eine Gewinnausschüttung war verpönt. Der gesamte Gewinn sollte der Genossenschaft als Reservekapital verbleiben und zu einem unantastbaren „Stiftungsfonds“ werden. Vielleicht geschah das auch aus wirtschaftlichen Gründen. Die Bauern, an die sich Raiffeisen zuerst wandte, waren so arm, daß ihnen die Mittel zu Einlagen fehlten. Doch lag dieser Geschäftsgebarung auch der Gedanke zugrunde, daß sich eine Förderung des egoistischen Erwerbssinnes nicht mit den Grundsätzen christlicher Nächstenliebe vertrüge. Als man später unter dem Zwange der Gesetzgebung auch Geschäftsanteile einführen mußte, wurden sie ganz niedrig gehalten.

Nicht unerwähnt darf bleiben, daß die Raiffeisenschen Darlehnskassen ihre Tätigkeit nicht streng auf das Bank- und Kreditgeschäft beschränken.

Sie übernehmen für ihre Mitglieder auch noch andere wirtschaftliche Aufgaben, wie den Bezug von landwirtschaftlichen Bedarfsmitteln sowie den Absatz landwirtschaftlicher Erzeugnisse. Raiffeisens Wunsch ist es gewesen, die Kreditgenossenschaft zur Universalgenossenschaft zu machen.

Neben die Raiffeisenverbände traten seit den achtziger Jahren landwirtschaftliche Genossenschaften eines neuen Typus, deren Organisation auf den hessischen Kreisassessor Haas zurückging. Sie unterschieden sich von den Raiffeisen-Genossenschaften dadurch, daß sie neben den charitativen Aufgaben die rein geschäftliche Seite mehr in den Vordergrund treten ließen. Im Laufe der Zeit, zumal seit sie auf Grund des Genossenschaftsgesetzes von 1889 den gleichen gesetzlichen Vorschriften unterworfen worden waren, haben sich die Unterschiede und Eigenarten mehr verwischt.

Nach dem Vorbilde der Schulze-Delitzschschen Genossenschaften, die sich in dem „Allgemeinen Verband der auf Selbsthilfe beruhenden deutschen Erwerbs- und Wirtschaftsgenossenschaften" zusammengeschlossen hatten, gründete Raiffeisen den „Generalverband der deutschen Raiffeisen-Genossenschaften" zu Neuwied, dessen Sitz später von diesem kleinen entlegenen Rheinstädtchen nach Berlin verlegt wurde. Raiffeisen wurde dessen erster Anwalt und war emsig bemüht, ihn aufs strengste zu zentralisieren und wandte sich aufs schärfste gegen jede andere Genossenschaftsart. Da er die individuellen Wünsche der einzelnen Landesteile, die andere Organisationsformen und andere Genossenschaftsarten verlangten, nicht berücksichtigen mochte, kam es zu Absplitterungen. Haas suchte dann die landwirtschaftlichen Genossenschaften in einem einzigen Verbande zu vereinigen. Er gründete den „Reichsverband der deutschen landwirtschaftlichen Genossenschaften" mit dem Sitze in Offenbach, später in Darmstadt, dann in Berlin. Dieser Verband ist der größte Genossenschaftsverband der Welt geworden. Doch schloß sich der Raiffeisenverband ihm nicht an, sondern bewahrte seine Selbständigkeit. Neben diesen beiden großen Verbänden gibt es dann noch eine Reihe kleinerer landwirtschaftlicher Genossenschaftsverbände, deren Umfang die folgende Tabelle wiedergibt.

Die landwirtschaftlichen Genossenschaftsverbände vom 1. Juni 1922.

Bezeichnung des Verbandes	Zahl der Unterverbände	Zahl der Genossenschaften
Reichsverband der deutschen landwirtschaftl. Genossenschaften E.V.	27 [1]	23235
Generalverband der deutschen Raiffeisengenossenschaften E.V., Berlin	14	7778
Genossenschaftsverband des Reichslandbundes E.V., Berlin	—	1246
Landwirtschaftl. Revisionsverband des Bayerischen Bauernvereins E.V. in Regensburg	—	857
Genossenschaftsverband des badischen Bauernvereins E.V., Freiburg	—	769
Bayerischer Genossenschaftsverband Ansbach in Ansbach		352

[1]) Selbständige Landes- u. Provinzialverbände.

Bezeichnung des Verbandes	Zahl der Unterverbände	Zahl der Genossenschaften
Mittelrheinischer Genossenschaftsverband in Koblenz	—	200
Meiereiverband für West-Holstein in Hohenwestedt	—	135
Molkerei-Revisionsverband für die Provinzen Brandenburg, Pommern, Sachsen und die Großherzogtümer Mecklenburg in Prenzlau	—	61
Revisionsverband des Schwäbischen Bauernvereins E. V. in Ulm	—	35
Verband von Erwerbs- und Wirtschaftsgenossenschaften der Provinz Oberhessen in Gießen	—	32
Verband landwirtschaftl. Genossenschaften im Regierungsbezirk Hildesheim u. den Kreisen Burgdorf und Springe in Hildesheim	—	29
Molkerei-Revisionsverband für das Fürstentum Ratzeburg in Gr.-Mist bei Lüdersdorf i. M.	—	5

Das sind imposante Zahlen. Sie gewinnen an Eindruckskraft, wenn man sich vergegenwärtigt, in wie kurzer Zeit sich die Erhebung auf diese Höhe vollzogen hat. Das wird in der folgenden Tabelle veranschaulicht. Sie gibt zugleich eine Vorstellung von der überragenden Stellung der Kreditgenossenschaft.

Der Bestand an landwirtschaftlichen Genossenschaften 1890 bis 1922.

Bestand am 1. Juni	Spar- u. Darlehnskassen	Bezugs-	Molkerei-	Sonstige	Zusammen	Überhaupt eingetragene Genossenschaften in Deutschland	Davon landwirtschaftl. in %
		Genossenschaften					
1890	1729	537	639	101	3006	—	—
1895	4872	869	1222	207	7170	10600	68
1900	9793	1115	1917	811	13636	17700	77
1905	13181	1867	2832	1443	19323	23700	82
1910	15517	2280	3333	2715	23845	30000	80
1914	17696	2809	3572	4241	28318	35300	80
1915	17777	2842	3594	4342	28555	35600	80
1916	17864	2912	3601	4375	28752	36100	79
1917	17948	2990	3601	4543	29082	36800	79
1918	18183	3116	3588	4665	29552	37440	79
1919	18788	3320	3562	5175	30845	39700	78
1920	18331	3717	3304	6169	31521	41000	77
1921	18947	4115	3326	7247	33635	45000	75
1922	19269	4512	3406	9048	36235	48000	75

Die Vorbedingung für die kräftige Entwicklung des Genossenschaftswesens war erst von dem Zeitpunkte ab gegeben, wo die Gesetzgebung die rechtliche Ordnung des Genossenschaftswesens mit besonderer Berücksichtigung der Haftbarkeitsformen herbeigeführt hatte. Das erste deutsche Genossenschaftsgesetz stammt aus dem Jahre 1867. Es war ein preußisches Gesetz. Seine endgültige Formulierung fand das deutsche Genossenschaftsrecht in dem deutschen Genossenschaftsgesetz vom 1. Mai 1889.

Die ersten Genossenschaften hatten in Ermangelung einer geeigneteren Rechtsform sich nur des Vereins oder der erlaubten Privatgesellschaft bedienen können. Diese Rechtsform war aber unzulänglich, weil sie der Genossenschaft nicht die Eigenschaft juristischer Persönlichkeit gegenüber Dritten gewährte und außerdem den Behörden die Möglichkeit zu schikanösen Eingriffen gab. Denn die Behörden standen zunächst der Genossenschaftsbildung durchaus nicht immer wohlwollend gegenüber. St. Bureaukratius vermochte sich nicht gleich hineinzudenken in das Wesen dieser freien Gebilde, die, ohne die Hilfe der Verwaltung zu beanspruchen, das Prinzip der Selbsthilfe proklamierten. Man vermutete in den Genossenschaften Werkzeuge staatsfeindlicher Bestrebungen. Die Genossenschaften mußten ihre Versammlungen der polizeilichen Aufsicht unterwerfen. Bei der Begründung mußte die behördliche Konzession eingeholt werden, welche dann nicht selten „wegen mangelnden Bedürfnisses" abgelehnt nurde. Seit 1862 hatte Schulze-Delitzsch im preußischen Abgeordnetenhause für den Erlaß eines Genossenschaftsgesetzes gekämpft. Aber erst am 27. März 1867 kam das lang begehrte Gesetz zustande. Die Genossenschaften wurden als besondere wirtschaftliche Organisationen anerkannt. Fortan bedurfte es nur der Eintragung in das bei den Gerichten geführte Genossenschaftsregister, um einer Genossenschaft die juristische Persönlichkeit zu verleihen. Durch ein Gesetz vom 1. Januar 1869 wurde das preußische Gesetz mit einigen Neuerungen und Verbesserungen auf den Norddeutschen Bund übertragen. Grundlegend wurde aber das Genossenschaftsgesetz vom 1. Mai 1889, das mit einigen späteren Abänderungen dem Genossenschaftswesen die auch heute noch gültige rechtliche Form gab.

Darnach werden, was die Haftung der Genossen angeht, drei Typen unterschieden:

1. die Genossenschaft mit unbeschränkter Haftpflicht,
2. die Genossenschaft mit beschränkter Haftpflicht,
3. die Genossenschaft mit unbeschränkter Nachschußpflicht.

Bei allen drei Formen haften die Genossen solidarisch für alle Verpflichtungen der Genossenschaft, nur ist die Haftart eine andere. Bei der Genossenschaft mit unbeschränkter Haftpflicht steht der einzelne Genosse mit seinem ganzen Vermögen für die Verbindlichkeiten der Genossenschaft ein, während er bei den Genossenschaften der zweiten Form nur mit einem bestimmten, im Statut festgesetzten Betrage, der Haftsumme, haftet. Bei den Genossenschaften der dritten Form, den mit unbeschränkter Nachschußpflicht, wird die unbeschränkte Haftpflicht insofern gemildert, als für die Art, wie ein Gläubiger seine Ansprüche geltend machen kann, eine bestimmte Einschränkung eintritt, worauf näher einzugehen sich erübrigt, weil diese Haftart nur in vereinzelten Fällen Anwendung gefunden hat.

Durch die Zulassung der beschränkten Haftpflicht suchte man die Solidarhaft der Genossen abzuschwächen. Die Genossenschaftsbildung wurde dadurch ungemein erleichtert, ja, für manche Aufgaben, mit denen ein großes Risiko verbunden ist, überhaupt erst ermöglicht. Doch läßt sich nicht verkennen, daß dem Genossenschaftsprinzipe, nach dem einer für alle und alle für einen zu stehen haben, die beschränkte Haftpflicht eigentlich widerspricht. Schulze-Delitzsch hat sich auch nur notgedrungen mit der Einführung der beschränkten Haftpflicht für einverstanden erklärt. Bei den kleinen landwirtschaftlichen Genossenschaften, deren Kredit in der Solidarhaft die eigentliche Stütze findet, kam die beschränkte Haftpflicht zunächst nur selten zur Anwendung. Noch 1897 waren nahezu 90% aller landwirtschaftlichen Genossenschaften solche mit unbeschränkter Haftpflicht. Seitdem hat die Form der beschränkten Haftpflicht ständig an Boden gewonnen. Das war in erster Reihe darauf zurückzuführen, daß die beschränkte Haftpflicht bei den Bezugs- und Absatz-, den Molkereigenossenschaften, namentlich aber bei den „sonstigen Genossenschaften" (Obst- und Gemüsebau-, Winzer-, Lagerhaus- und Mühlengenossenschaften, Trocknungs- und Flockenfabriken, Viehverwertungsgenossenschaften, Elektrizitäts- und Maschinengenossenschaften usw.) immer beliebter wurde, weil naturgemäß bei solchen Unternehmungen die unbeschränkte Haftpflicht eine zu große Verlustgefahr für die Beteiligten eingeschlossen hätte. Die landwirtschaftlichen Kreditgenossenschaften bevorzugen aber auch heute noch die unbeschränkte Haftpflicht. Doch ist nach dem Zusammenbruch des deutschen Wirtschaftslebens auch bei ihnen zu beobachten, daß die Neugründungen sich in verhältnismäßig stärkerem Maße als in früheren Jahren auf der Grundlage der beschränkten Haftpflicht vollziehen. Dazu kam, daß sich in einzelnen Landesteilen Bestrebungen geltend machten, die Kreditgenossenschaften mit unbeschränkter Haftpflicht in solche mit beschränkter Haftpflicht umzuwandeln. Diese Bewegung ist, wie im Jahrbuch des Reichsverbandes der deutschen landwirtschaftlichen Genossenschaften für 1922 mitgeteilt wird, „im wesentlichen zum Stillstand gekommen".

Die Haftform der landwirtschaftlichen Genossenschaften 1922.

Art der Genossenschaft	Mit unbeschr. Haftpflicht		Mit beschr. Haftpflicht		Mit unbeschr. Nachschußpflicht		Zusammen
	Zahl	in %	Zahl	in %	Zahl	in %	
Kreditgenossenschaften	17270	89,6	1978	10,3	21	0,1	19269
Bezugsgenossenschaften	1540	34,1	2969	65,8	3	0,1	4512
Molkereigenossenschaften	2190	64,3	1152	33,8	64	1,9	3406
Sonst. Genossenschaften	1182	13,1	7850	86,7	16	0,2	9048
Zusammen:	22182	61,2	13949	38,5	104	0,3	36235

In jedem Falle, wie auch die Haftpflicht geartet sein mag, hat der Genosse einen Geschäftsanteil zu erwerben, der entweder sofort ganz oder in Raten bar einzuzahlen ist. Im Falle der unbeschränkten Haftpflicht darf jeder Genosse nur einen Geschäftsanteil erwerben. Dagegen wird bei der beschränkten Haftpflicht verlangt, daß die Zahl der zu erwerbenden Geschäftsanteile in einem bestimmten Verhältnis zu dem beanspruchten Kredit steht. Da mit jedem weiteren Geschäftsanteil auch wieder eine entsprechende Haftsumme übernommen wird, haftet bei diesen Genossenschaften der Genosse nach dem Maße seiner wirklichen Anteilnahme an den Geschäften. Doch hat jeder Genosse, wieviel Anteile er auch erworben haben mag, ebenso wie bei der Genossenschaft mit unbeschränkter Haftpflicht nur eine Stimme auf der Generalversammlung. Die Genossenschaft ist auf demokratischer Basis aufgebaut. Sie soll eine Personenvereinigung, keine Kapitalgesellschaft sein. In dem gleichen Stimmrecht kommt das zum entscheidenden Ausdruck.

Natürlich ist damit die Möglichkeit der Majorisierung des Stärkeren durch die Schwächeren gegeben. Das ist auch der Hauptgrund, weshalb sich die großen Landwirte im allgemeinen nicht den Genossenschaften anschließen. Wenn sie gleichwohl in einigen Landesteilen — z. B. aus Pommern wird das berichtet — beitreten, so geschieht das entweder aus Korpsgeist und aus gemeinnützigen Motiven, oder weil der durch die Genossenschaft vermittelte Warenbezug auch für sie vorteilhaft ist. Dagegen leitet sie nicht eigentlich die Absicht, Betriebskredit zu bekommen, der in dem Ausmaße, wie ihn die Genossenschaft gewähren könnte, für ihre größeren Ansprüche doch nicht genügen würde.

Die von den Genossen einzuzahlenden Geschäftsanteile pflegen außerordentlich niedrig zu sein; sie bewegten sich vor dem Kriege bei der großen Mehrzahl der Genossenschaften zwischen 5 und 100 Mark. Wenn darauf allein die Kreditfähigkeit der Genossenschaft beruht hätte, wären sie wirklichen Aufgaben nicht gewachsen gewesen. Das genossenschaftliche Bankwesen stützt sich daher ganz überwiegend auf die Ausnützung des Kredits, der ihm durch die Haftpflicht der Genossen verliehen wird. Bei keiner Unternehmungsform kommt so stark wie bei der Genossenschaft praktisch zum Ausdruck, daß sich Kredit auf dem Vertrauen gründet. Der Genosse vertraut den Kredit, den er selbst besitzt, seiner Genossenschaft an, die ihrerseits wieder die Kreditierung des Genossen von dem Vertrauen abhängig macht, das er bei ihr hat. Wenn auch die Darlehen möglichst nur auf objektiv sicherer Unterlage gewährt werden, so behält doch das subjektive Moment des Kredits, nämlich das Vertrauen, bei der Kreditierung seine Bedeutung.

Das Passivgeschäft der Kreditgenossenschaft, das ihr überhaupt erst die Möglichkeit zu einem umfassenden Darlehnsgeschäft gibt, besteht in der Annahme von Spareinlagen. Da nun aber der Kreis der Genossen auf den engen Bezirk einer Dorfgemeinde beschränkt zu sein pflegt, und alle Genossen ziemlich zu gleicher Zeit Geld einnehmen und ihrer Kasse zuführen werden, wie sie umgekehrt auch alle zu gleicher

Zeit mit ihren Geldansprüchen an die Kasse herantreten werden, so können daraus für die Genossenschaftsbank Schwierigkeiten erwachsen. Geldüberfluß wechselt unvermittelt mit Geldknappheit. Um dem entgegenzuwirken, fand man den naheliegenden Ausweg, Zentralgenossenschaftskassen zu gründen, die innerhalb größerer Bezirke den Ausgleich zwischen Geldangebot und Geldnachfrage unter den Genossenschaften übernahmen. So entstand das Gebilde der Zentralgenossenschaft, einer Genossenschaft von Genossenschaftskassen. Sie wurde der Bankier der Einzelgenossenschaft, das Sammelbecken, in das die Überschüsse flossen, und aus dem im Bedarfsfalle die Einzelkasse wieder gespeist wurde. Aber auch innerhalb der Zentralkasse konnte sich der Ausgleich nicht restlos vollziehen. Es blieben nach der positiven, wie nach der negativen Seite hin Spitzen übrig. Daraus ergab sich die Notwendigkeit eines Zusammenschlusses der Zentralkassen zu Zentralhauptkassen.

Jeder der großen Verbände hat sich einen solchen Oberbau geschaffen. Nach Schulze-Delitzschs Wunsche sollte sich jede Kreditgenossenschaft als Organ der Selbsthilfe zu einem selbständigen, unabhängigen und in sich geschlossenen Wirtschaftskörper entwickeln. Der Ausgleich sollte sich in sich selbst vollziehen. Daran hat sein Verband im Prinzip auch festgehalten. Wenn gleichwohl der Anschluß an eine größere Bank gesucht und gefunden wurde — an die Sörgelbank, die 1904 in die Dresdener Bank aufging —, so sollte diese Bankverbindung doch nur subsidiär in Betracht kommen, ohne die Selbständigkeit der einzelnen Volksbank zu beeinträchtigen. Für die Schultze-Delitzschschen Genossenschaftsbanken, die, zumal in den größeren Städten, über eine beträchtliche Zahl von Mitgliedern der verschiedensten Berufe verfügten, mochte diese Art der Organisation das Richtige sein. Anders verhielt es sich mit den kleinen landwirtschaftlichen Genossenschaften. Hier mußte der Oberbau fester gefügt sein. Raiffeisen hatte bereits 1876 zu Neuwied eine Zentraldarlehnskasse begründet, die 1910 ihren Sitz nach Berlin verlegte. Dieses in der äußeren Form einer Aktiengesellschaft gegründete Geldinstitut suchte den Geldverkehr aller Raiffeisen-Genossenschaften in sich zu zentralisieren. Eine Gliederung in selbständige Provinzialkassen wurde nicht gewählt; die Provinzfilialen der Landwirtschaftlichen Zentraldarlehnskasse sind unselbständige Filialkassen. Den Anschluß an den großen Geldmarkt fand dieses Institut durch seine Bankverbindung ebenfalls mit der Dresdener Bank. Der „Reichsverband“ befolgte von vornherein den Grundsatz der Dezentralisation. Das mittlere Stockwerk des Oberbaus bilden die Provinzial- oder Landeszentralkassen. Darüber erhob sich eine „Reichsgenossenschaftsbank“, die als Zentrale der Provinzialkassen gedacht war. Doch sollte deren Entwicklung nicht vom Glück begünstigt sein.

Inzwischen war im Jahre 1895 auf Betreiben des Finanzministers Miquel vom preußischen Staate die „Preußische Zentralgenossenschaftskasse", die sog. „Preußenkasse" gegründet worden. Die Preußenkasse ist keine Genossenschaft, sondern eine Anstalt, die die Rechte einer juristischen Person hat und unter Aufsicht und Leitung des Staates steht.

„Das Gründungsgesetz vom 31. Juli 1895 bezeichnet die Preußische Zentralgenossenschaftskasse als ‚Anstalt' und kennzeichnet damit grundlegend ihre Rechtsnatur, besonders zum Unterschiede von dem Begriff der ‚Körperschaft', der andern Grundform der juristischen Personen. Während die Körperschaft im Rechtssinne ein Personenverband mit der Mitgliederversammlung als Hauptorgan ist, der nach außen durch einen von dieser gewählten, von ihr gegebenenfalls abzusetzenden und lediglich in ihrem Auftrage und nach seinen Weisungen handelnden Vorstande vertreten wird, ist die Anstalt ein Verband mit einer ihm von außen eingepflanzten Persönlichkeit und entbehrt im Gegensatz zur Körperschaft des Gemeinwillens. Die in der Anstalt ruhende Rechtspersönlichkeit ist nicht aus der Anstalt selbst hervorgegangen, ihr Leben wird vielmehr von einem außerhalb der Gesamtheit stehenden Leben abgezweigt und unabhängig von einem solchen fortgesetzt. Mitglieder im technischen Sinne, wie die Körperschaft, kann die Anstalt nicht haben, sondern Mitglieder gibt es nur in den zu Anstaltsorganen bestellten Kollegien. Die Personen, die im Genusse der von der Anstalt gewährten Vorteile stehen, sind keine Mitglieder. Die Vertretung der Anstalt im Rechtsverkehr liegt ausschließlich in den Händen des Vorstandes. Dieser ist gebunden an den von dem Begründer der Anstalt in den Satzungen festgelegten Willen. Die Befugnis, die Satzungen oder den Zweck der Anstalt zu ändern, steht ihm nicht zu. — Für die Rechtsnatur der Preußischen Zentralgenossenschaftskasse sind die Voraussetzungen des Begriffes der Anstalt ohne weiteres gegeben. Nicht ein aus der Kasse selbst hervorgegangener Wille ist für die Einrichtung und Betätigung entscheidend, sondern der außerhalb der Kasse stehende Wille der Allgemeinheit, des Staates. Auch der Zweck ist der Kasse vom Gesetz mit zwingender Form vorgeschrieben. Es steht nicht in ihrem Belieben, den Geschäftskreis zu erweitern oder zu beschränken." (Denkschrift: Die Preußische Zentralgenossenschaftskasse. Ihre Aufgaben und ihr Wirken. Aus 25jähriger Tätigkeit. Berlin 1922.)

Zweck der Anstalt ist „die Förderung des Personalkredits, insbesondere des genossenschaftlichen Personalkredits" (§ 1). Hierfür erhielt die Anstalt vom Staate eine stattliche Mitgift in Form eines Grundkapitals, das wiederholt erhöht worden und mit 3 % zu verzinsen ist.

Lag für eine solche Staatsanstalt ein Bedarf vor? Wird man diese Frage allein schon deshalb zu bejahen geneigt sein, weil ein so bedeutender Finanzpraktiker, wie Miquel es war, ihre Gründung für nötig hielt, so sprach dafür auch die schwierige Lage, in der sich damals die Genossenschaftszentralkassen, vor allem die landwirtschaftlichen, befanden. Sie mußten sich ihren Kredit aus eigenen Mitteln selbst beschaffen. Sie machten das gewöhnlich auf die Weise, daß sie die Einlagen in Staatspapieren anlegten, um sie im Falle der Geldknappheit bei der Reichsbank lombardieren zu können. Das war nicht nur ein teures Verfahren, sondern schloß bei Kursschwankungen auch Verluste ein. Vor allem aber war man nicht imstande, die Haftsummen, die Hauptgrundlage der genossenschaftlichen Kreditfähigkeit, für die Kreditbeschaffung nutzbar zu machen. Diese Lücke füllte die Preußenkasse aus, indem sie über das angesammelte Vermögen der Genossenschaften hinaus den Wert der in den übernommenen Haftsummen liegenden Garantieverpflichtungen zur Grundlage für die Kreditgewährung machte. Damit wurde die persönliche Leistungsfähigkeit der Genossenschaftsmitglieder als Kreditunterlage bankfähig.

„Um dabei aber unter allen Umständen dem Genossenschaftswesen seine volle Selbständigkeit, sein Selbstbestimmungs- und Selbstverwaltungsrecht zu wahren, wird der auf dieser Grundlage gewährte Kredit den Verbandskassen zu ihrer freien Verfügung eingeräumt. Die Verbandskassen sind bei ihrer Kreditzuweisung an die angeschlossenen Genossenschaften nicht an die Höhe der seitens derselben übernommenen vertretbaren Haftsummen gebunden. Der einer Verbandskasse eingeräumte Kredit ist für diese ein Gesamtkredit. Den Verbandskassen wird es nach Maßgabe des genossenschaftlichen Grundsatzes der nachbarlichen Prüfung und Hilfe völlig überlassen, welche Kredite sie ihrerseits den ihnen angeschlossenen Genossenschaften einräumen wollen. Die Verbandskassen brauchen sich also nicht an die der Preußischen Zentralgenossenschaftskasse für die einzelnen Genossenschaften gelieferten Unterlagen zu halten, sondern sind in der Lage, die tatsächlichen Bedürfnisse im Einzelfalle zu berücksichtigen." (Denkschrift.)

Neben diesem Kredit auf Haftsummen, der bisher an erster Stelle stand, gewährt die Preußenkasse auch einen Kredit auf besondere Sicherheiten wie jede andere Bank. Durch Annahme von Getreide, Zucker, Spiritus und andern landwirtschaftlichen und gewerblichen Erzeugnissen und Rohstoffen als Pfandgegenständen wird dem Landwirt oder Handwerker ein weiterer Kredit zugänglich gemacht.

Was die Formen anbetrifft, in denen der Kredit gewährt wird, so trug die Preußenkasse dem Umstande Rechnung, daß ein in seinen Fristen im voraus fest bestimmter Kredit für die Genossenschaften nachteilig war. Sie hat zunächst den sich auf Haftsummen gründenden Kredit in seiner ganzen Höhe als Kredit in „Laufender Rechnung" gegeben. Dies Verfahren schloß indes den Übelstand ein, daß solche Kredite sich in dauernde feste Darlehen umwandeln konnten. Dadurch wäre die Liquidität der Preußenkasse so geschwächt worden, daß sie in der Erfüllung ihrer eigentlichen Aufgabe, vorübergehende Ergänzungskredite zu gewähren, gehemmt worden wäre. Es ergab sich daher mit zunehmender Entfaltung der Geschäftstätigkeit die Notwendigkeit, einen Teil des ungedeckten Kredits in der Weise zur

Verfügung zu stellen, daß er nur durch Wechsel flüssig gemacht werden konnte. Durch Rediskontierung dieser Wechsel war dann die Preußenkasse imstande, einen Teil der von ihr gewährten Kredite jederzeit flüssig zu machen.

Der Zinsfuß, zu dem die Preußenkasse die Kredite gibt, ist verhältnismäßig niedrig, niedriger als der Zinsfuß der Reichsbank. Doch wird dieser Vorzugszinssatz nur solchen Verbandskassen gewährt, die zu ihr in ein Ausschließlichkeitsverhältnis getreten sind, d. h. sich verpflichten, ihren Geldverkehr ausschließlich bei ihr zu erledigen. Die Verbandskassen dürfen weder für die Verwendung ihrer Überschüsse, noch für die Deckung ihres Kreditsbedarfs eine andere Bankverbindung unterhalten. Da die Preußenkasse die Haftsummen der Genossenschaften beleiht, muß sie die Gewähr dafür haben, daß die Sicherheit dieser Unterlage nicht durch eine Kreditaufnahme an andern Stellen untergraben wird, und da sie eine Geldausgleichsstelle sein soll, muß sie auch verlangen, daß die jeweiligen Einlageüberschüsse an sie zurückfließen. Das war, vom Standpunkt der Preußenkasse aus gesehen, ein billiges Verlangen, doch mußte ihr Anspruch auf Ausschließlichkeit sie mit den andern genossenschaftlichen Zentralkreditinstituten in Konflikt bringen. In diesem Streite erwies sich die Preußenkasse als der stärkere Teil. Die Reichsgenossenschaftsbank mußte, nachdem sie vorher schon auf dem Gebiete des Geldverkehrs für Preußen lahmgelegt worden war, 1912 in stille Liquidation treten, ein Vorgang übrigens, der nicht nur auf das Vorgehen der Preußenkasse zurückzuführen, sondern auch die Folge einer höchst unglücklichen Geschäftsführung war. Der Reichsverband regelt seitdem seinen Geldverkehr fast ausschließlich mit der Preußenkasse und fühlt sich wohl dabei. Zeitweise hat auch der Raiffeisenverband Beziehungen zur Preußenkasse unterhalten, doch sind sie wieder gelöst worden, vor allem deshalb, weil sich der Zentralverband nicht dazu bereit fand, seine Organisation nach Art des Reichsverbandes in Provinzialzentralkassen zu dezentralisieren. Will doch die Preußenkasse grundsätzlich nur einen Verkehr mit Zentralkassen, nicht aber mit Einzelgenossenschaften pflegen.

Es ist wiederholt bezweifelt worden, ob neben der Preußenkasse das Bestehen der Raiffeisenschen Zentraldarlehnskasse noch eine Berechtigung habe. Zwei Zentralinstitute nebeneinander seien ein Unding, eine Überorganisation, eine Kräftevergeudung. Zudem sei zu bedenken, daß die Raiffeisenzentrale ein rein genossenschaftliches, die Preußenkasse aber ein staatliches Institut sei. Das Staatsinstitut als gemeinnützige Anstalt habe den Vorzug der Unabhängigkeit von den Interessenten, der nicht gering anzuschlagen sei. Auf der andern Seite machen sich neuerdings Bestrebungen geltend, die Preußenkasse in ein gemischtwirtschaftliches Unternehmen umzuwandeln, derart, daß sich die Zentralkassen mit beträchtlichen Einlagen am Grundkapital der

Preußenkasse beteiligen. Dadurch soll nicht nur eine gerade in der Gegenwart höchst erwünschte Verstärkung der Kapitalkraft der Preußenkasse bewirkt, sondern zugleich auch erreicht werden, daß sich zwischen den beteiligten Geldinstituten eine auf gegenseitigem Vertrauen basierende Interessengemeinschaft bildet. Wie aus den Tagungsberichten des Reichsverbandes hervorgeht, ist der Vorstand der Preußenkasse nicht abgeneigt, einen Umbau der Anstalt in diesem Sinne vorzunehmen.

Um eine Vorstellung von der Bedeutung zu geben, die die Preußenkasse auf dem Geldmarkt besitzt, sei erwähnt, daß ihr Gesamtumsatz, der sich im ersten Geschäftsjahr auf 142 Millionen Mark belief, im Geschäftsjahr 1920/21 115 Milliarden Mark betrug.

Alles in allem wird man sagen können, daß die Genossenschaft das Problem des bäuerlichen Personalkredits in vorbildlicher Weise zu lösen verstanden hat. Doch besteht der positive Nutzen der Kreditgenossenschaften, wie schon Buchenberger gesagt hat, nicht nur in ihren Leistungen der Kreditvermittlung, sondern vor allem auch darin, daß durch sie der kleine Landwirt überhaupt erst zur Anbahnung gesunder Kreditbeziehungen erzogen worden ist. „Das bekannte Heimlichtun in Geldangelegenheiten, ein auf falschen Stolz, Scham und ähnliche Beweggründe zurückzuführender, besonders charakteristischer Zug im Empfindungsleben der bäuerlichen Bevölkerung, der immer von neuem, allen Erfahrungen ungeachtet, die Landwirte verschwiegenen Wucherern in die Arme führt, kann erfahrungsgemäß nicht erfolgreicher als durch die Schaffung örtlicher Kreditanstalten bekämpft werden." Der gute Einfluß greift aber noch tiefer: Die strenge Überwachung der Wirtschaftsgebarung, wie sie die Genossenschaftsbildung ermöglicht und erfordert, erweist sich für manche, minder charakterfeste Wirte als heilsam und wohltätig. An Stelle des gewohnheitsmäßigen Schlendrians bei der Abwicklung von Geldverpflichtungen tritt Ordnung und Pünktlichkeit. Die Sparsamkeit und der Erwerbstrieb erhalten durch die Möglichkeit, auch kleine Geldbeträge verzinslich anzulegen, einen erhöhten Anreiz. Die gemeinsame Verwaltung der Genossenschaftsangelegenheiten erzeugt Solidargefühl und schult für die größeren Aufgaben der Selbstverwaltung und des Staates. Sicherlich ist die Grundlage der genossenschaftlichen Organisation kapitalistisch, und immer mehr geht die Tendenz der Entwicklung dahin, den kapitalistischen Grundzug dieser Kleinunternehmerverbände zu verstärken. Aber die Art, wie das geschieht, kann keinesfalls Mißfallen erregen. Auf diesem Gebiete hat sich der Kapitalismus, welche Mängel man ihm auch berechtigter oder unberechtigterweise nachsagen kann, als Erzieher erwiesen. Noch immer besteht das schöne Wort Schmollers zu Recht: „Die übrige Geschäftswelt, wo sie einseitig und schroff, ohne sittliche Schranken dem Erwerbstriebe folgt, arbeitet mit der Losung: jeder für sich, jeder gegen seinen Bruder, und den letzten beißen die

Hunde; die Genossenschaft mit der Losung: einer für alle und alle für einen. Dort der volle Kampf ums Dasein, hier seine Aufhebung im Kreise der Genossen und auch darüber hinaus reelle, gerechte Gegenseitigkeit und Ehrlichkeit; dort der Egoismus, hier die Sympathie, dort Niederwerfung der Schwachen, hier Hebung und Erziehung."

4. Der Agrarkredit unter den Folgen der Geldentwertung.

Die fortschreitende Geldentwertung hat die Grundlagen des deutschen Agrarkreditwesens völlig verschoben, ja, man kann sagen in ihr Gegenteil verkehrt. Stand früher der Landwirt unter der Gefahr der Überschuldung mit alten Grundschulden, so hat ihn die Geldentwertung von diesem Drucke befreit. Die ehemals in Goldmark aufgenommenen Schulden sind zu Papiermarkschulden geworden sie schmelzen dahin wie der Schnee an der Sonne. Sie verflüchtigen sich in dem Maße, wie der Geldwert sinkt. Allerdings ist der Wert der landwirtschaftlichen Grundstücke nicht in dem gleichen Verhältnis gestiegen, wie sich der Geldwert verschlechtert hat, doch bleibt bestehen, daß die Hypothekenschulden, die im Frieden die Hälfte bis zu zwei Dritteln des Grundstückswertes, ja unter Umständen noch mehr ausgemacht hatten, heute nur noch eine verhältnismäßig geringe Belastung bilden, selbst wenn sie ihrem Nennwert nach die gleiche Höhe behalten hätten. Das letzte ist aber nicht einmal immer der Fall. Die preußische Statistik der Hypothekenbewegung läßt erkennen, daß die Landwirte schon während des Krieges damit begonnen haben, ihre Hypotheken zu löschen. Sie taten das während des Krieges, weil sie infolge der Betriebseinschränkungen und der absoluten Unmöglichkeit, Betriebsmittel zu kaufen, darin die zweckmäßigste Verwendung ihrer Überschüsse sahen, später übte aber die Geldentwertung einen großen Anreiz dazu aus. Kein Wunder! Die Geldentwertung begünstigt den Schuldner. Steht es ihm doch frei, die in Goldwährung aufgenommenen Grundkredite in Papiergeld zurückzuzahlen. Die Dinge sind auf den Kopf gestellt. Schwebte vordem über dem Haupte des Landwirts ständig das Damoklesschwert der Überschuldung mit ihren schlimmen Folgen, und zerbrachen sich die Agrarpolitiker den Kopf, wie sie den Grundbesitz durch eine Entschuldungsaktion zu schützen vermöchten, so ist jetzt der Hypothekengläubiger notleidend geworden, und auf Hypothekenzinsen angewiesene Kleinrentner schreien nach der Hilfe des Staates.

Betrugen in den ländlichen preußischen Bezirken der letzten fünf Friedensjahre 1909 bis 1913 im Jahresdurchschnitt

die neu eingetragenen Hypotheken	1534,13	Millionen	Mark,
die Löschungen	807,71	,,	,,
der Mehrbetrag der Eintragungen.	726,42	,,	,,

so ergibt sich für die Jahre 1914 bis 1918 folgendes Bild:

Jahr	Eintragungen Mill. Mark	Löschungen Mill. Mark	Mehr- (+) oder Minderbetrag (—) der Eintragungen Mill. Mark
1914	956,22	522,16	+434,06
1915	393,58	340,74	+ 52,84
1916	439,44	470,92	— 31,48
1917	725,44	715,10	+ 10,34
1918	1176,42	1158,84	+ 17,58

Es bedarf des Hinweises, daß die hier aufgeführten Zahlen, obwohl sie sich nur auf die ländlichen Bezirke beziehen, nicht allein Hypotheken betreffen, die von Landwirten aufgenommen oder gelöscht worden sind. Die ältere Statistik der preußischen Hypothekenbewegung unterscheidet nur nach ländlichen und städtischen Verwaltungsbezirken ohne Berücksichtigung der Berufszugehörigkeit der Hypothekenschuldner. Erst seit 1913 ist außerdem auch eine Scheidung nach Berufsgruppen vorgenommen worden. Danach ergeben sich für die Hypothekenbewegung nur innerhalb der Land- und Forstwirtschaft andere und kleinere Zahlen:

Jahr	Eintragungen Mill. Mark	Löschungen Mill. Mark	Überschuß der Eintragungen über die Löschungen Mill. Mark
1913	1161,86	591,84	570,02
1917	538,01	508,35	29,66
1918	864,53	818,35	46,18

Zwar hat die landwirtschaftliche Hypothekenbelastung nicht abgenommen, doch war die Zunahme sehr viel geringer als in Friedenszeiten. Bei der Berufsgruppe „Handel und Gewerbe" waren Löschungen in noch größerem Umfange vorgenommen worden. Hier zeigte sich auch absolut eine Abnahme. Wenn von den Landwirten die Hypotheken nicht in gleichem Ausmaße gekündigt wurden, so hatte das seine besonderen Gründe. Es fehlte in viel höherem Maße die formal-rechtliche Befugnis dazu, weil die Hypotheken zum gut Teil auf lange Frist hin unkündbar waren. Einmal waren langfristige Amortisationshypotheken aufgenommen worden, und zweitens gab es Erbabfindungshypotheken, die rücksichtslos zu kündigen, sich auch aus moralischen Gründen verbot. Noch mehr wirkte aber die besonders dem kleinen Landwirte eigentümliche Scheu, Außenstehenden einen Einblick in seine Vermögensverhältnisse zu gewähren, vor allem dann, wenn Rückschlüsse darauf gemacht werden können, daß sie günstig sind. Diese Scheu wurde noch erheblich verstärkt durch die Steuerfurcht, die die

Steuergesetzgebung in der Absicht, die Kapitalflucht zu bekämpfen, hervorgerufen hatte. Mancher Landwirt versteckte lieber sein Geld, als daß er seine Hypothekenschulden zurückzahlte, zumal ihn die Hypothekenzinsen, je geringer der Geldwert wurde, um so weniger drückten.

Der Landwirt schwamm im Gelde. Der Rückschlag konnte nicht ausbleiben. Die Geldentwertung hatte nicht nur die Wirkung, daß der Landwirt für seine Erzeugnisse dem Nennwert nach größere Summen erhielt, er mußte auch für seinen Betrieb höhere Aufwendungen machen. Der Bedarf an Betriebskapital nahm im Vergleich zu früher grotesk erscheinende Dimensionen an. Selbst kleine Wirtschaften hatten für Düngemittel, Geräte, Maschinen, Reparaturen, Arbeits- und Zuchtvieh Summen zu bezahlen, die alles überstiegen, was man früher für möglich gehalten hätte. Aber auch im Grundstücksverkehr setzte sich allmählich die Geldentwertung durch. Die Grundstückspreise stiegen und damit auch die Restkaufgelder und die den weichenden Erben zu zahlenden Abfindungen. Seit 1919 zeigt sich ein plötzliches Emporschnellen der Hypothekenbelastung. Freilich zuerst nur bei den größeren Gütern, während bei dem bäuerlichen Grundbesitz die Abwärtsbewegung — allerdings auch schon im geschwächten Maße — anhält.

In der Berufsgruppe „Land- und Forstwirtschaft" kam es zu folgender Hypothekenbewegung:

Jahr	Eintragungen Mill. Mark	Löschungen Mill. Mark	Überschuß der Eintragungen über die Löschungen Mill. Mark
1919	1477,6	1068,6	409,0
1920	2071,2	1162,2	909,0

Vor allem nahmen die Eintragungen in denjenigen Provinzen zu, die über einen ausgedehnten Großgrundbesitz verfügen, während in rein bäuerlichen Provinzen die Löschungen die Eintragungen zum Teil noch übertreffen. Siehe Tabelle Seite 363.

Nun sollte es sich zeigen, daß auch für den Hypothekenschuldner die Geldentwertung nicht nur Vorteile hat. Durch die Unsicherheit des Geldwertes erhält der Grundkredit einen ausgesprochen spekulativen Charakter. Der Gläubiger muß damit rechnen, unter Umständen sein Darlehen in minderer Münze wieder zurückbezahlt zu bekommen, während der Schuldner riskiert, daß der Geldwert bis zum Termin der Rückzahlung wieder steigt. Das wird zunächst die Folge haben, daß auf beiden Seiten die Neigung zum Grundkreditgeschäft zusammen-

Provinzen	Mehr- (+) oder Minderbetrag (—) der Eintragungen in Mill. Mark	
	1919	1920
Ostpreußen	+192,3	+272,0
Brandenburg	+ 77,7	+121,1
Stadt Berlin	— 0,1	+ 1,5
Pommern	+ 72,3	+181,9
Grenzmark Posen-Westpreußen	+ 19,9	+ 44,0
Niederschlesien	+ 80,2	+159,3
Oberschlesien	+ 19,5	+ 22,2
Sachsen	+ 15,2	+ 16,2
Schleswig-Holstein	+ 36,9	+102,3
Hannover	— 43,2	+ 4,9
Westfalen	— 22,4	— 10,9
Hessen-Nassau	— 13,7	— 9,9
Rheinprovinz	— 22,4	+ 7,3
Hohenzollern	— 3,2	— 3,0
Zusammen:	+409,0	+909,0

schrumpft. Tatsächlich sind ja auch die Beträge der neu aufgenommenen Hypotheken im Vergleich zum gewachsenen Grundstückswerte trotz des inzwischen erfolgten Ansteigens gering. Aber auch auf die Beleihungsbedingungen können die veränderten Verhältnisse nicht ohne Einfluß sein. Der Zinsfuß wird höher werden. Ein zweites kommt hinzu: Wer nicht allzuviel riskieren will, wird auf kurze Fristen drängen.

Das äußert sich bei dem Geschäftsgebaren, das neuerdings auch die großen Grundkreditinstitute an den Tag legen. Wie die privaten Hypothekengläubiger befinden auch sie sich in der ungünstigen Lage, in entwertetem Papiergeld zurückbezahlt zu werden und auch ihre Zinsforderungen in schlechtem Gelde zu erhalten. Dagegen wachsen ihre Geschäftsunkosten in dem Maße, wie der Geldwert abnimmt. Es besteht daher, soweit sie nicht durch Gesetz oder Satzung daran gebunden sind, eine gewisse Abneigung, noch langfristige Tilgungshypotheken zu gewähren, weil sie nur bei kurzfristigen Darlehen die Möglichkeit haben, den infolge der fortschreitenden Geldentwertung geschaffenen Verhältnissen Rechnung tragen zu können. Dem kommt der eigene Wunsch des Hypothekenschuldners entgegen. Auch er will sich nicht auf zu lange Zeiträume hin binden und berechtigt sein, gegebenenfalls seine Schulden schnell wieder abzubezahlen.

Wie müssen sich die Dinge gewandelt haben! Wir wissen, daß das Streben der Agrarpolitik des 19. Jahrhunderts dahin gegangen war, den landwirtschaftlichen Grundkredit langfristig zu machen, weil nur so die Landwirtschaft vor schweren Schäden bewahrt werden könne. Heute erscheint dem Landwirt als bedenklich, was ihm früher als Lebensbedingung galt. Der landwirtschaftliche Grundkredit ist in seinen Fundamenten erschüttert. Da er seinen Erfordernissen nach langfristig sein muß, kann er nur bestehen, wenn der Geldwert keinen Schwankungen unterliegt. Er steht und fällt mit der Festigkeit des Geldwertes. Der solide Bodenkredit bildet aber für den Landwirt die Grundlage seiner Kreditfähigkeit überhaupt. Wird diese Grundlage brüchig, muß auch sein übriger Kredit zusammenstürzen.

Wir wissen, wie fest der landwirtschaftliche Betriebskredit mit dem Grundkredit verankert ist. Mehr denn je braucht aber heute bei der Verteuerung der Betriebsmittel der Landwirt einen weitgespannten Betriebskredit, soll seine Wirtschaft auf der Höhe der Leistungsfähigkeit gehalten werden.

Freilich — in den ersten Jahren nach dem Kriege schien der Landwirt keinen Mangel an Geld zu haben. Im Gegenteil! Aus allen Merkmalen ging hervor, daß er sich in einem Zustande großer G e l d f l ü s s i g k e i t befand. Die Zwangswirtschaft wurde nach und nach abgebaut. Für den größeren Teil seiner Erzeugnisse bekam der Landwirt Preise, die sich der Geldentwertung anzupassen suchten. Dagegen wurde er von den erhöhten Kosten der Lebenshaltung, durch die weite Kreise des übrigen Volkes so schwer betroffen wurden, weit weniger berührt. Die wichtigsten Nahrungsmittel erzeugte er selbst. An Hypothekenzinsen hatte er in der Regel nicht viel mehr als den früheren Nennwert zu zahlen, in manchen Fällen sogar noch weniger. Die Löhne waren zwar gestiegen, aber nicht in dem Maße, wie seine Einnahmen gewachsen waren. Allerdings waren die Ausgaben für Produktionsmittel im beständigen Ansteigen begriffen. Doch wenn sie zu teuer wurden, gab es eine Möglichkeit, auch dieser Bewegung auszubiegen: der Landwirt wirtschaftete kapitalextensiver, indem er solche Betriebszweige, die hohe Ansprüche an teuer zu erstehenden Produktionsmitteln machten, einzuschränken suchte. Das privatwirtschaftliche Einzelinteresse geriet in Widerspruch zum volkswirtschaftlichen Allgemeininteresse. Es konnte vorteilhafter sein, wenig zu produzieren, als unter Verwendung teuerer Produktionsmittel viel zu produzieren. Ja, es kam vor, daß sich Landwirte dazu verleiten ließen, Teile ihres Betriebsinventars zu Gelde zu machen, indem sie sich von dem hohen damit erzielten Papiergelderlöse blenden ließen. Das war natürlich außerordentlich kurzsichtig gehandelt; denn der Erlös war nicht Gewinn, sondern liquidiertes Betriebskapital, und zwar sehr schlecht liquidiertes Betriebskapital, weil mit fortschreitender Geldentwertung die Wiedererlangungskosten immer höher wurden. Es kann mit Genugtuung festgestellt werden, daß die meisten deutschen Landwirte so nicht gehandelt haben, sondern ernstlich bemüht waren, ihr infolge des Krieges schwer ramponiertes Betriebsinventar mit den Erträgen ihrer Wirtschaft wieder anzureichern. Das konnte jeder beobachten, der aufs Land kam. Doch blieb bestehen, daß die Nachkriegskonjunktur dem Landwirt nur geringen Anreiz zur Produktionssteigerung bot. Die Verbilligungspolitik der Reichsregierung zeigte sich auch hier von ihrer schlimmsten Seite. Die dem Landwirt auch noch nach dem Kriege Jahr für Jahr auferlegten Getreideumlagen verringerten seine Lust und Fähigkeit, intensiv zu wirtschaften. Der Pfeil prallte auf die Brust des Schützen zurück. Statt Brotgetreide möglichst viel in eigenem Lande zu produzieren, mußte ausländisches Getreide importiert werden. Am letzten Ende war der Konsument, zu dessen Gunsten der Landwirt belastet wurde, doch der Leidtragende.

Die Geldflüssigkeit hielt an. Noch auf den großen Genossenschaftstagungen von 1920 und 1921 wurde dieser Zustand festgestellt. Aber bereits auf der Tagung des „Reichsverbandes der deutschen landwirtschaftlichen Genossenschaften" im Sommer 1922 wurde berichtet, daß in den Kassen der Genossenschaftsbanken Ebbe sei. Der Geldflüssigkeit war die Kreditnot unmittelbar auf dem Fuße gefolgt. Wodurch war sie so plötzlich hervorgerufen worden?

Der Hauptgrund war in dem katastrophalen Marksturz zu suchen, der die Aufwendungen für Betriebsmittel um ein Vielfaches steigerte. Mußte es schon allein aus diesem Grunde den Banken schwer werden, den gewachsenen Kreditansprüchen des Landwirts gerecht zu werden, so kam noch hinzu, daß die von der Reichsregierung getroffenen Maßnahmen zur Verhinderung der Kapitalflucht dazu beitrugen, in den Bankkassen den Mangel an flüssigen Geldern zu steigern. Die Aufhebung des Bankgeheimnisses bewirkte, daß die Einnahmen aus der Ernte nur spärlich in das große Sammelbecken der Banken zurückflossen. Die Landwirte trugen ihre überschüssigen Gelder lieber zu solchen Stellen, die dem Finanzamt nichts mitteilten. Oder — was seitens der kleinen Wirte besonders häufig geschah, das Bargeld wurde aufgehamstert.

Über das Geldhamstern der Bauern wurden auf dem Genossenschaftstage von 1922 drastische Schilderungen entworfen. Es wurde als eine schwer heilbare Krankheit bezeichnet, von der Frauen und weibische Männer befallen seien. „Die moderne Zeit zeigt auch hier Fortschritte. Die Aufbewahrung des Geldes im alten, schmutzigen, wollenen Strumpf, in Zigarrenkisten, in der Kommode, in Ofenrohren, Ofenlöchern, bis die Großmutter Feuer anzündet, und im Bettsack ist überholt. Dafür hat man jetzt Milchkannen und Kisten unterm Bett, Löcher unter den Dielen. Im Kuhstall und im Keller wird das Geld vergraben. Bei Gewitter laufen die Leute bei uns vom Felde schnell nach Hause und warten, die Hamsterkanne in der Hand, das Ende der Blitzgefahr ab. Es scheint mit Vernunftgründen den Hamsterern nicht beizukommen zu sein, selbst wenn wie in Pommern eine furchtbare Feuersbrunst ein Dorf und alle gehamsterten Geldscheine vernichtet."

Eine weitere unerwünschte Wirkung der Aufhebung des Bankgeheimnisses — sie ist allerdings zugleich auch auf den allgemein demoralisierenden Einfluß der Geldentwertung zurückzuführen — besteht darin, daß der Sparsinn in der ländlichen Bevölkerung eine schwere Erschütterung erlitten hat. Der Bauer war früher ein emsiger Sparer. Heute hat die Wertung des Geldes eine starke Einbuße erlitten. Der Bauer verwendet viel mehr Geld als früher auch für unproduktive Ausgaben, macht Luxusanschaffungen und vertut sein Geld für Dinge, die er früher nicht gekauft haben würde. Die Furcht davor, daß ihm die Steuerbehörde das Geld wieder wegsteuern könnte, oder daß die Geldentwertung seinen Gewinn wieder zerrinnen ließe, hat ihn in diese seinem Wesen eigentlich widerstrebende Lebenshaltung gedrängt.

„Die Zahl der Sparer und die Summe der Sparmittel nimmt nicht zu. Anfangs waren die Gesetze, insbesondere die Aufhebung des Bankgeheimnisses, daran schuld. Man behielt das Geld im Hause und entwöhnte sich der Genossenschaft. Bald hörte man, daß man mehr verdient, wenn man es klugen Leuten borgt, und bald kam man selbst dahinter, daß es klug sei, das Geld in Waren anzulegen. Und die ganz klugen Leute gingen zur Genossenschaft, borgten sich noch Gelder dazu, machten den Gewinn, und die Genossenschaft sah zu. Die kleinen Dorfkassen machen daher zu wenig Gewinn, und sie werden sich bald fragen, ob sie sich nicht auflösen sollen." (Wegener-Posen auf der Tagung des Reichsverbandes der deutschen landwirtschaftlichen Genossenschaften, 1922.)

Was kann der Agrarpolitiker tun, um diesen Schäden abzuhelfen? Gegenüber dem Verfall des Grundkreditwesens ist er so lange machtlos, als es nicht gelingt, den Wert der Papiermark zu stabilisieren. Wir unterstreichen noch einmal: nur ein fester Geldwert kann die Unterlage für einen soliden und ausreichenden Grundkredit sein. In der Erkenntnis dieser Sachlage hat man ebenso wie es bereits beim Abschluß von Pachtverträgen geschehen ist, den Anfang damit gemacht, die Papierwährung durch die Roggenwährung zu ersetzen.

Auf Anregung Hugenbergs, eines führenden deutschen Wirtschaftspolitikers, haben im Jahre 1922 die preußischen Siedlungsgesellschaften die „Roggenrentenbank A.-G." zu Berlin gegründet. Diese legt Schuldverschreibungen in Höhe des Geldwertes von 40000 Zentnern Roggen zur Zeichnung auf. Die einzelnen Schuldverschreibungen (Roggenrentenbriefe) lauten auf den jeweiligen Geldwert einer bestimmten Roggenmenge. Ihre Rückzahlung und Verzinsung erfolgt in deutscher Reichswährung derart, daß die Höhe von Kapital und Zinsen sich nach dem jeweiligen amtlichen Berliner

Börsenpreise für Roggen bestimmt. Die Roggenrentenbriefe werden in Stücken von 1, 5 und 10 Zentnern ausgegeben. Die Stücke sind auf den Inhaber ausgestellt und mit halbjährigen Zinsscheinen versehen. Die Zinsen betragen 5% des jeweiligen Wertes der auf dem zugehörigen Roggenrentenbrief angegebenen Roggenmenge. Bei einem auf einen Zentner lautenden Roggenrentenbrief wird also der Geldwert von fünf Pfund Roggen als Jahreszins gegeben. Bei einem Roggenpreise von 10000 Mark für den Zentner werden demnach 500 Mark Zinsen bezahlt. Steigt der Roggenpreis auf 15000 Mark, so steigen die Zinsen auf 750 Mark; steigt er auf 20000 Mark, so erhöhen sich die Zinsen auf 1000 Mark. Dieser Jahreszins wird nachträglich in halbjährigen Raten zum 1. Januar und 1. Juli jeden Jahres bezahlt. Der Auszahlung für den am 1. Januar fälligen Zinsschein wird der Durchschnittsroggenpreis für die Zeit vom 15. Oktober bis zum 14. November des vorhergehenden Jahres, für den am 1. Juli fälligen Zinsschein der Durchschnittsroggenpreis für die Zeit vom 15. März bis zum 14. April des laufenden Jahres zugrunde gelegt. Als Deckungsmittel für die Roggenrentenbriefe dienen Roggenwertrenten, die für die Bank als Reallasten im Grundbuch an landwirtschaftlich genutzten Grundstücken eingetragen sind. Für die Beleihung ist der Jahresrohertrag der landwirtschaftlichen Erzeugung, den das belastete Grundstück bei ordnungsmäßiger Bewirtschaftung nachhaltig gewähren kann, zugrunde gelegt. Die Jahresleistung aus den Renten übersteigt ein Achtel dieses Jahresrohertrages der beliehenen Grundstücke nicht und reicht zur Verzinsung sowie zu der vorgesehenen Tilgung der Roggenrentenbriefe und zur Deckung des festgesetzten Verwaltungskostenbeitrages aus.

Die Roggenrentenbank will auf diese Weise vor allem Siedlungskredit bekommen. Anderwärts hat man diese Verfahren angewandt, um es dem landwirtschaftlichen Grundkredit überhaupt dienstbar zu machen. So hat der hannoversche Provinzialausschuß beschlossen, Roggenschuldverschreibungen auszugeben, um das gesteigerte landwirtschaftliche Kreditbedürfnis zu befriedigen. Aus andern Landesteilen wird ähnliches gemeldet.

Alle die Bedenken, welche bereits gegenüber der Roggen- oder Weizenwährung als einer Grundlage für Pachtverträge erhoben wurden (vgl. S. 249), treffen auch für die Roggenrentenbriefe zu. Der jeweilige Roggenpreis ist kein stabiler Wertmesser, und es darf nicht übersehen werden, daß er sich nicht in gleicher Richtung zu bewegen pflegt, wie der Preis für die andern Erzeugnisse, aus deren Gesamtheit sich der Ertrag des Landgutes zusammensetzt. Will man die wirtschaftliche Lage des Landwirts nicht gefährden, so wird man daher seine Belastung mit Roggenrenten nicht zu stark werden lassen dürfen. Das hat die Roggenrentenbank in der Weise berücksichtigt, daß die Jahresleistung aus den Renten ein Achtel des Jahresrohertrages nicht übersteigen soll. Allein aus dieser Tatsache ergibt sich schon, daß der auf Roggenrenten gewährte Grundkredit keineswegs den früheren auf einer stabilen Geldwährung beruhenden Grundkredit zu ersetzen vermag. Es handelt sich um einen notdürftigen Ausweg, den eine ganz besondere Notlage vorschreibt. Aber als solcher ist er immerhin gangbar. Mag die Roggenwährung auch nicht allen Ansprüchen genügen, sie ist immerhin besser als die schwankende Papiergeldwährung. Jene ist die einzige Grundlage, auf welcher der Landwirt unter den heutigen Verhältnissen überhaupt noch Grundkredit in höherem Ausmaße erwarten kann; nur deshalb wird er sich ja auch in einer Zeit der Geldentwertung zur Aufnahme einer Roggenrentenschuld verstehen. Würde er sich doch bei anhaltender Inflation besser stehen, wenn er seine Schulden in entwertetem Papiergeld verzinsen und bezahlen könnte, während die Roggenrenten wertbeständig bleiben. Ohne Frage werden sich die Roggenrentenbriefe, solange der Geldwert sinkt, auf dem Geldmarkte großer Beliebtheit erfreuen. Gewähren sie doch dem Gläubiger eine außerordentlich vorteilhafte Geldanlagemöglichkeit. Sie sind fast ebenso wertbeständig wie amerikanische Dollars und haben als Anlagekapital vor diesen noch den Vorzug, daß sie auch eine der allgemeinen Preislage entsprechende Verzinsung bringen. Sobald aber die Deflation eintritt, wendet sich das Blatt. Jetzt wird der Schuldner begünstigt. Trotz des steigenden Geldwertes bleiben seine Leistungen die gleichen. Auf dem Geldmarkte aber hört die Flucht in die Sachwerte auf und es beginnt die Flucht zum Gelde. Zwar ist auch dann noch nicht Geld das Geld im alten Sinne, das Geld des konstanten Wertes, aber es ist dann das Geld des wachsenden Wertes. Die Roggenrentenbriefe werden auf den Markt geworfen, werden untergewertet, die Roggenrentenbanken geraten in Schwierigkeiten.

Wir sehen, das Ei des Kolumbus ist die Roggenrente nicht. Für den Landwirt scheint sie zunächst nicht gefährlich zu sein. Doch fragt es sich, ob es überhaupt ratsam ist, daß sich der Landwirt in dieser Zeit fortschreitender Geldentwertung mit wertbeständigen Schulden, wie sie die Roggenrenten darstellen, belastet. Das heutige Geschäftsleben läßt sich überhaupt nur schwer auf Kreditnehmen und Kreditgeben einstellen. So erklärt es sich auch, daß trotz der ständigen Vermehrung der Zahlungsmittel um Milliardenbeträge Kreditnot herrscht. Bei einem Zustand starker Geldwertschwankungen gibt es eben nur e i n e Geschäftsform, die vor großen Risiken und Vermögensverlusten einigermaßen schützt: das ist der Handel Ware gegen Ware. Selbst in den untersten Ausläufern der Güterverteilung kommt das zum Ausdruck. Auch der Konsument ist allmählich so gewitzigt geworden, daß er seinen Arbeitslohn möglichst schnell in Ware umzusetzen trachtet. Und so weiß auch der Landwirt, daß er den Erlös seiner Ernten sofort wieder in Sachwerten anlegen muß. Er kauft sich Zug um Zug Produktionsmittel, selbst wenn er sie längere Zeit auf Vorrat lagern lassen muß. Würde er statt dessen Schuldzinsen in Form hochwertiger Renten zahlen, so käme er gegenüber seinen davon befreiten Berufsgenossen so ins Hintertreffen, daß er ncht mehr wettbewerbsfähig wäre.

Unter solchen Verhältnissen hat auch der kurzfristige Kredit seine Gefahren. Man wird daher die Zukunft der hauptsächlich den landwirtschaftlichen Betriebskredit pflegenden Kreditinstitute nicht als rosig ansehen können. Auf der Tagung des „Reichsverbandes der deutschen landwirtschaftlichen Genossenschaften" im Sommer 1922 ist lang und breit darüber verhandelt worden, wie man es anstellen könne, um die Genossenschaftsbanken mit den nötigen Mitteln für die Gewährung von Betriebskrediten zu versehen. Es wurde gesagt, die Genossenschaften müßten ihre Eigenkapitalien verstärken, einmal durch Erhöhung der Anteile und Haftsummen und zweitens durch die Vermehrung ihrer Reserven. Die Geschäftsanteile müßten mindestens auf 1000 Mark (!) erhöht werden. Was soll das nützen, wenn der Geldwert innerhalb weniger Wochen um einige 1000% seiner früheren Höhe sinkt? — Es wurde gesagt, an der bisherigen Form des Blankokredits, so schmerzlich den Genossenschaften es auch ankommen würde, könne nicht mehr festgehalten werden. Die Genossenschaftskassen müßten mit dem regelmäßigen Rückfluß ihrer Guthaben an bestimmten Terminen rechnen können. Schweren Herzens würde man sich wieder an den Wechselkredit gewöhnen müssen, um die Liquidität der Genossenschaften und der Zentralbankstellen aufrechtzuerhalten. Aber selbst wenn diese Wechselkredite sehr teuer gemacht werden und kurzfristig wieder eingehen, so werden bei einem inzwischen erfolgten Sinken des Geldwertes die Bankstellen doch die Geschädigten sein. Sie werden aus der Illiquidität nicht herauskommen, da sich die Ansprüche an die Papiergeldmenge ständig steigern. Von dem Lombardkredit, dessen größere Pflege unter Hinweis auf die Erfolge des französischen Warrantverkehrs ebenfalls empfohlen wurde, gilt das gleiche. Auch er würde den Kassen Gelder entziehen, die sie später in entwerteter Münze zurückgezahlt bekämen. Eine schwere Katastrophe ist aber für den Fall vorauszusehen, daß der Geldwert plötzlich steigt. Denn dann wird voraussichtlich ein Teil der Wechsel- und Lombardschuldner in Verzug geraten, die Wechsel werden nicht eingelöst, die Lombardpfänder werden unveräußerlich, die Bank gerät in Schwierigkeiten. Wenn wir bisher noch keinen großen Bankkrach in Deutschland erlebt haben, so hängt das lediglich damit zusammen, daß infolge der fortschreitenden Geldentwertung die Banken ihre Außenstände spielend hereinbekamen. Die Kehrseite wie überhaupt die ganze Größe der deutschen Notlage wird sich erst zeigen, wenn die Deflation eintreten sollte. Die Inflation wirkte wie die Kampferspritze: sie erhielt den Pulsschlag des Wirtschaftskörpers in Bewegung.

Gibt es gar keinen Ausweg aus diesem Dilemma? Einer war bei dieser Genossenschaftstagung, der den Geist der Zeit richtig erkannt hatte. Mit dem reinen Geldgeschäft, sagte er, ist überhaupt nicht mehr genug zu verdienen. Die Kreditgenossenschaft muß in Verbindung mit dem Geldgeschäft auch das Warengeschäft pflegen, oder aber einen Anteil an den Gewinnen beanspruchen, den Absatz- oder Bezugsgenossenschaften mit dem von ihr geliehenen Gelde machen. „Es ist dann nur noch ein kleiner Schritt, Ware gegen Ware zu tauschen, um von den Schwankungen des Dollars unabhängiger zu werden“ (Wegener-Posen).

Ware gegen Ware! Ein betrübendes Ergebnis! Besagt es doch, daß die einen so großen wirtschaftlichen Fortschritt bedeutenden Formen des neuzeitigen Geld- und Kreditverkehrs nicht mehr anwendbar sind. Wie auf andern Gebieten ist eine Rückbildung eingetreten, die die ganze Schwere des Unglücks widerspiegelt, in das Deutschland infolge der Erschütterung seiner Valuta geraten ist. Stabilisierung der Mark! In dieser Forderung müssen auch die Wünsche des Landwirts gipfeln.

Ergänzende Literatur.

Rodbertus-Jagetzow, Für den Kredit der Grundbesitzer. Berlin 1847.
— Zur Erklärung und Abhilfe der heutigen Kreditnot des Grundbesitzes. Berlin 1869.
Knies, K., Geld und Kredit. 2. Hälfte. Berlin 1879.
v. Stein, Lorenz, Die drei Fragen des Grundbesitzes und seiner Zukunft. Stuttgart 1881.
Schäffle, Albert, Die Inkorporation des Hypothekarkredits. Tübingen 1883.
Ruhland, G., Agrarpolitische Versuche vom Standpunkt der Sozialpolitik. Tübingen 1883.
Der Personalkredit des ländlichen Kleingrundbesitzes in Deutschland. (Schriften des Vereins für Sozialpolitik 73, 74. Leipzig 1896.)
Meitzen, August, Der Boden und die landwirtschaftlichen Verhältnisse des preußischen Staates. Bd. VI. Berlin 1901.
Hattingberg, Josef Ritter von, Referat betr. die Frage der Hypothekarentschuldung. 3 Bände. Wien 1903.
Mauer, Hermann, Das landschaftliche Kreditwesen Preußens. Straßburg 1907.
— Agrarkredit. (Grundriß der Sozialökonomik. VII. Tübingen 1922.)
Weyermann, M., Zur Geschichte des Immobiliarkreditwesens in Preußen. Karlsruhe 1910.
Johnston, H. von, Der Betriebskredit des größeren Grundbesitzes in Deutschland. Stuttgart 1910.
Wygodzinski, W., Das Genossenschaftswesen in Deutschland. Leipzig 1911.
Oberst, Oskar, Zur Verschuldung und Entschuldung des bäuerlichen Besitzes in den östlichen Provinzen Preußens. Jena 1914.
Waldecker, Ludwig, Die eingetragene Genossenschaft. Tübingen 1916.
Deumer, Robert, Das deutsche Genossenschaftswesen. Berlin und Leipzig 1919.
Archiv für Innere Kolonisation. Bd. XIV, Heft 12 (1922).

Vierter Teil.

Der Absatz landwirtschaftlicher Erzeugnisse.

15. Kapitel.

Grundfragen der Ernährungspolitik.

Handelt es sich bei dem Absatz der landwirtschaftlichen Erzeugnisse um eine Angelegenheit, die auch den Agrarpolitiker zu beschäftigen hat? Sicherlich ist diese Frage zu bejahen. Will doch der Landwirt nicht nur produzieren, sondern auch verkaufen, und zwar muß er für seine Erzeugnisse Käufer haben, die ihm dafür soviel geben, daß sich seine Aufwendungen und Mühen bezahlt machen. In anderem Zusammenhange ist gezeigt worden, in wie engen Wechselbeziehungen die Produktenpreise zur Intensität und zur Produktionsrichtung der Landwirtschaft stehen. So beeinflussen unmittelbar die Absatzverhältnisse die landwirtschaftliche Betriebsführung und die Lebensbedingungen der ländlichen Bevölkerung. Allerdings greift der Handel mit landwirtschaftlichen Produkten in Interessengebiete über, die nicht allein den Agrarpolitiker angehen. Sobald das landwirtschaftliche Erzeugnis die Produktionsstätte verläßt, tritt es aus der Sphäre hinaus, die den Landwirt allein berührt. Interessen der nichtlandwirtschaftlichen Bevölkerung werden betroffen und erheischen nachdrücklich ihre Berücksichtigung.

Die dem landwirtschaftlichen Erzeugnis eigentümliche Eigenschaft, dem wichtigsten Lebensbedarf der nichtlandwirtschaftlichen Bevölkerung zu dienen, läßt zwei große Interessentengruppen entstehen, welche schon seit Jahrtausenden im schroffen Gegensatze zueinander gestanden haben. Auf der einen Seite stehen die Konsumenten, die ihre Nahrungsmittel möglichst gut und billig haben möchten, auf der andern die landwirtschaftlichen Produzenten, die gute Preise dafür haben wollen. Zwischen beiden als besondere, aber durchaus nicht so große Gruppe stehen die Händler, die am Zwischengewinn verdienen wollen.

Bei dieser Sachlage kann die öffentliche Gewalt, kann der Staat sich nicht des Rechtes begeben, einen Einfluß auf die landwirtschaftlichen Absatzverhältnisse auszuüben. Er hat sowohl ein Interesse daran, die landwirtschaftliche Erzeugung aufrechtzuerhalten und zu stärken, wie ihm andererseits auch daran gelegen sein muß, die Ernährungslage der übrigen Bevölkerung gesichert zu sehen. Je stärker ein Staat sich seiner Pflichten bewußt ist, um so sorgsamer wird er darauf bedacht sein, die widerstreitenden Interessen in einer Weise zu berücksichtigen, daß jede der Gruppen vor allzu großem Schaden bewahrt bleibt. Freilich einen völligen Interessenausgleich, mit dem alle Teile gleichermaßen zufrieden sein können, gibt es nicht. Man kann Wasser mit Feuer nicht mengen. Doch wird eine starke und pflichtbewußte Staatsverwaltung einen Weg zu finden suchen, auf dem der Konsument seine gute Existenzmöglichkeit hat, ohne daß der Produzent Not zu leiden braucht. Dagegen lehrt die Geschichte, daß schwache Regierungen allemal eine einseitige, sei es konsumenten-, sei es produzentenfreundliche Ernährungspolitik geführt haben, weil sie ein Werkzeug in der Hand der einen oder der andern Interessentengruppe waren. Es ist durchaus kein Zufall, daß die beiden größten Getreidehandelspolitiker der neueren deutschen Geschichte auch Deutschlands größte Staatsmänner waren — Friedrich der Große und Bismarck.

Betrachtet man jede der Interessentengruppen für sich, so ist das Interesse des Konsumenten mit seinem Bedürfnis nach billigen Preisen nicht erschöpfend gekennzeichnet. So sehr es der einzelne begrüßen mag, wenn er möglichst leicht und billig seines Leibes Nahrung zu befriedigen vermag, so kann doch für eine große Nation eine allzu leichte Ernährungsmöglichkeit von zweifelhaftem Nutzen sein. „Im Schweiße deines Angesichts sollst du dein Brot essen." Zu leicht gewonnenes Brot macht den Menschen faul und träge, lähmt seine Tatkraft. Solche Völker sind dazu verdammt, zugrunde zu gehen, oder von denen geknechtet zu werden, die ihren Lebensunterhalt mühsam zu erarbeiten gelernt haben. Nicht weniger gefährlich sind allzu hohe bis zum Mangel führende Lebensmittelpreise. Welche furchtbaren Folgen haben Hungersnöte im Gefolge gehabt! Gewöhnlich wurden sie von Seuchen begleitet, die aus mangelhafter oder naturwidriger Nahrung entstanden sind. Noch aus dem 18. Jahrhundert wird authentisch die Tatsache berichtet, daß die Hungernden Baumknospen zu Brot verarbeiteten und Tierkadaver ausgruben, um den Hunger zu stillen.

Es lösten sich alle Bande frommer Scheu! Aus dem Mittelalter, ja auch noch aus späterer Zeit wird von Fällen berichtet, wo Menschen gefressen wurden, am liebsten wehrlose Kinder und Mönche. Die Hungersnot von 1770/72 soll in Kursachsen 150000 Personen hingerafft haben. Der Hungertyphus von 1847/48 dezimierte — „dezimierte" wörtlich genommen — die Bevölkerung einiger schlesischer Kreise. Welche furchtbaren Wirkungen haben Jahre der Kartoffelnot in Irland gehabt!

Selbst weniger große Teuerungen bedeuten für das gesamte Wirtschaftsleben eine große Gefahr. Sie haben in der Regel Handelskrisen im Gefolge, weil die Bevölkerung, um zunächst ihre wichtigsten Lebensbedürfnisse zu befriedigen, die Nachfrage nach entbehrlicheren Waren einschränken wird. Zudem vermag die Bevölkerung infolge der erhöhten Aufwendungen für Lebensmittel keine Ersparnisse zu machen, was wieder die Banken außerstande setzt, dem Handel und der Industrie die gewohnten Vorschüsse zu leisten.

Dazu die großen politischen Gefahren. Alles, was an politischem Brennstoff in dem unzufriedenen Teil der Bevölkerung glimmt, kommt unter der schürenden Wirkung der Teuerung leicht zur Entzündung. Der Hunger weckt in dem Menschen die Bestie. Revolutionen sind in der Regel durch Teuerungen vorbereitet worden. Auch der große Zusammenbruch des starken Deutschen Reiches am Ende des Weltkrieges wäre nicht erfolgt, wenn die ausgehungerten Deutschen sich nicht im Brotneid gegenseitig zerfleischt hätten.

Möglichst feste, nicht zu hohe Preise werden dem wahren Bedürfnisse des Konsumenten am besten entsprechen. Allzu stark schwankende Preise werden ihn nicht nur in der gewohnten Lebenshaltung, sondern auch in seiner gewerblichen Tätigkeit stören. Müssen doch am letzten Ende die Lebensmittelpreise die Grundlage für die Höhe der Löhne bilden, die wieder ein wesentlicher Bestandteil der Gestehungskosten der gewerblichen Erzeugnisse sind. Bei einem starken Schwanken der Lebenshaltungskosten können weder Industrie, noch Handel florieren. Das ganze Wirtschaftsleben gerät ins Stocken.

Für den Produzenten werden — oberflächlich betrachtet — am vorteilhaftesten hohe Preise sein. Zweifellos sind allzu niedrige Preise für ihn verderblich. Denn wenn seine Produktionskosten nicht gedeckt werden, muß er zu einer schlechteren Agrikultur übergehen, ja, sie womöglich ganz aufgeben. Doch liegt die Sache nicht so einfach, daß sein wahres Interesse allein in hohen Preisen zu suchen sei. Werden die Preise so hoch, daß sie der Konsument nicht mehr zu ertragen vermag, dann wird sich dieser dagegen in einer Weise zur Wehr setzen, die dem Landwirt nachteilig sein muß. Überhaupt ist der Vorteil, den der Landwirt von dauernd hohen Preisen hat, irrelevant. Wir müssen bedenken, daß die Landwirtschaft auf hohe Preise anders zu reagieren pflegt als die gewerbliche Produktion. Bei dieser werden hohe Preise in der Regel die Wirkung haben, daß die Erzeugung gesteigert wird, wodurch im weiteren Verlauf infolge des gesteigerten Wettbewerbes die Produktenpreise wieder gedrückt werden. Infolge ihrer eigenartigen Produktionsbedingungen pflegen dagegen in der Landwirtschaft höhere Preise, die die Produktionskosten übersteigen und lange genug anhalten, wie ein Wertzuwachs am Grund und Boden zu wirken. Mit den Produktenpreisen erhöhen sich auch die Güter- und die Pachtpreise. Den Vorteil der höheren Preise hat also nur derjenige Eigentümer, der so glücklich war, die Preissteigerung zu erleben. Für seinen Nachfolger ist der höhere Produktenpreis schon in dem höheren Bodenpreise festgelegt. Das kann für die ländliche Bevölkerung selbst die schädlichsten Folgen haben. Der Grundbesitz wird, statt gefestigt, mobilisiert, aus dem Landwirt wird ein spekulativer Güterhändler. So wird denn ebenso wie beim Konsumenten auch beim Produzenten das wahre Interesse bei festen mittleren Preisen liegen, bei Preisen, die nicht zu niedrig sind, um ihm die Erhaltung und Steigerung seiner Produktion zu erschweren, und nicht so hoch, daß sie die Bodenpreise übermäßig in die Höhe treiben.

Der Produktenhändler schließlich, der zwischen diesen beiden großen Interessentengruppen steht, hat ein Interesse weder an niedrigen, noch an hohen Preisen. Er gewinnt an der Differenz zwischen Einkaufs- und Verkaufspreisen. Er will möglichst billig einkaufen und möglichst teuer verkaufen. Wo das Marktgebiet nur klein und die Konkurrenz der Kaufleute untereinander nur gering ist, so wie es in der Zeit vor der großen Verkehrsentwicklung fast allerorts der Fall war, hatten die Händler die Möglichkeit, die Preise in die Höhe zu treiben, indem sie durch Zurückhalten der aufgekauften Ware künstlich eine Teuerung hervorriefen. Das war mit verhältnismäßig geringen Mitteln zu erreichen. Die Preise pflegen nämlich in einem höheren Verhältnisse als die fehlenden Bedarfsmengen zu steigen. Für diesen Vorgang hat der alte, im 17. Jahrhundert lebende Statistiker Gregory King ein berühmtes Schema aufgestellt. Er hat gemeint, bei einem Fehlbetrag der Ernte

um	10 %	des	Durchschnitts	steige	der	Preis	um	30 %,
„	20 %	„	„	„	„	„	„	80 %,
„	30 %	„	„	„	„	„	„	160 %,
„	40 %	„	„	„	„	„	„	280 %,
„	50 %	„	„	„	„	„	„	450 %.

Diese Kingsche Regel hat natürlich nur die Bedeutung eines charakteristischen Zahlenbeispiels, das in der Wirklichkeit keine volle Bestätigung findet. Doch in ihrem Kerne trifft sie zu. Bei den landwirtschaftlichen Erzeugnissen, die für die Ernährung unentberhrlich sind, vermag sich die Nachfrage nicht in dem gleichen Maße einzuschränken, als sich das Angebot vermindert. Die Preisbildung reagiert daher sehr viel stärker als bei jeder andern Ware schon bei der geringsten Verminderung des Angebots, ja, wohl bloß auf das Gerücht einer voraussichtlichen Knappheit hin. Bei einer solchen Sachlage konnte in früherer Zeit der Handel einen schon vorhandenen Notstand zu seinem Vorteile noch vergrößern. Die gesamte ältere Getreidehandelspolitik wird charakterisiert durch den Kampf gegen den Kornwucher der Händler. Und wenn es der Regierung nicht gelang, die Spekulationswut des Kornhandels einzudämmen, oder wo gar die Leitung des Staates oder Gemeinwesens vom händlerischen Interesse beherrscht wurde, konnte es zu schweren Erschütterungen kommen, die nicht selten zu blutigen Zusammenstößen führten. Später, als ein großer freier Weltmarkt infolge der preisausgleichenden Wirkung der freien Konkurrenz eine ausbeuterische Getreidespekulation unterband, war, wie Roscher meint, die Furcht vor dem Kornwucher „zu einer Abart der Gespensterfurcht" geworden. Einem lebhaften, intelligenten und kapitalreichen Händlerstande, so meinte dieser Nationalökonom, gelinge es besser, Teuerungen entgegenzuarbeiten, als es behördliche Maßnahmen vermöchten. Er diene beiden Parteien, Konsumenten wie Produzenten, indem er für die stetige Befriedigung des Bedarfs des einen und für den geregelten Absatz des andern sorge, und zwar zu einem Preise, wie er den Ernte- und Marktverhältnissen entspreche. Das ist nur bedingt richtig. Freilich sind viele Fragen der Lebensmittelversorgung, die früher als problematisch galten, unter dem Zeichen der neuzeitigen Verkehrs- und Handelstechnik gelöst worden. Doch sind dafür andere Probleme aufgetaucht, unter deren Einfluß ein Eingreifen der öffentlichen Gewalt von neuem erforderlich geworden ist.

Zuzugeben ist, daß die quantitative und qualitative Lebensmittelversorgung sich in der Gegenwart besser und reibungsloser vollziehen kann als in der Vergangenheit. Damals lag gerade in der ausreichenden Zufuhr von Lebensmitteln das eigentliche Ernährungsproblem. Dieses stellte sich ein, sobald die menschliche Gesellschaft das Stadium der reinen Naturalwirtschaft verließ, und sobald sich zugleich mit einer städtischen Entwicklung Konsumtionszentren bildeten, welche landwirtschaftliche Erzeugnisse verzehrten, ohne solche in größerem Umfange selbst zu produzieren. War doch selbst für eine kleine Stadt schon eine recht beträchtliche landwirtschaftliche Fläche erforderlich, um ihre Bewohner mit den nötigen Lebensmitteln zu versorgen.

Man kann folgende Berechnung anstellen. Roh geschätzt beträgt der Bedarf an Brotgetreide jährlich 200 kg auf den Kopf der Bevölkerung. Auf 1 ha Ackerland wuchsen in Deutschland nach der amtlichen Statistik vor dem Kriege etwa 1900 kg Brotgetreide. Davon ist etwa ein Neuntel für die Aussaat abzuziehen. Rundet man außerdem stark nach unten ab, weil die Erfahrung gelehrt hat, daß die Vorkriegsstatistik die Ernteerträge zu überschätzen pflegte, so bleibt für den Verbrauch ein Ertrag von etwa 1600 kg.

Demnach würden etwa acht Menschen ihren Bedarf von 1 ha Getreideland decken können. Nun wird aber auf der landwirtschaftlich benutzten Fläche nicht allein Brotgetreide angebaut, sondern nur etwa zum vierten Teile. Hält man das zusammen, so ergibt sich, daß schon für ein Städtchen von 10000 Einwohnern die Landfläche, die zur Deckung ihres Brotgetreidebedarfs erforderlich ist, einen recht beträchtlichen Umfang haben muß, zumal ja doch nicht alles Land landwirtschaftlich genutzt wird. In früheren Zeiten, wo die Ernteerträge bedeutend geringer waren, bedurfte schon eine Stadt von 1000 Einwohnern ziemlich weiter Zufuhren. Das gleiche gilt auch heute noch von Ländern mit zurückgebliebener Agrikultur.

Je weiter die Entwicklung sich in der Richtung fortsetzt, daß ein wachsender Teil der Bevölkerung eines Landes sich von der eigenen landwirtschaftlichen Erzeugung loslöst, um so größer wird das Bedürfnis einer Belieferung mit Nahrungsmitteln vom platten Lande. Die Befriedigung dieses gestiegenen Bedürfnisses kann entweder auf die Weise erfolgen, daß innerhalb des alten Belieferungsgebietes die Erzeugung vermehrt wird oder dadurch, daß das Belieferungsgebiet über die alten Grenzen hinaus räumlich erweitert wird.

Beide Wege sind beschritten worden. Wir wissen, welche Ertragssteigerung durch die Intensivierung der Agrikultur im Laufe der letzten hundert Jahre erzielt worden ist. Doch wissen wir auch, daß es hierfür eine Grenze gibt; die intensive Agrikultur wird, sobald sie auf einer gewissen Stufe angelangt ist, zu einer teueren Kultur. Solange es daher noch erreichbare Produktionsgebiete gibt, die infolge extensiverer Nutzung noch billiger zu erzeugen vermögen, wird man dem zweiten Weg den Vorzug geben. Die Möglichkeit dazu, anfangs sehr gering und nur für Städte mit Wasserstraßenverkehr überhaupt vorhanden, ist dank der modernen Verkehrsmittel in erheblicher Weise gesteigert worden. Freilich die Eisenbahnfracht ist immer noch verhältnismäßig teuer, indes die Seefracht ist so billig geworden, daß die Transportkosten den Preis für überseeisches Getreide und Fleisch nur noch wenig belasten. Die dicht gedrängte Bevölkerung der west- und mitteleuropäischen Industriegebiete hat für ihren Lebensmittelbedarf den Bezugskreis über große Teile des Weltballs auszudehnen vermocht.

Dadurch ist auch der zeitliche Ausgleich der Ernteschwankungen von Jahr zu Jahr sehr viel leichter geworden. Die Erträge der einzelnen Ernten sind ganz verschieden hoch. Die landwirtschaftliche Erzeugung ist von der Witterung abhängig. Abbé Galiani vergleicht den Landmann mit einem Glücksspieler: „Er nimmt eine Rolle mit Goldstücken — den Preis oder Wert des Samens, des Pflügens und seiner Arbeit — er wirft sie auf das Feld gegen die Elemente und die Witterung, die zusammen die Bank halten.“ Je niedriger die Stufe ist, auf der die Agrikultur steht, um so größer sind die Ernteschwankungen. Eine schlechte Bodenbearbeitung mehrt die Mißwachsgefahr. Das tiefere Pflügen, die bessere Düngung, die künstliche Entwässerung und Bewässerung verringern die üblen Folgen von Nässe und Dürre. Zudem bildet der Fruchtwechsel mit seinem Nebeneinander von Gewächsen, die unter verschiedenen Lebensbedingungen stehen, eine „förmliche Selbstassekuranz des Ackerbaus" (Roscher). Dagegen kann bei der reinen Dreifelderwirtschaft die Ungunst des Wetters alle Nahrungsquellen auf einmal verstopfen. So zeigt die Erntestatistik in einem Lande wie Rußland die größten Ernteschwankungen von Jahr zu Jahr und von Gouvernement zu Gouvernement. Überreiche Ernten und schlimme Notjahre folgen oft aufeinander.

So ist es früher überall gewesen. Freilich besitzen wir darüber keine sicheren statistischen Angaben. Allein die großen Preisschwankungen, die immer wieder auftretenden Hungersnöte lassen einen Rückschluß zu. Im Anfang des 19. Jahrhunderts schätzte F. G. Schulze die regelmäßigen Schwankungen der deutschen Ernten noch wie 3 zu 5. Aber auch heute kommen noch solche vor, die sich wie 4 zu 5 verhalten oder gar in einem noch stärkeren Mißverhältnis stehen. Es handelt sich um Erntedifferenzen, die bei großen Ländern gleich in die Millionen von Tonnen gehen.

Das einzige Mittel, das man früher hatte, um die Fehlbeträge der schlechten Jahre zu ergänzen, bestand darin, daß man es so machte wie Joseph in Ägypten und die Überschüsse der fetten Jahre aufsparte für die mageren Jahre. Jeder gute Hausvater, jede gut geleitete Stadtverwaltung und auch die Staaten, sie alle hielten sich Vorräte für die Zeiten des Mangels. Ein Mittel, das freilich versagen mußte, wenn schlechte Ernten, was nicht selten geschah, mehrere Jahre unmittelbar aufeinander folgten. Nur einem Staatswesen wie dem Friedrichs des Großen konnte es mit Hilfe einer wohl organisierten Magazinverwaltung gelingen, Hungersnöte wirksam zu bekämpfen. Überall sonst bildeten Hungersnöte — man kann sagen — eine regelmäßig wiederkehrende Erscheinung. Erst seitdem die Welt unter dem Zeichen des Verkehrs steht, ist das anders geworden. Seine letzte große Hungersnot hat West- und Mitteleuropa im Jahre 1846/47erlebt. Die modernen Verkehrsmittel haben sich als ein besserer Regulator der Ernteschwankungen erwiesen als die Vorratshaltung. Mit ihrer Hilfe kann im Falle des Bedarfs auf die Erträge der Welternte zurückgegriffen werden. Die jährlichen Schwankungen der Welternte sind naturgemäß sehr viel kleiner als die in einem einzelnen Lande, weil Mißernten, die in einem Gebiete auftreten, gewöhnlich durch reichere Ernten in anderen Ländern ausgeglichen werden.

Noch ein weiterer Vorteil verbindet sich mit der Bezugsmöglichkeit auf dem Weltmarkt für die Nahrungsmittelversorgung der Völker: die Preise der wichtigsten Lebensmittel gewinnen an Stabilität. Früher war es auch in guten Jahren so, daß bereits im Frühjahr, wenn die alten Vorräte zur Neige gingen, die Preise sprunghaft in die Höhe zu gehen begannen. Liest man in alten Chroniken, so pflegt die Bemerkung, daß es im Frühling wenig zu essen gab, ständig wiederzukehren. Das war eine Jahreszeiterscheinung wie das Ausschlagen der Bäume. Allerdings schwankt auch der Weltmarktpreis. Werden doch auch die Erträge der Welternte nicht in gleichmäßigem Fluß dem Weltmarkte zugeführt, sondern ruckweise, bald zögernd, bald überflutend. Und auch die Nachfrage auf dem Weltmarkte ist nicht gleichmäßig stark, sondern schwankt je nach dem Ausfall der nationalen Ernten, infolge politischer Ereignisse und unbestimmbarer Marktlaunen. Daraus ergeben sich Preisdifferenzen, die unter Umständen recht beträchtlich sein können, doch unvergleichlich geringer sind, als sie früher die Regel waren.

Die dank der modernen Verkehrsmittel geschaffene Möglichkeit des Bezuges auf dem Weltmarkte hat der Nahrungsmittelversorgung ein hohes Maß von Sicherheit verliehen. Doch sind Probleme anderer Art entstanden. Der heimischen landwirtschaftlichen Erzeugung ist infolge der internationalen Belieferung ein Wettbewerb erwachsen, unter der sie schwer leiden kann. Noch schlimmer ist, daß die Lebensmittelversorgung infolge ihrer internationalen Verflechtung von den guten politischen Beziehungen der Völker abhängig geworden ist. Aus alledem ergeben sich für die nationale Ernährungswirtschaft Aufgaben von großer Tragweite. Wir werden sehen, welche Maßnahmen die Staaten ergriffen haben, um sie zu lösen.

Außerdem ist zu beachten, daß sich die neuzeitige Organisation des Handels keineswegs in jeder Hinsicht und auf allen Zweigen des Absatzes landwirtschaftlicher Erzeugnisse bewährt hat. Es kommt sehr viel auf die natürliche Beschaffenheit der einzelnen Produkte an. Sehen wir von den Textilrohstoffen und den Erzeugnissen der tropischen und subtropischen Landwirtschaft ab, so ist eigentlich nur das Getreide zu einem Welthandelsgut im wahren Sinne des Wortes geworden. Nur an den Getreidehandel hat auch wohl Roscher gedacht, wenn er die großen Leistungen des Handels für die Lebensmittelversorgung pries. Doch ist dieses Lob auch nur insoweit berechtigt, als die Voraussetzung, von der Roscher ausging, zutrifft, daß der Markt wirklich „frei" ist und daß sich auf ihm Haussiers und Baissiers mit ziemlich gleichen Kräften gegenüber stehen, um im ehrlichen Konkurrenzkampfe den der allgemeinen Marktlage entsprechenden Preis zu finden. Heute wissen wir, daß das durchaus nicht immer der Fall ist. So hat sich z. B. auf dem amerikanischen Markte eine schon sehr weit gediehene Vertrustung des Getreideverkehrs entwickelt. Die Furcht vor einer den Produzenten, wie den Konsumenten in gleicher Weise ausbeutenden Getreidespekulation ist hier tatsächlich keineswegs nur „eine Abart der Gespensterfurcht". Etwas Ähnliches erleben wir beim amerikanischen Fleischhandel im großen und auf den europäischen Schlachtviehmärkten im kleinen. Wir werden sehen, wie man sich dagegen zur Wehr gesetzt hat. Freilich ist es in diesem Falle weniger die öffentliche Gewalt, die den Kampf aufgenommen hat, als vielmehr die genossenschaftliche Organisation der unmittelbar betroffenen Produzenten.

Schließlich sei noch bemerkt, daß die genußreifen und leicht verderblichen Nahrungsmittel wie Milch, Gemüse, Obst usw. es erst in bescheidenem Maße zu einer Entwicklung zum Großhandel gebracht haben. Nach wie vor behalten sie ihren Standort vorzüglich in der Nähe der Konsumtionsstätte, und der Handel mit ihnen vollzieht sich in der Hauptsache in den alten überlieferten Formen des unmittelbaren Verkehrs des Konsumenten mit dem Produzenten und dem Kleinhändler. Die öffentliche Gewalt beschränkt sich in der Regel auf die Ausübung einer Marktpolizei und darauf, daß sie für die nötigen Markt- und Verkehrseinrichtungen sorgt.

Der Handel mit Gemüse und Obst findet auch heute noch zum guten Teil auf den Wochenmärkten statt. Einmal sind es die Erzeuger selbst, die hier ihre Produkte feil bieten. Neben sie sind in zunehmendem Maße berufsmäßige Obst- und Gemüsehändler getreten, die sowohl auf dem Markte als auch in ihren Läden verkaufen, nachdem sie am frühen Morgen die Ware von den zur Stadt fahrenden Landleuten oder in der Großmarkthalle erhandelt haben. Je größer die Stadt ist, um so mehr tritt der Verkauf durch den Erzeuger hinter dem durch den Händler zurück. Bei den großen Entfernungen der Großstadt scheut die Hausfrau den regelmäßigen Besuch des Wochenmarktes; sie kauft bequemer im nahegelegenen Grünkramladen. Zudem wird der Bedarf an Gemüse und Obst — wenigstens war es in dem Deutschland der Vorkriegszeit so — nicht vollständig durch die inländische Erzeugung gedeckt; in beträchtlichem Umfange werden Gemüse und Obst aus dem Auslande eingeführt. Allein schon deshalb ist das Dazwischentreten des Handels erforderlich. Gleichwohl hat der Wochenmarkt selbst in Großstädten, wo er nicht mehr vom Landwirt, sondern vom Händler beschickt zu werden pflegt, eine große Rolle behauptet. Die starke Differenzierung des Angebots und der Nachfrage, wie sie gerade bei Gemüse und Obst vorhanden ist, muß eine Verkaufseinrichtung begünstigen, die dem Käufer die Auswahl so erleichtert, wie es der Wochenmarkt vermag. Die Ware liegt frei aus; die Hausfrau, von Stand zu Stand gehend, kann sich aussuchen, was sie braucht und ihr am besten zusagt. Das ist auch der Grund, weshalb die Markthallen, die seit den 80er und 90er Jahren in den Großstädten gebaut wurden, trotz ihrer besseren hygienischen Einrichtungen den Wochenmarkt unter freiem Himmel nicht zu verdrängen vermochten. Mancherorts sind sie wieder eingegangen oder sie wurden auch wohl zu Märkten speziell für den Großhandel mit leicht verderblichen Lebensmitteln.

Milch passiert überhaupt keinen Markt. Sie wird vom Erzeuger oder vom Händler unmittelbar in das Haus des Konsumenten geliefert. Die Preisbestimmung unterliegt in hohem Maße lokalen Bestimmungsgründen, weshalb große Preisunterschiede von Ort zu Ort die Regel sind.

Wo, wie es selbst in großen Städten noch üblich ist, der Verbraucher seinen gesamten Kartoffelbedarf im Herbst einkellert, vollzieht sich auch der Kartoffelabsatz meist so, daß er einen Markt nicht durchläuft. Der unmittelbare Absatz vom Produzenten an den Konsumenten ist häufig, doch nicht die Regel. Die Bedeutung des berufsmäßigen Kartoffelhandels, dem zugute kommt, daß die Kartoffel transport- und konservierungsfähiger ist als Gemüse, Obst und Milch, ist ständig im Wachsen begriffen.

Eier werden heute wohl nur noch zum geringsten Teil auf den Wochenmärkten feilgeboten. Sie sind zu einem Artikel des allgemeinen Lebensmittelhandels geworden, eine Entwicklung, die dadurch begünstigt wurde, daß Eier in großen Mengen auch aus dem Ausland eingeführt wurden.

Ähnlich, wenn auch wieder anders, verhält es sich mit der Butter. Die im kleinen hergestellte und vom Bauern auf den Wochenmarkt gebrachte Landbutter tritt hinter der Molkerei- und der Auslandsbutter zurück, die in den Lebensmittel- und in Spezialgeschäften verkauft zu werden pflegen. Das gleiche ist vom Käse zu sagen.

(Über die Bewirtschaftung dieser Erzeugnisse in der deutschen Kriegsernährungswirtschaft vgl. die „Beiträge zur Kriegswirtschaft“ Heft 2, 28, 41/42, 47/48, 49.)

16. Kapitel.

Epochen der Getreidehandelspolitik.

1. Die ältere städtische und staatliche Getreidehandelspolitik.

Die dem Getreide eigentümliche Eigenschaft, daß es ein wichtiges, wenn nicht das wichtigste Gut der landwirtschaftlichen Erzeugung, der Konsumtion und des Handels zugleich ist, gibt frühzeitig die Veranlassung zu einer Regelung des Getreideverkehrs durch die öffentliche Gewalt. In den Stadtstaaten des Altertums und in den mittelalterlichen Städten wird die Getreidehandelspolitik fast ausschließlich von städtischen Interessen beherrscht. Für die Art und Weise ihrer Regelung macht es einen Unterschied, ob die Städte Binnenstädte sind ohne Möglichkeit, das Getreide zu einem Handelsartikel zu machen, oder ob sie große Handelsplätze an Schiffahrtsstraßen sind und im Getreideverkehr einen Zweig, womöglich den Hauptzweig ihres Handels sehen. Im ersten Falle berücksichtigt die städtische Getreidehandelspolitik nur das Konsumenteninteresse. Eine Wochenmarkts- und Fürkaufsgesetzgebung sorgt dafür, daß der Bürger unter Übergehung jedes verteuernden Zwischenhandels unmittelbar bei dem zum Markte kommenden Bauern das nötige Korn einkaufen kann, um es dann auf eigene Rechnung mahlen und backen zu lassen. Alles Getreide soll auf den Wochenmarkt kommen. Der Vorkauf an den Toren und auf den Straßen, alle Vorbesprechungen sind verboten und werden mit Geldstrafen und Konfiskation geahndet. Bevor der Getreidemarkt eingeläutet oder die Marktfahne oder der Hut aufgesteckt ist, darf kein Getreidesack aufgebunden werden. Kein Bürger soll mehr kaufen, als er für seinen Haushalt gebraucht, auch darf keiner den andern überbieten. Diese Wochenmarktordnung ist in ähnlicher Weise in ganz West- und Mitteleuropa bis an die Schwelle des 19. Jahrhunderts zur Anwendung gekommen. Für kleinere Wirtschaftsgebiete war sie zweifellos das richtige.

Doch reichte diese Verfassung nicht für größere Städte aus, die eine Zufuhr von weither nötig hatten. Nun mußte, wollte man die Getreidezufuhr nicht auf dem Administrationswege regeln, wovor man begreiflicherweise zurückschreckte, der Handel zugelassen werden, um auf dem Geschäftswege die Versorgung der Bevölkerung zu bewirken.

Wir wissen nur von einem einzigen Beispiel in der Geschichte, daß eine großstädtische Bevölkerung von Staats wegen mit Getreide versorgt worden ist — das ist Rom, das alte Rom. Mit der lex frumentaria von 123 v. Chr., die jedem Hausvater monatlich eine bestimmte Quantität Weizen zu billigem Preise zusprach, begründete der Volkstribun Gaius Grachus seine Popularität und Machtstellung. Im Jahre 58 v. Chr. setzte dann der Tribun Clodius eine völlig kostenlose Getreideausteilung an die Bürgerschaft durch. Die regelmäßigen Getreidespenden lockten den besitzlosen Pöbel Italiens nach Rom. Cäsar fand 320000 Leute in der Hauptstadt vor, die so auf Staatskosten lebten. Augustus fixierte die Zahl der Brotgetreideempfänger auf 200000. Er wurde auch der Schöpfer der berühmten Annonarverwaltung, einer Organisation der Getreideversorgung Roms, die schon in den Produktionsländern begann. Dort wurden große Provianthäuser angelegt als Reservoire, die die regelmäßige Zufuhr nach Rom sicherstellen sollten. Aufgabe einer eigenen Kornflotte, der „classis Alexandria", war es, die Vorräte nach Rom zu überführen. Dort übernahm dann die „Cura annonae" den Verkauf zu billigen Preisen. Der Vorteil einer billigen Versorgung der großstädtischen Bevölkerung wurde erkauft mit dem Untergang der heimischen Landwirtschaft. „Auf die schmählichste Weise wurde den Interessen der wesentlich unproduktiven hauptstädtischen Bevölkerung, der freilich das Brot nicht billig genug werden konnte, das Wohl des Ganzen, die Landwirtschaft geopfert" (Mommsen). Außerdem lud sich die Staatsverwaltung eine große Last der Verantwortung auf. Versagte die Annonarverwaltung, blieb die Kornflotte, von widrigen Winden aufgehalten, über Gebühr lange aus, dann geriet der Pöbel in Unruhe und Aufruhr. Die ganze Volkswut richtete sich gegen die Verwaltung und den Kaiser.

Indem man den Handel mit der Versorgung der städtischen Bevölkerung betraute, entwickelte sich in den Städten ein Stand von Kornhändlern, deren Interessen Berücksichtigung erheischten. Den Bürgern, die den alten Versorgungsstandpunkt einnahmen und vom Getreide vor allem Billigkeit verlangten, traten die Händler gegenüber, die mit ihrem Handelsgut möglichst ungehemmt zu handeln trachteten. Zwischen diesen beiden Interessentengruppen hatte die Verwaltung zu vermitteln. Sie mußte beiden Teilen gerecht werden. Es galt den Doppelzweck zu erreichen, größere Städte reichlich und billig zu versorgen und daneben für die Händler einen gewinnbringenden Handel zu ermöglichen. Sehr erleichtert wurde diese Aufgabe dort, wo die Stadt, wie Amsterdam im 17. und 18. Jahrhundert, zu einem internationalen Kornhandelsplatz geworden war. Überall sonst war aber ein komplizierter Verwaltungsapparat vonnöten, um der Doppelaufgabe gerecht zu werden.

Für die Bürgerschaft blieb die Zufuhr aus der nächsten Nachbarschaft nach wie vor in erster Reihe vorbehalten. Auf dem Wochenmarkt genossen die Bürger das Recht des Vorkaufs. Gewöhnlich durfte vor 12 Uhr mittags sich weder Händler, Bäcker, noch Brauer auf dem Wochenmarkte sehen lassen, „damit sie nicht unzeitig ins Korn jagten und dasselbe der Armut zum Schaden verteuerten". Sie sollten auf dem Wochenmarkt nur kaufen dürfen, was der Bürger übrig ließ. Dem Händler war auch verboten, innerhalb einer gewissen Bannmeile um die Stadt herum Getreide aufzukaufen. Als Handelsgut galt im allgemeinen nur das weither bezogene Korn. Aber auch hierüber konnten die Händler nicht frei verfügen. Die Stadtverwaltung behielt sich vor, im Notfalle auf ihre Vorräte zum Zwecke der städtischen Versorgung zurückzugreifen, und sperrte bei Teuerung die Ausfuhr. Dadurch wurde der Kornhandel der älteren Zeit zu einem außerordentlich riskanten Geschäft. Freilich durfte die Stadtverwaltung die Rigorosität gegen den Kornhandel nicht zu weit treiben, um nicht die städtischen Handelsinteressen zu stören. Bei den meisten der vielen regelmäßig wiederkehrenden Revolutionen gegen Rat und Patriziat handelte es sich um die jeweilige Kornsperre, die das Volk forderte, der Rat aber noch nicht durchführen mochte. Manche Stadtverwaltungen legten sich daher früh schon Getreidemagazine an, mit deren Hilfe es möglich war, kürzere Teuerungen zu überwinden, ohne die Ausfuhr radikal sperren zu müssen. Alles das erforderte einen nicht unbeträchtlichen Verwaltungsapparat.

Läßt sich im allgemeinen sagen, daß der städtischen Getreidehandelspolitik unter normalen Verhältnissen der Ausgleich zwischen den Interessen der Händler und der Konsumenten geglückt ist, so fragt es sich doch, ob auch der Landwirt mit ihr zufrieden sein konnte. Verhältnismäßig gut stand sich der in der Nachbarschaft der Stadt ansässige Bauer, der mit den städtischen Konsumenten unmittelbar auf dem Markte verkehrte. Wenn ihn auch die Marktpolizei in der Preissetzung beschränkte, so schützte sie ihn auch wieder vor einer Ausbeutung durch den Zwischenhandel. Anders verhielt es sich mit jenen Landwirten, die in dem Absatz ihrer Erzeugnisse vom Handel abhängig waren. Sie litten unsagbar unter der Neigung der Städte, den Kornpreis möglichst niedrig zu halten. Und während in der Nähe der Städte die Landwirtschaft schon eine recht hohe Stufe der Intensität erreichte, herrschte in den eigentlichen Kornkammern des Großhandels bei den werktätigen Landleuten große Armut. Wenn die Landwirtschaft gerade hier jahrhundertelang keine technischen Fortschritte zu machen vermochte, so hing das damit zusammen, daß ihr die städtische Getreidehandelspolitik zur Verbesserung der Agrikultur keinen Anreiz gab.

Das wurde erst anders, als in Europa Staatswesen entstanden, deren Wirtschaftsleben nicht mehr ausschließlich von städtischen Interessen beherrscht wurde, sondern einheitlich Stadt und Land, Städte und Landschaften umfaßte. An die Stelle der Stadtwirtschaftspolitik nach städtischen Interessen trat eine Volkswirtschaftspolitik nach Landesinteressen. Das Gedeihen der ländlichen Bevölkerung ward gleichermaßen Gegenstand staatlicher Fürsorge wie das Wohlergehen der Städter und der städtischen Gewerbe. Die Staatsgewalt suchte sich einen Einfluß auf die Getreidepreisbildung zu sichern. Die Preise durften nicht tiefer sinken, als es der Landwirt, und nicht höher steigen, als es der konsumierende Gewerbetreibende in der Stadt vertragen konnte. Das Hauptmittel, um das zu erreichen, bestand in einer Regelung der Ausfuhr: Man verbot die Ausfuhr, wenn die Preise hoch, und erleichterte sie, wenn die Preise niedrig waren. Der Einfuhr gegenüber bedurfte es gewöhnlich keiner besonderen Maßnahmen, weil die noch hohen Transportkosten die heimischen Märkte vor einer Überschwemmung mit billigem Getreide von selber schützten. Nur Länder, die durch eine besondere Lage ausgezeichnet waren, wie England mit seiner leichten Zugänglichkeit vom Meere oder Preußen, das der polnischen Kornkammer vorgelagert lag, mußten zum Schutze ihrer Landwirtschaft auch zu einer Regulierung der Einfuhr kommen.

Wo die Staaten ihr getreidehandelspolitisches System geschickt und gewissenhaft durchzuführen verstanden, haben sie damit ausgezeichnete Leistungen vollbracht. Wo es in der Hand schlechter oder schwacher Regierungen lag, konnte es zu einem Werkzeug der Ungerechtigkeit, der Willkür und der fiskalischen Erpressung werden. Wir müssen es uns versagen, auf charakteristische Beispiele mißbräuchlicher Benutzung dieses Systems einzugehen, so lehrreich sie auch sein mögen. So war die ältere englische Getreidehandelspolitik ein Widerspiel der Kämpfe der Krone mit dem Parlament. Jede politische Machtverschiebung fand in der Getreidehandelspolitik ihren Ausdruck. Je schwächer die Königsgewalt war, um so rücksichtsloser wußte der grundbesitzende Adel seine agrarischen Sonderinteressen durchzusetzen. Als in Dänemark der Grundadel politisch allmächtig geworden war, beutete er rücksichtslos das übrige Volk und das mit Dänemark vereinigte Norwegen aus. Der Minister Struensee, der dagegen einzuschreiten wagte, büßte seine Kühnheit auf dem Schafott. Schlimm war es auch, wenn die Getreidehandelspolitik in einseitig fiskalischer Weise geführt wurde, um den Regierenden ungebührliche Vorteile auf Kosten der Gesamtheit zu verschaffen. So sperrten die älteren englischen Könige die Ausfuhr, nur um möglichst teuer Ausfuhrlizenzen, womöglich an fremde Kaufleute, verkaufen zu können. Der Deutsche Orden verband mit dem gleichen Verfahren eigene Handelsspekulationen und machte sich seine eigenen Untertanen zu so erbitterten Gegnern, daß sie den Orden an Polen verrieten. Die Medici in Florenz haben die staatliche Getreidehandelspolitik dazu benutzt, um sich selber die Taschen zu füllen. Am ärgsten trieben es die Päpste. Die päpstliche Annonarverwaltung unterband jeden Verkehr zwischen Produzenten und Konsumenten, zwischen Landwirt und Städter, kaufte allein unter willkürlicher Festsetzung des Preises das Getreide auf und beherrschte allein den Kornmarkt und die Bäcker. Die Bourbonen in Neapel machten es ähnlich. Beide Teile wurden bewuchert, der Bauer sowohl wie der Städter.

Um so glänzender stechen davon die Beispiele ab, wo die Regierenden das wirksame Werkzeug der Getreidehandelspolitik so handhabten, daß es lediglich dem Wohle der Gesamtheit diente. Der Hohenstaufe Kaiser Friedrich II. in Sizilien, die Königin Elisabeth und Cromwell in England, Colbert in Frankreich, Katharina II. in Rußland sind solche Beispiele. Das Großartigste leisteten aber die beiden großen preußischen Könige des 18. Jahrhunderts, Friedrich Wilhelm I. und Friedrich der Große. Ihr Ziel war, feste mittlere Preise zu schaffen. Das erreichten sie durch eine ständige Regulierung der Ein- und Ausfuhr in Verbindung mit einer umfangreichen Getreidemagazinierung. Da die preußische Landwirtschaft unter der Konkurrenz des polnischen Getreides litt, schützte Friedrich Wilhelm I. sie durch einen Schutzzoll gegen Polen. Als dieser Schutz aber nicht ausreichte, um den heimischen Landwirt vor allzu billigen Preisen bei guten eigenen Ernten zu bewahren, fand er einen Ausweg, der verblüffend neu war. Der Staat trat in solchen Fällen selber als Käufer auf dem Getreidemarkt auf und kaufte dem Landwirt das Getreide zu einem Preise ab, bei dem er bestehen konnte, und speicherte es in den Kriegsmagazinen auf. Diese Getreidehandelspolitik war also überaus produzentenfreundlich. Doch boten anderseits die Magazine auch die Möglichkeit, dem Konsumenten in Zeiten der Teuerung zu helfen. Friedrich der Große hat diese Politik weiter ausgebaut und virtuos gehandhabt. Generell wurde weder die Einfuhr, noch die Ausfuhr zugelassen. Die Grenzen blieben grundsätzlich gesperrt. Die Ausfuhr des überschüssigen, die Einfuhr des fehlenden Getreides wurde in der Weise reguliert, daß der König von Fall zu Fall Getreidepässe in Höhe des wechselnden Bedarfs ausstellte. Was die Ausfuhr anbetraf, so konnte ihre Sperrung keine Schwierigkeiten machen, weil nur in Jahren ganz reicher Ernten Überschüsse vorhanden waren. Nicht so einfach war die Regulierung der Einfuhr. Wie konnte man in einem Lande, das ständig der Zufuhr bedurfte, gleichwohl die Grenze gesperrt halten? Das war nur möglich, indem der Staat selbst die Zufuhr besorgte. Der König ließ durch seine Agenten in Polen, dessen Abflußwege zur See er beherrschte, Getreide aufkaufen. Dieses Einkaufsmonopol stand im engsten Zusammenhange mit seinem Magazinsystem. Die Magazinierung wurde von ihm in großartigster Weise ausgestaltet. Die Hauptbestimmung der Magazine war ihre militärische. Sie boten aber zugleich die Handhabe, den Getreidepreis im Inlande zu regulieren. Man konnte kaufen, wenn das Getreide billig, verkaufen, wenn es teuer war. Waren früher die Kriegsmagazine nur in Ausnahmefällen als Mitkonkurrenten auf den Kornmärkten aufgetreten, so geschah es jetzt Jahr für Jahr, oft Woche auf Woche. Mit Hilfe dieser Maßnahmen erreichte Friedrich, was er einmal selbst als das Ziel einer guten Getreidehandelspolitik bezeichnet hatte: „entretenir l'équilibre entre les villes et la campagne" — die Kornpreise ständig zu balancieren —, „daß selbige niemalen zu hoch steigen, hergegen auch nicht zu sehr fallen, und daß Bürger, Bauer, Beamte und Edelmann mit einander dabei bestehen können."

Es war eine ausgesprochen staatssozialistische Getreidehandelspolitik, die Friedrich der Große führte. Kein Wunder, daß von sozialistischer Seite auch schon Vorschläge gemacht worden sind, die an diese Politik erinnern. In den 90er Jahren des vorigen Jahrhunderts hat man im französischen Parlament wie im deutschen Reichstag über den Plan verhandelt, die Einfuhr des Getreides staatlich zu monopolisieren. Bei den Verhandlungen über den Antrag Kanitz und den sich daran anschließenden Erörterungen ist wiederholt auf den Erfolg des friderizianischen Einfuhrmonopols hingewiesen worden. Doch waren es ganz eigenartige politische und wirtschaftliche Umstände gewesen, die Friedrich den Großen zur Durchführung des Einfuhrmonopols befähigten. Seine östlichen Provinzen lagen zwischen Polen, der damaligen Kornkammer Europas, und der Ostsee. Friedrich konnte daher Polen ausbeuten wie eine Kolonie und jederzeit über polnisches Getreide verfügen, und zwar zu einem Preise, den zu beeinflussen in seiner Macht lag. Will ein Staat nicht ein untragbares finanzielles Risiko eingehen, kann er sich auf ein Einfuhrmonopol nur einlassen, wenn er die Gewißheit hat, daß er draußen das Getreide stets billig einkaufen kann. Als Friedrichs Nachfolger den politischen Fehler machte, die einstige Kornkammer zu annektieren, war es auch mit der alten Getreidehandelspolitik vorbei. Aus der ehemaligen Kolonie, die Preußen mit billigem Getreide versorgt hatte, war eine teuer zu verwaltende Provinz geworden. (Vgl. Aug. Skalweit, Das Problem eines Getreidehandelsmonopols in Deutschland. Weltwirtsch. Archiv, 1918.)

2. Freihandel und Schutzzoll.

Trotz der guten Leistungen, zu denen der staatlich beherrschte Getreidehandel des Merkantilsystems fähig war, erhob sich doch gegen ihn in der öffentlichen Meinung seit Ausgang des 18. Jahrhunderts die schärfste Opposition. Die Art, den Getreideverkehr auf dem langen Wege vom Produzenten bis zum Konsumenten von Staats wegen regeln zu wollen, wurde von dem erwachenden Selbständigkeitsgefühl des Staatsbürgers als unerträgliche Bevormundung empfunden. Unterschiedlos wandte sich die Opposition gegen gute und gegen schlechte Verwaltungen. Man verurteilte in demselben Atemzuge die liederliche Annonarverwaltung der Päpste und die Getreidehandelspolitik Friedrichs des Großen. In dem freien Spiel der Kräfte erblickte man den natürlichen und darum den besten Regulator des Wirtschaftslebens. Allein so laut man auch die Forderung des „laissez faire, laissez passer" verkündete, und so tief man von der Richtigkeit dieses Prinzips durchdrungen war — man konnte es doch nicht vollständig in die Wirklichkeit umsetzen. Man machte dem Geist der Zeit wohl einige Konzessionen, aber man brachte es nicht fertig, das althergebrachte Rüstzeug der merkantilistischen Getreidehandelspolitik ganz beiseite zu legen. Noch während der ganzen ersten Hälfte des 19. Jahrhunderts mußte man an der alten Praxis der Ein- und Ausfuhrbeschränkungen festhalten. Man besaß noch nicht die Fähigkeit, nach den Grundsätzen des Freihandels die Ernährung der Bevölkerung sicherzustellen.

Immerhin hatten sich in dieser Zeit politische und wirtschaftliche Wandlungen vollzogen, die für die weitere Entwicklung der Getreidehandelspolitik von weittragender Bedeutung werden sollten. Die meisten Staaten hatten eine Verfassung bekommen. Die Parlamente verlangten mitzuentscheiden. Einschneidende getreidehandelspolitische Maßnahmen ließen sich nun nicht mehr von heute auf morgen von oben herab dekretieren. Jeder Schritt verlangte vorher eine Beratung und Verhandlung im Parlamente, die Überwindung vorher ungekannter politischer Widerstände. Das nahm dem früheren Verfahren zwar einen Teil seiner Willkür, beraubte es aber auch seiner Elastizität. Es ist durchaus bezeichnend, daß man in dem Staate mit der ältesten parlamentarischen Praxis, in England, um den ewigen Verhandlungen zu entgehen, ein Mittel fand, das automatisch die Zollhöhe regulieren sollte, die „gleitende Zollskala".

Die gleitende Zollskala von 1828 setzte bei einem Weizenpreis von 66 sh einen Einfuhrzoll von 20 sh 8 d fest, der sich bei einem Steigen des Weizenpreises in sieben Stufen bis auf 1 sh ermäßigte, bei einem Sinken unter den Normalpreis stark erhöhte. Die gleitende Zollskala hob oder senkte die Zollsätze in entgegengesetzter Richtung der Bewegungen, die die Getreidepreise machten. Auf diese Weise sollten die Inlandspreise auf eine mittlere Linie gedrängt werden. Das wäre allerdings ein großer Vorzug vor festen Zöllen gewesen, welche, weil sie unbeweglich waren, bei niedrigen Preisen keinen genügenden Schutz boten, bei hohen Preisen aber die schon vorhandene Teuerung ungebührlich verstärkten. Es hat daher auch bei der Erörterung über die Maßnahmen der neueren Schutzzollpolitik nicht an Befürwortern dieses Systems gefehlt. Doch haben sich die gleitenden Zölle in der Praxis nicht in dem Maße bewährt, wie man hätte erwarten sollen. Nicht eine Ausgleichung der Preise, wie man von ihnen erhoffte, haben sie bewirkt, sondern im Gegenteil nur noch stärkere Schwankungen. Die Skala bot nämlich der Getreidespekulation eine Handhabe, die Höhe der Zölle und damit auch die Höhe der Preise willkürlich zu beeinflussen. Waren die Inlandspreise niedrig und daher die Zölle hoch, so hielten die Händler die Ware zurück, bis die Preise soweit gestiegen waren, daß sie billig einführen und gleichzeitig ihre alten Vorräte teuer verkaufen konnten. Die Folge war, daß auf die künstlich hervorgerufene Hausse alsbald wieder eine Baisse folgte. Der Getreidemarkt kam nie zur Ruhe. Konsument wie Produzent litten gleichmäßig, nur für eine kleine Zahl geriebener Händler bot das System eine vorteilhafte Art unberechtigter Bereicherung. (Ad. Henningsen hat in seiner Schrift „Die gleitende Skala für Getreidezölle", Jena 1912, den Versuch einer Art Ehrenrettung der gleitenden Zollskala unternommen, indem er nachweisen zu können glaubt, daß die mit ihr gemachten Mißerfolge nicht auf das System, sondern auf dessen falsche Handhabung zurückzuführen seien.)

Auch die wirtschaftlichen Grundlagen des Getreidehandels und Getreideverkehrs hatten sich geändert. Bis zum 19. Jahrhundert war fast jede Provinz, jede Stadt mit Zollschranken umgeben. Der Warenverkehr, soweit er nicht in der Hand des Schmuggels lag, ließ sich von Staats wegen ziemlich sicher kontrollieren. Nunmehr fielen die inneren Zoll- und Verkehrsschranken. In Frankreich seit der Revolution, in Großbritannien seit 1806, in Deutschland seit 1833, in Österreich seit 1850, in Italien seit 1860. Die Wasserstraßen- und Chausseegebühren wurden ermäßigt oder aufgehoben. Der Straßen- und Kanalbau wurde gefördert, und seit 1830 begann man Eisenbahnen zu bauen, die der Entwicklung des Landverkehrs ungeahnte Möglichkeiten eröffnen sollten. Mit der Einführung gewerbefreiheitlicher Gesetze wurde den Stadtverwaltungen eine Handhabe nach der anderen genommen, den Zwischenhandel zu hemmen. Es entstand ein ansehnlicher innerer Getreidehandel. Die Mühlen wurden aus reinen Kundenbetrieben zu großen Geschäften, die Getreide kauften und Mehl verkauften. „Der private große Getreidehändler, der hausierende kleine Einkäufer, der städtische Kommissionär, der Müller, der Vorrathändler, der in der Stadt die Müller und Bäcker versorgt und von Stadt zu Stadt seine Ware sendet, sie traten immer mehr in den Mittelpunkt der Geschäfte. Die Produktion wie der Konsum wurde immer mehr von einem großen kaufmännischen Apparat von Händlern und Mittelspersonen, von ihrem Kapital und ihrem Kredit, ihrer Organisation, ihrer Ehrlichkeit und ihrer Neigung, die eingenommene Machtstellung voll auszunutzen, abhängig. Die größeren Marktorte begannen immer mehr die kleineren zu beherrschen, ja einen Teil ihrer Geschäfte ihnen abzunehmen. An den größeren Zentralpunkten entwickelte sich eine Getreidebörse, ein zunehmender Lieferungs- und Terminhandel und eine große Getreidespekulation" (Schmoller).

Sicherer und billiger, als es der best durchkonstruierte Apparat merkantilistischer Getreidehandelspolitik vermocht hätte, konnte nunmehr durch die selbsttätige Organisation des Handels die Versorgung der Bevölkerung bewirkt werden. Mit Hilfe der neuen Verkehrsmöglichkeiten weiteten sich die Wege, die das Korn von den agrikolen Landesteilen nach den Zentren des großen Verbrauchs zurücklegen konnte. Die Bevölkerung nahm zu, die Städte wuchsen, die landwirtschaftlichen Produktenpreise stiegen. Auch in entlegenen

Produktionsgebieten wurde die Getreideerzeugung für den Landwirt lohnend.

Alles das schien die von dem wirtschaftlichen Liberalismus geforderte Befreiung des Handels aus seinen Fesseln vermocht zu haben. „Die liberale Nationalökonomie bekämpfte mit großem Eifer die alten Vorurteile gegen den Kornwucher, suchte nach immer neuen Beweisen, daß die Kornhändler die Wohltäter der Menschheit seien" (Schmoller). Auch die Zollschranken, mit denen die Staaten ihren internationalen Getreidehandel immer noch umgaben, waren nicht mehr zu halten. In England bildete sich im Jahre 1839 die „Anti-Corn-Law League", um mit wilder Agitationskraft im Interesse einer billigen Ernährung der Industriebevölkerung die Getreideeinfuhrzölle zu bekämpfen. Die Bewegung griff auf den Kontinent über. Erst hob man die Ausfuhrzölle auf, dann ermäßigte man die Einfuhrzölle und in den 60er Jahren beseitigte man sie ganz.

England hat seitdem am Freihandel festgehalten. Für die anderen Länder sollte indes die Freihandelsära nicht lange dauern. Es zeigte sich sehr bald, daß die ungehemmte ausländische Getreideeinfuhr schlimme Folgen für die inländische Produktion hatte. Allerdings nicht sofort. Zunächst noch bewahrheitete sich der Satz Adam Smiths, daß infolge der Transportschwierigkeiten die Einfuhr niemals so stark wachsen könne, wie der Bedarf zunähme; einführen ließe sich immer nur ein winziger Bruchteil der gesamten für den Konsum erforderlichen Bedarfsmenge. Noch 1851 nahm Roscher an, daß sich die exportierten Überschüsse der Ackerbaustaaten und die Bezüge der Industriestaaten höchstens zwischen 1—9% der Ernte und des Bedarfs bewegten, weil mehr sich nicht transportieren ließe. Vor 1850 hat es einen eigentlichen Weltgetreidehandel kaum gegeben. Der einzige Getreidehandel, der vielleicht vorher schon diese Bezeichnung verdiente, der von dem Baltikum nach Holland, England und Frankreich, hat sich in ganz bescheidenen Grenzen bewegt. Das wurde seit dem letzten Drittel des 19. Jahrhunderts anders. Die Frachten, vor allem die Seefrachten, verbilligten sich in einem Maße, daß schließlich die Transportkosten eine wesentliche Verteuerung des Überseegetreides kaum noch bedeuteten. Über die ganze Welt spannte der Getreidehandel seine Fäden aus. Die absoluten Entfernungen zwischen den west- und mitteleuropäischen Konsumtionszentren und den Getreide zuführenden Produktionsgebieten weiteten sich, und doch wurden sie dank der modernen Verkehrsmittel so nahe aneinander gerückt wie nie zuvor.

Mit ungeschwächter Stärke konnten die überseeischen Ackerbauländer, die vordem durch ihren Mangel an Exportgütern in ihrer Entwicklung zurückgehalten worden waren, ihr billiges Getreide auf die europäischen Märkte werfen. Sie konnten viel billiger produzieren, als es die alten Kulturländer vermochten. Der Grund und Boden war fast umsonst zu haben, erforderte also kein wesentliches Anlagekapital. Die Bestellungskosten waren verhältnismäßig niedrig, weil man bei dem vorhandenen Landüberfluß Raubbau treiben und fast ganz ohne Düngung auskommen konnte. Die Länder befanden sich noch in dem Zustande, wo es vorteilhafter ist, viel Land schlecht, als wenig Land gut zu bewirtschaften.

Dieser Konkurrenz war die Landwirtschaft der alten Kulturländer nicht gewachsen. Was war zu tun? Entweder mußte man zu extensiverer Kultur übergehen. Für die Landwirtschaft und die landwirtschaftliche Bevölkerung, deren ganze wirtschaftliche Basis auf der erreichten Kulturhöhe beruhte, wäre das eine schwere Beeinträchtigung ihrer Existenzmöglichkeit gewesen. Oder man mußte das ausländische Getreide mit so hohen Einfuhrzöllen belegen, daß das inländische Getreide auf den Inlandmärkten wieder wettbewerbsfähig wurde. Das hätte eine starke Belastung der konsumierenden, vor allem der industriellen Bevölkerung zur Folge gehabt, was in seiner weiteren Wirkung einer Verteuerung der industriellen Produktion gleichgekommen wäre. Ein circulus vitiosus! Und doch mußte einer von beiden Wegen beschritten werden. England wählte den ersten, andere Staaten, und so auch Deutschland, wählten den zweiten.

Englands Landwirtschaft ist denn auch einer starken Extensivierung anheim gefallen. An sich wären in England alle Vorbedingungen für eine intensive Landwirtschaft gegeben, die es ja auch bis Ausgang der 70er Jahre, wo die ausländische Konkurrenz noch nicht fühlbar war, gehabt hatte. Pflegen doch im allgemeinen dichte Bevölkerung und starke Nachfrage nach landwirtschaftlichen Erzeugnissen intensiven Betrieb zur Folge zu haben. Indem England, um die Vorteile billiger Nahrungsmittel zu haben, zum extensiven Betrieb überging, wurde seine Landwirtschaft auf einen Zustand zurückgeschraubt, wie ihn ähnlich, wenn auch nicht technisch, so doch in der gesamten Produktionsleistung, jene menschen- und verkehrsarmen Neuländer einnehmen, von denen die alten Kulturstaaten die fehlenden Nahrungsmittel für ihre Bevölkerung beziehen. Der Ackerbau räumte der Weidewirtschaft mehr und mehr Platz ein. Das noch übrige Ackerland wurde weniger intensiv bewirtschaftet, der Getreidebau und auch der Hackfruchtbau eingeschränkt und dafür die Zahl der Kleeschläge vermehrt. Die Bearbeitung des Ackers wurde schlechter. Das Pflügen und das Eggen wurde nicht mit der wünschenswerten Sorgfalt ausgeführt. Die Hackarbeit wurde auf das geringste Maß beschränkt, die Unkrautvertilgung auf Acker und Weide vernachlässigt. An Drainagen und andere Meliorationen wurde kaum mehr gedacht, das Kalken hörte auf, ebenso die Kompostbereitung, weil sie zuviel Arbeit erforderten. Auch die Ackerbausysteme änderten sich. Die intensive verbesserte Dreifelderwirtschaft ging zurück. Die Fruchtwechselwirtschaft, die bei den guten Preisen der früheren Jahre der Halmfrucht einen möglichst breiten Platz gewährt hatte, schränkte den Körnerbau und den Hackfruchtbau ein und schob nur noch soviel Getreideschläge zwischen die Futterpflanzen, als zur Durchführung einer geregelten Fruchtfolge unbedingt nötig war. Vor allem litt der Anbau des Weizens, der in England die eigentliche Brotfrucht ist. Die Weizenanbaufläche, im Jahrfünft 1871—75 noch 1493000 ha groß, verminderte sich bis zum Jahrfünft 1901—05 auf 679000 ha. Da die Preissenkung von Gerste und Hafer nicht gleich stark war wie beim Weizen, war der Rückgang ihrer Anbauflächen entsprechend geringer. Insbesondere hat der Hafer, als das im Anbau anspruchsloseste Getreide, seine frühere Anbaufläche fast ganz zu behaupten vermocht. Dagegen hat sich die Anbaufläche der anspruchsvolleren Kartoffel stärker verringert (1871—75: 610000 ha, 1906—10: 471000 ha). Das Weideland weist eine starke Zunahme auf. Doch ist nicht etwa dementsprechend die Viehzucht intensiver geworden. Zwar ist bekannt, daß einzelne englische Landwirte in der Züchtung von Qualitätsvieh Hervorragendes leisten, doch sind die Dauerweiden verhältnismäßig schwächer besetzt als früher. Die Fläche der Dauerweiden hat seit den 70er Jahren um etwa 38% zugenommen, während die Zunahme der Viehzahl nur 10% beträgt. Denn auch die Viehpreise gingen seit Ende der 70er Jahre, wo mit der Einfuhr billigen Gefrierfleisches begonnen wurde, zurück. Selbst die Schafhaltung, die beim Übergang zu extensiver Kultur größer zu werden pflegt, hat abgenommen. Das erklärt sich daraus, daß ihre Weidebezirke zu sog. „Dear Forests" gemacht worden sind, die aber keine Forsten sind, sondern mit Heidekraut bewachsene Wildreservate. Sie werden nicht aufgeforstet, weil das schottische Moorhuhn, das mit dem Rotwild die weiten Reviere teilt, die Nähe des Waldes flieht. Hatte anderwärts die Kultur den Schafen weichen müssen, so mußte sie hier dem Hirsch und Moorhuhn Platz machen.

In Deutschland hatte Bismarck bereits im Jahre 1879 den Übergang zur Schutzzollpolitik vollzogen und auch für Getreide Einfuhrzölle eingeführt. Sie waren zunächst sehr niedrig, wurden dann aber in den 80er Jahren erhöht und erreichten 1887 einen Stand von 50 ℳ für die Tonne Weizen und Roggen, von 40 ℳ für die Tonne Hafer, von 22,50 ℳ für die Tonne Gerste. Bismarck regelte die Zollpolitik autonom nach den eigenen Bedürfnissen Deutschlands. In den Handelsverträgen, die mit anderen Staaten geschlossen wurden, vermied man die Bindung der Zölle auf bestimmte feste Sätze, um in ihrer Erhöhung nicht behindert zu sein. Man begnügte sich mehr und mehr damit, ohne Gegengabe als „meistbegünstigte Nation" an den Tarifverträgen anderer Staaten teilzunehmen und selbst nur Meistbegünstigungsverträge abzuschließen. Für Deutschland war diese Politik außerordentlich vorteilhaft, doch vermochte nur ein im Ausland so gefürchteter Mann wie Bismarck sie zu führen. Denn natürlich mußte sie bei den anderen Staaten Mißstimmung erregen. Man warf Deutschland vor, es wolle, ohne Gegenleistung, an fremden Tischen essen. Als Bismarck 1890 von seinem Posten weichen mußte, stand es fest, daß sich diese Handelspolitik der starken Hand nicht mehr durchführen ließ. Wie auf Verabredung erfolgte die allgemeine Kündigung der Handelsverträge seitens der anderen Staaten. Es bestand die Gefahr, daß Deutschland in einen allgemeinen Zollkrieg verwickelt werden würde. Bismarcks Nachfolger Caprivi mußte daher die autonome Handelspolitik aufgeben und wieder zu zeitlich bindenden Handelsverträgen mit Tarifkonzessionen kommen. Da Deutschland Industrieerzeugnisse ausführte und Agrarprodukte einführte, konnten die erforderlichen Konzessionen nur auf Kosten der Getreidezölle gemacht werden. Die Getreidezölle wurden herabgesetzt (Weizen und Roggen auf 35 *M*, Hafer auf 28 *M*, Gerste auf 20 *M* für die Tonne). Die Herabsetzung war nicht bedeutend. Die neuen Zölle waren immer noch höher als sie vor 1887 gewesen waren. Zudem waren damals die Getreideweltmarktpreise gerade sehr hoch. Die Ermäßigung der Zollsätze schien also kaum Bedenken zu haben. Doch wollte es das Unglück, daß die Weltmarktpreise alsbald einen nie dagewesenen Tiefstand erreichten. Während die Zollermäßigung nur 15 *M* betragen hatte, sank z. B. der deutsche Roggenpreis um 90 *M*, d. h. fast auf die Hälfte des früheren Preises. Die deutsche Landwirtschaft geriet in eine furchtbare Notlage. Und obwohl Caprivi an der Katastrophe in der Hauptsache unschuldig war, wandte sich doch die nun einsetzende wilde agrarische Agitation mit vereinten Kräften gegen ihn. 1894 mußte Caprivi gehen. Seine Nachfolger konnten zunächst an den Zollsätzen nichts ändern. Die Handelsverträge liefen noch zwölf Jahre weiter und konnten vorher nicht gekündigt werden. Man mußte sich damit begnügen, mit Maßnahmen anderer Art der notleidenden Landwirtschaft aufzuhelfen. Und als dann schließlich zu Beginn des 20. Jahrhunderts die Möglichkeit zu einer Neugestaltung der Handelspolitik gegeben war, ließ sich auch nichts anderes tun, als grundsätzlich an der Caprivischen Handelsvertragspolitik festzuhalten. Das einzige, was geschah, war, daß man den Landwirten die Konzession einer Erhöhung der Getreidezölle ungefähr auf den Stand von 1887 machte (Weizen 55 *M*, Roggen und Hafer 50 *M*, Braugerste 40 *M*, Futtergerste 13 *M* für die Tonne). Da sich inzwischen die Weltmarktpreise wieder erholt hatten, gewährten diese Sätze einen ausreichenden Schutz, ja, die Weltmarktpreise stiegen in den letzten Jahren vor dem Kriege so sehr, daß man Zweifel hegen konnte, ob die Zollsätze nicht überreichlich hoch wären.

In der Diskussion über die deutschen Getreidezölle nahm die Abschaffung des sog. Identitätsnachweises einen breiten Raum ein. Um was handelte es sich dabei? Nach Einführung der Zölle machte man die Wahrnehmung, daß im inländischen Getreidepreise der Zollaufschlag wiederholt nicht voll zum Ausdruck kam, eine Erscheinung, die vor allem während der Zeit der

Caprivischen Kornzölle von den Landwirten bitter empfunden wurde. Das ließ sich nur daraus erklären, daß der Inlandsmarkt zeitweise überfüllt war. Es war mehr Getreide im Lande, als von der Nachfrage glatt abgenommen werden konnte, obwohl doch ein ständiger Import von Brotgetreide erforderlich war. Nun wurde zwar für eingeführtes Getreide der Zoll zurückerstattet, wenn es wieder ausgeführt wurde, doch mußte der Identitätsnachweis geführt werden, d. h. es mußte die Identität der ausgeführten Ware mit der seinerzeit eingeführten nachgewiesen werden. Diesen Nachweis zu erbringen, war aber meist ein Ding der Unmöglichkeit, weil das ausländische Getreide mit dem inländischen gemischt zu werden pflegte. Die Forderung des Identitätsnachweises bedeutete demnach eine Exporterschwerung, die zumal in Gegenden mit starker eigener Getreideproduktion wie den ostdeutschen, preisdrückend wirken mußte, während die großen westdeutschen Konsumtionsgebiete darunter kaum litten. Wieder machte sich der Dualismus zwischen dem agrarischen Osten und dem industriellen Westen auch bei dieser Gelegenheit geltend.

Um diesen Zwiespalt zu überbrücken, gab es zwei Möglichkeiten: Entweder schaffte man dem ostdeutschen Getreide einen Abfluß nach dem Westen, oder man erleichterte dem ostdeutschen Getreide durch Aufhebung des Identitätsnachweises den Export über See. Der erste Weg wurde 1891 beschritten, indem man durch Einführung eines billigen Eisenbahnstaffeltarifs die Beförderung des Getreides vom Nordosten nach dem Westen und Südwesten begünstigte. Lieber wäre freilich der ostdeutschen Landwirtschaft eine Ausfuhrerleichterung über See gewesen. Noch unzufriedener waren die süddeutschen Landwirte, weil sie sich durch den Wettbewerb des ostdeutschen Getreides bedroht fühlten. Dem Drängen von beiden Seiten nachgebend, wurde 1894 gleichzeitig mit der Wiederabschaffung des Staffeltarifes der Identitätsnachweis beseitigt. Dem Exporteur von Getreide wurden „Einfuhrscheine" ausgestellt, die ihn berechtigten, die gleiche Menge derselben Getreidegattung vom Auslande zollfrei einzuführen. Es konnte der Schein aber auch auf den Zoll anderer bestimmter Waren in Anrechnung gebracht werden. Dieser Bestimmung, daß die Einfuhrscheine auch zur Zollzahlung bei der Einfuhr anderer Waren als Getreide verwendet werden durften, lag die Absicht zugrunde, für die Einfuhrscheine eine Entwertung zu verhindern. Die Einfuhrscheine erhielten einen Kurswert und wurden an der Börse gehandelt. Auf die weitere Ausgestaltung des Einfuhrscheinsystems und seine Wirkungen näher einzugehen können wir uns ersparen. Nur soviel sei erwähnt, daß sich in den letzten Jahren vor dem Kriege eine lebhafte Opposition gegen sie entwickelte, weil man glaubte, daß sie eine Exportprämiierung des deutschen Roggens darstellten. Tatsächlich ging die Entwicklung dahin, daß Deutschland mehr Roggen erzeugte, als es verbrauchte. Um der öffentlichen Meinung ein Zugeständnis zu machen, wurde durch Bundesratsbeschluß vom 1. Dezember 1911 bestimmt, daß die Einfuhrscheine nur noch für die Zollzahlung bei der Einfuhr von Getreide, nicht auch bei der Einfuhr anderer Artikel, Verwendung finden sollten, — eine Maßnahme, die aber die erstrebte Wirkung nicht haben konnte, weil bei dem großen Einfuhrbedarf an Weizen und Gerste die bei der Roggenausfuhr ausgestellten Einfuhrscheine ihre Kursfähigkeit nach wie vor behielten.

Die deutsche Getreideschutzzollpolitik ist während ihres Bestehens aufs schwerste umstritten gewesen. Den Agrariern ging sie nicht weit genug, die prinzipiellen Anhänger eines freien Handels sahen in ihr eine Beeinträchtigung höchst möglicher industrieller Entfaltung, und die Arbeiterparteien glaubten sie im Interesse einer wohlfeilen Lebenshaltung bekämpfen zu müssen. Sicherlich hat diese Politik, wie niemand leugnen wird, auch ihre Mängel gehabt. Der schwerste ist wohl in der Verteuerung des Brotes für die konsumierende Bevölkerung zu sehen. Aber auch für die Landwirtschaft selbst hatte sie Gefahren. Sie bestanden vielleicht weniger darin, daß die Landwirtschaft in eine einseitig den Getreidebau begünstigende Produktionsrichtung gedrängt wurde, als vielmehr darin, daß die höheren Preise, die der Landwirt für sein Getreide erhielt, wie ein Wertzuwachs am Grund und Boden gewertet und behandelt wurden. Es wäre eine unerwünschte Folge gewesen, wenn der Anreiz, durch den Verkauf des Hofes einen Kapitalgewinn zu realisieren, eine Mobilisierung des ländlichen Grundbesitzes bewirkt hätte. Es ist festgestellt worden, daß im allgemeinen die deutschen Landwirte dieser Gefahr nicht erlegen sind. In der Regel haben sie die guten Erträge ihrer Wirtschaft dazu benutzt, die Intensität ihrer Betriebe zu steigern. Damit haben sie der Allgemeinheit am meisten genützt. Die wachsende Kaufkraft der Landwirtschaft erhöhte den Wohlstand auch anderer Glieder des Volkskörpers. Und mochten auch die deutschen Brotpreise teurer sein als in England, so waren sie doch nicht so teuer, daß dadurch der deutsche Arbeiter nicht mehr wettbewerbsfähig gewesen wäre. Die deutsche Industrie ist trotzdem imstande gewesen, Rekordleistungen zu vollbringen.

In ihrem vollen Umfange sollte sich dann der Nutzen der deutschen Agrarschutzzollpolitik zeigen, als der Krieg ausbrach und das deutsche Volk auf die Leistungsfähigkeit der deutschen Landwirtschaft allein angewiesen war. Jetzt wurde es jedermann offenbar, welchen großen politischen Fehler man begangen hätte, wenn man die Landwirtschaft der ausländischen Konkurrenz schutzlos preisgegeben hätte.

3. Die deutsche Kriegsgetreide- und Nachkriegswirtschaft.

Während des Weltkrieges ist in Deutschland der Getreidehandel vollständig unter die staatliche Kontrolle gestellt worden. Er wurde staatlich monopolisiert. Doch handelte es sich nicht um ein Monopol im landläufigen Sinne mit fiskalischer Zielsetzung. Zwar wurde ebenfalls eine Marktbeherrschung erstrebt und durchgeführt, doch mit dem ganz besonderen, durch die Kriegsverhältnisse bestimmten Ziele, die Brotversorgung des von der ausländischen Zufuhr abgeschnittenen deutschen Volkes sicherzustellen. Es war weder ein Monopol zur fiskalischen Ausbeutung eines Produktionszweiges, noch zur Besteuerung der Konsumenten, sondern ein Monopol zum Schutze der Konsumenten. Erstrebt wurde ein möglichst niedriger Preis bei geringstmöglichem Verbrauch.

Die Marktbeherrschung war mehr eine aufgezwungene als eine gewollte. Nur so war das erstrebte Ziel erreichbar. Der anfangs gemachte Versuch, durch amtliche Festsetzung von Höchstpreisen der Bevölkerung billiges Getreide zuzuwenden, war gleich gescheitert. Man konnte dadurch wohl erreichen, daß die Preise gedrückt wurden, nicht aber, daß die Bevölkerung eine seinem Bedarf entsprechende Brotmenge zu dem billigen Höchstpreise auch auf die Dauer wirklich bekam. Sollten die knappen Vorräte ausreichen, mußte man sie durch Einschränkung des Verbrauchs möglichst zu strecken suchen. Die eingeschlagene Verbilligungspolitik mußte aber gerade die entgegengesetzte Wirkung haben. Bei dem allgemeinen Knapperwerden der Nahrungsmittel stürzte sich der Verbrauch gerade auf diejenigen Erzeugnisse, die durch die amtlichen Höchstpreise künstlich billig gehalten wurden. Das ging so weit, daß Brotgetreide in erhöhtem Maße verfüttert wurde. In Fleisch umgewandelt, ließen sich mit ihm höhere Preise erzielen.

Die Aufgabe war demnach eine doppelte: erstens galt es das geerntete Getreide möglichst vollständig zu erfassen und dem Verbrauch zuzuführen, und zweitens mußten die hinter der Nachfrage zurückbleibenden Vorräte möglichst gerecht anteilsmäßig verteilt werden. Der Ausgangspunkt war die Brotmarke, die jedem Verbraucher einen Anspruch auf seinen ihm zukommenden Anteil gab. Aufgabe der Reichsgetreidestelle war es, die nötige Ware bereitzustellen, um diesen Anspruch befriedigen zu können. Diesem Zweck ordnete sich alles unter. Natürlich mußte das Getreide, um es verteilen zu können, auch erfaßt werden. Doch war die hierfür von der Reichsgetreidestelle geschaffene Organisation ganz unter dem Gesichtswinkel des Verteilungszweckes aufgebaut. Eigene Organe für die Erfassung besaß die Reichsgetreidestelle überhaupt nicht. Sie überließ die Erfassung den Kommunalverbänden. Unter diesen war wieder eine große Zahl, denen von der Reichsgetreidestelle die „Selbstbewirtschaftung" übertragen worden war, und die damit innerhalb ihres Versorgungsgebietes die gesamte Bewirtschaftung von der ersten Erfassung bis zur letzten Verteilung durchzuführen hatten. Unmittelbar beliefert wurden von der Reichsgetreidestelle, abgesehen von der Heeresverwaltung, nur die „Bedarfsverbände". Lediglich das hierfür nötige Getreide, das seitens der „Lieferungsverbände" in den Überschußgebieten aufzubringen war, wurde von der Reichsgetreidestelle auch naturaliter bewirtschaftet.

Ganz der Erfassung entzogen, sowohl seitens der Reichsgetreidestelle als auch seitens der Kommunalverbände, blieb aber jenes Getreide, das die „Selbstversorger" für den Verbrauch im eigenen Haushalt behalten durften.

Die Organisation der Getreideerfassung war also dezentralisiert und locker gehalten. Der Reichsgetreidestelle lag gar nicht daran, möglichst viel Getreide in die Hand zu bekommen. Sie gab sich damit zufrieden, die Erfassung so zu regeln, daß die gleichmäßige Verteilung gesichert war. Unmittelbar in eigene Bewirtschaftung nahm sie nur soviel Getreide, als nötig war, um die Heeresverwaltung zu versorgen und um den Ausgleich zwischen den Überschuß- und den Zuschußgebieten herzustellen. Auch mit der Einfuhr von ausländischem Getreide, soweit sich eine solche noch bot, hat sich die Reichsgetreidestelle niemals befaßt. Sie hat wohl die Verteilung solchen Getreides übernommen, aber das eigentliche Einfuhrgeschäft ist von andern Stellen besorgt worden. Dagegen hat sich der Aufgabenkreis der Reichsgetreidestelle, der sich ursprünglich nur auf das Brotgetreide, also auf Weizen und Roggen, erstreckte, insofern im Verlaufe des Krieges erweitert, als auch das Futtergetreide und die Hülsenfrüchte ihrer Bewirtschaftung anvertraut wurden. Die engen Wechselbeziehungen, die sowohl beim Verbrauch wie bei der Erzeugung zwischen diesen Fruchtarten bestanden, ließen ihre gemeinsame Bewirtschaftung von einer Stelle aus als erforderlich erscheinen.

Gegen Ausgang des Krieges wurde in Deutschland der Plan erwogen, die Reichsgetreidebewirtschaftung zu einer dauernden, in die Friedenswirtschaft zu übernehmenden Einrichtung zu machen. Man versprach sich davon finanzielle Einnahmen zum Zwecke der Gesundung des schwer erschütterten Reichshaushalts. Ein solcher Gedanke konnte nur aufkommen, weil man sich über das Wesen der Kriegsgetreidewirtschaft und der Funktionen der Reichsgetreidestelle nicht im klaren war. Ein Getreidemonopol, das eine ergiebige Einnahmequelle hätte abgeben können, hätte ganz anders gestaltet sein müssen. (Vgl. August Skalweit, Das Problem des Getreidemonopols in Deutschland. Weltwirtschaftl. Archiv, 1918.)

Mit dem Abbau der öffentlichen Getreidebewirtschaftung ist man nach Beendigung des Krieges nur zögernd und schrittweise vorgegangen. Die Sorge um die Belieferung der konsumierenden Bevölkerung ließ ihre Beibehaltung zunächst noch als erforderlich erscheinen. Die Reichsgetreidestelle besteht auch heute noch. Allerdings ist ihr Wirkungskreis stark eingeschränkt worden. Den Handel mit Futtergetreide hat sie freigegeben, dem Auslandsgetreide gegenüber behält sie sich nur eine gewisse Kontrolle und Zugriffsmöglichkeit vor. So bleibt ihr nur das inländische Brotgetreide und auch dieses nur zu einem Teile. Die Landwirte brauchen nicht mehr die ganze Ernte abzuliefern, sondern es wird von ihnen eine „Getreideumlage“ erhoben, nach deren Ablieferung sie über den Rest frei verfügen können. Das Umlagegetreide, dessen Preis, nach den Gestehungskosten des Landwirts berechnet, unter dem Marktpreis bleibt, wird von der Reichsgetreidestelle dazu benutzt, den Preis des auf Brotmarken ausgegebenen Brotes zu ermäßigen und die Brotversorgung der konsumierenden Bevölkerung vorzüglich in den Bedarfsgebieten sicherzustellen. Zu diesem letzteren Zwecke kauft die Reichsgetreidestelle von den deutschen Getreideimporteuren im Bedarfsfalle auch Auslandsgetreide. In den ersten Friedensjahren wurde dieses sogar unter Einstandspreis wieder abgegeben.

Seit dem Kriegsende hat die Getreideeinfuhr wieder einen beträchtlichen Umfang angenommen. Die schon seit Kriegsbeginn aufgehobenen Getreidezölle sind natürlich nicht wieder eingeführt worden. Ihre Erhebung wäre widersinnig gewesen in einer Zeit, wo der Weltmarktpreis an sich schon für deutsche Verhältnisse unerträglich hoch war. Es fragt sich überhaupt, ob in Zukunft eine Rückkehr zur Schutzzollpolitik möglich und nötig sein wird. Mit dem Weltkrieg ist die seinerzeit von Caprivi aufgenommene und seinen Nachfolgern fortgesetzte Handelsvertragspolitik zusammengebrochen. Wir wissen, wie sich Deutschland zum Mittelpunkte eines ganzen Systems von Handelsverträgen gemacht hatte. Man wollte dadurch der deutschen Erzeugung einen gewissen Schutz gegenüber der ausländischen Konkurrenz verschaffen und ihr doch zugleich den Absatz nach dem Ausland offen halten. Den Hauptstreitgegenstand bei den Vertragsverhandlungen bildeten die deutschen Getreidezölle. Mußte man doch im Interesse der deutschen Exportindustrie vor allem gerade mit solchen Staaten zum Abschluß von Handelstarifverträgen zu kommen suchen, die auf der einen Seite für die deutschen Industrieerzeugnisse aufnahmefähig waren und auf der andern Seite als Agrarexportländer ihr Getreide möglichst unbehindert nach Deutschland ausführen wollten. Es sei daran erinnert, wie sich die Caprivischen Handelsverträge nur auf Grund einer von Deutschland zugestandenen Ermäßigung seiner Getreidezölle durchsetzen ließen.

Der Vertrag von Versailles hat Deutschland die einseitige Meistbegünstigungsklausel der 27 Siegerstaaten aufgezwungen. Das hat zur Folge, daß Deutschland eine selbständige Handelsvertragspolitik überhaupt nicht mehr führen kann. Würde doch an jeder Konzession, die Deutschland auf Grund eines Handelsvertrags einem andern Staate machte, die halbe Welt automatisch und ohne Gegenleistung Anteil haben. Bei dieser Sachlage nötigen Selbsterhaltungstrieb und nationale Ehre dem Deutschen Reich eine Handelspolitik auf, die auf den Abschluß von Handelsverträgen ganz verzichtet. Tatsächlich sind auch die letzten wenigen Handelsverträge, die den Krieg überdauert hatten, inzwischen gekündigt worden. Der vertragslose Zustand ist hergestellt. Will daher Deutschland wieder Getreidezölle erheben, so kann es sie nur autonom stipulieren. Das würde indes eine Kraftprobe bedeuten, der wohl das Deutschland Bismarcks gewachsen war, die aber das schwache Deutsche Reich der Gegenwart kaum auszuhalten vermöchte. Handelspolitik ist Machtpolitik. Ein entwaffnetes Volk kann nur eine passive Handelspolitik führen.

Doch ist zu bezweifeln, ob die deutsche Landwirtschaft in der nächsten Zukunft überhaupt eines Agrarschutzes bedarf. Die Lage auf dem Weltmarkte hat sich seit dem Weltkriege geändert. Das vor dem Kriege unter den deutschen Getreidebezugsländern an erster Stelle stehende Russische Reich ist aus den Getreideexportländern vorläufig ausgeschieden. Es wird auch wohl noch längere Zeit darüber hingehen, bis Rußland seine frühere Stellung auf dem Weltmarkte wieder einnehmen kann, und wenn die russische Landwirtschaft dazu wieder in der Lage sein wird, so fragt es sich, ob es noch zu den billigen Vorkriegspreisen zu liefern vermag. Allzu hart ist die russische Landwirtschaft mitgenommen worden. Ein zweites kommt hinzu: früher kam es vor, daß Rußland Getreide ausführte, während gleichzeitig der russische Bauer hungerte. Diese Zeit ist vorbei. Die Bauernemanzipation ist gerade unter dem Einfluß der Revolution soweit fortgeschritten, daß sich der russische Bauer das nicht mehr gefallen läßt.

Wie aus beifolgender Tabelle ersichtlich ist, bezieht heute Deutschland die Hauptmasse seines Auslandsgetreides aus den Vereinigten Staaten von Amerika. Den Wettbewerb dieses Landes braucht aber der deutsche Getreidebau nicht mehr in dem Maße wie früher zu fürchten. Schon vor dem Kriege ließ sich wahrnehmen, wie sich in

Die deutsche Getreideeinfuhr im Jahre 1922.

	Insgesamt	Herkunftsländer					
		V. St. v. Amerika	Argentinien	Kanada	Tschechoslowakei	Rumänien	Übrige Länder
		In 1000 Tonnen					
Weizen	1392,6	722,5	487,8	63,8			118,5
Roggen	539,6	484,7	8,4	39,8			6,8
Hafer	90,6	64,3	4,8			5,8	15,8
Gerste	267,0	44,7	12,8		55,7	92,6	61,2
Mais	1085,4	891,0	73,4	61,7		7,1	52,4

den Vereinigten Staaten die landwirtschaftlichen Produktionskosten mehr und mehr denen der alten Kulturländer annäherten. Außerdem braucht dieses aufstrebende Industrieland seine Agrarprodukte im zunehmenden Maße für die Ernährung seiner eigenen Bevölkerung.

Allerdings ist zu erwarten, daß dermaleinst andere Agrarländer an die Stelle der Vereinigten Staaten treten werden. Doch werden, soweit man voraussehen kann, die Weltmarktpreise noch lange so hoch bleiben, daß die deutsche Landwirtschaft diese Konkurrenz ertragen kann. Zudem bildet der niedrige deutsche Geldwert einen natürlichen Schutz gegen ein Übermaß der Einfuhr. Der der jetzigen Wirtschaftslage entsprechende Zustand wäre überhaupt der, daß Deutschland vom Auslande möglichst wenig Getreide kaufte und statt dessen die eigene Erzeugung steigerte. Wenn das bisher nicht geschah und wenn Deutschland, wie die beigefügte Tabelle zeigt, noch im Jahre 1922 so gewaltige Mengen Auslandsgetreide bezog, so war das vor allem darauf zurückzuführen, daß die Verbilligungspolitik der Reichsregierung die heimische Erzeugung hemmte.

Ergänzende Literatur.

Sering, Max, Die landwirtschaftliche Konkurenz Nordamerikas in Gegenwart und Zukunft. Leipzig 1887.

Acta Borussica, Getreidehandelspolitik. Bd. I, II, III. Berlin 1896—1911.

Schmoller, Gustav, Die Epochen der Getreidehandelsverfassung und -politik. (Umrisse und Untersuchungen zur Verfassungs-, Verwaltungs- und Wirtschaftsgeschichte. Leipzig 1898.)

Croner, Johannes, Die Geschichte der agrarischen Bewegung in Deutschland. Berlin 1909.

Brentano, Lujo, Die deutschen Getreidezölle. Stuttgart 1911.

Diehl, Karl, Die deutschen Getreidezölle. Jena 1911.

Skalweit, August, Getreidezölle und Bodenpreise. (Schmollers Jahrbuch 1916.)

— Agrarzölle oder Freihandel? (Schmollers Jahrbuch 1916.)

— Das Problem eines Getreidemonopols in Deutschland. (Weltwirtschaftliches Archiv. 1918.)

17. Kapitel.

Die Organisation des Handels mit landwirtschaftlichen Erzeugnissen.

1. Der Getreidehandel.

Für den Außenstehenden ist es nicht leicht, die Organisation des Kornhandels in Getreideimportländern zu durchschauen. Der Handel mit inländischem und mit ausländischem Getreide, der Effektiv- und der Spekulationshandel gehen nebeneinander her, haben ihre besonderen Organe und Werkzeuge, und doch verketten sie sich alle zu einem kunstvollen Ganzen.

Deutschland hat auch vor dem Kriege mehr eigenes Getreide verbraucht als fremdes. Wenn man auch nicht die quantitative Bedeutung des Auslandsgetreides unterschätzen darf, wozu ein oberflächliches Lesen der Statistik wiederholt verführt hat, so steht doch fest, daß das Auslandsgetreide nur einen Bruchteil des im Lande verbrauchten Getreides ausmachte.

In der Vorkriegszeit ist die quantitative Bedeutung des ausländischen Getreides für den deutschen Konsum gewöhnlich zu gering eingeschätzt worden. Man las in der deutschen Statistik, daß die eigene Erzeugung an Brotgetreide (Roggen, Weizen, Spelz) in den letzten Jahren vor dem Kriege über 15, 16, ja 17 Mill. Tonnen betragen hatte, während die Einfuhr nach Abzug des ausgeführten Roggens, Weizens und Mehls nur etwa eine Million Tonnen ausgemacht hatte. Was wollte das, so meinte man noch im ersten Kriegsjahr, besagen? Durch eine mäßige Verbrauchsbeschränkung ließe sich das fehlende Auslandsgetreide unschwer einsparen. Diese Auffassung beruhte auf irrigen Voraussetzungen, die teils auf eine falsche Beurteilung der Statistik, teils auf Fehlerquellen zurückgingen, die in der Statistik selbst lagen. Wenn auch die Zahlen der Ein- und Ausfuhrstatistik auf untrüglicher Messung beruhten, da sie an den Zollstellen aufgenommen wurden, so gaben doch die Zahlen der Erntestatistik zu Bedenken Anlaß. Zunächst mußten, wenn man sich fragte, was von dem geernteten Getreide für den Verbrauch verfügbar blieb, die Aussaatmengen abgezogen werden. Das ergab schon eine Minderung von nahezu 1½ Mill. Tonnen. (Vgl. die folgende Tabelle, die auf Grund der vom Kaiserl. Statistischen Amte alljährlich veröffentlichten Erntestatistiken zusammengestellt ist, und die das berücksichtigt.) Aber bei diesem Abzuge durfte man es nicht allein bewenden lassen. Man mußte damit rechnen, daß der Umfang der deutschen Getreideerzeugung als zu hoch angenommen war. Die Erntestatistik beruhte ja nicht auf untrüglichen Messungen, sondern stellte nichts weiter dar als eine „Summierung einzelner Ernteschätzungen" (Ballod). Etwa 7000 landwirtschaftliche Sachverständige waren in Deutschland damit beauftragt, regelmäßig über die vermutliche Durchschnittsernte ihres Bezirks zu berichten. Diese Angaben wurden mit den Anbauflächen, die aber wiederum nicht tatsächlich festgestellt, sondern von den Ortsvorstehern erfragt wurden, multipliziert, zunächst für jeden Kreis summiert, um dann als sog. „Erntestatistik" veröffentlicht zu werden. Bei diesem Verfahren gab es zwei Fehlerquellen: erstens falsche Angaben der Anbauflächen, zweitens falsche Einschätzung des wahrscheinlichen Ernteertrages. Die Mutmaßung ist berechtigt, daß in beiden Fällen überschätzt wurde. Die Ortsvorsteher gaben lieber zuviel als zuwenig an, um sich unbequemer Nachfragen zu entziehen. So erfreute sich denn die deutsche Anbaufläche statistisch eines märchenhaften Wachstums. Der erste Präsident des Kriegsernährungsamts v. Batocki sprach einmal im Reichstag aus, wenn das so weiter gegangen wäre, dann hätte Deutschland nach weiteren 20 Jahren mehr Anbaufläche gehabt, als es überhaupt Boden gab. Aber auch die Hektarerträge pflegten überschätzt zu werden. Es wird das nicht absichtlich seitens der Sachverständigen geschehen sein, doch wird geglaubt, daß sie, weil sie zu den besten Landwirten ihres Bezirks gehörten, den Eindruck, den die

Berechnung der verfügbaren Menge von Brotgetreide für 1909/10 bis 1913/14.

Erntejahr 1. Juli bis 30. Juni	Geerntet				Aussaatmenge				Inlandsmenge				Eingeführt in d. freien Verkehr				Ausgeführt aus d. freien Verkehr				Blieb verfügbar für den Konsum			
	Weizen	Roggen	Spelz	Zus.	Weizen	Roggen	Spelz	Zus.	Weizen	Roggen	Spelz	Zus.	Weizen	Roggen	Spelz	Zus.	Weizen	Roggen	Spelz	Zus.	Weizen	Roggen	Spelz	Zus.
	Mill. Tonnen				Mill. Tonnen				Mill. Tonnen				Mill. Tonnen				Mill. Tonnen				Mill. Tonnen			
1909/10	3,76	11,35	0,50	15,61	0,31	1,04	0,06	1,41	3,44	10,31	0,44	14,19	2,56	0,31	—	2,87	0,44	0,84	—	1,28	5,56	9,78	0,44	15,78
1910/11	3,86	10,51	0,39	14,76	0,33	1,05	0,06	1,44	3,53	9,46	0,33	13,32	2,48	0,60	—	3,08	0,65	1,01	—	1,66	5,36	9,05	0,33	14,74
1911/12	4,07	10,87	0,40	15,34	0,34	1,04	0,05	1,43	3,73	9,82	0,35	13,90	2,27	0,42	—	2,71	0,58	1,04	—	1,62	5,41	9,21	0,35	14,97
1912/13	4,36	11,60	0,41	16,37	0,33	1,06	0,05	1,44	4,03	10,53	0,35	14,91	2,51	0,30	—	2,81	0,65	1,16	—	1,81	5,59	9,68	0,35	15,92
1913/14	4,65	12,22	0,44	17,31	0,35	0,98	0,05	1,38	4,30	11,24	0,38	15,92	2,67	0,42	—	3,09	0,90	1,34	—	2,24	6,07	10,32	0,38	16,77

Berechnung der verfügbaren Mengen von Futtergetreide für 1909/10 bis 1913/14.

Erntejahr 1. Juli bis 30. Juni	Geerntet			Aussaatmenge			Inlandsmenge			Eingeführt in den freien Verkehr			Ausgeführt aus dem freien Verkehr			Blieb verfügbar für den Konsum		
	Hafer	Gerste	Zus.	Hafer	Gerste	Zus.	Hafer	Gerste	Zus.	Hafer	Gerste	Zus.	Hafer	Gerste	Zus.	Hafer	Gerste	Zus.
	Mill. Tonnen			Mill. Tonnen			Mill. Tonnen			Mill. Tonnen			Mill. Tonnen			Mill. Tonnen		
1909/10	9,12	3,56	12,68	0,69	0,25	0,94	8,44	3,31	11,75	0,43	2,76	3,19	0,45	0,01	0,46	8,41	6,06	14,47
1910/11	7,90	2,96	10,86	0,69	0,24	0,93	7,21	2,72	9,93	0,60	3,53	4,13	0,30	0,02	0,32	7,51	6,23	13,74
1911/12	7,70	3,22	10,92	0,69	0,24	0,93	7,01	2,98	9,99	0,58	3,41	3,99	0,34	0,02	0,36	7,25	6,38	13,63
1912/13	8,52	3,55	12,07	0,70	0,24	0,94	7,82	3,31	11,13	0,69	2,95	3,64	0,55	0,03	0,58	7,96	6,23	14,19
1913/14	9,71	3,74	13,45	0,68	0,24	0,92	9,03	3,50	12,53	0,39	3,81	4,20	0,78	0,03	0,81	8,64	7,28	15,92

eigenen wohlgepflegten Felder machten, verallgemeinert hätten. Verglich man nämlich die nach der Erntestatistik für den Verbrauch verfügbaren Getreidemengen mit denen, die nach der Müllereistatistik vermahlen wurden, so ergab sich eine so große Menge nicht vermahlenen Brotgetreides, daß sie unmöglich allein auf die Verfütterung zurückgeführt werden konnte. Je geringer man nach alledem die Menge des inländischen Ernteertrages annehmen mußte, um so höher war verhältnismäßig die Bedeutung des Auslandsgetreides für das Wirtschaftsleben zu bewerten. Diese Bedeutung wurde aber noch dadurch gesteigert, daß nicht nur Brotgetreide, sondern auch Futtergetreide eingeführt wurde, und wie wir aus der nebenstehenden Tabelle ersehen, hatte die Einfuhr einen verhältnismäßig größeren Umfang als bei den eigentlichen Brotgetreidearten. Selbstverständlich galten auch beim Futtergetreide jene eben geschilderten Gründe, welche die heimische Erntemenge höher erscheinen ließen, als sie in Wirklichkeit war. Es sei nebenbei vermerkt, daß für die Nahrungsversorgung das Auslandsfuttergetreide vergleichsweise eine besonders hohe Bedeutung hatte. Ein großer Teil des heimischen Futtergetreides wurde zur Verfütterung an Zugtiere verwandt, fiel also für die Fleischerzeugung zum Zwecke menschlichen Verbrauchs fort. Das galt z. B. für die große heimische Halerernte. Das eingeführte Futtergetreide zuzüglich der großen Mengen anderer Futtermittel wie Ölfrüchte, Kleie, Mais, Ölkuchen, Reisabfälle usw. diente dagegen in der Hauptsache zur Mast, also zur Nahrungsmittelerzeugung.

Aber mag das ausländische Getreide den heimischen Ernteertrag auch nur ergänzt haben, so gewann es doch durch die Art und Weise, wie es diese Ergänzung bewerkstelligte, auf den gesamten Getreideverkehr bestimmenden Einfluß. Der Landwirt ist bei dem Absatz seines Getreides von seiner Wirtschaft abhängig. Die Arbeiten verteilen sich in zweckmäßigem Ineinandergreifen über das ganze Jahr. Er kann daher nicht, ohne seinen Betrieb zu stören, dreschen und liefern, während er pflügen oder bestellen muß. Anderseits braucht er zu bestimmten Terminen für die Zinszahlung oder zur Betriebsmittelbeschaffung bar Geld. Daher kommt von der deutschen Ernte ein großer Teil nach dem Einernten, ein anderer Teil gegen Ende Dezember und der Rest endlich im Frühjahr zur Ablieferung. Weil das deutsche Getreide nicht sehr lagerfest ist, pflegten es die Händler selten lange auf Lager zu halten. Mit Hilfe der Einfuhrscheine stießen sie es in Zeiten reichlicherer Marktbeschickung an das Ausland ab, um in den Zeiten nachlassender Anlieferung ausländisches Getreide einzuführen. „Daher aßen wir im Juni, Juli und August großenteils russischen Roggen, während wir im September bis Dezember deutschen Roggen oder Mehl an die nordischen Länder abgaben, dafür aber von Mai bis Jahresschluß von argentinischem und russischem Weizen lebten“ (Wiedfeldt).

Es kam hinzu, daß sich auch auf der Seite des Verbrauchs eine Entwicklung vollzogen hatte, die dem ausländischen Getreide eine über seine quantitative Bedeutung hinausgehende Vorzugstellung einräumte. Selbst solche Erzeugungsgebiete, die beträchtliche Ernteüberschüsse hatten, pflegten auch ausländisches Getreide zu verbrauchen. Die Vorliebe für Weizenbrot oder doch für Brot, das aus einer Mischung von Weizenmehl und Roggenmehl gebacken war, hatte zugenommen und sich nicht nur in Großstädten durchzusetzen vermocht, sondern auch die kleinen Städte und fortschreitend das platte Land ergriffen. Dieser Verschiebung im Verbrauch konnte der deutsche Getreidebau nicht folgen. Nur in wenigen Gebieten reichte die heimische Weizenerzeugung für den Bedarf aus. Und auch hier pflegte der Müller den inländischen Weizen mit ausländischem zu mischen, weil sich dadurch qualitativ und quantitativ die Mahlausbeute steigern ließ. Durch diese Mischung entstand eine neue Ware, die für alle feineren Zwecke die allgemein verwandte Gebrauchsware wurde. Ließ früher der Landwirt seinen Mehlbedarf aus dem besten eigenen Korn in der Ortsmühle gegen Malter vermahlen, so ging er jetzt vielerorts dazu über, sein gesamtes Korn mit Ausnahme des Saat- und für die eigene Wirtschaft benötigten Futtergetreides zu verkaufen. Die Hausbäckerei ging auch auf dem Lande zurück, zunächst für Weizenbrot und Kuchen und dann auch für Roggenbrot. Die mit allen Mitteln einer fortgeschrittenen Technik arbeitenden Großmühlen organisierten einen Mehlvertrieb, der bis zum kleinen Dorfkrämer reichte. Durch die Herstellung bestimmter Mehlmarken, die jeder Bäcker, jede Hausfrau auf ihre Brauchbarkeit hin genau geprüft hatten, entbanden sie von der Mühe einer jedesmaligen Erprobung.

Je weniger Getreidebau und Brotverbrauch noch zusammenfielen, desto mehr Zwischenglieder mußten sich einschieben, um Verkehr und Versorgung sicher zu stellen. „Nur noch vereinzelt wurde Brotkorn nach altem Herkommen auf dem Kornboden oder dem Markte unmittelbar nach Besichtigung vom Landwirt an den Müller verkauft, die beide in langjährigen persönlichen Beziehungen zueinander standen." Zwischen Erzeuger und Verarbeiter hatte sich ein selbständiger Kornhandel eingeschoben. Überall im Deutschen Reiche war eine breite Schicht von großen Provinzhändlern tätig. Als Konkurrenten neben ihnen standen die Kommissionäre der großen Mühlen. „Unter diesen Provinzhändlern oder Mühlenkommissionären war endlich ein dichtmaschiges Netz von teils selbständigen Kleinhändlern, teils Unterkommissionären und Agenten, über das ganze Land gespannt, die in den Erzeugerbezirken ansässig waren, größtenteils zugleich mit Düngemitteln, Futtermitteln und Kohlen handelten, vielfach als Kreditgeber eingriffen und an den Bahnhöfen zahlreiche Lagerschuppen hielten, um das Korn kleinerer Landwirte verlade- und verkaufsfähig zu machen. Sie hatten den Kauf nach Probe eingeführt, der zu Mängelrüge und Minderung zu ungunsten der Landwirte Gelegenheit bot, wenn die Lieferung nicht gleichmäßig ausfiel oder feuchter war als die in der Brusttasche getrocknete Probe" (Wiedfeldt).

Neben diesem Binnenhandel, der den Hauptteil des Getreidebedarfs vermittelte, ging der Einfuhrhandel einher. Er lag in der Hand einiger weniger großer Importfirmen. Im Gegensatz zum Binnenhandel war der Einfuhrhandel stark konzentriert. Kleine Importgeschäfte gab es nicht. Zum Getreideeinfuhrhandel gehört großes Kapital. Ist es doch im Getreidewelthandel durchaus üblich, daß die Zahlungspflicht des Importeurs schon in dem Augenblicke beginnt, wo das Getreide verschifft wird. Zudem sind die Gewinnchancen des einzelnen Abschlusses gering. Die Übersicht über den Markt ist so gut geworden, daß sich große Vorteile dem Kontrahenten schwer abgewinnen lassen. Wer Gewinne erzielen will, muß schon bedeutende Umsätze machen. In Deutschland hatten diese Importfirmen hauptsächlich ihren Sitz in Berlin für das von den Nord- und Ostseehäfen kommende Getreide und in Duisburg und Mannheim für die den Rhein heraufkommenden Zufuhren. Bei diesen Großimporteuren pflegten die Großmühlen und sonstige Großabnehmer ihren Bedarf einzukaufen. Ein unmittelbarer Verkehr zwischen Mühle und Exporteur war nicht üblich. Die Mühle will das Getreide vorher sehen, das sie kauft, sie muß Getreide ganz bestimmter Beschaffenheit haben, um die von den Bäckern gewünschte Mehlsorte herstellen zu können. Sie kann sich daher auf eine direkte Bestellung beim Exporteur nicht einlassen.

Die Produktenbörsen wurden für Geschäfte des Effektivhandels nur wenig benutzt, vor allem nicht für den Handel mit ausländischen Getreide, für das die meisten Geschäfte in den Kontoren abgeschlossen wurden. Die Börse war die Arbeitsstätte des Spekulativhandels, der im Getreideterminhandel seinen wesentlichen Ausdruck fand.

Bei den großen Massen, die im Getreidegroßhandel umgesetzt zu werden pflegten, war es gewöhnlich weder möglich, noch erwünscht, die Geschäfte sofort zu realisieren — in der Weise etwa, wie auf dem alten Getreidemarkte, wo Verkäufer und Käufer neben der Ware standen und das Geschäft abschlossen. Ein solches Verfahren war nur noch im Kleinhandel üblich. Im Großhandel suchte man langfristige Abschlüsse zu machen. Eine große Mühle, die ihre Vorräte von heute auf morgen einkaufen wollte, würde auf dem Effektivmarkte eine Hausse hervorrufen und wahrscheinlich teure Preise bezahlen müssen. Auf der andern Seite würde der Importeur unklug handeln, wenn er sich erst dann an seine Abnehmer wenden würde, nachdem seine Getreideschiffe den Hafen erreicht haben; liefe er doch unter Umständen

Gefahr, entweder das Getreide auf Lager nehmen oder zu Schleuderpreisen verkaufen zu müssen. Käufer und Verkäufer werden dabei besser fahren, wenn sie „lieferbar zu einem späteren Zeitpunkte" kaufen und verkaufen. Der Käufer sichert sich für den Tag des Bedarfs die Ware zu einem festen Preis, und der Verkäufer kann sich an einen sicheren Abnehmer halten.

Auf dieser Grundlage hat sich der Getreideterminhandel entwickelt. In der eben angedeuteten Form hat er eine durchaus antispekulative Tendenz. Der Verkäufer verzichtet darauf, die Chance eines späteren höheren Preises auszunützen, während umgekehrt der Abnehmer sich gegen eine spätere Preissteigerung sichert, aber auch der Möglichkeit entsagt, später vielleicht billiger kaufen zu können. Nun vollzieht sich aber das Termingeschäft in der Regel nicht so einfach. In der Zwischenzeit bis zum Ablauf des Termins können Käufer wie Verkäufer ihre Berechtigung oder Verpflichtung an der Börse weitergeben, und so kann sich zwischen sie eine Kette von Leuten als Zwischenglieder einschieben, die nicht effektiv liefern und empfangen, sondern in der Zwischenzeit, während der Dauer des Lieferungsvertrages, ein Geschäft machen wollen. „Das sind die reinen Spekulationshändler," sagt Schmoller, „die aber durch das Studium des Marktes und der Konjunktur die Marktmeinung bilden helfen, die wirkliche Preisbewegung wesentlich beeinflussen. Wollen sie auch nur gewinnen durch die Differenz des Ein- und Verkaufspreises, so stehen sie doch alle in einer Kette von zusammenhängenden Geschäften, an deren einem Ende eine wirkliche Lieferung, an deren anderem eine wirkliche Abnahme stattfindet. Sie alle ermöglichen es, daß jede beliebige Warenmenge jeden Moment gekauft und verkauft werden kann, daß ein Teil der Gefahr des Preiswechsels den Vorratshändlern abgenommen wird. Das Termingeschäft bildet so für den effektiven Handel eine Art Risikoversicherung." Es ermögliche Terminverkäufe nach andern Orten, wenn der Preis dort höher, Termineinkäufe, wenn er dort niedriger stände, wodurch die Inlandspreise in den wünschenswerten Zusammenhang mit den Weltmarktpreisen gebracht würden. Das Termingeschäft stelle eine verfeinerte Technik des modernen Lieferungsgeschäftes dar. Es enthalte eine zweckmäßige Arbeitsteilung zwischen preisbildenden und vorrathaltendem Handel.

Es liegt auf der Hand, daß bei dieser Sachlage die Umsätze des Terminhandels sehr viel größer sind als die des Effektivhandels. So hat Schumacher ausgerechnet, daß der Weizenumsatz an der Neuyorker Produktenbörse im Durchschnitt der Jahre 1885 bis 1893: 1363 Mill. Bushel betrug, während die wirkliche Zufuhr nur 37 Mill. Bushel ausmachte. Es wurde also 36mal soviel Getreide umgesetzt, als tatsächlich vorhanden war.

Der Terminhandel, seinem eigentlichen Sinne nach nur eine Operation des Lieferungsgeschäfts, bietet nun aber dem Spekulativhandel die Möglichkeit, sich von dem Effektivhandel fast gänzlich loszulösen. Es lassen sich an der Börse Blankotermingeschäfte machen, hinter denen eine effektive Ware nicht zu stehen braucht, und bei deren Abschluß ernstlich an eine wirkliche Lieferung niemals gedacht worden ist. Man hat darin eine Gefahr gesehen und insbesondere gemeint, daß durch solche Blankogeschäfte, weil sie das Vorhandensein größerer Vorräte vortäuschten, die Getreidepreise gedrückt würden.

Beim deutschen Getreidehandel, glaubte man, sei diese Gefahr in besonders starkem Ausmaße vorhanden. Und zwar aus folgenden Gründen: Um an der Börse mit Getreide handeln zu können, an dessen tatsächlichen Umsatz man vorläufig nicht denkt, muß man das Getreide seiner Individualität entkleiden und durch Typisierung fungibel machen. Man muß Getreidetypen schaffen, die für den Händler die einzelnen Sorten so genau charakterisieren, daß dieser auch, ohne die Ware zu sehen, seine Dispositionen über Kauf und Verkauf treffen kann. In Nordamerika sei diese Vorbedingung in hohem Maße erfüllt. Hier sei dem Getreide von vornherein seine Individualität genommen. Es wandere von der Dreschmaschine unmittelbar in die großen an den Eisenbahnen oder Schiffahrtsstraßen liegenden Elevatoren, wo es gradiert und nach seiner Beschaffenheit und Provenienz einer von wenigen Qualitätsklassen zugeteilt werde. Der Lagerschein, das warehouse-receipt, vertrete fortan das Getreide, und mit ihm könne gehandelt werden, wie mit der Ware selbst. Die Warenmobilisierung sei juristisch und materiell durchgeführt und der Terminhandel ein organischer Bestandteil des ganzen Getreidehandels. In Deutschland aber bestehe eine Scheidewand zwischen dem Effektivhandel und dem spekulativen Termingeschäft. Weil hier die amerikanischen Einrichtungen fehlten, werde im Effektivhandel an der Individualware festgehalten, während im Spekulationsgeschäft mit einem mehr oder weniger fiktivem Getreide gehandelt werde.

Als gleichzeitig mit den Caprivischen Getreidezöllen die Agrarkrisis ausgebrochen war, liefen die landwirtschaftlichen Interessenten gegen den Terminhandel Sturm. Wirklich setzten sie durch, daß er durch das Börsengesetz vom 22. Juni 1896 verboten wurde. Doch nun sollte sich zeigen, daß man damit zugleich auch die Getreidebörse ruiniert hatte. Mit dem Aufhören der Börse ging der Überblick über den Getreidemarkt überhaupt verloren. An einer zuverlässigen Kenntnis der Marktlage mußte aber auch dem Produzenten gelegen sein, weil er sonst von der Willkür des einzelnen Händlers abhängig wurde. Bei ruhiger Überlegung mußte man sich auch sagen, daß die Furcht vor der preisdrückenden Wirkung der Blankogeschäfte zumindest übertrieben gewesen sei. Stehen doch den Blankoverkäufen auch Blankokäufe gegenüber, die wieder eine preistreibende Wirkung haben müssen. Freilich richtig war, daß das Spekulieren von Außenseitern an der Getreidebörse eine Baissebildung begünstigen konnte. Ihrer ganzen Gemütsverfassung nach eher zum Optimismus geneigt und auf ein Steigen der Preise spekulierend, schlossen sich diese Kreise jeder Aufwärtsbewegung kritiklos an, um jede an sich berechtigte Hausse durch ihre Nachfrage zu übertreiben. Dadurch machten sie es dem Baissier leicht, durch große Blankoverkäufe den Markt zu werfen. Dieser Übelstand ließ sich aber beseitigen, ohne auch den reellen Terminhandel zu unterdrücken. Als daher 1908 der Getreideterminhandel wieder zugelassen wurde, wurde er nur für diejenigen Geschäfte gestattet, deren Abschluß nach Geschäftsbedingungen erfolgt, die der Bundesrat genehmigt hat, und wenn als Vertragschließende Produzenten, berufsmäßige Kaufleute oder Weiterverarbeiter und Genossenschaften beteiligt sind. Die Absicht war, das reine Differenzgeschäft solchen Leuten, die am Getreidehandel nicht unmittelbar selbst beteiligt waren, unmöglich zu machen.

Der berufsmäßige Getreidehandel wurde in seine alten Rechte wiedereingesetzt. Die Wiederzulassung des Getreidetermingeschäfts war das Eingeständnis, daß es ohne die Hilfe des Handels nicht ging. Auch die gleichzeitig ins Leben gerufene Kornhausbewegung sollte scheitern. Das Endziel dieser Bewegung war hochgesteckt: der berufsmäßige Getreidehandel sollte überflüssig gemacht und durch landwirtschaftliche Absatzorganisationen ersetzt werden. Unter Umgehung des Handels sollte der Produzent unmittelbar an den Konsumenten sein Getreide absetzen. Man versprach sich davon nicht nur bessere Preise auf dem inneren Markte, sondern glaubte auch, durch den Zusammenschluß der deutschen Getreideproduktion den Weltmarktpreis in einem für die deutsche Landwirtschaft günstigen Sinne beeinflussen zu können. Natürlich bedurfte man zu einem so großen Unternehmen auch eines großen Apparats. Große Lagerhäuser sollten geschaffen werden, um in ihnen das von den einzelnen Produzenten zusammenströmende Getreide zu sammeln, zu reinigen und so lange aufzubewahren, bis die Konjunktur für den Verkauf günstig war. Obwohl die Kornhausbewegung mit großem Eifer von den landwirtschaftlichen Berufskreisen betrieben und vom Staate durch Bereitstellung von Mitteln für Kornhausanlagen gefördert wurde, blieben die erwarteten Erfolge aus. Man hatte die Schwierigkeiten, die mit einem solchen Unternehmen verbunden waren, stark unterschätzt. Schon das erwies sich als eine Illusion, wenn man geglaubt hatte, einen so großen Berufsstand wie den landwirtschaftlichen zu einer gemeinsamen Absatzorganisation zusammenschließen zu können. „Wenn man sich erinnert, wie schwierig die Gründung und Erneuerung solcher Kartelle wie des Kohlensyndikats und des Stahlwerksverbandes sich erweist, obgleich es sich doch hier um verhältnismäßig wenige und geschäftlich hochgeschulte Personen handelt, so läßt es sich leicht ermessen, was es bedeuten würde, Millionen von Landwirten und Kleinbauern in eine schlagfertige Organisation zusammenzuschmieden. Es liegen hier geradezu unüberwindliche psychologische Schwierigkeiten vor" (Wygodzinski). Tatsächlich beteiligten sich an der Organisation nur relativ kleine Gruppen von Produzenten, und auch sie erwiesen sich nicht einmal als ganz zuverlässige Belieferer der Kornhäuser. Ein guter Kenner des Genossenschaftswesens hat einmal darauf hingewiesen, daß es eine „genossenschaftliche Untreue" gäbe, mit der von vornherein gerechnet werden müsse, wolle man keine Enttäuschung erleben. Bei Absatzgenossenschaften wird dieses Moment besonders scharf hervortreten. Da brauchte nur ein Händler zu kommen und einige Pfennige mehr zu bieten, als die Kornhausgesellschaft, dann verkaufte der Genosse an ihn, und die Kornhäuser standen leer. Oder es kam auch vor, daß die Genossen das gut eingebrachte Getreide an den Händler verkauften und nur das schlechtere an die Kornhäuser abgaben. Die den Kornhäusern angeschlossenen Produzenten erhielten in vielen Fällen ihre alten Beziehungen zum Getreidehandel nebenher aufrecht. Und das war den Landwirten nicht einmal so sehr zu verdenken. Mancher von ihnen brauchte gleich nach der Ernte bar Geld. Er verkaufte lieber etwas billiges sofort an den Händler, als später durch den Verkauf vom Kornhause aus mehr daran zu verdienen, zumal diese Spekulation à la hausse auch fehlschlagen konnte. Aber auch nach der Seite des Absatzes hin hatte man die zu überwindenden Widerstände unterschätzt. Man hatte es sich so leicht gedacht, unmittelbar an den Konsumenten zu verkaufen. Doch pflegt niemand konservativer zu sein als der Konsument; er liebt es, ausgetretene Wege zu gehen. Er wollte sich nicht dazu verstehen, die altgewohnten Beziehungen aufzugeben. Es kam hinzu, daß die Kornhausverwaltungen häufig nicht die Handelstechnik in einem solchen Ausmaße beherrschten, als erforderlich war, um an den Konsumenten heranzukommen. Zwar bedeutete es für die genossenschaftlichen Lagerhäuser eine große Unterstützung, daß die Militärverwaltungen ihren Bedarf zum großen Teil bei ihnen deckten, doch blieben im übrigen die Absatzschwierigkeiten bestehen.

Aus alledem ergibt sich, daß die hochgesteckten Ziele der Kornhausbewegung nicht zu erreichen waren. Doch ist diese keineswegs ganz erfolglos im Sande verlaufen. Als utopisch erwies sie sich nur insoweit, als sie darauf ausging, den Handel ganz ausschalten und einen bestimmenden Einfluß auf den Weltmarkt ausüben zu wollen. Dagegen haben sich solche Kornhausgenossenschaften gut bewährt, die sich die bescheidenere Aufgabe stellten, neben und im Wettbewerb mit dem Handel den Getreideabsatz zu betreiben. Wo sie ihre Aufgabe so auffaßten und sich zugleich einer geschickten kaufmännischen Leitung erfreuten, ist es ihnen gelungen, das Monopol des Landhandels zu brechen. Das konnte für alle Teile nur von Vorteil sein. Der Handel wurde durch den Stachel der Konkurrenz zu höheren Leistungen angespornt. Der Landwirt aber wurde der als drückend empfundenen Vormundschaft des Händlers enthoben. Hatte dieser doch sein Kaufmonopol nicht allzu selten dazu benutzt, um mit der Getreideabnahme Geschäfte anderer Art wie den Verkauf von Futter- und Düngemitteln oder auch Personalkreditgeschäfte zu verquicken. Unter diesem Gesichtswinkel gesehen, bildete die Verkaufsgenossenschaft die unentbehrliche Ergänzung, den Schlußstein der gesamten genossenschaftlichen Organisation. Die in Süddeutschland gewöhnlich ohne Bildung einer besonderen Genossenschaft, im Anschluß an eine Raiffeisenkasse geschaffenen kleinen Lagerhäuser haben sich vorzüglich bewährt. Das Getreide (meist Hafer) wurde in größeren verkaufsfähigen Mengen zusammengebracht, durch Reinigung marktfähig gemacht und ohne besondere Schwierigkeiten dann abgesetzt. Dagegen hatten die großen Lagerhäuser, wie man sie in Norddeutschland gebaut hatte, schwere Verluste, die teils auf die angedeuteten inneren Schwierigkeiten, teils auf Ungeschicklichkeit und mißglückte Spekulationen zurückzuführen waren. Später hat man dann auch diese Kornhausgenossenschaften auf bescheidenerer, aber sicherer Basis wieder aufgebaut. „Diese geduldige und vorsichtige Kleinarbeit hat freilich nichts von dem Glanze der alten Welteroberungspläne; aber sie ist dafür solid und voller Versprechungen für die Zukunft“ (Wygodzinski).

Einen völlig andern Ausgang und Verlauf hatte die genossenschaftliche Kornhausbewegung in Nordamerika. Die Vereinigten Staaten und Kanada entwickelten sich zu Getreideexportländern erst nach den Erfindungen der neuen Verkehrstechnik. Es gab daher keine ausgefahrenen Bahnen, in die der Handel den plötzlich entstandenen Getreidestrom hätte lenken können. Wie der Handel hier meist erst die Produktion hervorrief, mußte er sich auch für den Getreideexport eine Organisation neu schaffen. Er tat das in origineller, in jener verblüffend neuen Weise, die den Amerikaner auf manchen Gebieten der Technik auszeichnet. Wie er die Mähmaschine erfand, weil es ihm ohne sie nicht möglich gewesen wäre, seine Felder abzuernten (vgl. S. 270), so schaffte er sich jetzt eine Handelsorganisation, die, ganz allein seinen Bedürfnissen angepaßt, mit möglichst geringer Arbeitskraft den gewünschten Erfolg erzielte.

Der europäische Getreidehandel, alten Traditionen folgend, transportierte das Getreide in Säcken. Der Amerikaner sagte sich: Die Säcke kann ich sparen. Das Getreide ist trockenflüssig, es läßt sich bequemer lose verfahren. Allerorts finden sich an der Eisenbahn oder an den schiffbaren Flüssen Lagerhäuser, Elevatoren, die auf mechanischem Wege die Getreidewagen, wie sie der Farmer, unmittelbar von der Dreschmaschine kommend, anfährt, entleeren, das Getreide wiegen und in Schächte befördern. Von hier aus kann dann mit Leichtigkeit die Überleitung in andere Transportgefäße ausgeführt werden. Diese country elevators schalten also die Aufkäufer der alten Getreideländer aus. Sie gewähren nicht nur eine Ersparnis an Produktionsmittel, sie ersetzen auch den Unterbau der alten Handelsorganisation.

Von den country elevators geht das Getreide in Eisenbahn- oder Schiffsgefäßen nach den terminal elevators, die an den Endpunkten der Eisenbahnen liegen. Es sind große Riesensilos. Sie bilden das Sammelbecken für die Zufuhr aus den Landelevatoren. Von dort vollzieht sich dann die weitere Verfrachtung entweder für den inländischen Verbrauch oder für den Export.

Diese Organisation, so ökonomisch sie vom technischen Standpunkte aus gesehen sein mag, kann indes dem Produzenten gefährlich werden. Da der gesamte Getreideverkehr durch die Elevatoren läuft, so besitzt, wer die Elevatoren in seiner Hand hat, eine große Macht. Er hat sich zwischen Produzenten und Konsumenten an einer Stelle eingeschoben, von wo aus er sie beide beherrscht. Die Elevatoren bilden die Schleusenkammer, durch die alles Getreide hindurch muß, das den Weg vom Produzenten zum Konsumenten gehen will. Anfangs waren die Elevatoren von den Eisenbahngesellschaften errichtet worden, unter deren Verwaltung auch heute noch viele stehen, aber die große Menge ist im Besitz selbständiger Gesellschaften, die sich zugleich mit dem Getreidehandel befassen. Es sind das große kapitalstarke Gesellschaften, deren Bestreben es ist, möglichst viele Elevatoren zu erwerben. Die Gesellschaften wieder suchen sich trustartig zusammenzuschließen mit dem Ziel, den gesamten Getreidehandel unter ihre Kontrolle zu bringen.

Um sich aus dieser Umschlingung zu befreien, ist unter den nordamerikanischen Farmern eine Bewegung entstanden, die „Antioption Movement“. Sie richtet sich einmal gegen die Monopolisierung des Getreidehandels durch die Elevatorgesellschaften, dann aber auch — ähnlich wie seinerzeit der deutsche Bund der Landwirte — gegen die kapitalistische Organisation überhaupt. In Kanada, wo die Elevatortechnik sich ebenfalls durchgesetzt hat, kam es zu einer ähnlichen Bewegung. Gefordert wurde in den Vereinigten Staaten sowohl wie in Kanada die Übernahme der Elevatoren durch den Staat. Indes sind diese Bestrebungen an der großen Macht der Gesellschaften stets gescheitert. Schumacher erzählt, wie in Minnesota, wo man einen Riesenelevator auf Staatskosten zu bauen beschlossen hatte, der oberste Gerichtshof den Bau für „unkonstitutionell“ erklärte und untersagte. Die „Antioption Movement“ war daher auf Selbsthilfe angewiesen. Die Farmer mußten sich eigene, von den großen Gesellschaften unabhängige Lagerhäuser bauen. Das ist Ende des vorigen Jahrhunderts versucht worden. Der Erfolg war zunächst gering, da die Farmer mit ihren geringeren Mitteln gegen die Trustelevatoren nicht aufzukommen vermochten. Später ist dann wenigstens ein Teilerfolg erzielt worden. Hanley, der Führer der Farmer, hat die Bewegung reorganisiert und mit anscheinend gutem Gelingen versucht, die Farmer-Elevatoren zu einem Gegentrust zu vereinigen. Diese Erfolge beschränken sich jedoch nur auf die Elevatoren erster Hand. Die großen Märkte, sowie der Export sind völlig in den Händen des Großhandels geblieben. (Hermann Schumacher, Die Organisation des Getreidehandels in den Vereinigten Staaten. Weltwirtschaftliche Studien. Leipzig 1911.)

Die genossenschaftliche Getreideabsatz in Deutschland hat während des Krieges eine beträchtliche Zunahme erfahren. Der freie Handel wurde während der Kriegswirtschaft ausgeschaltet. Die Getreideeinfuhr und damit der Importhandel hörten auf. Wollten die Getreidehändler noch eine Geschäftstätigkeit ausüben, so konnten sie es nur als Kommissionäre der Reichsgetreidestelle und der Kommunalverbände. Die freie Initiative des Getreidehändlers, worin seine Hauptstärke, ja wohl seine Überlegenheit gegenüber der Absatzgenossenschaft bestanden hatte, wurde unterdrückt. Der Getreidehandel wurde bureaukratisiert, er bewegte sich in Formen, die auch kleinere Genossenschaften zu beherrschen vermochten.

Dieser Zustand ist nach dem Kriege zum guten Teil erhalten geblieben. Noch immer ist der Handel mit inländischem Brotgetreide nicht völlig freigegeben. Und auch der Handel mit ausländischem Getreide steht zumindest unter einer gewissen Kontrolle der Reichsgetreidestelle. So sind nach wie vor dem freien Handel die Flügel stark beschnitten. Die Unsicherheit des Geldwertes hat sicherlich in mancher Hinsicht das Getreidegeschäft komplizierter gemacht, aber insofern vereinfacht, als nur noch Zug um Zug gehandelt werden kann. Die feine Technik des Terminhandels mit ihren höheren Ansprüchen an kaufmännischem Können ist im inländischen Getreidehandel so gut wie unanwendbar geworden. Inzwischen sind die Genossenschaften ins Geschäft gekommen. Die kaufmännische Schulung ihrer Funktionäre ist besser geworden. Es ist daher zu erwarten, daß sie auch in Zukunft im Getreidehandel, wenn auch keine beherrschende Stellung, so doch einen wichtigen Platz einnehmen werden.

2. Der Schlachtviehhandel.

Ein berufsmäßiger Handel mit Schlachtvieh hat sich verhältnismäßig spät entwickelt. Selbst in großen älteren Städten hatten viele Bürger ihre eigene Viehhaltung für den Hausbedarf, wodurch das damalige Stadtbild sein von dem heutigen abweichendes, eigenartiges Gepräge erhielt. Die Schlachtung eigener Tiere, die Hausschlachtung, spielte im Haushalt des Städters eine große Rolle. Die Betriebe der Laden- und Scharrenschlächter waren, an heutigen Verhältnissen gemessen, klein. Ihren Bedarf an Schlachtvieh deckten sie unmittelbar am Orte bei den Ackerbürgern, oder sie gingen vor die Tore aufs Land, um sich vom Bauern ein Stück Großvieh oder ein paar Kälber zu kaufen. Schlachtviehmärkte gab es im allgemeinen nicht. Wohl wurde auf den Jahrmärkten auch mit Vieh gehandelt. Doch waren es vorwiegend Zucht- und Nutztiere, die von den Landwirten der weiteren Nachbarschaft angetrieben wurden. Bei der großen Viehhaltung in den Städten war danach stets Nachfrage.

Als sich seit Beginn des 19. Jahrhunderts diese Verhältnisse grundlegend änderten, haben die Schlächter noch lange ihren Schlachtviehbedarf unmittelbar bei den Bauern der näheren und weiteren Nachbarschaft gedeckt. In kleinen Städten ist es auch heute noch so, daß Metzgergewerbe und Schlachtviehhandel in einer Hand liegen. Daneben kam, als die Städte größer wurden, ein besonderer Stand von Viehhändlern auf. Meist waren es kleine jüdische Geschäftsleute, die sich diesem Beruf widmeten, der gewöhnlich in einem untergeordneten Zwischen- und Kommissionshandel bestand. Sie übernahmen die Vermittlung zwischen Konsumenten und Produzenten, die nötig geworden war, seitdem sich die räumlichen Entfernungen erweitert hatten, und seitdem der Stadtschlächter durch seinen Hauptberuf so stark in Anspruch genommen wurde, daß er nicht mehr regelmäßig selbst auf das Land gehen und sich die ihm passenden Stücke in den Ställen der Bauern aussuchen konnte. Je mehr der Metzger den eigenen Einkauf aufgab, um so selbständiger wurde der Viehhändler. Dieser kaufte und verkaufte nun nicht mehr im Auftrage der einen oder der andern Seite, sondern machte er auch selbständige Geschäfte, die er nicht selten mit einem Handel in andern landwirtschaftlichen Artikeln und mit Kreditgeschäften zu verbinden wußte. Auch den Handel mit Zuchtvieh brachte er in seine Hand. Bald spielte er die beherrschende Rolle auf den Viehmärkten. Diese beschränkten sich nun nicht mehr allein auf den Handel mit Zucht- und Nutzvieh. Er wurden in den Städten auch regelmäßig wiederkehrende Schlachtviehmärkte eingerichtet, wo die Händler Schlachttiere für den Bedarf der städtischen Metzger zum Verkauf stellten. Doch handelte es sich dabei noch in der ganzen ersten Hälfte des 19. Jahrhunderts um kleine Lokalmärkte, die schon wegen der begrenzten Transportfähigkeit des Viehes keine weitreichende Bedeutung erlangen konnten. Eine einheitliche Preisbildung, wie sie sich für Getreide schon früh angebahnt hatte, konnte sich für Vieh nur schwer entwickeln. Die Preise variierten von Ort zu Ort, von Markttag zu Markttag aufs stärkste. Willkür und Regellosigkeit waren das Charakteristikum des Viehhandels. Nicht mit Unrecht stand daher der Viehhandel im Rufe der Unreellität. Da es keinen auch nur annähernd festen Anhaltspunkt für die Preisbildung gab, so kam es bei diesem Geschäft auf zähes Feilschen an. Verkäufer und Käufer suchten einander zu übervorteilen.

Wer Gelegenheit hatte, Viehmärkte zu besuchen, weiß, daß auch heute noch dem Viehhandel viel von dieser wenig schönen Tradition anhaftet. Gleichwohl haben sich im Zeitalter des Verkehrs die Dinge grundlegend gewandelt. Jetzt wurde die Verschickung des Viehs von weither möglich und für die großen Konsumtionsstätten auch erforderlich. Gewöhnlich im Anschluß an die allerorts gebauten städtischen Schlachthöfe entstanden große Schlachtviehmärkte. Häufig wurden mit den Schlachthöfen Viehhöfe verbunden, wo die Viehhändler ihr Vieh unterstellen und eine Zeitlang einstellen konnten, wenn sich nicht sofort Käufer fanden. Das hatte für den Händler den Vorteil, daß sie bei unerwartet starkem Auftrieb ihr Vieh nicht um jeden Preis losschlagen mußten. In die Preisbildung kam dadurch größere Stetigkeit, was auch für die Produzenten, ebenso wie für die Konsumenten nur nützlich sein konnte. Von weittragender Bedeutung wurde es aber, daß die auf diesen Märkten erzielten Preise notiert und veröffentlicht wurden. Aus der Zeitung konnte nun auch im kleinsten und entlegensten Dorfe der Bauer regelmäßig die Preise erfahren, die auf den Märkten bezahlt worden waren. Er war daher nicht mehr in dem Maße wie früher bei der Preissetzung für sein Vieh auf die Willkür des Händlers oder Metzgers angewiesen. Wurden doch die auf den größeren Märkten gezahlten Preise auch für die kleineren Märkte und für die Stallpreise bestimmend. In Norddeutschland erlangten die Märkte in Berlin, Hamburg und Köln, für Schweine auch in Essen einen beherrschenden Einfluß, für Mitteldeutschland in Frankfurt, für Süddeutschland in München usw.

Für den Erzeuger konnte diese Entwicklung nur von Vorteil sein; er war in hohem Maße vor Übervorteilung geschützt. Sie bedeutete für ihn aber noch mehr: Erst seitdem der Landwirt mit wenigstens annähernd sicheren Preisen rechnen konnte, ließ sich sein Betrieb auch auf die Schlachtvieherzeugung hin rationell einstellen. Er konnte nun kalkulieren. Auch das Vieh war nun zu einer Marktware geworden. Seine ganze Produktionsrichtung wurde dadurch segensreich beeinflußt. Wenn man an die befruchtende Wirkung denkt, die eine starke Viehhaltung auf den landwirtschaftlichen Betrieb überhaupt hat, so läßt sich dieser Vorteil gar nicht hoch genug einschätzen. Freilich bleibt im Viehhandel noch viel Willkür in der Preisbildung bestehen. Die Marktpreisnotierungen ließen selbst dort, wo sie amtlich vorgenommen wurden, noch viel zu wünschen übrig. Das war nicht nur auf eine mangelhafte Organisation, sondern auch darauf zurückzuführen, daß sich Vieh in viel höherem Maße als andere Ware einer generellen Preisbestimmung entzieht. Es handelt sich um eine ausgesprochen individuelle Ware. Jeder Metzger stellt an die Beschaffenheit des Viehes seine besonderen Wünsche, die nach der Art seines Betriebes und seiner Kundschaft variieren. Die Preisangebote schwanken daher Stück für Stück. Ein Handel nach Gewicht macht große technische Schwierigkeiten und läßt sich nur auf Grund roher Berechnungen durchführen. So hat sich denn beim Viehhandel nicht jene Feinheit der Technik ausbilden können, wie sie sich bei dem Handel mit einer fungibelen Ware wie Getreide entwickelt hat. Immerhin lassen sich schon Ansätze zu einem Lieferungshandel beobachten, wofür die Abnahme ganzer Weiden am Niederrhein zum Martinitermin oder die Ablieferung aller Kälber zum Einheitspreise als Beispiele gelten mögen.

So sehr die Entstehung von Viehgroßmärkten vom Standpunkt sowohl des Erzeugers wie des Verbrauchers aus zu begrüßen war, so barg sie doch den Keim zu einer Entwicklung in sich, die beiden Teilen gefährlich werden konnte. Für kapitalkräftige Großhändler und -kommissionäre boten die Großmärkte die Handhabe, die Geschäfte in einem Umfange an sich zu reißen, daß sie die Märkte so gut wie vollständig beherrschten. Eine freie, auf Angebot und Nachfrage beruhende Preisbildung hörte auf. Alle Schattenseiten, die sich bei einer ähnlichen Sachlage früher auch wohl auf den Kornmärkten gezeigt hatten, traten in die Erscheinung. Insbesondere lag es in der Macht der Großhändler, eine Haussetendenz, die sich infolge nachlassenden Auftriebs einstellte, durch Zurückhaltung der Ware noch weiter künstlich zu steigern. Die Krise wurde — sehr zum Schaden der Konsumenten — verschärft. Die Preise stiegen auf ein Übermaß. Die Händler bereicherten sich, ohne daß die Erzeuger von den höheren Preisen einen Nutzen gehabt hätten, obwohl die öffentliche Meinung nur allzu oft geneigt war, gerade die Landwirte mit dem Vorwurf des Viehwuchers zu belasten.

„Die Frage, wie weit eine solche Monopolisierung mit ihren Folgen der Preisbeeinflussung sich in Deutschland schon tatsächlich durchgesetzt hat, läßt sich schwer positiv beantworten, da die Verhältnisse der Viehmärkte — im Gegensatz zu denen der Getreidemärkte — wissenschaftlich noch wenig studiert sind und für den Laien ein Einblick in diese verwickelten Zustände sich als außerordentlich schwierig erweist. Man behauptete immerhin vom Kölner Viehmarkt, er werde von vier Kommissionären beherrscht. Und welche enormen Gewinne die Kommissionäre gerade in Köln machen, darauf hat in einigen mutigen Artikeln die gewiß nicht „agrarische" Kölnische Zeitung 1906 hingewiesen. Eine Denkschrift des preußischen Landwirtschaftsministeriums über die Fleischteuerung des Jahres 1905 sagt ausdrücklich, es könne nicht zweifelhaft sein, daß die Händler Mittel und Wege gefunden hätten, die Preise künstlich zu steigern und hochzuhalten" (Wygodzinski).

Mit Hilfe einer weit verzweigten Organisation verbündeter oder abhängiger Landhändler und Aufkäufer regelte der Großhändler den Auftrieb. Wie die Spinne im Netze saß er im Mittelpunkt dieses Systems und duldete nicht, daß ein Fremder in seinen Geschäftsbereich eindrang. Daß die Erzeuger unmittelbar die Märkte beschickten, war infolgedessen völlig ungewöhnlich und wäre auch aussichtslos gewesen. Aber auch die Käufer auf dem Markte, die Metzger, besaßen nicht die wirtschaftliche Stärke, um dem Großhändler ein Paroli zu bieten. Auch sie waren in die Abhängigkeit des Großhändlers geraten. Zwar wurde ihnen durch die „großzügige" Art, wie der Großhändler kurzfristigen

Kredit gewährte, die Schlachtviehbeschaffung sehr erleichtert, aber sie begaben sich damit auch in seine Zinsknechtschaft und sahen sich nicht selten dazu genötigt, auf dem Markte auch wohl Tiere abzunehmen, die sie nicht gekauft haben würden, wenn sie in ihrer Auswahl ganz frei gewesen wären. Die von den Metzgern an einigen Orten auf genossenschaftlicher Grundlage gegründeten Viehmarktsbanken vermochten das Monopol des Großhandels nicht vollständig zu brechen, besonders dann nicht, wenn die Entwicklung noch einen Schritt weiter gegangen und der Lebendviehhandel durch einen Fleischhandel ersetzt worden war. Dieser Vorgang hatte sich an den ganz großen Plätzen bereits in der Weise vollzogen, daß der Ladenschlächter nicht mehr ganze Tiere lebend kaufte, sondern bei dem Großschlächter Teile bereits geschlachteter Tiere einkaufte, so wie sie der Nachfrage seiner Kundschaft entsprachen. Der Metzger hatte den Boden seines eigentlichen Handwerks unter den Füßen verloren; er war zum Fleischhändler geworden und büßte den letzten Rest von Selbständigkeit völlig ein, wenn er von dem Großschlächter in ein Netz von Kreditgeschäften verstrickt wurde. Das Großkapital schickte sich an, die Fleischversorgung auf ihrem ganzen Wege vom Erzeuger bis zum letzten Konsumenten in seine Hand zu bekommen.

Wie weit diese Entwicklung gehen kann, zeigt ein Blick auf den amerikanischen Fleischtrust. Freilich hat sich hier die Monopolisierung des Fleischhandels auf einer besonderen, für die amerikanischen Verhältnisse eigentümlichen Grundlage vollzogen. Die große Ausdehnung des Landes, seine Zweiteilung in den agrarischen Westen und in den industriellen Osten und der infolgedessen erforderliche weite Transport von den Produktionsstätten des Viehs nach den Konsumtionsorten macht einen Handel mit geschlachteten, statt mit lebenden Tieren beinahe zur Notwendigkeit. Schon bei den kleineren Entfernungen in den alten Kulturländern pflegt der Transport lebender Tiere mit großer Verlustgefahr verbunden zu sein, ganz abgesehen davon, daß der tagelang dauernde Aufenthalt der armen Tiere in Eisenbahnwaggons ohne Wasser, Futter und Pflege eine widerwärtige Tierquälerei ist. Auch hier würde ökonomischer und tierfreundlicher der Versand in geschlachtetem Zustand sein. Doch ist ein solcher Versand nur mit Kühlwagen möglich, wie man sie in Amerika schon längst besitzt, weil ohne sie die Versorgung der großen Städte des Ostens mit Fleisch aus dem Westen überhaupt nicht möglich gewesen wäre. Ähnlich wie sich im nordamerikanischen Getreidehandel die Monopolbildung auf den Besitz der Elevatoren gründet, basiert der Fleischtrust darauf, daß er das Transportmittel, die Kühlwagen, in seine Hand zu bringen verstanden hat. „So ist er der Beherrscher nicht nur des Fleischmarktes geworden; er hat auch den Viehmarkt vollständig unter seine Kontrolle gebracht, da diesem Riesengebilde gegenüber jede Konkurrenz ohnmächtig ist, und der Ruhm der alten cattle kings des Ostens ist geschwunden" (Wygodzinski).

Die Kreise, die die moderne Transporttechnik des Fleisches gezogen hat, überschreiten den Bereich der nordamerikanischen Fleischversorgung. Die

Möglichkeit, Fleisch in gekühltem oder gefrorenem Zustande über die weitesten Entfernungen hin und auch über See zu verfrachten, hat einen Weltfleischhandel entstehen lassen. Gefrierfleisch ist zum Welthandelsartikel geworden, der sich den englischen Markt schon bis zu einem hohen Grade erobert hat, während sich die Konsumenten der andern alten Kulturländer gegen seine Aufnahme noch sträuben.

Die Vorherrschaft des Zwischenhandels auf den Viehmärkten hat eine Gegenbewegung seitens der Vieherzeuger ausgelöst. Sie haben versucht, den Absatz ihres Viehes genossenschaftlich zu organisieren. In Dänemark ist das bereits mit bestem Erfolge geschehen. Auch in Deutschland waren bereits vor dem Kriege die ersten Erfolg versprechenden Versuche dazu gemacht worden. Das lokale Angebot wurde in Viehverwertungsgenossenschaften zusammengefaßt. Genossenschaftsangestellte lasen das Vieh an den Sammelstellen aus, stellten es waggonweise zusammen und besorgten den Versand nach den großen Märkten. Dort hatten die Zentralgenossenschaften, denen die lokalen Viehverwertungsgenossenschaften angeschlossen waren, eine Viehverkaufsstelle eingerichtet, welche die Funktion des Kommissionärs übernahm.

Im Jahrbuch des Reichsverbandes der deutschen landwirtschaftlichen Genossenschaften für 1922 wird folgendes berichtet: „Heute ist bereits auf allen größeren Märkten Nord-, West-, Süd- und Mitteldeutschlands für eine weitgehende Absatzmöglickeit der einzelnen den Zentralgenossenschaften angeschlossenen Genossenschaften Sorge getragen. So hat heute der Pommersche Viehverwertungsverband eine Geschäftsstelle auf dem Berliner Markt, die sich schnell entwickeln konnte, ebenfalls ist in Leipzig eine Geschäftsstelle für die mitteldeutschen Märkte mit Hilfe der Zentralgenossenschaften Hannover, Halle, Dresden und München ins Leben getreten. In der neuesten Zeit hat auch die Zentrale Hannover noch eine eigene Geschäftsstelle am Hamburger Markt.“

Während des Krieges wurde der freie Handel mit Schlachtvieh lahmgelegt. Das Schlachtvieh wurde der öffentlichen Bewirtschaftung unterworfen. Zu diesem Zwecke wurden unter behördlicher Aufsicht stehende Viehhandelsverbände eingerichtet, die den Auftrieb und den Verkauf des Schlachtviehes monopolistisch organisierten und unter ihre Kontrolle stellten. Der vordem selbständige Viehhandel wurde zum Kommissionsgeschäft im Auftrage der Viehhandelsverbände. Auch die Viehverwertungsgenossenschaften wurden in diese Organisation eingegliedert und erhielten in ihr eine Vorzugsbehandlung, ja, man ging wiederholt mit dem Plan um, die Vieherzeuger zum Zwecke des Absatzes in Zwangsgenossenschaften zusammenzuschließen. Noch im Jahre 1920 wurde dieser Plan seitens der Reichsregierung erneut erwogen, in der Absicht, eine solche Organisation des Viehabsatzes zu einer dauernden Einrichtung zu machen.

Die Viehverwertungsgenossenschaften standen damals diesem alsbald wieder aufgegebenen Plane ablehnend gegenüber. Gewiß nicht mit Unrecht, weil die Gefahr bestand, daß der Viehhandel zu einem Staatsmonopol geworden wäre, das die Erzeuger womöglich noch in eine stärkere Abhängigkeit gebracht hätte, als sie vorher dem privaten Zwischenhandel gegenüber bestanden hatte. Gleichwohl hätte sich für sie, wenn sie das Gebot der Stunde erkannt hätten, bei der Aufhebung der Zwangswirtschaft die Gelegenheit geboten, den Viehhandel in stärkerem Maße an sich zu reißen. Die Zwangswirtschaft hatte die alten Beziehungen zwischen den Produzenten und den Händlern zum guten Teil zerrissen. Durch einen straffen genossenschaftlichen Zusammenschluß wäre es in diesem Augenblick möglich gewesen, den Zwischenhandel nicht wieder in das Geschäft hereinkommen zu lassen. Doch das egoistische Streben nach unmittelbarem, schnellem Gewinn erwies sich stärker als die Kraft des Genossenschaftsgedankens. Eine Viehverwertungsgenossenschaft kann nur gedeihen, wenn sich die Genossen dem Lieferungszwange unterwerfen. Sie müssen ihre gesamte Erzeugung an die Genossenschaft abgeben. Denn sonst ergibt sich der unhaltbare Zustand, daß zwar bei schlechter Marktlage die Genossenschaften beliefert werden, bei guter Konjunktur aber nur das minderwertige Vieh erhalten, während das gute dem Handel zugeführt wird. Diese Erfahrung — wieder ein Beispiel „genossenschaftlicher Untreue“ — hatte man schon vor dem Kriege gemacht. Deshalb war der Lieferungszwang von den Viehverwertungsgenossenschaften vorgeschrieben worden. Jetzt nach dem Kriege hat sich aber der Lieferungszwang gewöhnlich nicht aufrechterhalten lassen. Der Anreiz, die hohen Händlerangebote anzunehmen, war so groß, daß er alle andern Rücksichten überwand. So werden sich denn auch in Zukunft die Viehverwertungsgenossenschaften damit begnügen müssen, lediglich im Wettbewerb mit dem freien Handel auf den Viehmärkten aufzutreten.

Ergänzende Literatur.

Wiedenfeld, Kurt, Die Organisation des deutschen Getreidehandels (Schmollers Jahrb. 1900).

Leonhard, Rudolf, Kornhäuser und Getreidehandel. München 1906.

Schumacher, Hermann, Der Getreidehandel in den Vereinigten Staaten von Amerika (Weltwirtschaftliche Studien, Leipzig 1911).

Skalweit, August, Die Viehhandelsverbände in der deutschen Kriegswirtschaft (Beiträge zur Kriegswirtschaft). Berlin 1917.

— Das Schwein in der Kriegsernährungswirtschaft (Beiträge zur Kriegswirtschaft). Berlin 1917.

Wiedfeldt, Otto, Die Bewirtschaftung von Korn, Mehl und Brot im Deutschen Reiche (Beiträge zur Kriegswirtschaft). Berlin 1919.

Sachregister.

(Die Zahlen verweisen auf die Seiten.)

A

Aal, Arthur 132 f.
Abbau s. Zusammenlegung.
Absentismus begünstigt durch Fideikommiß 194; in der italienischen Landwirtschaft 206; — und Zwergpacht 243; begünstigt den Teilbau 254.
Administrationswirtschaft 233, 240.
Aereboe, Friedr., Betriebsgrößenfrage 217, 223; Konzentration intensiver Kulturen auf die bestgeeigneten Standorte 272; Landarbeiterfrage 296.
Afrika 200.
Agrarkommunismus 89f., 95f.
Agrarkredit, Kaufkredit 314; Notstandskredit 314; Betriebs- und Meliorationskredit 315, 340; Siedlungskredit 325, 367; Immobiliarkredit 329 ff.; Personal- und Mobiliarkredit 341 ff.; Faustpfandkredit, Lombardierung 344 f., 369; Händlerkredit 346 f.; Grundkreditinstitute 315 f., 363 f.
Ägypten 253.
Algier 253.
Allmende 92 ff.
Allotments 166 f.
Altenteil 181 ff.
Anerbenrecht und -sitte, Rentengüter 133; Inhalt und Wesen 177 ff.; Abfindung durch Hypothek 326, 328.
Anhalt 158, 238, 299.
Anliegersiedlung 156, 161 ff.
Annonarverwaltung 381, 384.
Ansiedlungsgesellschaften 145ff.
Ansiedlungskommission, Königl. 134 ff.
Anti-Corn-Law-League 388.
Arbeiterrentengut s. Rentengut.
Arbeitgeberverbände 308 f.
Arbeitsgemeinschaften 310.
Archard, F. Karl 66.
Argentinien 253, 285.
Arndt, Ernst, Moritz 91.
Aubin, Gustav 284.
Auseinandersetzung s. Zusammenlegung.
Aussperrung 310 f.
Australien, Teilbau in — 253.

B

Baden 190, 274 f.
Ballod, Carl 221, 265.
Batocki, v., Präsident des Kriegsernährungsamtes 399.
Bauer, Staatssekretär des Reichsarbeitsamtes 155.
Bauernbefreiung 119ff., 232, 236.
Bauernschutz als Maßnahme der preußischen Könige 5; zur Hemmung der „Lege“freudigkeit der Gutsherrn im 18. Jahrhundert 119; seine Beseitigung 122.
Bayern, Güterhandel 157; Anerbenrecht 180; Gesinde 277; Gesindeordnung 299; Bayerische Landwirtschaftsbank 336; Landeskulturrentenbank 340.
Bebel, Aug. 54, 220.
Behrens, Vorsitzender des „Zentralverbandes der Landarbeiter“ 306.
Belgien, Zuckerverbrauch 73; Vorherrschen des kleinen und kleinsten Betriebes 205; Pachtwirtschaft 238; Internationaler Landarbeiterkongreß 307; Grundkreditinstitute 337.
Below, v. 91 f., 113.
Benekendorf, Karl Friedr. v. 99.
Bergen, Joh. Christ. 98.
Bernhardi, Theodor v. 223 f.

Besitzfestigungsverfahren 139, 183, 325.
Besitzmaximum 168, 194, 196.
Besitzwechsel im Kauf und Erbgange 175; die preußische Besitzwechselstatistik 175; die Vererbung des ländlichen Grundbesitzes 178 ff.
Betriebsgröße 199 ff.
Betriebskapital 341 f.
Betriebsrat 302, 310.
Bismarck, Anhänger der Erbpacht 129; Ausweisung der Wanderarbeiter 286; Getreidehandelspolitik 372, 390, 397.
Block, Joh. Aug. Friedr. 98.
Bodenpreise 172 f.
Bodenreformer, Bund der 153, 162.
Bodenverbesserungsgenossenschaften 341.
Bodenzersplitterung 187 f.
Bolschewismus 96, 221.
Brandenburg 28, 152, 180.
Branntweinbrennerei 74 ff.
Brasilien 253.
Brauereien 62.
Braunschweig, Grundbesitzverteilung 158; Anerbenrecht 180; Erbpacht 232; Pachtwirtschaft 238; Grundkreditinstitut 335.
Bremen 180.
Brennwirtschaft 38.
Brentano, Lujo, Agrarpolitik 26; Boden als Kapital 32; Bodenertrag 54; Mobilisierung 176; Anerbenrecht 184.
Brotmarke 394.
Brüsseler Zuckerkonvention 70.
Buchenberger, Adolf, sein Hauptwerk 26; Kollektiveigentum 94, 95, 101; Heimstättenrecht 163; Anerbenrecht 186, 189; Betriebsgröße 216; Erbpacht 233; Pachtrente 240; Teilbau in Italien 254; Wanderarbeiterfrage 285; Kontraktbrüche 297, 304; Gesindeordnungen 298; Arbeitgebervereinigungen 308; Agrarkredit 315, 316, 324, 326, 327, 343; Hypothekenwesen 333; Genossenschaftswesen 359.
Bücher, Karl, Bodenwert 33; landwirtschaftliche Entwicklungsstufen 34 f.; Ureigentum 87; Allmende 107; Anerbenrecht 184.
Büdner 171.
Bühring, Breslauer Kaufmann 334.
Bulgarien, Zuckerverbrauch 73; Landgesetz von Febr. 1921 170; Zivildienstpflicht 170; Grundkreditinstitute 337.
Butterhandel 380.

C

Caprivi, Reichskanzler, Wanderarbeiter 286; Getreidezölle 327, 391; Handelsvertragspolitik 396.
Carmer, Kanzler 335.
China 243, 253.
Code Napoléon 187, 189.
Cohn, Gustav 25.
Colbertismus 5.
Conrad, J. 25, 262, 327 f.

D

Dade, Heinrich 26.
Dänemark, Agrarstaat 17; sein Zuckerverbrauch 73; „Pacht mit gleitender Skala“ 250; Wanderarbeiter 285; Internationaler Landarbeiterkongreß 307; Grundkreditinstitute 336; Getreidehandelspolitik 383 f.; Viehverwertungsgenossenschaften 415.
David, Eduard, der Boden als Produktionsmittel 27; der landwirtschaftliche Arbeitsprozeß im Gegensatz zum industriellen 32; Kollektiveigentum 95 f.; Bodenpreissteigerung 175; das Obereigentum der Gemeinschaft 177; Betriebsgrößenfrage 222; über Arbeiterproduktivgenossenschaft 222; Naturallohn 294.
Deichgut 198.
Deputat 260, 279, 296.
Dettweiler, Friedrich 262.
Deutsche Arbeiterzentrale 289 f.
Dietze, C. v. 281, 292, 311.

Dietzel, Heinrich 24, 56.
Domänen, —politik der preußischen Könige im 18. Jahrhundert 4, 118, 119, 127, 241; die Erbpacht auf den mecklenburgischen — 129; als Siedlungsland für die gemeinnützigen Siedlungsunternehmungen 157; im Urteile Adam Smiths 210; Verbreitung 237.
Dreschgärtner 280.
Durand, Louis 344.

E

Egartenwirtschaft 38.
Einhegungen (enclosures) 100.
Einzelhofsiedlung 92 f.; 136.
Elsaß-Lothringen 196, 237.
Eltzbacher, Paul 65.
England, Druck seiner Exportindustrie auf die Agrarländer 7; Zuckerwirtschaft 70 f.; Untergang des Bauernstandes 99; Grundeigentumsverteilung 166, 206, 210; Innere Kolonisation 165 f.; Fideikommisse und Entails 193 f.; Bauernbefreiung 236; Pachtwirtschaft 214, 238, 245; Absentismus 243; Landarbeiter 266 f., 307; Wanderarbeiter 285; Getreidehandelspolitik 383 f., 388; gleitende Zollskala 386; Extensivierung der Landwirtschaft 60, 389 f.
Entail 194.
Entschuldung s. Verschuldungsgrenze.
Erbbestandgeld 232.
Erbgenossenschaften 88 f.
Erbleihe s. Erbpacht.
Erbpacht, ihr Wesen 232 ff.; unter Friedrich dem Großen 127, 128; — und Rentengut 129; Bismarcks Stellung zur Erbpacht 129; auf den mecklenburgischen Domänen 129, 181; Erbbestandgeld 232.
Erbstammgut 193.
Ernährungspolitik 371 ff.
Ernteschwankungen 56, 376 f.
Erntestatistik 399 f.
Estland 168 f.
Eyth, Max 270.

F

Familienwirtschaft 200, 274 f.
Faustpfandkredit s. Agrarkredit.
Felderwirtschaft 36 ff.; Dreifelderwirtschaft 39 ff., 53; verbesserte Dreifelderwirtschaft 41 ff., 53.
Feldgemeinschaft 87 ff., 93, 168.
Feldgraswirtschaft 37 f.
Feldsysteme 35 ff.
Feldwaldwirtschaft 37 f.
Fideikommiß, Schutz gegen Mobilisierung 176; Wesen 190 ff.; Ad. Smith 210; Friedr. List 215; Lor. v. Stein 243.
Finnland, Zuckerverzehr 1913/14 73.
Flandern 41.
Fleischhandel 414 f.
Florenz 384.
Flurbereinigung 102.
Flurzwang als Folge der Felderwirtschaft 43; sein Fehlen in der Nachbarschaft größerer Städte 50; Notwendigkeit des — in den Gewanndörfern 93; seine Beseitigung 98.
Forbonnais 210.
Frankreich, Dreifelderwirtschaft 38; Zuckerwirtschaft 66, 70, 73; Realteilung 189; Betriebsgrößenverteilung 205, 210; Verbreitung der Pacht 238; Teilbau 253, 256; Wanderarbeiter 285; Landarbeiterbewegung 304, 307; Crédit foncier 337.
Friedrich der Große, landschaftliche Kreditinstitute 5, 334 f.; Landwirtschaftspflege 42; Gemeinheitsteilung 99 f.; Bauernbefreiung 121; Innere Kolonisation 125, 126, 127; Erbpacht 127, 128; Ansiedlungstechnik 135, 139, 145; Betriebsgröße 210; Getreidehandelspolitik 372, 377, 384 f.
Friedrich Wilhelm I., Domänenpolitik 4, 241; Landwirtschaftspflege 42, 48; Innere Kolonisation 125, 126; sein „Retablissement Litauens" 126; Reform des Hypo-

thekenrechts 331; Getreidehandelspolitik 384.
Fruchtwechselwirtschaft 46 ff.

G

Gehöferschaften 88 f.
Geldentwertung 186, 246 ff., 360 ff.
Geldstubenleute 281.
Gemeinderschaft 181.
Gemeinheiten s. Allmenden.
Gemüsehandel 379 f.
Generalkommissionen, Gründung 100 f.; als Institution zur Rentengutsgründung 132, 133; ausführende Organe der preußischen Agrargesetzgebung 142; als Organe der Inneren Kolonisation 142, 148 f., 150; Neuorganisation in der Form der Landeskulturämter 150.
Genossenschaften, Bodenverbesserungsgen. 161, 340 f.; Protokollhandel 173, 188; Arbeiterproduktivgen. 220 f.; Maschinengen. 272; Kreditgen. 346 f.; Raiffeisengen. 348 f.; Volksbanken 348; Bezugs- und Absatzgen. 353; Molkereigen. 353; „sonstige Genossenschaften" 353; Zentralgen. 355; genossenschaftliche Untreue 407, 416; Kornhäuser 406 f.; Viehverwertungsgen. 415.
Gerlach 299.
Gesetz des Minimums 49; des Minimums der Wachstumsfaktoren 50; des abnehmenden Bodenertrages 54.
Gesinde, Verbreitung 274 ff.; Dienstbotenordnungen 297 ff.; als juristischer Begriff 299.
Getreideeinfuhrscheine 392, 401.
Getreidehandel, Organisation 398 f.; Terminhandel 403 f., 410; Binnenhandel 402 f.; Einfuhrhandel 403 f.; Vereinigte Staaten 405.
Getreidehandelspolitik, z. Z. des Merkantilismus 6; ihre Bedeutung für die Entwicklung der Landwirtschaft 59 f.; Epochen der — 380 ff.
Getreidemagazine 382, 384 f.
Getreideumlagen 365, 396.
Gewährsverwaltung 232, 252.
Gewanne 92 f.
Gewerkschaft 310.
Gladstone 245.
Gläsel, E. J. 58 f.
Goltz, Freiherr v. d. 26, 52, 216 f.
Gospodar 89.
Goudart 210.
Grangien 112.
Griechenland 73, 253.
Großbritannien s. England.
Großer Kurfürst 125 f.
Grundbesitzverteilung 109 ff.
Grundherrschaft 109 ff., 120 f., 236.
Grundkreditinstitute, Gründung im 18. Jahrh. 315; Organisation 334 f.; Geldentwertung 363.
Günther, Ernst 221.
Güterschlächter 157.
Gütervermittlungsstellen 157.
Gutsherrschaft 114 ff.
Gutstagelöhner 278, 281.

H

Haas, Gründer des Reichsverbandes deutscher Genossenschaften 350.
Hahn, Eduard, Kulturhistoriker 18, 35.
Hanley 409.
Hannover, Innere Kolonisation 150; Landarbeiteransiedlung 152; Anerbenrecht 180; der Übernahmepreis nach dem Höfegesetz 182; Pachtgüter 237; Gesindeordnung 299; Grundkreditinstitute 335.
Haubergwirtschaft 37 f., 88, 90.
Haufendorf 136.
Hauskommunion 88 f.
Häusleransiedlung 104.
Heim, Reichstagsabgeordneter 307.
Heimfallsrecht 164.
Heimstätte 162 ff.
Henningsen, Ad. 387.
Hertling, Frhr. v., Reichskanzler 162.
Hessen, gemeinnützige Siedlungsunternehmung 156; Parzellenminimum 190; Hessische Landeshypothekenbank 337.

Heuerlinge 281.
Heymann, E. 333.
Hindenburg, v., Feldmarschall 155.
Höfegesetz 182.
Höferolle 180.
Hofgänger 279, 281.
Hofjude 346.
Hoftagelöhner 281.
Hohenzollern 190.
Holland, sein Zuckerverbrauch 73; Vorherrschen des mittel- und großbäuerlichen Betriebes 205; Internationaler Landarbeiterkongreß in Amsterdam 307.
Holländereien 126.
Hollmann 250.
Holstein s. Schleswig-Holstein.
Hufe 92.
Hungersnöte und Teuerung 372 f., 377.
Hütungsservitute 98 f.
Hypothekenbanken 337 f.
Hypothekenwesen und Anerbensitte 181, 361; Reform im 18. Jahrh. 314 f.; L. v. Stein 318 f.; Rodbertus 322 f.; Amortisation 326, 361; Hypothekenrecht 330 f.; „gesetzliche Hypotheken" 331; „stillschweigende Hypotheken" 331; „Generalhypotheken" 331.

I

Identitätsnachweis 391.
Indien 88, 253.
Innere Kolonisation 124 ff.
Insten 279 f.
Irland, seine Landpolitik 165; Entails 194; landwirtschaftliche Betriebsverteilung 207; Absentismus 243; Pachtwirtschaft 244 f.; Hungersnöte 372.
Italien, Dreifelderwirtschaft 41; Brüsseler Zuckerkonvention 71; Zuckerverbrauch 73; Innere Kolonisation 167; Grundeigentum 206; Pachtwirtschaft 243; Pachtreform 246; Teilbau 253 f.; Landarbeiterbewegung 304; Internationaler Landarbeiterkongreß 307.

J

Java 72, 88.
Japan 253.
Jhering 180.
Joseph II. 42.
Jenny, E. 253 f.

K

Kameralisten 209.
Kanada 409.
Kanitz, Antrag 385.
Kanon 232.
Kapitalabfindungsgesetz 153.
Kapp, Landschaftsdirektor 328.
Kartoffel, Brennerei und Stärkegewinnung 82, 83; Trocknung 83 f.; Handel 380.
Kaskel 300.
Kätner 171.
Kaufrüben 68.
Kautsky, Karl, Agrarfrage 26; Sozialisierung der Landwirtschaft 220 f.
Kempten, Hochstift 101.
King, Gregory 374.
Kleingarten- und Kleinpachtlandwirtschaft 246.
Kleinsiedlung 152, 156.
Klima 27 ff.
Knapp, G. F., Siedlungsform 93; Grundherrschaft 111; Bauernbefreiung 120 f.
Knies, Karl 324.
Koalitionsrecht der Landarbeiter 304, 309.
Kommassation s. Zusammenlegung.
Kommunhausung 181, 192.
Konjunkturwirtschaft 36, 50 ff.
Kontraktbruch 297, 304 f.
Koppelwirtschaft 38.
Kornhäuser 406 f.
Kornwucher 375, 388.
Kossäte 115.
Kötter 103.
Kötzschke, Rud. 112.
Kreditgenossenschaft 346 f.; Geschäftsanteile und Geldentwertung 369.
Kreditvereine 335.
Kriegeransiedlung 153 f.

Kriegsernährungswirtschaft, Kriegszuckerwirtschaft 65, 68, 71 f.; Branntweinerzeugung 79; Kartoffeltrocknung 84 f.; Kleingarten- und Kleinpachtlandwirtschaft 246; Kriegsgetreidewirtschaft 393 f.; Viehhandelsverbände 415.
Kriegsgefangene als landwirtschaftliche Arbeiter 276, 292.
Kriegswirtschaftsämter 289.
Kriwoschein, russischer Landwirtschaftsminister 168.
Kuba 72.
Kulturamt s. Landeskulturamt.

L

Lagerpfandscheine (warrant) 344 f., 405.
Lamprecht, Karl 90.
Landarbeiter 259 ff.; Seßhaftmachung 133, 139, 151 f., 236; Beschaffung von Pachtland auf Grund des Reichssiedlungsgesetzes 159; Arbeitsbedarf und -verbrauch in der Landwirtschaft 262; „Freie L." 282, 296; Stücklohn 296; Taylorisierung der Landarbeit 273; Arbeitsverfassung der Landwirtschaft 274 ff.; Schlichtungsausschüsse 289, 302 f.; „Vorläufige Landarbeitsordnung" 300; L. und Sozialismus 305; Landarbeiterverbände 304 ff.
Landbank 145 f.
Landbund, Deutscher 312; Pommerscher 311.
Landerwerbsgenossenschaften 146.
Landesbanken 337, 340.
Landeskreditkasse 337, 340.
Landeskulturämter, aus den Generalkommissionen hervorgegangen 150; als gemeinnütziges Siedlungsunternehmen 156; Anliegersiedlung 156; Bereitstellung von Pachtland für Landarbeiter 159.
Landeskulturrentenbanken 340 f.
Landesökonomiekollegium, Rentengüter 128 f.; Gesindeordnung 299; Arbeitgeberverbände 308.
Landflucht 13, 260 f., 284, 294, 297.
Landgüterordnungen 180.
Landgutsstiftung 198.
Landhunger 161, 172, 175.
Landlieferungsverbände 158, 159.
Landschaften, Gründung durch Friedrich d. Gr. 5, 334 ff.; Organisation 335; Förderung des Großgrundbesitzes 335; Gründung von landschaftlichen Banken 346.
Landwirtschaftskammer 308, 309.
Lange, F. 19, 21.
Langenbeck, G. 263.
Latifundienbildung, begünstigt durch die Bauernbefreiung 123; Fideikommiß 194; Umfang 200; in Irland 244; Teilbau 254 f.; ihre Förderung durch Kreditbeschränkungen 327; ihre Förderung durch die Landschaften 335.
Lauenburg s. Schleswig-Holstein.
Laveleye, E. de 87 f., 89, 94.
Lettland 168 f.
Liebig, Justus v. 18, 48 f.
Lippe 180, 232.
List, Friedr., Erziehungszölle 8; Industrie- und Agrarstaat 8 f., 19; Wirtschaftsstufen 211; Betriebsgrößenfrage 215, 223.
Lloyd George 167.
Lohngärtner 281.
Lombardierung, Lombardkredit s. Agrarkredit.
Losgüter 94.
Lübeck 180.
Ludendorff 162.
Luther, Martin 3, 30.

M

Macleod 316.
Mac Culloch 224.
Majorat 193.
Marggraf, Entdecker der Rübenzuckergewinnung 66.
Maria Theresia, Kaiserin 99.
Markthallen 379 f.
Marokko 253.
Marxismus 219 ff.

Maschinenarbeit 268 ff.
Mauer, Hermann 317, 336, 338.
Mecklenburg, Schlagwirtschaft 38; Allmendepolitik 104; Bauernbefreiung 129; Grundbesitzverteilung 158; Anerbenrecht 181; Erbpacht 232; Großpachtwirtschaften 237; Hoftagelöhner 281; Grundkreditinstitut 335.
Meier und -recht 111, 113, 180.
Meistbegünstigungsklausel 396.
Meitzen, August, Form der ersten festen Landesbesiedlung 91; über die germanische Flurverfassung 91 ff.; Umfang des Anstaltskredits 339.
Melasse-Entzuckerungsanstalten 86.
Meliorationsgenossenschaften 340.
Menger, A. 184 f.
Merkantilismus, Agrarpolitik 3 ff.; Betriebsgrößenfrage 209 f., 223; Getreidehandelspolitik 6, 383 f.
Meyer, Lothar 167.
Milchhandel 380.
Minorat 185.
Mir, das Wesen des russ. M. 88 f.; seine Entstehung 90, 91; Ideal des Agrarkommunismus 95.
Mirabeau 210.
Miquel, Finanzminister, Branntweinwirtschaft 77; Hauptvorkämpfer aktiver staatlicher Landpolitik 128; Rentengutsgesetzgebung 129, 132, 133; Gründer der Preußenkasse 356.
Mobilisierung, Grundbesitz und Bodenpreissteigerung 175, 176, 192; Förderung durch die Landschaften 335; infolge Steigens der Produktenpreise 374.
Mommsen, Theodor 381.
Möser, Justus 92, 185, 315, 323.
Müller, Adam 128.
Müller, Traugott 19.
Müllerei 62 ff.

N

Napoleon 120, 198.
Nathusius, G. v. 263 f.
Naturallohn 292, 293 f., 301.
Naturalwertrente 249.
Neapel 384.
Neomerkantilismus 11.
Niebuhr, B. G. 190.
Niederlande s. Holland.
Nomadenwirtschaft 35.
Nordseemarschen 37.
Norwegen 73, 337.

O

Obsthandel 379 f.
Österreich-Ungarn, Zuckerverbrauch 73; Innere Kolonisation 167; Familienfideikommiß 193; Wanderarbeiter 287; Grundkreditinstitut 337; Sparkassen 339.
Oldenberg, Karl 23.
Oldenburg 180, 196.
Ostindien 73.
Ostpreußen, Klimatographie 28; Besitzfestigung 139; Landarbeiteransiedlung 152; Großgrundbesitz 176; Besitzminimum 192.

P

Pacht, Verbreitung 232 ff.; Bedingungen 238 ff.; Pachtperiode 241, 242; Zwergpacht 243; Afterpacht 243; Pachtgenossenschaften in Italien und Rumänien 246; Geldentwertung 246 ff.; Pachtschutzordnung 247; Naturalienpacht 248; nach gleitender Skala 250 f.; Betriebskapital des Pächters 342.
Pagenkopf 167.
Parzellenminimum 190.
Persien 253.
Pfandbriefe 325, 334.
Pflichtrüben 86.
Philippovich, v. 25.
Physiokraten 210 f., 233.
Plantagenwirtschaft 207.
Polen, Dreifelderwirtschaft 38; Besitzmaximum 168; Nationalitätenkampf 169; Folgen der Freiteilbarkeit 192; Kleinbesitz 205; Wanderarbeiter 287; Internationaler Landarbeiterkongreß 307; Grundkreditinstitut 336.

Pommern 152, 281.
Portugal 73.
Posen, Kgl. Ansiedlungskommission 135; Besitzfestigung 139; Realteilung 183; Zusammensetzung der Landarbeiterschaft 274, 275.
Preußische Zentralgenossenschaftskasse (Preußenkasse) 356 f.
Preyer, W. D., über die Entstehung des Mir 91.
Probrahenski 97.
Protokollhandel 173, 188.
Provinzialhilfskasse 337, 340 f.
Pülpe, Fabrikationsrückstand der Stärkefabrikation 83.

Q

Quesnay, François 211.

R

Raiffeisen, Friedr. Wilh. 348 f.
Raiffeisengenossenschaften 348.
Rau, Karl Heinrich 188.
Realgemeinde 103.
Realteilung 187 ff.
Refugiés 126.
Reibnitz, Frhr. v. 195.
Reichs-Bauern- und Landarbeiterrat 300.
Reichsgenossenschaftsbank 355, 358.
Reichsgetreidestelle 394 f., 410.
Reichsheimstättengesetz 162 ff.
Reichssiedlungsgesetz 152 ff.
Reichsverband der deutschen land- und forstwirtschaftlichen Arbeitgebervereinigungen 309.
Reihendorf 136.
Rentenbanken, staatliche Kreditinstitute zur Erleichterung der Ablösung 122; als Institutionen zur Finanzierung der Rentengutsgründung 132, 143 f.; Zwischenkredit 150.
Rentengut, Einführung 128 ff.; Zahl und Größe der ausgelegten R. 150; Zukaufsrentengut 150, 152; Anerbenrecht 180; Besitzfestigung 183; Bedeutung für den Siedlungskredit 325.
Restgut 139.
Rheinprovinz, Klimatographie 28; Allmendbesitz 105; Bauernbefreiung 120; Pachtgüter 237; Teilbau 254.
Ricardo, David 6, 224.
Riehl, Kulturhistoriker 17, 189.
Rodbertus, der Grundbesitz als Rentenfonds 128; über die Kreditnot des Grundbesitzes 322 f., 325 f., 329, 342.
Roggenrentenbriefe 366 ff.
Rohrzuckererzeugung 72.
Rom, Getreidehandelspolitik 381.
Roscher, Nationalökonomik des Ackerbaues 25; Regelung der Allmendenutzung 106; Majoratsherren 195; Betriebsgröße 200, 215, 216; Pächterstand 234; Pachtwesen in Irland 244; Teilbau 256; Agrarkredit 329; Hypothekenwesen 332; Ernteschwankungen 377; Getreidehandel 388.
Rothkegel 174.
Rousseau 95.
Rückenbesitz 163.
Rückwanderer 138, 290.
Ruhland, G. 240, 316.
Rumänien, Zuckerverbrauch 73; Besitzmaximum 168; Enteignung 169; Pachtwirtschaft 243; Pachtreform 246; Grundkreditinstitute 336.
Rußland, Agrarstaat 17; Dreifelderwirtschaft 38; Brüsseler Zuckerkonvention 70, 71; Zuckerverbrauch 73; Zuckerproduktion 74; Mir 88, 89; Feldgemeinschaft 94 f.; vorwiegende Kleinbauernwirtsch. 205; Teilbau 253; als Herkunftsland für Wanderarbeiter 287; Grundkreditinstitute 336, 337; Ernteschwankungen 377; Getreideausfuhr 397.
Ruthenen 287.

S

Sachsen, Grundbesitzverteilung 158; Stammgüterrecht in Nieder-

sachsen 191; Pachtwirtschaft 237 f.; Grundkreditinstitut 335; Landeskulturrentenbank 340.
Sachsengänger 284, 286.
Sackrente 248.
Salland 110.
Schäffle, A. v., das Wetter als Krisenfaktor 56; Inkorporation des Hypothekarkredits 322, 326 f.
Scharwerker 279, 280.
Schlagwirtschaft 38.
Schlempe, Rückstand der Branntweinerzeugung und Futtermittel 75, 83.
Schlesien, Besitzfestigung 139; Landgüterordnung 180; der polnische Bauer in Oberschlesien 183; Fideikommisse 196; „Dreschgärtner" 280; Landeskulturrentenbank 341.
Schleswig-Holstein, Koppelwirtschaft 38; Verkoppelung 100; Besitzfestigung 139; Innere Kolonisation 150, 152; Grundbesitzverteilung 158; Anerbenrecht 180; Schicksal der Abfindlinge 185; bäuerliche Pachtgüter 237; Arbeitgeberverband 308; Landeskulturrentenbank 341.
Schlichtungsausschüsse 289, 302 f.
Schmidt, Georg, Vorsitzender des Deutschen Landarbeiterverbandes 305.
Schmoller, die volkswirtschaftliche Bedeutung der Landwirtschaft 18; Folgen des Dreißigjährigen Krieges 125; Anerbenrecht 186; Genossenschaftswesen 359; Getreidehandel 387, 388, 404.
Scholastiker 3.
Schollenkleberei 107.
Schollmeyer 333.
Schottland 165, 194.
Schubart, Joh. Christ., Agronom 42, 98 f.
Schulze, F. G. 377.
Schulze-Delitzsch 348 f.
Schumacher, Hermann 405, 409.
Schwarzwald 38, 180.
Schweden, Zuckerverbrauch 73; als Zuwanderungsland für Wanderarbeiter 285; Internationaler Landarbeiterkongreß 307; Grundkreditinstitute 336, 337.
Schweiz, ihr Zuckerverbauch 73; Allmende 103; Grundkreditinstitute 337; Sparkassen 339.
Schwerin, Fried. v. 149, 312.
Seibt, Gustav 266, 268, 277 f.
Separation s. Zusammenlegung.
Serbien 73, 168.
Sering, Max, Agrar- und Industriestaat 24; russische Feldgemeinschaft 95; Wechselbeziehung zwischen Grundbesitzverteilung und Abwanderung 123; Mitglied der „Deutschen Ansiedlungsgesellschaft m. b. H." 148; Verfasser des Reichssiedlungsgesetzentwurfs 154; Charakterisierung des englischen Dorfes 166; die russische Agrarfrage 168; Besitzwechselstatistik 175; Schicksal der Abfindlinge in Schleswig-Holstein 185; die ländlichen Erbsitten 190; „Familienwirtschaft" 200; geographische Gruppierung der deutschen Grundbesitzverteilung 204; Wanderarbeiter 284; Verschuldungsgrenze 327.
Servitute 98, 101.
Settegast 216, 262.
Seufert 297.
Siedlungsform 90 ff., 135, 136 ff.
Siedlungskredit 325, 367.
Siegen 38.
Skalweit, August, Bodenertrag 61; Branntweinwirtschaft 79; Innere Kolonisation 127; Bodenpreise 174; Getreidemonopol 385, 395.
Skalweit, B. 167, 263, 297.
Small Holdings 166.
Smith, Ad. 6, 32, 210, 388.
Sohnrey, Heinrich 148.
Sombart, Werner 12.
Sozialismus, Kapitaleigenschaft des Bodens 32 f.; Ernteschwankungen 56; Agrarkommunismus 90; Stellungnahme zur Inneren Kolonisation 154; Betriebsgrößen-

frage 219, 265; Sozialisierung 220 f., 307; Landarbeiter 305.
Spanien, Zuckerverbrauch 73; der Untergang seines Bauernstandes 99; Innere Kolonisation 167.
Sparkassen 338 f.
Spirituszentrale 79.
Stammgüterrecht 191.
Stärkegewinnung 81 ff.
Statik des Landbaues 49.
Stein, Lorenz v., Pachtwirtschaft 242 f.; Überschuldung 318 f., 322, 324, 328, 342.
Stein-Hardenbergsche Agrarreformgesetzgebung 100, 199 ff.
Stolypin, russischer Minister 95.
Streik und Aussperrung 300 ff.
Stücklohn 295.
Stumpfe 152.

T

Tantiemewirtschaft 233.
Tarifverträge 302.
Taylorisierung der Landarbeit 273.
Teilbau 238, 252 ff.
Teklenburg, Grafschaft 185.
Thaer, Fruchtwechselwirtschaft 46 ff.; Kartoffeltrocknung 83; Verfasser des Edikts vom 14. September 1811 171; für freien Grundeigentumsverkehr 178; Schüler von A. Young 212; seine Urteile über Klein- und Großbetrieb in der Landwirtschaft 212 f.; Pachtwirtschaft 241; Kreditausnutzung 316.
Thiel, Hugo 148, 250 f.
Thünen, A. v. 57.
Thüringen 232.
Tschechoslowakei, Besitzmaximum 169; Enteignung 169; Internationaler Landarbeiterkongreß 307.
Tunis 253.
Turgot 54.
Türkei 73, 253.

U

Übergabevertrag 181.
Ukraine 74.
Ungarn, Bodenreformgesetz von 1920 168; Teilbau 253; Landarbeiterbewegung 304; Grundkreditinstitut 336.
Uruguay 253.

V

Vereinigte Staaten von Amerika, Zuckerproduktion 72 f.; die Heimstätte (homestead) 162, 163, 346; landwirtschaftliche Betriebsverteilung 207; Pachtwirtschaft 238; Teilbau 253; Landarbeiter 263; Maschinenarbeit 269; Wanderarbeiter 285; Agrarkredit 346; Getreidehandel 379, 405; Getreideausfuhr 397 f.; Kornhausbewegung 408 f.; Fleischtrust 414.
Vereinödung s. Zusammenlegung.
Verkopplung s. Zusammenlegung.
Verschuldungsgrenze, Gesetz betr. Eintragung der V. 163, 327; Entschuldungsaktion der ostpreußischen Landschaft 328.
Verwannung s. Zusammenlegung.
Viehhandel, Organisation 410 ff.; Viehmärkte 411; Schlachthöfe 411 ff.; Viehwucher 413; Viehmarktsbanken 414; Fleischhandel 414; Fleischtrust 414; Viehverwertungsgenossenschaften 415; Viehhandelsverbände 415.
Villicus s. Meier.
Villikation 111 ff., 178.
Volksbanken 348.

W

Wagner, Adolph 23.
Waidgängerei 284.
Waldeck 180.
Waldgut 198.
Wanderarbeit, Förderung der Landflucht 219, 261; Bedeutung für die Großbetriebe 267, 276, 283; geschichtliche Entwicklung 283 ff.; Entlohnung 296.
Wangenheim, Frhr. v. 148.
Warrant 344 f., 405.
Washington 57.
Wechselwirtschaft 36 ff.
Wegener-Posen 366, 370.

Weidewirtschaft 36 ff., 200.
Weingut 198.
Westfalen, Branntweinwirtschaft 78; Einzelhofsiedlung 92; Allmendbesitz 105; Innere Kolonisation 150; Anerbenrecht 180; Übergabepreis nach dem Höfegesetz 182; „Stammgüterrecht" 191; Fideikommißbildung 196 f.; Pachtgüter 237; Heuerlingswesen 282; Landeskulturrentenbank 340.
Westpreußen 183, 192.
Weyermann, M. 330.
Wiedfeldt, Otto, 401 f.
Wilmowski, Frhr. v. 264.
Wochenmarkt 379, 380 ff.
Woellner, Joh. Chr. v. 98.
Wohltmann 19.
Wollny 50.
Wulffen, v. 49.
Württemberg 156, 335.
Wygodzinski, seine Agrarpolitik 26; Bodenzersplitterung 102; Protokollhandel 173; Anerbenrecht 184, 188; landwirtschaftlicher Betrieb in Amerika 263; Flegeldrusch 272; Wanderarbeiter 284, 286; Landarbeiterlohn 294; Arbeitgebervereinigungen 308; Agrarkredit 317; Anstaltskredit 339; Kornhäuser 407 f.; Viehhandel 413 f.

Y

Young, A. 211.

Z

Zadruga 89.
Zentraldarlehnskasse 355, 358.
Zisterzienser 112.
Zollskala, Gleitende 386 f.
Zuckerausfuhrprämie 70 f.
Zuckerindustrie 65 ff., 72 ff.
Zuckerrübenbau 65 ff.; sein Nährwertertrag 65; führt zur Ausdehnung der Pachtwirtschaft 238.
Zukaufsrentengut 150, 152.
Zupacht 235 ff.
Zusammenlegung 100 ff.
Zwischenkredit 143, 150.

Handbuch
der Wirtschafts- u. Sozialwissenschaften
in Einzelbänden.
Herausgegeben von
Adolf Günther und Gerhard Kessler
Innsbruck Jena.
Siebzehnter Band.

Agrarpolitik

von

Dr. August Skalweit,
Ordl. Professor der Volkswirtschaftslehre
an der Universität Kiel.

Berlin und Leipzig 1923.
Walter de Gruyter & Co.
vormals G. J. Göschen'sche Verlagshandlung — J. Guttentag, Verlags-
buchhandlung — Georg Reimer — Karl J. Trübner — Veit & Comp.

FSC
www.fsc.org
MIX
Papier | Fördert gute Waldnutzung
FSC® C083411

Kolibri 360 GmbH
Ferdinand-Jühlke-Straße 7
99095 Erfurt, Deutschland
produktsicherheit@kolibri360.de